公益財団法人 高梨学術奨励基金 特定研究助成成果報告書

近世大名葬制の基礎的研究

松原典明［編著］

口絵1　京都府宇治市興聖寺永井家墓所（第二部　Ⅲ）

宇治・興聖寺永井家墓所全景

永井月旦神道碑

永井家初代・2代夫妻墓碑

永井宗家3代以降の墓碑

口絵2　塩山市恵林寺柳澤吉保夫妻墓所と佐賀県鍋島関連墓所（第二部 I）

塩山市恵林寺・柳澤吉保夫妻墓所（右・吉保墓碑）

鹿島市鹿島鍋島家初代直朝墓碑

（宝永６年（1709）没）

佐賀市長久保松陰寺性空院墓所（勝茂娘 - 延宝８年〈1680〉没）

佐賀市万部島 - 佐賀藩歴代藩主万部経塔

口絵3　長崎市崇福寺・福済寺・興福寺歴代墓所（第四部 I）

長崎市崇福寺隠元隆琦髪寿塔（中）・即非如一塔（右）・千呆性侒塔（左）

長崎市福済寺　慈岳（左）・蘊謙（中）・覺悔（右）塔所

長崎市興福寺４代住侍（眞圓・黙子如定・逸然性融・澄一道亮）と隠元隆琦塔２基（前）

口絵4　愛媛県大洲市曹渓禅院及び如法寺加藤家墓所（第六部 Ⅵ）

大洲 3 代・加藤泰恒造立曹渓禅院開山碑（元禄 9 年〈1696〉）

大洲 10 代・加藤泰済勧請頭國玉社（文化 11 年〈1814〉）

大洲 2 代・加藤泰興墓所と神道碑

序

織豊時代（一五六八～一六〇三）に続く江戸時代（一六〇三～一八六八）は、二六五年間にわたって武家継続の封建時代の後半にあたり、時代区分上「近世」とされている。社会の根幹が機能的に分離された兵農分離により、侍（武士）と百姓（農民）と町人（商工業者）の独自体制によってささえられ、それは天皇家と将軍を頂点とする身分制度の時代でもあった。

身分の表徴は、それぞれの葬礼と埋葬次第による異質化が具体的に提示され、階層ごとの葬墓制の実態を歴史的に辿ることができる。各時代における葬墓のあり方は、それぞれの社会の背景を反映し、社会構造の実態を端的に現している。よって、歴史学をはじめ宗教学・社会学・民俗学などヒトに関する諸分野の研究対象として古今東西にわたり、多くの先覚を生んできた。なかでも考古学の分野において顕著であったが、研究の対象時代の偏重は長く続いた。かかる傾向は、歴史考古学の発展によって次第に狭められ、中～近世をも視野に入れた研究が着手されるにいたった。

近世の考古学については、とくに東京都心部の再開発を契機として惹起され進展することになり、それに伴い町人層さらに武家の葬墓制について明らかにされてきた。さらに、寺院墓所の整備は、武家墓所の調査となり、地下構造の発掘となって新局面が展開していくことになった。

このような趨勢のもと、近世大名家関係の墓所調査に際会した松原典明氏は、さきに『近世大名葬制の考古学的研究』（二〇一二）を公にした。同著では、上部構造の調査検討と共に従来とかくなおざりにされてきた下部構造の発掘調査を遂行し、造墓の背景を文献史料と参酌しつつ、対象武家の宗教観念について論究するところがあった。なかでも藩主と儒者との相関関係について着目した。一方、主宰する石造文化財調査研究所は、『石造文化財』誌を通して、近世大名墓所についての所見と情報を掲載してきたのである。

『近世大名葬制の基礎的研究』は、公益財団法人高梨学術奨励基金の特定助成（「近世大名葬制の基礎的研究」〈二〇一六～二〇一八〉）による研究成果の報告として纏められた成果であり、共同研究者として参画した石造文化財調査研究所所員の論文を研究代表者（松原典明）が編集・総括した一書である。近世大名墓についての松原氏の研究視点は調査研究を主に、各個研究の成果、とくに西日本各地の事例が収められている。また、一脈展開の具現例として黄檗関係の寿蔵についての調査結果を組み込まれていることが有用であり、さらに「近世大名墓墓所地名表」は、本研究の総括的研究成果として作成されたもので、今後における調査研究の基礎資料として活用されることは明らかである。今後、東日本の事例を中心に続編が編集刊行されることを期待したい。

最後に、本研究の意義を評価された公益財団法人高梨学術奨励基金の関係各位、決然として特定研究に採択された高梨仁三郎理事長のご高配に敬意を表する次第である。

二〇一八年三月一日

立正大学名誉教授

坂詰秀一

はしがき

大名家墓所から何を読み解くかという課題に対して、当たり前ではあるが、墓という性格から考古学的な発掘調査は不可能であることが前提である。考古学の立場から大名墓を検討する際に、何をどのように考え、何をどのように捉えれば良いのか、といことについて考えてみた。

発掘調査が不可能な限り現況から考えざるを得ない。つまり墓所の立地、地上資料である墓所の構成・構造および墓碑の形などに視点を当てることが肝要であり、それらの方法によってまずは検討することが最も正統的な考古学の方法論に則ったやり方であろう。いわゆる型式学的な分析方法が基本形となるであろう。

しかし型式学的な分類は、編年確立だけの方法ではないことは、既に指摘されているところであり、今日では社会構造の動態を表出した表徴として、読み解くための方法論として位置付けるべきと考えられている。

墓、墓所を考古学的に扱う場合、墓の概念には既に「死」「遺骸の処理」「埋葬」などに代表されるように、宗教行為が意識的に取り込まれており、その結果が「墓」として具現化している。墓を考古学するということは、はじめから宗教という観念を資料（構造など）・遺物（墓碑）から「仮説」を立てようとしている解釈行為に他ならない。したがってそれぞれの千差万別の解釈行為の積み重ねと、他分野による認識・知識をどのように咀嚼したかによって、考古学的方法論による「墓」の解釈の有効性が示唆できるものと考えている。

「墓」・「墓所」と認識することは、墓を構築した側の人の存在を無意識に想定しており、墓を構築する相続者あるいは継承者が「遺骸」を遺棄するのではなく「葬」った事を認識しているのである。

また、被葬者は、生前に意思を示すことで、自らの葬り方を指示でき、さらには「墓」を「寿墓」として造墓することもできる。しかし、自ら「葬《ハフル》」ことはできないので「死」の時点で意思が継承された場合だけ、「墓」が成立することになるのである。つまり「葬」は継ぐ行為であり、本来は血族的な繋がりは必要としないのが基本である。しかし、近世の大名社会の初期においては、幕府によって血縁による相続が基本とされた。大名らは血統を継承すべく重視したが、血筋が絶える場合あるいは、絶えることが想定された場合、婚姻を繰り返すか、あるいは血縁による養子縁組により補うことが、徳川家家臣である大名家としての使命であった。このことは大名家における婚姻関係に如実に示されている。したがって「墓」「墓所」の造営は継承を前提とした藩の存続のための行為でもあたったということを認識する必要があろう。

そして藩の存続のためには、政治的な対等な同盟関係を築くことにおいて、優位性を求めて他家との婚姻を繰り返す。このような政治的・政略的同盟関係構築のための通婚圏の前提には、文芸圏があると思われる。共感できる様々な意識と観念は、「家」同士を結び付けた。これを考古学的に読み解くためには他分野の解釈を導入しない限り不可能であろう。具体的には、婚姻関係成立の成因は何かを考える必要があろう。婚姻成立の成因解釈の一つに、渡辺憲司の研究による「大名文芸圏」(『近世大名文芸圏研究』一九九七)の解釈がある。他分野の解釈概念ではあるが、「文芸圏」とは大名の文芸活動であるが、この活動とは先例に倣った「礼楽」を学びそれを楽しむことであり、分野も茶道や詩などさまざまである。

将軍から庶民までも行った「墓所への参詣」も、この「礼楽」と言える。この「礼」を正しく行い続けられる「家」こそが、幕府内において自らの存在基盤を構築することが可能な家であり、「礼楽」が家の繋がりを生んだのである。大名個々の趣味・嗜好は、共通する宗教観や思惟をも共感することができ、それに伴う様々な行為「礼」も共有出来たのである。そして、その共感は、大名墓における墓碑の型式や埋葬行為における共通・類似性等に具現化されていることを認識できるのである。大名家墓所における構造の相違・様式の違いが、観念や意識の相違であり、それは遺骸をどのように葬ったのかということにも連動する。そのような同調性の成因が何であるかを探れば「家」の繋がり、大名墓の成立の一端は読み解けるものと解する。

形而下の考古学資料と形而上の観念の溝は埋まらないのであるが、解釈を書き換えながら重ね、坂詰秀一博士が二〇〇〇年に『歴史と宗教の考古学』の中で提唱した「宗教考古学の概念」を用いることで、「形而下のモノから形而上の現象を説明することができる」のである。

そこで本書では、坂詰博士の概念に導かれながら、さまざまな他分野の解釈を交え、近世大名家墓所についての理解を深めるための基礎研究を行った。

大きな目論見として、近世武家社会における文芸圏構築に共通する思惟の基調は、儒教・神道における「礼楽」であり、各大名らの葬礼や墓所様式において、それがどのように具現化されたのかを考古学の「モノ」つまりは墓所様式・構造や墓碑の形・供養式などの儀礼を捉え解くことで、大名家における葬制の基調を明らかにすることができるものと考えている。

また、大名家およびそれに関連した有縁の人々の墓所造営を概観し、先ずはモデルケース的に特徴ある大名家の文化圏と墓所を概観することで、思惟や礼楽の構造的な特徴を浮かび上がらせてみたい。このことが武家社会の葬制理解の一助となればと考えたのである。

近世大名葬制の基礎的研究

目次

序　はしがき……………………坂詰秀一

目　次

第五部　近世大名墓とその周辺

第一部　目論見と視角

Ⅰ　大名葬制研究の視座と目論見

一　視　座

以前、「近世大名家墓所の成立」を発表する機会を与えられたときに、葬法や墓所上部構造と下部構造の違いから、大名墓の成立と展開について考えたことがある。

その中の結論として、藩祖あるいは、近世初代藩主の墓は、墓碑を廟建築の中に祀る様式が、各地の大名家墓所で顕著に認められることから、近世大名墓の成立には、中世後半期から盛行する塔頭の系譜を想定し廟を有する墓所様式こそが中世と近世を結ぶ伝統的な墓所の様式と捉えた。

そしてその展開と盛行についての捉え方として、廟建築は、可視的意味合いを有する点において秀吉・家康、歴代将軍をはじめ各地の大名廟に認められるような豪華絢爛な装飾性に富み、さらに廟内部を六尺の彩色五輪卒塔婆に四十九院を記し巡らせることで荘厳する様式は、藩主を祀る大名墓様式として相応しく基本形とする意識が醸成された。

このような藩主墓所を廟に祀る様式は、一七世紀前半までに全国的な傾向となり展開するが、歴代藩主をこの様式で祀ることのできる藩は経済的な負担から限定された。

一方、一七世紀後半になると、各地の大名家では歴代の新たな祀り方として、煌びやかな外套は外され廟建築は省略され、石造の墓碑の前に拝殿を仮設し、墓碑の周囲を石柵で結界する様式が考案された。この段階は、恐らく外套が外れることで、可視的になる石碑部分に意識が注がれたと考えられ、塔形以外の非塔形式の独自に考案した形の墓碑が顕著になることと連動していると思われる。

そして、可視化した墓所は、墓碑以外に石製手水鉢、同香炉、同花瓶が敷設され、独自性とは相反して画一化することが読み取れる。

このような画一化は、「大名家墓所の成立」とも取れるが、一方では大名家の個性が消える時期として形骸化の始まりを示しているものと捉えている。

そこで改めて、画一化する前段階の近世大名家墓所の様相を全国的な視点で捉え、成立期の墓所構造や祭祀儀礼の様相などを具体的に考古学的な視点から位置付けてみたいと考えた。

加えて「墓所の成立」＝遺骸をどのように葬ったのか、そしてどのような意味を込めて祀ったのかと言う、祭祀の視点からも初期大名家墓所の実態を明らかにしなければならないものと考えている。したがって考古学の対象である「モノ」としては、墓碑型式とその系譜・墓所の構造・様式、埋葬法に着目することで遺骸に対する「思惟」を解くことが出来るのではなかろうかと考えた。

つまり、墓所に示された様式あるいは構造は、遺骸に対する捉え方＝祀る行為のための施設を具現化したものと捉えた。

墓所における「供養」という仏教的な作善重視の祭祀から、「祀る」という神道的な祭祀への変化の結果が、巨大な墓碑の建立と基壇と基台を新たに敷設し、高く据えるという様式を創始したのではないかと捉えた。

そしてその遺骸の祀り方の背景には、仏教ではなく、日本古来からある神道と、武家社会における儒教が「葬礼」を重視する思惟の醸成があったものと捉え視座とした。

二　目論見

近世大名家における葬制については、これまで具体的に語られることは少なかった。それは「葬式仏教」という言葉が示す通り、「死」＝仏教という経験的認識が通底にあったからである。

人の死は皆、仏教による葬送が行われるものとして理解されてきた。この経験的認識は殆ど間違いではないと思う。

しかし近年の考古学的な発掘調査によって明らかになった近世大名墓の葬法は、具体的な分析から得られる知見は、土葬例が非常に多く、中世から近世への葬制の変化を認めざるを得ないと思う。

それではなぜ近世になると葬制が火葬から土葬に変わるのか、ということについて発掘調査の事例を通して、遺骸の埋葬方法に視点を当ててみた。調査で確認できる埋葬方法は、石灰の存在・仕切りの板を用いている痕跡・墓誌の存在など、中世には確認することが出来ない丁寧な葬法であることが特徴と言える。この葬法は「儒教のテキスト」に従った葬法である可能性が高いことの確信を得た。このような発掘調査からの見識の他、近世の公家の日記や文献類の研究の成果から、仏教を嫌い「儒葬」を実践したことが明らかにされている例も多い。これらの文献において確認できる公家や儒者、大名などの墓を確認してみると、仏教を嫌った人々の墓所構造や墓碑の型式は、きわめて特徴的であることが改めて確認でき、先の儒葬、儒教による埋葬が積極的に実践されていることへの確信を得られた。

近世武家社会における儒教受容の内実を考古学的な視点から捉えることで、その一端は明確に示し得ると考えられると共に、大名あるいは大名家の死生観というような形而上の思惟についての一端も探る事に繋がるものと考えている。また、中国からの新たな宗教的インパクトとして臨済正宗の展開からの影響が、一七世紀中葉以降大きくなる事を重視したい。

三　研究方法

近世武家社会における葬制は、仏教葬を基本としながらも、儒教あるいは日本古来通底にある神道による葬送が認められ、幕府に表面的には憚るが、一方では遠慮なく家ごとに自由に執行された感がある。

自由な葬送・造墓に込められた藩主の意識は、初期段階とその後では大きく変化する。

そして、一八世紀以降に全国の大名家墓所が様式的に画一的に造墓される様相は、まさに幕藩機構に組み込まれた大名の意識が反映された結果であると考えている。まさに幕府に服従するという政治的な意識が大きく働いた結果であろうと考えている。

他方、近世武家社会における初期段階の造墓の捉え方としては、幕府の顔色を窺うと言うよりは、元和偃武を乗り越え、地方の王権としての藩構築に取り組んだ結果であり、その内政との関係や家臣や人心を意識した属人的な意識が大きく働いた結果、非常に自由な意識の元、祖先祭祀が実践されたと考える。

そのような捉え方から、各家の意識、藩主と家臣との関係、同族における本家と分家関係は、墓碑型式や墓所構造が類似、あるいは共通するという仮定から捉え、なぜ同じ墓碑型式を用いたのか、その型式の淵源はどこにあるのかなど、成因の読み解きにおいて、「モノ」を重視した考古学的な方法により分析することで、その一端を明らかにしたい。そのためには次の具体的な視点で全国の管見に及んだ大名家墓所を確認したいと考えた。

しかし、三百余藩すべて扱うことはできないことから、各地における時代の位相を捉え、あるいは宗教的な位相から特徴的な事例を示すことで試論として示し、今後の視点と方法論を示した。

視点と方法

①家譜の確認
②近世を通しての拝領地の確認
③本家・分家との関係と推移、姻戚関係、
④儒者・儒臣の存在確認、ネットワーク確認、
⑤葬送記録の確認
⑥葬送の復元
⑦墓所の形成過程と展開
⑧墓所の特徴（平面的な構造把握・上部構造の特徴と分類）↓本家・分家の違い
⑨石塔類・石碑の実測・図面化による比較分析

以上の視点を基礎的研究の項目目安として、各家の墓所を確認することとした。

便宜的に全国を地理的な視点から便宜的に①九州、②中国・四国・近畿・東海・中部、③関東・東北に区分し、初年度に九州、次年度に②中国・四国・近畿・東海・中部、最終年度に③関東、東北における藩主家墓所において実施予定であったが、初年度の九州地区及び中国関西地区における調査で特定な宗派の摂取・受容と展開における影響が墓碑や墓所形成に大きな影響を与えていることが確認でき、新ためて宗派と墓所との相関を見直した。したがって、東北地方における考察が殆ど及ばず一部に限られてしまい、今後の地域的な分析における課題となるが、特定宗派との関連において、東北地方の特定な家の特徴なども捉えることが出来たことは、今後に繋がるものと思っている。

当初は、家ごとの墓所として捉えてきたが、「家の墓所」形成や造営の背景には、様々な外的な要因が大きいことが明らかになった。外的な要因とは、藩主あるいは、儒者・宗教者などのネットワークから受ける知識による影響が根底にあったのである。特に外来の文化、知識として儒教の摂取、あるいは黄檗宗からの影響は、改めて宗教インパクトとも言えるほど、大名をはじめ、多くの民衆までもが一時的ではあるが傾倒していったことが再認識できた。

したがって、汎日本的な地域的な基礎研究を目指したが、宗教や人のネットワークの実態を考察する中で、地域浸透の実態や、地域を超えた一面的な広がりの背景に、宗教や思想を共有するネットワークの存在が改めて確認でき、そのネットワークの構築前提には婚姻関係が存在していることも明らかになったために、作業的にはそのネットワークの存在を見出すことから墓所の形成や墓碑型式を捉え直す方法へと変わったために地域網羅的な研究というよりは、宗教考古学における近世研究の新たな視点を披歴したことに留まった。日本各地において、これらの視座で地域的に綿密な調査研究を行えば、新たな近世武家の新しい社会像が明らかに出来るという考えに及んだ。

そして、墓所形成・墓所構造、・墓碑型式は、藩主あるいは各家の精神的な意識そのものが具現化される場合が非常に多いと考える。また、藩主あるいは各家の精神的な意識は、属人的な「人」と「人」のネットワークの構築を背景に醸成されると考えている。属人的なネットワークの確認こそが墓碑型式の選択における影響の一端を示し得るし、亀趺碑の造立などに代表される墓所構造・様式的特徴として端的に示されるものと目論んでいる。墓所様式の解明と属人的ネットワークの確認こそが、各家が目指した藩政、藩構築に向けた精神的な意識を明らかにできるものと目論んでいる。

属人的ネットワークは、各大名家の宗教・教育・文芸への志向を探ることで一端は解明でき、その背景にある情報には最も敏感な儒者や医者の存在がある。彼らは自らの知識・技術について最新の情報を得ることで、藩内における存在価値を顕示し得たものと思う。儒者や藩医、宗教者の葬送への意識を彼らの墓所から探ることが藩主、大名家の思惟解明の端緒にも成り得ることも新たに分かってきた。

大名と儒者・儒臣が創るネットワークを明らかにすることが、当該期あるいは、文化圏構成の再確認となり、近世武家社会における大名の葬制解明への基礎的研究には必要不可欠な作業であると言える。

おわりに

近世武家社会を捉えるにあたり、これまで政治史的な視点が多かった。しかし、考古学的な視点から墓を通してみた近世武家社会は、藩主らは儀礼を重視し「血族」「一族」の紐帯と考えており、墓そのものがそのステージに成り得たのである。

一方、宗教的な視点からは、幕府の仏教統制に反して、各藩主は思惟の部分において神道や儒教の重要性を認識しており、幕府に対する体裁を整える意味からも、混淆状態で儀礼を創り上げていく。

しかし儀礼の最も重要な遺骸への思いは、自らの思惟を実践し続けたのである。そして五代将軍綱吉などは、自らが服忌令を操ることで、「穢」をも操り、思惟を形成し儒教を通俗道徳として実践した。

さらに全国的な儒教受容と展開は、日本古来の神道と結びつきを強くし、山崎闇斎らが中心となった垂加神道が儒家神道なる新たな思惟を創り上げ幕末へ向かって神道国家への道程とも成り得たのではなかろうかとも捉えている。

近世大名墓の葬制の変化は、近世武家国家の本質の変化・変質をも示しており、明治維新へのプロローグとして確認でき得るものであることを認識し、一七世紀後半から僅か一五〇年年という間の近世大名らの足跡が、近代国家形成への行程を模索していたことを示しているのではなかろうかという点についても確認したい。

Ⅱ　近世大名葬制解明への視角―考古学的調査の視点から―

はじめに

大名墓の考古学的調査の必要性は、既に津軽家[1]や増上寺徳川将軍墓の調査[2]を嚆矢として喚起されたが、その後の調査は、個人墓、祭祀の継承などの制約から多くの場合、改葬に伴う調査であり、必ずしも十分な考古学的な成果が得られてきたわけではなかった。しかし、近年行われた徳川宗家御裏方墓所調査[3]では、施主と調査主体が一体となって、計画的に学際的調査研究が行われ、昭和三三年（一九五八）の増上寺将軍墓の調査結果を加えることで、近世武家社会の最高位における墓の実態が鮮明となり、通説の通り墓が有する階層性と表徴性の意味は充分に示されたと言える。しかし、墓＝「葬る場」として捉えた場合、「葬る」ことについての研究は充分になされてきたとは言えない。そこでここでは、将軍と有縁の人々の墓で確認された火葬と土葬という遺骸処理の違いを端緒に、大名墓の宗教的思惟を読み解くための視点を探ってみたい。

仮定として、「近世大名の葬法における遺骸処理は、その初期において、中世以来の伝統的な仏教思想に基づいた火葬が主流であったが、一七世紀中葉以降、儒教思想に基づいた土葬という遺骸処理が、天皇以下、近世武家社会の上位階層に浸透した」と捉え、その背景に、「神道の台頭による社会形成があり、墓所における葬礼では、神・儒・仏がそれぞれの位置を受け持ちながら、一体となった儀礼が成立した。」と考えている。このような視点と仮定から、遺骸処理・葬送儀礼とそれに伴う副葬品・葬法などの点について、思想的な背景に着目することで、近世武家社会の葬制を宗教的な思惟から紐解くきっかけを考えてみることにする。

一　遺骸処理の違いから読み解く

将軍墓は、家康の葬送に倣い土葬であったが、将軍有縁の女性たちは伝通院をはじめとして火葬で葬られた。しかし一八世紀を境に土葬に変化した。そこで増上寺や徳川宗家御裏方墓所調査で明らかになった将軍有縁の女性の主体部の位置や葬法を比較することでなぜ、火葬から土葬へ変化したのかを捉えてみたい。

二代秀忠正室・崇源院（寛永三年〈一六二六〉没）は、当初、火葬により宝篋印塔の下層に納められたが、改葬により同宝篋印塔の基礎部分を石櫃状に刳り抜き再埋納し宝塔を造立した。

また六代家宣生母・長昌院（寛文四年〈一六六四〉没）、四代家綱正室高厳院（延宝四年〈一六七六〉没）は、宝塔直下に火葬骨を納めた骨蔵器を石櫃に入れ埋納している。

しかし、四代生母・三代家光側室の宝樹院墓（承応元年〈一六五二〉没）

は、白磁製有蓋壷を骨蔵器として石櫃に納められ、これまでにない基壇下の地下深く版築によって埋置された。

このように埋葬位置の違いについて地下埋葬は、将軍家葬制確立以前の葬法との指摘[4]もあるが、むしろ宝樹院の葬送における特殊な事情に注目しておきたい。宝樹院の葬送は、荼毘所となった護国院の初代住職生順が導師を務め、真言密教の儀礼による葬送が執行された可能性が高く、その結果、地下埋納と舎利礼文の埋納や、石櫃の両界大日如来の梵字記載として表れたのではなかろうか。

なぜ護国院が選ばれたのかについては、当時の護国院の機能として、融通念仏衆や宗派に属さない行者を天台宗に取り込む拠点であったことが指摘[5]されている。さらに正保四年（一六四七）には、後光明天皇の特旨による神嘗祭例幣使発遣が再興されるなど、神道の台頭が指摘されている。岡山・会津・水戸など、謂わば徳川一門内から強烈な神仏分離行動が起こり、仏教を排除する時期にも当たっていたのである[6]。つまり岡山池田家、会津保科松平家、水戸徳川家は仏教葬を避け、神道や儒教思想による土葬を重視したのである。これに対して仏教側は、神道流布に脅威を覚えた結果、天台宗が教線拡張と仏教強調を目論み、宝樹院の葬送において耳目を集めるために、真言密教の儀礼色の強い葬儀執行を敢えて行ったのではなかろうか。

しかし五代将軍綱吉の段階では生母・桂昌院の葬送に土葬が執行され、以後の将軍有縁の女性の葬送ではこの土葬が主となった。これは執行者である綱吉の学問的・思想的な儒教への傾倒が大きく影響しており、儒臣である林信篤とその一門の存在に改めて注意しておきたい。

そこで学問的・思想的な儒教への傾倒を示す葬送の事例として津藩藤堂高久の葬送を取り上げ、それが朱子『家礼』をテキストとした儒教的思想による葬送であったことを確認しておきたい。また、同様な思想は、文献からではあるが、天皇家、公家の葬送において一七世紀中葉段階から確認できることも合わせて確認しておきたい。

二　『家礼』をテキストとした大名の葬礼

筆者は以前、大名墓下部埋葬施設の調査成果を再検討し、埋葬方法の特徴を抽出することで、一部の大名家あるいは一個人における埋葬方法に、儒教に則った葬法が存在していることを明らかにした[7]。

そして、儒葬の背景には、個人の宗教的あるいは学問的な志向性が大きく働いており、墓所を生前に構築する寿蔵という方法を取ることで、墓域の選地・立地は、風水に則り、葬送儀礼は敢えて仏教葬を避け、葬儀式を信頼のおける儒者・儒臣に託す、という精神構造があったことを、津藩主四代藤堂高久（従四位下、侍従、和泉守）の葬送記録[8]から読み解いた。

また、高久の葬送記録は、儒臣と思われる朱雀頼母が記したとされており、記録の標題として「易簀」という単語が用いられていた。そして葬送の次第を確認してみると、「易簀」が示す通り朱熹『家礼』の内容に沿った葬礼であることを確認した。つまり文献の標題「易簀」は、儒家経典の一つである『礼記[9]』「檀弓上」に次のように記されている。「曽子が死に臨んで、季孫から賜った大夫用の簀を、身分不相応のものとして粗末なものに易えた」という故事の「簀を易える」から造語されており、儒教の葬法に淵源があることを直接示すものであった。

藤堂高久の葬送記録は、まさに『礼記』「檀弓上」を重視した知識を披瀝したものであることは言うを待たない。そして具体的な内容記述の分析から、『礼記』「檀弓上」はもとより、一二世紀に朱熹が『周礼』『礼記』『儀礼』から冠婚葬祭に係わる部分を纏め編纂した『家礼』に逐一則った葬礼であったことを確認したことで、近世武家社会における儒教受容の実態の一端を示し得たものと思う。

　儒葬の特徴は、治葬にあり石灰と炭・三物を使い、遺骸を納め誌石を埋めることにある。大名家の葬法において、木棺を埋葬する際に石灰、炭を使う葬法の淵源は、中世に求められるのであろうか。これまでの多くの中世墓の調査・集成が進展している中で、管見では明確に石灰・炭を用いた墓壙を知らない。将軍墓でも石灰による柩の保護が確認できるが、この淵源をどこに求めるのかが、近世武家の葬法の淵源を解く鍵ではなかろうか。筆者は、思想的な傾倒から学んだ、遺骸に対する死生観が、朱熹『家礼』をテキストとした葬法に帰結した結果であろうと考えている。管見では中国明代の葬制を確認していないのであるが、現状では朝鮮半島、朝鮮通信使との関係における思想受容の系譜を想定している。

　今後広く同時代における東アジアの葬法の確認・比較が急務であろうと思う。そして、近世葬制の淵源を考えるとき、中世にそれを求め得るかという点については、地下式土壙に注視しておきたい。縦坑を掘り、直角に横坑を掘る形状は、『儀礼』に記されている遺骸埋納土壙の形状に類似する。この地下式土壙の存在が日本における儒教受容の仮定を示すものになり得るかどうか、今後の課題としておきたい。

三　遺物から読み解く大名墓葬礼の系譜

　文献から大名の葬礼を読み解く中で、石灰や炭を使う葬法など埋葬葬法が朱熹『家礼』に則って行われた可能性を指摘し、その淵源を朝鮮半島の系譜に求めた。ここでは、朝鮮半島の事例と大名墓の副葬品の関わりについて『家礼』からその系譜を探る試論を示した。

　朝鮮半島における「胎室」に関連した儀軌を紐解くと、王室における「胎」の保管方法や、「胎室」構築の概略が理解でき、「胎」の奉安の方法や埋納構造が、日本の大名有縁の女性葬送に共通する点を指摘したい。「胎」とは、「臍の緒」で、生まれてすぐの元子の臍の緒を二重の有蓋白磁壺に納め、石櫃に埋納して聖域とする山頂に埋納するという。(10) 石櫃内には銭貨や銀の薄板を埋納し、誰の「胎」であるかを明示した「胎誌石」を納めたという。朝鮮半島の胎室については本書別項で詳細に触れたので参照頂きたい。

　また、次に注視したは、朝鮮半島の習俗と、近世大名有縁の女性墓出土の二口組の白磁壺の共通性である。

　具体的には池上本門寺で調査された米沢四代藩主上杉綱憲正室圓光院墓所(11)出土の大小二口の肥前系有蓋白磁壺や福岡県直方市で調査された直方藩主四代の正室と後室の墓所の事例(12)（図1）である。後者から興味深い点を示しておきたい。直方藩主四代前・後両夫人は、いずれも江戸藩邸で亡くなっており江戸で埋葬された。したがって国元である直方の墓所には遺骸は確認されない。興味深いのは正室（中津藩主小笠原信濃守名勝息女）は、嫁した翌年に亡くなり子はおらず、翌年迎えた後室（前室の妹）は、江戸鉄砲洲にて嫡子菊千代を出産するが、三年後の宝永三年（一七〇六）には亡くなっている。

　直方における両者の墓を比較してみると、副葬品は図1のようにほぼ共通するが、有蓋白磁壺は後室墓だけに確認された。壺の内容物について、報告書では墓誌に記された遺髪の可能性を示しているが、ここでは後室墓有蓋白磁壺の意味を、国元であるがゆえに夭折した嗣子の「胎室」を埋納した可能性も指摘しておきたい。

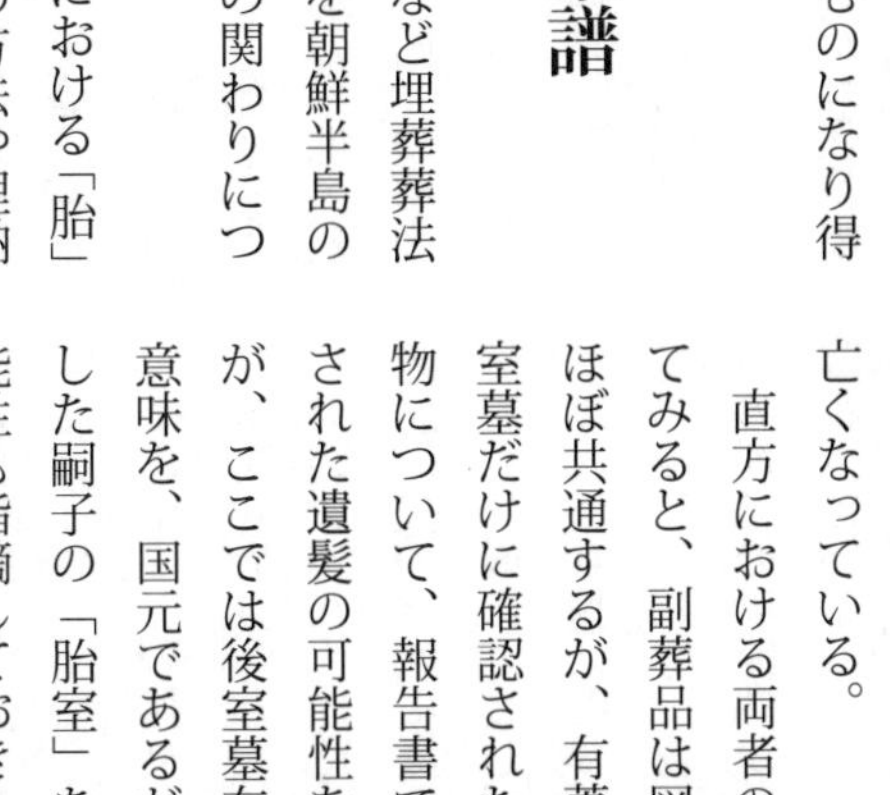

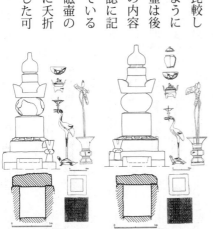

図1　直方藩四代後室墓（註12より）

以前、筆者は、東京都港区済海寺長岡藩牧野家二代藩主忠成生母長壽院墓例⑬（寛文四年〈一六六四〉没）、牧野家四代藩主忠壽正室貞岳院墓（享保一七年〈一七三二〉没）では、石槨内に陶器製甕（大）と共に肥前製蓋付白磁壺が納められていた事例を挙げて、圓光院の例を比較したことがある。古くは、古泉⑭が、分骨・選骨という捉え方を示しているが、別の葬地・聖地への分骨、選骨としての埋納ならばその可能性も残ろうが、同一の墓内における分骨・選骨埋納へ結びつけることの意味は明確にはされていない。

そこで被葬者と出産・襃の関連や爪髪などを埋納する可能性について『家礼』「大斂」に「生時落つる所の髪歯及び剪る所の爪を棺の角に實たす」と記されており、調査の内容に合致している点も注意したい。

これを補強する事例として、宝暦一一年（一七六一）に没した九代将軍家重の葬送⑮において、真田打紐付黒漆手木箱に正室のものと想定される髪や、家重自身が生涯剪った爪を納めた袋が柩内で確認されている。

文献では、享和元年（一八〇一）十一月に没した八戸藩六代藩主南部信依正室信行院（港区金地院）の葬礼記録⑯に、「御扇子・御はな紙・御臍緒・御歯・御月代・御法号是者先年剃髪之節金地院より御受被成候御法号、右外二御守、或御直筆之御経文・名号・御手鏡・御珠数頭地陀袋江入、御草履」と記されており、被葬者の「臍緒・歯・髪」が棺に納められたことがわかる。

また女性の葬送とは違うが、髪を埋める事例として、岡藩中川家八代久貞正室鷲峯院の事例を示しておきたい。

八代藩主久貞は、松平信祝（老中職）二男で、養子として中川家に入る。正室の出自は、久清の庶子中川久虎の娘とされており三代の血統が継がれたことになる。

『中川氏御年譜』には、寛政二年二月二〇日に久貞が亡くなると、翌日「奥様落飾、御院号鷲峯院トシ奉ル」。また寛政四年五月四日江戸を立って二六日に室より乗船して、その日のうちに薙髪を小富士山に瘞たと記している。

小富士山石碑銘文は、寛政四年二月二六日に「八代が亡くなった後は寡居していたが、寂しく故事にしたがって佛を省いて薙髪を瘞める」と記されている。八代は寛政二年（一七九〇）二月二〇日に没しているので、三回忌に夫の兆域に髪を瘞めたのである。鷲峯院は寛政一〇年七月六日江戸にて七一歳にて没し、貝塚青松寺に埋葬された。

以上、女性に関わる埋葬や髪の埋納について若干触れたが、事例についての解釈として、女性の墓で発見される大小の壷の意味は、「臍緒」の墓への埋納の可能性があり、朝鮮半島の王室に遺る「胎室」の習俗と密接に関わっているのではなかろうかということを指摘しておきたい⑰。

四　家臣の墓から読み解く

調査事例も限られる近世大名墓以外から、近世武家社会の葬制の宗教的思惟を読み解くには家臣の墓も比較資料として確認しておく必要があろうと思う。一昨年、大分県豊後大野市に所在する岡藩家老中川並古墓所が県の史跡に指定されるなど、大名墓以外にも広く近世史の有効な資料の一つとして、地方における積極的な指定による保護もみられる。ここでは発掘調査で明らかになった伊勢津藩城代家老の墓所の調査⑱を取り上げて葬制を考えてみたい。

津藩城代家老である藤堂元甫は、藤堂藩伊賀司城藤堂采女元光の第六子で、第三代城代家老藤堂采女高稠の異母弟である。分家である叔父の伊織元連家を継ぐが、本家である采女家の第四代城代家老藤堂采女元杜が死去し、後を継いだ采女元福が幼少であったため、延享二年（一七四五）城代職看抱となり、藤堂采女を名のった。宝暦七年（一七五七）城代職看抱の

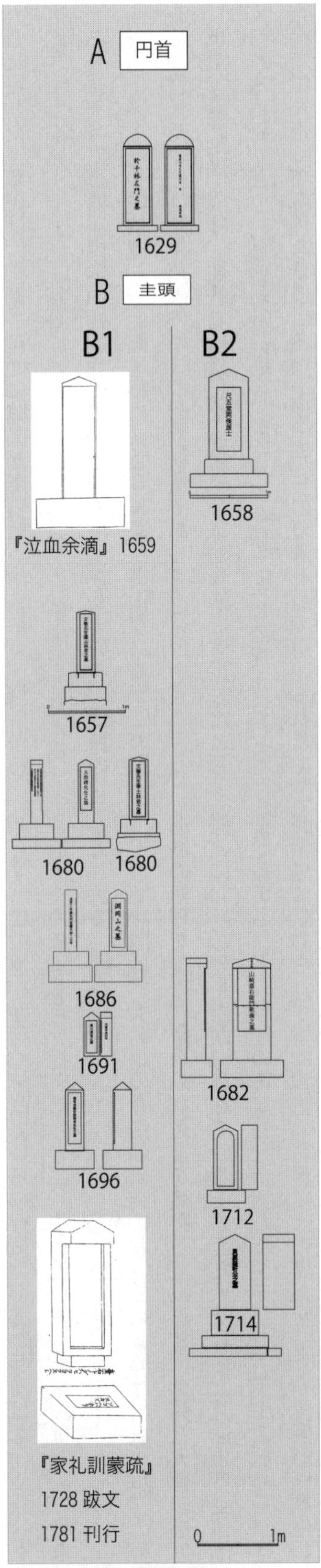

図４　儒者の墓碑変遷

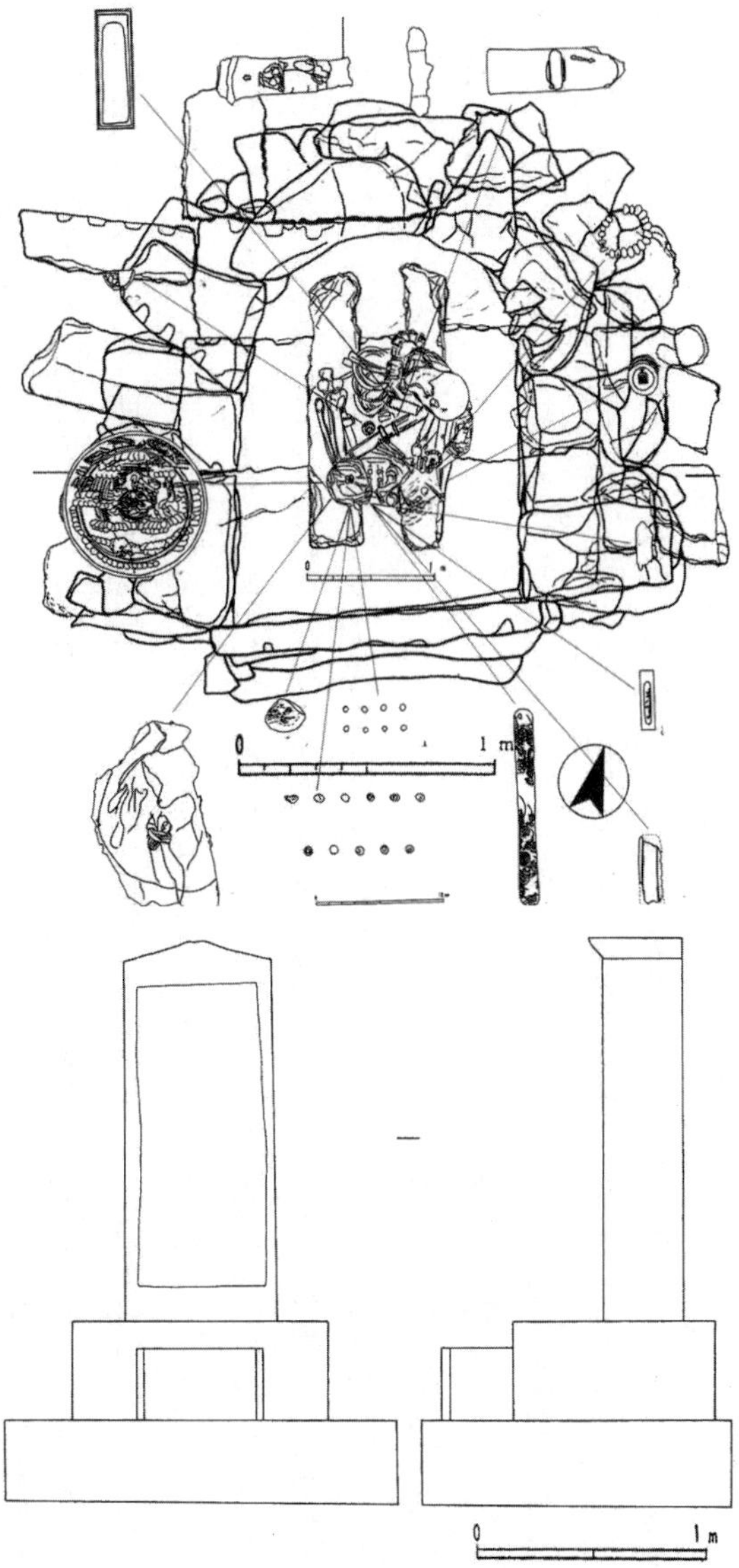

図２　津藩城代藤堂元甫墓（註 18 より）

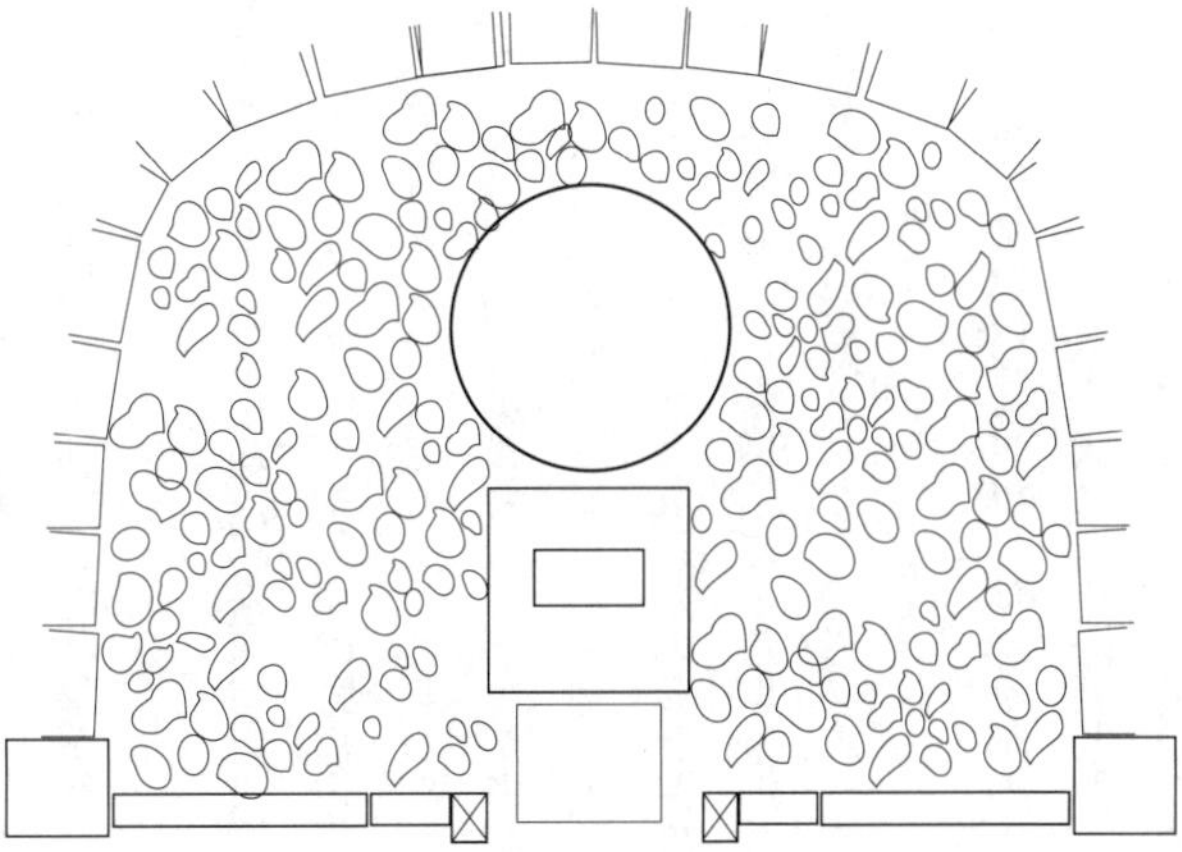

図３　伊藤仁斎墓所平面図

職を元福に譲り、「三国地志」の編纂に力を注ぎ、宝暦一二年（一七六二）九月に没した。墓碑は、圭頭で正面に陥入が彫られ、中央に「三擇院俯察好門居士」、向かって右に「藤堂元甫墓」、左に「宝暦十二壬午季九月六冥」とあり、天台宗真盛派中本山西蓮寺の境内墓地内に所在している。津城の西五〇〇メートルに位置し、北側尾根には藤堂家墓所御山がある。この調査で注目したいのは、①墓碑の型式、②墓構造である。

まず①墓碑の型式は、拙著[19]で指摘した林鵞峰が母の葬送で考案したと考えられる墓碑型式で、儒者特有の型式（図4・B類）として捉えられる。京師で学んだ師弟関係を背景に各地で儒臣たちの墓碑として用いられたことは、既に指摘したとおりである。参考までに先に示した津藩三代藩主藤堂高久の墓碑型式は、墓碑の頂部が円首であり、儒者が用いた古い型式（A類・図4）を用いている。

②の墓構造の平面形に着目すると、馬蹄形の石室である。管見では地下構造の類例は示せないが、地上墓域が馬蹄形を呈した例として図3に示した伊藤仁斎墓（宝永二年〈一七〇五〉没）が挙げられる。また、直接淵源にはならないであろうが、孔子墓の平面形が馬蹄形を呈していることも系譜を探る上において注意しておきたい。以上の点から、儒学あるいは朱子学への学問的な志向性を背景とした自由な造墓であったことに注目した。

五　目論見

以上、最新の大名墓の考古学的な調査である徳川宗家御裏方墓所の成果を端緒として、現状の大名墓研究において何が必要かを考えてみた。

大名墓は、墓であるがゆえに、近世仏教との関係は避けては通れないはずであったが、これまで考古学では宗旨に触れる程度で、儀礼や祭祀・遺骸を「葬る」点にはあまり触れてこなかったのが現状である。その結果、遺骸の処理を捉えても火葬と土葬という大きな違いが存在しているにも拘わらず、この違いが何を示しているのかについての言及はなかった。もはや遺骸を埋葬する墓を捉えるときに、宗教性を省いた議論は充分ではないと思われる。

そこで今回は、大名墓の今後の研究において宗教的な視点から、改めて遺骸の処理を捉え、宗教的な思惟を概観してみると、土葬と火葬の違いに儒教における死生観が影響していると考えた。そして、共通する主体部構造からテキストの存在の可能性を指摘した。そして、テキストの系譜は朝鮮半島に求められ、特に臍緒の埋葬には半島「胎室」の習俗が日本化した可能性があることを指摘し、近世武家社会における大名の葬制の宗教的な思惟の根底には、儒教思想が強く影響したであろうと考えられることを示した。最後に、儒教に影響された近世武家社会の葬制の変化と幕藩体制との関係に若干触れてまとめに代える。

将軍有縁の御女性の墓制は、五代将軍綱吉の生母桂昌院墓造営を境に、火葬から土葬へ変化する。その背景には、後光明天皇や公家の野宮定基の正室の葬送における儒葬の流布が大きな要因の一つとして捉えられ、綱吉の儒教的思想への傾倒と、儒臣である林家一門の影響も大きかったであろうことは、容易に想定できる。そして直後の六代将軍家宣の正室天英院の造墓（寛保元年〈一七四一〉没）段階で、将軍有縁の女性墓の葬制がほぼ確立したものと考えられる。また、桂昌院墓の石室構造による地下埋葬様式の採用は、遺骸を重視する儒教的な思想を背景としたものであろうことは容易に考えられよう。

このように一七世紀後半から一八世紀における将軍有縁の墓制の変革は、一七世紀後半の御一門や領土を安堵された外様大名を中心とした家の自由な造墓の盛行とも時期が合致している。そしてこの自由な造墓の盛行は、幕府がキリシタンの弾圧を目的とした施策、寺檀制度を施行し檀那寺を持つことを強制しても個々の宗旨や特定な寺を強要することはなかったことに起因しているのではないかと捉えている。この自由さが特に大藩の大名の造墓に繋がったものと思われる。したがって保科松平・水戸徳川・土佐山内・蜂須賀・岡山池田・鳥取池田・佐賀鍋島家を代表とする造墓では、本家・分家も含めた本来的な「イエ」[20]の祭祀を重んじた自由な造墓意識が具現されているものとして位置付たい。そしてこの自由度は、藩主の学問的な傾倒の大きさを端的に示しており、思想の受容による礼楽の実践の結果を示していると考えたい。

また、すでに指摘されていることではあるが、近世は、儒教と神道は融合し、やがて排除していた仏教をも混淆し、三教一致の思想[21]を成立させるが、これらの現象は、近世大名の葬制を考古学的な視点から読み解くことで明らかにできる。これらの結果は、今後の大名墓の研究において思想史的な視点は不可欠でありい重要かつ有効な視点である事も理解できたのではなかろうか。

今後、考古学から大名家の葬墓制を捉える場合には、葬礼における儒・仏・神の役割、関わりを解明することに注意を払い、副葬品・墓碑・構造などを宗教的な思惟の痕跡として捉える必要があることを再認識しておきたい。

註

註1　戸澤　武　一九五四「報恩寺藩公墓所発掘調査報告」（『陸奥史談』第二三号）。

註2　鈴木尚　矢島恭介　山辺知行　一九六七『増上寺徳川将軍墓とその遺品・遺体』（東京大学出版会）。

註3　寛永寺谷中徳川家近世墓所調査団　二〇一二『東叡山寛永寺徳川将軍家御裏方墓所』第一～三編　吉川弘文館）。

註4　今野春樹　二〇一〇「寛永寺徳川将軍家御裏方霊屋の調査」（立正大学考古学会『近世大名家墓所調査の現状と課題』）。

註5　中川仁喜　二〇一二「仏教的観点からの遺物解釈」『東叡山寛永寺徳川将軍家御裏方墓所』第三編　寛永寺谷中徳川家近世墓所調査団　吉川弘文館）。

註6　西岡和彦　二〇一〇「理論化する神道とその再編」（岡田荘司編『日本神道史』吉川弘文館）。

註7　『近世大名葬制の考古学的研究』雄山閣　二〇一一・五）

註8　森井　薫・天田禮子　一九八七「高久公易簣録草稿」（『伊賀郷土史研究』一〇）。

註9　竹内 照夫編『礼記』上　一九七一（新釈漢文大系（二七）明治書院）。

註10　篠原啓方　二〇一二「朝鮮時代の胎室加封碑に関する予備的考察」（『東アジア文化交渉研究』5巻）。

氷川市　一九九九『仁宗胎室　発掘調査報告書』（慶州北道文化財研究院学術調査報告第三集）

註11　坂詰秀一編　二〇〇二『池上本門寺　近世大名家墓所の調査』。

註12　直方市教育委員会　二〇〇三『雲心寺・随専寺墓地遺跡』。

註13　港区教育委員会　九八六『港区三田済海寺長岡藩牧野家墓所発掘調査報告書』）。

註14　古泉　弘　二〇〇三「江戸の墓制における分骨・選骨」（『駒澤考古』二九）。

註15　鈴木尚・矢島恭介・山辺知行編　一九六七『増上寺徳川将軍墓とその遺品・遺体』（東京大学出版会）。

註16　岩淵令治　二〇一二「大名家の江戸菩提所」（『平成二四年特別展江戸の大名菩提寺』港区立郷土資料館）。

註17　拙稿　二〇一四「近世大名墓にみる東アジア葬制・習俗の影響」坂詰秀一先生喜寿論文集『考古学諸相』3）。
註18　上野市教育委員会　一九九三『西蓮墓所発掘調査報告書』）。
註19　拙著　二〇一二『近世大名葬制の考古学的研究』（雄山閣）。
註20　浜口恵俊　一九七七『「日本らしさ」の再発見』（日本経済新聞社）。
谷和比古　一九九七『士の思想－日本型組織と個人の自立』（岩波書店）。
（ここで示した「イエ」、「同族」、「疑似親族体系」の概念は、フランシス・l・kシューの『比較文明社会論』の比較文化論的な視角から、浜口恵俊が「日本型組織の構造と機能」として意義付けしたものである）
註21　箕輪顕量　一九九六「幕藩体制と仏教民衆化の意義」（大倉精神文化研究所編『近世の精神生活』（続群書類従完成会）。
大桑　斉　一九八九『日本近世の思想と仏教』（法蔵館）。

挿図出典
図1　註12より転載。
図2　註18より転載。
その他の図は、全て実査により作製。

第二部　本・分家創出と先祖祭祀

Ⅰ　九州近世大名鍋島家の本・分家墓所造営

はじめに

九州地方における近世大名家は、関ヶ原の論功行賞により安堵された。特に佐賀藩鍋島家をモデルケースとして近世初期の墓所造営の背景を概観してみたい。

最初に鍋島家が佐賀領を安堵されるまでを概観し、近世佐賀藩の成立と本分家についてその初期の様相を墓所の造営という視点から捉えてみたい。

肥前国佐賀領は中世戦国期には国人領主として両国を広げ島津に台頭するまでに成長した龍造寺家が治めていた。しかし、天正一二年（一五八四）三月、当主龍造寺隆信が肥前島原半島の島津・有馬の連合軍との戦いで戦死して戦況が悪化する中、筑前秋月種実の仲介によって島津への臣従を前提として和睦が成立する。この時、龍造寺家は一門の当主が、島津に対して神文を提出するなどしていたが、同時に鍋島直茂（後の佐賀藩初代）も神文を提出しており、戦国期末期の段階における、肥前国内の鍋島家の位置付けを示す興味深い出来事であった。直茂の母は、龍造寺家信の娘とされる点からも、一族に準ずる立場であった直茂存在は、この時から台頭したものと思われる。

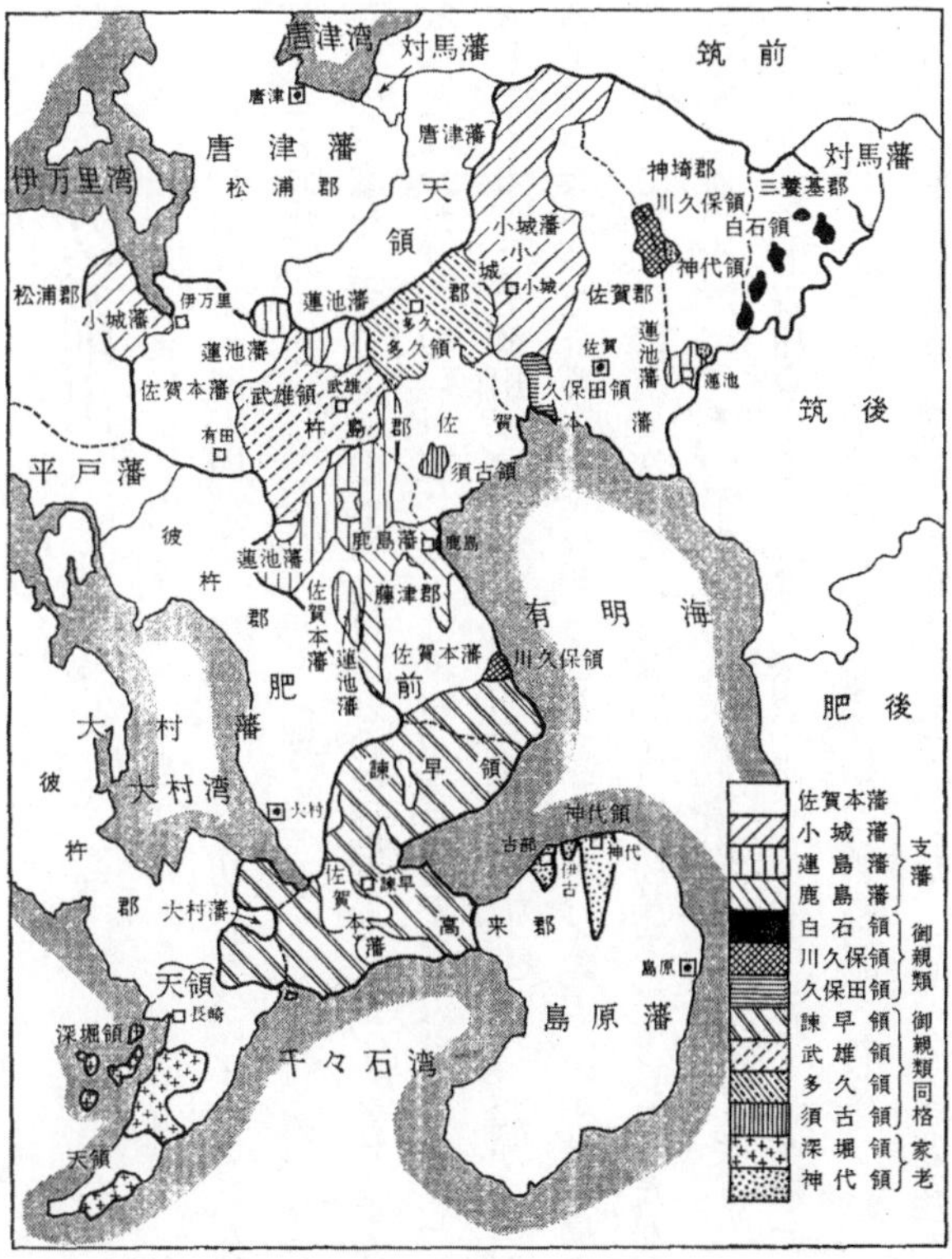

図1　近世初期佐賀藩領（佐賀県立図書館 1996 より）

その後織田あるいは羽柴秀吉に直接的な関係性を気付く努力をして、改めて両家は島津征伐の先頭に立ち大きな成果を上げた。その論功行賞により天正一七年（一五八九）正月七日に直茂は、従五位下に叙され羽柴の名字と豊臣姓を授かり大名としての身分を得た。しかし、興味深いのはこの時、龍造寺政家は、従四位下侍従であり、寛永三年（一六二六）まで龍造寺家が鍋島家より上位に位置付けられていたのである。

関ヶ原の戦いでは直茂は家康の東軍に属するが、阿濃津の城攻めで西軍に属し関ヶ原の後に柳川の立花宗茂を攻めることで許されたとされている。しかし伏見城落城など豊臣側最後の場面では東軍の黒田如水と気脈を通じていたことが指摘されており、本来的には、東軍であったことが実情として伝えられている。

鍋島勝茂は、直茂の長男と生まれながら、龍造寺隆信の二男江上家種の養子の時代もあったが、鍋島姓に復して初代藩主として幕府公認の元、肥前国を龍造寺家から鍋島家の統治に成功し、以後鍋島家の本家・分家が長く治めたのであった。

そこでここでは、鍋島本家の藩政の元、家督相続による分家形成は、本家が掌握しながらも、分家が広く地方の地域を治めるという独特の統治機構があったが、地方を治めた分家の気概を、墓所造営・婚姻関係の展開などから確認してみたい。特に分家における文芸圏の形成は、各藩主の思惟に直結し墓所造営に於いてもその思惟が実践された。分家形成の初期における墓所造営の意味を改めて捉えなおしてみたい。

一　佐賀藩鍋島家の本家と分家

佐賀藩鍋島家（三五万七千石）は、近世初期に肥前国一国を領有する国持大名家となるが、これは鎌倉御家人の系譜を引く龍造寺家が戦国期に北部九州を勢力的に傘下に治めたことが基礎にあり、戦国期には連合軍であった島津家との関係も秀吉の九州征伐により敵対関係を余儀なくされるなど波乱であったが、徳川政権後は築後柳川の立花宗茂攻めにより、所領安堵が認められ龍造寺家との領主交代により、鍋島直茂とその息子勝茂が佐賀藩の基礎を築いた。

二　分家創出

近世鍋島家は略系図（図2）で示すように、初代勝茂の子供たちが後に「三家」と呼ばれる小城（七万三千石）・蓮池（五万二千石）・鹿島鍋島家（二万石）の三家を立てた。この三家は将軍との主従関係をもつ大名格を有する家へとなった。この「三家」の母は継室・高源院で徳川家康の養女として嫁しており、この徳川家との縁が家督相続筆頭の嫡子であったが、高源院の子ではなかったため定米を与えることで元茂を分家筆頭の小城鍋島家当主に仕立てた。その上で次男である若い忠直を勝茂の継承者としたが、父より先に逝ったため、その子供の光茂が鍋島宗家二代を相続した。

この間、蓮池鍋島家当主直澄は、宗家二代として押されるが寛永一二年（一六三五）に従五位諸大夫に叙され蓮池鍋島家が創始された。

鹿島鍋島家は忠茂とその子の正茂に託されたが、正茂の隠居問題で龍造寺家から嫁を取ることができなくなり、勝茂は五男直朝を鹿島鍋島二代として認めた。

明暦三年（一六五七）に鍋島宗家初代勝茂が没し、孫の光茂が家督を相続、小城の元茂が承応三年（一六五四）年に亡くなり直能に継がれ、蓮池でも寛文六年（一六六六）に直澄が隠居し直之が継いだ。

一七世紀第三四半期には本・分家同士の血縁関係が薄れることになり、やがてこれは各家が「イエ」を改めて意識することになった。

一方、宗家は、鍋島家という「御家」全体の存続を願うが、薄れる本分家関係を恐れ天和三年（一六八三）に「三家格式」を制定し、系譜的な連続性の重視と宗家による分家の位置付けと幕府との関係を規制するために「三家格式」を制定することで守ろうとした。

三家は、貞享四年（一六八七）まで佐賀藩鍋島家の部屋住格の大名とし

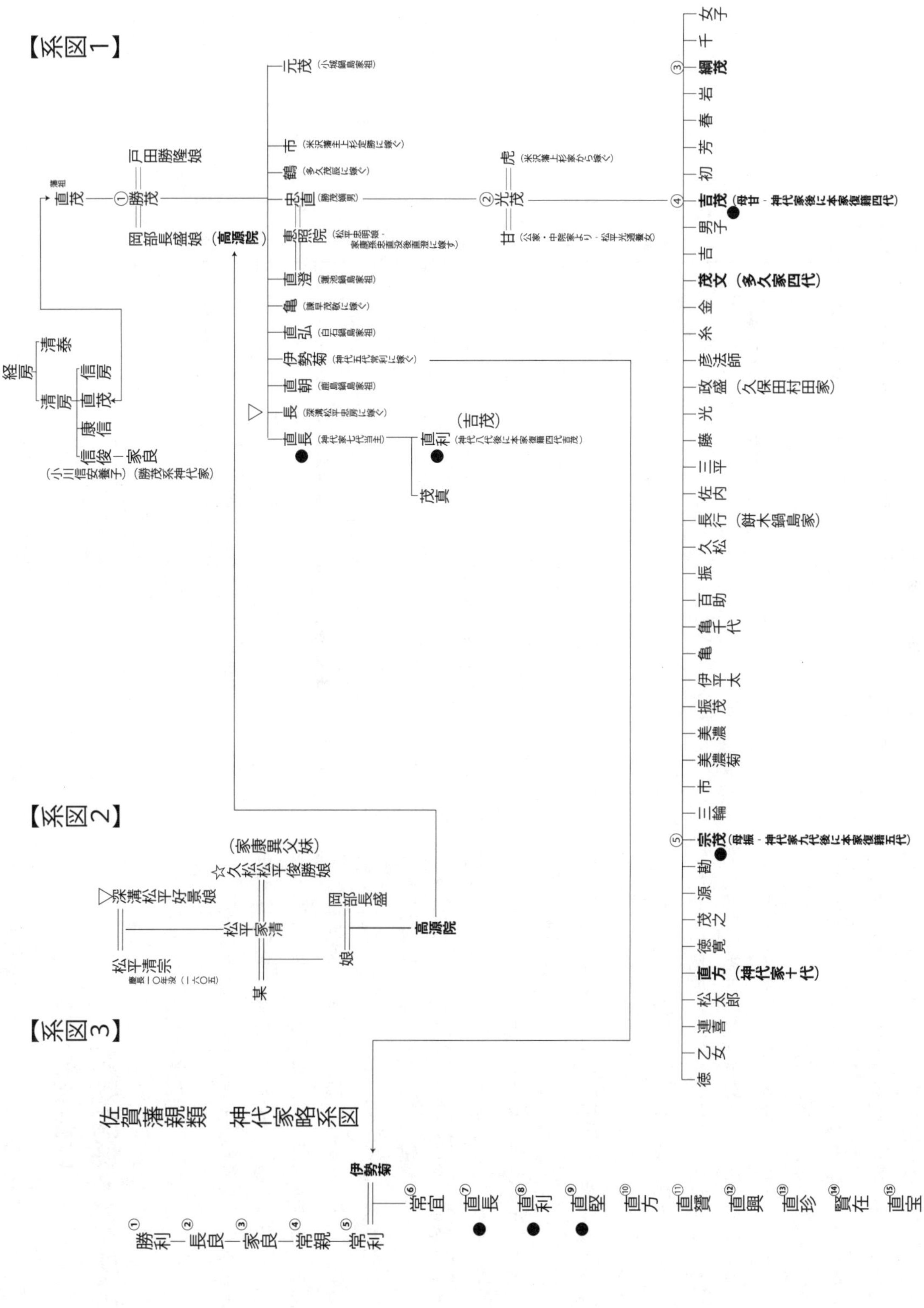

図２　鍋島宗家と関連系図

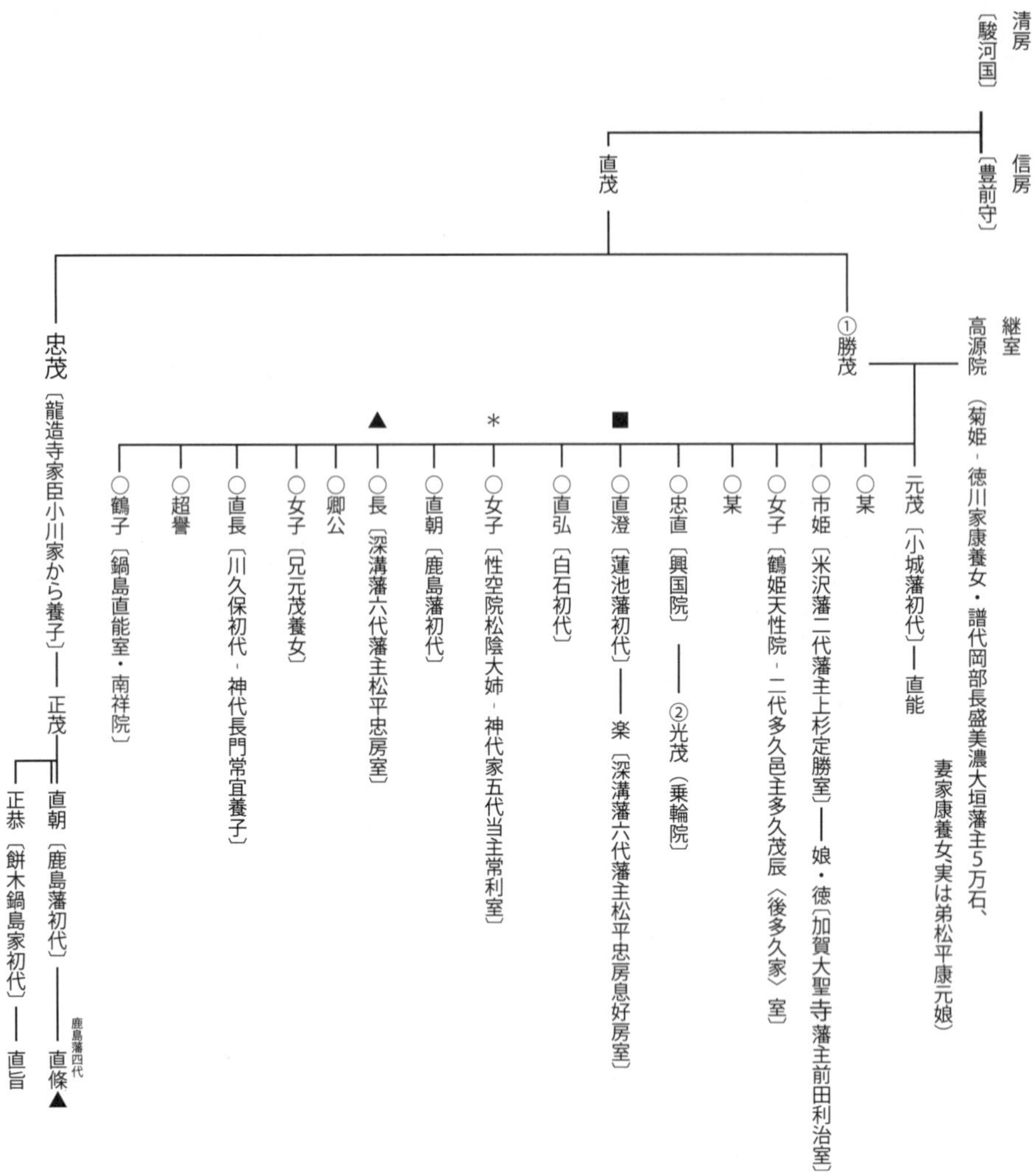

図3　佐賀藩鍋島宗家初代略系図

てしか認められていなかったのである。

三　分家の家意識と婚姻関係と墓所造営

（一）小城藩鍋島家

小城鍋島家の菩提寺は祥光山星巌寺で大本山黄檗宗萬福寺（京都府宇治市）の末寺である。

星巌寺開基は、小城鍋島家二代直能が初代元茂（宗家鍋島勝茂庶長子）の菩提を弔うため、貞享元年（一六八四）に発願し、元禄三年（一六九〇）に黄檗宗第三四世潮音禅師を招請して建立した。

山号の由来は初代鍋島元茂の法名「祥光院殿月堂善珊大居士」から付けられ、寺名は二代直能が開基していることからその法名「弘徳院殿星巌元晃大居士」から付されている。

二代藩主直能は、同じ佐賀藩留守家老多久茂辰の娘で勝茂養女となった鶴子・南祥院（図3）を娶り、継室として京都の公家小川坊城俊完の娘を娶る。

なお小川坊城俊完の娘とは、実は後陽成天皇第八皇子八宮良純親王の皇女であるが小川坊城家に養女に入りし小城に嫁いでいる。

水戸光圀の正室泰姫は、近衛信尋の娘であり、信尋が後陽成天皇第四王子二宮で近衛信尹の養子になった人物であるから、後陽成天皇の孫が小城と水戸家に嫁していることになることが指摘されている。

図4・6は星巖寺にある南祥院の墓であるが、五輪塔基礎正面中央に明暦三年（一六五七）／桂巖／妙光／南祥院殿大姉／九月二十七日と鐫られている。

墓所の玉垣の門は多久の東原庠舎《とうげんしょうしゃ》の総門様式を用いており、多久家の証を示したものと思われる。星巖寺内において黄檗様式塔は一〇代藩主の子女らの墓（図5）など安政期に確認できる。

星巖寺が小城鍋島家菩提寺となるのは、二代が初代を供養するために開基し、三代元武によって整備が完成された時期として一七世紀末である。

二代室の墓所（図4）の特徴は、石塔は宗家と共通する五輪塔を用いている。また門が特徴的な様式で多久東原庠舎《とうげんようしゃ》門に共通する。

多久東原庠舎《とうげんようしゃ》の成立は元禄一二年（一六九九）とされていることから、二代室の墓は、没年が明暦三年（一六五七）であるが、門の様式からすると多久東原庠舎《とうげんようしゃ》成立以降に整備が行なわれている可能性が高い。

したがって、三代元武による先祖祭祀の一環としての墓所整備の可能性があることを指摘しておきたい。

図4　二代直能室墓所

図5　佐賀藩留守家老多久茂辰娘鶴子・南祥院の墓

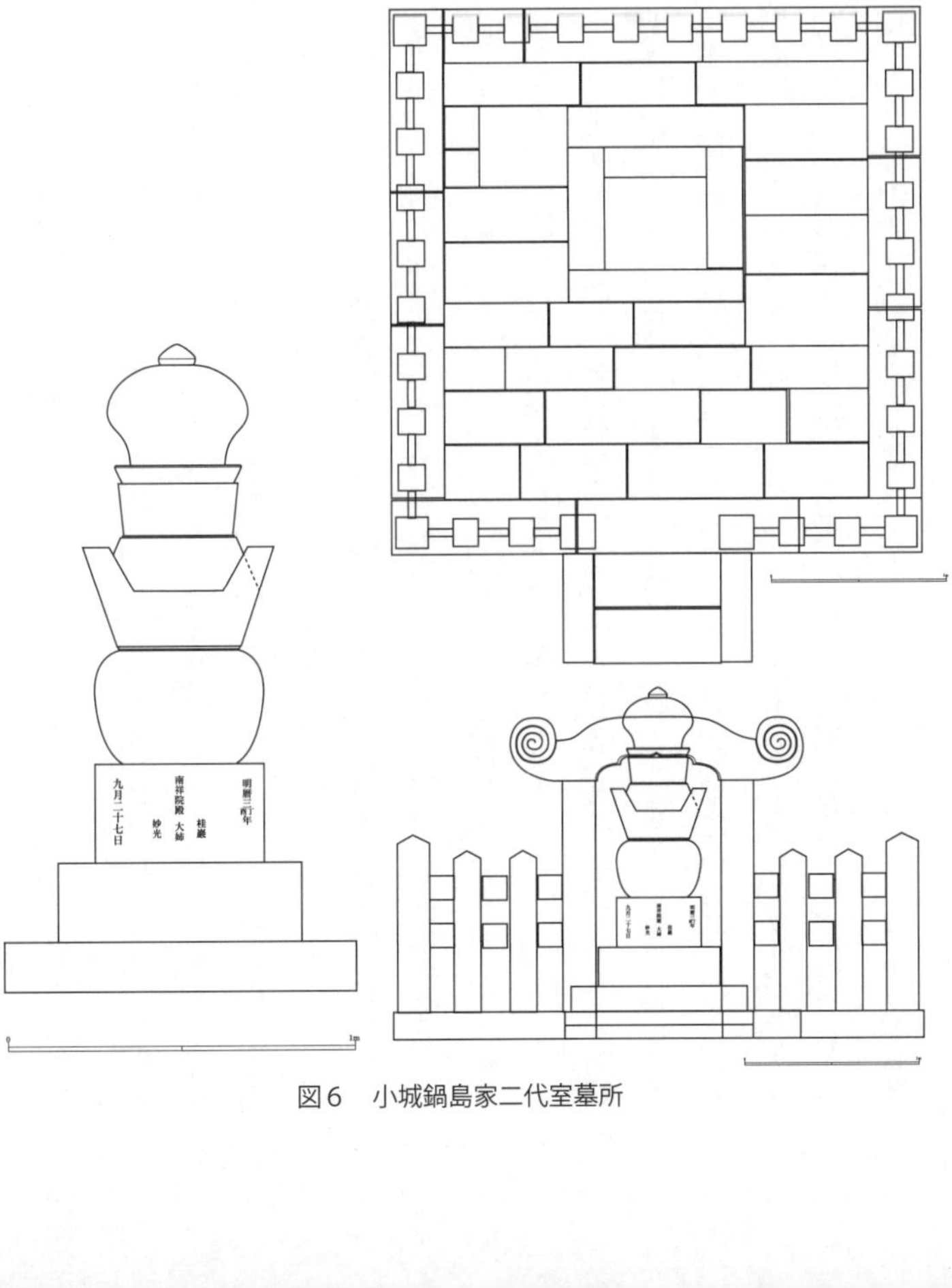

図6　小城鍋島家二代室墓所

図７　祥光山星巌寺本尊釈迦如来坐像（正・側面）と潮音道海開山像

（二）　蓮池藩鍋島家

蓮池鍋島家の初代当主直澄（図８）は、佐賀藩初代勝茂の五男で世嗣の忠直の同母弟である。忠直が没したことで後妻として徳川家康の外孫である松平忠明の娘（恵照院）を娶り、このことで宗家佐賀藩の相続にも関わるはずであったが五万二千石で蓮池鍋島家を立藩した。

恵照院との間に設けた娘・楽は、深溝藩松平忠房の嫡男好房に嫁した（図３）が、三河の深溝松平家との縁は古く四代家忠の時まで遡るのである。直接の縁は寛永一〇年（一六三三）七月に譜代深溝松平六代藩主忠房に佐賀藩鍋島宗家勝茂の娘・長が嫁したことである。

国持大名と譜代ながら石高からすると小大名である深溝松平家との婚姻関係は、忠房一四歳、長一〇才と幼い夫婦であったが、寛文九年（一六六九）に肥前島原藩への転封が命ぜられることで、九州の地に在って一層両家の絆は太くなったものと思われる。このような縁により、忠房の嫡男好房（図11）は、蓮池鍋島家初代当主直澄の娘・楽と婚姻が成立したのである。このような松平家との婚姻関係をさらに見てみると、次に示す鹿島鍋島家とも係わっていることが明らかである。

少し系図を遡り高源院とその有縁の人々を示し、近世鍋島及び蓮池鍋島家の初期の姻戚関係を示しておきたい（図２系図２）。

系図２を再度確認するが、佐賀藩鍋島家と深溝松平家との縁は、松平清宗の正室に深溝松平好景娘が嫁いだ時まで遡る。

松平清宗は松平好景の娘との間に松平家清を設けた。そして家清は正室として久松松平俊勝の娘（家康の異父妹）を娶る。この徳川家との縁は、後に神代家に嫁ぐ伊勢菊の墓所様式にその貴種性が、端的に示される事になる。さらに家清は、某氏との間に娘を授かり、この娘が岡部長盛に嫁ぎ、後の鍋島初代勝茂に嫁ぐ高源院を設けたのであった。

勝茂に嫁いだ高源院の子供たちは、鍋島家分家の祖となり宗家を支えることになる。また系図には示していないが他の娘は、深溝松平初代となる忠利に嫁している。この縁により、高源院の娘・長は、深溝松平六代忠房に嫁いだのであった。

また、他の娘は、浅野長重の室となりその娘が、三次藩浅野長治の正室として嫁している。

深溝松平家は、六代忠房の時に京都福知山藩から島原藩に転封になるが、墓所は本貫地である深溝の地にあり歴代の遺骸は全て深溝の本光寺に帰葬された。六代忠房は嫡子好房早世によって墓所を整備した。この最初の好房の墓所（図11）の特徴が深溝松平家本貫地の墳寺の様式となった。墓所の特徴は、一見世棚式流造りである。忠房が吉田神道に傾倒した結果であり、神龍院梵舜の墓所様式を石製に具現した様式である。勝茂娘・長（芳春院）の墓所様式もまた同型式である。

また、松平家清の孫にあたる浅野長治は、吉川惟足から霊社号を授かっている。庶子であった長治は、三次藩立藩後、父である広島藩二代長晟の七回忌に際して木製の亀趺碑（頌徳碑）を菩提寺である三次鳳源寺に納め

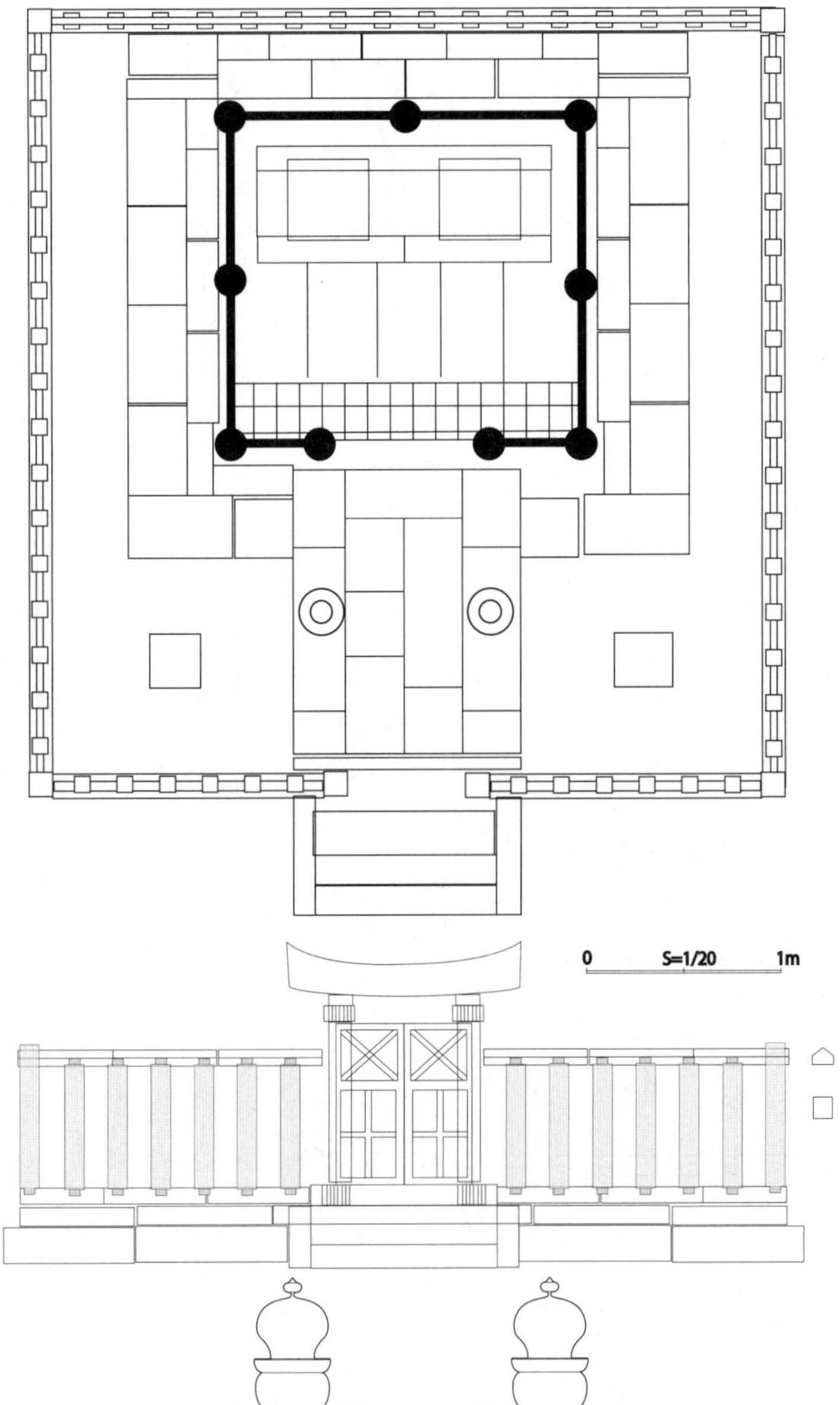

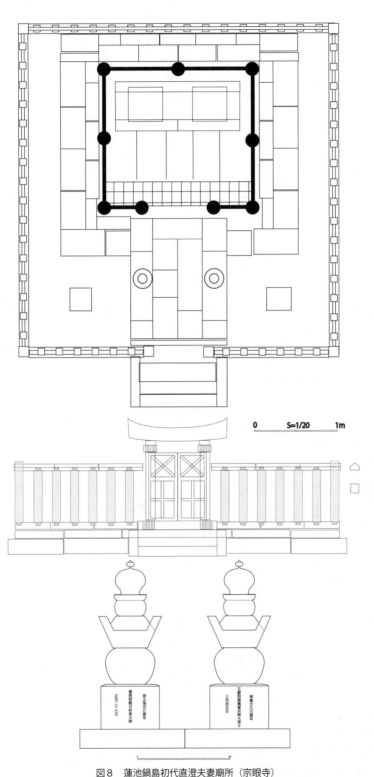

図８　蓮池鍋島初代直澄夫妻廟所（宗眼寺）

た。墓所は寺の境内から奥まった比熊山の中腹に石垣を築き、その上に碑と墳丘を組み合わせた墓所様式を用いて造営された。吉川惟足は保科正之の葬礼を仕切っており、墓所造営においても携わっていたことから、その意識は浅野長治に伝えられた可能性もあろう。

以上、本論とは若干外れたが、婚姻によるネットワークは、儒教および神道を背景とした交流と、それに学んだ思想は、鍋島藩初期の形成期においてその影響は大きかったものと思われる。

戦国期以来の姻戚関係を重視した婚姻関係ではあったが、思想的な紐帯が近世に至っても継続的な関係を構築させたものと解釈している。何れも神儒一致の思想が根底にあった。

図９　蓮池鍋島家初代直澄霊屋と墓碑（霊屋想定図）

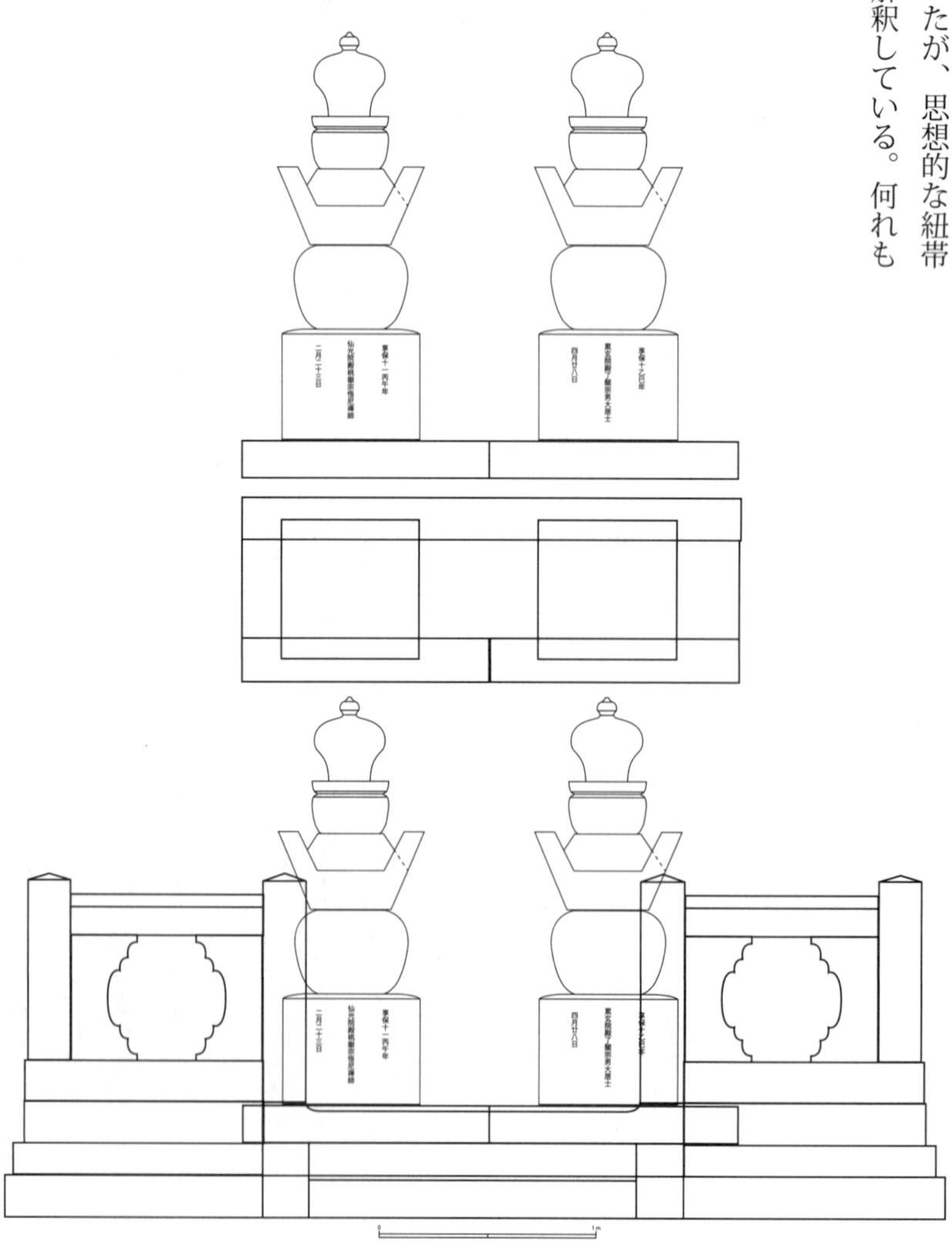

図10　蓮池鍋島家２代直之夫妻墓所（宗眼寺）

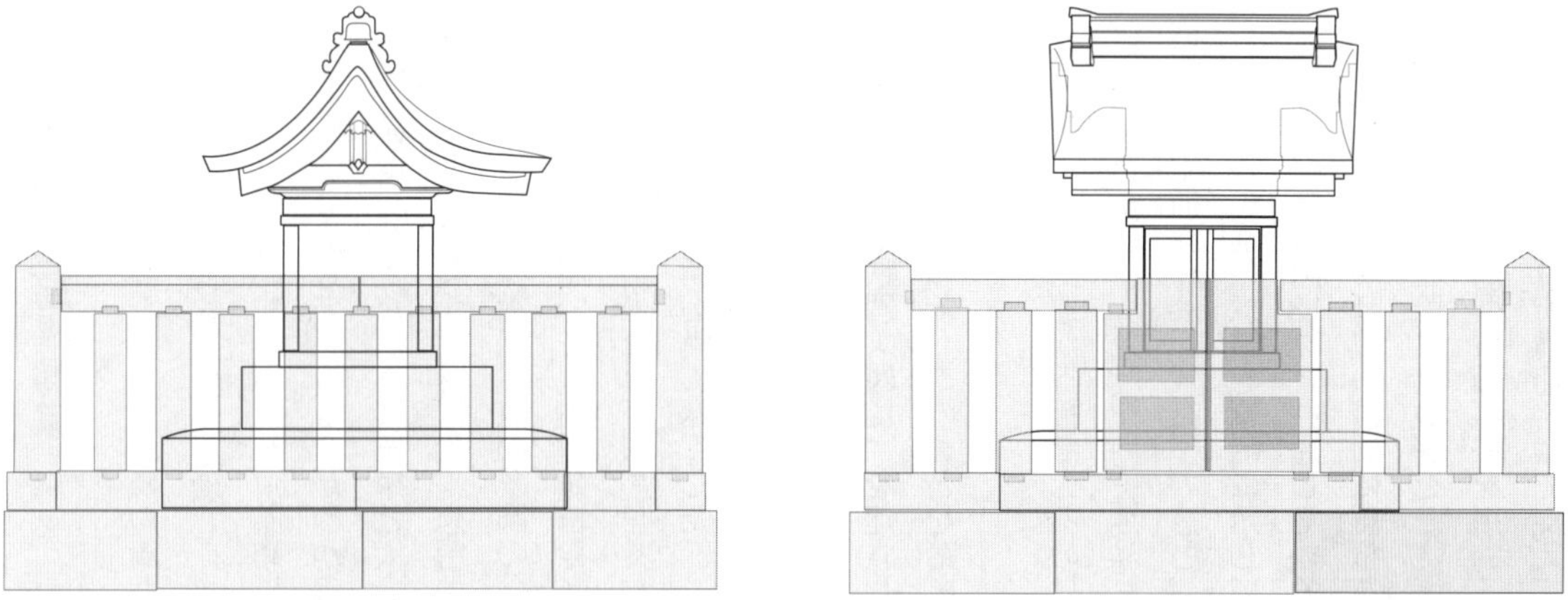

図 11　深溝松平家六代忠房嫡男好房墓所

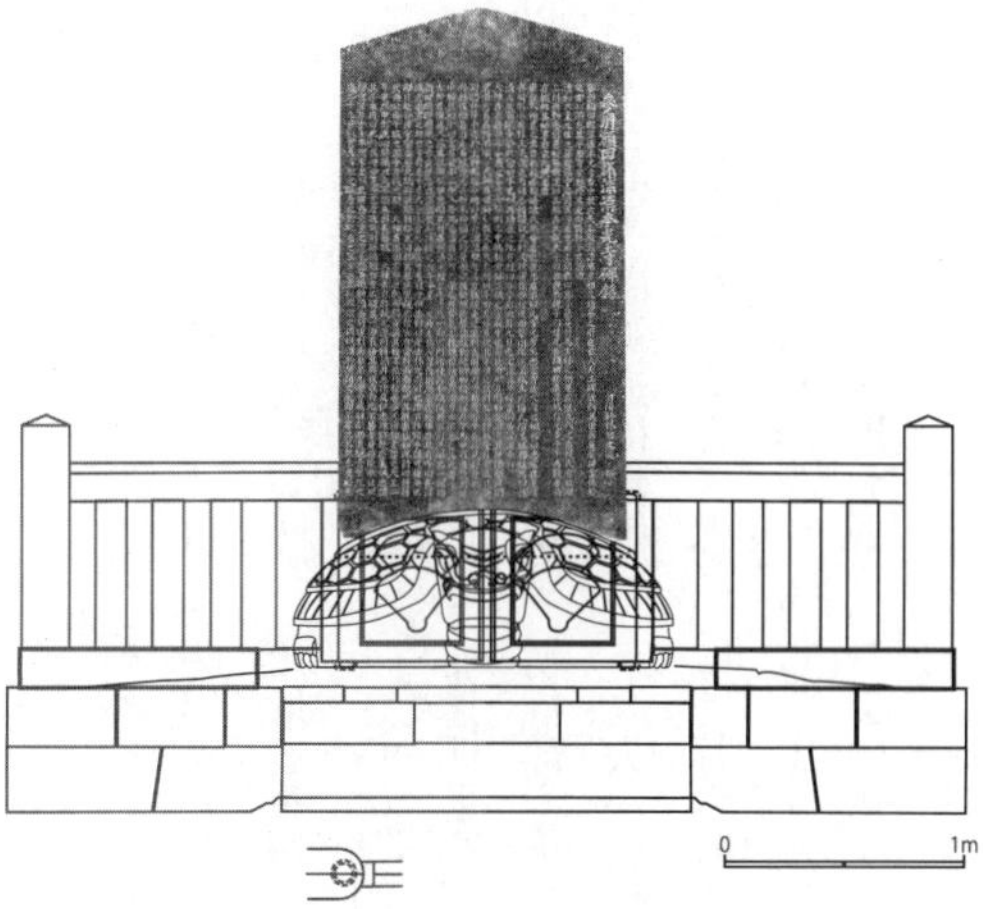

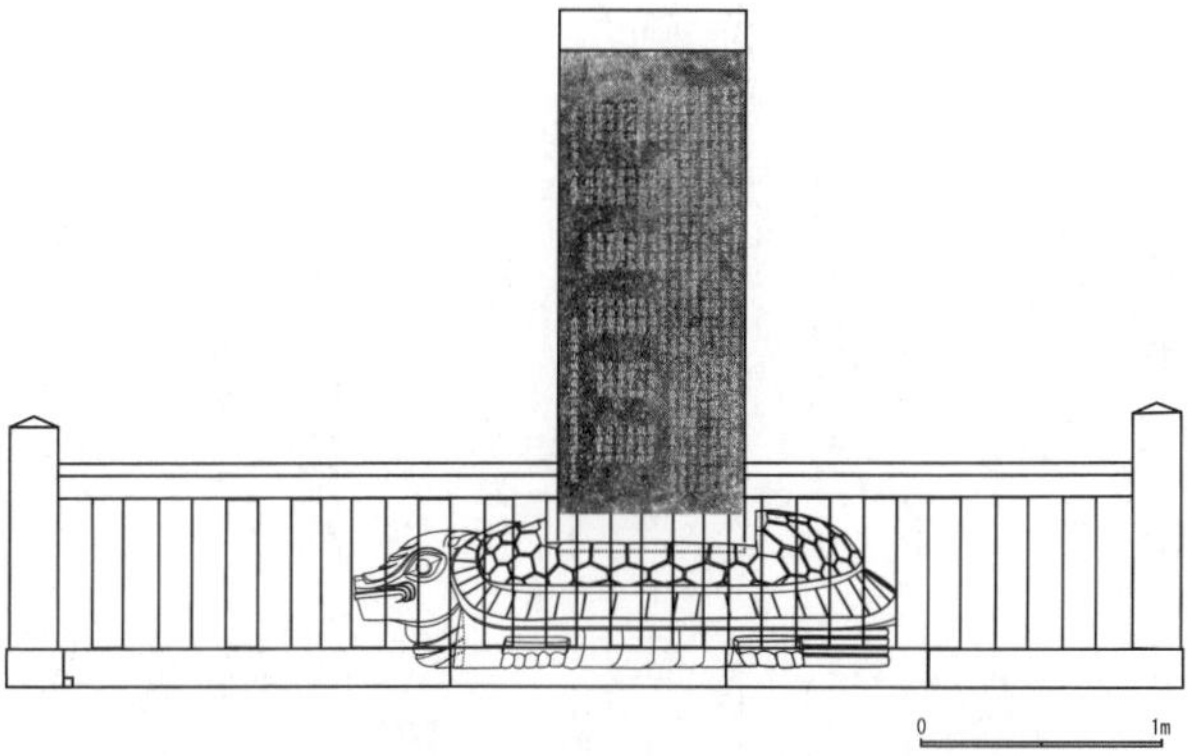

図 12　深溝松平家亀趺（4 代忠利頌徳碑）

図 13　唐津藩初代大久保忠職頌徳碑（二代忠朝建立）

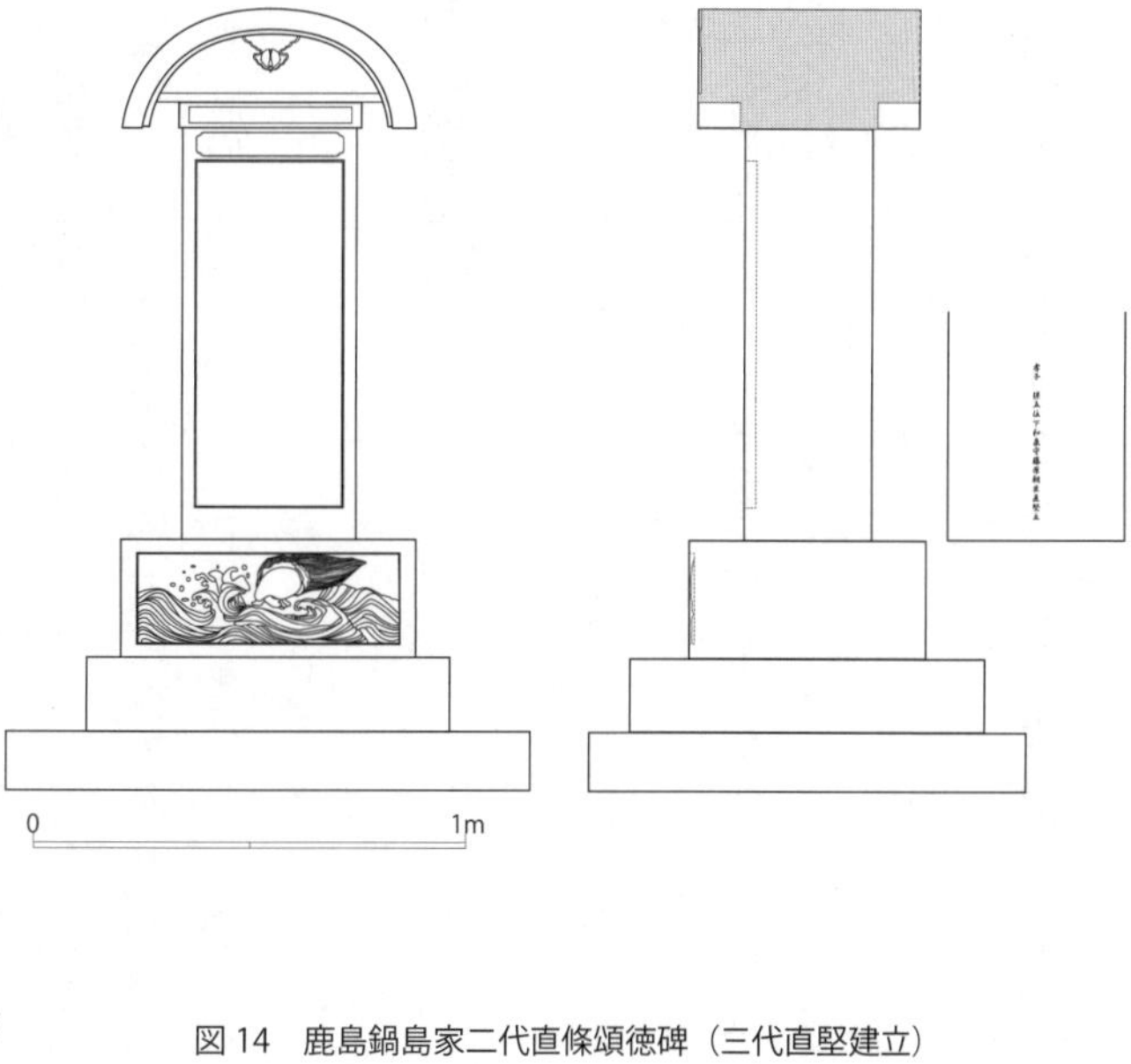

図 14　鹿島鍋島家二代直條頌徳碑（三代直堅建立）

（三）鹿島藩鍋島家

鹿島藩鍋島家の二代当主直條の周囲を確認すると、先に示したように叔母長が深溝藩六代松平忠房に嫁し、従姉が忠房の長男に嫁いでいる。『国史館日録』で確認すると、江戸詰めにおいて直條は叔父忠房と共に林家を訪ね親密に交流していることがわかる。

以上確認してきたように三家と大名との婚姻関係から何が見えてくるかということであるが、特に松平忠房の思想や思惟が儒教と吉田神道に傾倒していた事は、深溝松平家の墓制の分析から既に指摘してきた。加えて忠房は江戸詰めにおいて『国史館日録』で明らかな通り、林家との密接な交流から墓所造営にあたり、最も早く亡くなる好房の遺骸埋葬を切っ掛けに思惟の全てを墓所造営に尽くした。

墓碑は吉田神社神龍社の造りに倣い岡崎石工による巧妙な石製一間社流見世棚造とした。

また巨大な亀趺碑（図12）を建立し「家」を顕彰する撰文を林鵞峰に依頼するなど実践した。このことを踏まえて鍋島三家と関連する墓所を確認してみたい。

直接的にその関連が指摘できるのは、鹿島普明寺の二代直條（宝永五年〈一七〇五〉没）の墓碑の前に建立された顕彰碑（図14）であり、撰文を依頼した肥前鹿島藩三代直堅の意と、再造立（宝暦四年〈一七五四〉建立）した直郷の思惟や意識を端的に示していることを強調したい。

碑は亀趺碑（図13）と共通している。つまり通常は、基台が亀趺となるが、この場合方形基壇の前面に蓑亀を陽刻している。碑正面の陥中に顕彰の碑文を刻み、碑陰に造立者として孝子名を刻んでいる。

墓所の様式は同型式の石塔を用いる点が、深溝墓所と共通していることから、儒教的な墓所構造として捉えてきたが、直條は熱心に黄檗宗へ帰依をしていた。このことを考えると、亀趺の造立については黄檗宗による影響や、四代直郷が儒教に傾倒し教えを受けた前橋藩の藩儒河口静海（宝暦四年〈一七五四〉没）の影響も否定できない。普明寺の墓碑は、塔身に六角形を重視した黄檗宗型墓碑を用いている。

さらに、同様に蓮池鍋島家の初代当主直澄は、徳川家康の外孫である松平忠明との縁で娘（恵照院）を娶り、さらに松平忠明の別の娘は、唐津藩初代藩主大久保忠職正室として嫁している。

大久保忠職は、寛文一〇年（一六七〇）六七才で死去し、京都の本禅寺に埋葬される。国元である唐津和多田には、養子である唐津藩二代を相続した忠朝が頌徳碑（図13）を建立している。

この碑の型式は、鹿島鍋島藩二代直條が建立した碑と同型式である。そして両碑の共通項は、撰文を林鵞峰と林鳳岡が行っているということである。つまり林家が関係しており、同一の文化圏における属人的共通項が思惟を創り出した結果が碑の型式をも共通にさせた事を示しているのである。

四　神代家と鍋島家

中世の神代家は、筑後国光井郡神代村の在地領主で筑後邦の一宮高良神社の神人であったとされる。『久留米市史』第一巻（一九八一）に、永正年中に肥前国佐賀郡千布村に移住したとされる。また、『佐賀県史料集成』一七巻（一九七六）の、神代家家臣の杠家「杠家文書」によれば、天文一四年（一五四五）に「少弐冬尚が小城郡内、きつ河分」を宛がっている書状が確認されている。

この杠家は、当該期に小城郡を本拠地とした千葉家と従属関係があったことも確認されている。

一方、肥前国平定を目指す龍造寺隆信は、神代家を臣従化させていくことが極めて重要なことであった。元亀三年（一五七〇）に豊後国を領していた大友家が肥前に侵攻したことで、神代家は龍造寺家の臣従の度合いを強めたとされる。近世神代家は、関ケ原の戦いで、鍋島勝茂に従って伊勢津城攻めや柳川の立花宗成攻めに従った。

領地は川久保村・芦刈村を治め、佐賀城内に屋敷を有していた。川久保村松陰寺と芦刈村福田寺を菩提寺とした。

明暦元年（一六五五）には自分の庶子直長を神代家（七代として）へ入嗣させ、勝茂自身が神代家の存続を重視したことが指摘されている。

また、無嗣の神代七代直長（川久保鍋島）は、寛文六年（一六六六）鍋島光茂の二男直利を養子に迎えるなどしてその存続を重視したが、自らも無嗣で光茂の一五男宗茂を九代として迎えた。その後設けた実嗣茂真は光茂養子となるが、光茂の命により別家村田鍋島家が誕生する（貞享元年〈一六八五〉）。

神代家と宗家のこの様な相続関係は、直長の代に鍋島分家ともいえる親類格に命ぜられ、その格も親類格最上位の白石鍋島家に次ぐ家格として認められていた。

そこで、ここでは直茂が勝茂長男元茂に領地小城を与え、別家を立てさせるにあたり、家臣神代家の一部を移籍させたとされる一族の墓所と、勝茂が分家創出およびその存続において親類格とした神代家の墓所造営について概観してみたい。

なお、小城神代家の一族墓所は近年発掘調査の成果をもとに示す（佐賀県教育委員会二〇一一）。

五　神代家の墓所とその造営

二〇〇八年佐賀県教育委員会は、嘉瀬川ダム建設に際して、佐賀市富士町曹洞宗寺院宗源院墓地の調査を行った。

この墓地は神代勝利とその一族の墓地であり、神代家の近世期から明治期にかけての人々が埋葬された聖域であった。

戦国期、神代勝利は各地を割拠し、佐賀市三瀬村三瀬城を本城とし、谷田城、熊川城などを構え、永禄七年（一五六四）隠居所として畑瀬城を築いたとされる。また、戦国期の城館については「近年の中近世城館跡分布調査によって、山内では三瀬城の規模が際立って大きく、それ以外の在地領主のものと考えられる山城は、規模・構造とも簡素なものが多いこと、個々の集落単位で領主居館跡、詰城、領主の墓址、菩提寺、氏神がセットで残っている例が数多く確認できる（佐賀県教育委員会二〇一一）と位置付けており、そのような意味からも今回の調査は、今後、近世以降期の在地領主の墓所造営を示す基本資料となると思われる。

以下、この調査の成果に基づき近世初期の墓所造営を確認してみたいまた、それに引き続き、近世期の菩提寺となった松陰寺墓所の造営を確認してみた。

東畑瀬遺跡九区では、南北一五m、東西三〇mの範囲に、約四〇基の墓が確認された。この中には性格の不明な一〇基を含んでいるが、碑と下部施設が対で確認される遺構が七割を占めている。

墓碑の紀年銘から四代利尚夫妻の墓所（図16）が最も古く位置付けられ、特に妻「一應妙機信女」は承応三年（一六五四）没で、これに次いで四代利尚が寛文一〇年（一六七〇）に没している。

両者の墓の上部構造は祠様式を用いており、遺骸は火葬である。また、墓所東側、基壇を設けた宝篋印塔（一基）は、神代勝利墓として祀られているが、解体調査が行われたのかは明記されていない。

宝篋印塔の塔型式から勝利の没年である永禄八年（一五六五）以降で一七世紀前半から中葉の型式に相応しいと位置付けている。

そして、この時期には鍋島家二代光茂から、寛文三年「茶湯薪用山林壱町余寄付」（「曹洞宗由緒」に残る宗源院の記録からとされる）なども記録が確認できるとしている。これらの推定に加えて寛文三年は、先に没した四代利尚の妻の九回忌に当たる点も、寛文期における墓所整備への契機は十分に想定可能であると思われる。

さらに宗源院では神代勝利の回忌法要が行われたことが明らかにされている。年代の明確な記録として宝暦一四年（一七六四）の二百回忌をはじめ、二百五十年、三百年と行われ、菩提寺として安定的に経営されたようである。歴代住職の墓所の存在がこれを物語っている。

この小城神代家は四代とされる利尚が寛永一四年（一六三七）の島原の乱で功名を挙げたことから、小城支藩の主要な家臣となるとされる事からも、今後、改めて宗源院の本格的調査の結果と近世鍋島家の関わりをより広い視野での検討が必要になるものと思われる。

墓所の造営として興味深い点は、四代利尚によって経典埋納が行われていることである。妻「一應妙機信女」が亡くなり経典埋納地近くに墓所を造っている。この墓所の位置は、墓所通じる階段部の真正面の位置にあたることからも、小城神代家墓所造営の開始を示しているもの思われる。

四代利尚の墓所は、妻の墓所の横に位置しており、墓所上部構造が祠様式で共通する。

「一應妙機信女」墓祠は、起りを持たせた基台に請花座を設けその上に祠堂を載せるタイプで丁寧な造りである。前扉を開けると戒名を彫った板状の墓碑が嵌め込んである。

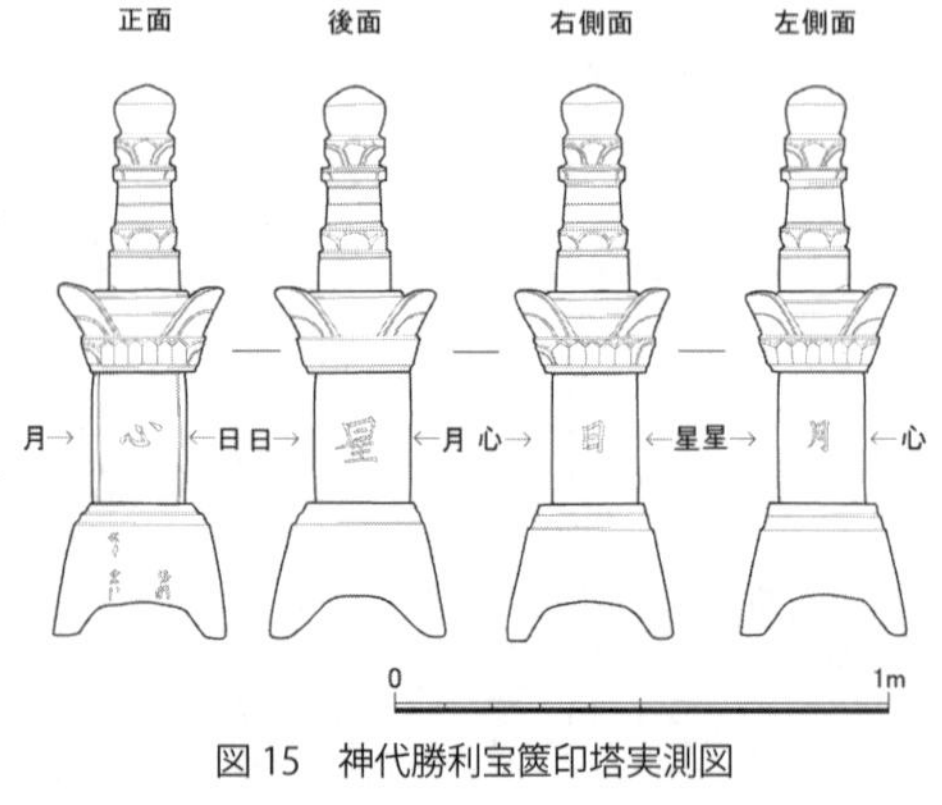

図 15　神代勝利宝篋印塔実測図

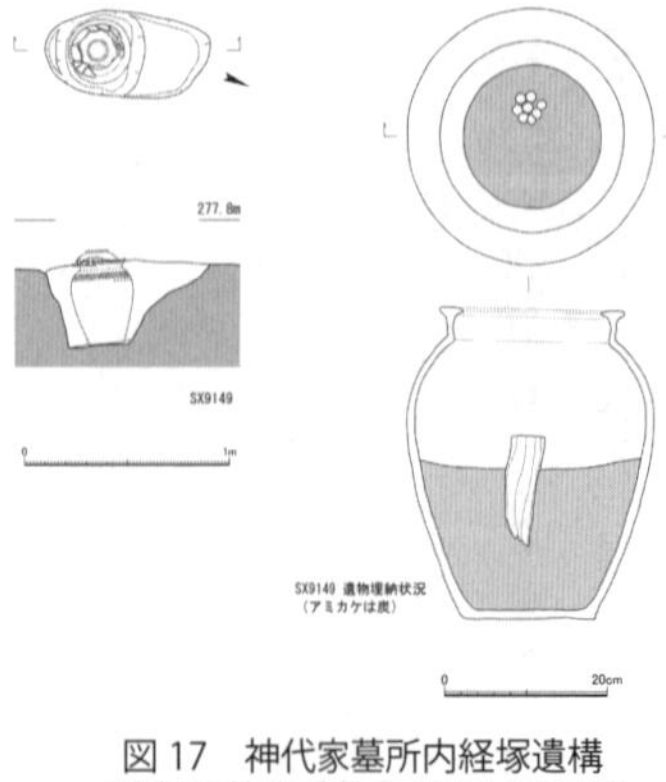

図 17　神代家墓所内経塚遺構
（佐賀県教育委員会 2011 に加筆）

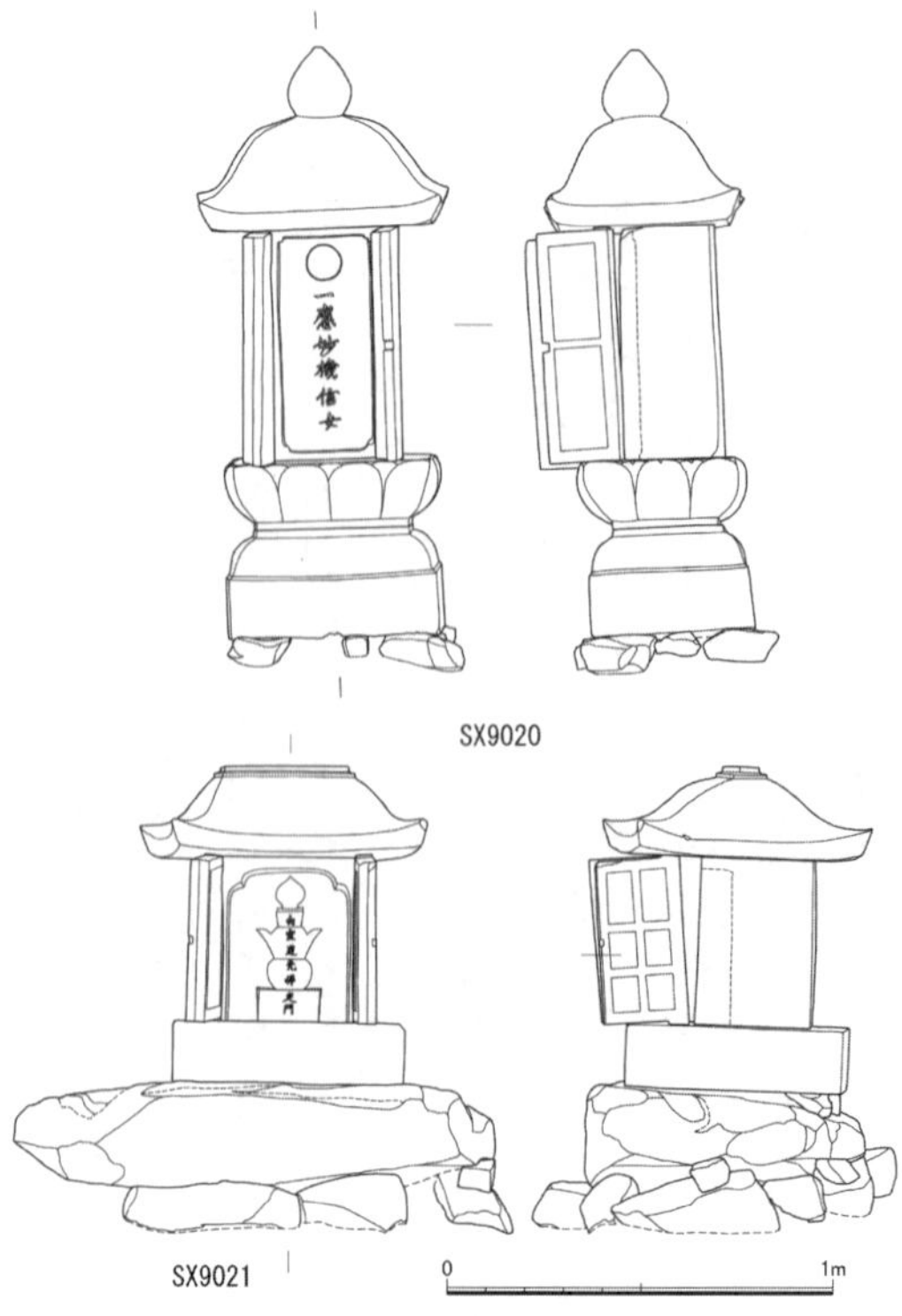

図 16　神代家４代夫妻墓碑実測図
（佐賀県教育委員会 2011 に加筆）

利尚の墓は、腰の低い基台に入母屋造りの屋根を有する祠堂がのるタイプで、前扉内には板状の墓碑が嵌め込まれている。碑の部分は家紋である木瓜が四方にめぐる。

そして、墓所の最も東奥には基壇を設け、藩祖神代勝利の宝篋印塔が祀られている。戦国期末から近世初頭における、宝篋印塔による武家の供養は多く、神代勝利の宝篋印塔も当該期の供養のあり方として相応しい。本来は低い板状の石製基壇の上に据え、廟に納まっていたのではなかろうか。現状の様相は後世の墓所整備との関係の中で構築されたものと思われる。時代的には、戦国期末期の基壇は壇上積み基壇が一般的であることから、切石積み基壇と門の様式から一七世紀中葉から後半期に墓所全体が整備されたのではなかろうか。

六　松陰寺（勝茂系）神代家の墓所と鍋島家

川久保神代家は、初代藩主直茂の弟で、小川信安に養子入りした小川信俊の三男である家良が神代家を相続し、六代常宜の後を勝茂の一一男直長が明暦元年（一六五五）養子として七代を継いだことで川久保神代家と称された（系図1）。

川久保神代家は、川久保松陰寺と芦刈村福田寺を菩提寺としたが、慶長一五年（一六一〇）、佐賀藩の財政窮乏から三部上地を行い知行判物が交付された。神代家では岩蔵村などを上地している。この時に、納所・松瀬両村と月島郡飯田・伊福両村と知行地を交換したことで、山内地方との関係性は無くなるが、先に示した宗源院と神代家との縁は神代勝利を祀ることで存続した。

また、千葉家（のちに東千葉家）から系図を譲り受けている由緒から、肥前小城郡にも知行があり、ここを拠点に一時は、佐賀・杵島・藤津など

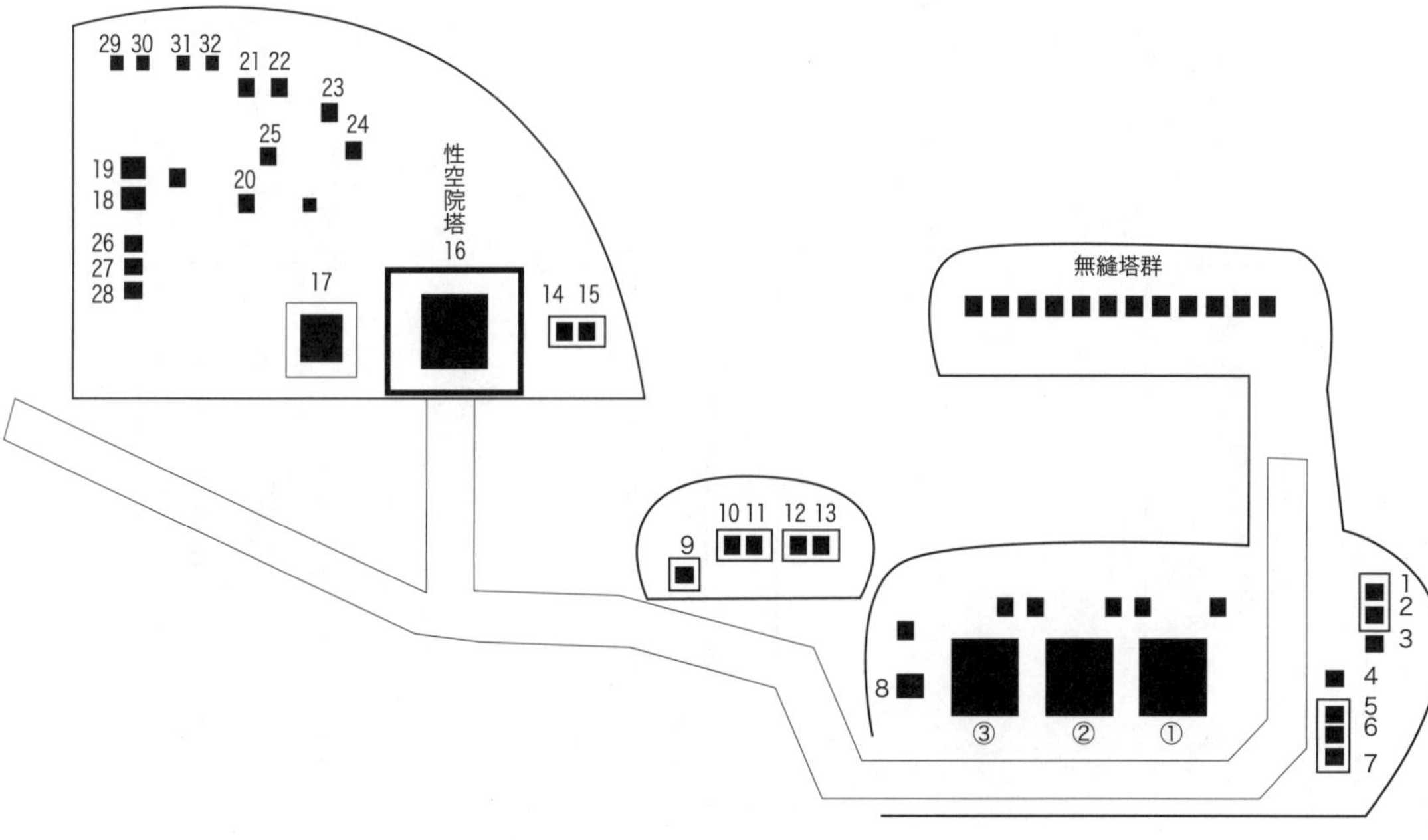

図18　松陰寺神代家墓所配置略図（№は調査墓碑、参考資料1参照）

に勢力を拡大するも、内紛によって東西千葉家に分断され、次第に衰退し東千葉家は小城を離れ、その後、常親、常利、常宣は若くして没した。

しかし、五代当主常利と、鍋島勝茂の娘・伊勢菊との婚姻関係は、以後鍋島家の親類一門として重要な役割を担うことになった。

このことは勝茂が親類格筆頭の神代家の重要性を認識しての事であったが、このような婚姻関係こそ、その後の両家の安定的な相続システム構築の契機になったといえる。

このことは、今回調査を行った松陰寺墓所造営経過を辿っても明確である。

そこで松陰寺を菩提寺とした神代家の歴代に若干触れ、墓所との関連を考えてみたい。

神代家は、勝利が永禄八年（一五六五）畑瀬城で没し畑瀬山宗源禅寺に葬られ、二代当主長良が三瀬城で没すると三瀬長谷山観音寺に葬られ、三代家良は天正一二年（一五八二）戦死したが、実は鍋島清房の子で直茂の弟であったことから、鍋島家菩提寺である佐賀高傳寺に埋葬され、後に小城の鶴鹿山福田寺に改葬された。四代常親は寛永一四年（一六三七）以前に鍋島勝茂の家老になり、有馬との戦いに出陣。慶安四年（一六五一）没するが葬地は家譜には記されていないが、父に先立って五代当主常利が二八歳の若さで正保二年（一六四五）没し、川久保村松陰寺に埋葬された

図22　松陰寺常宜塔

図21　松陰寺常利塔

図20　松陰寺常親塔

図19　松陰寺4代～6代墓碑

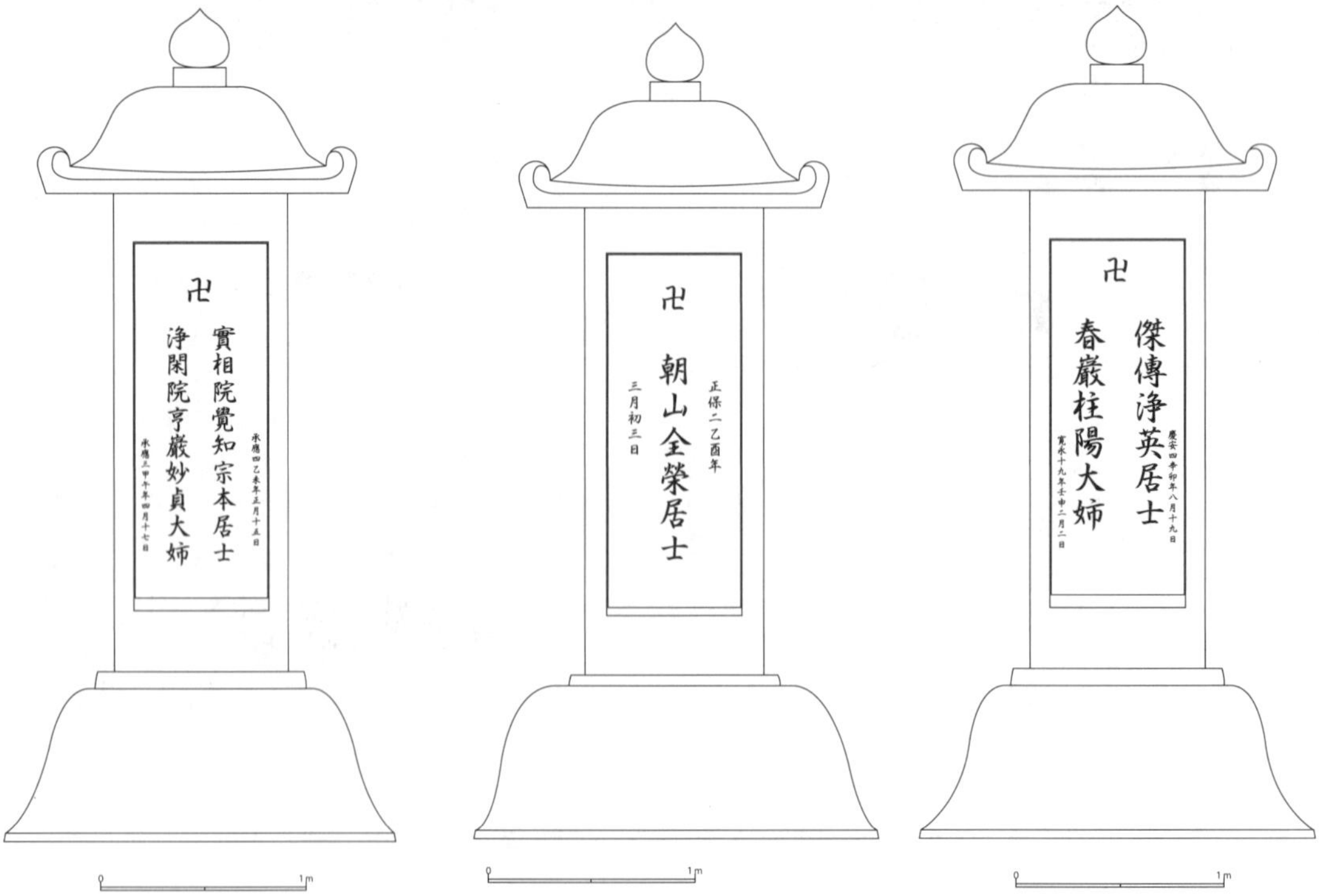

図23　松陰寺神代家4代常親夫妻（右）、5代常利（中）、6代常宣夫妻（左）墓碑実測図

第二部

記録が「神代家系図」に見られる。そして常利の正室で鍋島勝茂の娘・伊勢菊の戒名が「性空院松陰道訔」であることから松陰寺とされたとされている。一説には子である六代常宣夫妻が明暦元年（一六五五）に没したことで開基したとされているが、常利が没するより後であり常利の系図に葬地として「松陰寺」名が記載されていない点からすると、性空院墓と並んで位置する伊勢菊実弟である七代直長が姉の死を供養し、一族の菩提を弔うために墓所整備を行った。さらにこれを支えたのが光茂二男であり、吉茂は、名を直利と改め、鍋島宗家の縁を重視して墓所整備を行ったと考えられる。

直利は宗家三代綱茂に世嗣がいなかったために鍋島四代吉茂として家督を継いだ（図2系図1・3）。

神代家九代は、光茂の実子宗茂であり、宗家吉茂の養子となり、鍋島宗家五代として復籍した。

高傳寺は、恐らく直利が宝永二年（一七〇五）に宗家に復籍してから以降、埋葬されるようになった。また、正室や早世の子供たちなど有縁の人々の墓所として機能していたものと思われる。

神代家は、四代から六代が相次いで没した。五代常利の正室である伊勢菊こと性空院は、夫と息子夫妻を続いて亡くしたことで神代家七代に勝茂の十男で実弟である直長を神代家七代として万治年間（一六五八～一六六一）に迎えた。この時に神代家の供養のために松陰寺を開基したとされる。開基に際して夫である五代常利に続いて没した六代常宣夫妻、そして同時に四代常親夫妻の墓碑を祀った。これらの三基は同型式の塔で、亀腹《かめばら》状の基台の上に方柱形の塔身、その上に蕨手を四方に配し頂部に受花と宝珠を載せた笠塔婆型式塔である。神代家・鍋島家・龍造寺家の中で、

図25　佐賀高傳寺龍造寺隆信二女墓碑

図24　佐賀高傳寺龍造寺隆信二女墓碑実測図

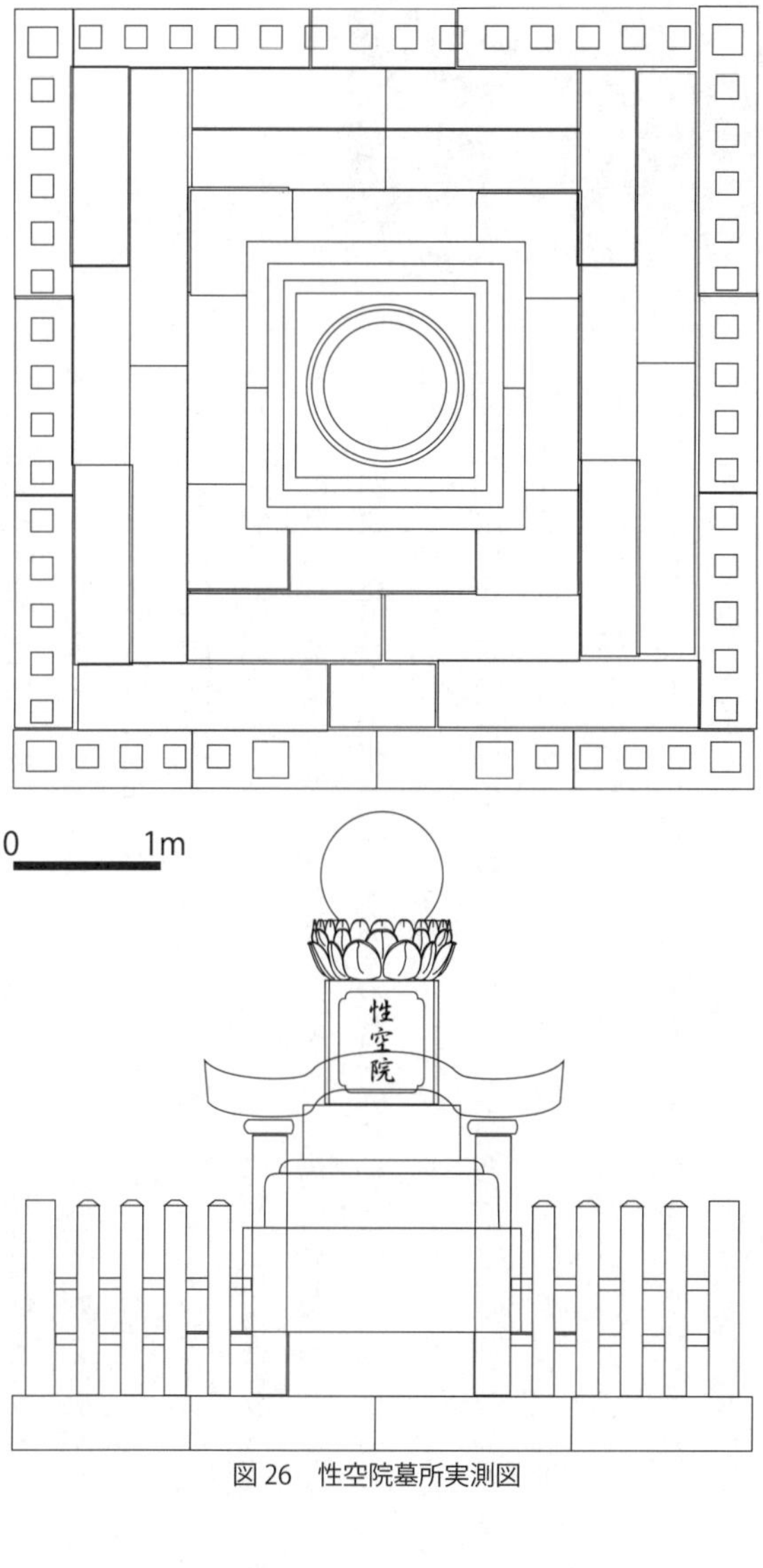

図26　性空院墓所実測図

図27　松陰寺性空院墓と7代直長墓（左）

図28　京都知恩院千姫分骨塔

この塔型式を用いるのは珍しく、唯一鍋島家菩提寺高傳寺墓所中にある西郷二郎三郎信尚の正室として嫁した隆信二女の墓寶譽慶珍大姉の墓碑型式が共通した型式である（図24・25）。

笠塔婆型式は、肥前伊佐早荘に由来した西郷家に関連するのか、あるいは祖母が龍造寺胤和の娘であり、叔母が龍造寺胤栄に嫁すが、後に父・隆信の室になるなど龍造寺家との縁が強い中において選択された型式なのか直接的関連は見出せないが一応、鍋島宗家菩提寺である高傳寺に確認できるので参考として示した。

また、松陰寺墓所で着目しておきたい墓は、宗家初代勝茂の娘・伊勢菊こと性空院の墓である（図2系図1）。性空院の墓碑造立によって、近世神代家が改めて由緒づけられ再興されるものと考えており重視したい。

破風の門と五m四方の玉垣に結界された墓所は、中心に四段の基壇を据え、その上に塔身、三重の請花を置きその上に正円の球体を載せる変形無縫塔型式で、総高が約三・九mの巨大な墓塔である。

なぜこのような巨大な変形無縫塔になったのかと言うと、この様な型式は全国的に見ても極めて珍しいことから、敢えてなぜそのような型式を選ぶ必要があったのかを考えてみた。

そこで性空院の母・高源院の出自に着目した。

系図1で示したように性空院の母・高源院は、岡部長盛の正室の長女であり家康の養女として鍋島勝茂に嫁いでおり、伊勢菊は家康の孫にあたる事に関係していると思われる。

家康の孫で注視したいのは秀忠と江の女（養女）である千姫（秀頼の室とされる）の分骨塔（京都知恩院）である。この塔の様式が性空院塔と共通しているのである。千姫は寛文六年（一六六六）伝通院に葬られるが、分骨塔が浄土宗総本山である京都知恩院に建立された（図28）。つまり、性空院の没年が延宝八年（一六八〇）である点から、同じ家康の孫、ある

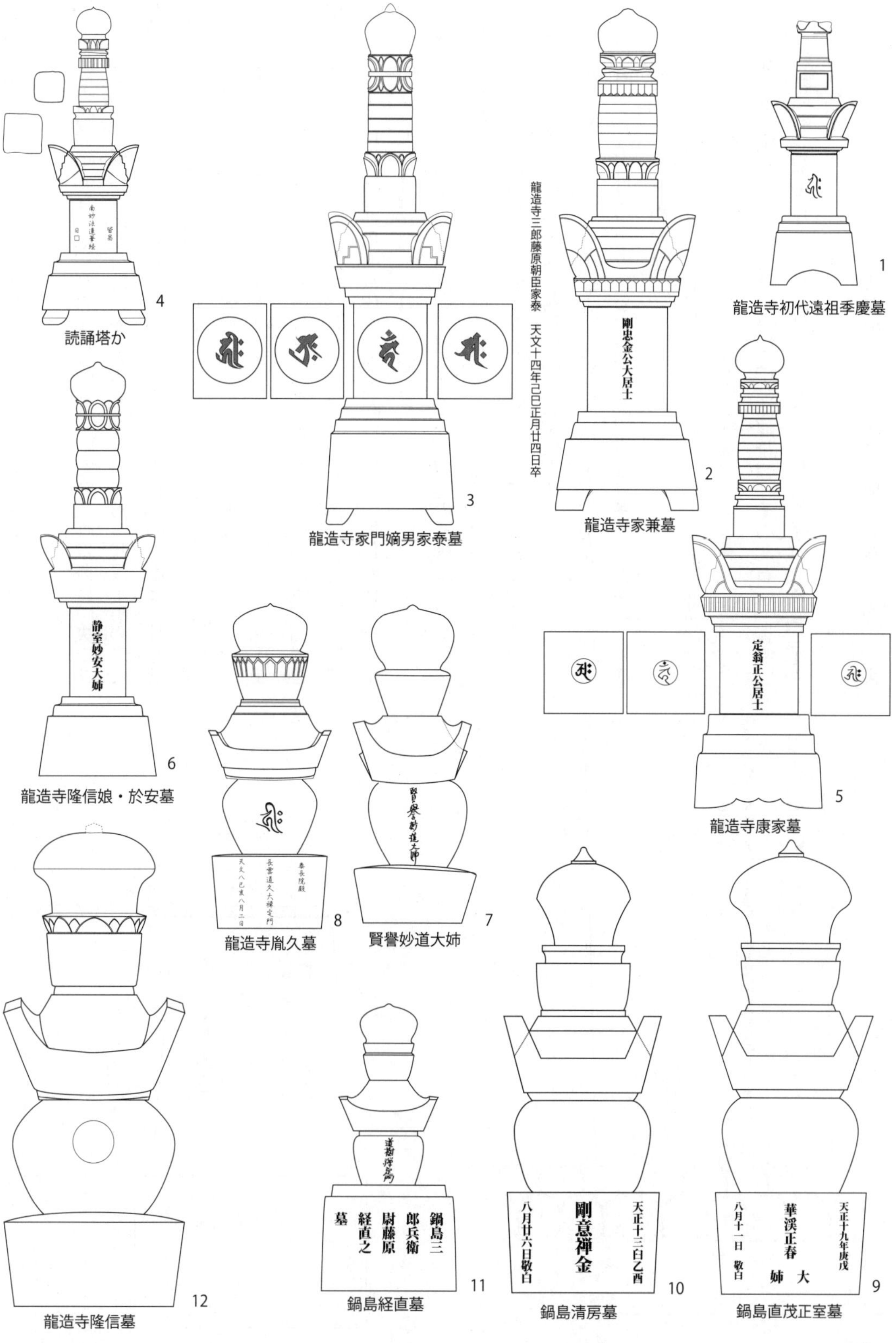

図 29　高傳寺宝篋印塔・五輪塔実測図

いは豊臣の血統を示すために千姫墓と共通の塔型式を用いた可能性を指摘しておきたい。

性空院の塔の造立背景は、家督相続と関連しており、性空院は、夫である五代常利と嫡男六代常宣を続いて亡くすが、実弟である勝茂十男の直長を神代家の七代として迎えることで神代家が存続出来たのである。性空院と七代直長の墓が墓所入口に近い正面に並列して造立されていることの意味は、家督相続の危機を性空院と直長が救ったことにある。

そしてこのような神代家としての自己認識は、八代直利によって受け継がれ、この直利は後に鍋島本家三代綱茂が無嗣であったために本家四代を相続する。ここで鍋島家と神代家の共通の自己認識が形成されるのである。以後、本家五代宗茂も神代家八代直利が無嗣の時には、神代九代を継ぎ本家に復籍し本家の永続が保全されたのである。

最後に、鍋島宗家菩提寺高傳寺に遺る龍造寺家関連の墓碑について管見に及び実測が出来た塔について触れておきたい（図29〜31）。

1　龍造寺家初代遠祖・季慶（季嘉）宿阿（宿阿常榮大禅定門）八月三日卒、藤原秀郷の末裔、西行法師の叔父に当たる。

2　龍造寺隆信曾祖父、山城守家兼宝篋印塔、天文一五年（一五四六）丙午三月十日没、剛忠金公大居士宝篋印塔と賢譽妙道大姉の五輪塔（図25-7）と組み合う。

3　龍造寺三郎藤原朝臣家泰、天文一四（一五四五）己巳正月廿四日卒、宝篋印塔、父龍造寺家門と共に暗殺される。

4　銘文を確認すると、塔身中央に「妙法蓮華経」その左右に「皆唱」、「日□」と刻まれている。「日□」が奉納した法華経の読誦塔と捉えられる。

5　中興の祖とされる一二代龍造寺隠岐守康家、慶雲院殿定翁浄正大禅定門、永正七年（一五一〇）庚午三月二一日没、宝篋印塔である。

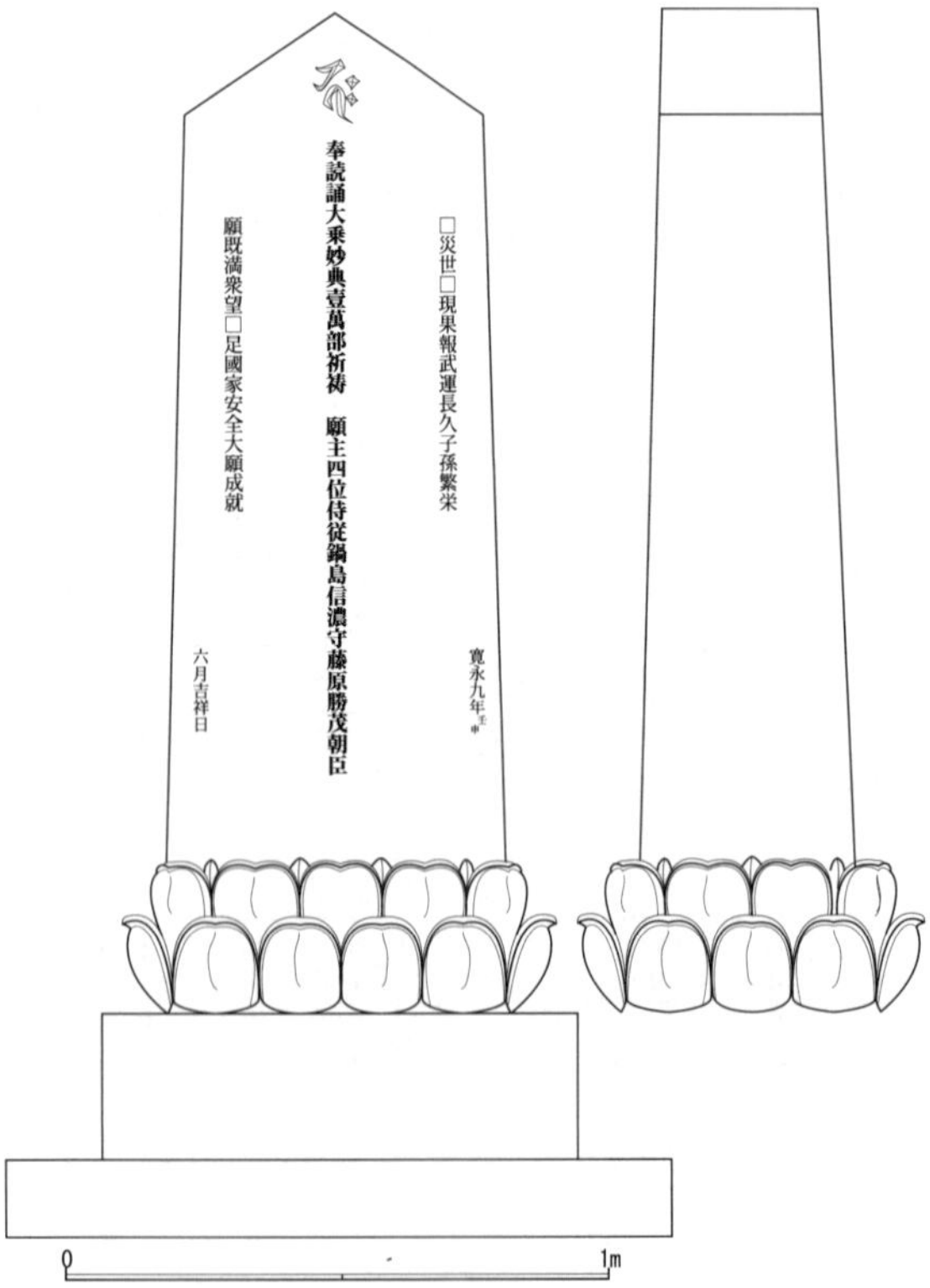

図31　佐賀万部島経塔

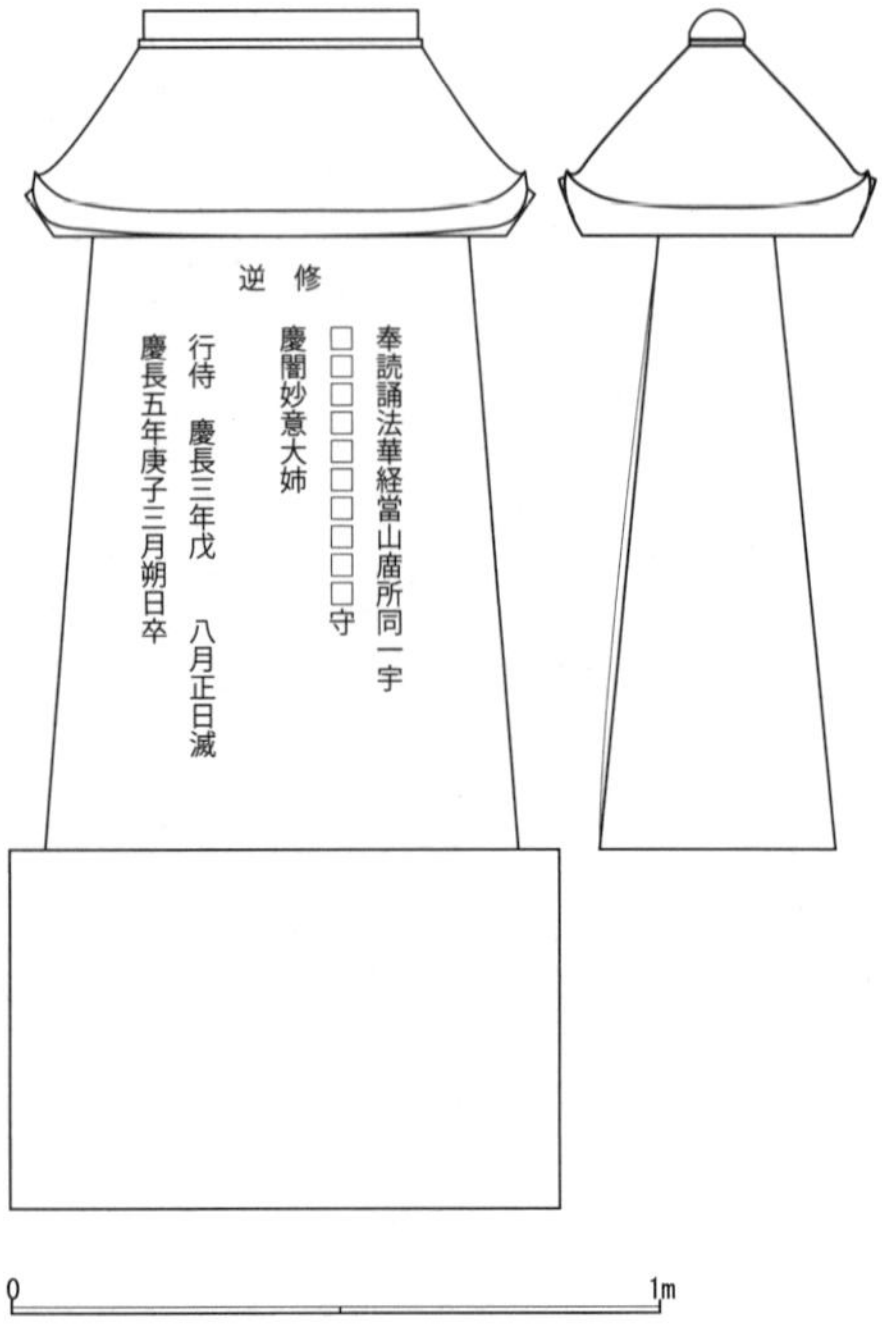

図30　高傳寺慶闇尼逆修万部経塔

6　龍造寺隆信長女・於安（波多参河守源朝臣親室）宝篋印塔寛永元年甲子七日晦日卒、静室妙安大姉塔である。
7　先に示した2の宝篋印塔と組み合う。
8　一四代龍造寺大和守胤久・泰長院殿雲道久大禅定門、天文八年（一五三九）己亥八月三日没（泰長院開基）。
9　鍋島直茂正室塔　天正一九年（一五九一）没、
10　鍋島直茂の父、清房塔　天正一三年（一五八五）没、正室は肥前水ヶ江城主 龍造寺家純の娘、継室は慶誾尼。
11　鍋島直茂の祖父・鍋島三郎兵衛尉藤原経直・天文二一年（一五五二）三月八日没。
12　一六代山城守龍造寺隆信・天正一二（一五八四）年甲戌三月二四日没。

図30は、慶誾尼（父：龍造寺胤和）の法華経読誦塔で逆修の塔である。龍造寺周家の正室で、周家没後清房に嫁いで両家を結んだ。清房の没年が慶長三年（一五九八）でその時に逆修で読誦供養を行い、鍋島家の今後の安寧を願った。慶長五年（一六〇〇）没すると、逆修塔に没年が刻まれたのであろう。銘文は次のようである。

「奉読誦法華経當寺苗所岡一宇
□□□□□□□□□□□□□守
逆修　慶誾尼大姉
行侍　慶長三年戊戌八月正日滅
慶長五年庚子三月朔日卒　　　　（一六〇〇）

鍋島家における法華経読誦の先祖祭祀は、古くから確認でき、現在、佐賀市水ケ江一丁目の万部島に法華経一万部読誦供養塔が遺存している。宗家歴代藩主が同型式の塔を踏襲している点は興味深い。鍋島家における万部供養は、近世鍋島家に直接系譜する龍造寺隆信の曽祖父・山城守家兼（剛忠）が永正二年（一五〇五）三月、天亨和尚を導師として行ったのが最初とされている。

臨済宗水上山万寿寺の自伝では、天亨和尚は隆信の実弟とされ、万寿寺の六四世を継ぐが、その出自は、龍造寺隆信の曾祖父家兼の実弟とされている。

図31は、勝茂が寛永九年（一六三二）六月に奉納した万部塔の実測図である。請花座の花弁の造りから、佐賀砥川所縁の「平川与四右衛門」関連の作品ではなかろうかと思わせる特徴的な花弁様式である。

また。万部島には龍造寺剛忠にゆかりがあると伝えられている六地蔵が二基あり、南側の六地蔵の竿中央に「天文弐暦年十一月二十八日」とあり、「願主権大僧都弁仁」と記され、「大工□□郎」と刻まれている。

北側の六地蔵は、南側よりも全高が高く、竿中央に「天文二十二年癸丑霜月七日大周寿盛建之」と刻まれている。

また、この他、二代光茂は、元禄八年（一六九五）家督を綱茂に譲る。元禄一三年（一七〇〇）老衰の傾向が著しくなったため死期を悟り、母高源院自筆の書付と共に保管されていた生衣・生髪などを善應庵に納めた。また、肌身に付けていたお守りを灰にして善應庵万部塔下に納めさせたという。

この善應庵は、特に振姫との間に設けた佐内・亀千代・伊平太らが相次いで早世し、供養のために鍾愛した金の御部屋を仏堂として転用し移した建物であり、追善のために、天和二年（一六八二）から一七年かけて一万部の法華経を読誦させその結願に万部塔を建立した。この万部塔の下に、先に示した光茂自身の生衣、生髪などを納めたとされている。

【参考文献】

佐賀県教育委員会　二〇一一『東畑瀬遺跡６Ｇ・７・９区』（佐賀県文化財調査報告書第一九〇集‐嘉瀬川ダム建設に伴う埋蔵文化財発掘調査報告書６‐）なお、佐賀県教育委員会・小松譲氏に資料を教示いただいた。
野口朋隆　二〇一一「佐賀藩成立の政治的過程‐龍造寺氏から鍋島氏への領主交代」（『佐賀学‐佐賀の歴史・文化・環境』佐賀大学）。
川久保善智　二〇一四「小城神代家の人々‐宗源院墓地から出土した人骨について‐」（『佐賀学‐佐賀の歴史・文化・環境』Ⅱ　佐賀大学）。
公益財団法人鍋島報效会　二〇一一『佐賀城築城四〇〇年記念　鍋島直茂・勝茂の時代』。
公益財団法人鍋島報效会　二〇一五『藩主の座　二代藩主鍋島光茂公と跡継ぎ』・『第二七回佐賀城下探訪会　‐名門神代家を訪ねて久保泉』。
佐賀県立図書館　一九九六『佐賀県近世史料』第一編第四号。
佐賀県立図書館　二〇〇〇『佐賀県近世史料』第一編第八号。
藤野　保　一九八一『佐賀藩の総合研究‐藩政の成立と構造‐』（吉川弘文館）。
牛津町教育委員会　一九九九『石工「平川与四右衛門」の軌跡‐肥前小城郡砥川の名工が残した石仏をめぐって‐』。

挿図出典

図１　『佐賀県史近世史料』第一編四号より転載。
図16・17　佐賀県教育委員会二〇一一『東畑瀬遺跡６・７・９区』より転載。
その他の図は、全て実査により作製。

【参考資料1　調査した墓碑一覧】

＊備考の番号は参考資料2の番号と合致

位置	銘文（正面）	銘文（碑左・陰・右）	年号（西暦）	備考
①	慶安四辛卯八月十九日 傑傳浄英居士 卍 春巌桂陽大姉 寛永十九年壬午二月三日		一六五一 一六四二	29
②	正保二乙酉年 卍　朝山全榮居士 三月初三日		一六四五	28
③	承応四乙未年正月十五日 實相院覺知宗本居士 浄閑院亨巌妙貞大姉 承応三甲午年四月十七日		一六五五 一六五四	27
1	榮雲院			44
2	妙法蓮華経　草光院			43
3	承応三年甲午 正月三十日卒 花翁源春	左　神代右京亮 陰　蓮華臺上一如来 觀體分明正眼關 十万■図何文遠 松陰秋静絶塵埃 寛文十一辛亥 八月吉日一日立焉	一六七一	42
4	永禄八□□□ 前和州太守勝 覺誉賢利大禅定 三月十五日逝		一五六五	41
5	銘なし			40
6	天正九辛巳 前刑部太輔長□ 深山宗異大禅定門 三月二十八日逝		一五八一	39
7	□□助家良 見□宗性 大禅定門 慶長十七年□十一月八日 花願榮春 大姉 寛永四年春		一六一二 一六二七	38
8	法福院			26
9	祥雲院殿	右　文化元年甲子十二月七日	一八〇四	21
10	香樹院殿 嫩桂妙榮大姉 寛政元巳酉十一月十六日		一七八九	22
11	正眼院殿 勇山義運大居士 享和元辛酉年九月廿七日		一八〇一	23
12	嶺雲院殿	右　明治二己巳八月七日	一八六九	24

位置	銘文（正面）	銘文（碑左・陰・右）	年号（西暦）	備考
13	實量院殿	右　萬延元庚申七月廿六日	一八六〇	25
14	仙嶺院殿 永巌壽頂大姉 宝暦十三季		一七六三	19
15	大鏡院殿 圓山道光大居士 明和四丁亥七月廿二日		一七六七	20
16	性空院 延宝八庚申年		一六八〇	18
17	旹元禄六癸酉歳卯月十一日 圓通院殿観性道聞大居士		一六九三	17
18	松壽院殿 節巌崇貞大姉 寛政八丙辰十月九日		一七九六	4
19	圓珠院殿 一明道顆大居士 安永三甲午二月十四日		一七七四	5
20	眞性院殿			16
21	清嶽院殿 涼窓覺雲禅童子 元禄十五年午歳五月十有三日		一七〇二	11
22	瑞巌院殿 玉江智泉禅童子 元禄十一戌寅年十月三日		一六九八	12
23	心樹院殿 日渓芳春大姉 元禄七甲戌歳二月廿日		一六九四	13
24	靈臺院殿 廓心良明大姉 寛政十戌年正月四日		一七九八	14
25	麗恵院殿			49
26	淋負童禅童女	文久二壬戊十月十日	一八六二	3
27	瑞雲普明禅童子	享保十一年丙午四月廿二日	一七二六	2
28	暁露禅童子	安政七庚申正月二十六日	一八六〇	1
29	玉顔院殿	享和三癸亥十月十二日	一八〇三	6
30	玉窓院殿	寛政十二庚申八月十三日	一八〇〇	7
31	元禄七年庚戌年二月廿日 壽槿禅童子		一六九四	8
32	元禄七庚戌年十二月廿一日 梅窓幻芳禅童女		一六九四	9

【参考資料2　松陰寺墓所墓碑一覧（公益財団法人鍋島報效会調査）】

No.	法号	死亡年月日	年齢	西暦	俗名及縁故者	備考
1	暁耳神童子	安政七・一・二六		一八六〇	峯丸　直宝子	
2	端字音明神圭子	享保一一・四・二三		一七二六	虎松　直方子	
3	文琳貞半群童女	文久二・一〇・一〇		一八六二	文　直宝子	
4	松壽院殿節巌宗貞大姉	寛政八・一〇・九	二六	一七九六	千百　直方子	
5	円珠院殿一明道顆大居士	※安永　安政三・二・一四	四九	一七七四	直紀　歯粥	直恭
6	玉顔院殿天童妙容童女	享和三・一〇・一二	六	一八〇三	竹　直賛娘	
7	玉葱院秋月浮照童女	寛政一二・八・一二	七	一八〇〇	祐　直賛娘	
8	壽堆居室子	元禄七・二・二〇	〇	一六九四		喪生即月卒
9	梅漆幻芳神主女	元禄七・一二・二二	五	一六九四	時　直利子	
10	清涼院殿攻月素光帝圭子	慶応四・七・二四	六	一八六八	畑一郎　直宝子	
11	清秋院殿涼賽賛辞圭子	元棣一五・五・一三	一一	一七〇二	安長　直利子	
12	瑞巌院殿江智泉帝王子	元仙称一一・一〇・三	一一	一六九八	亮利　直利子	
13	心材院殿日漢芳春大姉	元仙称七・二・二〇	三一	一六九四	土　直利室	直利は、「直茂」として復籍、墓は高傳寺にある。
14	土台院殿廓心良明大姉	寛政一〇・一・四	七	一七九八	千代熊　直利娘	
15	心海花月一空一女	万延元・四・二八	二	一八六〇	俊　賢在子	
16	眞特性院殿倍安沖徹居士	嘉永二・一二・一〇	二七	一八四九	直備　賢在養子	諫早茂洪二男
17	円通院殿観性道聞大居士	元禄六・四・一一	六六	一六九三	直長	初代薄主鍋島勝茂末男
18	性空院展松陰漣事大姉	延宝八・四・一二	六一	一六八〇	伊勢菊　常利室	初代藩主鍋島勝茂娘　松陰寺開基
19	仙慌殿永庶事頂大姉	宝暦一三・七・二七	六六	一七六三	富　直方室	
20	大鏡院殿円山邁光犬居士	明和四・七・二二	七六	一七六七	直方　直堅養子	二代藩主鍋島光茂男
21	群辛院殿天然了瑞圭子	文化元・一二・七	〇	一八〇四	直興　直賛子	
22	香樹院殿赦桂妙事大姉	寛政元・一一・一六	三〇	一七八九	祐　直賛娘	
23	正眼院殿勇山義蓮大居士	享和元・九・二七	四九	一八〇一	直賛　直恭子	
24	嶺専院殿松巌永事大姉	明治二一・八・七	六五	一八六九	言　賢在室	

No.	法号	死亡年月日	年齢	西暦	俗名及縁故者	備考
25	寛士院殿功山推徳居士	万延元・七・二六	五三	一八六〇	賢在　直珍養子	九代藩主鍋島斉直男
26	法甫院照重心寂大姉	貞享四・一・一一	五一	一六八七	伊勢満　直長室	
27	実相院前長州刺史覚智宗本居士	明暦元・一一	一七	一六五五	常宣　常利子	
27	浄閑院亨巌妙貞大姉	承応三・四・一三	一七	一六五四	菊　常宣姉	多久家三代多久茂矩室
28	恵光院殿朝山全栄庵主	正保二・三・三	二八	一六四五	常利　常親子	
29	賢霊院殿傑傳浄英庵主	慶安四・八・一九	五三	一六五一	常親　家良子	
29	桃仙院春巌桂陽大姉	寛永一九・二・二		一六四二	常親室	
30	忠岩全章侍女	貞享四・四・二一		一六八七		
31	学徳妙忠信女	承応四・二・一五		一六五五		
32	不明					
33	不明					
34	不明					
35	白円王照輝童女	享保三・七・二〇	三	一七一八	美遠　直利子	※直方の子
36	幻影帝童女	天和三・五・二三	〇	一六八三	宮千代　直利子	
37	普現降着限丁智辞童女	元禄五・九・二	八	一六九二	伊勢長　直利	
38	見応廣性大群定門	慶長一七・一一・七	四〇	一六一二	家長※直良	
38	花顔栄春大姉	寛永七・一〇・一三	六六	一六三〇	初菊　家良室	
39	築山宗異大禅定門	天正九・五・二八	四五	一五八一	長良　勝利子	
40	光孝須慈代禅定門	天和九・二・二五				
41	覚誉賢利大禅定門	永禄八・三・一三	五五	一五六五	勝刊	
42	花翁源春居士	承応三・一・三〇		一六五四	右京亮　常親子	
43	萃光院涼盛日春大姉	天和二・九・八		一六八二	常親子	
44	栄雲院離幻紹覚大姉	延宝八・一一・八		一六八〇	常親子	
45	桂雲院殿徳巌義静大居士	明治三六・五・六	三三	一九〇三	桂次郎　直宝子	
46	慈雲院殿仁山智水大居士	大正七・二・一二		一九一八	直宝　賢在子	
47	慈雲院殿益山東水大姉	昭和九・六・二四	八三	一九三四	マスエ　直宝室	
48	厚徳院瑞円如珠大姉	明治二二・一〇・一八		一八八九	厚子　直宝子	
49	麗哀院殿天質浄章大姉	明治二六	六八	一八九三	袖　直備室	
50	智峰道覚居士	昭和四四・一二・二三	七六	一九六九	皥	

【参考資料3　川久保神代家歴代卯一覧（公益財団法人鍋島報效会）】

歴代	当主名	生年	家督年	没年	父	母	妻	備考
初代	神代勝利	永禄八年（一五六五）		永禄八年（一五六五）	神代宗元	陣内利世娘	副嶋信書娘 千布浄貞娘（後室）	
二代	神代長良	天文六年（一五三七）	永禄八年（一五六五）	天正九年（一五八一）	神代勝利	副島信書娘	鹿江兼明娘	
三代	神代家良	天正元年（一五七三）		慶長十七年（一六一二）	小川信俊		長良娘	
四代	神代常親	慶長四年（一五九九）		慶安四年（一大五一）	神代家良	長良娘	須古信明娘	
五代	神代常利	元和四年（一六一八）		正保二年（一六四五）	神代常親	須古信明娘	多久安順養女、実鍋島勝茂娘	
六代	神代常宣	寛永十六年（一六三九）		明暦元年（一六五五）	神代常利	鍋島勝茂娘（性空院）		
七代	神代直長	寛永五年（一六二八）	明暦元年（一大五五）	元禄六年（一大九三）	鍋島勝茂	徳川家康養女 実岡部長盛娘	鍋島茂奉養女、実中野政利娘 常親娘（後室）	
八代	神代直利	寛文四年（一六六四）	貞享元年（一六八四）	享保十五年（一七三〇）	鍋島光茂	松平光通養女実中院通純娘	直長娘	宝永二年本藩へ帰る、吉茂
九代	神代直堅	貞享三年（一六八六）	宝永四年（一七〇七）	宝暦四年（一七五四）	鍋島光茂	鍋島直朝養女実執行宗全娘	鍋島吉茂養女、実久世通夏娘	享保元年本藩へ帰る、宗茂
一〇代	神代直方	元禄五年（一六九二）	享保二年（一七一七）	明和四年（一七六七）	鍋島光茂	鏑島直朝養女 実執行宗全娘	鍋島直奏娘	
一一代	神代直賛	宝暦三年（一七五三）	明和四年（一七六七）	享和元年（一八〇一）	神代直恭	妾腹	鍋島直良娘	
一二代	神代直興	寛政十二年（一八〇〇）	享和元年（一八〇一）	文化元年（一八〇四）	神代直賛	妾腹		
一三代	神代直珍	寛政十年（一七九八）	文化八年（一八一一）	元治元年（一八六四）	鍋島治茂	村松武明養女 実横山景畳娘	鍋島直正養女、実日野資矩娘 （蓮池鍋島家相続後）	文化十二年蓮池家相続、直興
一四代	神代賢在（鍋島）	文化五年（一八〇八）	文化十三年（一八一六）	万延元年（一八六〇）	鍋島斉直	直塚慶利娘	鍋島茂親娘	
一五代	神代直宝	天保九年（一八三八）		大正七年（一九一八）	神代賢在	妾腹	村田政矩娘	

第二部

【参考資料4　九州大名墓一覧】

第二部

近世九州大名一覧

福岡県					
福岡市	福岡藩	黒田家	崇福寺	福岡藩主黒田家の墓所（一二基）	市史跡
福岡市	福岡藩	黒田家	東長寺	福岡藩主黒田家の墓所	市史跡
福岡市	福岡藩	黒田家	圓應寺	黒田一族の墓碑	—
朝倉市	秋月藩	黒田家	古心寺	秋月黒田家代々の墓碑	—
久留米市	久留米藩	有馬家	梅林寺	有馬則頼の霊廟・歴代の墓碑	—
柳川市	柳河藩	立花家	福厳寺	歴代藩主の御霊屋	—
柳川市	柳河藩	田中吉政	真勝寺	伝：本堂の真下が吉政の埋葬地	—
大牟田市	三池藩	立花家	紹運寺	歴代立花家の墓碑	
佐賀県					
唐津市	唐津藩	小笠原家	近松寺	四代藩主小笠原長和の墓域	—
唐津市	唐津藩	寺沢広高	鏡神社	寺沢広高の墓碑	—
唐津市	唐津藩	土井家	来迎寺	土井利延の墓碑	—
佐賀市	佐賀藩	鍋島家	高伝寺	鍋島一族の墓碑	—
佐賀市	蓮池藩	鍋島家	宗眼寺	鍋島直澄霊廟・蓮池鍋島家歴代墓碑	—
小城市	小城藩	鍋島家	星巌寺	四代元延霊廟・小城鍋島家歴代墓碑	—
小城市	小城藩	鍋島家	玉毫寺	三代元武・六代直員・九代直堯の墓碑	—
鹿島市	鹿島藩	鍋島家	普明寺	鹿島鍋島家歴代墓碑	市史跡
長崎県					
平戸市	平戸藩	雄香寺	松浦家	開山堂（旧霊廟？）・歴代松浦家の墓碑	国重文
平戸市	平戸藩	普門寺	松浦家	景粛堂（旧霊廟？）・一〇代松浦熈の墓碑	—
大村市	大村藩	大村家	本経寺	初代霊廟・歴代藩主、一族の墓碑群	国史跡
島原市	島原藩	松平家	本光寺	二代松平忠雄の墓碑と一族の墓碑	—
対馬市	府中藩	宗家	万松院	歴代宗家の墓域	—
熊本県					
熊本市	熊本藩	細川家	妙解寺跡	細川忠利・光尚・千代姫の霊廟・歴代墓碑	国史跡
熊本市	熊本藩	細川家	泰勝寺跡	初代藤孝夫妻・二代忠興夫妻の霊廟など	国史跡
熊本市	熊本藩	加藤家	本妙寺	浄池廟（加藤清正霊廟）	—
宇土市	宇土藩	細川家	泰雲寺跡	宇土細川家（七・九代藩主以外）の墓碑	—
人吉市	人吉藩	相良家	願成寺	歴代相良家当主、一族の墓碑群	—
八代市	熊本藩	松井家	春光寺	八代城代松井家歴代の墓碑	—
大分県					
杵築市	杵築藩	松平家	養徳寺	松平親貞・親賢の墓碑	—
日出町	日出藩	木下家	松屋寺	木下家歴代（一三代・一六代以外）、一族の墓碑	町史跡
大分市	府中藩	松平家	浄安寺	府内藩松平家菩提寺	—
佐伯市	佐伯藩	毛利家	養賢寺	歴代毛利家の墓碑	—
臼杵市	臼杵藩	稲葉家	月桂寺	藩主位牌堂	—
玖珠町	森藩	久留島家	安楽寺	歴代久留島家（四代・一二代以外）の墓碑	—
竹田市	岡藩	中川家	碧雲寺	中川家歴代の墓碑	国史跡
中津市	中津藩	奥平家	自性寺	七代藩主奥平昌猷の墓碑	—
宮崎県					
延岡市	延岡藩	内藤家	三福寺	内藤家・有馬家一族の墓碑	—
延岡市	延岡藩	内藤家	台雲寺	内藤挙夫妻の墓碑	—
高鍋町	高鍋藩	秋月家	大龍寺跡	歴代秋月家の墓碑	—
宮崎市	佐土原藩	島津家	高月院	佐土原藩島津家御廟所	市史跡
日南市	飫肥藩	伊東家	報恩寺	歴代藩主伊東家と正室の墓碑	—
西都市	飫肥藩	伊東家	大安寺	伊東家一族関係者の墓碑	—
鹿児島県					
鹿児島市	薩摩藩	島津家	福昌寺跡	歴代島津家の墓碑	国史跡
加治木町	薩摩藩	島津家	能仁寺跡	加治木島津家歴代の墓碑	—
垂水市	薩摩藩	島津家	—	垂水島津家墓地	市史跡
姶良市	薩摩藩	島津家	—	重富島津家墓地	—
姶良市	薩摩藩	島津家	総禅寺跡	島津家：季久・朝久の墓碑	市史跡
指宿市	薩摩藩	島津家	光台寺跡	今和泉島津家墓地	市史跡
日置市	薩摩藩	島津家	大乗寺跡	日置島津家歴代墓碑	市史跡
鹿児島市	薩摩藩	島津家	宗光寺跡	宮之城島津家墓跡	県史跡
都城市	薩摩藩	島津家	龍峯寺跡	都城島津家墓地	市史跡
知覧町	薩摩藩	島津家	西福寺跡	佐多島津家歴代の墓	—
川内市	薩摩藩	北郷家	梁月寺跡	北郷家墓地	市史跡

Ⅱ　近世大名墓から読み解く祖先祭祀

はじめに

これまでに文献史学による近世大名の祖先祭祀についての研究成果には膨大な蓄積がある。近年ではとりわけ岸本覚、井上智勝、高野信治、林匡らの研究が新しい(1)。これらの研究傾向は、おおむね一八世紀中葉から一九世紀前半における墳墓の修築や藩の修史編纂事業を背景にした藩祖顕彰に伴う祭祀についての言及であり、幕藩体制下における国による神道推進を背景とした烈祖祭祀の詳細が検討されている点が共通している。

そしてこの時期の祭祀が明治維新に向けた国家による公定的な歴史観、宗教観の醸成への胎動の兆候と軌を一にしていることを指摘されている点は注視すべきである。そして近世という時代は中世から近代への過渡期と位置付けている点は興味深い。

かかる研究潮流の中、ここではこれまであまり触れられて来なかった近世初期あるいは「藩」形成期に伴う祖先祭祀に視点を当ててみた。

一　近世大名と祖先祭祀

近世大名家は、徳川幕府に服属することで「イエ」という戦国期までの歴史はリセットされ、「藩」を預かる長としての「藩主」となった。従って近世大名家としての祖先祭祀は、直近の藩主あるいは先代を祀るところから始まる。すなわち「家督相続」という問題は避けて通れない。嗣子の有無が「藩」の形成・存続の危険性を多分に孕んでいた。だからこそそれに備えるべく政略的な婚姻が常に行われてきた。つまり、近世大名の祖先祭祀は、私的な「イエ」の相続は当然あったが、「藩」の存続という政治的な「家督相続」を重視したシステムとして変化した。そして藩主は葬儀において司祭者として儀礼実践する中で、先代からの正統性を受け継ぎ、墓所造営によって自己認識を内外に顕示した。

（一）徳川家と幕府の祖先祭祀

徳川将軍家は、元和二年（一六一六）四月一七日に家康が没することで祭祀が始まる。元和三年、「東照大権現」の神号と従一位の官位が朝廷から贈られ、久能山から日光東照社の遷座によって墓所に祀られた。そして月命日には代参が行われ、祥月命日には将軍の参詣が行われ幕府としての祭祀儀礼とされた。そして江戸城内では紅葉山と東照社に歴代将軍が祀られ、遠忌の供養が行われた。家康の遠忌は、他の歴代とは比較にならないほどの追遠祭祀が実践されていたのである(2)。

近世初期、幕府は大名統制の施策として各家の嫡流、庶流の別を明らかにするために、寛永一八年（一六四一）『寛永諸家系図伝』の編纂事業[3]（明暦年間まで行われた）を開始する。林羅山・鵞峰・堀杏庵を編集の中心に据え、旗本に及ぶ一四〇〇余家に対して系譜提出を求め、幕府との関係を明確にさせた。このような編纂事業は、武家社会秩序の固定化を目論んだ施策としての評価がなされていることからも、多くの大名が改めて幕府との関係を重視し、家の記憶・由緒を示す装置として安堵された領地において、初めて一族の墓所造営を実践したものと考えられる。つまり、初代藩主は自らの存在を正統化するために、先ず藩祖（多くの場合、戦国期末を乗り越えて没した先代）を祀り一族の墓所としたのである。ここに近世大名の祖先祭祀が始まったものと捉えている。

家の由緒を重視するという意味において、徳川家では、家光が正保二年（一六四五）朝廷に対し執奏し、家康の「藤原」姓や秀忠の「豊臣」姓を「源」姓に申請するなど[4]、前代の豊臣との関係を粉飾し過去を改竄したとされる。そして幕府は榊原忠次が編纂した『御当家記年録』をもとに、林鳳岡を中心に据え天和三年（一六八三）から三年かけて『武徳大成記』（貞享三年〈一六八六〉九月七日完成）という徳川家の由緒ともいうべき歴史書を完成させた。この段階で武家社会における「家」の由緒重要視の社会的な指向を徳川家自らが創出していたのである[5]。

そこで、本論では近世初期の祖先祭祀あるいは藩祖顕彰は、「家」そして「藩」の形成と密接に関わっていると捉え、目論見として各大名家では近世初期における当主、藩主の家督相続に伴う墓所形成を最も重視したと考えている。加えて造墓における墓碑型式の選択には、先代、遠祖に対する祖先祭祀意識が表徴されたのではなかろうかと考えた。そこで表徴の実態についていくつかの家を例として挙げ、祖先祭祀の初期形態を考えてみた。

また、本論では、資料として、中国地方における毛利家と婚姻関係を社会的紐帯とした家老家である宍戸家、天野家における墓所造営と同型式宝篋印塔の造塔のあり方に着目した。

また九州地方では、島津家本宗家と家老として支えた宮之城島津家を取り上げ、本分家の存続と祖先祭祀の実態について、宮之城島津家五代久胤の足跡に着目した。そして、祖先祭祀の思想的な背景を捉えるために、豊後竹田の岡藩中川家を取り上げた。

とりわけ、三代藩主久清の儒教的な思惟を背景とした神主祭祀の実態と親族の墓所造営様式を確認することでその意識を確認した。そして三代以降の歴代が三代の思惟に基づきながら歴代が実践した追遠祭祀の実態に触れた。

二　家老家宍戸家墓所から見た近世初期毛利家の祖先祭祀と自己認識

（一）近世毛利家の成立と宍戸・天野家

毛利本家では棟梁である毛利興元の急死に際し、二歳という幼少の嫡男幸松丸は、叔父毛利元就と外祖父高橋久光が後見役になった。高橋久光の死後は分家筋であったが、元就が毛利本家の家督を継承し勢力拡充を図った[6]。

毛利元就は、大永三年（一五二三）の鏡山城の戦いで出雲の尼子経久に加担し尼子の命により吉川国経の娘（後の妙玖）を娶っている。しかしその後、元就は大内に鞍替えして尼子と敵対してゆく。

一方で天文年間には守護大友義興に与した安芸国人宍戸元源と和睦のために天文三年（一五三四）に元源の嫡孫である隆家に娘を嫁した。また、天文十六年（一五四七）、妻・妙玖の実家である吉川家へ元春を送り込み、分家の竹原小早川当主であり元就の実子でもある小早川隆景を後嗣にさせ

第二部

ることで、備後・瀬戸内海を治めていた小早川氏の水軍を取り込んだ。さらに安芸・石見に勢力を持つ吉川氏を取り込み「毛利両川体制」を築き上げ安芸一国の支配権を掌中にしたとされている。

一方、宍戸隆家は戦国末期において伊予国の河野氏一族との婚姻、永禄一〇年（一五六七）以降の毛利氏の伊予出兵においても河野氏支援に動いており、毛利の隆盛を大きく下支えした。これは慶長二年（一五九七）の第二次朝鮮出兵の「組」編成[7]を見ても明らかである。

宍戸元続を筆頭に、毛利元康・毛利（天野）元政を組頭とした血族を基調とした人格的な結合関係を重視した組織編成は、戦場における相互安心感から実戦的に長けていた。朝鮮出兵を契機に一門筆頭としての宍戸家の役割とその存在は再認識された。そしてこの信頼関係により元就娘（五龍局）が宍戸隆家に嫁ぎ、孫である輝元の正室には清光院（南の御方）が、吉川元春の嫡男元長には隆家二女が嫁いだ[8]。清光院は無嗣であったが、初代元続の娘が元就四男穂井田元清に嫁いだ。

また、隆家の血統から孫にあたる長門長府藩初代秀元の娘たちは、徳山藩主初代就隆正室の他、宮津丹後藩永井尚征正室、小田原藩二代稲葉正則正室、光広の嫡男三代綱元が岡山藩主池田光政の娘を娶るなど、政略的に幕閣に通じる婚姻を策略すると同時に、宗教的な思惟が共通する大名家との婚姻関係においても宍戸隆家の血統存続を重視したといえる。

（二）三丘宍戸家墓所と石塔型式

近世三丘に領地替え後の宍戸家の墓碑型式を改めて確認すると、二代広匡以下の墓碑が確認でき、寛永期を中心に造立された墓碑は平野石製の宝篋印塔を採用している。

宍戸家の塔型式は、天野家の塔型式に通じる。つまり通化寺の天野重隆夫妻及び嫡男元嘉の宝篋印塔型式が年代的に先行している。家譜的には天

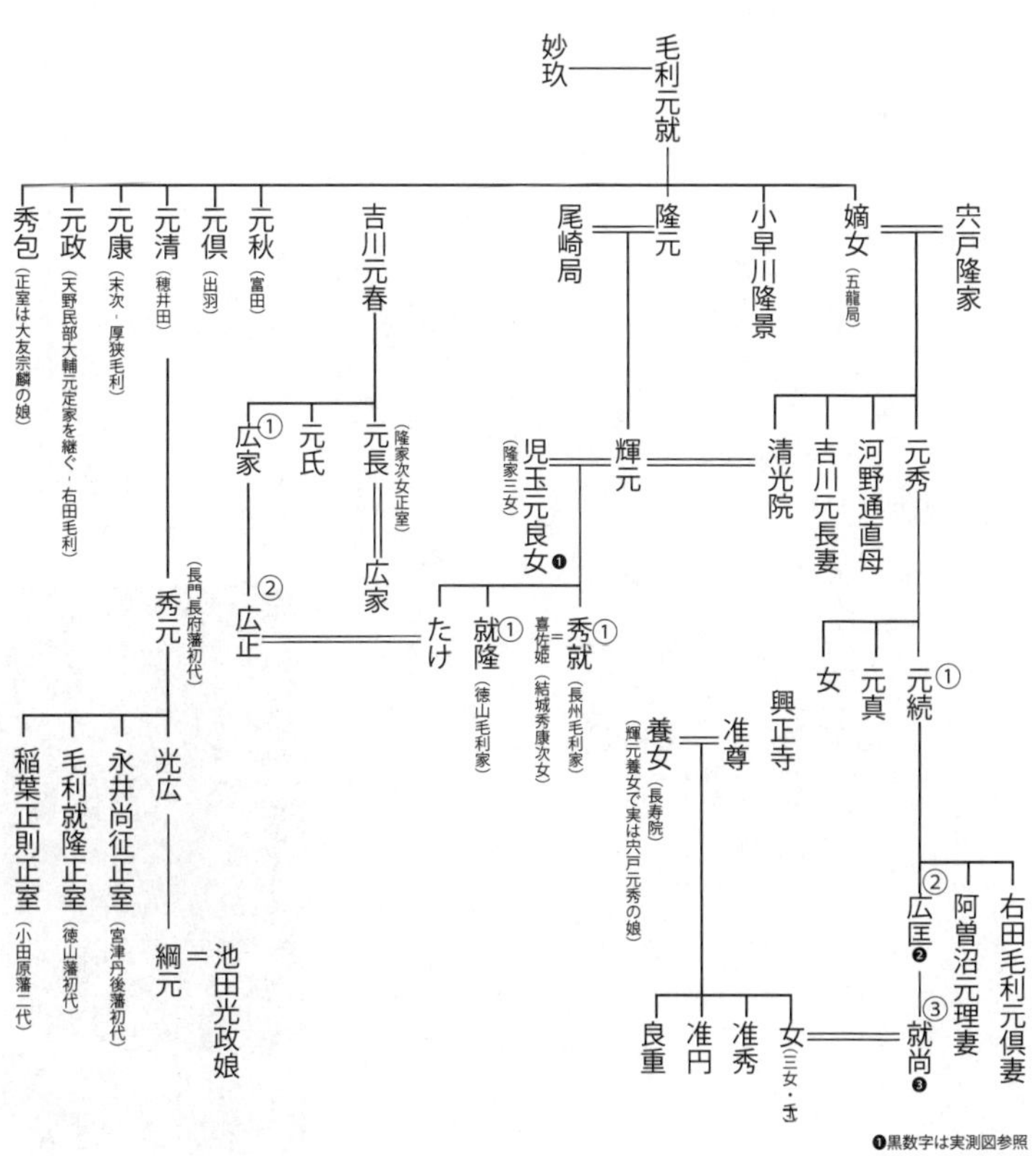

図1　毛利家・宍戸家略系図

野重隆の妻が福原広俊の娘であり、古くは福原貞俊の姉が毛利弘元、つまり興元・元就の父に嫁していることから、毛利家の外戚である点から共通の塔型式を用いたものとして着目しておきたい。さらに隆元・輝元の奉行の一人であった児玉元良は、娘を輝元の側室として輿入れさせた結果、元良の孫たちが近世毛利の礎を築いた。

このように見ると、婚姻関係によって結ばれた一門家は共通する在地性の強い天野石製の宝篋印塔型式を用いていることが明らかである。

同型式の塔の選択には、歴代が同型式の墓碑を用いながら、祖先からの

正統性を示すという自己認識を具現化した結果であろうと考える。このことは、中世から近世移行期の一門家の祖先祭祀の一端を示す事例として極めて重要ではなかろうか。

（三）毛利家を支えた近世宍戸家と天野家

宍戸家は寛永二年（一六二五）の藩内の知行替えにより、佐波郡右田から熊毛郡三丘領主となり、三代就尚以後は、代々長州藩一門筆頭家老職を賜った。そして四代以降の墓碑型式を確認すると宝篋印塔から花崗岩製の圭頭型墓碑へと変化している。これは三代までは三丘領主としての強い自己認識を持っていたものの、四代以降長州藩家臣としての自己認識を示すために碑型式を変化させたことを端的に示しているのではなかろうか（図2）。

今回取り上げた毛利家を支えた宍戸家・天野家の事例のような一六世紀から一七世紀初頭の大名及び所縁の墓碑類が遺存している例は全国的に極めて少ない。そして天野石という在地性の強い特徴的な宝篋印塔型式が、中国地方の中世後半段階、あるいはそれ以前の陶晴賢時代まで系譜を辿ることができる資料群であることは、中近世毛利家の歴史を考えるにあたり極めて重要であると言える。

さらに、在地の石材である天野石をキーワードに考えれば、同石材の同型式宝篋印塔及び重制式の無縫塔の分布(9)が、佐田岬及び海を渡った大分地域において分布を確認できる。

大分の事例は大友宗麟に関連するとされる重制式無縫塔（大分市浄土寺伝松平忠直塔、臼杵市大橋寺、旧野津町大友義鑑塔）の多くが天野石と同質石材と思われる。海を越えた広域に分布する共通する石材の在りかたとして、その造塔背景と密接に関わるのではなかろうか。大友宗麟の娘を娶った毛利秀包あるいは所縁の毛利家の人々が関わった可能性を考える必要も

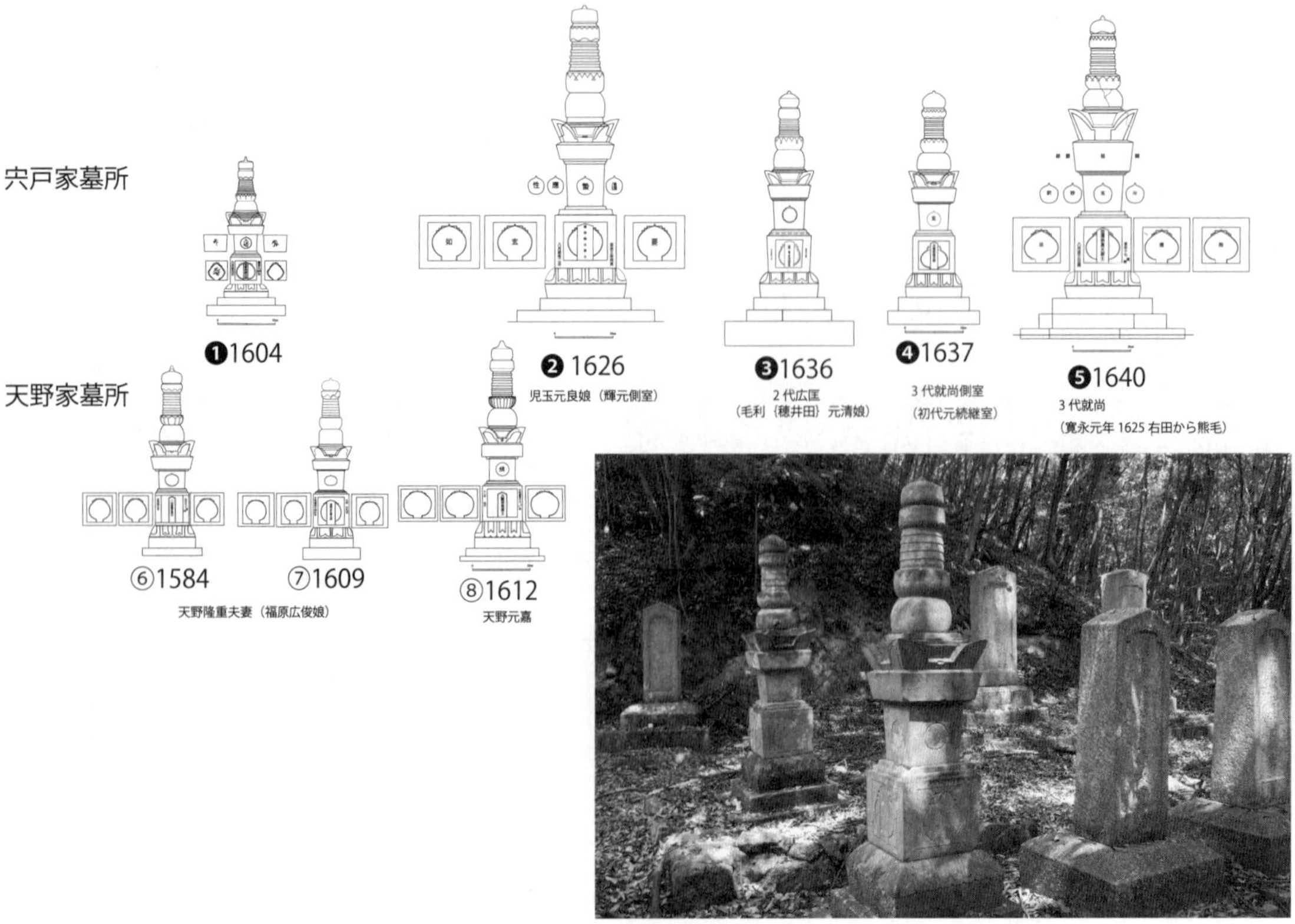

図2　宍戸家・天野家墓碑実測図　＊写真は三丘宍戸家墓所

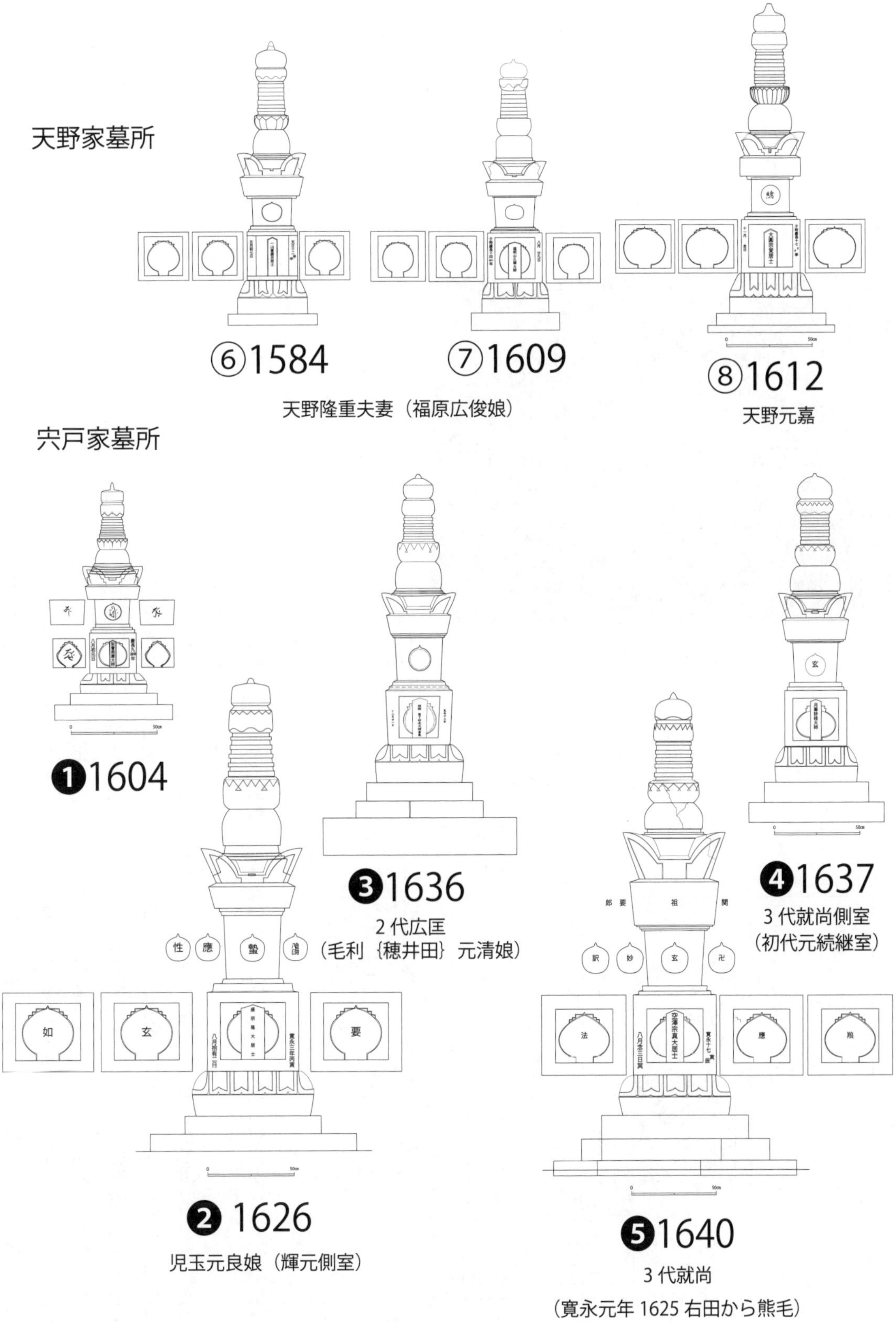

図 3　宍戸家・天野家墓碑実測図

あるのではなかろうか。何れも同型式塔を選択することで祖先祭祀における自己認識の一端を誇示したのではなかろうか。

（四）毛利家による「遺歯」を祀る祖先祭祀

中国毛利宗家の祖先祭祀の実態については、すでに岸本覚が示す通り一八世紀中葉以降に藩を挙げて墓所再整備を行っていることなどから現在往時を伝えるものは皆無に近い。この点からすると、先に示した近世初期の宍戸家墓所は今後さらに重視されるべきと思われる。ここではこれを補強する重要な毛利元政の祭祀を紹介しておきたい。

毛利元政は天野家の内紛の際に天野家に養子入りすることになり天野家を継ぐのであるが、慶長八年（一六〇三）周防国熊毛郡三丘に封じられ毛利姓に戻った。慶長八年は元就の三十三回忌にあたることから、元政は所持していた元就の遺歯を埋納し供養塔（花崗岩製の宝篋印塔・図4）を建立した[10]。これは造塔供養の儀礼実践において「遺歯」に「毛利一族」という自己認識を重ね「正統性の継承」を示したものと思われる。

筆者は以前、近世高槻藩永井家の江戸墓所開基において、永井宗家から養子入りした直種が家督相続の際に初代藩主直清の一三回忌にあたり所持していた直清の「牙歯」を用いて奉納塔を造立したことに触れ、これは、藩主の「遺歯」を「仏牙」の故事に準えて自己認識を示した祖先祭祀として位置付けた[11]。

つまり先にみた元政の家督相続に際し、藩祖の「遺歯」を用いた墓所造営の実践は、永井家の事例と共通しており、自己認識の正統性を示すために祖先祭祀に加えて、新たに「継承」という政治的な優位性を強く内外に示すための祭祀儀礼の創出の痕跡を示す遺跡として重要視する必要があると考えている。

また「遺歯」ではないが、芝増上寺には徳川家康の「爪髪」を家康六〇

図4　毛利元就遺歯塔

図5　清光院永井家牙歯之塔実測図

歳の時に造った寿像に納めることで「御神像」と神格化され、「鎮護国家と利世安民」の願いと共に永く祀られた像が存在する。[12] 元政や家康の例のように祖を「人神」化する祭祀は、神仏一致の観念から創造されており永井家の事例にも通じ、当該期の祖先祭祀の共通の観念が垣間見ることができる。

大名の「人神」化については、「藩祖」を神社に祀る時期として幕末に注目されがちであるが、近世は徳川家康を日光に「人神」として祀って以来、「正統な支配の継承」の理論的な構造が構築されてきたのである。

三　近世初期島津家と所持家の祖先祭祀

（一）近世島津家と所持家

島津家では、家格から一門家とこれを支える所持家がある。ここでは所持家の中でも近世島津家が発展を遂げるために、重要な役割を担った家の一つで島津宗家十五代貴久の弟尚久に始まる宮之城島津家における祖先祭祀に焦点を当ててみた。

近世島津家成立の流れについては林匡の一連の研究[13]が詳しくこれらから概観する。

文明二年（一四七〇）島津忠国が没し、その後を立久が跡を継ぎ三ケ国の守護となり、庶長子友久が相州家、三男久逸が伊作家、四男勝久が桂氏、五男忠経が迫水氏、七男忠弘が島津系喜入氏の祖となった。そして、後に久逸の孫にあたる島津忠良が伊作・相州両家の家督を兼ねた。忠良の母梅窓は、忠良の父善久が没すると、相州家島津運久と再婚したことで忠良が両家の家督を継いだのである。

本宗家交代において忠良の系統が近世島津氏を築くことになった。忠良嫡男貴久が本宗家を継ぎ、次男忠将が垂水家、三男尚久が宮之城家の祖となった。そして忠良三男の尚久の長子忠長は、秀吉政権下において人質や朝鮮への出陣・関ケ原の戦後処理などにおいて本宗家に対する論功が大きく、一族としては例外的に初代義久の家老職を得て、慶長六年（一六〇一）私領である宮之城に移り宗功寺を開基したことで、後に宗功寺が宮之城島津家の菩提寺となった。

（二）宮之城島津家の墓所造営

墓所造営は、忠長の嫡男忠倍が慶長一三年（一六〇八）五月に没したことで造営が開始される。家督は新納忠実に養子入りしていた実弟・久元が家に戻り継ぎ、久元の跡を嫡子久通が忠倍の娘を室として迎えることで初代忠長の血統が残された。なお、系図から忠倍の室は豊州家忠孝の娘と義弘の孫で御屋地の娘とされる。[14]

久通は延宝六年（一六七八）に没し、跡を次男久竹（以下久胤と記す）が継いだ。久胤は本宗家寺社奉行を経て、寛文一二年（一六七二）に本宗家家老及び御記録総監督に就任しており、幕府提出の島津氏家譜（『寛永諸家系図伝』）の編纂を始め、その後の系図家譜編纂事業[15]に大きく関わった。

宮之城島津家墓所は、忠倍の死によって初めて造営された。そこで、忠倍を中心に一族の墓所となった宗功寺における墓所様式を確認し、久通・久胤親子の祭祀への思惟と自己認識を確認してみたい。

（三）宗功寺宮之城島津家石廟様式のエスニシティー

宗功寺宮之城島津家墓碑の特徴は、本宗家で用いられた宝篋印塔型式を用いるが、本宗家の型式とは大きく違い、さらにこの石塔に覆屋（石製廟—図5）を被せ、石塔を内に納める様式を用いた。この様式は一門家も含めて最初に宮之城島津家が用いたもので、久通がこの様式を創出している点に注視したい。

そこで、なぜ本宗家の様式を用いなかったのかという点に着目した。

まず、本宗家の山川石製宝篋印塔について、松田朝由[16]は「近世大名の墓石の多くは中世以来の伝統的な装飾を逸脱し革新的な形態をしており（中略）独創的である」とした上で、竹岡俊樹が示した装飾の解釈「非宗教的な装飾化」が、「他者を威圧するためのステータスシンボルである」とした捉え方を支持している。

装飾のステータス性については、むしろ固有性や独立性を示すシンボルではないかと考えられる。つまり伝統的な宝篋印塔の形式は保持されるが、塔身を長く造り法名を刻む様式を用いた。中世宝篋印塔は塔身に仏身を示し梵字を配する。しかし島津家宝篋印塔塔身には仏身は示されず、被葬者あるいは「供養者名あるいは法名」が刻まれている。この点からも「塔＝被葬者あるいは供養者」であり、位牌と同義ということを示しているものと捉えられる。

歴代の碑が共通型式である点はまさに位牌そのもので、細部の装飾変化で個性を示している。つまり前例に従って同型式を用いることが正統性の継承を具現化することなのであり、一族の証を示しているものと考えられる。竹岡が示唆する「他者」・「威圧」が必要ならば斬新な形態は他にもあったはずであろう。宝篋印塔という伝統的な中世塔形式にこだわり自由な創造をしていないという点は幕府に対しての遠慮である。檀家制度における仏教的な統制に従う姿勢を示したのではないかと推測している。

近世大名家における祖先祭祀は、父系的な直近の先例に従い、正統性を相続することにより祭祀儀礼の一環を保つことで、歴代における塔型式の共通性が「島津本宗家」という血統を誇示するエスニシティー[17]そのものであったと考える。このような誇示は、徳川家が築いた近世武家社会において精一杯の対抗文化としての表現ではなかったのではなかろうか。言い換えれば、塔型式こそ集団的記憶を遺すための祖先祭祀のモニュメントであったと言えないであろうか。

以上のような捉え方から、宮之城島津家は、島津本宗家の系譜を重視しながらも表だって同型式の宝篋印塔を用いなかった。そして宮之城島津家は山川石製宝篋印塔に島津本宗家の固有のエスニシティーがあることを認識していたのである。その上で違う型式を創造し独自の祭祀様式確立のために石廟を創出したものであろう。この石廟創出の背景には禅宗の、具体的には黄檗宗を媒介とした中国的様式受容が考えられる。

（四）島津久元創出の石廟様式と久胤の祖先祭祀

久元は、忠倍廟（慶長一三年〈一六〇八〉没・図5）を創出し、宮之城島津家独自の祭祀を開始した。これを久通（元和二年〈一六一六〉相続）、久胤が受け継いだ。

久胤は、本宗家光久代の寺社奉行として光久から六世遡り、伊作島津氏代々の菩提寺である多宝寺の忠良の父善久（多宝寺殿―図6①）、息女（梅窓妙法）と種子島時堯に嫁した三女（椿窓妙英―図6②）の墓を石廟型式にて整備した。同墓所には奥州家九代忠国三男で伊作家を継いだ久逸の宝篋印塔（山川石製）がある。久逸の没年は明応九年（一五〇〇）であるが、宝篋印塔の塔身部分が長くなる傾向にあり、武蔵国などとの比較から十六世紀中葉前後の製作の可能性がある。また、久逸の嫡子である善久（多宝寺殿）は父より以前の明応三年（一四九四）に没している。

この多宝寺跡は、慶長期に川の氾濫により墓所が流されたことをきっかけに、本宗家光久の命で寺社奉行であった久胤が寛文一〇年（一六七〇）に修築した。忠良（日新公）の娘の石廟の正面の銘文を示すと以下の通りである。

謹、奉造石之魂屋一宇日新／息女為椿窓妙英也、大檀那／薩隅、日太

守光久／寺社奉行嶋津出雲守久胤／寛文十年春時正月佛母山主交甫叟
秀泰

一方、宗功寺墓所に目を戻せば、久通の没後五年の延宝六年（一六七八）に、祖先の功績が弘文院学士林里（鵞峰）によって撰文され亀趺碑として造立された。亀趺碑造立の背景は、正保二年（一六四五）冬から島津家家譜編纂が二代光久の命により開始され、延宝期までに藩内外から提出された諸系図・文書・記録が併せて編纂されている。かかる中で、久胤は歴代功績を本宗家との関わりにおいて記し、宮之城家の位置付けを正統化し尚久以下六世の功績を亀趺碑に刻み遺すことを考えたことが碑文に記されている。

（五）亀趺碑造立と祖先顕彰

墓所に亀趺碑を造立することは、本宗家と儒者の繋がりを確認することで説明できそうであり、光久の寺社奉行として仕えた久胤の思想的な一面も垣間見ることができる。

光久には儒者・菊池耕斎が寛文期から仕え、同時に深見玄岱に学んだ児玉図南などが藩の国史官となったことに関連して、深見玄岱が黄檗宗明僧独立性易（戴曼公）に参禅したことで黄檗様の様々な知識を得て亀趺の造立につながった可能性がある。(18)

図５　島津忠倍石廟実測図

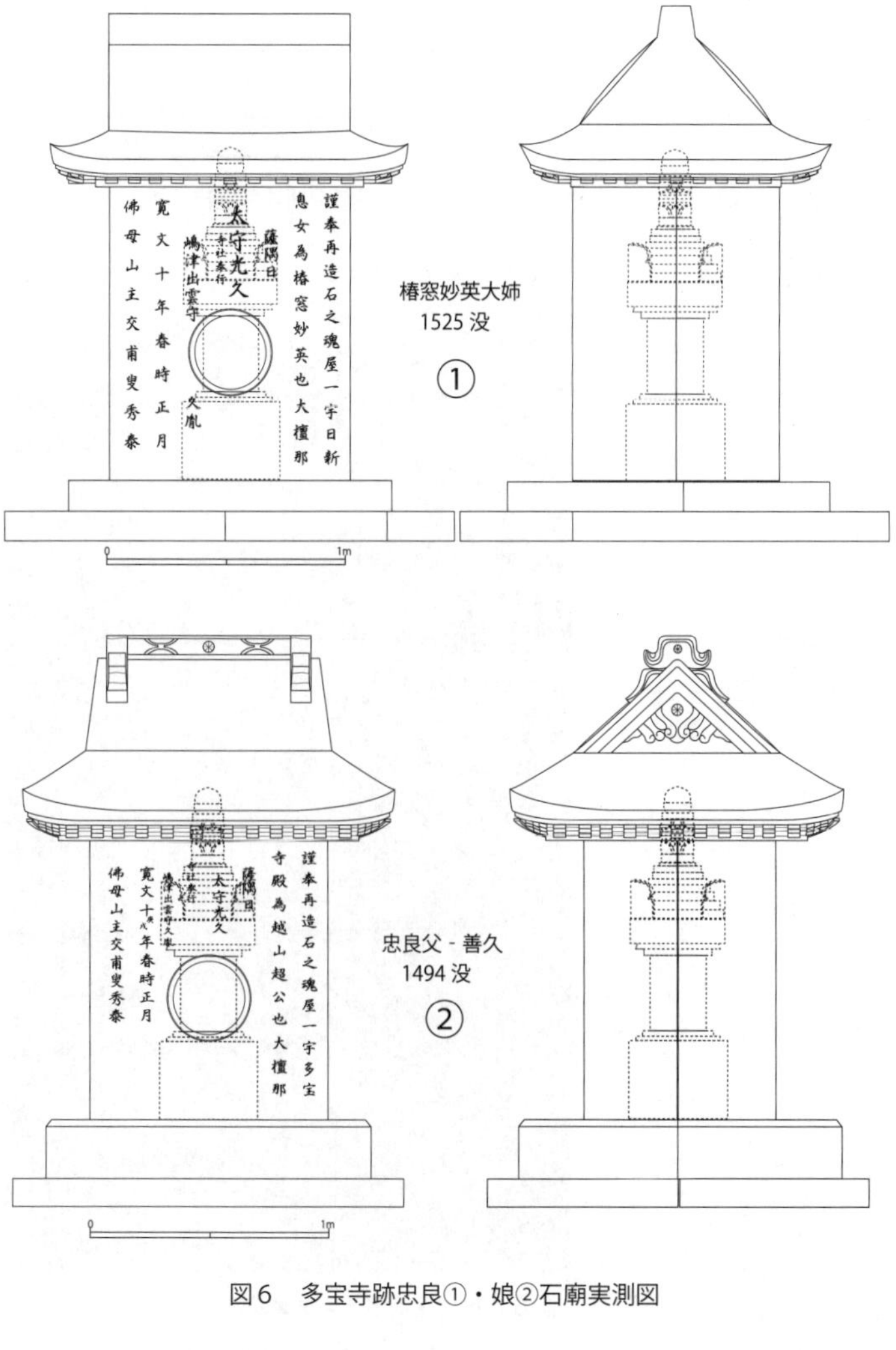

図６　多宝寺跡忠良①・娘②石廟実測図

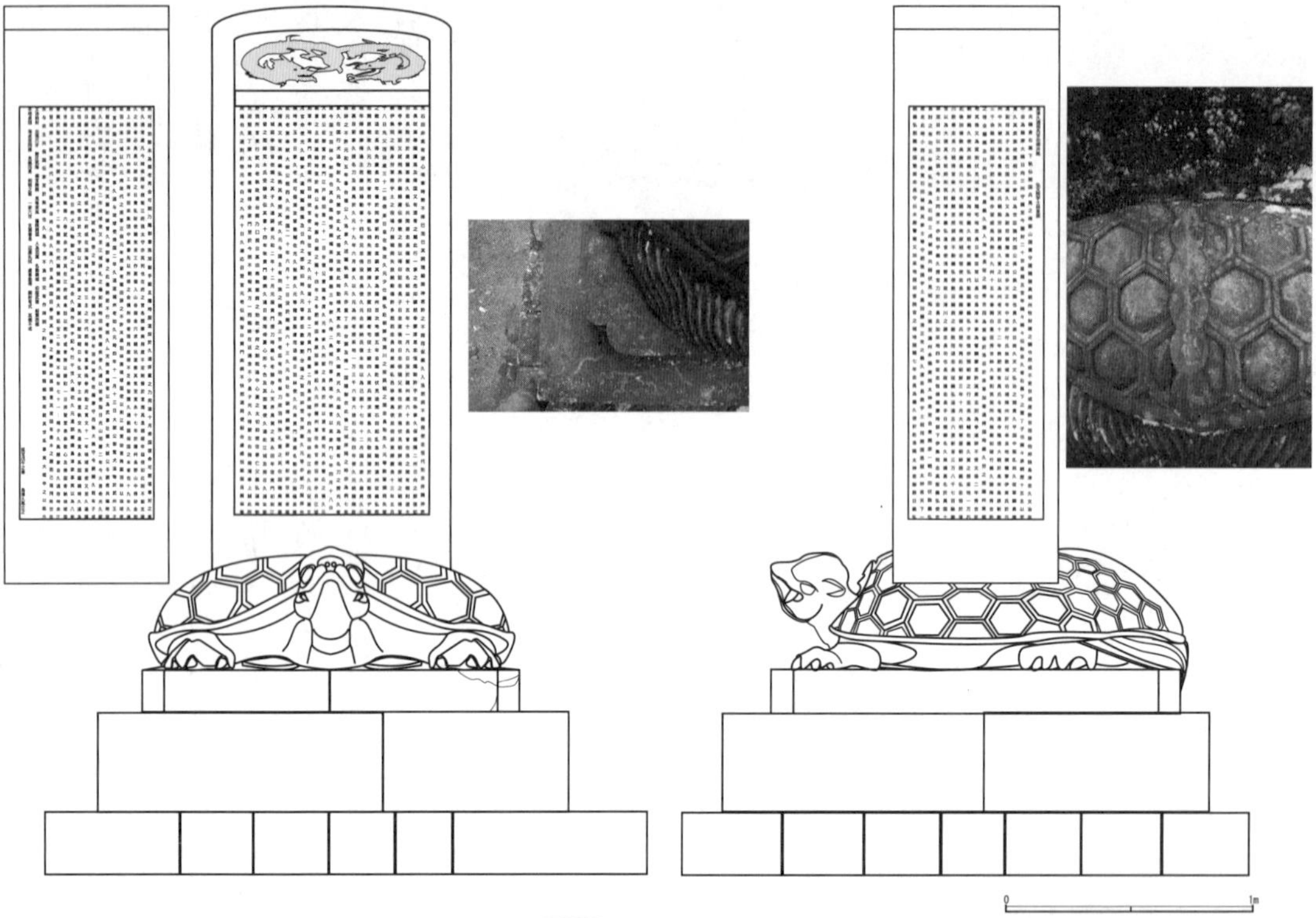

図７　薩摩宗功寺亀趺碑

図８　萬福寺塔頭天慎院亀趺碑

一方、考古学的に宗功寺の亀趺（図7）を観察すると、甲羅の中央部分に明確に骨状帯が表現され、手足に水かきが施されている。また一石で造られた亀趺碑台座の四隅の木瓜状の加工は、萬福寺塔頭天慎院（図8）の高泉性敦顕彰の亀趺碑台座にも見られ先行する。推測では薩摩藩は中国との独自の交易ができ得る環境にあったことから亀趺碑を造立できたのではないかと考えている。

また宮之城島津家にみた亀趺碑造立（図7）を伴う中国的な祖先祭祀に通じる事例は、国内では近世初期の寛永期に確認できる。それは塔銘という様式で石造に先行して木製亀趺碑が造立されていた可能性があるので、若干本文とは外れるが事例を紹介しておきたい。結論から言うと「遺骸埋葬地において被葬者を顕彰するための祭祀様式として亀趺碑は欠かせない重要な祭祀具の一つであった」ことが石塔銘文から読み取れたのである。

（六）亀趺碑と祭祀様式

石塔は、武田信玄が美濃の快川和尚を招き永禄七年（一五六四）に開基した恵林寺に所在する（図9）。武田晴信（信玄）は、天正四年（一五七六）四月、遺言により三年間の秘喪の後、武田勝頼によって葬儀が厳修された。その後、勝頼は天目山下にて自刃したことにより甲斐武田氏は滅び、織田信長の焼き討ちによって恵林寺は焼失した(19)。近世に入り甲斐国主柳沢美濃守吉保の庇護により寺運は新たに発展した。柳沢吉保嫡男吉里は、大和郡山藩主として転封となるが、以後、吉保夫妻の菩提寺として恵林寺に霊廟が祀られた。

石塔は、武田晴信（信玄）の百回忌に際し、旧家臣らによって恵林寺境内に造立された五輪塔と宝篋印塔一対（図9）があり、このうち宝篋印塔基礎に次の銘がある。

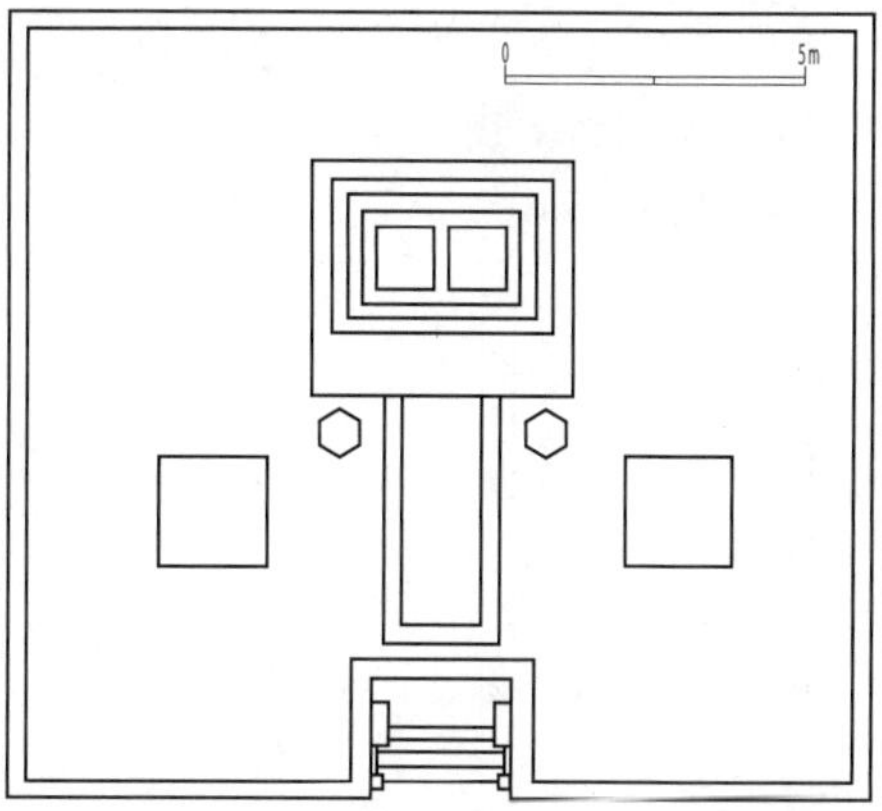

宝篋印塔銘文
惟時寛文十二白壬孟夏
十二蓂者恵林寺殿機
山玄公大居士百回忌之辰
也於是武田氏族貴冑幕下
雄士令孫遠投於浄財当山
勤修諸般白業繋睍旧
塔曽在霊室中係天正兵火
亀趺螭首湮没不得全纔存
梵文而己難示無窮是故準
擬旧様新造立焉庶斯塔億
億万年現住恵林紹荊山令
石工泉州産黒田伝蔵藤原
安吉鐫焉之

図9　山梨恵林寺武田晴信（信玄）供養塔

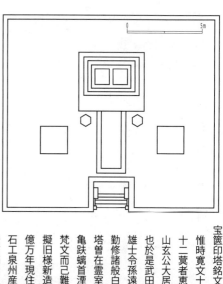

【宝篋印塔基礎　石塔銘文】

時に寛文十二白壬孟夏十二蓂は、恵林寺殿機山玄公大居士百回忌の辰なり、是において、武田の氏族の貴冑は、幕下の雄士なり、孫遠をして浄財を当山に投ぜしめ、諸般の白業を勤修す、旧き塔を繋睨するに、曽つては霊室の中に在りしが、天正の兵火に係りて、亀趺螭首は湮没して全きを得ず、纔に梵文を存する而已にして、無窮に示し難し、是の故に、旧き様に準じ擬えて、新たに造立せん、庶くは斯の塔の億億万年たらんことを、現住恵林の、紹荊山、石工泉州産黒田伝蔵・藤原安吉之を鐫焉せしむ。

と記されている。

天正一〇年（一五八二）の信長焼き討ちにより霊屋が焼失。その中にあった亀趺螭首は梵字を残すばかりで跡形もなかった。霊屋の存在を無窮に示すために泉州産黒田伝蔵・藤原安吉に令じ供養塔を新造した、と読み取れる。

つまり勝頼により造営された霊屋内に「亀趺螭首の碑」が存在していたことになる。この様な祭祀スタイルは、埼玉県飯能市の智観寺に遺存する中山信吉顕彰の木製亀趺碑の祭祀様式に通じる。[20] 恵林寺の事例は遺物が遺存していないが石塔銘文から墓所と霊屋と亀趺碑（亀趺螭首）の組み合わせ様式が中世末の段階に遡ることを確認できる事例として極めて重要であるといえる。

そこで木製亀趺碑が祭祀として用いられる年代はどこまで遡れるかという疑問に答えるため、最近調査した建仁寺開山堂にある亀趺碑について触れておく。

建仁寺の亀趺碑（塔銘—図10①）は、銘文から浙江省杭州の上天竺講寺前住、釈如蘭の撰文で造立年は永禄二年（一五五九）とされている。この碑は臨済宗の開祖栄西禅師を顕彰するため造立された。[21] 銘文中記載の「貞珉」（美しい石の碑）と現存の木製螭首亀趺碑は同一かどうか、後世造り替えも含めて今後の検証を要する。

現在、年代的な所見としては、建仁寺は天文二一年（一五五二）に大半の伽藍を消失し、その後安国寺恵瓊により復興造営されるが、中心的伽藍の法堂が再建されたのは明和二年（一七六五）とされる点[22]と、先に触れた寛永期の木製亀趺碑あるいは石造の亀趺碑（類例、大洲藩三代加藤泰恒・正徳五年〈一七一五〉没）の様式（図10②）の類似点から考えると、建仁寺の螭首亀趺碑様式は銘文通り中国様式とは考え難く、一八世紀前半に再造立された可能性も想定でき、今後の課題としたい。

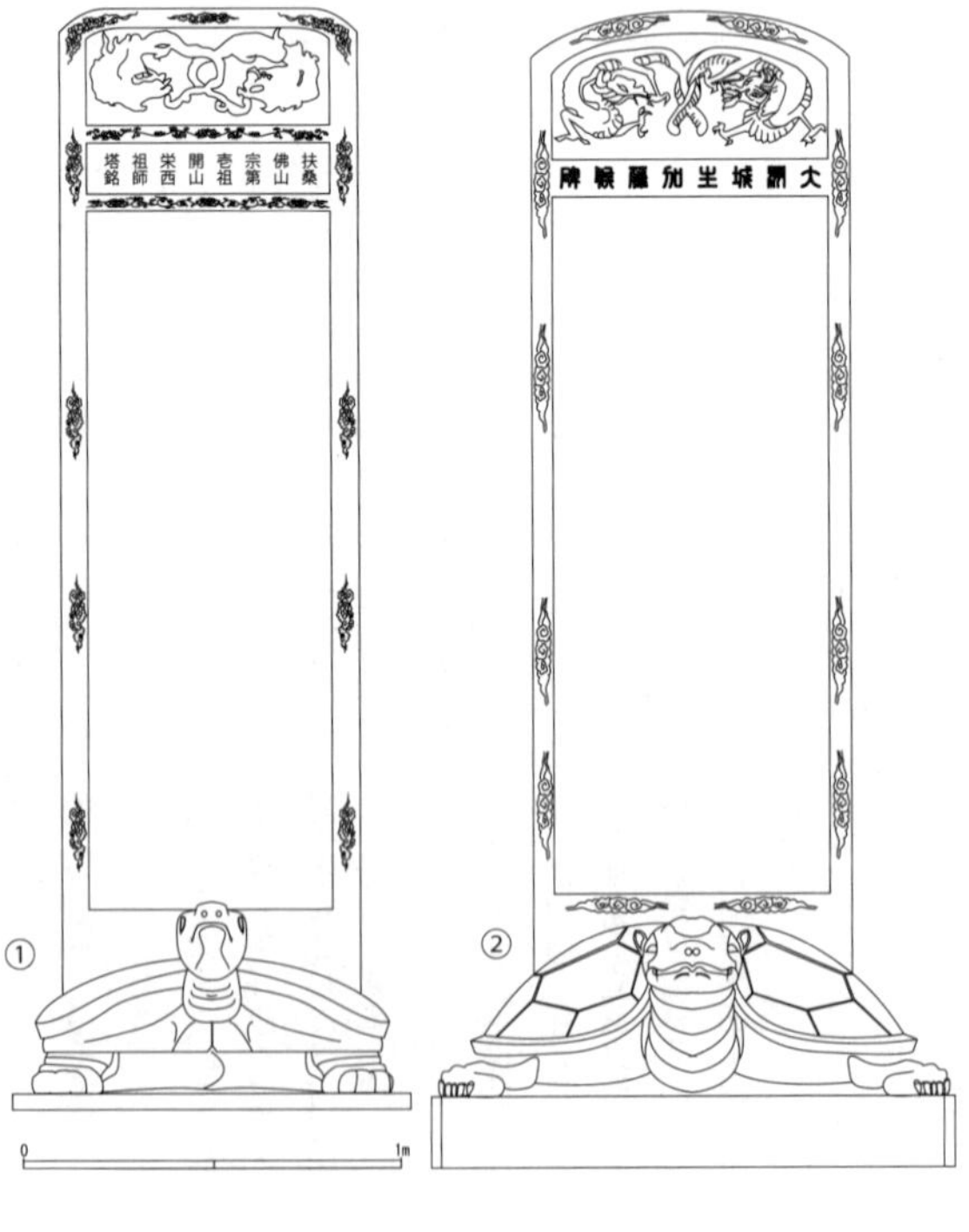

図10　建仁寺開山碑①・大洲藩加藤家3代亀趺碑②実測図

四　岡藩中川家の祖先祭祀

（一）近世岡藩中川家の祭祀の基調

中川家は、賤ケ岳の合戦により中興の祖とされる中川清秀が没し、秀政が跡目を継ぐが秀政は天正二十年（文禄元年〈一五九二〉）朝鮮半島にて没し、その後を弟の秀成の相続が、認められたが古巣の三木（一四万石）は召し上げられ、豊後国岡（七万石）への転封が命じられた。以後関ケ原の戦いを経て、以後豊後を離れることなく近世を通してこの地を治めた。

秀成は兄亡きあと、秀吉の命により賤ケ岳の敵の大将佐久間盛政の娘・虎を娶るが、皮肉にも近世岡藩はこの盛政の血を受け継いだことで存続した。一方、清秀長女糸は池田輝政（後室）に嫁ぎ利隆を授かり、慶長一〇年（一六〇五）には徳川秀忠の養女・鶴姫（榊原康政の娘）を正室に迎えることで幕府との関係を深めた。この縁は、池田光政の娘阿佐が岡藩四代久恒に輿入れすることに繋がったと思われる。嫡男秀政の血は受け継がれることはなかったが、次男秀成（近世岡藩初代）と姉糸の婚姻により清秀の血統は守られ、岡藩の正統な血統が存続したのである。このような秀成の数奇な運命をすべて背負ったのが二代久盛ではなかったか。

清秀の娘糸と池田輝政との婚姻関係以来、培われた池田家との縁により、池田家の祭祀の基調とされる儒教的な思惟が近世岡藩中川家の祭祀の基調に繋がったのではなかろうかと考えている。中川家における祖先祭祀は、次にあげる（1）「神主を祀る」・（2）「墓所造営とその様式」「追遠の祭祀」の内実を確認することでその基調を垣間見ることが出来よう。

（二）神主を祀る

そこで、岡藩歴代の中で儒教に最も信奉が厚かった三代藩主久清とその意志を受け継いだ歴代の祖先祭祀における意識について、『中川氏御年譜』[23]（以下『年譜』と略して表記）を確認しながら墓所や石塔造立などから読み解いてみたい。

江戸ニ於テ心鉄公大祥忌ノ御祭ノ条」、明暦元年（承応四年四月に改元）六月二十日条に「此節御代々御神主始テ出来ノ条」、「附録　御廟御旧記ニ、／上紙ニ、／神主御書付候日次第、明暦元／六月二十日朝／（以下略）

（『年譜』承応四年乙未三月十八日条）

とあり、以下に次第の項目が記されている。

「次第」（資料2）によれば、主人は津九（久清）が務め、祝文、題主は松平新太郎（光政）家臣の岩田八右衛門、その他の配役については資料1に示した。配役に記されているのは光政の家臣である岩田八右衛門以外は久清の子供たちである。注意したいのは、『年譜』の中に「今考」として「旧記焼失ナレハ」と記されている点である。二男久豊の生誕は明暦以後で万治二年（一六五九）であり、明暦元年の御祭には他の弟たちも含め誕生していないのであるが、明暦元年の記載とされる「次第」中に配役として表記されている。恐らくは当初に記録は焼失したために、後の記録をもとに再生された記録を含んでいることを、「今考」として記載されていた可能性を承知しておく必要があろう。しかし式の「次第」は詳しく記されており、池田光政の家臣である八右衛門の指導の下に執り行われたものと思われる。

内容は配役名から推測すると「釈奠」に類似した祭礼ではなかったろう

【資料1】

附録　御廟御旧記二
上紙二
神主御書付候日之次第、明暦元
出主　　　　　祝
題主　　　　　八右衛門
題畢奉主就位　　祝
焚香斟酒　　　主人
読祝　畢俯　　主人
　維明暦元年歳次乙未六月癸未越甲寅朔
　二十日癸酉孝孫従五位下中川津丸敢昭告于
顕曽祖考瀬兵衛府君
顕曽祖妣熊田氏
顕祖考従五位下修理大夫府君
顕祖妣佐久間氏
　津九不肖不知聖道以祭祀委浮屠事亡無
礼久不勝機惜今欲以誠敬事神而制神主
既成重量形難窆穸神偏宇宙斎明以事感
格在此以
伯祖父従五位下右衛門大夫
伯母中川氏
婦人石川氏村《ママ》
仰祈伏希是遜是依り玉へ
衆四拝

【資料2】

朝参幷**御祭之次第**	
題主	八右衛門（光政家臣岩田）
主人	津九（久清）
初献　酒注盤盛	四郎三郎（次男久豊）
御肴	平六（三男久和）
（撤酒	
水滴	
徹肴	
亜献　酒注	四郎三郎（次男久豊）
御肴	七三郎（四男久旨）
水滴	
（撤肴	
終献　酒注	四郎三郎（次男久豊）
御肴	勘五郎（六男久周）
献茶	四郎三郎（次男久豊）
香案前跪焚香	四郎三郎（次男久豊）
御菓子	勘五郎（六男久周）
香案前跪焚香	四郎三郎（次男久豊）
御本膳	四郎三郎（次男久豊）
御二膳	平六（三男久和）
御三膳	七三郎（四男久旨）

かと思われる。因みに岡山藩池田家では承応四年二月一五日に初めての神主祭が執り行われていることが、近藤萌美の詳細な研究[24]によって読み解かれている。久清の行った岡藩最初の神主祭との時間差はわずか三週間程度であった。儒者を介した文芸圏の構築という視点からもその交流を考えずにはいられない。

この祭祀で新調された神主は、資料1から、顕曽祖考瀬兵衛府君（清秀）、顕曽祖妣熊田氏（清秀室）、顕祖考従五位下修理大夫府君（秀成）、顕祖妣佐久間氏（秀成室）、伯祖父従五位下右衛門大夫（秀正）、伯母中川氏（池田輝政室絲）、婦人石川氏（久清室―石川主殿頭源忠総女・種）を挙げており、自分から四代遡り清秀を筆頭に記し、清秀の娘・絲、そして早くに離別した自らの室の神主も創り祀ったことが明らかである。

また『年譜』万治二年（一六五九）に「岡城御廟初テ御普請御成就[25]」とあり、五月五日条に「御廟ニ於テ御神主様御祭コレアリ」と記され、廟内での神主祭祀（資料3）が執行されている点は久清の信奉の深さが読み取れよう。

（三）墓所様式から捉えた三代藩主久清の思惟

久清の思惟は側室・稲生六右衛門利勝娘と子供たちの墓所造営において端的に示されている（図12）。

側室稲は、寛文十年（一六七〇）に没し西福寺裏山頂（豊後竹田市内）に葬られた（図12②）。そして側室稲より早い寛文九年（一六六九）には四女井津姫（図12①）、延宝三年（一六七五）に六男清八（図12③）が没し両者は大船山に埋葬された。三人の墓所様式は、独特の茨を頭部に設えた墓碑を据えその背後に石製馬鬣封を据えている。そして周囲を切石積によって馬蹄形に囲み、外側を裏込めと土盛によって墳丘状に造り出している。

このような馬鬣封と馬蹄形が組み合う墳墓様式は国内の近世墓所様式としては特異であり類例を見ない。あえてその系譜をテキストに求めれば中村惕斎の『慎終疎節』巻三（元禄三年〈一六九〇〉刊）の中に収められている附「墳碑」の図（図11）があげられる。このテキストについては吾妻重二の詳細な研究[26]があり、刊行は元禄三年であるが惕斎の祠堂における神主の祭祀実践は、明暦元年（一六五五）に『家禮』によって「三世の神主祭礼」として実践されたことが指摘されている。このことから中川久清の儒教に依拠した造墓は『慎終疎節』刊行より遡るが、その実践は可能であったものと考えられ、久清の思惟を端的に示した造墓と

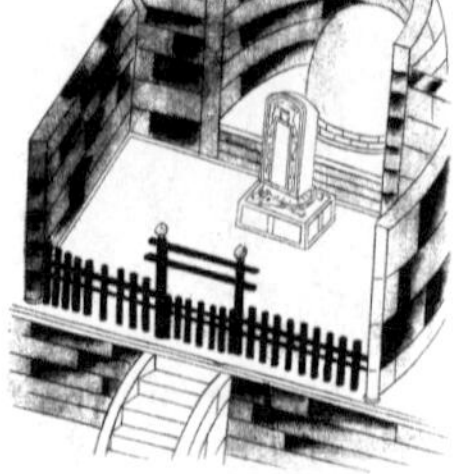

図11　明族墳墓図（註26より）

して再評価される。

また、以上のような久清の墓所造営から読み取れる儒教的思惟は、八代久貞やその家老家、家臣の一部の墓様式に石製馬鬣封を用いた様式が確認できることからも歴代藩主に「追遠」あるいは「顕彰」祭祀として継承された。

（四）賤ケ岳の戦いと中川家の追遠祭祀

天正一一年（一五八三）羽柴秀吉（後の豊臣秀吉）と織田家最古参の重臣柴田勝家は、亡き織田信長が築き上げた権力と体制を受け継ぐための正統な継承者としての地位を争い、近江国伊香郡（現滋賀県長浜市）の賤ケ岳で戦った。この時、秀吉は近江・伊勢・美濃三方面の作戦を強いられ、軍勢の一部を残し中川清秀に任せて近江を離れた。中川清秀は大岩山（余呉）に陣を構えるが佐久間盛政の急撃によって敗れ自害した。この知らせは、茨木城を守っていた嫡男の秀政に告げられ、茨木御菩提所の梅林寺住職是頓和尚は現地に入り清秀の遺骸を荼毘に付し、討死した家臣たちも含めて大岩山に葬ったとされる。そして梅林寺には清秀の遺髪が持ち帰られ、

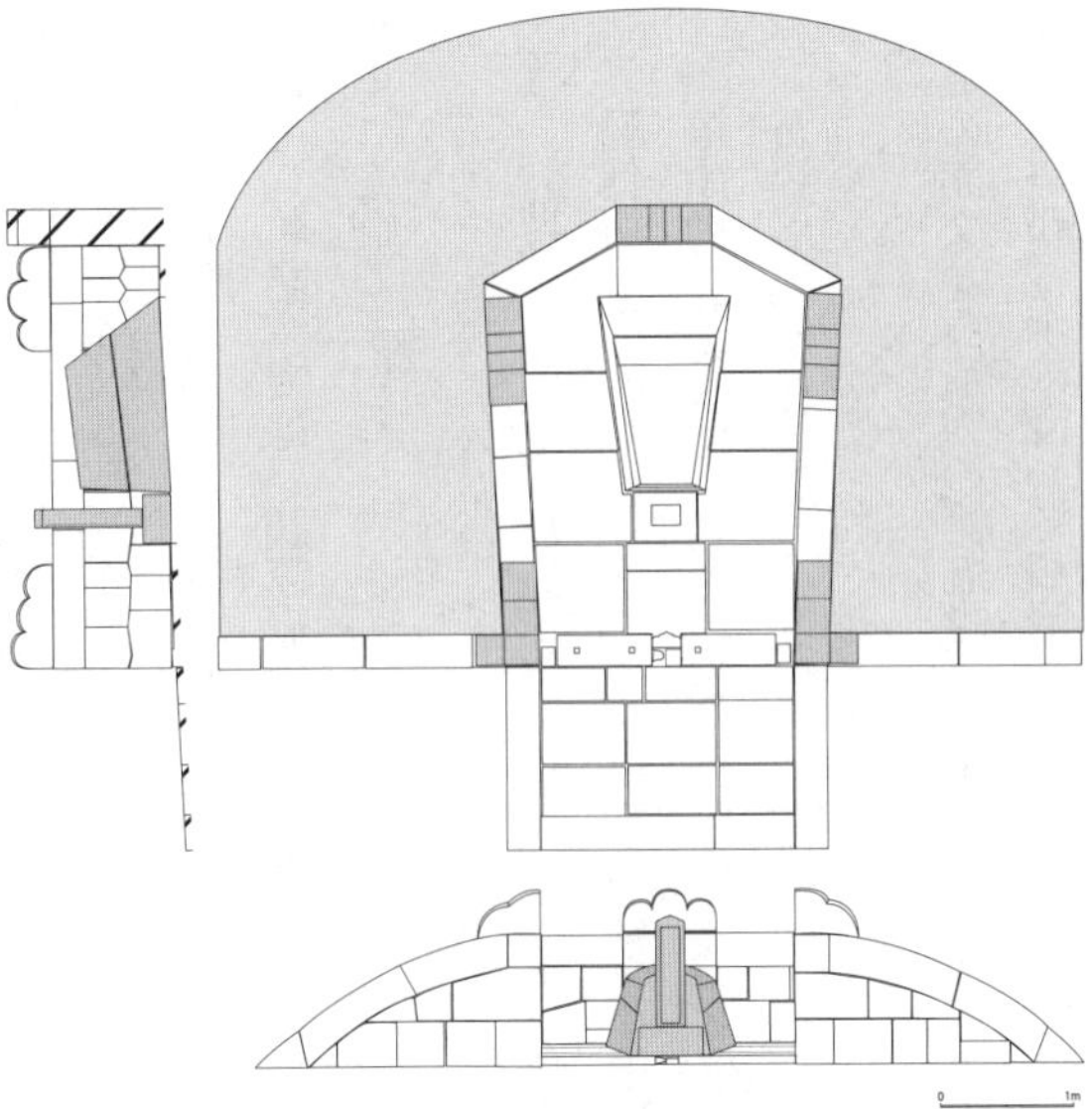

久清四女井津姫墓所図（1670 年没）

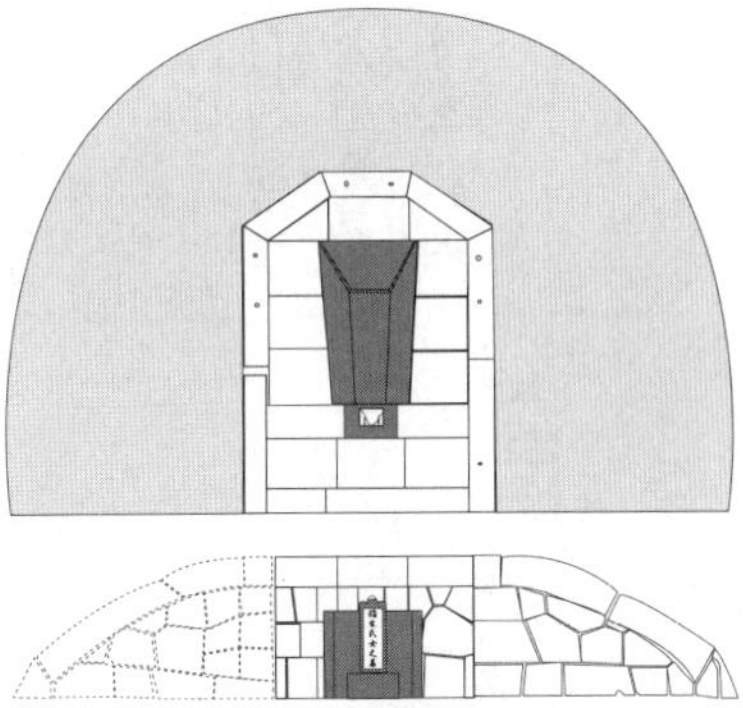

久清側室・稲墓所図（1671 年没）

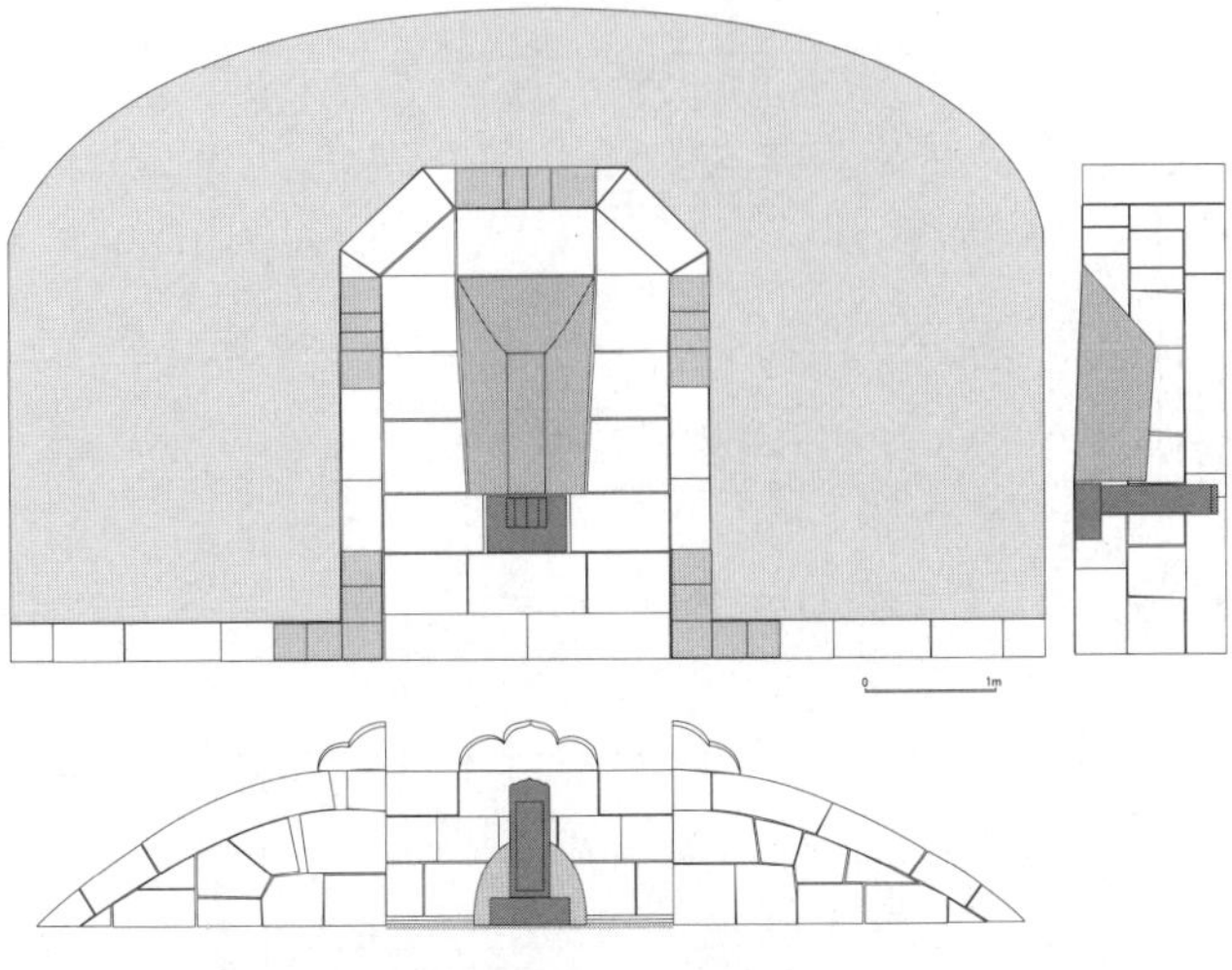

久清六男清八墓所図（1681 年没）

図 12　岡藩中川家久清側室及び子息墓所実測図

供養されたと伝えられている。

現在、賤ケ岳の北側大岩山砦跡には、天和二年（一六八二）銘の宝篋印塔（花崗岩製・図12）と笠塔婆が祀られている。この宝篋印塔の造立について『年譜』では「賤箇嶽御石碑ノ文」として左記の碑文（一部を挙げる）を記している。

（前略…）旧跡年代浸久、古塔頽倒、予今在于此、□心目如見清秀、況其功之偉哉、盍記之乎、茲清秀第五世孫中川佐州刺史久恒歎其古塔頽倒、請予曰是歳事及一百年、遠忌何不改造之乎、故予新建一基、石浮屠換其古塔云（…後略）

この銘文から清秀の第五世孫の中川家四代藩主中川久恒が清秀の墓である古塔が、水に浸って頽倒しているので百回忌に新たに石塔を再建したことを記している。

中川家の家督相続は、六代藩主久忠が継ぐ時点では父系の血統を存続できたが、久忠が無嗣であったために久慶は浅野長綱から養子縁組によって七代藩主として迎えられた。そしてこの時は久慶に久清の八男である中川久周の娘を嫁すことで、三代久清の血統をかろうじて守った。だが七代も無嗣であったために、松平信祝の次男（改名して久貞）を養子として迎え八代藩主を継がせた。この時は、血統を遡り清秀の血筋から本家筋ではないものの、中川久虎の娘を七代久慶の養女として迎えて、久貞に輿入れさせることで中川家の血統を存続させた。

久貞は宝暦一二年（一七六二）年三月、朝鮮通信使の馳走役が済むと、木曽路を下り賤ケ岳墓所を参詣し、中興の祖清秀の功績を讃え、追遠の意を込めた五言律詩を詠み、明和四年（一七六七）に碑を建立した。建立時期が参詣時と大幅にずれる背景は、明和二年（一七六五）に嫡男久賢、明

図13　余呉大岩山中川清秀・家臣供養塔実測図（天和２年〈1682〉造立）

和四年四月に藤堂家に嫁いだ娘を亡くすなど不幸が重なったことによるのではなかろうか。なお、碑文に「久徳」の名が記されている点は、久賢亡き後に家督を継がせる意志を示したものと思われる。久徳は翌明和五年に従五位下に叙任されるが廃嫡になり、実際は久徳四男久持が久貞の養子入り九代を継いだのである。

また、久貞の思惟は清秀墓参を遡る宝暦八年（一七五八）に祖母栄久院の死に際して、孝孫として墓誌を撰文している。そして明和二年（一七六五）の嫡男久賢（二一歳）の死においては、自らが墓誌を撰文しており「孝」による久貞の儒教的な思惟の実践として読み解けよう。

（五）家老家による追遠碑造立

岡藩家老家の墓所については、豊田徹士の一連の研究[27]があり、岡藩内における儒教、あるいは神道受容を捉えるにはきわめて示唆的である。

久清の二男で四・五代藩主久恒・久通の家老職を務めた中川久豊は、宝永三年（一七〇六）に没した。久豊墓前には文化三年（一八〇六）に末裔である中川久照によって追遠の碑が建立されている。

久照は一〇代藩主久貴の家老として仕えた。久貴は、大和郡山三代藩主柳沢保光の五男であったが、中川家九代久持の末期養子が認められ家督を嗣いだ。

久貴は、文化元年（一八〇四）に豊後一国の地誌である『豊後国誌』を編纂して幕府に献納するなど、積極的に学問的な活動を推進した人物でもある。このようなことを考え合わせると、久恒の中興の祖である清秀追遠の碑を再建した事業に倣い久豊の百回忌の遠忌塔を建立したとも理解できよう。

また六代藩主久忠の家老職を務めた久虎（享保一五年〈一七三〇〉没）は久豊の墓に隣接して墓所が築かれている。

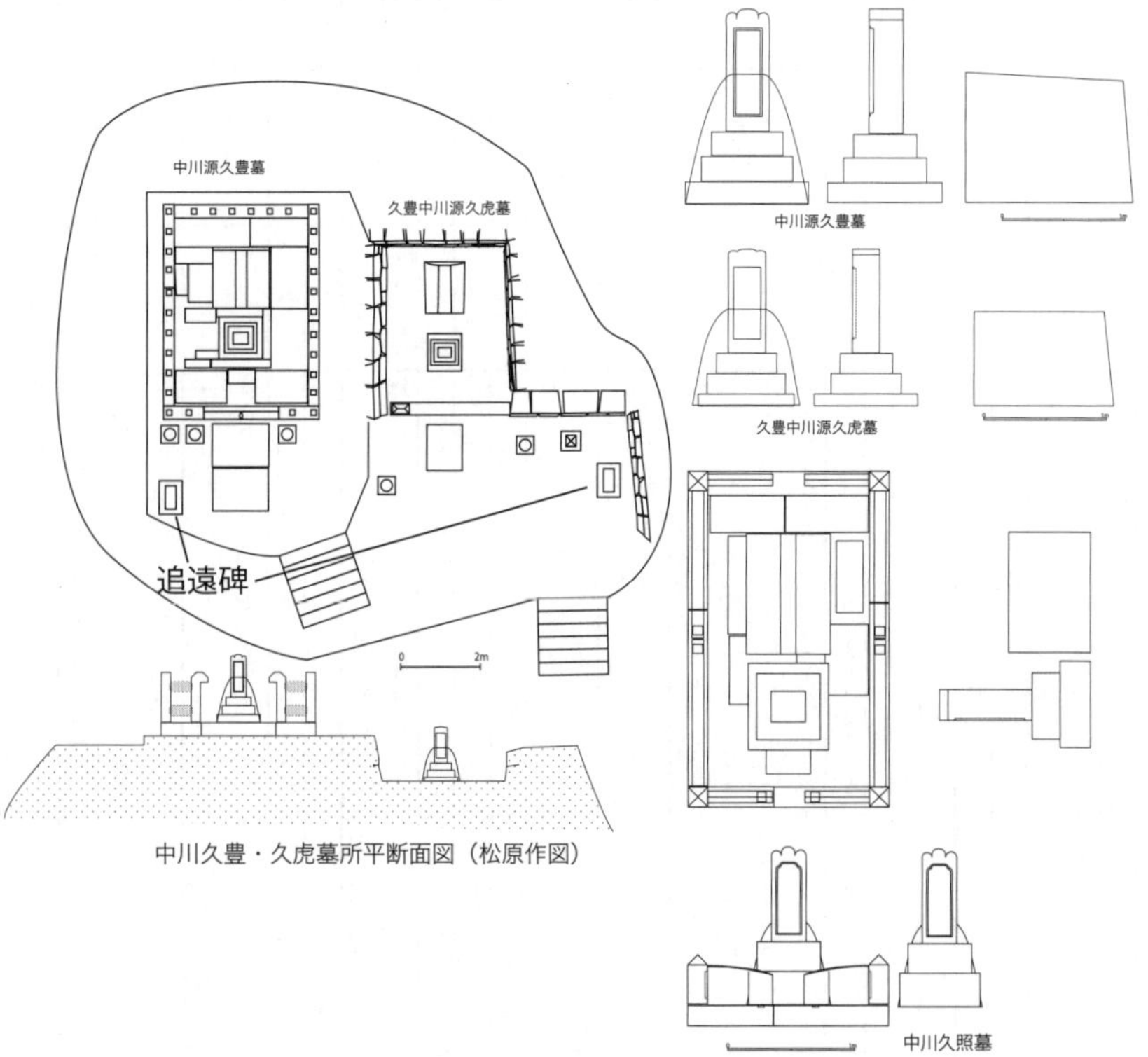

図14　岡藩家老家墓所（註27より）

久虎墓へは家老職にあった中川久敦によって安永八年（一七七九）「献孝碑」が建立されている。

この他、八代久貞の家老職で久貞墓の造営にあたった井上並古の墓所様式は、石製組み合わせ式の馬鬣封と墓碑との組み合わせた儒教式墓所である。後に墓前に顕彰碑として亀趺碑が建立され顕彰が行われた。

以上みてきたように近世中川家の儒教的な墓所造営への道程は、三代久清の神主祭祀の実践に始まり、その影響は時代を経て血族的な紐帯で結束された上級家臣にまで広がったことを確認した。

おわりに

以上、中国毛利家とその家臣宍戸家、天野家における同型式塔の造立から、戦国末期より近世初期の祖先祭祀の実態を確認し、薩摩における島津本宗家と宮之城島津家との関係分析においてはエスニシティーをキーワードに石殿形式を創出した祭祀を確認した。岡藩中川家における祖先祭祀では、特に三代久清の思惟を考古学的な視点から墓所様式を捉えると共に、家譜に記された祭祀に着目し、神主や墓所造営には儒教的な思惟が読み解くことを示した。

このように近世初期における各家の祖先祭祀は、様々な様式により実践されているが、このような個を重視した「イエ」としての祖先祭祀は、一七世紀中葉まで続けられるものの、それ以後は、「藩」存続のための家督相続重視の祖先祭祀に変わり、継承を重視し前例に従う同質の祭祀を好んで実践するようになる。このような傾向は大名家墓所の同一様式による墓所造営が各地に見られることからも説明できるものと思われる。祭祀の「内的な規格化」は、とかく幕末期あるいは天保から安政期の事のように説明されるが、墓所造営に認められる一七世紀中葉以降の規格化は、幕府

【資料3】

中川久清の足跡と熊沢蕃山・三宅道乙との交流概略年表

1	寛永三年	一六二六	水戸家仕官（母熊沢の養子）。
2	寛永十一年	一六三四	池田家仕官。
3	寛永十八年	一六四一	中江藤樹入門（久清寛永十九年正室没、湯島海禅寺葬）。
4	慶安二年	一六四九	参勤交代で江戸で仕える。徳川頼宣・松平信綱・板倉重宗・浅野長治らと交流。家光に乞われる。
5	慶安三年	一六五〇	三千石番頭着任→藩政改革（←反発）。
6	明暦元年	一六五五	岡山藩致死、光政の三男政倫（まさとも）→輝録（てるもと）を養子に迎え家督を譲る。御神主出来。
7	明暦元年		江戸で心鐵（久盛）の大祥忌（三回忌）を儒祭（池田家臣岩田八右衛門）により行っている。始めて儒祭。
8	万治二年	一六五九	五月五日、御神主御祭・御廟祭・廟式の義（三宅道乙）。
9	万治三年	一六六〇	熊沢了介招聘。
10	寛文二年	一六六二	八月二四日大船山ニ御登リ、鳥居箇窪ニテ御寿蔵ノ地御見立テ、角木建置レ、追々御兆域御普請仰セ出サル。
11	寛文二年		十月三宅道乙招聘
12	寛文三年	一六六三	一月三宅道乙岡藩立つ（藤堂家、池田家筆頭家老日置氏などと交流）
13	寛文三年		十月三男清五郎没（海晏寺儒葬）。
14	寛文五年	一六六五	十月三女睦没（海晏寺儒葬）。
15	寛文九年	一六六九	五月四女井津没（大船山儒葬）母稲。
16	寛文十年	一六七〇	十一月日久清側室稲没。
17	延宝三年	一六七五	二月六男清八没（大船山儒葬）母稲
18	天和元年	一六八一	十月二十日久清六七歳逝去（「蕃山から習った神心の御祭り」久清の衣類を手にして左手を襟首、右手に腰帯をもち部屋の中央で北を向き衣服を三度振りながら「久清　復」と叫ぶ。終わったら持っていた衣服で体を巻き、無数に泣く哭する）。
19	天和元年		十一月二十二日　斂棺（斂葬の儀）
20	天和元年		十一月二十八日　出棺
21	天和元年		十一月二十九日　儒葬
22	天和二年	一六八二	一月二十一日　御碑石京都求める
23	天和二年		一月十六日　鳥居箇窪に小屋掛け、大船山普請始まる。
24	天和二年		三月二十一日　京より碑石下着　「豊之後州岡城主／従五位下中川氏前城州太守源久清公碑／天和元辛酉年十一月二十日卒」
25	天和二年		三月二十九日大船山御霊屋御普請始まる。
26	天和二年		八月二十六日大船山御霊屋普請成就。

第二部

による国家的な祭祀統制が浸透したことを意味しており、多くの大名家はこれに従ったのである。本来の各大名家の「イエ」の祭祀の実態は、近世初期の藩主の宗教的な文芸圏や思惟に着目する必要があり、今後の課題としたい。

註

(1) 岸本覚　二〇〇五「大名家祖先の神格化をめぐる一考察」(佐々木克編『明治維新期の政治文化』思文閣出版)、井上智勝　二〇一二「前　田家御寶塔―上野国七日市藩の藩祖顕彰と幕藩領主の「大祖廟」」(山本隆志編『日本中世政治文化論の射程』思文閣出版)同　二〇一四「近世日本宗教史における儒教の位置―人霊祭祀に焦点を当てて」(『日本仏教総合研究』一三)、高野信治　二〇〇五「地域の中で神になる武士たち―「武士神格化一覧・稿」の作成を通して」(『比較社会文化』一一)、同　二〇〇七「近世大名〈祖神〉考」(『明治聖徳記念学会紀要』復刊第四四号)。

(2) 武内恵美子　二〇〇六「紅葉山楽所をめぐる一考察―幕府の法令と礼楽思想の関係性を中心として」(笠谷和比古編『公家と武家Ⅲ―王権と儀礼の比較文明史的考察』思文閣出版)。

(3) 小宮木代良　二〇〇九「近世前期領主権力の系譜認識―寛永諸家系図伝の作成過程から」(九州史学研究会編『境界のアイデンティティー』岩田書院)。

(4) 村川浩平　一九九六「羽柴氏下賜と豊臣姓下賜」(『駒澤史学』四九)。

(5) 松尾美恵子　一九九八「榊原家の秘本『御当家紀年録』」(児玉幸多編『御当家紀年録』(訳注日本史料)集英社)、藤實久美子　二〇〇六「榊原忠次による「御当家紀年録」の編纂とその秘匿」(同　二〇〇六『近世書籍文化論』吉川弘文館)、橋本政宣　一九八九「寛永諸家系図伝と諸家の呈譜」(日光東照宮社務所編『日光叢書　寛永諸家系図伝』第一巻、日光東照宮社務所)、同　一九九〇「寛永諸家系図伝と細川系図」(『日本歴史』五〇一)。

(6) 山本浩樹　二〇〇九『西国の戦国合戦』(吉川弘文館)。

(7) 中西誠　一九九八「近世初期毛利氏家臣団の編成特質―慶長期「組」編成の分析を中心に」(藤野保編『近世国家の成立・展開と近代』雄山閣)。

(8) 西尾和美　二〇一二「毛利輝元養女の婚姻と清光院」(『鳴門史学』二六)。

(9) 内田大輔　二〇一一「山口から来た石造物」、黒川信義「佐田岬半島の石造物を概観する」(市村高男・黒川信義・高嶋賢二編『石造物が語る中世の佐田岬半島』岩田書院)。

(10) 山口県文書館　一九八三『防長風土注進案』第七巻熊毛宰判　第十八三丘之内小松原村「古墓之事」条に、貞昌寺にある伝説の写しに「尊骨」が治められたと記されている。なおこの資料は天保一三、四年頃に編纂されたとされている。

(11) 松原典明　二〇一六「近世大名家墓所から見たアイデンティティーの形成 - 大江姓永井家墓所形成を例として - 」(『日本考古学』四一)。

(12) 曽根原理　二〇〇八「増上寺における東照権現信仰」(井上智勝・高埜利彦編『近世宗教と社会』2、吉川弘文館)。

(13) 林　匡　二〇一三「「島津家由緒」と薩摩藩記録所―寛永から正徳期を中心に」(『黎明館調査研究報告』二五)。

(14) 林　匡二〇〇九「近世前期の島津氏系譜と武家相続・女子名跡」(『九州史学』一五二)。

（15）前掲注13林論文。
（16）松田朝由　二〇〇一「島津本家における近世大名墓の形成と特質」（『縄文の森から』二、二〇〇四年）九一頁、竹岡俊樹「考古学は何を語れるか」（『古代文化』五三）。
（17）吉田昌彦　二〇〇九「近世前期における「日本人」の「エトニ」」（九州史学研究会編『境界のアイデンティティー』岩田書院）。
（18）石村喜英　一九七三『深見玄岱の研究』（雄山閣）。
（19）横山住雄　二〇一一『武田信玄と快川和尚』（戎光祥出版）。
（20）松原典明　二〇一四「考古資料から見た近世大名墓の成立」（大名墓研究会編『近世大名墓の成立』雄山閣）。
（21）貝葉書院　二〇〇二『扶桑佛山宗一祖建仁開山千光祖師　塔銘全』、貝葉書院　〇〇二『當山開創八百年記念大本山建仁寺蔵版』）。
（22）川上貢　二〇〇五『禅院の建築』（中央公論美術出版）。
（23）竹田市教育委員会編　二〇〇七『中川氏御年譜』。
（24）近藤萌美　二〇一四「江戸前期岡山藩主の先祖祭祀とその思想背景」（『岡山県立記録資料館紀要』九）。
（25）年譜の記事は月日不詳だが前後の記事から同年三月二十二日から四月二十日の間と推定される。
（26）中村惕斎『慎終疎節』（吾妻重二編『家礼文献集成　日本編一』関西大学出版部、二〇一〇年）。
（27）豊田徹士　二〇一四「岡藩における「儒式墓」」（『石造文化財』六）。

挿図出典
図11　註26より転載。
その他の図は、全て実査により作製。

Ⅲ　近世大名家墓所からみたアイデンティティーの形成

―大江姓永井家墓所形成を例として―

はじめに

戦国期を乗り越え元和偃武を迎えることができた戦国大名らは、論功行賞により将軍から領地を安堵された。それにより奉公という契約により、幕府との信頼関係が保たれたのである。[1]藩主は、嫡子の将軍への拝謁を済ませ、幕府から藩政の継続と維持の許しを受けた。このシステムが家督相続の基本であり、これを経てはじめて正統的な相続による「家」の存続が認められたのである。近世幕藩体制化において相続は常に幕府の許可制のもと「武家諸法度」によって相続順位までが規定された。

つまり家督相続＝藩主の死＝墓の造営と直接的に繋がっており、家の存続システムの一端が明示されているものと考えている。従って本稿では、墓所形成過程の子細を捉え直すことで、近世武家社会とその基盤となった「家」存続のシステムの一端を捉えてみようというものである。言い換えれば墓所は「家」の存続を願った武家の意識と精神を示すために造営が行われたものして存在したものと目論んでおり、造墓には「家」を表徴するアイデンティティーが示されているのではなかろうかと捉えている。「家」というアイデンティティーは先例に習い継続することで形成され、藩の安定に繋がった。今回、具体的な考察の対象資料とした永井家は『寛政重修諸家譜』によれば品川区清光院、中野区功運寺、京都東山悲田院・宇治興聖寺（口絵1）を菩提寺として本・分家の墓所造営が行われた。

近世永井家は、永井直勝が元和八年（一六二二）、それまでの笠間藩主から二万石が加増されて古河を拝領し七万二千石の大名となったが、寛永二年（一六二五）藩祖・永井直勝の家督相続によって本・分家が形成され、本家四代尚長の不慮の殺害などの危機的な家督相続も、大和新庄藩後に櫛羅藩、その分家である美濃加納家、二男直清を藩祖とする高槻藩を拝領するなどして乗り越え明治期に至った。このような複雑な家督相続を追うことのできる「家」としても重要である。

そこでここでは、本・分家も含め、各永井家の一族墓所形成過程と家督相続を確認することで、考古学的な視点から近世武家社会における「家」の存続を考える一視点となることを明確にできればと思う。既に示したように墓所形成は、寺＝菩提寺形成と密接に関連するという前提から、本・分家における菩提寺に葬られた歴代藩主墓所が、どのように形成したのかを確認するために墓所内に造立された墓碑の分析と菩提寺形成における最初の被葬者と開基の過程を確認することで、一族の墓所形成過における彼ら「家」に対する意識を確認してみたい。この意識こそが「家」のアイデンティティーを端的に示しているものと考えている。

なお、永井尚政・直清の事績については豆田の研究[2]と碧南市教育委員会、高槻市しろあと歴史博物館がまとめた成果によるところが大きいことを明記しておきたい。

一　初代永井直勝の家督相続と永井家台頭

藩祖、永井直勝は天正一二年（一五八四）長久手の戦いの論功行賞により碧海郡東端村に千貫を与えられ、家康、秀忠に仕え、慶長期には常陸国笠間城主(三万二千石)、元和八年(一六二二)直勝六〇歳の時に下総古河(都合七万二千石）を拝領し大名となった。元和八年家康の七回忌には日光奥院宝塔造立奉行を命ぜられ無事勤めあげた。以後在府で評定役などを勤め、寛永二年（一六二五）一二月二九日江戸で没し、遺骸は生前に自身で開基したとされる古河永井寺に葬られた。

直勝の家督相続は、尚政が古河宗家（七万二千石）を継ぎ、次男直清は三千五百石直貞、直重に三千石余の遺領が分けられた。『寛政重修諸家譜』によれば、寛永三年にそれぞれが御朱印を授かり独立した形の分家が成立したとされる。

本家を継いで古河藩主となった尚政は、寛永一〇年（一六三三）老中職を解かれ、加増され幕府の西国統治の最前線の要地である山城国淀(一〇万石）に移封となり淀藩主となった。

一方、次男直清は尚政を助けるために、乙訓郡長岡の神足に領主(二万石)として転封された。二人の西国における配置は、大坂湾から淀川をのぼり都入りする交通の要の位置の防備を任されたのである。これによって幕府は畿内及び西国支配のための摂河体制を整えたことになった。このように彼らの畿内における役割は大きく、尚政の在府における幕政への貢献度は高く評価され、直清の京師における実務部隊としての活躍が認められ、水陸交通の要衝である山崎離宮の八幡宮造営奉行、東寺五重塔修補奉行、禁裏再興・修復奉行などを歴任することとなり、幕府から絶大な信任を得ていたのである。そしてこのような直清への信頼は、慶安二年（一六四九）八月には一万六千石の加増を得て、摂津国高槻藩城主を拝命したのである。

尚政、直清両家は幕命を務めあげることでそれぞれ京都、大坂における永井家としての地盤形成に力を注ぎ、それぞれは個々の「家」としての菩提寺を開基させた。いずれも父である直勝を祀ることで永井家の正統を示すことを実践したのである。(3)

二　永井尚政の墓所形成

尚政は、寛永二年（一六二五)、父直勝を下総国古河の永井寺に葬り、寛永一〇年（一六三三)、加増により山城淀に移封され淀城主になる。移封先では慶安元年（一六四八)、宇治興聖寺において伏見城の一部の建物を移築して諸堂の整備を行い、万安英種を請じて中興開基し、淀藩永井家、後に丹後宮津藩永井家の菩提寺とした。ここでは古河永井寺と京都興聖寺中興を果たし菩提寺を形成した尚政の意識を墓所の造営から確認したいと思う。

(一)　古河永井寺の墓所形成

古河永井寺における直勝の墓所（図1）は、本堂の北西側に位置し、現状では南北約一五m、東西約二〇mの範囲で、幅約一m、高さ五〇㎝内外の土塁に囲まれた中央に位置する。土塁の築造年代は明確ではないが、土塁基部と端部の凝灰岩石垣の積み方から一八世紀以降の構造ではないかと思われ、直勝の埋葬時に伴った土塁ではない可能性が高い。(4)

直勝の墓所構造（図2）は、直径約五m、高さ約二mの墳丘が存在し、その前面に高さ約五mに及ぶ巨大な安山岩製宝篋印塔が造立されている。

第二部

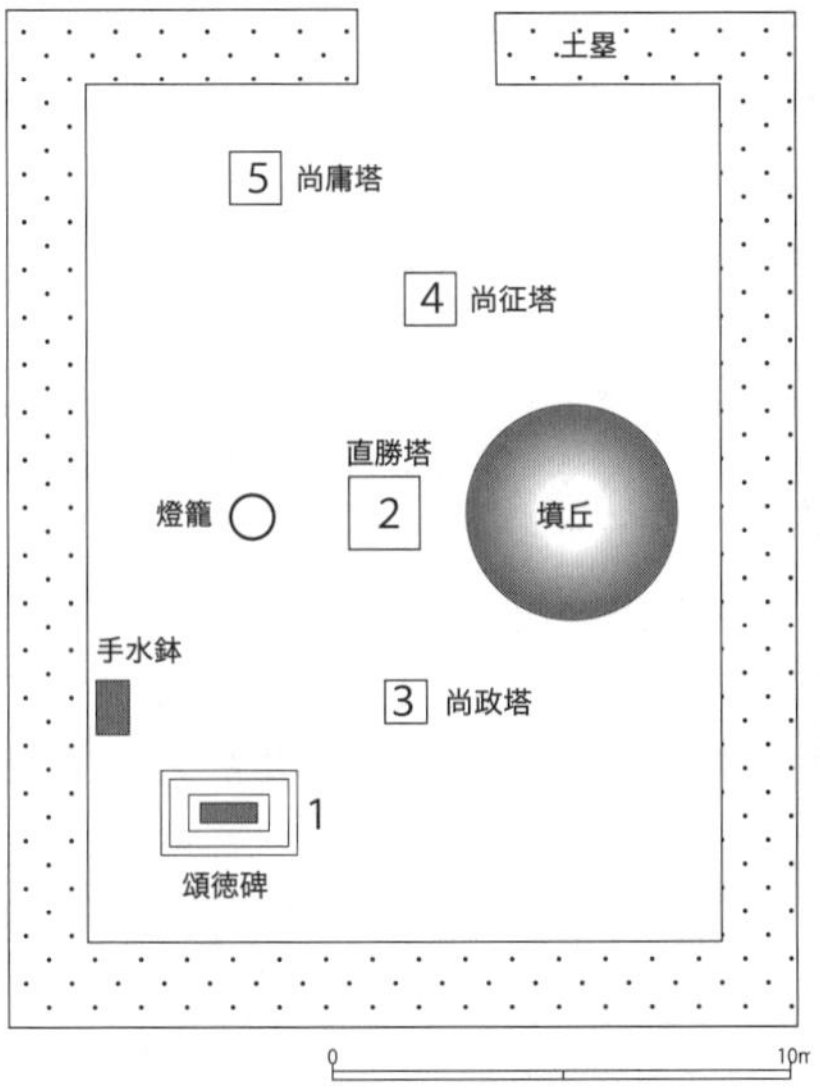

図１　古河永井寺永井家墓所配置略図

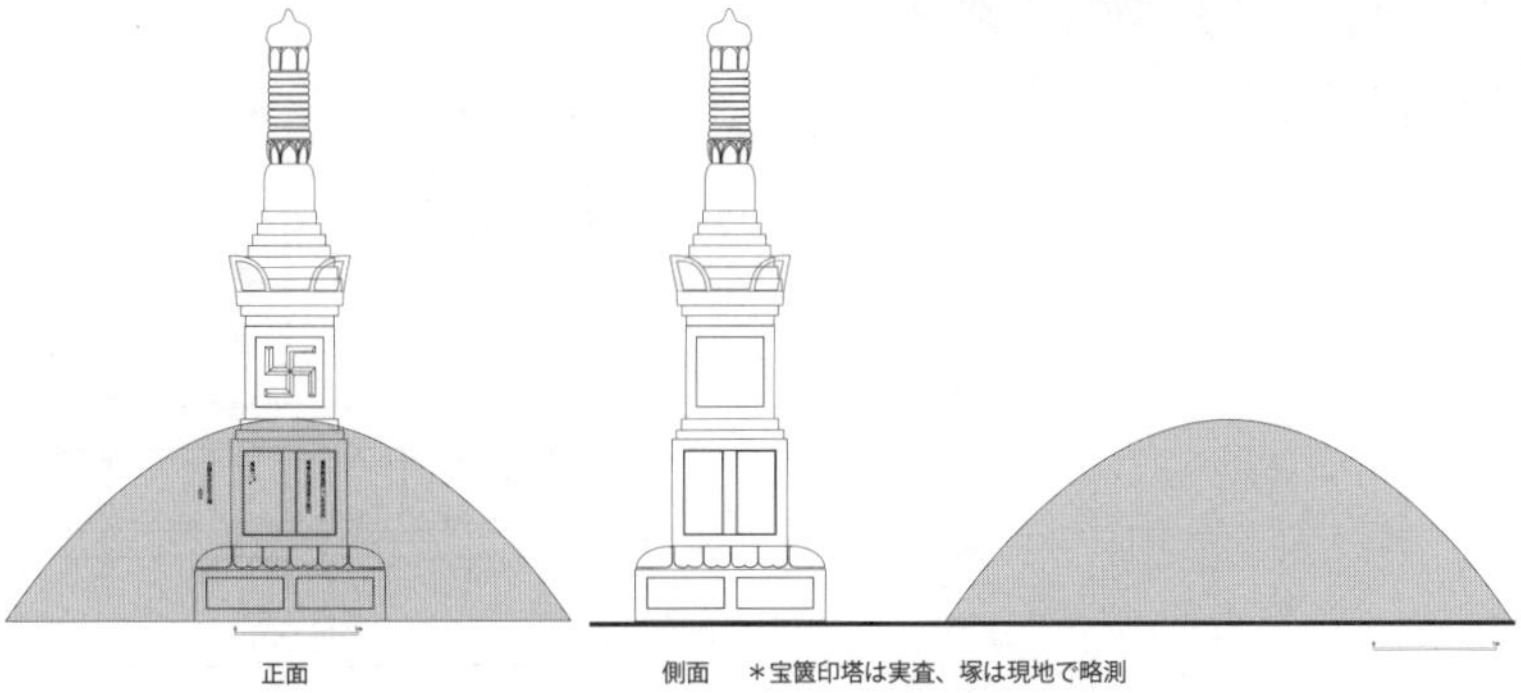

図２　永井家初代直勝宝篋印塔と墳墓（墳墓は略測）

そして宝篋印塔の周囲二m四方は、不整形な片岩系の平石敷きであろうと思われる。また、宝篋印塔周辺に散在する部品から燈籠一基（寛永三年銘）と手水鉢一基（寛永二年銘）が配されていたものと考えられる。以上、藩祖が没したときに形成された墓所の構造である。その後この墓所は、配置略図（図1）に示した通り慶安二年（一六四九）銘の砂岩製頌徳碑（図3-No.1）が造立され、続いて尚政の花崗岩製宝篋印塔（図3-No.3）、直勝塔に向かって左側に尚征（安山岩製、図3-No.4）、そして墓所入り口右側に西を向いた尚庸塔（図3-No.5）が配された。

（二）宇治興聖寺の墓所形成

興聖寺の開基は古く、道元が宋から帰国した折に、深草に開堂した観音導利興聖宝林寺まで遡る。この興聖寺は寛元元年（一二四三）、延暦寺の弾圧を受け、道元が越前に下向したことで荒廃したが、近世にはいると先に触れたとおり寛永一〇年（一六三三）、永井尚政が山城国淀を拝領し自ら両親の菩提を弔うことを目的として慶安元年（一六四八）、旧伏見城の建物の遺材を用いて荒廃した興聖寺の堂宇を整備したとされている。そして次の年には、摂津臨南寺に隠棲した万安英種を三顧

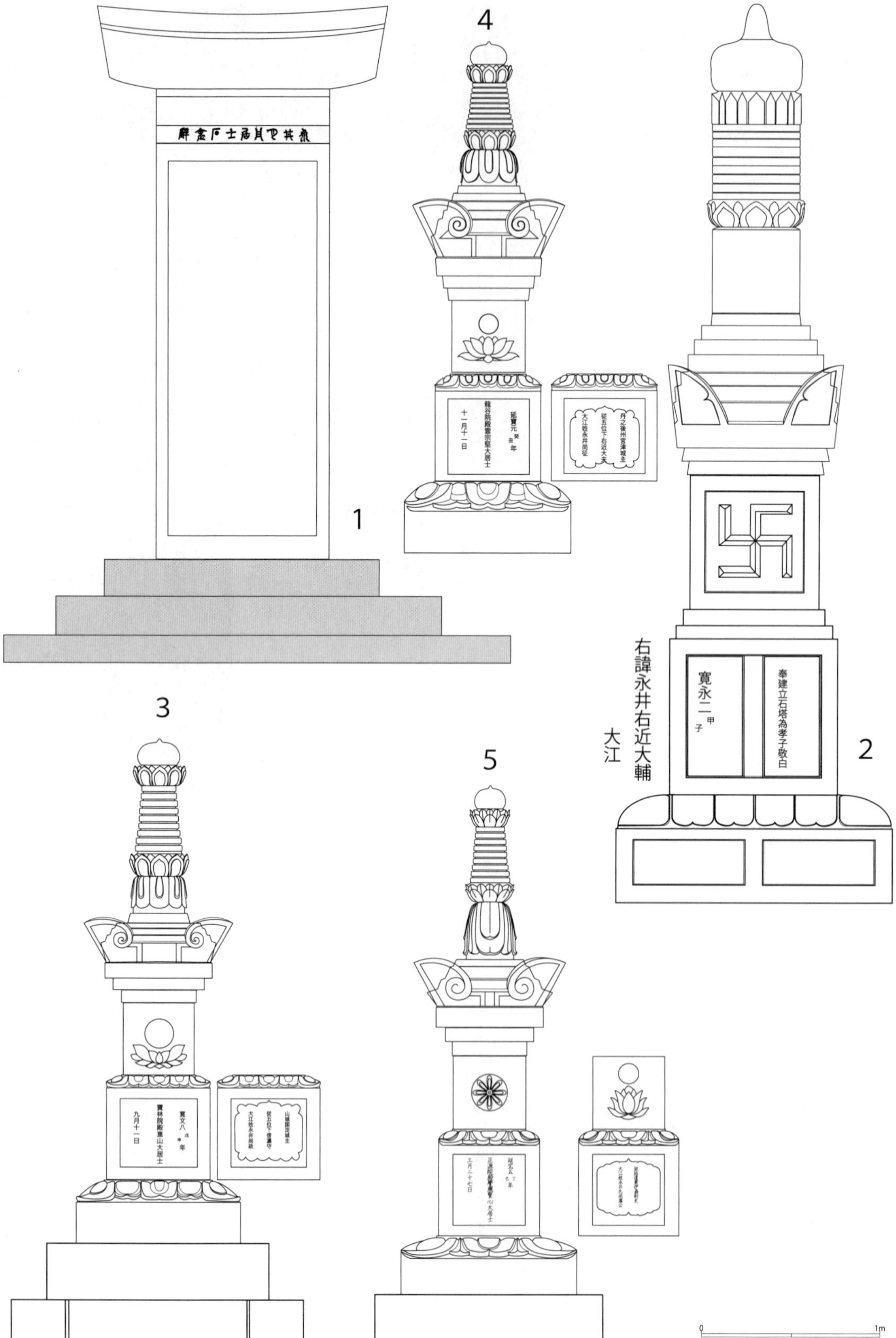

図3　古河永井寺永井家墓所歴代墓碑

の礼を尽くして招聘し開山とした(5)。

　興聖寺の永井家墓所は、山門正面に建つ本堂と、その西側に位置する開山堂の背面の雛壇の最上部に位置している。墓所中心に祖塔と木下道正庵塔があり、その前面（図４）東西に永井家有縁の墓碑が並ぶ。祖塔前面一段下がった位置に、頌徳碑を中心に左右に宝篋印塔が図４の並びで配されている。本論に関連した被葬者を確認してみると表一の通り配されているが、やや煩雑になるが個々の墓碑と、その造立年について触れておきたい。

　図４-No.１・２の墓碑は、慶安二年尚政が父母の祥月命日に造立していることが銘文からわかる（表１）。またNo.３及び４の石塔は、基礎正面にぞれの没年と戒名が記されている。尚政塔（No.３）は基礎正面に没年である寛文八年（一六六八）が記され、右に「當山開基」と記していることも、勘案すると中興開基した慶安二年の段階で父母塔を造立すると同時に自らの墓碑を「寿塔」として造立したものと思われる。そして尚政正室塔（No.４）も同時に造立したと思われる。その証左には、尚政の室は、銘文から没年が明暦三年（一六五七）であるにも拘らず、塔型式は直勝塔に酷似しているのである。つまり父母塔と同時に自ら夫婦の塔も併せて造立したものと思われる。墓碑の型式は隅飾りを見ると、輪郭付三弧と輪郭無三弧の二タイプあり区分できる。直勝と尚政室塔は輪郭付きで、直勝室と尚政塔は輪郭無の塔タイプである。夫婦の塔として造立するならば同じ組み合わせが代を越えて使用されるのが通常ではないかと考えるので、組合せが違う点は少し違和感があるが何らかの原因で笠部の組合せが変わった可能性も想定している。しかしこのことは四基の宝篋印塔の位置づけには大きな影響はないものと思われ、四基は中興儀礼の中で造立された墓碑として位置づけられる。因みにNo.１と４、No.２と３のそれぞれの笠と反花座型式が一致している。大きさはNo.１、四塔がやや大きいので銘文が刻まれた基礎部分が何らかの過程で入れ変わってしまった可能性を指摘しておきたい。造立の同時性については問題ないものと思う。

　以上のことから、頌徳碑の右側四基の宝篋印塔は、慶安二年の中興開基時に献塔造立されたものと考えておきたい。

　続いて頌徳碑左に位置する宝篋印塔について触れる。没年順に碑が並ぶとすれば、No.７に示した寛文五年（一六六五）に没した永井尚房（尚征長男）塔であるが、現状では、父尚征塔が中心に近い位置にあり、続いて先に没したにも拘らず、中より遠い位置に尚房塔が配されているのである。しかし石塔の型式的な点からは両塔は没年に相応しいので、父尚征は尚房が没した折に自らの塔が配される位置を定めていた可能性もある。そして尚房に続いて尚長塔、直圓塔と配された。

　以上のように見てくると現状と墓碑銘からは、そ

No.	塔造立年	正面銘文	右側面銘文	左側面銘文	被葬者名
4	（一六四九）	明暦丁酉歳 隆崇院殿巌譽芳俊英荘大姉 四月初九日			永井尚政室
3	（一六四九）	當寺中興開基 寶林寺信濃太守崑山大居士 寛文八年九月十一日		萬安叟代	永井尚政
2	一六四九	慶長十七年壬子年 泉溶院殿清閑照鏡大姉 九月廿一日	慶安二　年 孝子　永井信濃守尚政建焉 九月廿九日	萬安叟代	永井直勝室
1	一六四九	寛永二乙酉年 永井月丹大居士 十二月廿九日	慶安二　年 孝子　永井信濃守建焉 九月廿九日	右近大夫大江姓永井氏直勝	永井直勝
5	一六四九	慶安二年龍輯己丑十月二十九日			
6	一六七三	延寶元癸丑年 龍谷院殿雲山宗関大居士 永井右近大夫			永井尚征（室は毛利秀元娘・長菊子） 一文字三星紋使用
7	一六六五	寛文五年乙巳年 永明院殿透雲徹參大居士 七月十九日			永井尚房（尚征長男）

表１　興聖寺永井家墓碑銘文

（表の番号は図４番号と合致している）

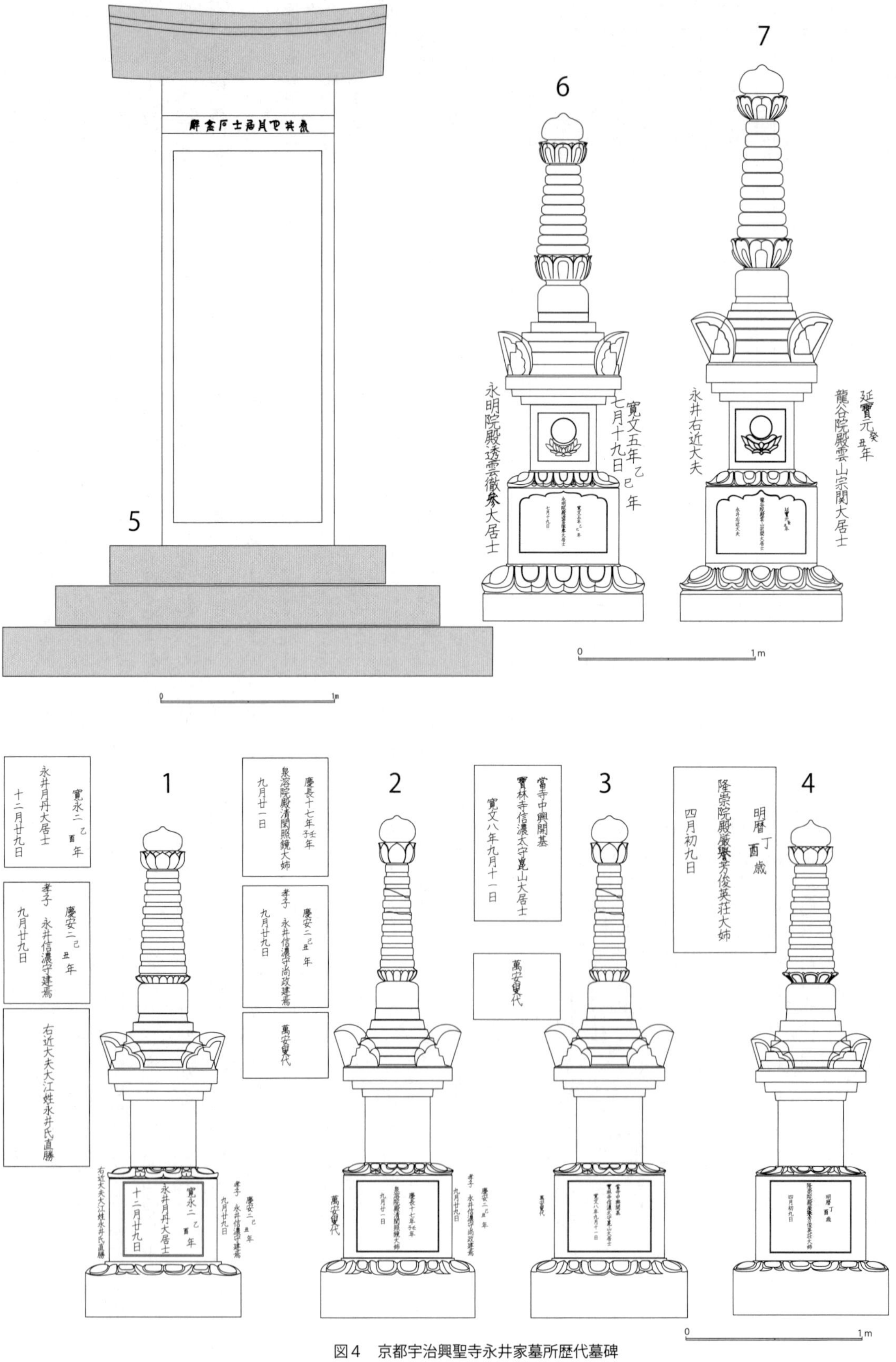

図４　京都宇治興聖寺永井家墓所歴代墓碑

の配置関係における意識が垣間見られるのであるが、現状は創建当初からの墓碑の位置関係ではないことが豆田の指摘にある。ここでは改めて興聖寺創建当初に近い堂宇の配置や初期の様子を確認するために、高槻市しろあと歴史館所蔵の「笹井家本 洛外図屏風」[6]（図５）一双に描かれた墓所の図から配置関係を言及し、本論とは若干外れるが併せて墓碑銘から推測できる屏風制作年代についてふれ、墓所形成を考えてみたい。

豆田は、二〇一二年に行われた展示の図録で、「屏風の景観年代は、およそ延宝七年（一六七九）以降で、元禄六年（六九三）までの期間、製作年代もほぼその時期と思われる。・・・以下略」としている。そこで豆田が示した景観年代を参考に、尚政が築いた興聖寺における淀藩永井家の墓所形成について、現状と比較しながら改めて屏風の年代を再検討してみたい。

興聖寺が描かれた部分に着目してみる（図５）。まず、山門をくぐると右に慶安四年（一六五一）に林羅山撰文の鐘楼が描かれていることから、鐘楼建立以降に描かれていることは明らかである。また、開山堂である老梅庵の後背に三段の雛段が描かれその最上段に六基の石塔が二基一対のように描かれ、その奥部中心に山を背にして無縫塔一基が白く描かれている。この無縫塔は祖塔であり現状とは変わっていないと思われる。雛段平場最上段に描かれた六基の石塔の内、中心部分の二基は万安英種塔と頌徳碑であろうと思われ、その左右に一対ずつ四基が配されているように描かれている。先に示した石塔の製作年代を前提にすると上段の四基は直勝夫妻の墓碑と尚政夫妻の墓碑が左右に配されたのではなかろうかと思われる。そして万安英種墓塔が屏風に描かれていることから、五世万安の没年である承応三年（一六五四）を遡ることはないので、屏風製作年代の上限は承応三年以降である。

また洛外図屏風の製作年代については、川上貢「笹井家蔵「洛外図屏風」について」（『日本建築学会近畿支部研究報告昭48－6』建築歴史・意匠）

第二部

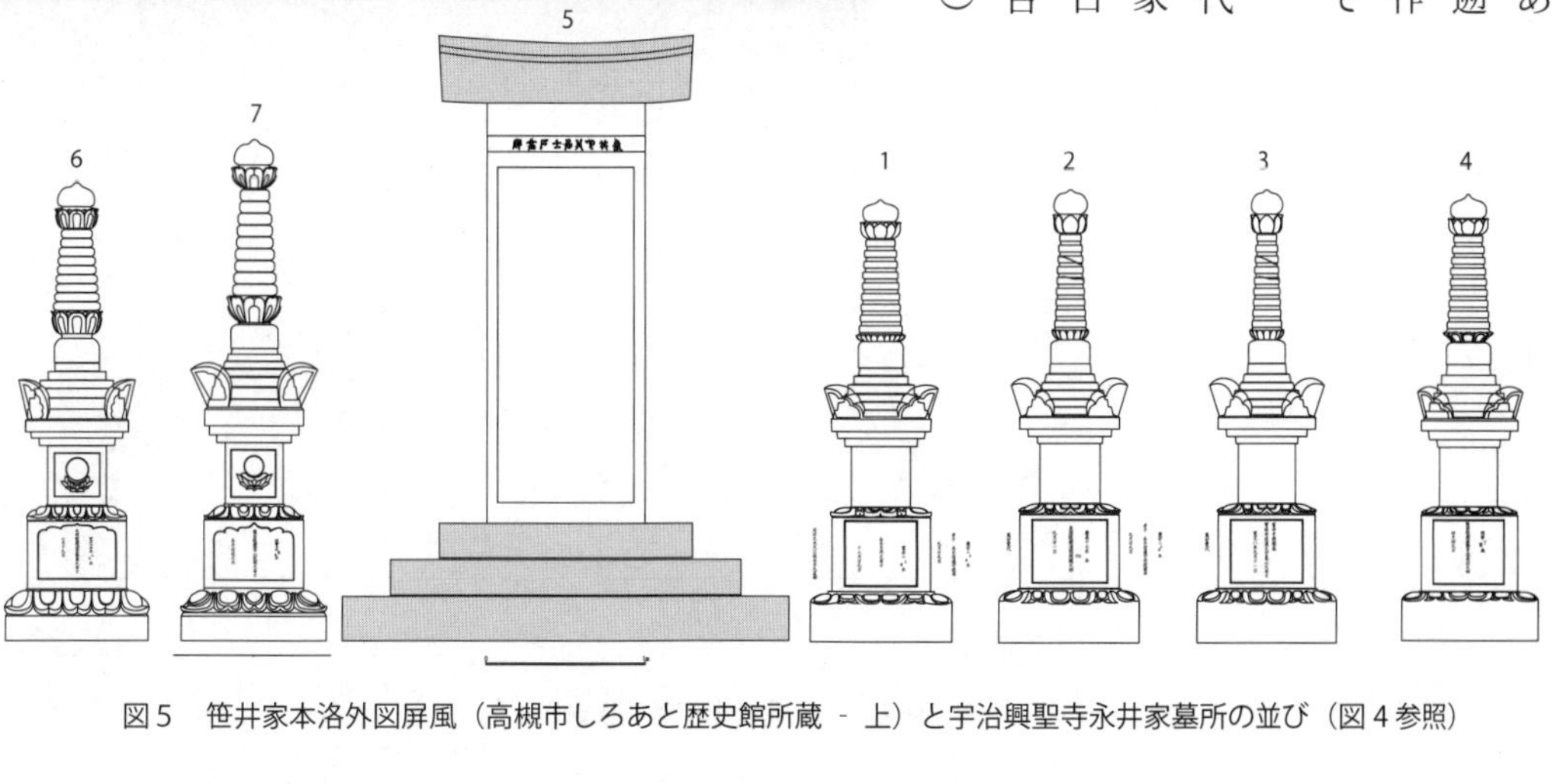

図５　笹井家本洛外図屏風（高槻市しろあと歴史館所蔵 - 上）と宇治興聖寺永井家墓所の並び（図４参照）

の成果を根拠としているものと思われるが、この中でも指摘されているとおり、笹井家屏風より古い製作とされている「中井家屏風」に描かれた伏見奉行屋敷部分の「水野石見守屋敷」という名称から水野石見守の任期中の年代を想定可能として正保四年（一六四七）から寛文九年（一六六九）の間をこの屏風の製作年代としている。そしてこれを手本にして「笹井家屏風」が描かれたために、古い要素が新しい要素に混在していることが指摘されている。この事からも永井家の墓所は古い正保から寛文までの特定な時期の様相を示していると言えるのである。したがって豆田が指摘した屏風の製作年代である延宝七年以前の景色であることは間違いないが、屏風に№６・７の塔が描かれていないことからすると「延宝七年（一六七九）以降」というよりは、№７の尚房の没年はもとより寛文五年（一六六五）以前に製作されていなければならないであろう。因みに、延宝八年（一六八〇）に殺害された尚長の墓碑は尚房の左に造立されている。

　さらに尚政の興聖寺墓所形成に伴う事業の一つとして興聖寺の背後の朝

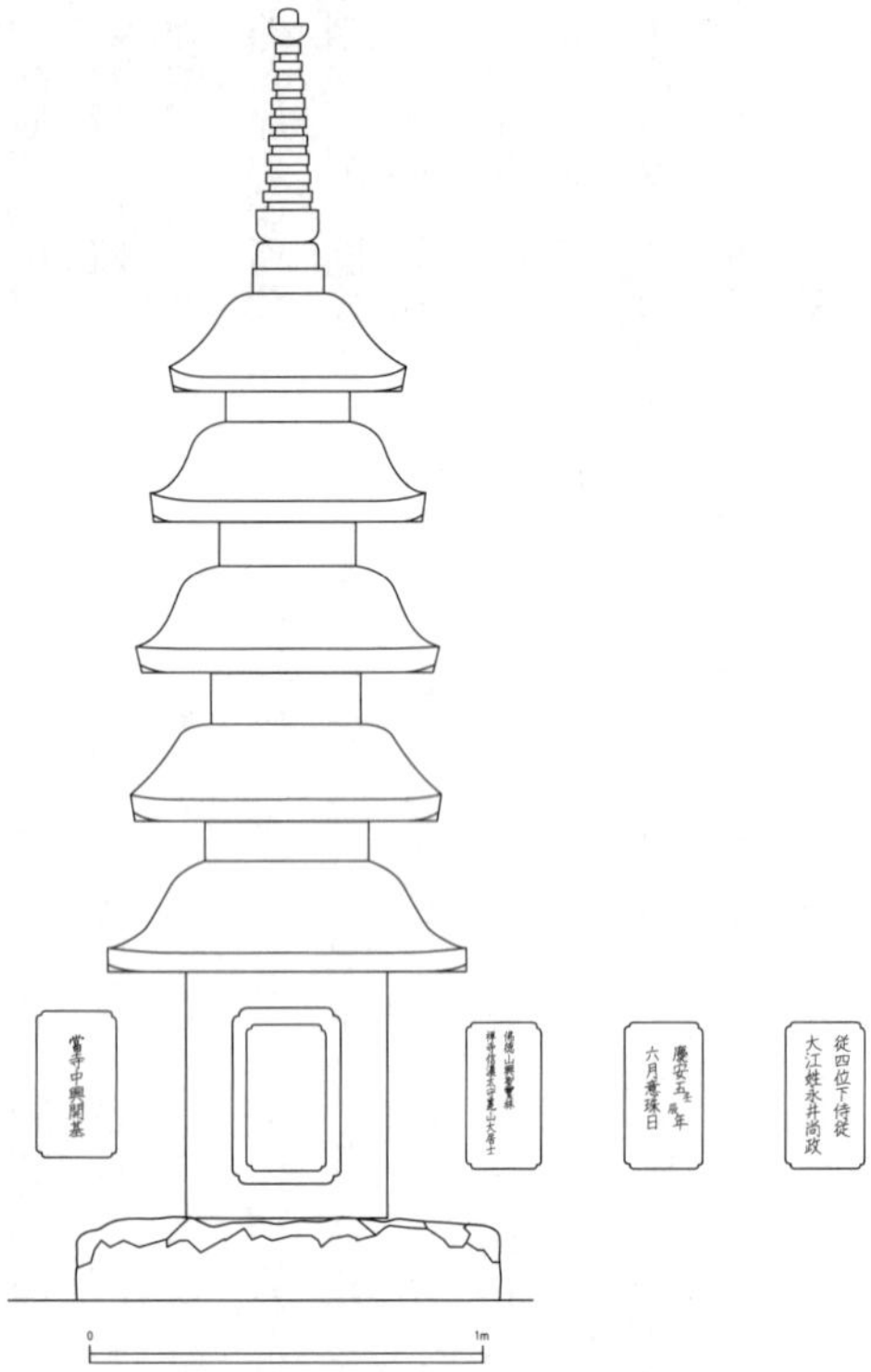

図６　京都宇治朝日山尚政建立層塔実測図
（相隣部分は写真から作図）

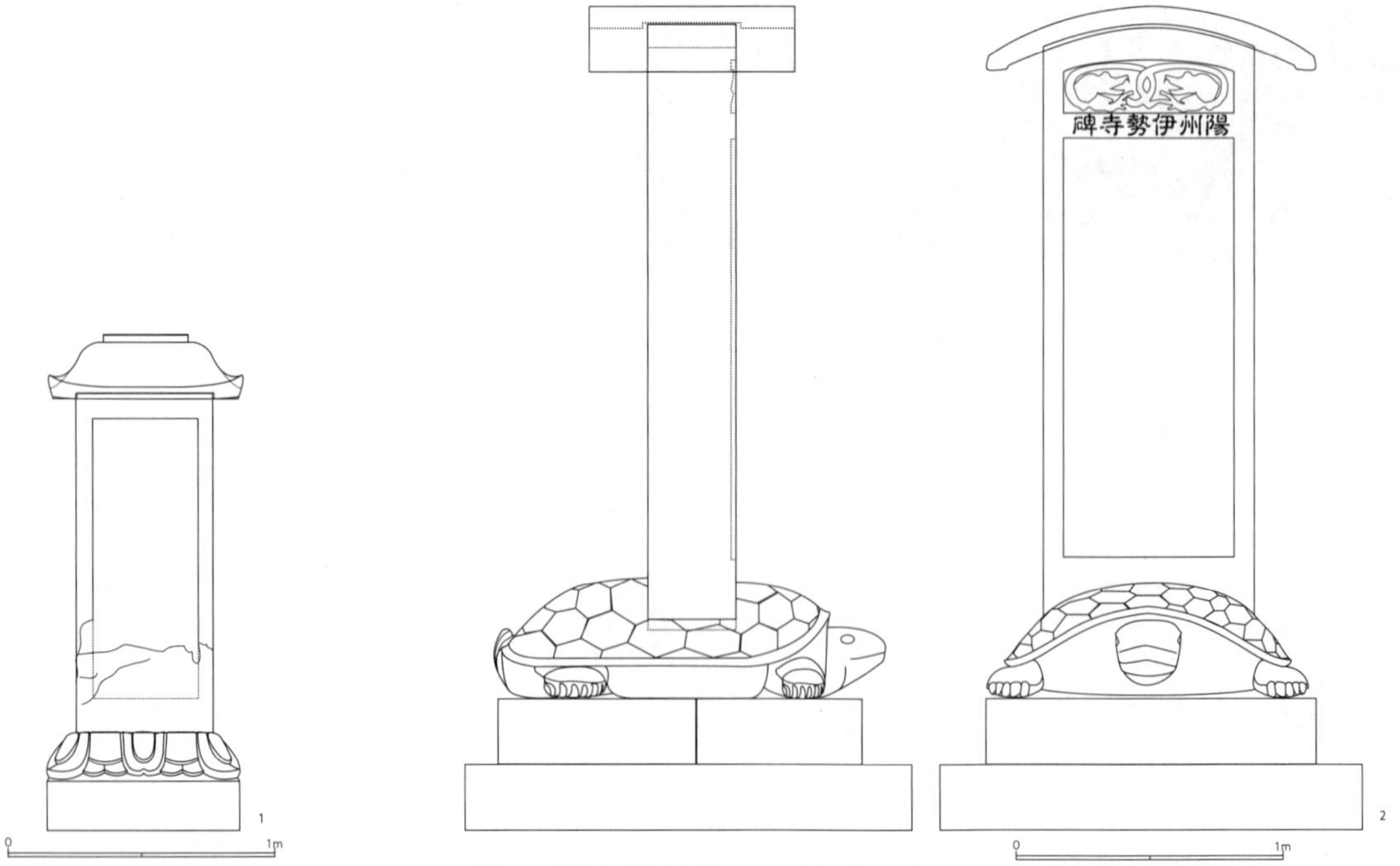

図７　古曽部の能因法師碑と伊勢寺顕彰碑

日山山頂に造立された層塔（慶安五年〈一六五二〉銘）を確認してみたい（図6）。この朝日山山頂は宇治上神社の背後に位置し、伝承では「菟道稚郎子」の墓と目され聖地化された場所であり、現状では近世以降に建てられたと思われる砂岩製の碑がある。「菟道稚郎子」は『古事記』、『日本書紀』の記載では応仁天皇の皇子ながら即位せず皇位を大鷦鷯尊（仁徳天皇）に譲ったことで美談とされた逸伝があるので、このような伝承に基づいて「山城国宇治宮」設置にあやかる意味において、興聖寺の開基を考えたことなども想像した。

層塔の石材は周辺で採石を得る材質ではなく、現在の認識からすると良質とは言えないような脆い石材を用いているが、謂わば「誂え」と考えるならば極めて拘った造塔とも類推している。石材の肉眼観察では「豊島石」ではないかと思われる。なぜこのような石が選ばれたのかは今後課題としたい。

さらにこの朝日山は、隠元禅師が黄檗山を五ヶ庄に決めた理由に、尚政とともに宇治川を下流から船で上った折に眼前に広がった宇治の山々（朝日山も含んでいると思われる）を「妙高峰」として「新黄檗志略 序」に示している。まさしく勝地であることを感じたことから黄檗山万福寺を開基したとされる点から尚政の墓所造営に際して朝日山一帯を聖地化するために層塔造立事業を計画した可能性があろう。層塔の塔身銘文右側面には「當山中興開基」と記していることから「家」、山城（淀）を預かる藩主として菩提寺を開基した意識を強く捉えられることから、朝日山の層塔造立は、興聖寺永井家墓所形成とともに捉える必要があろう。

三　永井直清の墓所形成

直清は、寛永二年（一六三五）父直勝の家督相続を受け尚政から三千五百石の遺領を相続した。その後寛永一〇年（一六四三）、山城国紀伊・乙訓と摂津国芥川・太田四郡において二万石が加増され長岡勝龍寺に神足館を築くことを許された。彼が領した地は古くから京坂を結ぶ交通の要衝の地であり、淀藩主である兄尚政と共に幕府の上方あるいは西国の統治を睨んだ要地を守る役を果たした。正保期には京都所司代の代行で禁裏、洛中洛外を守り、大坂城代の仮役を務めるなど、上方八人衆の一人として活躍した。[7] 寛永一六年東寺塔修補奉行に始まり、数々の功績が認められ慶安二年（一六四九）、摂津芥川・川辺・能勢・嶋下・住吉の六郡、三万石六千石を賜り高槻藩主として神足から移封した。

直清は藩政に力を注ぐと共に、慶安期には古曽部の能因法師（図7－No.一）や伊勢寺の伊勢姫廟の整備・顕彰碑（図7－No.2）の建立、上宮天満宮の石鳥居の寄進など、積極的に領地における文化・史跡の顕彰を行い、東寺修補奉行を命ぜられることなどからも明らかなように、八人衆の一人として幕府からの信任は非常に厚かった。

（一）悲田院における墓所造営

直清は、兄尚政が興聖寺を中興し宗家としての墓所を築くよりも早く、さらに慶安四年の三万六千石拝領に伴い、高槻藩城主として列せられるが、これより二年早い正保二年（一六四五）、京都一条阿居院にあった悲田院を京都東山泉涌寺山内に遷すことを許され修築を終え一族の墓所を造営した。これは尚政の宇治興聖寺開基よりいち早く墓所造営に当たり先ず亀趺碑を造立した（図8）。この亀趺碑の銘を確認すると「右近大夫永井月旦居士碑銘」と始まり、次の行の下に二行並列で右「民部卿法印　夕顔巷道「磨滅不明」」、左「正保山比丘　養源院「磨滅不明」」と刻む。そして銘最後の部分に「正保四年（一六四七）十一月二十九日従五位日向守永井「剥落で不明」」と記している。

碑の形態は、砂岩製の碑を亀趺に載せ、頭部に変形唐破風の屋根を備えた碑である。碑の撰文は林羅山であるが、林鵞峰が編纂した『羅山先生文集』に残る碑文の内容と製作年代などに若干の違いがある。文集の碑文では寛永一四年（一六三七）の直勝一三回忌に際して直清に依頼されたことが明記されているが、悲田院の碑にはその点が欠けている。この点、豆田の研究(8)では、「撰文の依頼と造立の時期に齟齬がある」としている。しかし鵞峰が纏めた文集、つまり直清一三回忌に際して直清が撰文を依頼した碑と悲田院に現存する碑を別物と捉え、時期を違えて二基が造立されたと捉えれば全く問題はない。二基と考えた理由として亀趺碑造立について以前に別項(9)で指摘したことがある。その事例として浅野長治が庶長子として広島藩主で父である長晟七回忌を期して、寛永一五年（一六三八）鳳源寺を菩

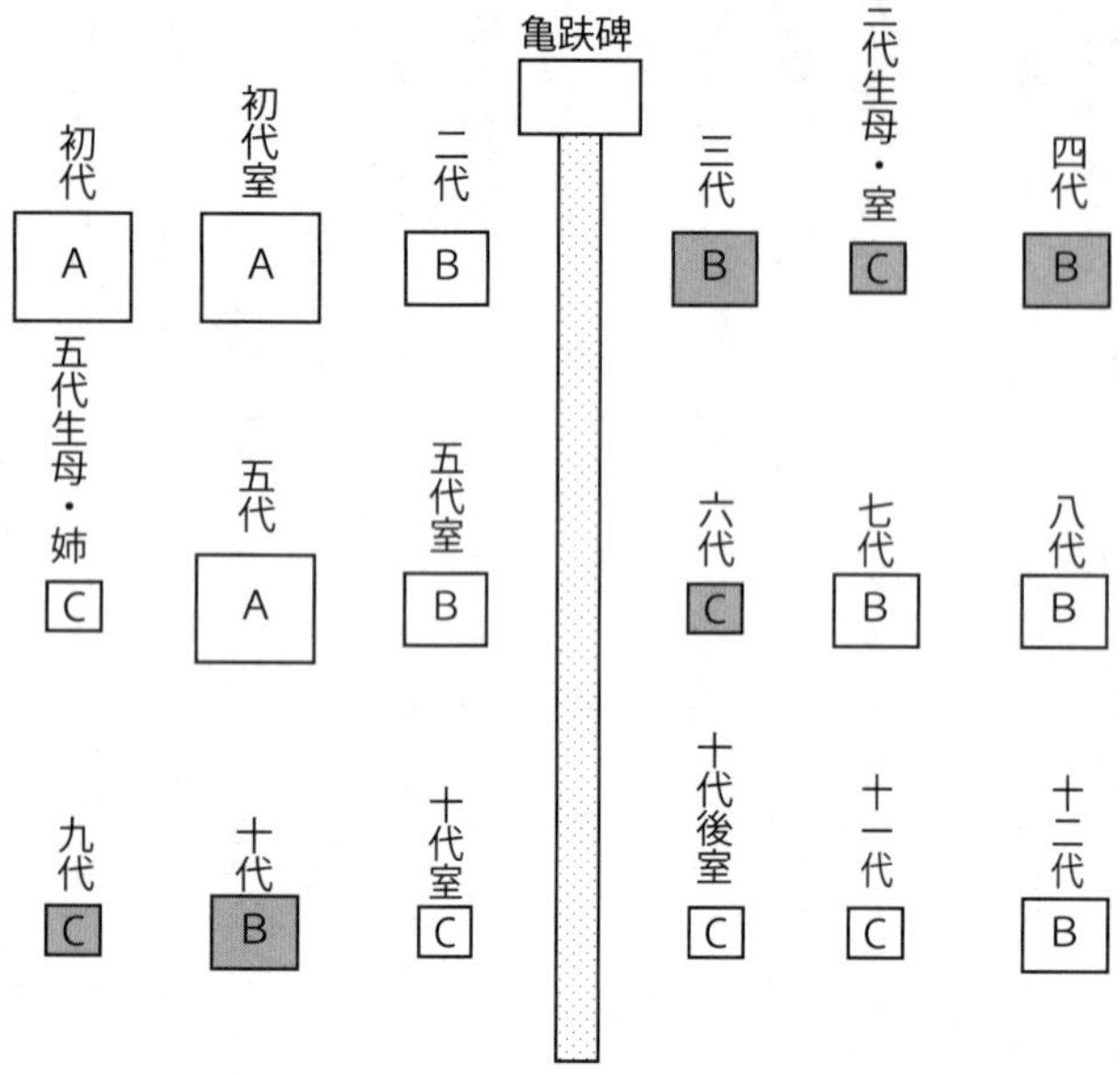

図８　悲田院永井家墓所江戸期墓碑配置略図

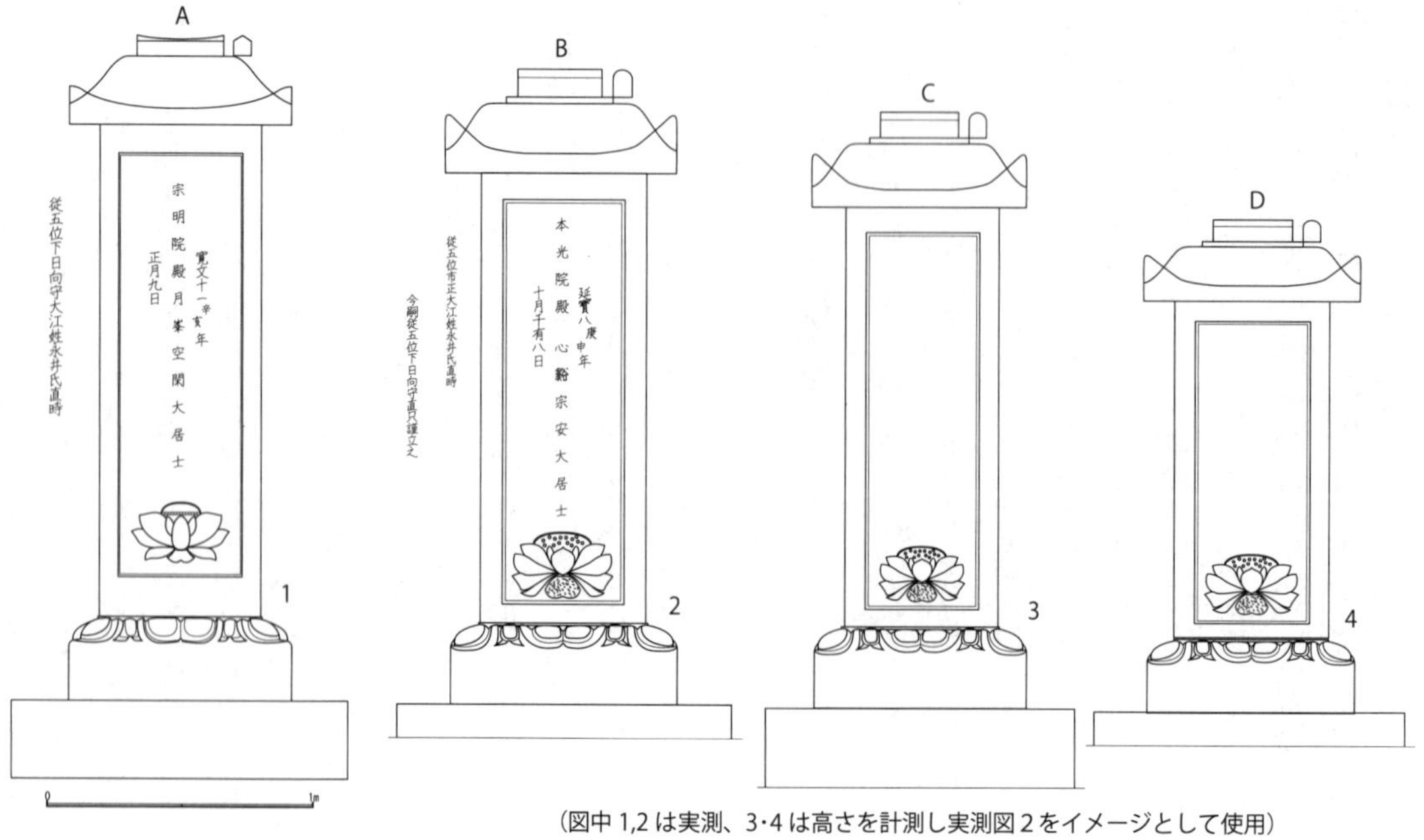

（図中1,2は実測、3･4は高さを計測し実測図２をイメージとして使用）

図９　悲田院永井家墓碑の大きさ比較図

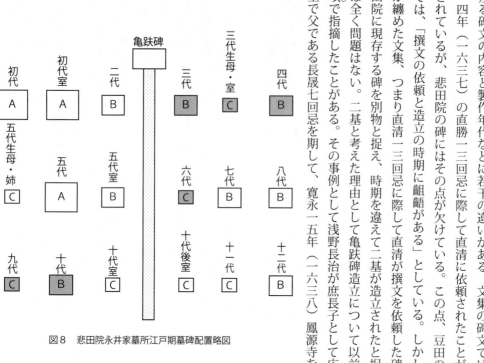

提寺にして開基し、広島三次藩を立藩した折に木製の亀趺碑を造立した。また、水戸藩附家老中山信政は飯能市智観寺を菩提寺と定めた時に、藩祖信吉墓所を改葬し、木製亀趺碑と藩祖の衣冠束帯像を治め木製廟を霊屋として創建し祀っている（寛永二一年〈一六四四〉）。また烏山藩堀家の場合、初代堀親良を二代堀親昌が菩提寺である東江寺に祀り、木製亀趺碑（寛永一四‐一六三七年）を建立している。近世初期の藩主の祀り方（先祖祭祀）として木製亀趺碑建立によって顕彰し、自らが一族惣領としての正統性を顕示した。このような木製碑の存在については、あまり着目されてこなかった点からすると、考古学的に資料の重要性を喚起し得たのではなかろうか。

このように見てくると永井家の場合も同様に石造の頌徳碑以前に寺に治められた木製亀趺碑の存在の可能性も一応想定して林鵞峰の文集に記された銘との違いを考えておきたい。

（二）悲田院高槻藩永井家墓所の形成過程

続いて、亀趺碑と墓碑の配置（図8）などから、悲田院の墓所形成を考えてみたい。

現存する石造の亀趺碑銘文を読むと、直清は「正保四年（一六四七）一一月二十九日」に京都一条安居院にあった廃寺の悲田院を東山泉涌寺に移し再興させたことがわかる。この菩提寺開基に伴い父直勝の菩提を弔い顕彰する為に頌徳碑として石造亀趺碑を造立したのである。碑文中には次のように記されている。

> （中略）今日州（日向守）奉為居士（月旦）再興、廃　寺悲田院移于泉涌寺裏、以安其霊牌其追遠之情不易言也、唯恐居士〔判読不能〕垂於無窮故欲刻礫石而（以下略）」

次いで、改めて悲田院永井家墓所の配置（図8）を確認しておきたい。悲田院は泉涌寺裏に位置し、周辺では最も高位に本堂がある。高槻藩永井家墓所は悲田院山門を潜り本堂北側から一〇m程石段を下った場所に位置し、笠塔婆型の同型式墓碑が並ぶ。墓碑は全て南面し、中央に直勝頌徳碑（亀趺碑）を据え、その前面に参道が設けられ、参道左右に歴代藩主及び有縁の人々（藩主生母あるいは姉、正室、後室）に限られ墓碑が並ぶ。

墓碑の大きさ（総高）は三種（図9中A・B・C）、明治期はCより低いタイプDは五尺八寸ありこれを入れると四種（図9）となるが、今回は、図八に江戸期だけ墓碑の位置を示した。

具体的には図9実測図に示したように、Aの大きさは八尺三寸で初代直勝夫妻碑と五代直英に限られる。Bは七尺八寸の高さで歴代藩主単独銘の碑と藩主と室が併記されている碑であり、Cは七尺三寸で藩主生母及び姉一部に室の碑であった。

初代直清の墓碑以外で、Aの大きさを誇るのは五代直英碑だけであることには意味がある。

碑型式は、笠塔婆形式で寄棟造りの笠で大棟が刻出されている。碑身は、陥中が一cm程度彫窪められ幅広の約七・五cmの輪郭が廻る。塔身中央に大きく戒名が刻まれ、右に歿年号、左に命日が刻され、戒名の下部に開蓮華が大きく陽刻されている。基礎様式は腰が比較的高い反花座である。碑陰に被葬者の官位官職と名が中央に刻まれる場合と碑陰右に被葬者の官位官職と名を記し、左下に造立者名と嗣子であることを記す。二代直時（直清の孫‐延宝八年〈一六八〇〉没）の墓碑造立時に碑陰に被葬者の官職および嗣子で造立者の名を明確に刻む様式が確認できることから、三代直種（宗家尚征の子）がこの記載方式を最初に高槻藩永井家墓所造営において創出したものと思われる。以後歴代藩主に限られるがこの記載形式を用いることが多かった。このようなシステムを創出した直種の意識は、次に示す江戸における高槻藩墓所の形成を捉えることで明らかになり、墓所形成における意識を捉える点で注視したい。

四　江戸における高槻藩永井家の墓所形成と東海寺塔頭清高院

現在、高槻藩永井家の江戸における墓所は、清光院[10]と知られているが、『寛政重修諸家譜』には高槻藩初代直清がいずれを菩提寺あるいは墓所と決めたかについての記載は確認できない。現状で品川区の清光院に高槻藩歴代墓碑が確認できる。そこでこの清光院が菩提として成立する過程を確認し、京都悲田院との関係を捉えてみたいと思う。現状の墓所配置は当初からの位置関係かどうか疑問が残るので、直清以下の系譜と造塔の年代とを改めて確認した。系譜中最も早く江戸で没した人物は直清の嫡男直吉であった。

そこでこの直吉墓造立から始まる東海寺塔頭清光院における永井家墓所の形成について触れてみたい。

（一）直吉（妙解院殿関山了無居士）と塔頭の開基

『寛政重修諸家譜』に直吉の葬地についての記載はないが現状では清光院内永井家墓所内に直吉の墓碑が存在する（図10-№2）。系譜中で清光院に埋葬された人物は高槻藩二代藩主直時（直吉の嫡男）の葬地を『寛政重修諸家譜』では延宝八年（一六八〇）七月一八日「清光院」に葬ると記されていることから、この時点では清光院を永井家の葬地として認識されていた。

そこで改めて直吉の墓碑正面の陥中に刻まれた戒名に着目してみた。銘は「寛文九年巳酉六月二十六日／妙解院殿関山了無居士　高霊／現名永井左門直鐵」と刻まれている（図10-2）。ここで注意したいのは、寛文九年（一六六九）の段階の戒名に「妙解院」を冠していることである。つまり東海寺内における「妙解院」とは、「東海和尚紀年録」の寛永二〇年（沢庵七一歳）の項を見れば明らかなように肥後熊本藩二代細川光尚が初代忠利の菩提を弔うために開基した塔頭名なのである。直吉が没した寛文九年段階では少なくとも妙解院＝細川家開基の菩提寺名としての認識があるはずである。しかし、永井直吉の戒名に「妙解院」が付されたことの意味はなんであろうか。

そこで、東海寺塔頭における細川家の葬送と妙解院との関係を見直してみたいと思う。

『寛政重修諸家譜』の細川家の記載では東海寺に埋葬された人物は、肥後熊本藩初代細川忠利正室保寿院[11]（秀忠養女千代姫）が、慶安二年（一六四九）に没しており家譜に葬地は「東海寺」と記されている。しかし藩の記録『綿考輯録』[12]巻六四の九月条には、慶安二年（一六四九）一一月二四日、白金の屋敷にて五三歳で逝去し、熊本の細川家菩提寺「妙解寺」に埋葬された、と記さている。参考までに葬儀や茶毘について『綿考輯録』の記載を示すと次の通りである。

> 品川東海寺辺ニ而沼田家記ニ葬場品川妙国寺之後野畑を御かわせ被成候と有り御火葬、於いて妙解院大徳寺清巌宗渭引導有之候、云々（中略）御遺骨御国に御下り被成候付、二九日江戸御　立被成候、」

とあり、『綿考輯録』巻六五の十二月廿一月条には「保寿院様御遺骨熊本御着」と記されている。品川妙国寺裏畠地で清巌宗渭の引導のもと茶毘に付され、熊本に運ばれたようである[13]。

細川家は、先に示したように肥後熊本藩二代細川光尚が忠利の菩提を弔うために既に「妙解院」を開基していたはずであるが『寛政重修諸家譜』

図10　品川区清光院永井家の主な墓碑

の記載では「東海寺」と記されているのはなぜであろうか。保寿院が将軍有縁の人物と言うことも考慮に入れる必要があるのであろうか。そしてさらに寛永二〇年（一六四三）段階での塔頭「妙解院」の有無に若干疑問がのこる点として、『寛政重修諸家譜』の記載では、細川家における葬地として「妙解院」が記載されるのが熊本藩細川家三代藩主綱利の息で與一郎（元禄一四年〈一七〇〇〉没）の埋葬段階からなのである。このことから細川家における葬地としての「妙解院」の成立年代は、改めて見直す必要があるのではなかろうか。

かかる疑問が残る中で、元禄一四年（一七〇〇）以前の寛文九年（一六六九）に没した永井直吉の戒名が「妙解院殿関山了無居士」とした点について永井家側の事情から考えてみたい。

細川家以前に直清が長子を葬るために「妙解院」を永井家菩提寺（塔頭）として開基していた可能性はないのであろうか。

永井直吉の葬送執行は父直清（日向守・書院番・上方八人衆）である。直吉の正室は大老酒井讃岐守忠勝の姉の子（三女）であることや、永井直清家が京都奉行小堀（遠州）家とも姻戚関係があることなどから考えると東海寺における塔頭の開基は決して不可能ではなかったものと思わる。また、幕政では寛永一二年（一六三五）段階では、細川忠利は直勝を通じ幕府の政事について諮問するなどしている立場であった。このようなことから東海寺塔頭「妙解院」はまず直清によって永井直吉のために寛文九年（一六六九）に江戸における菩提寺として細川家に先だち開基された可能性はないのであろうか。答えは見いだせないのであるが、以上の事から東海寺塔頭「妙解院」の成立に永井家の墓所形成が深く係わっているのではなかろうかという点を指摘しておきたい。

（二）直吉以後の高槻藩永井家墓所形成

続いて清光院における直吉以後の高槻藩永井家墓所形成を見てみたい。直吉以後は嫡子で家督を継いだ高槻藩永井家二代直時が延宝八年（一六八〇）に没して埋葬され、以後、一三代までの歴代及び有縁の人々も含めて京都東山悲田院とほぼ交互に埋葬地となった。

家系図（図11）の中で葬地を改めて確認しておきたい。高槻藩三代直種は、宗家尚征の四男であったが直時の家督を継ぐために延宝五年（一六七七）に高槻家に養子入りし三代を継いだ。しかし宗家では四代目尚長が延宝八年（一六八〇）、増上寺で行われた徳川家綱の法要の席で内藤和泉守忠勝（鳥羽藩主）に殺害され二七歳という若さゆえに嗣子が決まっていなかったことから一端改易となる。しかし五男である直圓の家督相続が認められ石高は一万石となったが大和新庄藩とし家の存続が認められた。皮肉にも宗家の家督相続順位二位の位置にいながら直種は分家を守るために高槻藩二代市正直時の養子に入っており、改易の憂き目に際しても宗家相続には関われなかったのである（図11）。

そこで、改めて東海寺清光院における高槻藩の墓所の形成について歴代墓碑の形態などに着目してみたい。参考としては品川区教育委員会が平成四年に行った現状調査があり、墓碑の位置関係と各墓碑の銘文が記録され『品川区文化財調査報告書』として刊行されている。ここでは品川報告を基にして改めて注視したい墓碑についてのみ図化し提示した（図10№1～3）。

先ず先に触れた直吉の墓碑（図10‐№2）は唐破風の笠と塔身が円柱状の宝塔形式である。京都悲田院の高槻藩歴代墓碑型式とは全く違っている。

次いで延宝八年（一六八〇）、直吉の長男である高槻藩三代直時が没するが、直吉との関係性からか、遺骸は悲田院ではなくこの清光院に埋葬された。墓碑の型式は宝篋印塔（図10‐№1）を用いている。これは清高院墓所中唯一の宝篋印塔である。宝篋印塔を用いることは珍しくはないのであるがあえて考えるなら、後に触れる江戸における永井家本家の墓所である尚政開基の功運寺に採用された型式を意識したのであろうか。なお直時の葬送の祭祀は、養子であった三代直種が執り行った。この時、先にも触れたが直種の身の回りは穏やかではなく、延宝八年六月に実兄である永井本家尚長を不慮の事故で亡くし本家改易と分家の相続をしなければならなかった。ある種の不条理感に苛まされていたものと想像する。

このような身に降りかかった状況の中、直種は「直只」の名で「直清牙歯塔／天和貮壬戌弔問九日／大檀那　孝孫　永井日向守直只」と刻む塔を清高院墓所に造立しており、墓所形成において大変興味深いので改めて後に触れる。直種自身は没後、京都悲田院に埋葬された。以後、高槻藩四代、六代、九代、一〇代、一三代は、この東海寺清光院に埋葬された。歴代が交互に近い形で両葬地菩提寺と選択したことは徳川将軍家の寛永寺と増上寺を埋葬地とした葬地選択原理を意識したものとして通じるのであろうか。幕府に対しての忠誠を江戸の墓所造営によって具現したものと考えられよう。

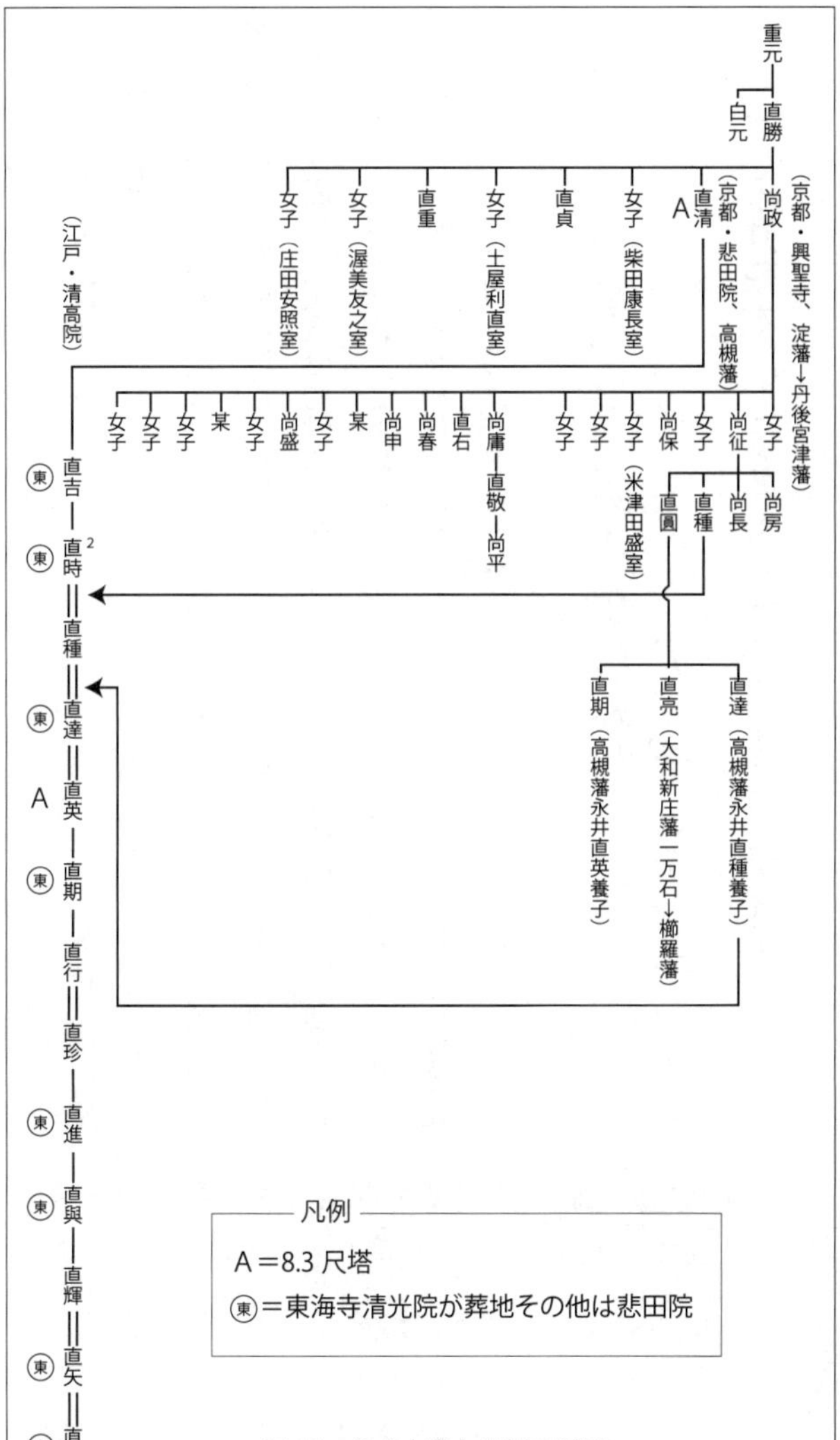

図 11　永井本家と分家の系図

五　本家永井家の江戸における墓所形成

永井本家尚政の淀藩は、尚征が万治元年（一六五八）家督相続し、この時に実弟である尚庸に二万石を分知し尚庸系初代として分家した。後にこの美濃加納家が本家筋の藩として残ったのである。

本家二代尚征は寛文九年（一六六九）加増により丹後国宮津へ転封になるが、尚征の長男尚房が寛文五年に父に先立ち亡くなり、転封前と言うこともあり淀藩永井家葬地である宇治興聖寺に埋葬された。この時点で、宮津藩転封を知る由もなく先に興聖寺の墓所形成でも触れたが尚征は寿塔を造立しその横に尚房の墓碑を造立したのではなかろうかという想定をしている。

なお、尚征は寛文九年（一六六九）に宮津藩初代として転封すると、改めて本家の葬地である興聖寺とは別に江戸の功運寺を宮津藩永井家の菩提寺とした。しかしもともと功運寺は父尚政が祖父元重の菩提を弔うために開基したことに始まるので、尚征は曾祖父からの正統の系譜を重視して宮津藩永井家の菩提寺として位置づけた。

そして、その後の歴代が葬地とした（図12－№１～３）。

図12の三基は、№１が延宝元年（一六七三）に没した宮津藩初代尚征墓碑であり基台と反花座が一石造りであることが特徴である。この様式は、古河永井寺の尚庸塔（図３－№５）と共通する。この点については、後に墓所形成過程で改めて注目したい。なお、本家三代尚征、分家尚庸、そして本家四代尚長が相次いで没し功運寺はおそらくは尚庸の二男で別家を立てていたが、家督を継ぐことになった直敬が整備していくことになったのであろう。直敬（岩槻藩初代）は元禄七年（一六九四）一一月から正徳元年（一七一一）に没するまで寺社奉行および奏者番も兼任した。

六　永井家の墓所形成からみたアイデンティティー

（一）永井家本家と淀藩永井家のアイデンティティー

これまで見てきたように直勝が没した後、永井家は家督相続によって本家と分家にわかれ、本家尚政は古河の永井寺の墓所を、弟直清は高槻藩主として悲田院を新たに中興して一族の墓所とした。

墓所形成と言う観点から両者を見れば、尚政は父直勝がすでに自らの菩提寺として永井寺を中興開基していたことなどから直勝を葬送したものと思われる。この時、尚政三八歳、直清三四歳の時である。大坂夏の陣が終わって一〇年が経った時であり、いわば江戸期に入って最初の墓所を造る必要があったのである。戦国期の武将の墓所として明確な遺構・遺跡はこれまで確認されていないであろうか。かかる現状において、寛永二年（一六二五）に没して葬送された直勝墓所は江戸期初期の葬制を確認することのできる事例としても重要視すべきと思われる。

古河永井寺における永井家の墓所形成は、直勝の葬地の前面に巨大な宝

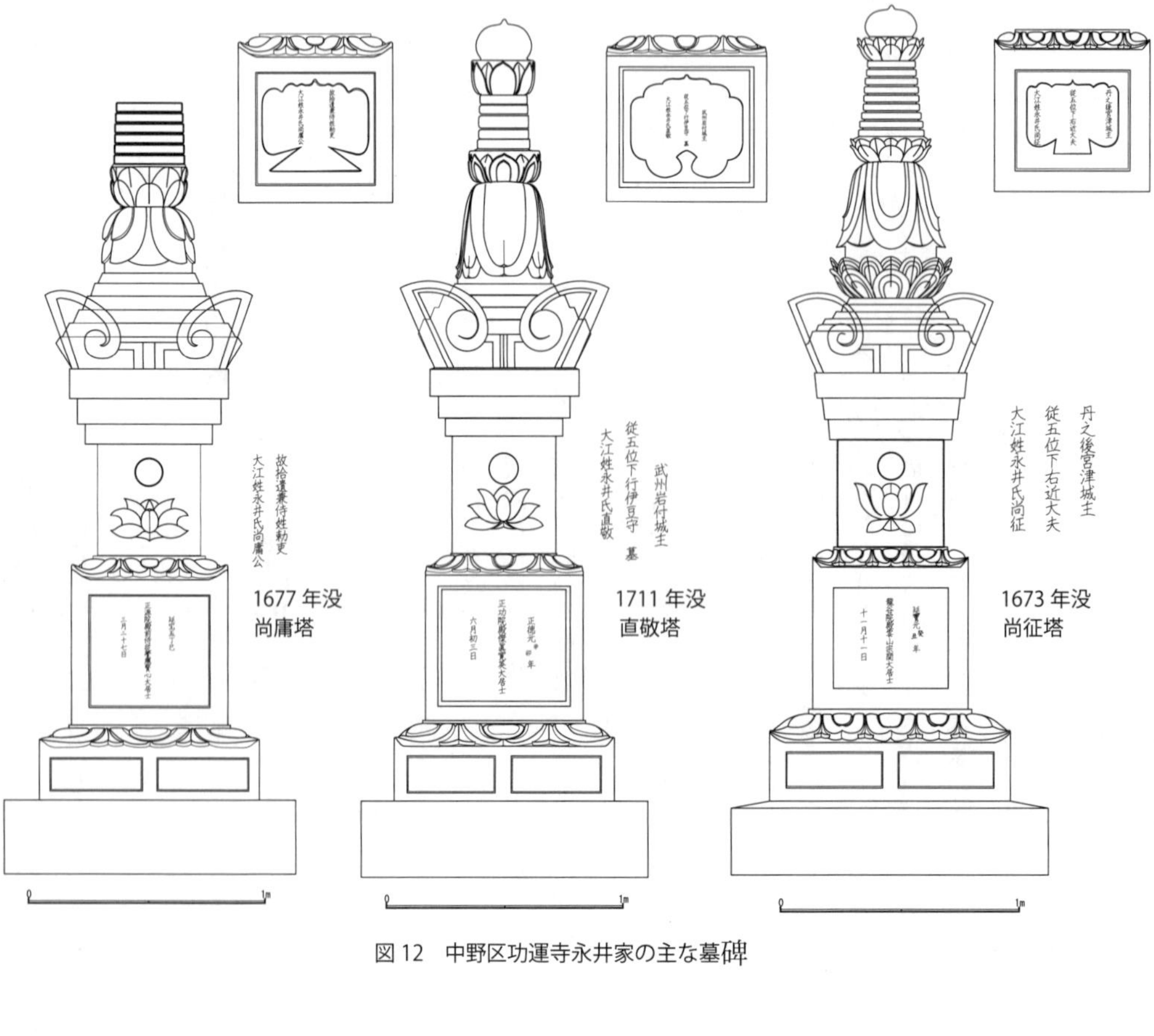

図12　中野区功運寺永井家の主な墓碑

篋印塔を建立し、燈籠と手水鉢が奉献された。墓所としての祭祀は、林鵞峰が編集し寛文二年（一六六二）上梓とされる『羅山林先生文集』第四一の「右近大夫永井月丹居士碑銘」を確認すると碑文最後の行に次のように記されていることが既に指摘されている[14]ので下記に示しておきたい。

亀趺載名百世傳遠／居士卒後十三回寛永十四年十二月二十九日　従五位日向守永井直清立之」

これによれば、直清は父直勝の一三回忌に際して父の有功遺芳を無窮に楽石に顕すために亀趺を立てたことが記されている。また、永井寺墓所現在に造立されている正保四年（一六四七）一一月二九日に尚政が建立した永井月丹碑には、羅山による次のような言説が記されている。

「余嘗應日州求而作居士碑銘…」

このことから正保四年以前に直清（日州）の求めに応じて、居士の碑銘を創ったことが明確である。この記載の求めが、直勝一三回忌の碑銘に相当するか確証はないものの『羅山文集』に記された一三回忌に宛てられた碑銘と考えても間違えではないであろう。そして豆田は一三回忌における碑の存在については慎重であり、後に現在遺る頌徳碑は尚政が建立したとしている。

(二)　古河永井家の先祖祭祀

こうしてみてくると古河永井寺における直勝を祀る祭祀は二段階あり、最初は尚政が司祭者として被葬者を墓所に埋葬するための祭祀を行ったのは寛永期である。この時、墓所には手水鉢・燈籠が家臣によって奉献された。家臣が奉献するシステムは伝統的であり、日光東照宮や増上寺・寛永寺と将軍墓において創られた造墓システムであり、享保二一年（一七三八）に没した深溝松平七代藩主忠雄の墓所においても葬送奉行と思われる家臣が燈籠を献灯しており共通するものと思われる。深溝松平家墓所では歴代の墓所に同じシステムが確認できる。禅宗を背景とした神道的な宗教的な共通性がある。

続いて第二段階の墓所祭祀は、直清が直勝の一三回忌に碑を建立した時期といえる。碑の遺存は現状では確認出来ないが、本来は石造の碑以外に木製亀趺碑の建立も指摘し木製亀趺碑が藩主の回忌、あるいは分家の創始に際して先代を讃えるべく頌徳碑（碑には神道碑と刻まれている）を建立しており共通するものと思われ、寛永期から寛文期段階では、菩提寺への亀趺碑と衣冠束帯の像を造り、初代を祀る祭祀が行われることは正統的な先祖祭祀の実践と言える。

直清が碑を建立した前後の彼の事績を確認すると、寛永一〇年に一万二千石加増され、二万石で神足陣屋に移封し、山崎八幡宮の造営奉行の職責を果たしている。この時点で京師における彼の活躍ぶりからして、城主同様の格付けとして扱われていたのではなかろうか。これらの条件が揃ったために独立した「一家」としての自覚のもと、木製碑（存在は確認されていないが）を直勝の菩提寺に奉納し別家の長としての正統を示したのではなかろうか。

古河永井寺永井家墓所は、本家が淀藩から丹後宮津藩へ転封になっても墓所あるいは聖地として機能させ、尚政・尚征・尚征の弟である尚庸が直勝の墓所として碑を造立している。ここで興味深いのは、尚征のあと尚長が本家四代として継ぐが不慮の事故によって改易され、本来ならば尚長の碑があるべきところ別家美濃加納家を立てた尚庸塔が延宝八年（一六七八）に没したことで碑が造立されたことである。

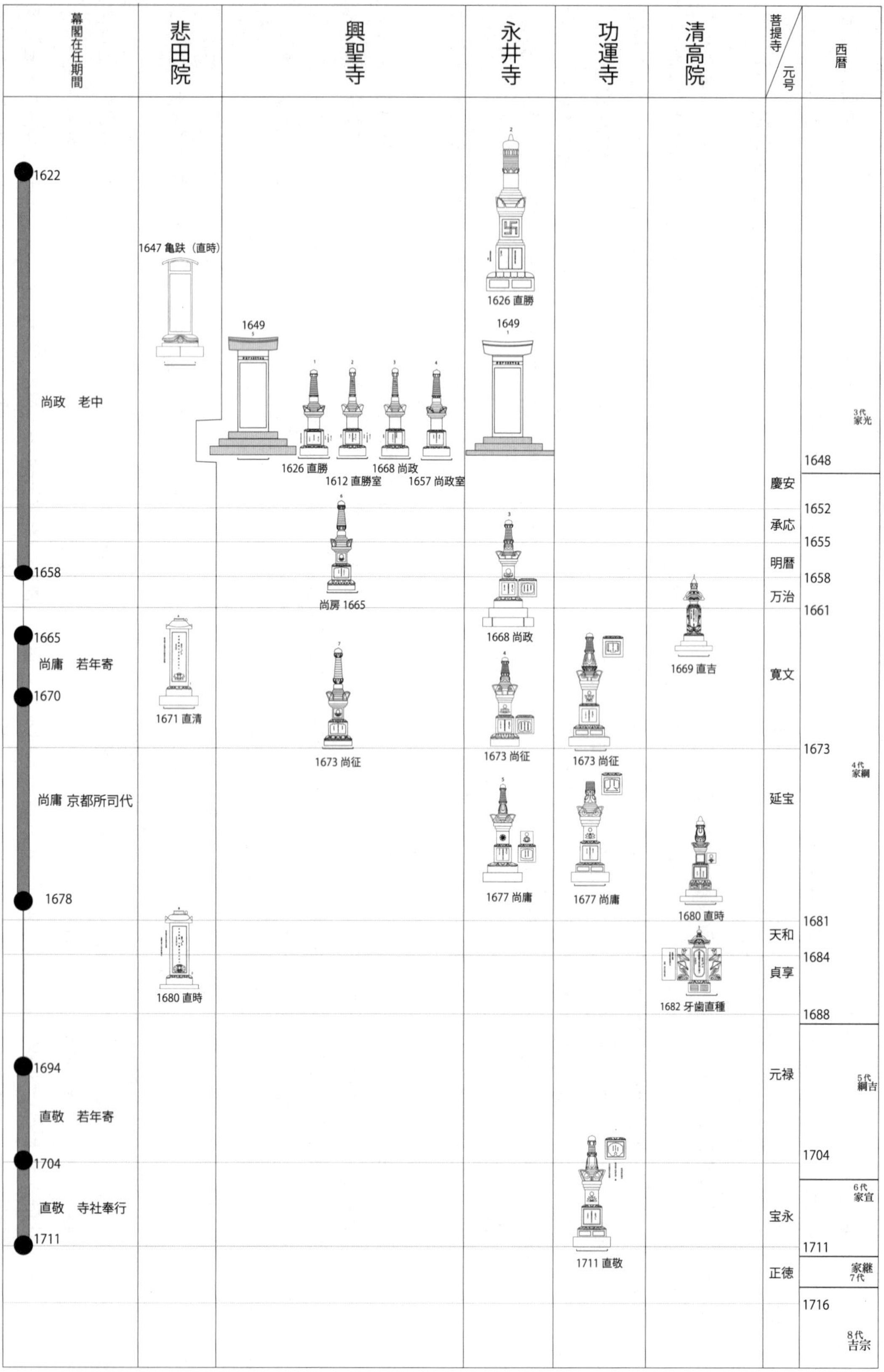

図 13　大江姓永井家の墓碑造立年表

尚庸塔が造立された意味は、図11の略系図でもわかるとおり、尚長以下本家の血筋を継ぐ者がいない中、祖父尚政の子供で尚征の弟に当たり血統を重視した立場から本家直勝所縁の墓所の末席に祀られたのであろう。また、図13に示したように尚庸は寛文五年（一六六五）から延宝期まで若年寄、寺社奉行を歴任するなど幕政における要職に就いていたことも影響しているのかもしれない。これを実践したのは尚庸の嫡子である直敬が城持ちの大名として岩槻藩主の立場で祭祀を継承した事を示しているのである。祭祀を継承した意味は石塔様式に示されており、江戸功運寺永井家墓所の尚征塔の基台と反花座の造りが安山岩製一石造りであり、これが古河永井寺の尚庸塔も同じ造りである。このことは石塔製作場および製作発注者が共通していることを示しているのであろう。この発注者こそ直敬であり、尚庸の家督を継ぎ祭祀継承が移譲され、功運寺と古河永井寺が整備されたことを意味しているのではなかろうか。先に触れた永井寺の墓所を囲む土塁はこの時の整備の痕跡を示しているものかもしれない。

改めて功運寺を見てみると、尚政が祖父重元の戒名「寶珠寺殿功運道全大居士」により開基とした寺であるが大正一一年に移転しており、その時永井家墓所も整備された痕跡がある。しかし、墓所内には造立時期は定かではないが重元の正室（安部正勝女：於鍋）の碑と思われる石塔も確認できる。基礎銘文には「奉造立石塔一尊／為盛岸理鏡大禅定尼／于時慶長十七年壬子季七月二日」と記されている。

また、先に触れた本家の歴史上最も悲劇の人物であった四代尚長の墓碑も確認でき、尚政・尚征塔に並んで据えられている。この尚長墓碑の正面の銘は現状で「永井家累代之墓」と刻まれていてその背面に「丹之後劦宮津城主／従五位下信濃守／大江姓永井氏尚長」と記されている。不慮の死を遂げた尚長は本家四代目として古河永井寺の本家墓所に碑が据えられるべきであろうが、殺害という不慮の出来事によってではあるが改易された身と無嗣子という理由からか不明であるが、古河永井寺に碑の造立は無く、父尚征のもとである淀藩、丹後宮津藩永井家菩提寺である宇治興聖寺と功運寺に造立されている。そして尚長には二人の弟がいたが、直種は早くに高槻藩二代直時に養子入りしており、二番目の弟である直圓が幕府の許しを得て大和新庄藩（後に櫛羅藩）を一万石で嗣ぎ、本家筋の永井家が残ったのであった。

（三）東海寺清光院の藩祖「牙歯之塔」造立に示されたアイデンティティー

東海寺清光院にある「牙歯之塔」は図10‐№３に示したように次のような銘文が刻まれている。

正面「寛文十一辛亥歳／宗明院殿月峯空閑大居士／正月初九日」
裏面「従五位大江姓永井氏日向守直清／牙歯之塔／天和弐年壬戌／檀那　孝孫永井日向守直只」

正面に藩祖永井直清の戒名と没年月日が刻まれ、裏面に直清の官職名が最初に刻まれ、続いて「牙歯之塔」と記し、天和二年（一六八二）に孝孫である直種こと直只が檀那として造立していることが明らかである。

この塔型式は、墓所内の歴代が笠付の円柱を塔身とした宝塔型式であるのに対して、唯一塔身が方柱であり両側面に大きく立蓮華の陽刻が配されている。基台も方形で方形の格狭間は縦横の組連子が刻まれている。

先ず、造立年から塔の性格を考えてみたい。

天和二年（一六八二）は、直清没後一三回忌の直前の年である。また、直時の三回忌の年にも当たるのである。直清一三回忌は、古河永井寺の亀趺碑銘文でも触れたように、直清が古河永井家藩祖直勝のために一三回忌に際して亀趺碑を造立していることに通じる。

この「牙歯之塔」に内包される意味とは、泉涌寺が近世期の再興を懸けて中世以来請来されている仏牙舎利を改めて祀ることで勧進を行うのである。つまり、泉涌寺伝持の「仏牙舎利」は、道宣伝持の所謂聖遺物であり、泉涌寺教団が聖遺物を請来した理由として、唐代の南山律宗開祖である道宣に俊芿が法灯を継ぐ寺院であることを内外に証明し教義の正統性を象徴的に示す必要があったために、湛海によって安貞二年（一二二八）九月八日に杭州西湖の西南・南高峰のふもとにあった白蓮寺から請来されたことは既に指摘されている通りである。鎌倉時代初期、戒律の廃退に危機を感じた俊芿律師は入宋し南宋仏教の規範を学び新たな教団を成立させ泉涌寺を開山させたのであるが、応仁の乱により罹災し、その後足利義政、後土御門天皇など武家・天皇家という両王権から外護を受け、明応九年（一五〇〇）には後土御門天皇の葬儀が執行されるまでに至ったことが泉涌寺文書の精査から示されている。[15] そして将来された「仏牙舎利」については、「仏牙舎利会」という特定な日の開帳による「仏牙舎利」の公開もあったことが『言継卿記』の元亀元・二年（一五七〇・七一）の記載からも指摘されている。また近世における罹災復興には、後水尾天皇の叡慮による徳川幕府の全面的な支援が大きく寛文年間に完成を見たとされている。[16]

そこで、再度江戸清光院に造立された直清の「牙歯之塔」を考えてみたい。

「牙歯之塔」造立者の直只（永井直種）は、本来本家永井家相続二位の位置にあったが分家存続のために養子入りし分家当主となる。直種は中世前期以来の泉涌寺における仏牙舎利信仰の存在と、徳川政権による泉涌寺復興を目の当たりにし、時の為政者である王権が安寧を希求する装置として「仏牙舎利」祭祀を利用することとして理解するとともに、その重要性と聖遺物の意味を尊崇した。その思いが、分家再興を願い三代目を継いだ惣領として一族の墓所における直清の一三回忌における「直清牙歯塔」の造立を思い立ったのではなかろうか。これは直清が父直勝の一三回忌に亀趺碑を造立し、直勝を祀ったことに導かれ倣い実践したものと考えている。

つまり「直清の牙歯塔」を祀り、直種が祭祀の大権を持ち自らが執行することで、分家ながら既に本家の石高を大きく超え、凌駕する家柄になっていた高槻藩永井家の惣領として大江姓永井家を再度興隆させなければならない立場を示す必要があった。それには藩祖ともいうべき直清の「牙歯」が必要であったのである。そのための方法として絶好の機であったのは直勝の長子直吉の墓碑が存在したことであったに違いない。この存在にもあやかり「直清神」とも言うべき垂迹神を新たな江戸での高槻藩永井家の菩提寺として祀ることで一族の前に再び藩祖を呼び起こすこととなり自らが直清の「牙歯」を相続し有することを顕示することで、現人神化[17]（あるいは権現化）させるために「牙歯塔」の造塔が必要であったものと解される。

この塔の祭祀の執行によって江戸における高槻藩菩提寺としての位置づけはもちろんであるが、本家に代わって「大江姓永井家墓所」の新たな位置付けを完結させたものと思われる。

以後、悲田院と清光院は、図11略式系図に示した通り、2・4・6・9・10・12・13が東海寺清光院に葬られ、その他の歴代が悲田院に葬られることになった。

「牙歯塔」の造立こそ、大江姓永井家再興としての新たなアイデンティティー形成の根幹を表徴していたといえる。

なお、近年の研究[18]で「直清権現宗源宣旨」は、嘉永元年（一八四九）九月二日、京都吉田神道卜部家から受け権現へ昇格した、とされており、この段階を直清が神として祀られ高槻藩の精神的支柱となったとされているが、本論で見たように、直種が直清の「牙歯」を祀った時点で既に一族の「神」としての存在となっていたことを改めて確認しておきたい。

おわりに

永井家で確認した墓所形成の画期は、「家」の盛衰に密接に関わっていた。近世初期に初代が没することで最初の永井家墓所が造営された。そこでは家督相続を受けた宗家尚政が中心となり、墓所造営が行われた。しかし幕政も流動的な中、転封により淀藩を拝領したことで新たな永井家としての墓所造営が行われた。これは、初代直勝の葬地とは別に転封先の京都宇治において慶安二年（一六四九）に曹洞宗僧侶万安英種を請じて興聖寺を中興開基したのである。興味深いことは、初代葬地である古河永井寺と興聖寺には、同時に同様式の神道碑が造立され初代を顕彰された。葬地ではない興聖寺には父母の供養塔を祀り、同時に寿蔵で自ら夫婦の塔も合わせて造立し、淀藩永井家の歴代墓所としたが、宗家が四代尚長の不慮の死で改易となり興聖寺の菩提寺としての機能が薄れていく。

しかし永井家は、直勝の家督相続で直清が分家を創出し高槻藩主を拝命していたことで、大江姓永井家が分家がこれを守る形になった。「家」存続は簡単ではなく宗家二代尚政は尚征に相続するが三男尚庸にも分与し別家を創出し、この家が岩槻藩主、美濃加納藩主として続いた。

一方、宗家四代尚長の不慮の死によって分家直清系の高槻藩主永井家は、宗家との養子縁組を繰り返し分家の存続を図った。このような養子縁組の実態はこれまで見てきたように墓所形成に端的に表れており、江戸における高槻藩菩提寺を清高院として形成した。江戸の菩提寺の創出では、高槻藩藩祖と言える直清の「歯」を泉涌寺「仏牙舎利」信仰に見立てて巧みに自らの家督相続と「家」の存続の危機を乗り越えた。高槻藩三代直種は大江姓永井家の中興として再評価されるべきではなかろうか。

彼の「直清神」創出がその後の大江姓永井家の大きな礎となったのである。

直種が藩祖にかかわる聖遺物[19]「歯」を用いて正統性を主張したシステムは、まさに「生身」を祀る儀礼に通じるのではなかろうか。

阿波藩蜂須賀家の例では、秋田久保田藩佐竹家から養子に入った一〇代重喜以降、藩主は万年山墓所に儒葬されるのであるが、本来の蜂須賀家菩提寺へは「遺髪」を納めたとされる。つまり「髪」＝「生身」＝聖遺物を意味しているものと思う。

また、増上寺安国殿に納められた家康の衣冠束帯の像の例では像内に「遺髪、歯」が納められたと伝わって[20]おり衣冠束帯像が家康の「生身」として永くこれを崇め祀るシステムを創り出したものと思われる。

高野山においても津軽家では「遺髪」を治めるなどしている[21]。また武家ではないが皇室関連の人々は「遺髪」および「歯」を治めた塚を造営している。自らの「歯」、「髪」を納めることで弘法大師への帰依を誓う装置なのか、あるいは呪詛との関係なのか明確ではないが爪、髪を埋納する習俗が天皇家や皇室関連の人々の間にもあった事を示している[22]。

増上寺で調査された徳川歴代将軍墓では、七代家継墓・九代家重・一四代家茂墓からは遺髪や爪が確認されている[23]。

ここで想起されるのが『家礼』「大斂」条にある「生時落つる所の髪歯及び剪る所の爪を棺の角に實たす」で、徳川将軍家における葬送においても『家礼』に示された儒葬に倣った習俗が取り入れられている可能性も指摘できるのではなかろうか。

以上のような事例は、いずれも「歯」・「髪」は「聖遺物」として「生身」という概念で捉えていた事を示しているのではなかろうか。また、葬制という点では儒教的な習俗をテキストに倣った葬制が用いられていることも視点に入れておきたい。

今後各地における事例の掘り起しも含めて、遺骸埋葬とは別に墓所に

「髪」・「歯」を納める儀礼の有無に注視するとともに、「垂迹」「霊性」を創出する儀礼システムなどと埋葬儀礼・墓所造営との関連についても注視する必要があろう。

加えて寿像として「生身」の彫刻の存在や衣冠束帯像への霊性を遷し祀る儀礼システムに今後注視したい。[24]

本稿は、近世大名家における家督相続と「家」の形成あるいは存続についての意識について墓碑の造立・墓所の形成過程の分析を通じて考古学的に捉えてみた。

対象の資料とした近世永井家は、藩祖とされる永井直勝が元和八年（一六二二）、それまでの笠間藩主から二万石が加増されて古河を拝領し、七万二千石の譜代大名となることから始まる。

寛永二年（一六二五）、永井直勝の家督相続の発生により、本・分家が新たに形成され、本家を相続した尚政が老中に就任する他、尚政の子弟らが分家を興すなど隆盛の気運にも恵まれた。しかし本家は、四代尚長の不慮の刺殺事件により一時改易となるなど危機的な家督相続に見舞われつつも分家との養子縁組により大和新庄藩（後に櫛羅藩）の創始によって危機を回避する。一方、二男直清を祖とした分家である高槻藩は、本家の石高を凌ぐまで隆盛を誇り明治期に至ったのである。

具体的には、古河永井寺、品川区清光院、中野区功運寺、京都東山悲田院、宇治興聖寺の菩提寺および墓所の開基と形成、そして展開を分析することで、先祖祭祀の儀礼の存在を確認し、墓所造営における先祖祭祀には「家」存続の意識が込められたことを確認した。そして、家ごとの墓所形成初期段階で、藩祖の功績を讃え碑を祀ることで、家督相続者は氏族の惣領としての立場を明確に示し、相続の正統性を示し、同時に一族の菩提寺を開基整備することを明らかにした。また、分家である高槻藩永井家の江戸における墓所形成過程の分析では、高槻に分家を創始した「直清」を新たに永井家藩祖として祀るが、その過程で「直清の牙歯」を聖遺物として祖先祭祀を行っていることを確認した。これは高槻藩永井家の墓所開基が泉涌寺に関連して形成されたことに因み、敢えて泉涌寺の法灯を繋ぐ「仏牙」の故事に準えて「仏牙」＝「藩祖の牙歯」を祀るという特殊な祭祀を創出したことを明らかにし、墓所形成に関わる祖先祭祀の過程が明確な大名墓の事例として示すことができた。

註

註1　野口朋朗　二〇一一『江戸大名の本家と分家』吉川弘文館。

註2　豆田誠路　二〇一三「永井直勝の事績形成と林羅山」（碧南市藤井達吉現代美術館『研究紀要』No.二）。

註3　高槻市しろあと歴史館　二〇〇八『永井家文書の世界～江戸幕府と永井直清～』。

註4　岡山池田藩校である閑谷学校の石塀は、河内屋治兵衛を棟梁とする石工集団によって築かれたもので「切り込み接ぎ式」の工法が用いられており、元禄十四年（一七〇一）に完成した、とされており石垣の積み込み技法が同時代的な技法と思われる。

註5　同朋舎出版　一九七九『宇治興聖寺文書』第一巻。

註6　碧南市教育委員会　二〇一二『碧南が生んだ戦国武士 永井直勝とその一族』（三六頁）の中で豆田が指摘しておられる。また、高槻市しろあと歴史館で、「笹井家屏風」の資料調査の折に学芸員西本氏から川上貢氏の論考をご教示頂いた。

註7　高槻市しろあと歴史館　二〇〇八『永井家文書の世界 - 江戸幕府と永井直清 - 』。

註8　註二と同じ。

註9　拙稿　二〇一三「考古資料から見た近世大名墓の成立」（『第五回

大名墓研究会』発表要旨は発表資料に掲載）。
註10　伊藤克己　一九九一「品川・東海寺の塔頭」（『品川歴史館紀要』第六号）では、清光院は、慶安三年肥後宇土藩主細川行孝の実母を開基としている。
註11　世尊殿の前に据えられた水盤として使われている石製品を調査した結果、石櫃の可能性が非常に高いことが判明。
註12　古田紹欽　一九八一『禅僧の生涯』（古田紹欽著作集第六巻　講談社）。
註13　細川護貞　一九九一『綿考輯録』第七巻（汲古書院）。
註14　註二と同じ。
註15　西山　功　二〇〇九「泉涌寺創建と仏牙舎利」『戒律文化』七。
註16　西山　功　二〇〇八「近世泉涌寺の再興‐伽藍復興と精神の回帰‐」（『黄檗文華』一二九）。
註17　『泉涌寺再建日次記』（「泉涌寺文書」一一二六・一六一、一二一二号）に詳述されていることが指摘されている。
註18　しろあと歴史館　二〇一二　永井直清関連資料市指定記念特別展図録『神になった殿さま‐永井神社の名宝と高槻藩‐』。
註19　註17と同じ。
註20　根立研介　二〇〇九「日本の肖像彫刻と遺骨崇拝」（東京大学大学人文社会系研究科グローバルCOE研究室『死生学研究』第一一号。
註20　曽根原　理二〇〇八『神君家康の誕生』（吉川弘文館歴史ブックス二五六）。
註21　中川成夫・岡本桂典ほか　一九八八『和歌山県高野山遍照尊院旧弘前藩津軽家墓所石塔修復調査報告』脱稿後、坂本亮太二〇一六「文献資料からみる高野山への納骨」『季刊考古学』第一三四号で纏められている。
註22　長佐古美奈子　二〇一二「爪を切ること遺すこと―浄観院墓の出土品を事例に」『東叡山寛永寺徳川将軍家御裏方霊廟』第三分冊吉川弘文館。
註23　根立研介　二〇〇九「日本の肖像彫刻と遺骨崇拝」（東京大学大学院人文社会系研究科グローバルCOE研究室『死生学研究』第一一号。
註24　註23に同じ。

挿図典拠

図1　実査。
図2　実査、なお墳丘部分は現地で存在を確認し、墳丘裾部分の大きさを略測した。高さは想定である。
図3・図4　実査。
図5　高槻市しろあと歴史館所蔵。
図6　実査、上部五層目笠より上は写真より作図。
図7　実査の上作図。
図8・9・10　実査
図11　『重修寛政諸家譜』を参照し製作、一部系図を略している。
図12・13実査。
表1　銘文実査の上作表。

古河永井寺
京都興聖寺
京都興聖寺
朝日山
京都悲田院
中野功運寺
品川清光院

第三部　近世大名墓と思惟形成

Ⅰ　土佐南学の墳墓様式から神道墓所様式の成立について

はじめに

近世土佐国の墓制を考えるにおいて避けては通れない人物として、野中兼山があげられる。野中兼山を触れるには小倉親子であり特に息子の三省との交流は野中兼山の儒教的な思考形成において重要な影響があったとされる（山本一九八三）。

本稿では野中兼山の思想的な点には踏み込めないが、その思想が反映されているであろうと思われる遺骸の祀り方を墓の形や墳墓の様式を比較検討することで推測してみたい。

関連する人々として、先にも示した小倉三省親子の墓所とその一族の墓所、野中兼山有縁の人々の墓として、祖母で山内一豊の妹である合姫とその有縁の人々の墓所などを取り上げ、小倉三省と野中兼山による創生された墓制が後の神道墓制に認められるような墳墓と碑の組み合わせ関係に影響を与えた可能性を言及したい。

土佐国の思想と言えば、大高坂芝山が示すように「土佐南学」あるいは「海南学」であり朱子学の派とされている。特に野中兼山までの儒学を教義の「南学＝前期南学」とし、山崎闇斎の思想を継いだ谷秦山以降の学を「南学＝後期南学」として位置付けられているようである（山本一九八三）。野中兼山と谷秦山の闇斎学派（磯前・小倉二〇〇五）が近世土佐の思想的な重要なキーワードとなりそうである。この点を視点に入れ墓制の展開を捉えてみたい。

一　小倉三省と有縁の人々の墓所

小倉家は、近江小倉庄（滋賀県愛知郡愛東町）出身で本姓は高畠である。父少助以来土佐藩家臣である。父少助政平（天正九年〈一五八一〉～承応三年〈一六五四〉）の長男として生まれた省三は、父少助が土佐藩主二代山内忠義の絶大な信認を得ていたこともあり、父と同じ仕置役を長年任された。後に触れる野中兼山を見抜いて野中直継（養父‐奉行役）の養子に勧めたのも少助とされる。

父少助は承応三年（一六五四）三月二六日七三歳で旅先の京都で没するが、小倉三省もまた同年七月に五二歳の生涯を閉じた。墓所は五台山長江の山腹にある。この五台山長江の墓所は、小倉家と分家し高畠家が墓所としている（図1）。

二　野中兼山とその一族の墓所

野中兼山の祖父野中良平は土佐藩主初代山内一豊と親交が厚く、一豊の妹である合姫を娶ったことで姻戚関係が生まれた。合姫は良明を設けるも、良平を亡くし、その兄弟である益継と結婚し直継ぐを設けた。一方良平のの子である良明（兼山父）は、一豊が亡くなり康豊に代が変わると関係は保たれず、国外に出て一時姫路に身を寄せた。その折に姫路家老家荒尾但馬守の娘を娶るが死別し、後に万（秋田夫人）という女性を娶った。その子が野中兼山である。兼山は、益継の子直継の娘お市と結婚し野中直継の養子に入った。その後は一七歳（寛永八〈一六三一〉）で土佐藩奉行職を任され二二歳で養父の跡を継ぎ主席奉行職となったという。寛文三年（一六六三）まで三二年間長い間要職を務め、土佐藩の経済的な基盤となる諸条件を整えたとされる。野中兼山は先の小倉三省と谷時中を師と仰ぎ知行地である本山町で有志らと朱子学を大いに学んだ（野中兼山出版祭典事務所　一九一一）。

野中家の墓所は、現在筆山の南斜面の中腹にあり藩主墓とは対照的な位置関係にある。

野中家の墓所内は、低い間知石積塀がめぐっており、中央に野中兼山の墓所があり、入口から向かって右に兼山の養父、玄蕃直継の墓（図1－4）、兼山の妹で婉（図1－3）、左側前に野中婉の生母にあたる池氏の墓（図2－2）があり、後ろに兼山の祖父益繼の墓（図1－1）があり、その背後に野中兼山太助繼（図1－5明治元年）の小さな墓が配されている。野中太内は永井氏の三男として生まれ、断絶を免れた系統の野中持継の養子。吉田東洋に学び、東洋の公武合体論を頑なに信奉し、倒幕に反対し「新おこぜ組」を主導し切腹した人物である。直接野中兼山には関係はない。

野中兼山墓、婉、婉の生母以外の墓は没してから時間を経て造られ墓であり没年と墓様式は合致しないものと思われる。

三　山内家有縁の人々の墓所（日輪山）

続いて、先に示した野中家と姻戚関係となった藩主家一豊の妹である合姫の墓が藩主墓所筆山の西山麓とその中段に並ぶ（高知県立図書館一九七六）。

簡単に出自に触れると、図2－①は慈仙院（正保三年〈一六四六〉没）、④は山内三代忠豊の妹・喜与墓である。喜与は陸奥二本松藩の第二代藩主松下長綱③に嫁ぐが長綱が寛永一二改易になり山内二代忠義預かりとなり、喜与および長綱と早世した②嫡男・善法院（長豊）墓がここ日輪山称名寺に葬られた。なお⑤、⑥の被葬者の出自は不明であるが、銘文から没年が明らかなので様式の流れの参考として頂きたい。また、①慈仙院墓は改葬されており、墓碑型から一八世紀代の造立と思われる。さらに筆山南斜面に位置する野中家墓所内にある祖父直継、曾祖父益継・生母池氏の墓を野中兼山の娘・婉が造立していることなどから、合姫の年代観も、婉の生母である池氏の墓を造営するに当たり合わせて整備した可能性があろう。池氏の没年代が宝永元年であるので墓碑造立の上限をこの年代に求めておきたい。したがって山内家の日輪山墓所では、元陸奥二本松藩二代藩主松下長綱以下の墓制が重要である。

四　墳墓様式の特徴

今回取り上げた土佐藩内における墓所様式は小倉三省墓に始まるものと思われる。小倉三省の葬送に関して文献の有無が不明であり明確ではないが、谷時中に朱子学を学んだ点から考えると、儒教的な葬送ではなかったろうかと思われる。また、江戸の林家との交流がなかったという点何度も考慮すると、谷時中に学ぶ中、独自の葬制を創出したのではないかと推測している。そこで、次に小倉三省の墓を観察し独自の墳墓様式を確認してみたいと思う。

立地は、長江の山腹を開削し墓域を整備している。現状では草木が生い茂っており明確ではないが、周囲を探索してみると墓所の北側に低い石積みが遺存している。幅は約一二〇センチ程度である。また墓所の周囲五〇センチ程度を保ち自然石を巡らしており墓域の区画もあるようである。

父小倉少助と小倉三省の死は先に触れたとおり承応三年（一六五四）の三月と七月であることもあり、両者の墓碑を二基経並列に据え、幅三・二m、奥行き約三・三m、高さ一・二mの方形の墳丘を片岩を用いて築いている。これまでに確認されている墳丘を伴う墓との違いは大きく、墳丘が片岩の自然石を積み上げて築いている点や、本来ならば、碑を造立しその背後に独立した土饅頭のような、あるいは馬鬣封を築くのであるが、小倉三省墓の場合は、墳丘と墓碑が一体となるように花崗岩製の墓碑を墳丘内に埋め込む方式で据えられていることである。仮にAタイプとしておきたい。

Aタイプの墳墓様式は図1に示したように小倉家と同敷地内の高畠家墓所内の墳墓でも確認できる。

高畠家墓所の墳墓様式は、砂岩製の笠付方柱墓碑を切石で三段に積み上げた墳丘と一体となるように造られている。この場合も、切石で造られた墳丘内に墓碑を埋め込むように据えている点は、様式が共通している。年代的には貞享三年（一六八六）銘の墳墓はこの様式である。

五　様式の展開

小倉三省墓で確認したAタイプの墳墓様式は、墓碑を墳丘と一体として墳丘内に取り込むが、親交が厚く小倉三省に学んだ野中兼山の墓は方形の積石墳丘の前に墓碑を据えるタイプであり、小倉三省墓とは区別される様式でBタイプと呼称する。

野中兼山墓は没年から寛文三年（一六六三）に造立されている。図1に示した野中家墓所の墳墓様式を確認すると、野中兼山（図1-6、図3上）および祖父（図1-4）、曾祖父（図1-1）の墓も合わせて娘の婉が築いたものと思われる。野中兼山が亡くなった折に一族の墓所を婉が整備したものとおもわれ、遺骸を埋葬した野中兼山墓は墳墓として切石の墳丘が築かれ、祖父、曾祖父墓は一族の祖を祀るために築いた墓であるために墳丘が略されているので有ろうと思われる。さらに生母池氏（図1-3）が没した折には墳丘を築かないものの切石を長方形に並べることで墳丘を表現したものと思われる。婉の墓所も同様式である。Cタイプとした。

墳墓の様式として二タイプ確認できた。時間軸の流れでBからCへの様式が変化するのか、葬法の違いによるのか、墳丘が形骸化したものなのか明確ではない。

一方、同Bタイプの墳墓様式として、山内家有縁あるいは野中兼山有縁の人々というべきかも知れないが日輪山に埋葬された人々の墳墓様式をとりあげておきたい。

図3に挙げた日輪山墓所の中段にある墳墓は、被葬者の没年から①から⑥は約九〇年間近い年代の開きがある。しかし様式的には殆ど変化がなく同様式である。なお、既にふれたが合姫の墳墓は改葬されており婉が一八世紀段階に造立したものと思われるので様式的には墓碑を見れば改葬時期を示しているものと思われる。したがって合姫以外の墳墓の流れを考えて置きたい。

笠付の碑を配して、その背後に接するように切石を二～三段積んで墳丘を築いている。碑は宗家山内家の墓碑にほぼ共通しており、墳丘部分の様

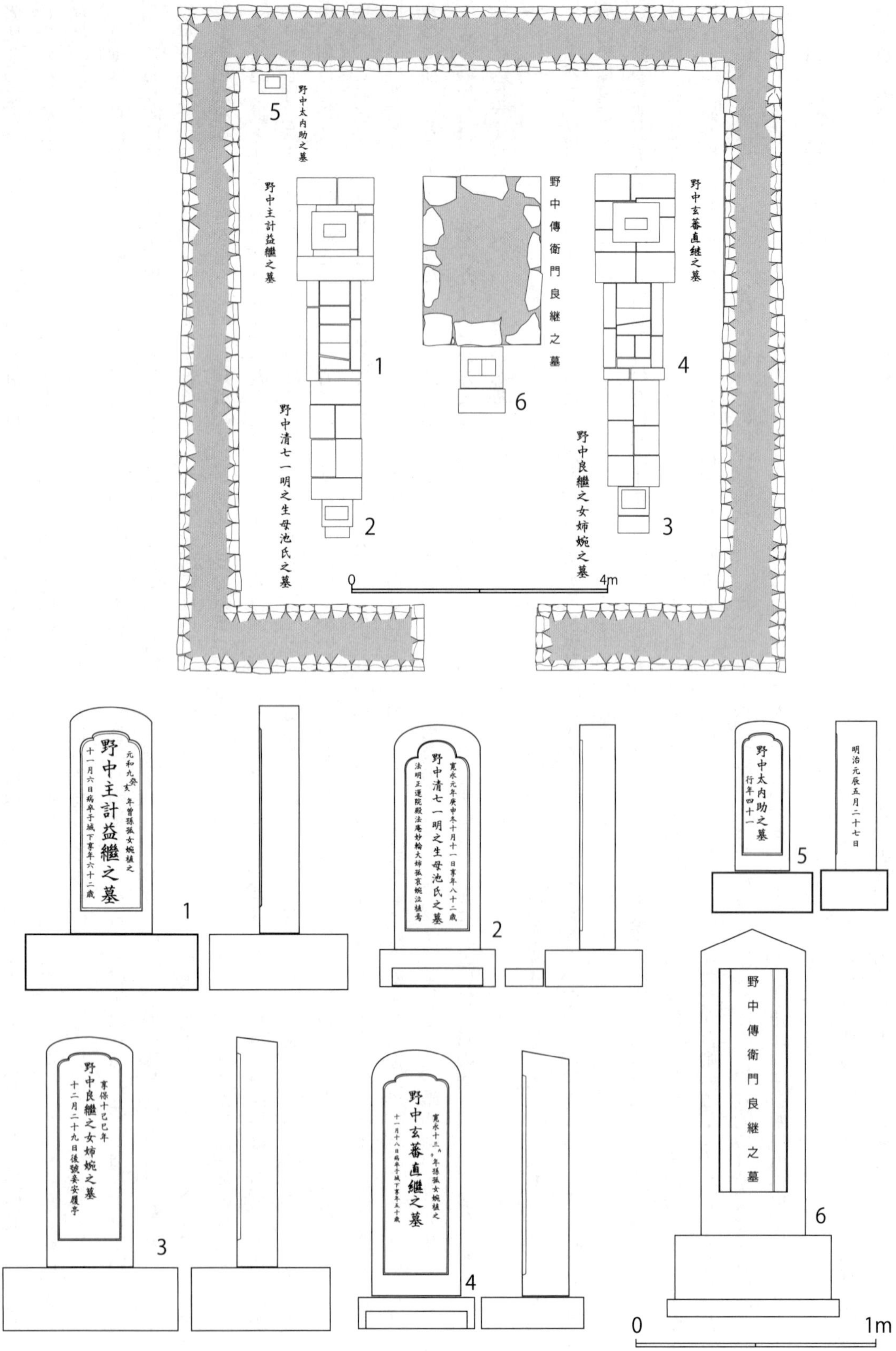

図２　野中兼山有縁墳墓群

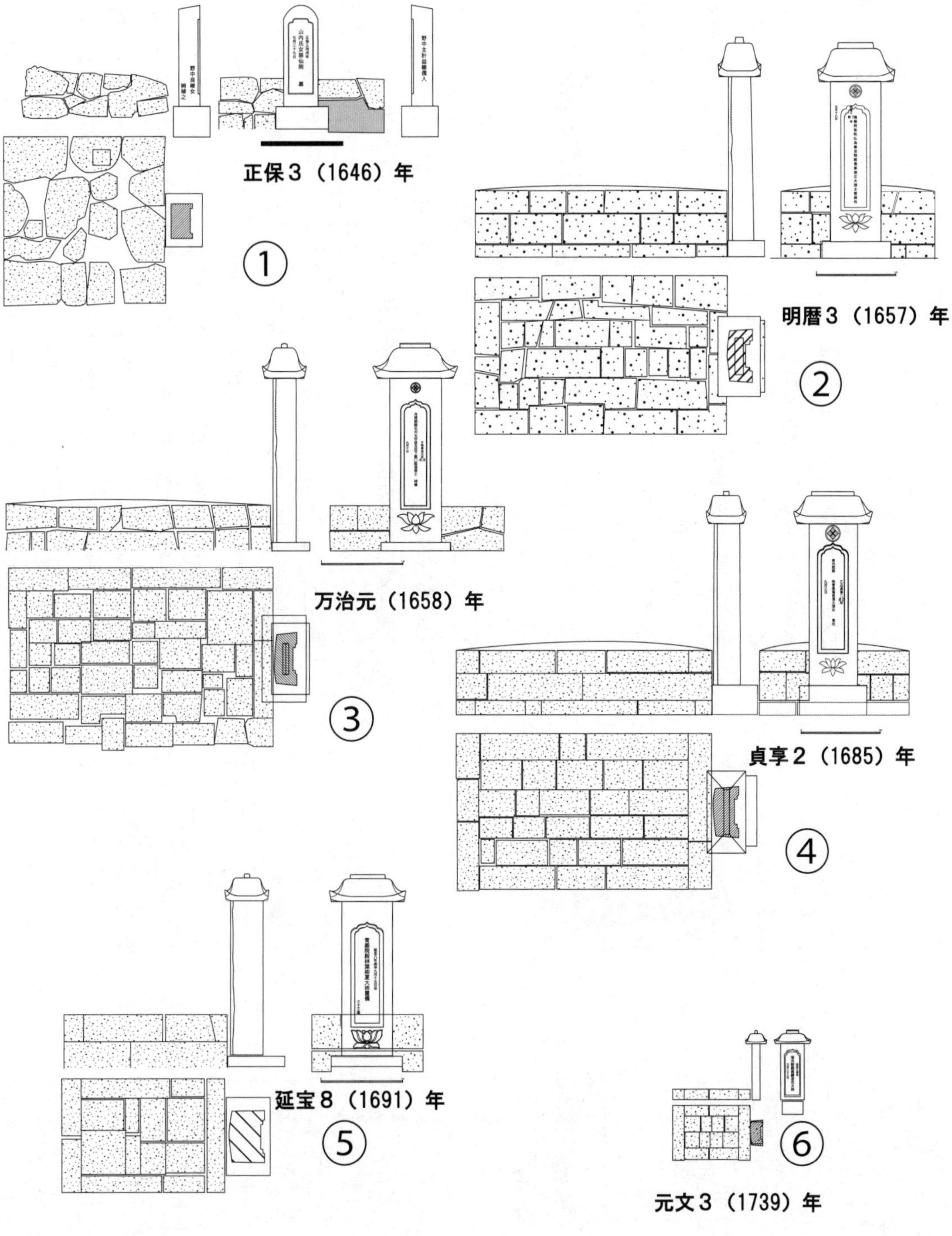

図３　日輪山内合姫関連墳墓群

式を変えているのである。山内家藩主墓の様式は八角形基壇を基本とし二段積で、八角形の反花座の上に笠付の碑を載せている（図4）。碑の形は日輪山の墳墓群と共通する。山内家有縁者は墓碑型式が共通するのであろうか。また墳墓の立地方向ということで確認してみると興味深いことに、日輪山の墳墓群は全て碑正面を南に向かせ、遺骸を碑の背後である北側に位置するように配している。碑の正面となる南には筆山を超えた南側に野中兼山の墓所があることに関係しているのであろうか。

そして、明治五年（一八七二）以降の墓碑型式は、図5（高知県二〇一五）に示したように、八角形の基壇上に切石によって二段の石垣を円形に築き墳を盛った様式が用いられている。このような様式は、常世長胤が記した『上等葬祭図式』に「次　建墓標築塚　次　植榊建鳥居及灯籠」と記されているものと共通するものであろうと思う。いわゆる神道の墳墓様式であろう。続いてこの様式が土佐で創出されたといえるか否かについて小倉三省の墳墓様式や関連の墳墓様式との比較献灯から考えてみたい。

六　神道墳墓様式成立の予察

山内家の葬制は、藩主の葬送記録から埋葬土壙の仕様を見る限り儒教のテキストに従ったことが明確である。また、江戸でなくなった一五代の葬送を見てみるとその内容は「霊爾」、「祭文」を読むなど神道と儒教が混淆した儀礼であることは明らかである（高知県二〇一五）。

山内家の墳墓の上部様式（図5）は明治二五年銘の尖塔方柱形の墳墓を除けば明治五年（一八七二）・同一九年（一八八六）銘墳墓様式が宗家山内家墳墓の最終形である。

この様式は興味深いことに基壇が八角形を基本としている。これは先に図5で示した山内宗家の藩主墓の基壇様式を踏襲しているものと思われ

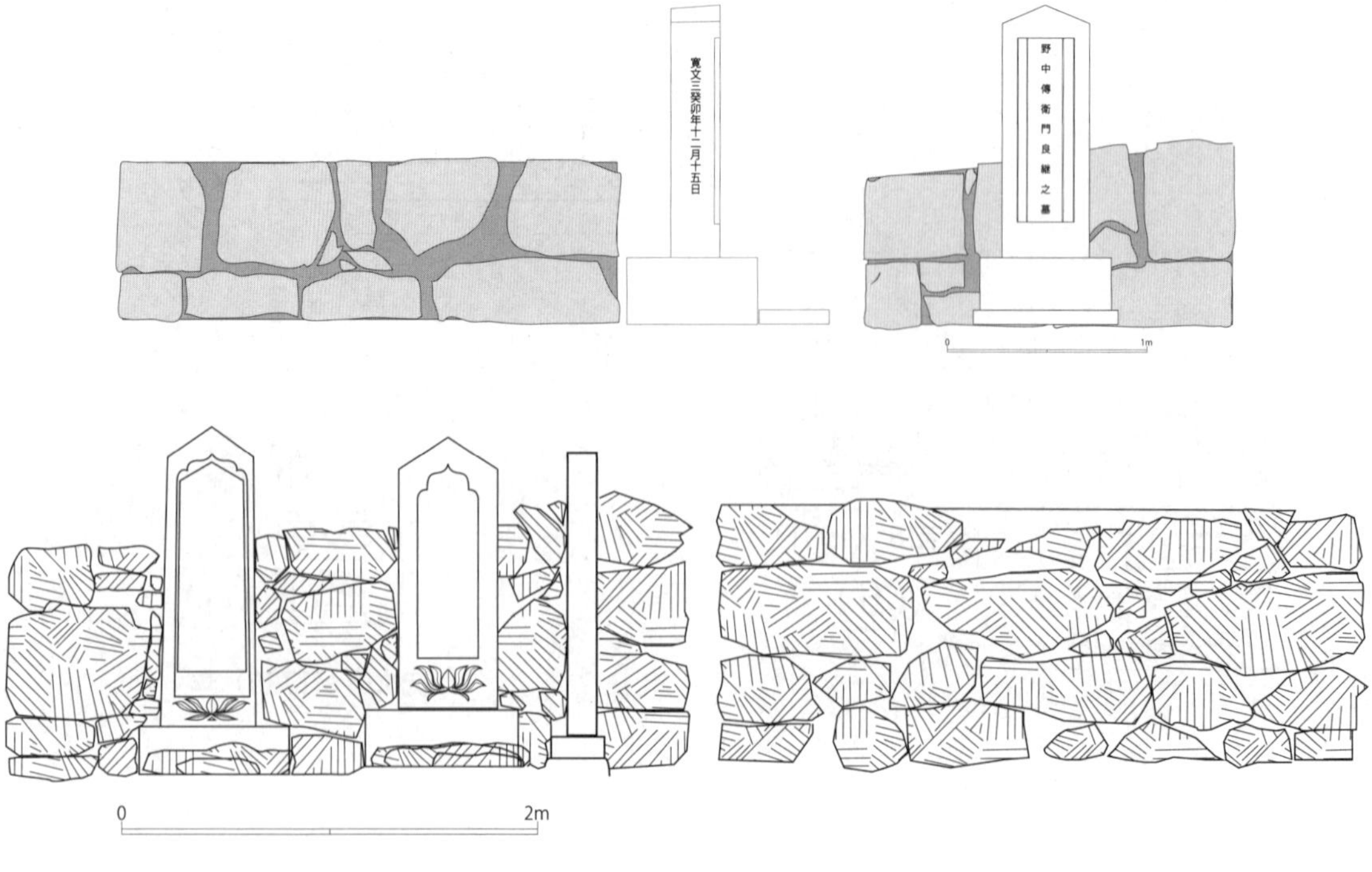

図4　野中兼山墓（上）小倉省三親子墓（下）

る。また、上部の墳丘については、儒教の馬鬣封や墳丘の系譜を用いたものと思われる。そして重要なのは、墓碑が墳丘に接するあるいは墳丘の一部に取り込まれた様式であるということである。このような様式は他の近世墳墓の様式には確認出来ない。しかし土佐においては、先に見た図1の小倉三省墓が墓碑を墳丘に取り込まれており、管見で最も古く位置づけられる。このようなことから、小倉三省の墳墓からの様式系譜を一応想定しておきたい。言い換えると明治に成立する墳墓の中に墓碑が組み込む神道墓様式は、「土佐南学」を谷時中から学んだ小倉三省が創出させた「土佐南学の墳墓様式」と言えないであろうか。そこで近世初期の墳墓様式を確認してみたい。

小倉三省より六年早く没した中江藤樹の墳墓様式は、円首の墓碑とその背後に墳丘を造だしている。この様式はつまり『家禮』をテキストとした様式である。また、谷時中の同門であり、本山で共に学んだ野中兼山が執行した母秋田夫人の墳墓も同様式である。墳墓の前面にある砂岩製の圭首の巨大な碑に山崎闇斎が『帰全山記』と称して野中兼山が執行した儒葬を讃えて撰文している。碑には「葬事悉用文公家礼也‥‥」と『家礼』に依拠したことが明記され「父母全生之子、子全而帰之」と礼記を引いて『帰全山記』の由緒を記し火葬を嫌い土葬の理由として「孝子敬其身不敢毀損行父母遺体也」として儒葬に従ったことを丁寧に撰文しているのである。このことからも帰全山の葬送は儒教に基づく儒葬であった。つまり土佐南学とされる谷時中のもとで学んだ野中兼山の行なった葬送の基本は、儒葬であり廃仏毀釈に共通する。

また、水戸家の葬礼も儒葬で行われている。光圀の室である泰姫（近衛信尋の娘）の葬礼「藤夫人病中葬礼事略」（角川書店一九七〇）では泰姫の意思として日本古来の葬礼に近い儒葬を選んだことが記されている。

以上のように埋葬においては多くの近世大名家では、『家礼』をテキス

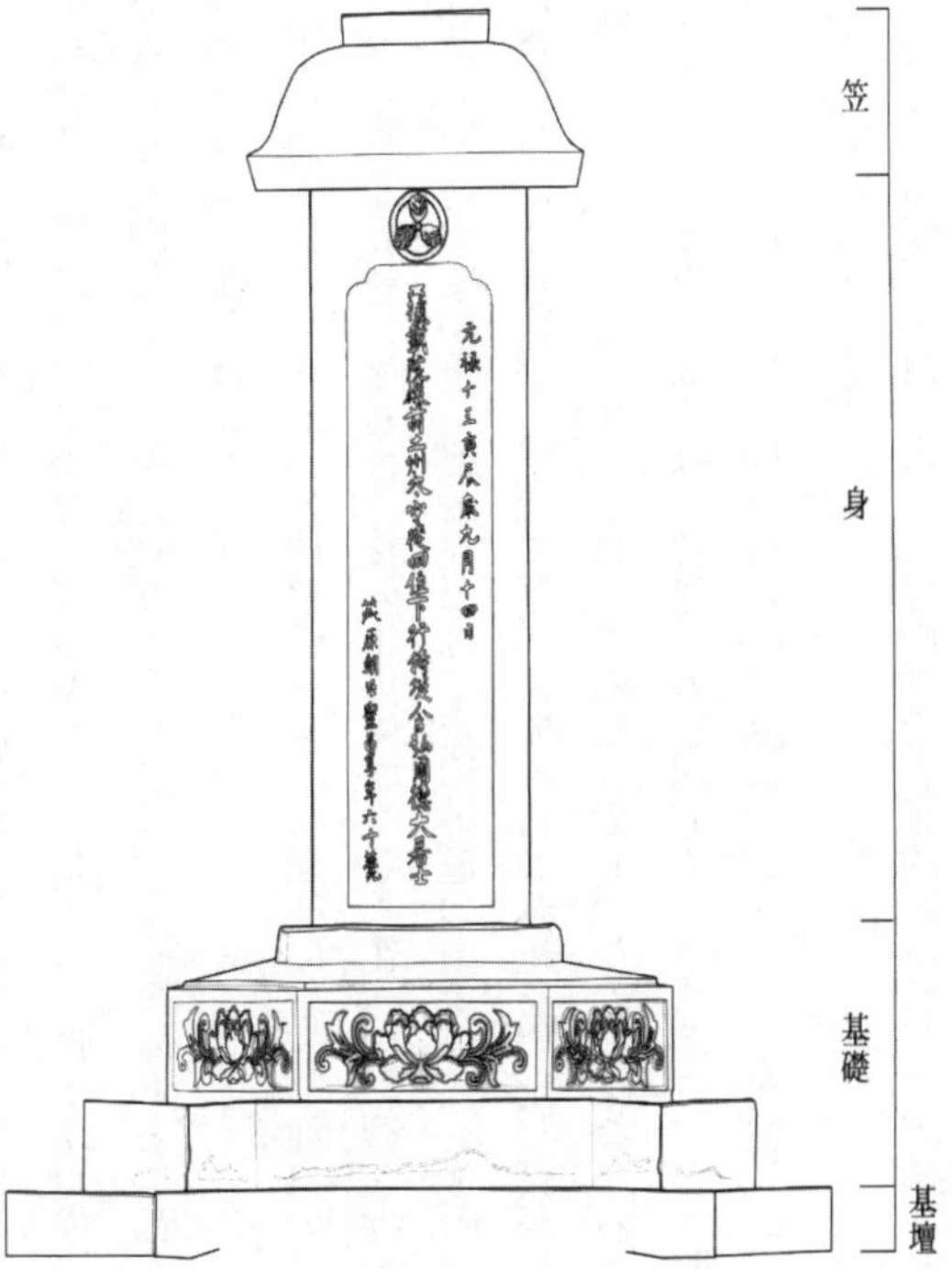

図5　山内家典型的墓碑型式

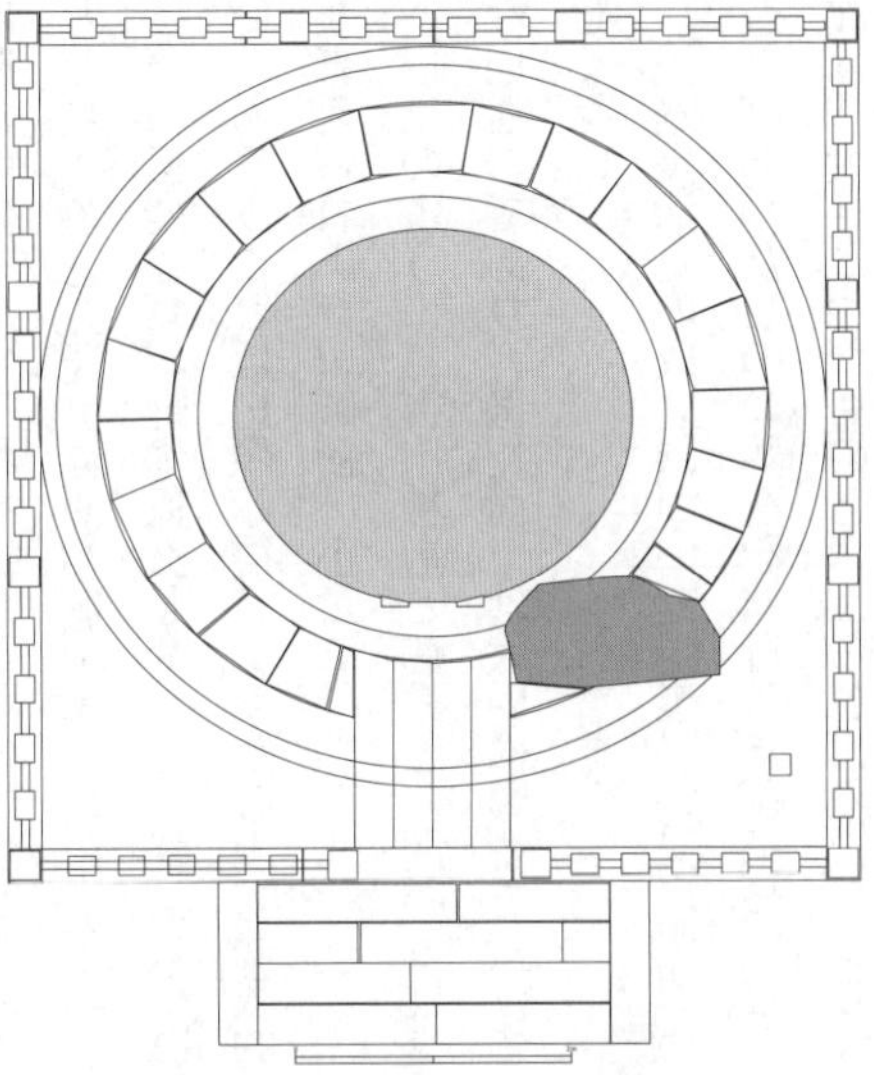
図6　山内家神道様式墳墓（改葬春日山直正墓）

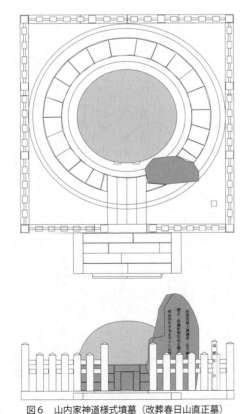

トとして仏教を排除して儒教に従ったことが明らかである。また戦国末から近世初期においては、吉田神道による仏教排除によって秀吉・家康を神に祀る儀礼が創出されたが、埋葬儀礼においては、基本的に儒教的儀礼に終始していたものと思われる。このことが示すことは、吉田神道が儒教の埋葬儀礼を取り込んだ結果が近世吉田神道、後の吉川神道の葬祭と繋がったものと考えている。したがって近世は、庶民などを見る限りでは、基本的に寺請制度によって管理され寺に属しなければならない。しかし、多くの大名家は菩提寺を開基することで、独自の葬礼を執行しやすくし、埋葬においては仏教を排除し儒葬を望んだのではなかろうか。

続いて、吉川神道による葬送が想定できる大名家墓所を確認しその特徴を見ておきたい。

吉川惟足の弟子とされる津軽藩主四代信政と三次藩初代浅野長治の墳墓様式を確認する（松原二〇一三、二〇一四）。

津軽藩主四代信政（宝永七年〈一七一〇〉没）の墳墓は、高照神社として祀られており墳墓を確認すれば明らかである。葬祭の図が残っており、遺骸を治めた上に墳丘が築かれ、周囲は鳥居により結界されている様子が描かれている。また三次藩初代藩主の浅野長治（延宝三年〈一六七五〉没）は吉川神道では同門とされる。彼の墳墓は、広島県三次市鳳源寺の裏山に位置し墓所からは三次陣屋が望める位置にある。

墳墓様式は、儒者に特有な円首の碑でその後ろに細長い特殊な切石を組み合わせ縦三・二、横二・四mの平面長方形、高さ一・二mの大きさの馬鬣封のような墳墓を築いている。

さらに浅野長治と津軽家の両家の関係は、吉川惟足の門下であることのほか茶道を熟知した野本道玄を介しての交流があったとされている（弘前市二〇〇二）。

野本道玄は津軽に仕える以前、浅野長治の近習として仕え、長治養子である長照（三次藩2代藩主）に仕えたとされている。つまり長爾治の葬送は遺言に依るが、それを実践したのは長照であるのである。このようなことからすると、浅野長治が堀杏庵、石川丈山から学んだ儒教的な思惟が、長照に伝授され、野本道玄を介して津軽信政へ影響していた可能性も大きいであろうことは想像し得る。かかる中で儒教的な思惟と吉川神道の混淆が考えられよう（磯前・小倉二〇〇五）。

以上のように、吉川神道と儒教との関わりは交流関係を見ても無視できないものであり、儀礼面では大いに影響を受けていたことは想像するに難しくない。

浅野長治墓の成立について、儒者からの知識による影響は勿論であるが、遺言はあったものの葬送を執行した嗣子長照とそれに仕えた野本道玄の存在は、大きかったものと考えられよう。つまり浅野長治墓の墳丘が切石によって築かれている点は、土佐における墳墓様式の存在からすると関野本道玄の思想的な知識が儒教だけには留まらなった可能性を示しているものと思われる。浅野長治と小倉三省の没年からしても、野本が土佐における墳墓様式を熟知していた可能性が考えられる。今後野本あるいは小倉三省の交遊関連に注視したい。

以上の点からも小倉三省の墳墓様式は、時期的にも古く独自の様式であることからその背景を考え、後の土佐における葬礼への影響を捉える必要があろうと考えている。目論見では、吉川神道の墳墓様式と谷時中に学んだ小倉三省が土佐南学の思想に基づいて独自の葬礼を創出し具現化した墳墓様式が小倉三省墓に認められる墳墓様式であったのではなかろうか。そしてその思想と墳墓様式は、神道との思想的な混淆状況において明治初期に国家神道を背景として神道様式の墳墓（図5）として変遷し成立したのではなかろうかと考えている。

最後になるが、小倉三省の土佐南学を思想的背景として創始された墳墓様式の系譜を有する墓が土佐藩の上級家臣を中心に幕末時期まで集中して確認できるので若干事例を示しておきたい。

先に触れた小倉三省有縁の高畠家や一木権兵衛所縁の墓所が同型式である。一木権兵衛は、布師田の権兵衛井流を造ったことで野中兼山に認められ、普請奉行に抜擢されて堰や用水路・港湾建設に関わり、野中兼山の脚後も普請方の専門家として重用された人物ある。延宝七年（一六七九）、室津港築港が大きな業績として挙げられる。

また、兼山神社近くにある深尾家墓所を確認するとすべて同型式の墳墓が並ぶ。深尾家は家老家で山内姓を許されたとされている。特に深尾規重墓をみてみると、享保六年（一七二一）に江戸で亡くなり、遺骸は江戸青松寺に葬られているが、興味深い銘文が記されているので挙げておきたい。「其遺體葬於江戸青松寺山中／此蔵其産髪前髪指爪臍緒等也」と記している。遺体は江戸曹洞宗青松寺に埋葬したが、土佐には産毛や爪、臍の緒を埋納しているとしている。江戸の墓の様式は不明であるが、土佐の墓様式は小倉三省墓様式を用いている点が重要であろう。「産髪前髪指爪臍緒等」がまさに聖遺物であり自身を示すものとして土佐に埋納されたものと思われる。藩主のような立場であれば帰葬され国元で埋葬されるのであるが、家臣のような格式では帰葬は難しかったものと思われる。それゆえに「産

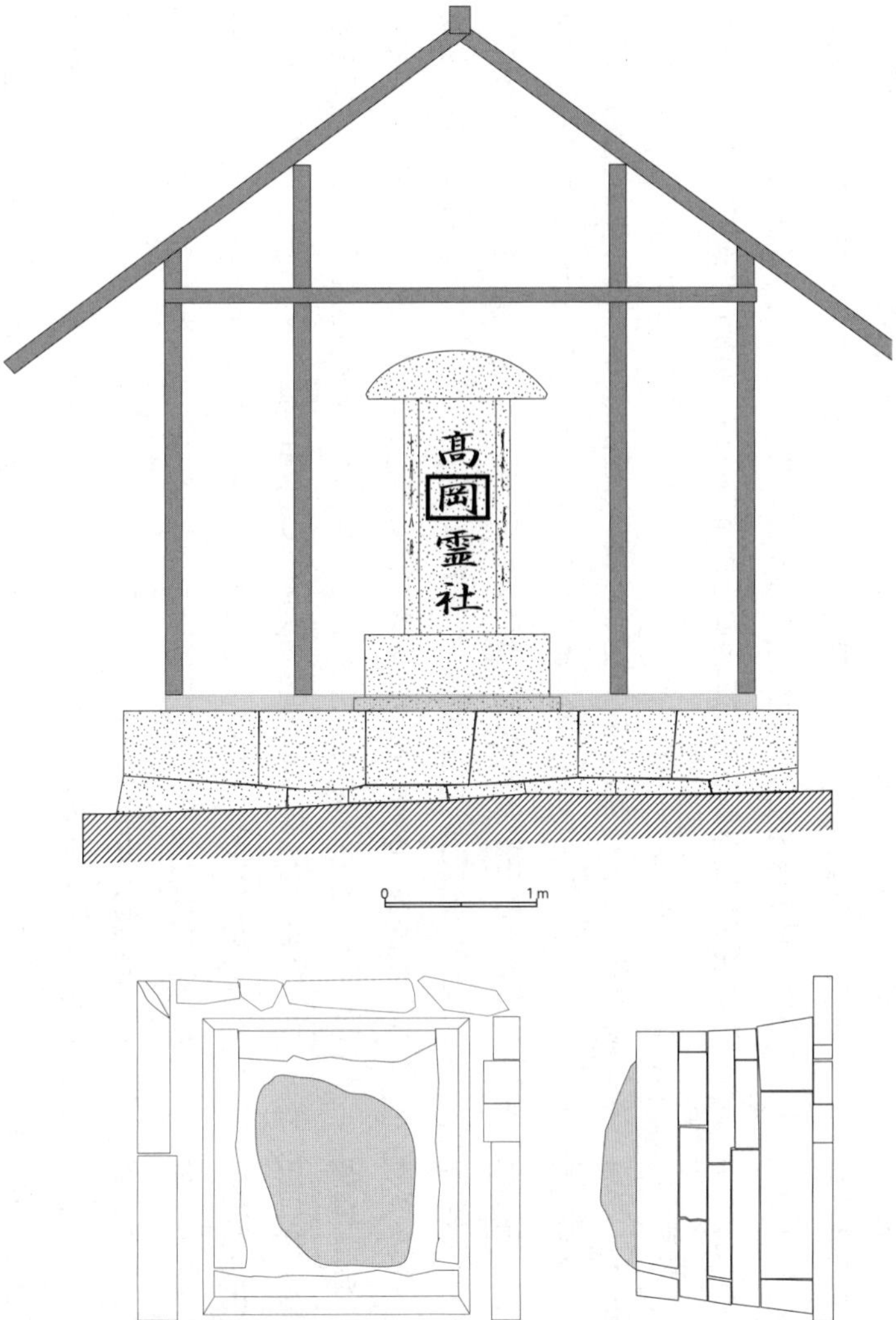

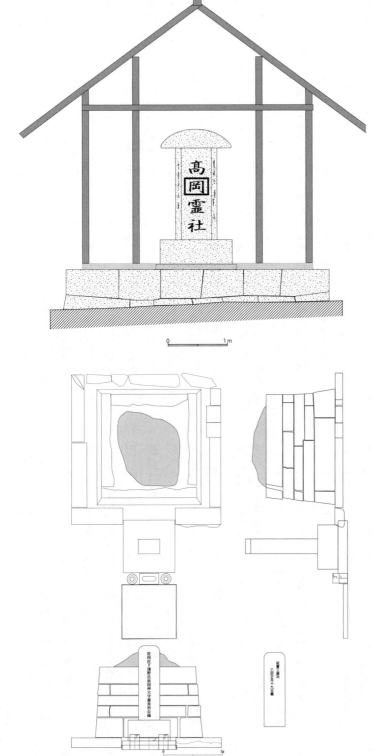

図７　弘前藩４代藩主津軽信政墓（高照神社）{上}と　三次藩初代藩主浅野長治墳墓{下}

髪前髪指爪臍緒等」を自らの遺骸と見立て聖遺物として埋葬が行われたものと思われる。この深尾規重墓は大変貴重な事例であるので今後も注視したい。このほか、山本泰三著の『土佐の墓』（第1～4、一九八七～九一）に導かれながら確認すると、吾川郡春野町弘岡中の深瀬泰平墓は没年が幕末ながら同型式である。同じく吾川郡伊野町の下元正樂は留守居組であり元禄一四年（一七〇一）に没しており同型式の墳墓様式である。また土佐藩藩医で江戸御相伴格医師とされる瀬戸周菴玄朝は享保三年（一七一八）に没するが筆山北斜面に同様式の墳墓に埋葬されたのである。奥宮正明は谷秦山に学び享保一一年（一七二六）に没しており同様式の墳墓である。小八木正躬墓は皿ヶ峯にあり、幕末仕置役を務め旧佐幕派の中心的な役割を担っていたとされる人物であるが、彼の墓も同様式である。

彼らの墓碑型式は、一見して駒形で幕府の勧めた寺檀制度への配慮も看過できないが、明治期の神道による墳墓様式では、碑が自然石を用いている点が大きな相違点である。この自然石の意味付けが国家神道の思想そのものを示すのではなかろうか。現段階ではその思想を説明できる準備は全くできていないので今後の課題としたい。想像するに仏教を排除して国家神道化を強く示すための主張が示されているのではなかろうか。それが図8のような様式を創出したものと思われる。各地で確認される明治初期の墳墓はこの様式を用いている。ここで示した図6は港区の賢崇寺に所在した佐賀鍋島家最後の藩主（第一〇代）とされる鍋島直正の墳墓である。直正は明治十年に江戸で没し賢崇寺域に埋葬された。そして後に佐賀県春日山に改葬された（図5）。国元においては城の北に位置春日山に江戸の墓所様式をそのまま復元しているので参考として挙げておきたい。

ここで紹介した土佐南学の思想を背景とした墳墓は神道を背景として創り出されていることから明治政府による廃仏の影響をあまり受けなかったのではなかろうか。

【参考引用文献】

山本　大編　一九八三『高知の研究』第四巻近世・近代編
高知県　二〇一五「第五章　史料に見る土佐藩主山内家の葬送」（『土佐藩主山内家墓所調査報告書』）
高知県文化生活部文化推進課二〇一五『土佐藩主山内家墓所調査報告書』
田尻祐一郎　二〇〇六『山崎闇斎の世界』
徳橋　達典　二〇一三『吉川神道思想の研究 - 吉川惟足の神代巻解釈をめぐって - 』
磯前順一・小倉慈司　二〇〇五『近世朝廷と垂加神道』
弘前市　二〇〇二『新編弘前市史』通史編2（近世1）
松原典明　二〇一三「近世葬制における神・仏・儒それぞれの墓」（坂詰秀一・松原典明編『近世大名墓の世界』雄山閣）
松原典明　二〇一四「考古資料から見た近世大名墓の成立」（大名墓研究会『近世大名墓の成立　信長・秀吉・家康の墓と各地の大名墓を探る』雄山閣）
野中兼山出版祭典事務所　一九一一『偉人野中兼山　全』
小川俊夫　二〇〇一『野中兼山』（高知新聞社）
土佐山田町教育委員会　二〇〇〇『野中兼山・婉女そして土佐山田』
高知県立図書館　一九七六『皆山集　（土佐之国史料類纂）第4巻』
角川書店　一九七〇「常山文集拾遺」（『水戸義公全集』上巻）

挿図出典

図5　高知県文化生活部文化推進課二〇一五より転載。
その他の図は、全て実査により作製。

Ⅱ　日出藩主木下家墓所造営とその背景—特に神道との関わりを読み解く—

はじめに

日出藩は、慶長六年（一六〇一）八月、関ヶ原の論功行賞により木下延俊が豊後国速見郡日出に三万石に報ぜられ入部したことに始まる。城を構えた青柳村一帯は寒村であったが、眼前には豊後一とも称せられた良好な港を有しており地理的な優位性を兼ね備えた領地でもあった。豊前小倉を統治していた細川家の支援の元、慶長七年（一六〇二）八月には日出城普請の完成を見た。以後、日出藩は、明治四年（一八七一）廃藩置県まで江戸を通じ移封、減封されることなく当地を治めた(1)。

木下家墓所は、初代藩主延俊の正室・加賀（細川藤孝の娘）が慶長九年（一六〇四）に逝去したことにより、菩提を弔うために松屋寺を開基したことに始まる。松屋寺は西明寺を改め加賀の戒名である「松屋院殿即菴貞心大姉」と延俊の祖母である朝日の戒名である「康徳寺殿松屋妙貞大姉」から山号を康徳山とした。朝日は高台寺内の旭雲院に葬られたが、後に延俊によってこの地に供養塔が造立された。以後この寺が、日出藩木下家の国元の菩提寺として歴代藩主と有縁の人々を供養する場として位置付けられた。江戸時代を通して領地が移封されることなく同地で存続した家として重要であり、現在の日出町の礎を築いた歴代藩主の墓所を保存し町の共有財産として大いに活用が望まれる。そこでここでは管見に及ぶ範囲で木下家墓所の概要に触れ、その価値を示すと共に、墓所の形成と展開について、初代延俊および三代藩主俊長の思惟を読み解くことで木下家墓所の造営における本質とその価値の一端を示したい。また今後の保存と活用の重要性への理解を得たい。そして副題にも示したと通り、木下家における神道との関わりは、高台院・家定・勝俊によって培われ、その形成において婚姻あるいは、養子縁組などに起因した点を明らかにし、近世初期における木下家のアイデンティティーを示したいと考えている。特に三代が遺言に依り造営した横津御廟の位置付けが一八世紀以降台頭する神道、あるいは神道と儒教との関わりを追及する上において看過することが出来ない大名墓の重要な事例である点を改めて示してみたい。

一　木下家墓所の概要と特徴

木下家の墓所は、先に示した通り慶長九年、初代延俊の正室加賀が没したことで造営され、それ以来、歴代藩主の墓所となった。そこで墓所を概観し、その特徴などについて触れてみたい。

墓所は、松屋寺本堂前から西側に通ずる門を潜り、北に向かう通路の階段を上がると寺域内に接する墓所全体の入り口となる。木下家墓所は、寺本堂へ向かって延びる東向きの緩やかな傾斜面の一部を大きく壇切りし南北に長く利用した南北約三五m、東西約二〇mに及ぶ七〇〇㎡の範囲に歴代藩主の墓所が築かれている。この墓所の入口付近には、江戸初期の墓碑類が林立しており、未調査であるが家臣あるいは藩主有縁の人々の墓所の可能性が高いと思われるので調査が必要と思われる。

木下家歴代藩主の墓碑は全国的に見てもきわめて大型の五輪塔を用いた墓所を形成している。五輪塔型の墓碑を基本として造立し、藩主以外の女性の墓においては方柱型の碑が一部用いられている。

歴代藩主の墓碑の特徴は、高さの低い板石を数枚組み合わせて敷き詰め基礎とし、その上に五輪塔型の墓碑を造立している。五輪塔は組合せ式の塔で、部材ごとを下から地輪・水輪・火輪・風輪・空輪を組み合わせている。

塔形の特徴は部材ごとにある。

地輪は、幅に対して高さが低く安定した台形を呈している。古式の五輪塔に多く見られる。所謂復古の形とも捉えられる。また地輪正面に銘を刻んでおり、向かって正面右側に没年を記し、中央もしくは左に月日を刻んでいる例が多い。

水輪は、丈の高い球形を基本とし、細身の類型では卵型のような形状の水輪もある。水輪正面には四字の戒名を大きく刻んでいる。

火輪は、全体の丈の割合が高く、軒反りを強く表現した類型が多い。また軒厚も比較的薄い例が多い。

図１　日出藩木下家菩提寺松屋寺内墓所

風輪と空輪は基本的に一石で仕上げている。近世五輪塔の特徴同様全体的に空輪部分が肥大化或いは長身化していると言える。また、木下家の墓碑の特徴ともいえるが、空輪に単弁の請花を表現している類型と単弁を散華状に単体で彫り、連続的に配している類型、散華に間隔を持たせて周囲に配している類型がある。間弁を表現しているのか単弁の間に菱形の形状を配している類型もある。このような空輪を装飾する類例は極めて少ない。中世南北朝期に佐賀や大分安岐町にわずかに確認できる。また近世に近い事例として、戦国期では佐賀鍋島藩の菩提寺である高伝寺内にある一連の石塔群中、第一四第龍造寺大和守胤久（泰長院殿長雲道久大禅定門・天文八年（一五三九）没）、天正二年（一五八四）銘を有する五輪塔に確認できる程度である。近世五輪塔の空・風輪に施された例は極めて少ない。享保二年（一七一七）奥平昌成が移封一八世紀以降の例では中津を治めた奥平家の江戸における墓碑群が五輪塔形式で空・風輪に装飾を施している。日出歴代藩主墓碑あるいは、墓所全体の整備、成立年代との関連として注視するとともに、明確に位置付けられれば、今後、装飾を有する五輪塔を造立した日出藩の歴代藩主墓は、九州内はもちろんのこと全国的に見ても基準資料となり得る。

図２　佐賀高伝寺五輪塔

墓所内に於ける墓碑の特徴や装飾の特徴を確認することは墓所整備の時期や画期等が知れるばかりか、墓所造営が藩主の生死と直結しているという点では、相続との関連からも藩政など政治史を解き明かす要素となる。

二　歴代墓碑の配置から見た墓所形成

松屋寺における木下家墓所の形成は、初代延俊が正室加賀を埋葬したことから始まる。近世木下家菩提寺としての松屋寺の成立は、加賀のための墓所造営と密接に関連する。

松屋寺という寺名は加賀の諱からとり、山号の「康徳山」は延俊の祖母「朝日」の「康徳寺殿松屋妙貞大姉」に由来する。つまり加賀の墓所造営に当たり松屋寺を菩提寺として開基するが、菩提寺の位置付けに祖母の「朝日」を祀ることで祖先を呼び起こしている。

また、墓碑の配置関係を確認すると、加賀の墓所は、東に本堂を見下ろす位置に造営され、同列北側に延俊の父母の墓が配置されている。そして「朝日」の供養塔は、「加賀」墓の南に据えている。この配置はまさに近世木下家の正統性を示していると言えるのではなかろうか。

なぜ「朝日」が必要だったのか。豊臣秀吉の正室として嫁いだ「ねね」は、「朝日」の子供であるという姻戚関係を重視した結果、「朝日」を祀ることが木下家の貴種性や由緒に繋がり、祖先祭祀を行ったものと考えられる。つまり、「朝日」の存在こそ「豊臣」に由緒を求めらることが出来る人物であり、木下家の正統性を具現化するためには必要であると考えた意識が、墓所造営の初期に示されていると考えている。このような意識は、延俊はの墓碑を対面に据えさせたのではなかろうか。さらに二代俊治が亡くなる時点で家督を継いだ俊長はわずか一四歳であったが、俊長は自らの遺骸は、遺言に依り横津に葬られる。さらに歴代墓所内における自らの位置も重視し初代延俊に並ぶ位置に墓を求めたものと思われる。

以上のように、近世木下家初期の墓所造営においては、祖先祭祀に基づく墓所造営の意識が読み取れる。

三代俊長は、自らの遺志により儒葬を望み遺言に依り横津に埋葬されたのである。

俊長の葬地でる横津は、城の鬼門の方向に当たる点も「家」の守護を見据えた墓所造営と言える。このような意識は、儒教的な教養の中で中国的な陰陽道に通じる方位避を自らが実践した結果であろうと思われる。

そこで、もう少し近世初期木下家墓所造営に関連して、藩祖とされる家定有縁の人々から四代俊量までの姻戚、養子縁組など相続に関連した内容について略系図からその系譜を読み解きたい。

三　木下家の婚姻関係を読み解く

図3の略系図で確認を進めてみたい。先ず、藩祖とされる木下定家の実妹とされる高台院は、一説には妹説もあるが豊臣秀吉に嫁した。この高台院の存在は近世木下家の正統を示す際には重要視されている。主な点は関ヶ原における木下家の立ち位置についての判断は高台院の意見が大きく働いたとされる。また二男でありながら木下家を継いだ利房あるいは嫡から外れた長男である木下勝俊への配慮なども、その影響とされている。勝俊については改めて後に触れたい。ここで注意しておきたいのは、高台院の姉妹である長生院は、浅野長政室として嫁している。この婚姻関係だけでは木下家と政治的な関係での側面しか見えず、これは従来から指摘されている限りの関係である。しかし浅野家三代にまで視点を向けてみると、木下家三代俊長が没し儒教的な葬送や特異な墓所造営を行った思惟の部分が読み解くことが出来る。

このような視点から以下木下家歴代とその婚姻関係を確認し、三代俊長の思惟が必然的な結果であったことを示したい。

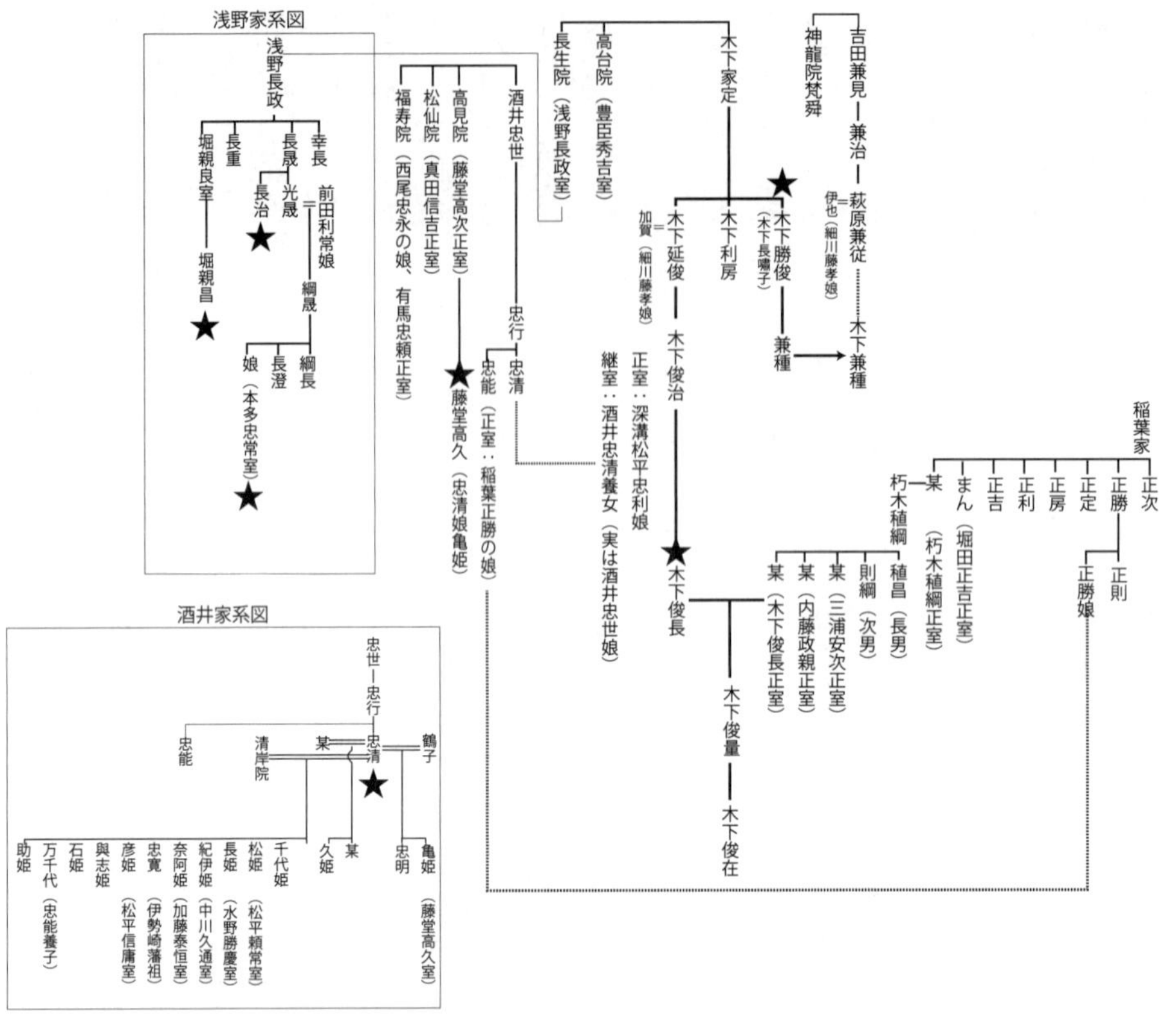

図３　木下家婚姻関係略系図（★は儒教的な墓所造営）

（一）浅野家歴代の関係

そもそも浅野家は杉原姓に系譜がある。長政の子息で嫡男幸長は紀州藩初代でその子・春姫は尾張徳川義直正室である。

義直は名古屋市定光寺墓所の様式あるいは藩政においても儒教に傾倒していたことは著名である。また、長晟は、本来足守藩主であったが兄幸長が無嗣子であり、広島藩初代として家督を継いだ。足守藩主との関わりは高台院や木下家と関連を想像でき得る。また長晟の没後は光晟が家督を継ぎ庶子である長治は寛永九年（一六三二）に父長晟の遺領のうち備後国三次郡と恵蘇郡に五万石を分けられ、三次藩を立藩してその初代藩主となった。

長治は寛永十年に鳳源寺を菩提寺として開基し、父長晟七回忌に木製亀趺碑を造立（一六三九年）した。参勤交代において上野池之端の林家国士館に頻繁に訪れ交流していた。そして吉川惟足門人でもあった[2]。延宝三年（一六七五）、遺言によって鳳源寺裏山中腹に墓所とした。この墓所は特異であり碑の背後に切石を方形に組んだ墳丘を伴った様式[3]であり馬鬣封を意識した様式と言えよう。

長男光晟につて見ると、前田利常の娘（母お江〈次女〉）を娶り、綱晟を儲けて、孫には綱長・長澄・女子がいる。そしてこの女子は大和郡山藩主二代本多忠常の正室として嫁した。この本多忠常は宝永六年（一七〇九）に没し、遺命により儒葬された。亀趺碑を墓碑として撰文は林鳳岡である[4]。また、綱長四男は岡藩中川家七代として養子入りした。中川家も三代久清以来儒教的な思惟が非常に強い家柄といえる。中川家八代久貞はこの影響が大きく自らの墓所を豊後大野市小富士山に築いた。

（二）木下勝俊とその系譜と姻戚関係

木下勝俊あるいは歌人として木下長嘯子など様々な名を有す。

彼の足跡として注視したいのは、吉川惟足あるいは萩原兼従との関係である。特に「吉川視吾堂先生行状」の記載に木下長嘯子の子供として「兼種」の名が確認できる。(5)これによれば、この兼種は、吉田兼見の孫で萩原家に養子となった兼従の子供として養子入りした、と記されている。そして兼従は細川藤孝の娘を娶るとされる。この点は、木下家初代延俊の正室と姉妹関係にあり姻戚関係が注目できる。さらに、行状では、兼種は高松藩主初代松平頼重に招聘される。頼重は、水戸藩水戸光圀の兄で本来ならば水戸家二代藩主であったが、政治的な必要性から高松藩主となった。また、頼重は無嗣子であったため水戸光圀長男を二代藩主として迎えることになった。なお頼常の墳墓は、高松藩主歴代が高松市内の仏性寺に葬られているのに対して、さぬき市霊芝寺において宝永元年（一七〇四）儒葬された。現状は碑の後方に円墳が存在するが構築当初は馬鬣封であったことが絵図で確認されている。(6)二代頼常の正室は酒井忠清の娘である。酒井家の略系図も示して置いたが、大老忠清の子息の婚姻関係は興味深いものがある。

藤堂高久は以前考察したが(7)「高久易簀草稿録」が確認されており儒葬であることは明確である。また、中川久道へ嫁すのであるが、久道は、父中川家四代久恒の子であり、三代久清の孫でもある。また、四代久恒は池田光政の娘を正室として迎えているので光政の孫でもあるのであることも注視しなければならない。きわめて儒教的な思惟形成の環境下にあったのである。

酒井家との婚姻関係では二代俊治の継室は酒井忠世（忠清の祖父）の娘であるが忠清の子として嫁いでいる。また早くに亡くした正室は、深溝松平家五代忠利娘であった。つまり深溝松平家六代忠房とは兄妹であり、忠房の吉田神道へ傾倒や儒教的な思惟からの影響は多少なりとも考えるべきではなかろうか

以上、系図から見てきたように婚姻関係からは、吉田神道、吉川神道を傾倒する家とのつながりが極めて強いことが明らかである。関連した家の歴代の墓所などを確認しても明らかなとおり神道への傾倒が指摘できると共に墓の造営においては『家礼』をテキストとした儒教的な埋葬を実践し、墓碑に亀趺碑を造立するあるいは、先祖顕彰において亀趺碑を用いるなど特徴的に共通すると言える。このような墓所造営様式は、水戸家における墓碑と馬鬣封を営む墓所造営様式に通ずる。このことは木下長嘯子の子とされる兼種の養子縁組に端を発する水戸家との縁によるものと考えられる。

この他、水戸家との縁について補足できる点は、次のような木下家と人見家の姻戚関係にある。

木下家二代藩主俊治は側室市との間に長治を儲けた。俊長の弟にあたる。長治は御家士である南善兵衛の娘で俊治側室の市の妹を養女として人見賢知（玄徳・元徳）に嫁に出した。また玄徳は井伊家家臣の木田定秀の娘を側室として迎えその間に宣郷（又七郎、友元、竹洞）を儲けた。つまり長治の兄である俊長にしてみれば竹洞は甥にあたるとされている。(8)このような人見家と木下家の婚姻関係は、俊長と人見竹洞の親交を深めることになるが、この点について竹洞の子である桃源（名は沂、字は魯南）が父没後の元禄一三年（一七〇〇）にまとめた「竹洞先生略譜」や曾孫とされる鶴川が著した『人見氏伝』などから人見家の系譜を示した澤井啓一(9)は木下家との婚姻関係については言及していない。恐らくは先の書物には記されていないものと思われる。

（三）人見家と水戸藩

竹洞の叔父である卜幽軒は、水戸家藩儒であり林羅山の門人で林鵞峰とは共に学ぶ間柄であったことは既に指摘されている。林鵞峰の弟である林讀耕斎は、節（後の竹洞）が構えた別墅（江東の牛島）「水竹深処」と尋ねた時の景色から「竹洞」という名を命名したとされる。[10] このように人見家と林家とは密接な交流があった。

さらに卜幽軒は、林鵞峰が記した母親の儀礼記録『泣血余滴』を写し、水戸光圀の正室泰姫（近衛尋子・近衛信尋娘）あるいは初代頼房の葬送において儒者として儀礼実践の要的な人物であったことは、後の竹洞の思想形成に大いに影響があったものとして注視しなければならない点であろう。このような知識は「水竹深処」、あるいは林家のサロンでもある「国史館」などの交流によって、竹洞も共有していたものと思われる。

この他、竹洞の思想形成において重要な人物として石川丈山が挙げられる。竹洞は京都遊学中に詩仙堂に石川丈山を訪ね、講義を受けるなどして学んだ。このような経緯もあり、丈山は自らの「年譜」の作成を竹洞に依頼しており、丈山没後に子復の要請もあって「年譜」を撰述した。この年譜の研究では、丈山の儒教的徳目が随所に記されているが、同時に撰者人見竹洞の思想が示されているとの評価もあることから看過できない。[11]

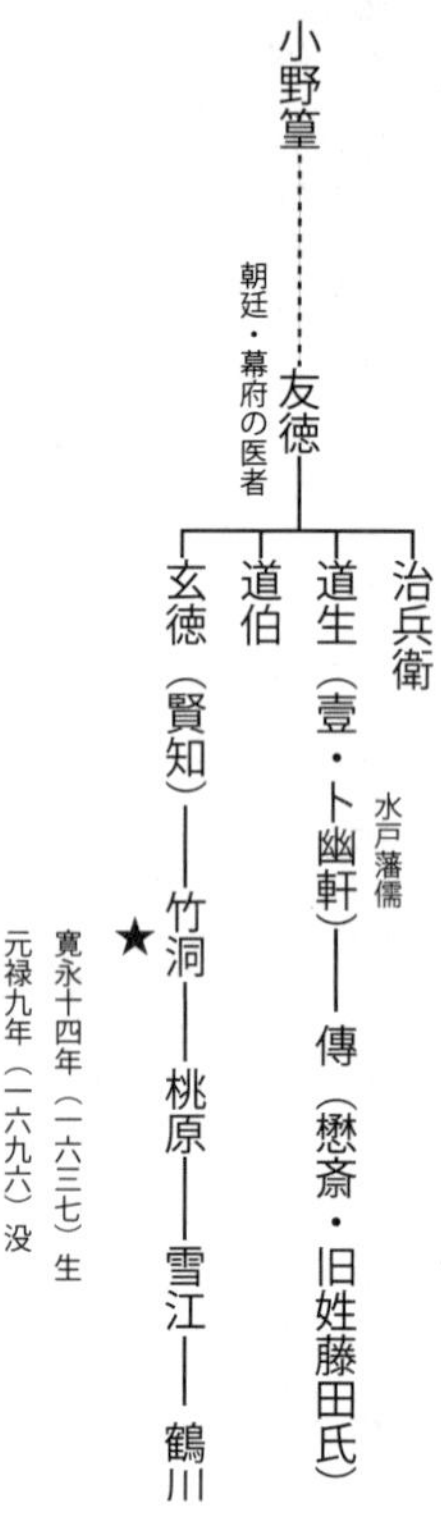

図4　人見家略系図

さらに家綱そして綱吉の時代は、中国明末・清初の文化が黄檗僧の東渡によってもたらされた時期でもある。特に水戸藩との関係では、朱舜水、時代はやや下るが東皐心越との交流に着目しておきたい。

特に東皐心越と竹洞との交流は遺された多くの書簡の研究から大洲藩三代主加藤泰恒や暘谷太守豊大年と記された日出藩三代木下俊長や、深溝松平六代忠房や、その甥にあたる鍋島鹿島藩五代直條との熱心な交流が明らかになっている。[12] 中でも特に鍋島鹿島藩五代直條との交流については当時、直條は一七歳、竹洞三六歳ではあったが、竹洞は直條の職責が長崎の警備役であったことから唐通事・林道栄、黄檗僧木庵性瑫・獨立性易などとの交流による中国最新事情を持っていた可能性が高いことから積極的な交流を望んだ。また、朱舜水など水戸家との関係から東皐心越との交流が始まり七弦琴の奏法伝授や篆刻などの特殊な技術をも習得していた。

特に人見竹洞そして俊長が影響を受けた人物として、先にも触れた通り東皐心越（曹洞宗寿昌派の中国僧）との密接な交流があったことが指摘されている。東皐心越もまた水戸光圀の外護を請けており水戸領内に曹洞宗寺院祇園寺の開山となるなどしている。東皐心越は、本国では曹洞宗の僧侶であったが、延宝五年（一六七七）長崎興福寺の住持として渡来した。我が国に七弦琴の奏法を伝えたことは有名で、竹洞はこれを伝授された。またこれらの親交は、大名らとの交流にも繋がり、肥前鹿島藩鍋島直條・大洲三代藩主加藤恒泰、そして木下俊長は書簡の中では「賜城守」、あるいは詩の中で「観瀾堂公」と記されており、堂号で呼ばれる間柄であったことが分かる。

人見友元は元禄九年（一六九六）没するが、儒礼によって西場村（足利市）に葬られた（図11）。友元亡き後は子息の桃源、孫の雪江へと受け継がれた。

北大神の愛宕神社境内にある「瞽者放明碑」は宝永二年（一七〇五）、俊長五八歳の時に人見又兵衛（桃原）が撰文したものであり、当時は江戸でも有名となった。

以上みてきたように、人見竹洞と水戸藩とのかかわりは、叔父の人見幽軒を介して行われ、その中で馬鬣封と碑の様式を学んでいたものと考えられ、竹洞亡きあとは、桃源にそのことが託された可能性も考えられる。
そこで次に俊長の墓とその造営背景について考えてみたい。

四　俊長の墓所から読み解く思惟

三代藩主俊長の墓は菩提寺に歴代藩主と同様な五輪塔型の墓碑がある。しかし遺骸は遺言により横津の地に埋葬された。自らの意思により横津の地に遺骸が葬られることを望み遺言したものと思われる[13]。

その墓所は独特であり、安山岩製の饅頭型の基台上に硬質砂岩製の墓碑を据え、その背後に表面を漆喰によって塗り固められた馬鬣封を思わせる墳丘が造られている。墓の周囲は瓦製の磚によって四半敷きに敷き詰められている。

墓碑が砂岩製の石を用いている点は、江戸中期の儒者であり神道を学んだ浅見絅斎が『家礼訓蒙疏』の中で、儒者の墓碑は「泉州和泉箱作山の青石砂岩」を用いることが最もよい、と記しており、この点を捉えれば俊長の墓碑は石材の産地は不明ながら砂岩製の石材を用いている点は『家礼』に通じる。

墓碑の形は、拙著でも示しているが、儒者が用いた形態的特徴を用いていると言える。頂部を円首に仕上げ、銘を正面の陥中に戒名以外の俗名を深く刻む点も仏教に拘らないという儒教的な記載形式であると言える。

基台の形態は、通常の墓碑の場合、板石を組み合わせるか一石の方形の石を基台とするのを常とするが、俊長墓の場合、土饅頭型に加工した石を用いている点が興味深い。想像でしかないが、恐らくは、中国の碑制に従った結果ではなかろうかと思う。つまり碑制では、従四位以上が亀趺碑を用いることが出来ると定められている。俊長の官位は、従五位下であることから、亀趺碑は用いず亀の甲羅の形状とも想像できる起りの強い馬丸い形態の基台を選択したのではなかろうか。このようなヒエラルヒー的な構造を重視した面は、儒教的思惟の表れであると言えよう（大正五年〈一九一六〉一二月二八日「従四位」追贈[14]）。

碑の後部に設えられた墳丘は、中国の『礼記』檀弓上に示されている墓様式を用いたもので「馬鬣封」を示す様式として捉えられよう。

以上みてきたように、俊長墓様式は儒教的な要素がきわめて強い墓制に従って造墓されたことは窺知出来る。このような様式を取り入れた俊長の思惟がどのように形成されたのかを捉えることはきわめて重要であると思われる。

図5　木下俊長墓所

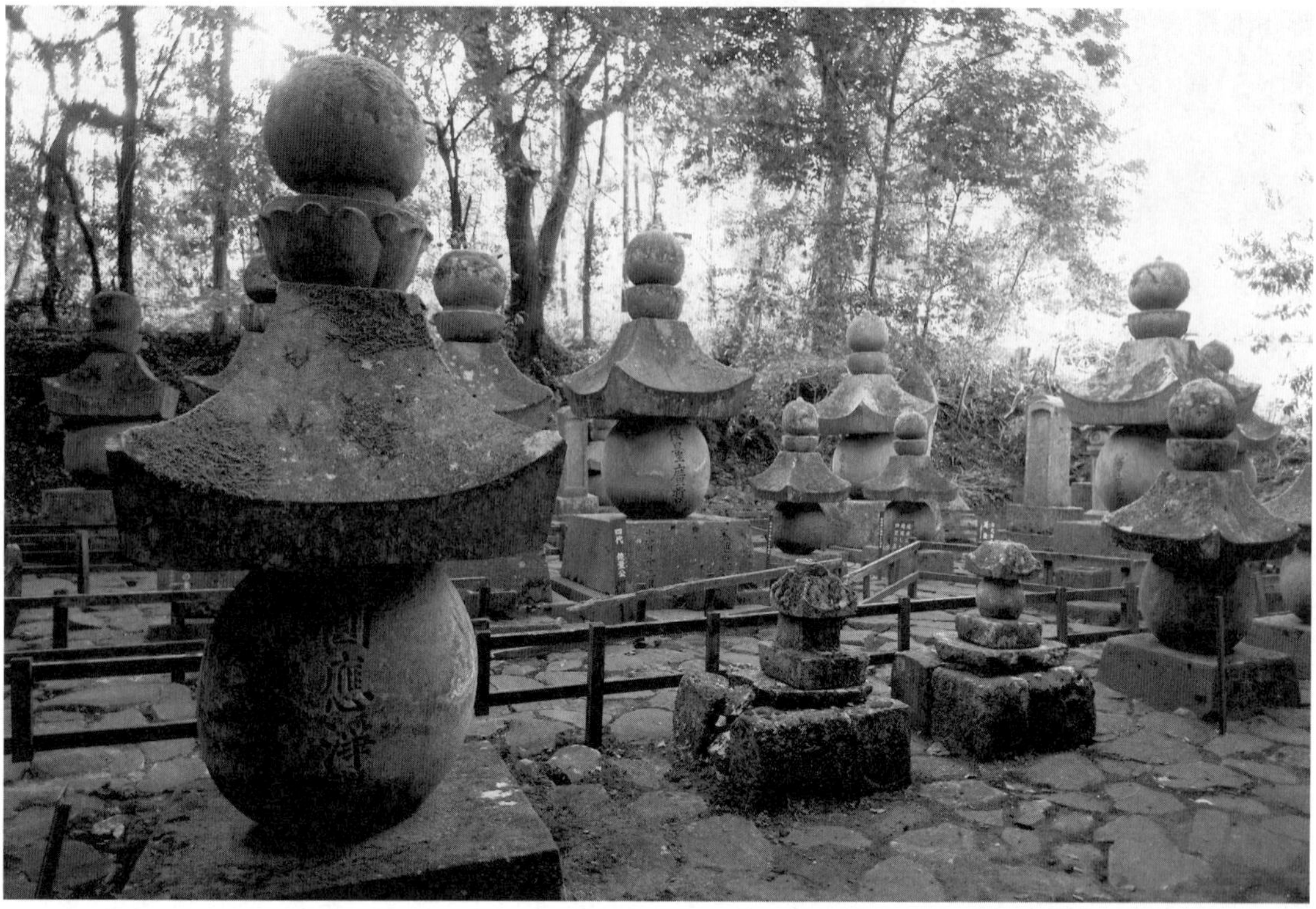

図6　木下家墓所全景（松屋寺内）

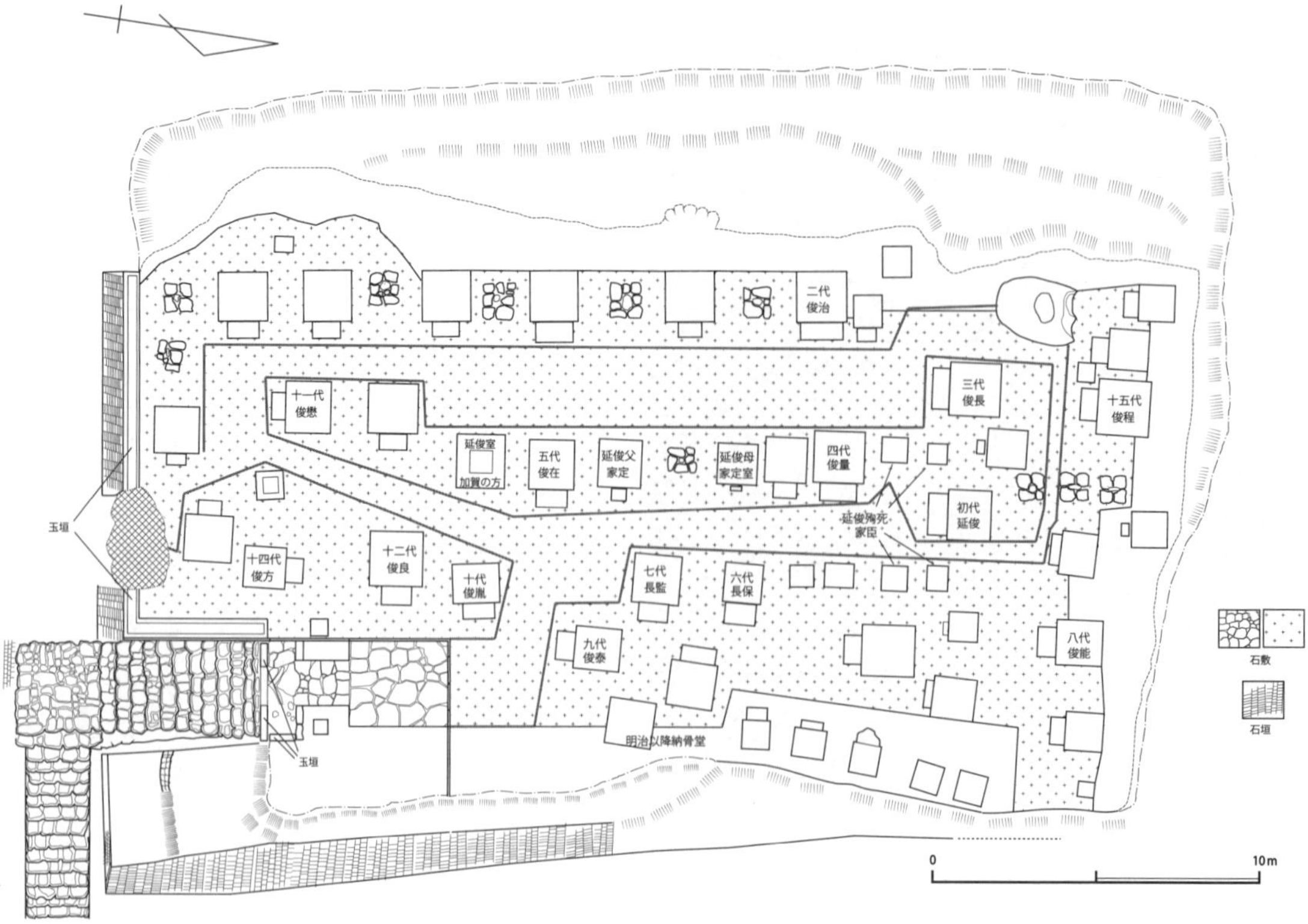

図7　木下家墓所平面図（豊田徹士作図）

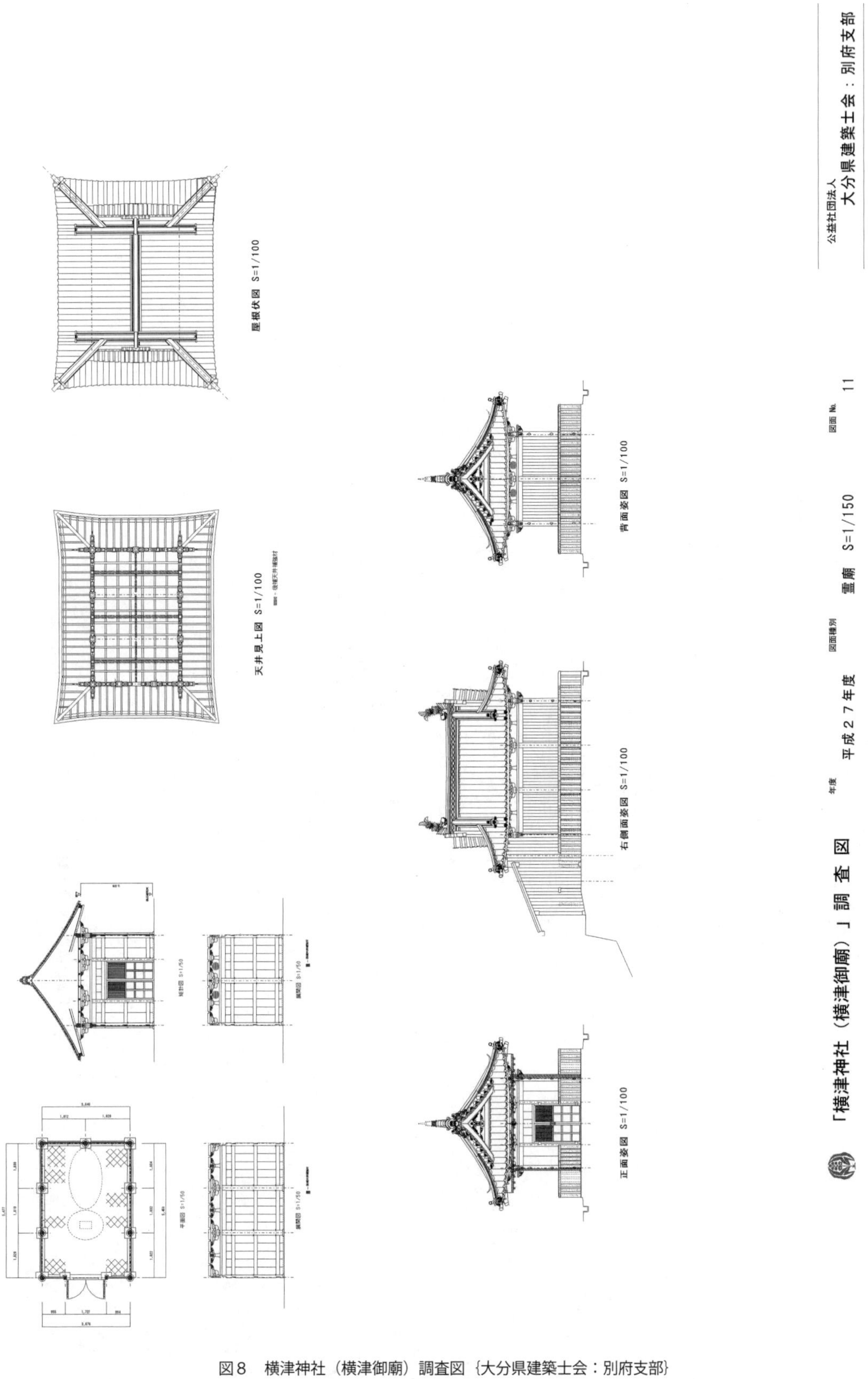

図８　横津神社（横津御廟）調査図｛大分県建築士会：別府支部｝

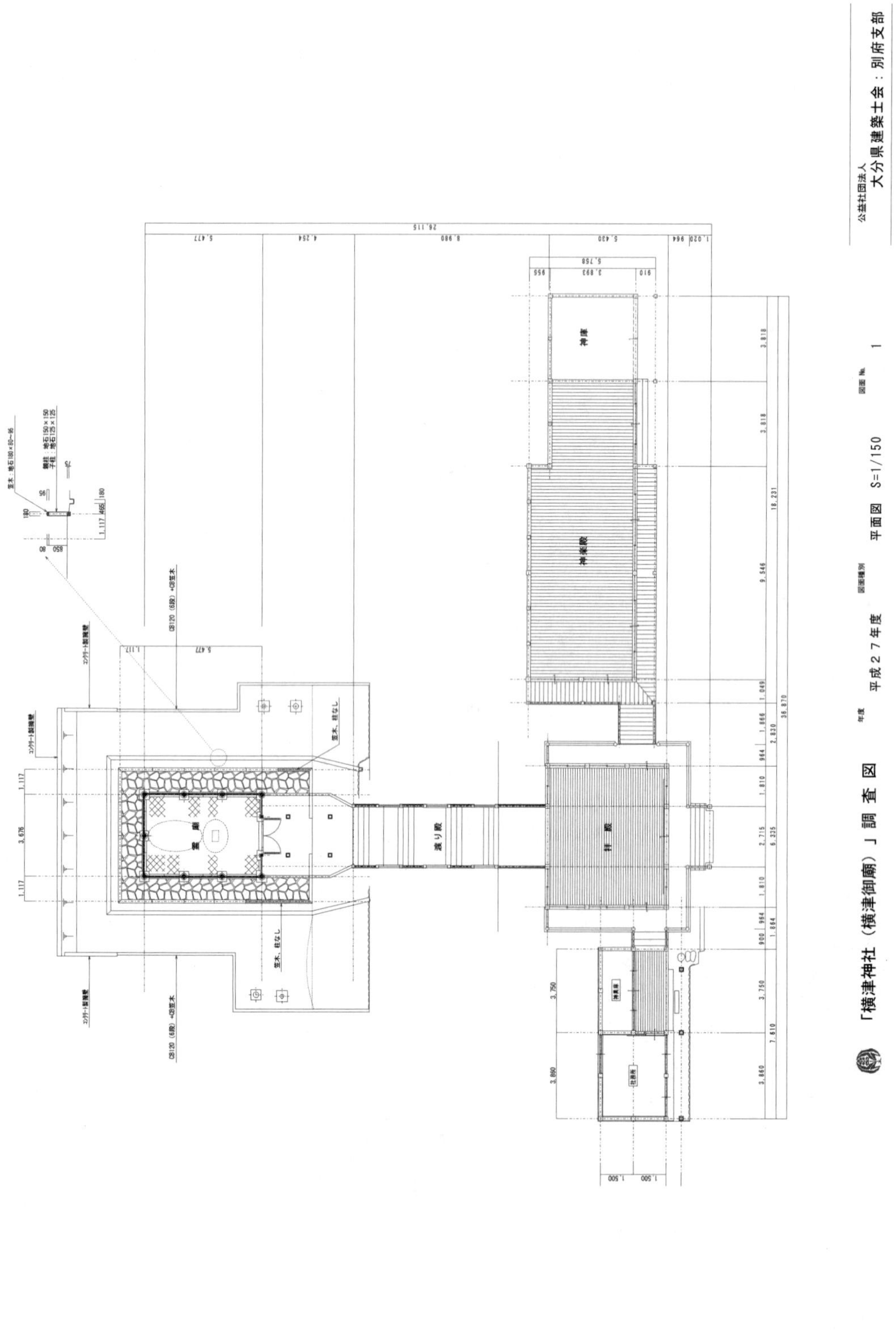

図９　横津神社（横津御廟）調査図２｛大分県建築士会：別府支部｝

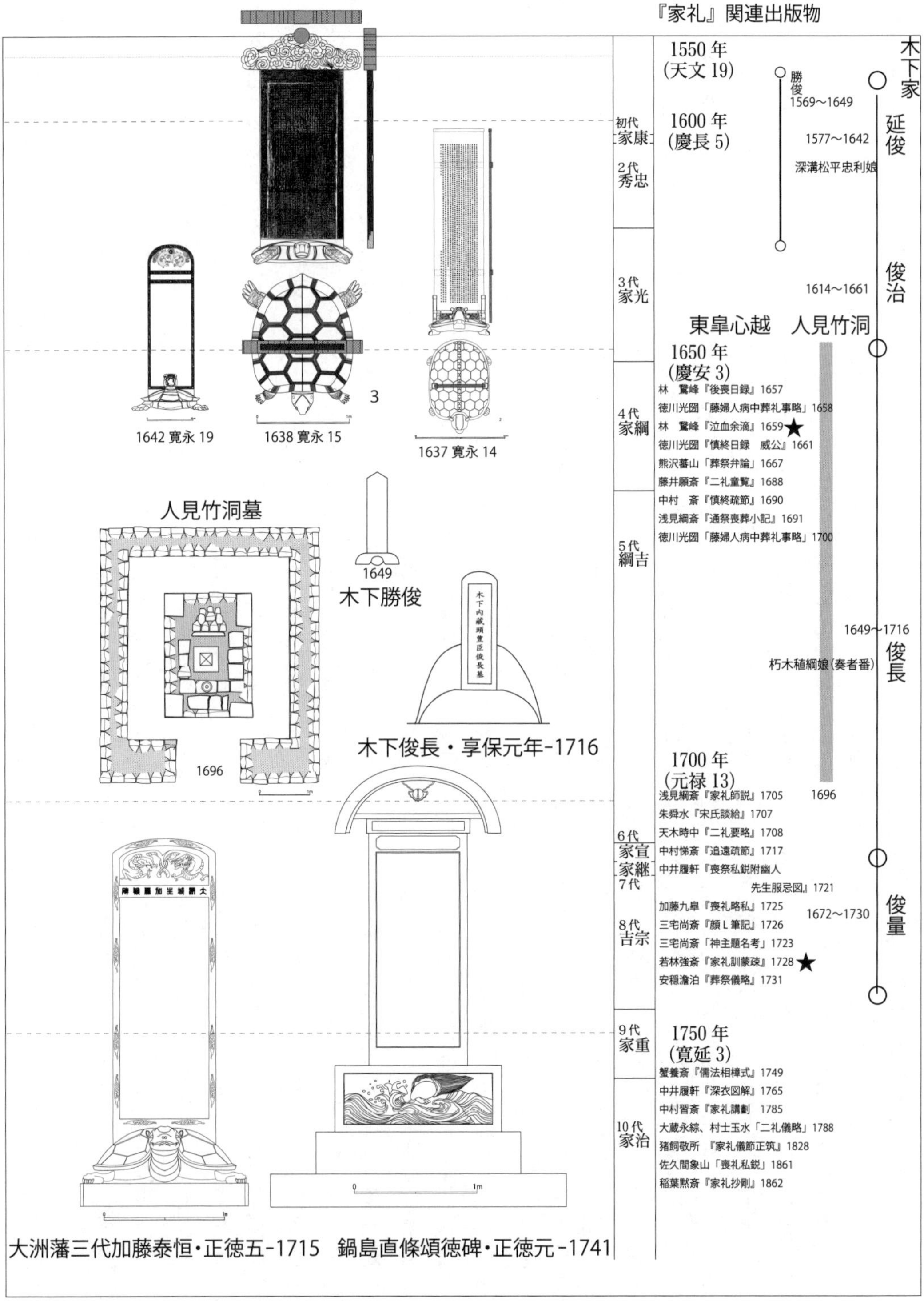

図10　木下俊長と竹洞墓所の歴史的位置付け図

五　三代俊長の思惟形成とその背景

砂岩製の円首の墓碑と馬鬣封（図6）の組み合わせは、類例を探せば水戸光圀が位置付けた水戸藩徳川家及び家臣の墓所の様式に通じる。水戸光圀は、中国『礼記』に従い馬鬣封を用い、官位が従四位以上ということもあり、墳の前には亀趺碑を墓碑として用いている。木下家とは官位の差こそあれ墓所様式における思惟は共通しているものと思われる。光圀の知識は、朱舜水・人見卜幽が儒臣であったことで中国からの情報を得られていたのである。また、人見卜幽軒は俊長と交遊のあった人見竹洞の叔父にあたる点も、俊長の思惟形成に中国の先進的な知識を得るには容易であったことも想像できよう。さらに人見卜幽軒や当該期に活躍した儒者、大名らや林羅山、鵞峰、鳳岡との交遊は『国史館日録』を確認すると、濃密にその交流がなされていたことは明らかであり、その中で多くの興味ある知識に接していたものと想像できる。

水戸光圀からの影響を考えるときに、光圀の正室で近衛信尋の娘である泰姫の葬送や光圀の父親で水戸家初代藩主頼房の葬送は、いずれも光圀が執り行っているが、儒葬によって葬られているのである。また光圀は、儒臣で林羅山の門弟である人見卜幽軒に林鵞峰が記録し纏めた実母の葬送録『泣血余滴』を写させ、これに従って万治元年（一六五八）に泰姫、寛文元年（一六六〇）父頼房の葬送を行ったとされている。参考に、光圀の長男で高松藩に養子入りした頼常もまた宝永元年（一七〇四）儒葬によって葬られたことは知れる。俊長は遅れること一二年後享保元年（一七一六）に没するのであるが同時代を生きた大名の儒葬として注視したい。

さらに俊長の神道への傾倒は、既に指摘されている通りで、日出領内における神社への鳥居や灯籠の寄進を見ても明らかである。年代的には延宝二年（一六七四）、延俊二七歳から晩年にいたるまで積極的に崇拝したとされる。このような意識はどのように育まれたのかを捉えておく必要があろう。

幼少の折の江戸参府において、将軍の侍講でもあり幕府儒臣であった人見竹洞より学ぶ。また、絵は奥絵師木挽町狩野家二代狩野常信を師と仰いだとされている。また、鳳岡撰の『三幅画記』によれば、宝永二年（一七〇五）、木下俊長と共に仙洞御所三幅対の絵を献上したとされる。[15]林家との交流の中では林鵞峰が亡くなった後は、竹洞が鳳岡の補佐役を務め、延宝元年（一六七三）父玄徳の致仕により家督を継ぎ、八年に家綱の葬儀ではその記録を命ぜられるなど幕府の儒臣として活躍した。

そこで両者に若干触れると、人見竹洞は江戸で亡くなるが墓所は、父玄徳が家綱幼少の砌急病の治療に当たり完治させたことで拝領した土地の一部である栃木県足利の西場村を葬地とした（図11）。当然ながら墓所を観察するかぎり儒式である。菩提寺は墓所の眼下にある曹洞宗雲龍寺で、寺には俊長が描いたとされる人見竹洞の頂相が遺っているという。俊長の奥絵師狩野常信への師事は、人見卜幽軒の縁によってと思われる。もちろん狩野家は、奥絵師家として隆盛を極めていたのであるが、先に触れたように当時の知識人たちは林羅山を中心に林家の国史館をサロンのようにして日々交流を続けており、情報を共有していた。国史館日録を読み解くと、人見竹洞の叔父で水戸の儒臣であった卜幽軒等と共に国史館を訪れたことも散見でき、狩野一族も探幽を始め常信も大いに出入りしていたのである。幕府要人、参勤交代で上京した全国の名だたる大名はもちろんのこと、茶人、歌人、様々な人々が参集していた。彼らは林家の儒教、あるいは仏教に拘らない神道を積極的に信奉し、多くの人々がこれを共有していた。これらの交流がもとで俊長の神道への意識形成がなされたのではなかろうか。

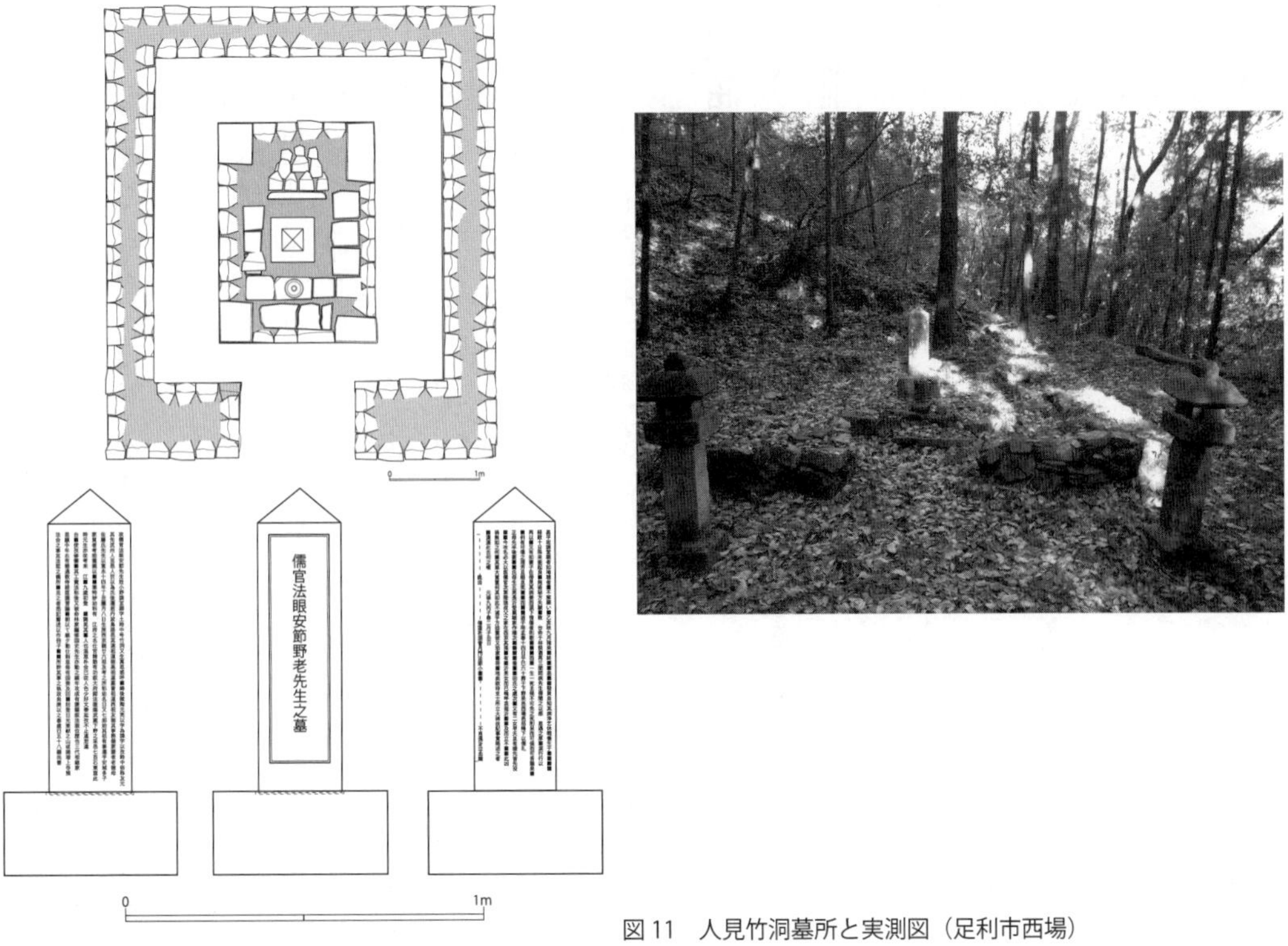

図11　人見竹洞墓所と実測図（足利市西場）

さらに俊長が藩主として活躍した元禄、享保期を中心とした時期は、曹洞宗、黄檗宗の隆盛期でもあり、これらの宗派の明僧を中心に中国からの情報が持ちこまれた。これらの新しい情報にきわめて敏感に俊長は反応し、誰よりも儒教と神道を率先して実践したと思われる。

註

1　日出藩史料刊行会一九七〇『木下氏系図附言纂』（大分県日出藩史料）。
山本　巌　二〇〇四「人見友元小傳」（『宇都宮大学教育学部紀要』第五四号第一部）。

2　浅野長治が吉川神道一事重位を許されていることは、平重道一九六六『吉川神道の基礎的研究』三四八頁を参照。

3　拙稿　二〇一四「考古資料から見た近世大名墓の成立」（雄山閣二〇一四『近世大名墓の成立　信長・秀吉・家康の墓と各地の大名墓を探る』）。

4　発志院　二〇〇八『歌ヶ崎御廟と発志禅院』。

5　「吉川視吾堂行状」（平重道　一九六六『吉川神道の基礎的研究』）。
徳橋達徳　二〇一三『吉川神道思想の研究』（他の史料類には確認できないという）。

6　香川県立ミュージアム　二〇一五『高松藩主松平家墓所調査報告書』。

7　拙稿　二〇一一「近世武家社会における葬制について：藤堂高久の葬送と喪禮」（『日本仏教綜合研究』一〇）。

8　日出藩史料刊行会一九七〇『木下氏系図附言纂』（大分県日出藩史料）
人見家と木下家との姻戚関係については、二〇一七年三月一八日日出町で開催された歴史講演会の資料の中で、日出町郷土史愛好会員梅村敏明が示されている。

9　澤井啓一　二〇〇九「『人見竹洞詩文集』解題」（汲古書院『人見竹洞詩文集』）。

10　大庭卓也一九九八「「水竹深処」考－人見竹洞の別墅と江戸詩壇－」（『近世文芸』六八）。

11　小川武彦・石島勇　一九九四『石川丈山年譜　本編』。

12　大庭卓也　一九九六「人見竹洞と東皐心越－竹洞伝の一齣－」（九州大学国語国文学会『語文研究』八二）。

13　日出町役場　一九八六『日出町誌』史料編（辻　治六『南藤原図跡考』）。

14　註12に同じ。

15　大庭　卓也　二〇〇三「水戸祇園寺蔵『野節文章』大概（三）」（『文献探究』四一　文献探究の会）。

挿図出典

図8・9は、大分県建築士会・別府支部作製を転載。

その他の図は、全て実査により作製。

Ⅲ　東海の近世大名墓—井伊家と井伊谷・近藤家の信仰とそのかたち—

はじめに

東海地域は、徳川家発祥に関わる聖地ともされる地域が含まれていることなど重要な地域である。

東から駿河・遠江・三河・尾張・伊勢・志摩の六ケ国に三一藩が存在した。そして各国の初期の領主は、ほぼ慶長期に配置されるが、幕府の思惑で将軍が変わるごとに国替え」される大名も多く、約一四〇家が江戸時代を通してこの地域に配された。

かかる幕政の事情を背景として各家の墓所造営地は様々であるのと、拝領地において歴代墓所を築くことができた家は数えるほどであった。となるとここから東海地域の近世大名による墓所造営を紐解くには各家と幕府との関係や、幕政との関わりを十分に分析した上でないと不可能に近いものがあろう。

そこで当該地域の特性を踏まえたうえでいくつかの家を取り上げて墓所の成立と造営事情を考えてみたい。特に墓所造営と菩提寺の開基、あるいは信仰という点について掘り下げられればと考えている。

一　東海地域の大名家墓所概観

当該期の初期の各家の墓所における被葬者を概観すると、初代あるいは二代までの墓所が非常に多い。これは各家が領地拝領に伴い、まず菩提寺を開基し墓所を造営するのであるが、多くの家の場合、比較的短い期間で配置換えになっていることから、初代あるいは二代などの墓所造営に止まった家が多いのであろうと思われる。しかし、裏を返せば赴任した大名家は先ず菩提寺を決め、墓所の造営を行う家がほとんどであるということでもあろう。つまり、大名は身近に菩提寺を持つことが不可欠であり、祖先供養を行う祭祀の場として、菩提寺あるいは墓所の存在が不可欠なのであろう。これは各「家」の継続と密接に関連していることが想像できる。したがって転封先においても改めて菩提寺が決められ、墓所造営を行うことが一般的であったものと思われる。

さらに当該地域の大名家は譜代が多く、幕政における役どころなどが影響し在府の場合も多々あったのではなかろうか。となると身近な場所における供養の場の必要性から江戸のいずれかの寺院に帰依をして菩提寺としたものと思われる。菩提寺は、埋葬地である墓所がなくても歴代の位牌を祀ることで牌所として位置付けがなされたものと思われる。特に寛永八年

（一六三一）以降の新寺院の建立を禁止する中では、幕府との関係を重視して各地で休眠中の寺を再興するなど、様々な方法で菩提寺とした。

そして領地替えによって転封になった大名家は、最初に開基した菩提寺を開山である僧侶ともに、拝領先に分寺することも少なくはなかったという。当該地域に関連した家を例にとれば、一八松平家のひとつである大給松平家では、慶長五年（一六〇〇）以来、上野三之蔵、下野板橋、三河西尾、丹波亀山、豊後高松、豊後府内と万治元年（一六五八）までに五回の国替えがあったのであるが、行歩をともにして各拝領地において「松誉」という開山によって「浄安寺」が開基され各地で拝領地ごとに菩提寺としてきた（長田　二〇〇二、竹田　一九九三）。これは、一人の僧侶の徳に対して帰依した結果ともいえるが、幕府の新寺の建立禁止施策に対する各家の方策の可能性もあろう。一方、転封先で新寺を開基することもあったが寛永八年（一六三一）以降は新寺建立禁止令が発布されたことから大給松平家のような事例のほかは、拝領地内にある既存の寺あるいは僧侶に帰依して菩提寺とした例も多いと思われる。御府内の寺院を概観すると多くの家が同じ寺を位牌所としていることからも新寺建立禁止事情によることが察せられ、その背景にある幕政におけるキリシタン禁令との関わりも想像できるのである。いずれの場合も本来墓にあるべき遺骸にはこだわらず、墓所造営が行われ霊を祀る供養祭祀を行えることが重要であったものと思われるのである。

二　国元と江戸の墓所開基

ここでは井伊谷藩主金指近藤家（図1）の国元の墓所と、江戸の墓所を確認し、特に信仰面から近藤家を捉えてみた。また比較・関連として当該地域にはないが信仰面から井伊家加えて触れる。菩提寺の開基・墓所造営の事情を信仰という視点から捉えてみた。

特にここでは大身の旗本近藤家と、大大名井伊家の江戸と国元の墓所を取り上げるが家格・石高などの違いは、墓所の規模の違いなどとして確認できる場合もあるが、墓所形成の本質を捉えようとするときには家格の違いは、問題にはならないと考えている。今回の場合は、むしろ遺骸を葬る、歴代を祀るという信仰面に着目をした時に、両家における共通性が確認できる点は、武家葬制の時代相や宗教性を端的に示しているものと解されるのでなかろうか。この様な視点が、全国の近世大名家墓所造営の経緯や信仰を読み解く一助となればと考えている。

（一）　金指近藤家の墓所と塔型式

一代限りであったが遠江井伊谷藩の藩主であった近藤秀用を父にもつ近藤貞用は、元和六年（一六二〇）、祖父の近藤秀用よって紀州藩から呼び戻され三一四〇石を分知された。

寛永八年（一六三一）に父秀用（金指実相寺墓所）が没すると五四五〇石の分知を得て家督を継ぎ、領地である金指・井伊谷周辺のインフラを整備するなどした。

一方、江戸では新田開発にも力を入れ、貞享元年（一六八四）貞用自ら開発をした新田が青砥村として立村したほか、寛文六年（一六六六）五月から、近藤家四代目である昔用の世代まで武蔵国小川村（現・東京都小平市小川）に抱屋敷を持ち、武蔵野の新田の開発を行った。また幕府における功績は、百人組頭として大身旗本の責務を果たしたのである。

そして、二代貞用は安定した領地政策を続ける中、中国から東渡した隠元隆琦に帰依し、寛文二年（一六六二）に徳川将軍家綱上旨によって萬福寺に百両を投じ堂宇の建立を行うなどした。

隠元のもとで授戒し、隠元の直番弟子である唐僧独湛性瑩を金指に招き、金指および気賀両近藤家の供養祭祀のための菩提寺として初山宝林寺の建立に尽した。

また、その間、貞用は、長男（嫡男）の昌用が、二三歳という若さで寛文三年（一六六三）に先立ち没するという不幸に直面し、寛文四年（一六六四）に初山宝林寺を開基するが、この時に宝林寺内における近藤家墓所が造営されたものと考えられる。

最初の被葬者が貞用嫡男昌用であったのである。という意味においても近藤家墓所には貞用の意志が示されたといって過言ではなかろう。それは用いられた墓碑の形に意識が端的に示されているのである。

先に触れたとおり初山宝林寺の昌用墓碑（図２）は、近藤家墓所の中で最も古い。貞用がこの碑を寛文四年（一六六四）くらいまでに造立したと思われるのであるが、ここで着目したいのは墓碑の型式である。

方形に組まれた基礎上に反花座・敷茄子を挟み、上部に受けの反花座を組み合わせる。この台座の上に六角柱を置き塔身とする。その上に六角形の笠、その上部に覆鉢と請け花と宝珠を載せる。ここで、先ず注目したいのが茄子敷と反花座と請花座が組合う台座の様式で、加えて六角形を基本とした塔身と笠の組み合わせ、そして石製華瓶と水盤が用いられる点が特徴であること。塔身と笠の六角柱は中世の宝幢型式に見られるが一般的な近世墓碑型式、大名家における墓碑型式においても特定な様式である点を指摘しておきたい。型式については項目を変えて改めて類例なども含めて紹介したい。

三　江戸の金指近藤家の墓所と墓碑

（一）湯島称仰院

金指近藤家は、先に触れたように、秀用が小田原城代を任されたことから御府内邸内にあった大安寺に埋葬されたが、その後改葬され湯島称仰院《しょうこういん》に改葬された。

季用は引佐龍洞院、貞用は同領地内の初山宝林寺を自ら開基して墓所を築いた。

そして『寛政諸家譜』によれば徳用の時から称迎院を歴代の菩提寺としたとされる。

満用　新城冨賀寺
──忠用　新城冨賀寺
──康用　井伊谷龍潭寺　天正16年（1588）
──秀用　江戸大安寺⇒称仰院改葬　寛永8年(1632)
──季用　井伊谷3050石　引佐龍洞院　慶長17年(1612)
──貞用　井伊谷5450石　承応3年(1654)　百人組頭　嫡男昌用寛文3年(1663)没　元禄9年(1696)　掛川宝林寺
──徳用　昌用嫡男　百人組頭　称仰院歴代墓所とす　元禄12年(1699)
──昔用　百人組頭　称仰院　寛保元年(1741)
┊

図１　金指近藤家略系図

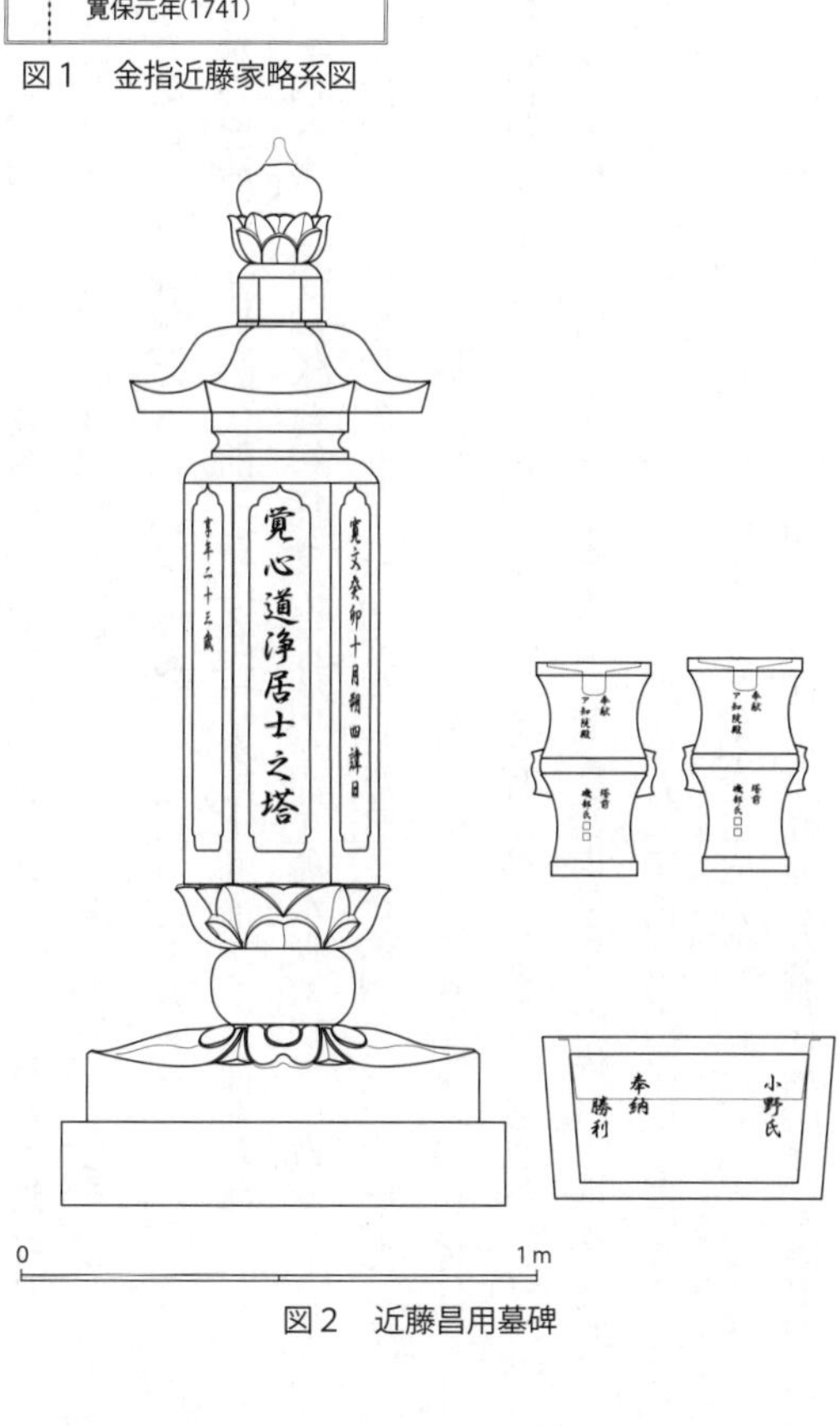

図２　近藤昌用墓碑

称迎院は湯島にあるが、現在では、湯島安楽寺の管理となっており、墓所内を確認することが出来ない。

引佐町史に掲載された称迎院内の秀用の墓（改葬後）は、宝篋印塔型式であるが、秀用の没年である慶長一七年（一六一二）と、宝篋印塔の型式には時期差がある。おそらくは称迎院改葬後の回忌等の時に造立されたものと捉えられる。

ここで注意したいのは、江戸の各藩主あるいは藩祖の墓として伝わる墓碑は、近藤家で確認したように没年と型式に大きな開きがあることが多いことを認識したうえで観察する必要があるという事である。

そこでここでは、宝篋印塔の年代的な特徴がわかる類例をいくつか提示し確認したい。

近世初期の宝篋印塔の型式として身近な例を示せば、図3に示した池上永寿院内墓地にある庭瀬藩戸川家供養塔の型式や図4の井上正就塔は供養塔であるが没年とあまり時間差を考える必要がない宝篋印塔であり当該期の型式といえよう。

図3で例示しているように、近世宝篋印塔の型式変化は明瞭である。初期においては中世的な系譜の中で各部位が造形されている。しかし、時代が下がるにしたがって湯島真珠院の水野忠清墓あるいは、新宿区功運寺永井尚征墓の型式へと変化が確認できる。単純に没年で型式が変化していると捉えられるのは、戸川家例から水野家例への変化であって、それが水野家の宝篋印塔が時代相応の型式を示しているという事ではない。

永寿院の戸川家宝篋印塔の型式と水野忠清墓の型式の違いは関西型と江戸型と説明されるようだが意匠の系譜については言及しないが、年代的には水野忠清没年時の宝篋印塔の型式とは認めがたい。というのも図3に示した新宿区功運寺永井尚征墓の型式に極めて類似しており、水野忠清没後の年忌において造立された供養塔としての位置付けをしておきたい。このように、初代あるいは藩祖については、後世に顕彰され供養塔が造立されることが多く、銘文には顕彰を刻む例は少なく、没年を刻んでしまっているために多くは錯誤をきたす場合が多いことに注意したい。

水野忠清は、江戸時代前期の大名で、上野小幡藩主、三河刈谷藩主、三河吉田藩主、信濃松本藩初代藩主を拝領し沼津藩水野家初代。寛永一九年（一六四二）に信濃松本七万石に加増移封され、正保四年（一六四七）江戸にて没し小石川伝通院に埋葬されたが、真珠院の宝篋印塔については、校正に供養塔として一七世紀後半に造立された塔として捉えられる。

以上の様な江戸における宝篋印塔の型式変化から、引佐町史に示された写真は慶長一七年（一六一二）に造立された季用の宝篋印塔ではなく、一七世紀第3四半期段階の型式と捉えられることから、回忌に合わせて造立された塔であり、改葬の時期として徳用が称迎院を歴代墓所とした時期に先祖祭祀を行う中で造立された可能性を想定しておきたい。

（二）井伊谷近藤家の墓碑型式の系譜

金指の初山宝林寺は、黄檗宗隠元禅師の直弟子で中国以来最も身近に仕え西堂となった独湛性瑩《どくたんしょうけい》を懇願の末、招くことが出来て開かれた。独湛性瑩は、隠元を開山、自らを初代住持として東海における黄檗の教線拡張に力を注ぐのである。

そしてこの教化は当該期の近藤家における領地内の基盤強化へ向けた政策に都合がよく、積極的に黄檗宗への帰依を利用したことも想像できる。

寛文七年（一六六七）には宝林寺の仏殿が完成し、黄檗宗独特の本尊釈迦如来と阿難尊者、迦葉尊者が安置され、二四天の善人が配され、異国情緒が漂う仏殿において念仏による法が説かれた。一万人ともいわれる菩薩戒を授けたとされている。

独湛は、後に萬福寺に帰山し慧林性機から住持を継ぎ、第四代（一六八一

図3　近世江戸宝篋印塔型式概観図

図4　井上正就墓碑（池上本門寺）

〜）となり宝永三年（一七〇六）山内の獅子林院で没した。

塔所は萬松岡の西丘陵上に隠元と同様式の開山堂が造られた。宝林寺には独湛性瑩の髪を瘞めた石塔が遺されている（図６）。

以上のような黄檗へ傾倒した近藤貞用の信仰は、当該期として特異ではなく各地の大名家あるいは在家の多くの人々が黄檗の教化に交えた。このような現象も一七世紀後半段階の近世武家社会の特徴ともいえるのである。

そこで、ここでは他の大名家で、臨済正宗（黄檗派）への傾倒について触れるが、同じ井伊谷出身である井伊直政（分家井伊直勝 - 掛川藩主家も含む）の縁から井伊家一族における黄檗宗との関連についても触れ、特に黄檗僧や仏像寄進に関わった仏師等を資料として大名の帰依を捉えてみた。

（三）江戸の井伊家菩提寺豪徳寺

江戸における井伊家所領は、寛永一〇年（一六三三）、「寛永の地方直し」において下野国と武蔵国の一部五万石を加増され、このうち武蔵国荏原郡世田谷領を賜った。そして経緯は不明であるが領内にあった吉良家所縁の弘徳院（曹洞宗）を井伊家の菩提寺とするに至った。特に、井伊直孝が没（万治二年〈一六五九〉六月）すると彼の

図５　井伊谷宝林寺近藤家墓所全景

図６　独湛性瑩爪髪塔

図７　近藤貞用墓碑

図８　近藤昌用墓碑

第三部

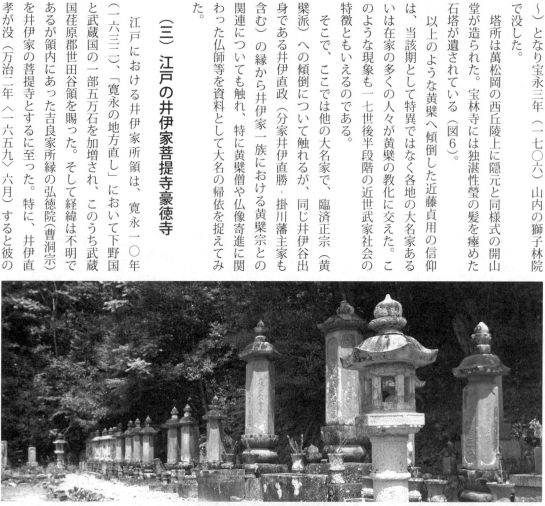

法号である久昌院殿豪徳天英居士から寺名を「豪徳寺」と改めたとされている。

豪徳寺における井伊家関連の墓碑造立年代を確認すると、表のように父直孝に先立って四男が万治元年（一六五八）四月に没しており、最初に豪徳寺内に埋葬されたことが分かる。そこで改めて豪徳寺井伊家墓所における一六〇〇年代の被葬者を概観すると表（図９）の通りである。

先ず先に触れたとおり二代直孝が没する前年に四男が没し、次いで二代直孝、四代直興三男が延宝八年（一六八〇）に没し、以下四代直興四女と続き、直興の側室を含む一族と、一七〇〇年前後に直孝四男の側室と正室が没している。

以上のように、豪徳寺井伊家墓所における一七世紀代の葬送は、二代と四代の有縁の人々が没したことで墓所が造営されたわけである。そしてこの時期に豪徳寺の伽藍が整えられているのである。

これらの背景としては、直孝の側室（春光院）と娘（掃雲院）の帰依が指摘されている。

掃雲院は、直澄の姉で、三代藩主直澄（直孝五男）と母（春光院）を同じくする。弟である直澄が延宝四年（一六七六）疱瘡で没したことで、掃雲院が弟直澄の菩提を弔うために仏殿の建築を行い、翌年には父直孝の菩提を弔うために「仏師祥雲」に命じて仏殿の本尊（三世仏）・達磨・大権修理菩薩像を建立し、寺観を整えた。直孝の世嗣直慈が百済寺に遁世。直時が同じ年に亡くなったために、直孝の命で直興が四代を継いだ。

彦根藩井伊家における存続の危機感を掃雲院と直興にはあったのであろうと思われる。そのような危機感が親交への傾注として現れ後の井伊家の繁栄に繋がったのであろうか。因みに掃雲院は、生涯独身で信仰に生きたとされる（元禄六年〈一六九三〉五月没）（世田谷区教育委員会 一九八七）。

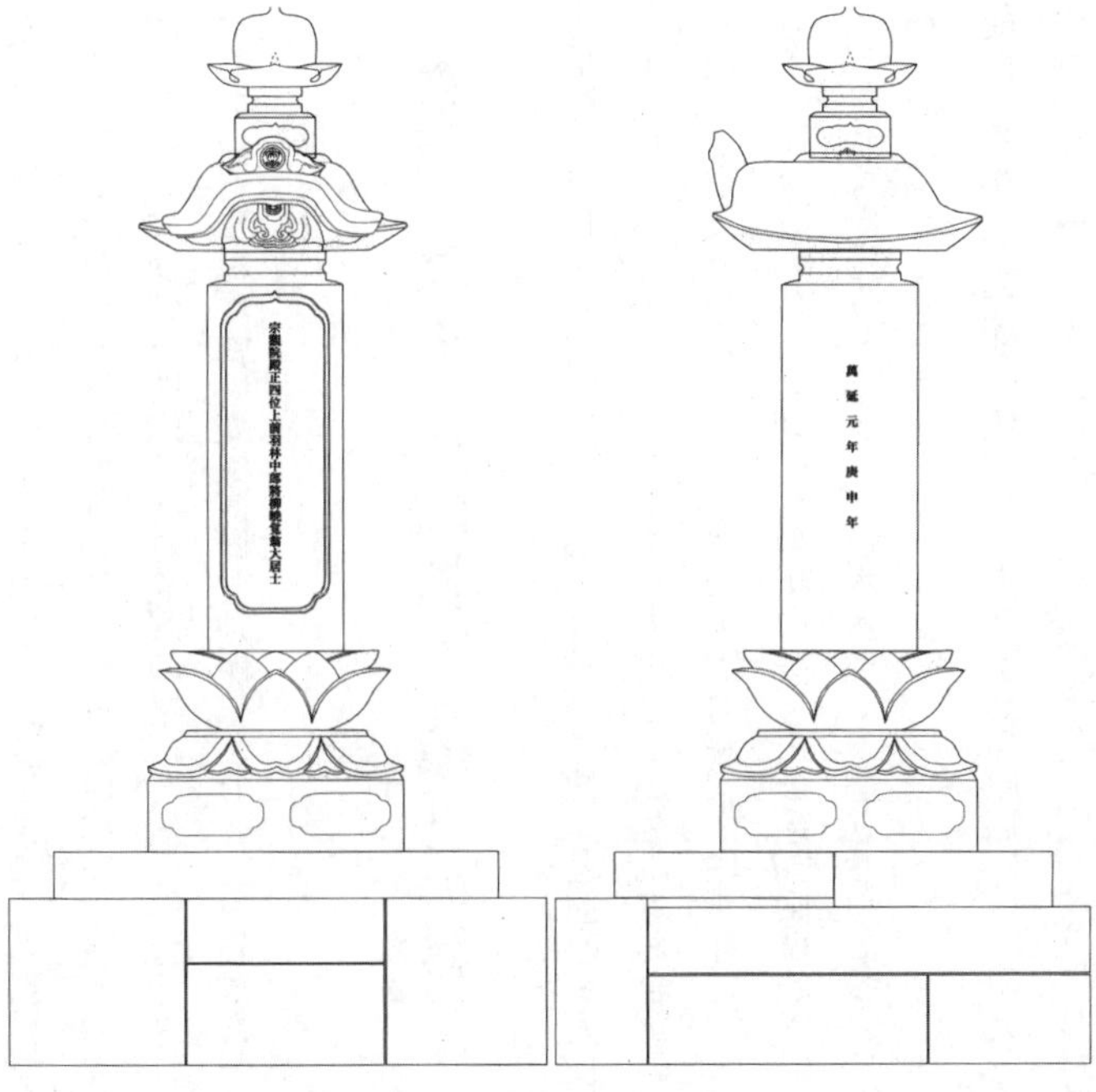

図 10　井伊家墓碑

被葬者名		没年西暦	元号
2代直孝	4男	1658	万治元年
2代直孝		1659	万治2年
4代直興	3男	1680	延宝8年
4代直興	4女	1681	延宝9年
4代直興	7女	1684	貞享元年
4代直興	次男	1686	貞享3年
4代直興	側室①	1690	元禄3年
4代直興	4男	1691	元禄4年
4代直興	側室②	1692	元禄5年
2代直孝	4男側室	1698	元禄11年
2代直孝	4男室	1704	宝永元年

図９　豪徳寺井伊家 17 世紀被葬者一覧

そこで、続いて掃雲院の黄檗への帰依と井伊家の信仰から墓所造営を見てみたい。

四　掃雲院の帰依について

豪徳寺の仏殿の三世仏（阿弥陀・釈迦・弥勒菩薩像）と達磨・大権修理菩薩立像は、掃雲院が父直孝の菩提を弔うために、発願して仏師祥雲（松雲元慶）に彫らせたとされている。これらの仏は、所謂日本的な仏像様式ではなく、中国様式の像容である点が特徴である。そこで、なぜこのような中国様式の仏像が彫造されたのかについて考えることで、掃雲院の帰依を紐解き、一七世紀代における井伊家一族の信仰を捉え、惹いては墓所造営、墓碑型式の選択について言及したい。

掃雲院の仏教帰依については、いつごろからなのか明確ではないが、『御府内備考続編』によれば寛文一二年（一六七二）海蔵庵（牛島→青山）を開基し鉄眼道光を開山として招請したことに始まるとされる。また、『江戸名所図会』には寛文十一年頃とされる。

「青山海蔵寺
同所一町ばかりを隔て丶乾の横町、右側にあり。黄檗派の禅宗にして、始めは海蔵庵と号して、寛文十一年井伊侯夫人掃雲院殿の営建なり。其頃鐵眼禅師をしてこの草庵に居らしむつひに正徳三年に至り公許を蒙り、一字の蘭若とす。（菊岡沾涼ふ、開山宝州和尚と云々。）
當寺より唐板の一切経を出す。」

（角川本『江戸名所図会』）

以上のように、豪徳寺仏殿の仏像銘から確認できる仏師・松雲元慶、そして海蔵庵の開基にあたり、鉄眼道光を招いていることが明らかである。そこで、次に墓碑とは少し関連が離れるが、掃雲院の黄檗派への帰依の道程を確認するために海蔵庵開山である鉄眼の足跡と仏像作者とされる松雲元慶、そして彼らに縁が強い鉄牛道機と井伊家との縁を中心に若干触れておきたい。

五　鉄眼・鉄牛・仏師松雲元慶との縁

豪徳寺仏殿に三世仏（阿弥陀・釈迦・弥勒菩薩像）と達磨・大権修理菩薩立像を彫った松雲元慶とはどのような人物なのか触れておきたい。

松雲元慶は、寛文九年（一六六九）に大阪府慈雲山瑞龍寺で鐵眼道光の弟子に入り、豪徳寺の仏を彫刻した翌年には、再び慈雲山瑞龍寺にて薬師三尊、十二神将像を造立しており、日本各地での造立活動について既に指摘されている。

時は前後するが松雲元慶の仏像、羅漢像彫刻の原点は、九州大分本耶馬渓の羅漢寺への遊歴で中国様式の五百羅漢像を目の当たりにした時（貞享四年〈一六八七〉）に羅漢像造立の志を立てたとされている（楠井二〇〇八）（「開基松雲元慶禅師之塔銘」）。そして江戸に向うが松雲元慶は先ず大阪府慈雲山瑞龍寺で鉄眼に参禅し黄檗僧となり、志を達成するために江戸の多くの外護を受け本所五の橋南に羅漢寺を開基した。ここで羅漢像の製作を行い宝永七年（一七一〇）六三歳で生涯を終えた（安井二〇〇八）。

松雲元慶の開基した本所五の橋南の羅漢寺は、現在目黒区にある羅漢寺である（今の羅漢寺は明治四一年に目黒に移転していたので関東大震災の罹災から免れ、本尊を始め羅漢尊像が残った）。

この羅漢寺には現在も松雲元慶の彫刻が羅漢像二八七体を含む三〇五体

が現存している。また当寺遺された『五百羅漢像寄進者名簿』には、鉄牛が第一の寄進者として記され、掃雲院が二番目の寄進者としてその名が記されている。掃雲院は「阿泥楼尊者」を寄進した。また第一六羅漢提迦葉尊者は、玉龍院のために寄進されている。また、元禄七年（一六九四）、掃雲院の甥で井伊家四代を継ぐ直興は、第一三八道仙尊者・第一三九帝網尊者・第一八七大力尊者・第一八八電光尊者を寄進していることが記されており、これを見ても井伊家における掃雲院以後の黄檗への帰依を物語る。また越後与板藩初代直矩（掛川藩四代）が、牛島弘福寺を墓所としている点は、井伊家一族の黄檗への帰依と密接に関係しているものと思われる。

黄檗の僧侶は、隠元を始め歴代は渡東の僧侶であったが萬福寺四代を継いだ鉄眼は日本人の最初の隠元弟子であろう。鉄眼は寛文九年に大蔵経開版を行うために隠元に発意すると、隠元は明蔵一切経（嘉興版大蔵経）と萬福寺内にその地を与えた。そして大蔵経開版のための足掛かりに寛文一〇年に大坂において瑞龍寺を開基し、後に鉄眼の行実を草した宝洲道聡との縁もこの寺で請じた。

一方大蔵経開版事業のために寛文九年（一六六九）に江戸海雲寺において楞厳経を講じ開版発願募縁を行った。そして寛文一二年（一六七二）には掃雲院が開基した牛島の海蔵庵（後に青山移転海蔵寺）に宿して偈を説いていることを海蔵庵二代を継いだ宝洲和尚の「海蔵庵落成」に記されている。

現在の研究では掃雲院が鉄眼の黄檗版大蔵経出版事業の最大の援者であった可能性も指摘されている（安井　二〇〇八）。さらに掃雲院は、井伊家二代藩主直孝の側室であり、井伊家二代、三代の母である春光院と共に豪徳寺に梵鐘を寄進するが、その銘の撰文を鉄牛道機（『鐵牛禅師自牧摘稿』巻第十一）に依頼しているのである。鉄牛は、隠元に参禅し黄檗に転じ、後に萬福寺二世木庵性瑫に嗣法し江戸白金の瑞聖寺二世を継ぐので

図 11　豪徳寺釈迦三尊像

図 12　釈迦坐像

図 13　阿弥陀坐像

図 15　華光菩薩像

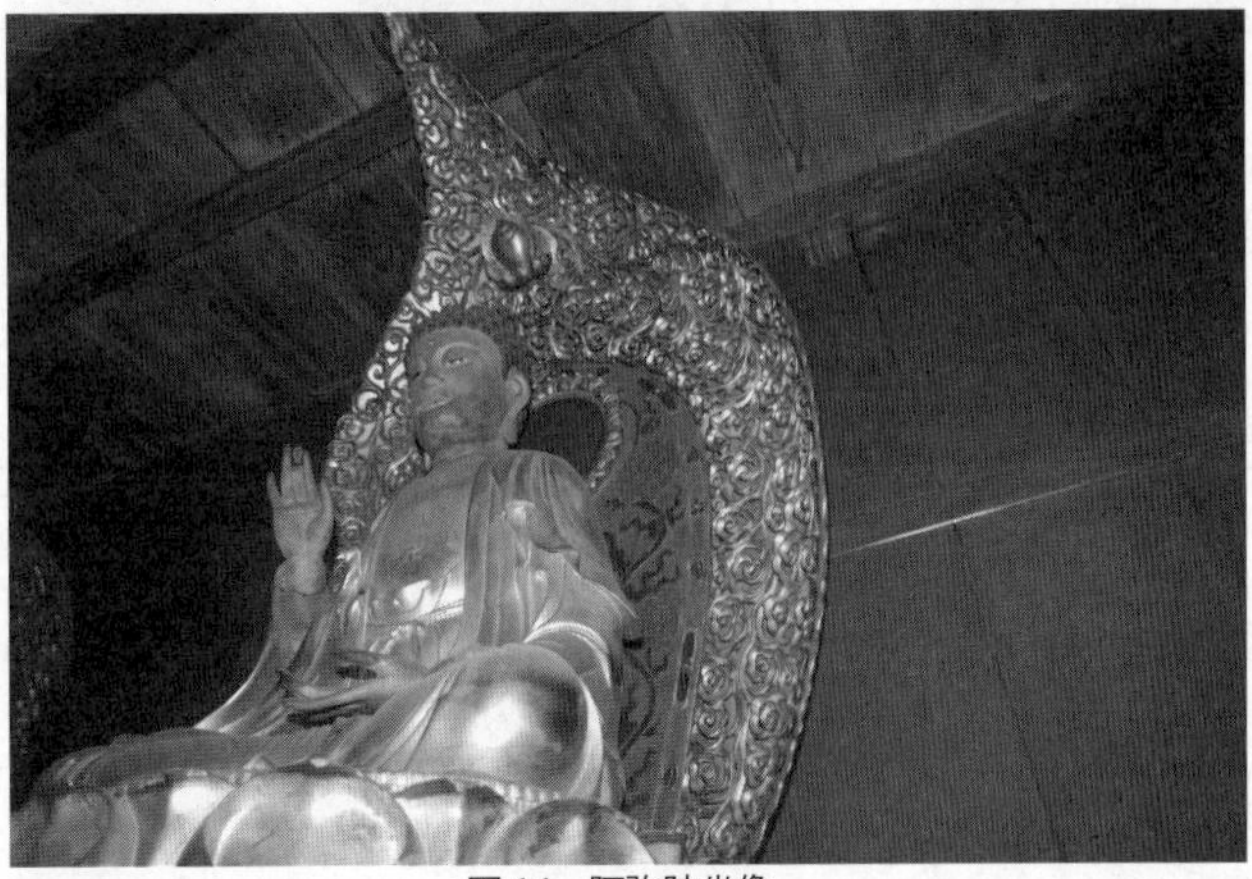
図 14　阿弥陀坐像

あるが、この間、稲葉正則の帰依により小田原紹太寺、牛島弘福寺に招聘され開山となった。

さらに鉄牛と井伊家の縁は、彦根藩初代直政の弟直勝が掛川藩を立てるが、その孫にあたる井伊直武とその母（玉心院）が延宝五年（一六七七‐『弘福遺訓』）牛島弘福寺に大梵鐘を喜捨し、大殿三尊を松運禅徳に造らせたことへ繋がるのである。また掃雲院も弘福寺の禅堂の一千一百十一体の大小弥陀尊と大雄殿の唐絵涅槃像の表装を行っている。

このような、井伊家と黄檗への帰依は特別ではなく、当該期の多くの大名家にも帰依の痕跡は確認でき、特に夫人による喜捨は知られ、当時の黄檗への女性の信仰が読み取れるのである。これは弘福寺開基が稲葉正則であり彼の祖母が春日局である点と関わる可能性もある。

鉄牛の足跡に戻ると、彼は当時多くの寺を開基するが、彼の信仰心にも由来するとされるが慈善事業にも熱心で千葉の椿海を干拓し福聚寺（千葉県東庄町）を開基し、元禄一三年（一七〇〇）に七二歳で没する。

遺言に依って荼毘の後に伊達綱宗が開基し中興開山として招かれた、京都西桂浄住寺に塔されたのである。この寺においても井伊家との縁は、家紋付の品が現存している点からも推測できるのである。

鉄牛の足跡・寿塔などは第四部Ⅰで詳しくふれたので参照されたい。

【参考文献】

引佐町　一九九一『引佐町史』上巻。
大槻幹郎、加藤正俊、林雪光編　一九八八『黄檗文化人名辞典』。
楠井隆志　二〇〇八「黄檗文化彫刻前史」（『日本の美術』No.五〇七）。
西桂浄住寺の鉄牛寿蔵については、別章で触れたので参照願いたい。
源　了圓　一九九四『鐵眼仮字法語・化縁之疏』（講談社）。
安井　類　二〇〇八「松雲元慶について」（『鴨台史学』8）。
黒川春村　一八九九『墨水遺稿』上・下巻。
竹田聴洲　一九九三『民俗仏教と祖先信仰』上・下国書刊行会。
長田正澄　二〇〇二「大名国替と菩提寺に関する一考察‐浄土宗寺院を中心　として」『大正大学大学院研究論集』二六。
世田谷区教育委員会　一九八七『豪徳寺文化財総合調査報告書』。

挿図出典

図1　系図は『新訂寛政重修諸家譜』より作製。
その他の図は、全て実査により作製。

第四部　宗教インパクト

I　黄檗宗寿蔵と墓碑の基礎的研究

はじめに

近世日本の宗教界の特色の一つは長崎に集まる外国人、特に中国の人々の帰依寺として興福寺・福済寺・崇福寺の三福寺と聖福寺を含めた「黄檗四福の寺」が建立されたことにある。

長崎から中国の臨済宗黄檗派の文化が持ち込まれ、布教教化によって日本全国に展開した。これを中国本土の黄檗派を「古黄檗」と呼ぶのに対して「新黄檗」と呼んだ。「黄檗宗」という呼称は明治以降であるがここでは隠元以降の新黄檗を「黄檗宗」と便宜的に呼ぶ。

隠元隆琦は、様々な人々の要望に応えるべく承応三年（一六六三）に招請に応じ東渡し長崎に到る。やがて幕府の要請により京都宇治に萬福寺が開基され、黄檗禅の布教が始まった(1)。

黄檗宗は明末の臨済宗を母体としていることから、日本臨済宗の寺院への影響も大きかったという。日本における新たな禅宗の風は、中世以来、大名家によって外来の新鮮な文化として積極的に取り込まれ、黄檗宗に帰依する大名も少なくなかった(2)。

そこでここでは、先ず試みとして萬福寺の歴代住持の墓の観察からその葬制を確認し、続いて長崎など各地の黄檗の尊宿の墓所の様相を確認してみたい。

一　萬福寺塔頭

萬福寺を始め、各地の黄檗の中心寺院の歴代住持は、隠居した塔頭において塔された。萬福寺境内には今なお尊宿の墓所をいくつか確認できる。幾つかというのも、明治の神仏分離の影響なのか、多くの院、庵が廃寺となった。

さらに明治政府が日清戦争に続く次の有事に備えるために宇治に火薬製造所の設置を決めたことによる影響は大きく、宇治郡宇治村五ケ庄の用地一万七千余坪の土地買収が行われ、わずか一週間で完了したという(3)。

萬福寺塔頭は、明治一二年（一八七九）の内務省達に基づくと推定される寺院明細帳(4)（歴彩館所蔵）に依れば三三の塔頭があったが、明治五年（一八七二）八月紫雲菴、同五年（一八七二）九月に慈照院・吸江菴・白雲菴・自得院・法苑院・大潜院、龍華院・鳳陽院・崇寿院・華厳院・寿泉院・法恵院が廃寺となり、明治六年（一八七三）一二月には、漢松院、長松院が廃寺となった。明治二〇年（一八八七）の地図（図1）を参照すると萬福寺境内地の南東方向一帯が火薬庫となったことが明らかであり、明治四二年（一九〇九）測量図（図2）ではその数が増していることがわかる。

廃寺にはならなくともその他の院・菴は、表1に記したように明治七年（一八七四）の小学校建設あるいは八年（一八七五）の陸軍省火薬庫開所に伴い現在の位置に移転を余儀なくされた。なお、移転を待遁れた塔頭は

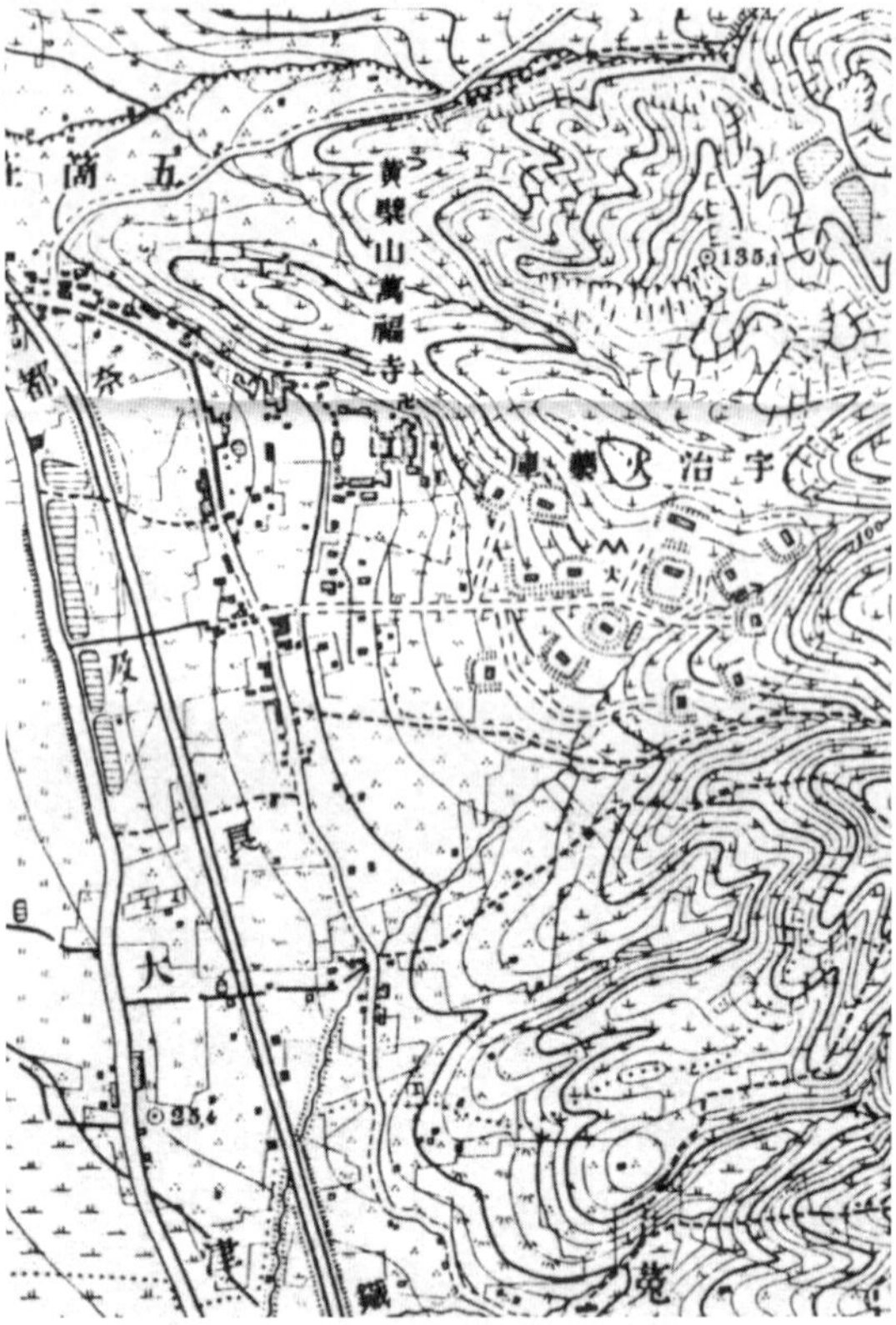

図１　明治 20 年萬福寺周辺地図

図２　明治 42 年萬福寺周辺地図測量

表中のグレーの網掛けの一〇院であった。

塔頭名	移転月日
宝蔵院	明治八年六月陸軍
聖林院	明治八年陸軍
宝林院	明治八年陸軍
龍興院	明治八年陸軍
瑞光院	明治八年陸軍
華蔵院	明治八年陸軍
真光院	明治七年小学校へ
東林院	明治八年陸軍
萬寿院	移転無
別峯院	移転無
慈福院	移転無
獅子林院	移転無
緑樹院	移転無
宝善菴	移転無
天真院	移転無
松隠堂	移転無
萬松院	移転無
寿光院	移転無

表１　萬福寺塔頭

二　黄檗宗の寿蔵とその展開

萬福寺歴代住持は隠居した塔頭に塔されるが、本来、生前に寿蔵を形成し、没後にその寿蔵に塔されたのである。しかし多くの塔頭は、先に触れた通り明治初期に萬福寺山内一部が軍事的に利用されたために、塔頭の堂宇は勿論のこと多くの歴代および庵主の墓所は改葬を余儀なくされ、本堂の北側の尾根（旧龍華、真光院墓所の北側）に移設された。そのために多くの住侍の墓所及び寿蔵の江戸期の状況は把握できない状況にある。

しかし火薬庫建設に関わらなかった塔頭は、江戸期の位置をとどめており、幸いにも一部の歴代住持の墓碑類は塔頭に遺されていることを確認した。そこで遺存した墓所及び墓碑類を観察することで改めて黄檗宗の葬制あるいは祭祀の一端を捉えてみたい。また、黄檗宗としての葬制ということでは、長崎をはじめ多くの地域での教線拡張に伴い黄檗寺院が開かれている。それらの地方寺院における開山の墓碑及び墓所も合わせて捉える必要があると思う。

隠元隆琦をはじめ多くの黄檗僧は、生前に「寿蔵」を造営し、死後、塔所とした。この寿蔵は独特の形態であり、そこに伴う墓碑も円首の墓碑を

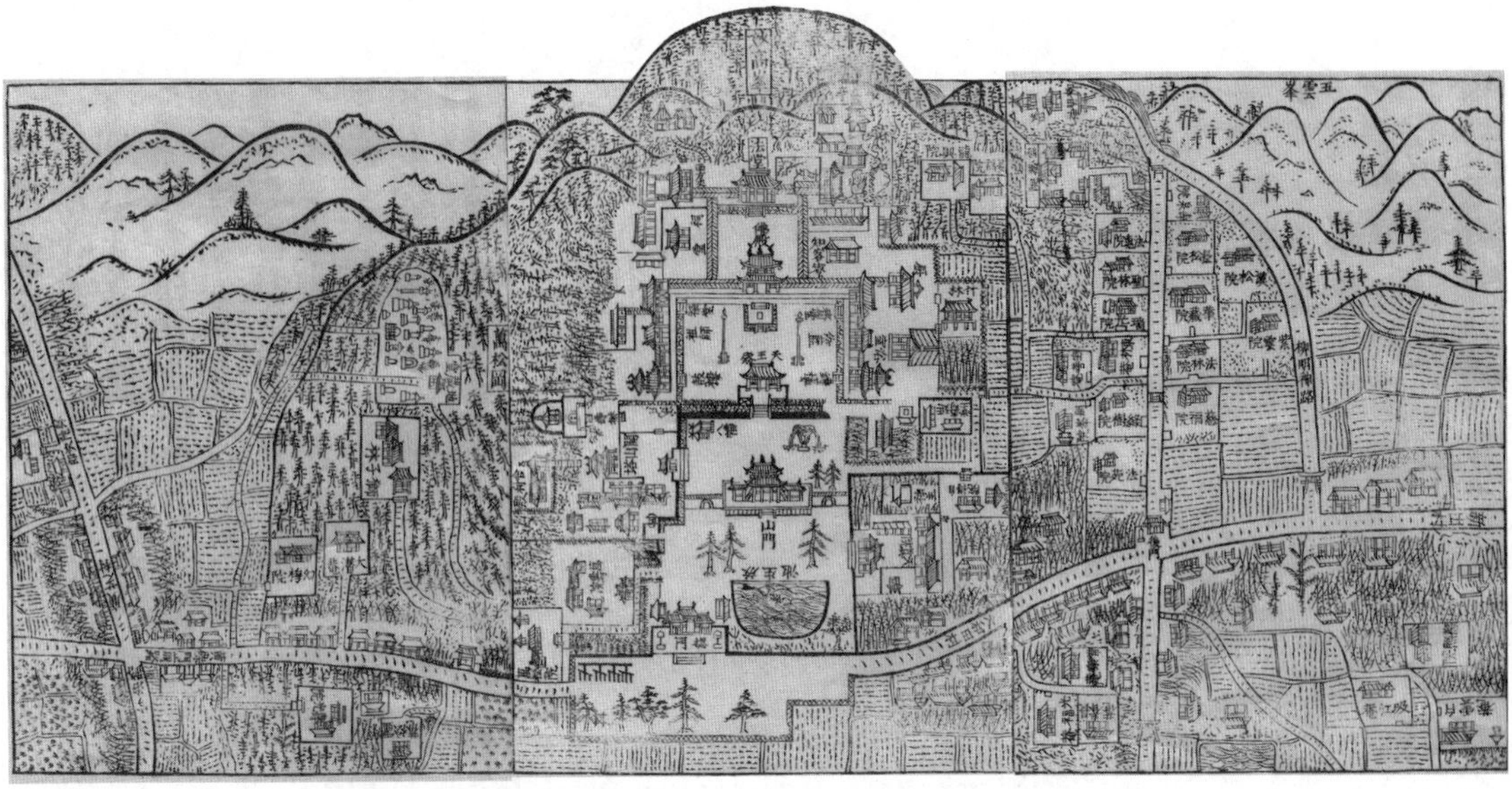

図3　『萬松一指』（萬松岡墓地絵図・天明四年〈1784〉）

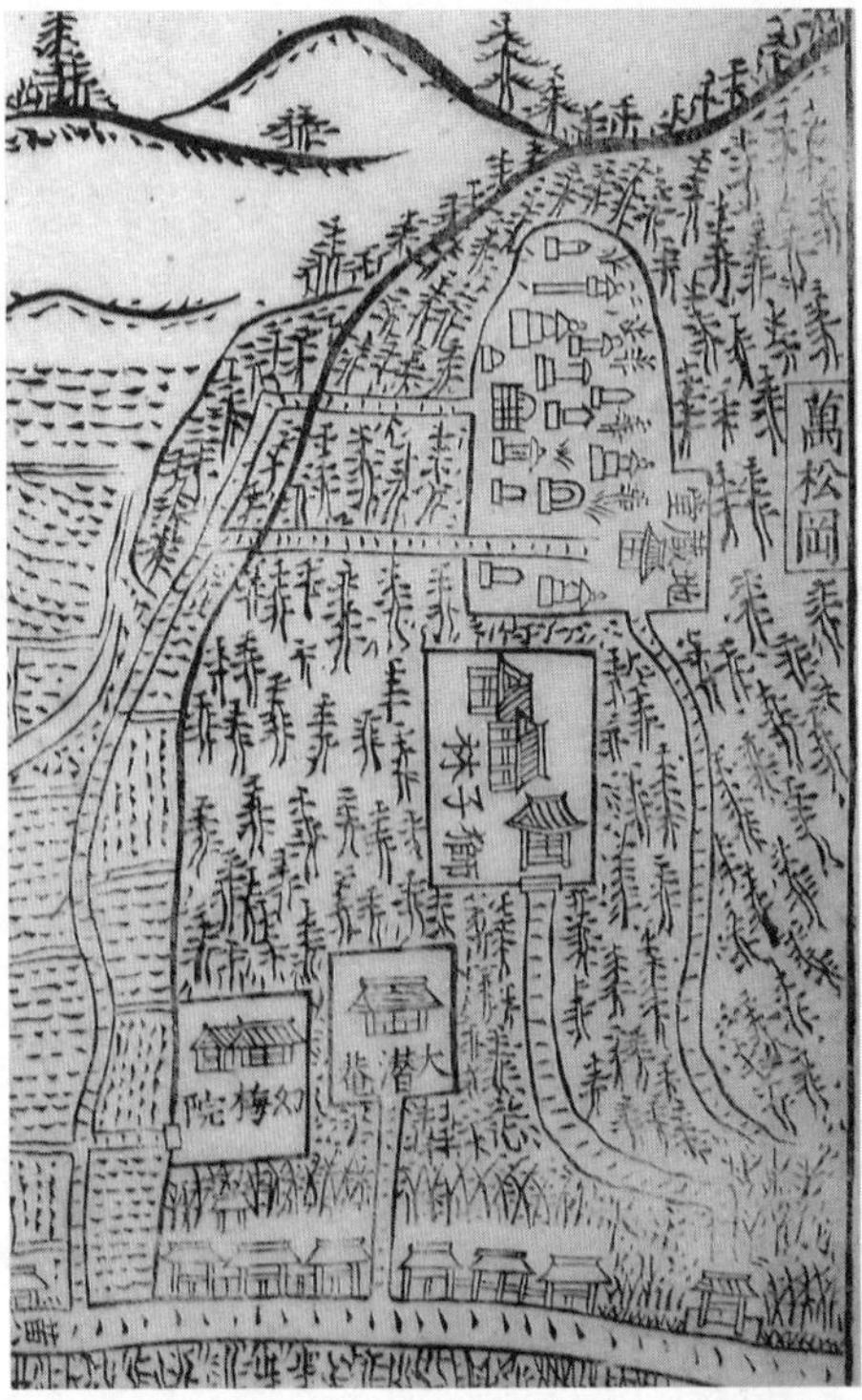

図4　『萬松一指』部分（萬松岡墓地絵図・天明四）

据える。この点が黄檗宗様式の墓制の特徴であるとも言える。そこでこの独特の墓碑型式の用いられ方を全国的な視点で捉えることで、黄檗宗内における葬制の確認が出来るのではないかと考えた。そして管見では、この墓碑型式の用いられ方について変化が認められ、形態的には形骸化するものとして捉えられる。この点は黄檗宗内における唐僧の住持から和僧の住侍への交代などの組織構造の変化に関連する可能性も想定でき、構造変化が、所謂黄檗宗の「日本化」との関連とも密接に関わっている可能性も想定できるのである。

したがってこの黄檗宗の「日本化」を明らかにすることを大きな視点としたい。

さらに、黄檗宗の「日本化」の捉え方として、生前に造営した「寿蔵」が省略され、没後に「石塔」造立へと儀礼祭祀の省略が認められる。また、用いられる石塔は、当初は中国本土から渡来した工人による製作と捉えられる点が指摘でき、経年変化により、その後に日本の工人の技術受容成果として捉えられる変化があることを明らかにしたい。

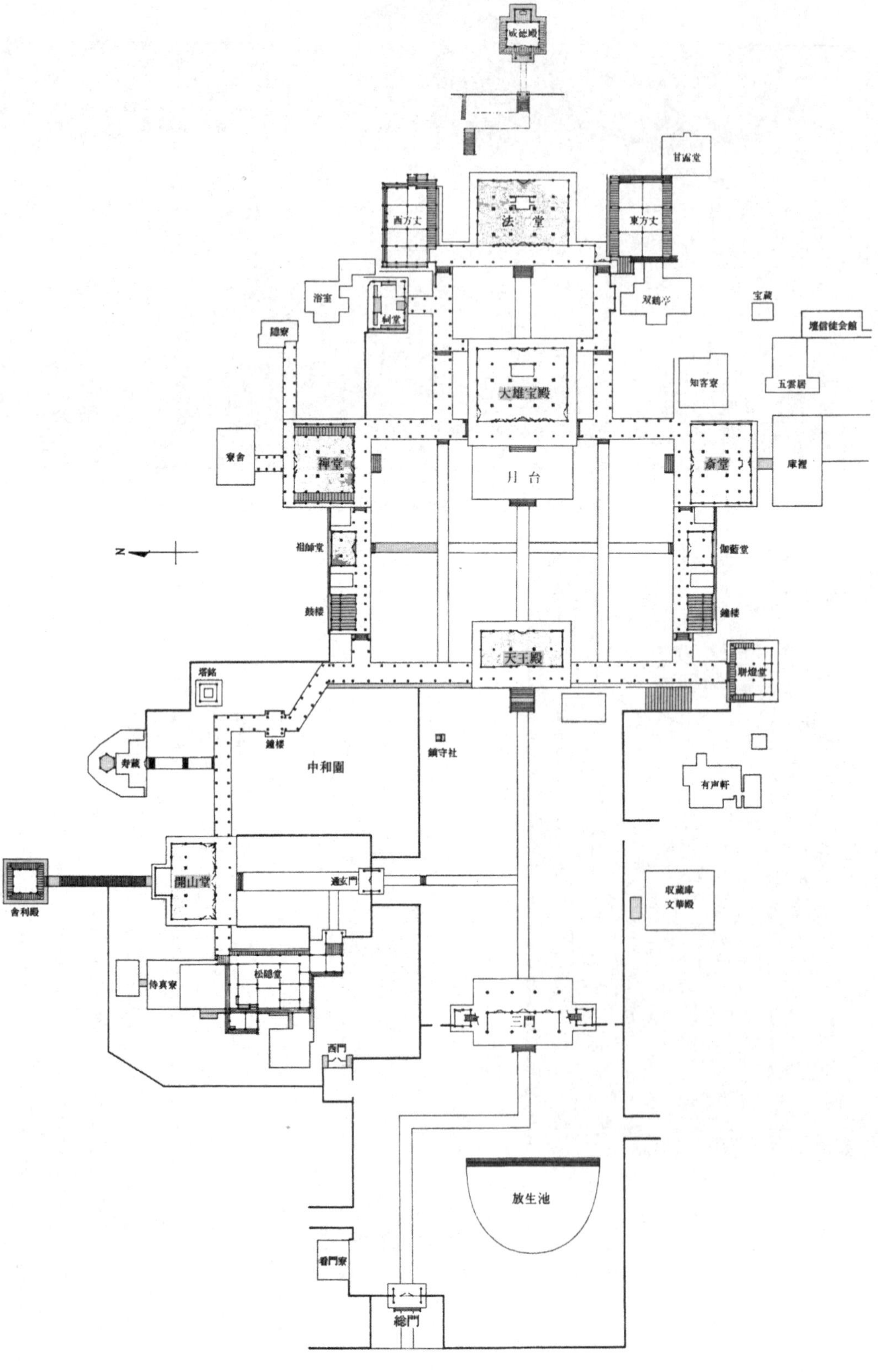

図５　萬福寺伽藍配置図（現況 - 櫻井・大草 1983 から転載）

第四部

（一）京都萬福寺開山隠元隆琦の寿蔵と墓所

隠元隆琦の寿蔵は存命のうちに弟子の木菴性瑫が首唱して寛文三年（一六六三）に造ったとされている（図1・2、四代獅子林院独湛墓も同様式）。

基壇中央に円首の砂岩製の碑が据えられ、その背後壇上に六角形を基本とした堂が設えられている。

隠元の遺骸は、亡くなった後に三年間、独湛が寄り添って供養のための経典読誦を行っていたという事からも火葬ではないと思われる。

現在の堂内には隠元の倚像《いぞう》が祀られ、その前に「黄檗開山隠元隆琦老和尚爪髪塔《そうはつとう》」と彫られた木製漆塗りの塔が置かれているという(5)。そしてこの塔内に納められた爪髪の包みには「癸卯蝋月初六日老和尚寿髪」と記されていたとされることから、この「寛文三年（一六六三）一二月六日」が寿蔵の日時を示しているとされている(6)。

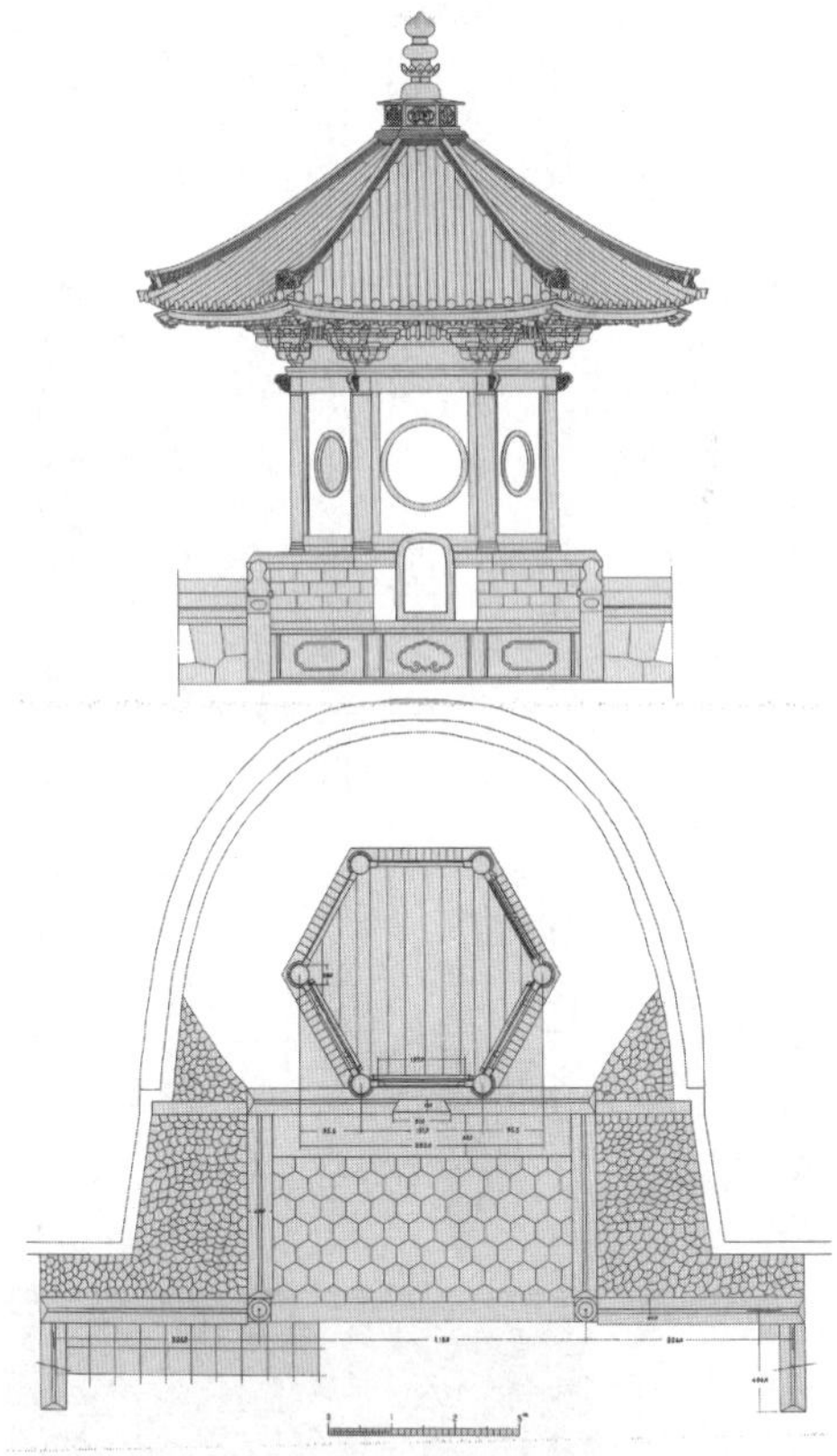

図6　隠元寿蔵（京都府 1972 より）

図7　隠元寿蔵平・正面

図8　隠元寿蔵

（二）京都萬福寺四代独湛性瑩《どくたんしょうけい》の墓所

隠元と共に渡来し寛文三年（一六六三）西堂に任じられ、翌四年五月、遠州浜松の井伊谷藩近藤登之助の招聘に応じ、寺地を初山（掛川）に択び宝林寺を開き、隠元を開山として自ら第一代となった。以来一八年間教化に尽力し、慧林性機《えりんしょうき》萬福寺三代住持の勧めで四代の席を十年に亘り継ぎその間に二回の三戒壇会を行うなど念仏による教化に尽くし「念仏独湛」[7]と称された。

獅子林院に隠居し、宝永三年（一七〇六）正月二六日に没した独湛性瑩の墓所は、隠元寿蔵の南西の位置し、丘陵頂部にあり六角堂正面を西にして造られている。構造は、隠元の寿蔵様式に酷似している。

図9　独湛性瑩寿蔵平・正面

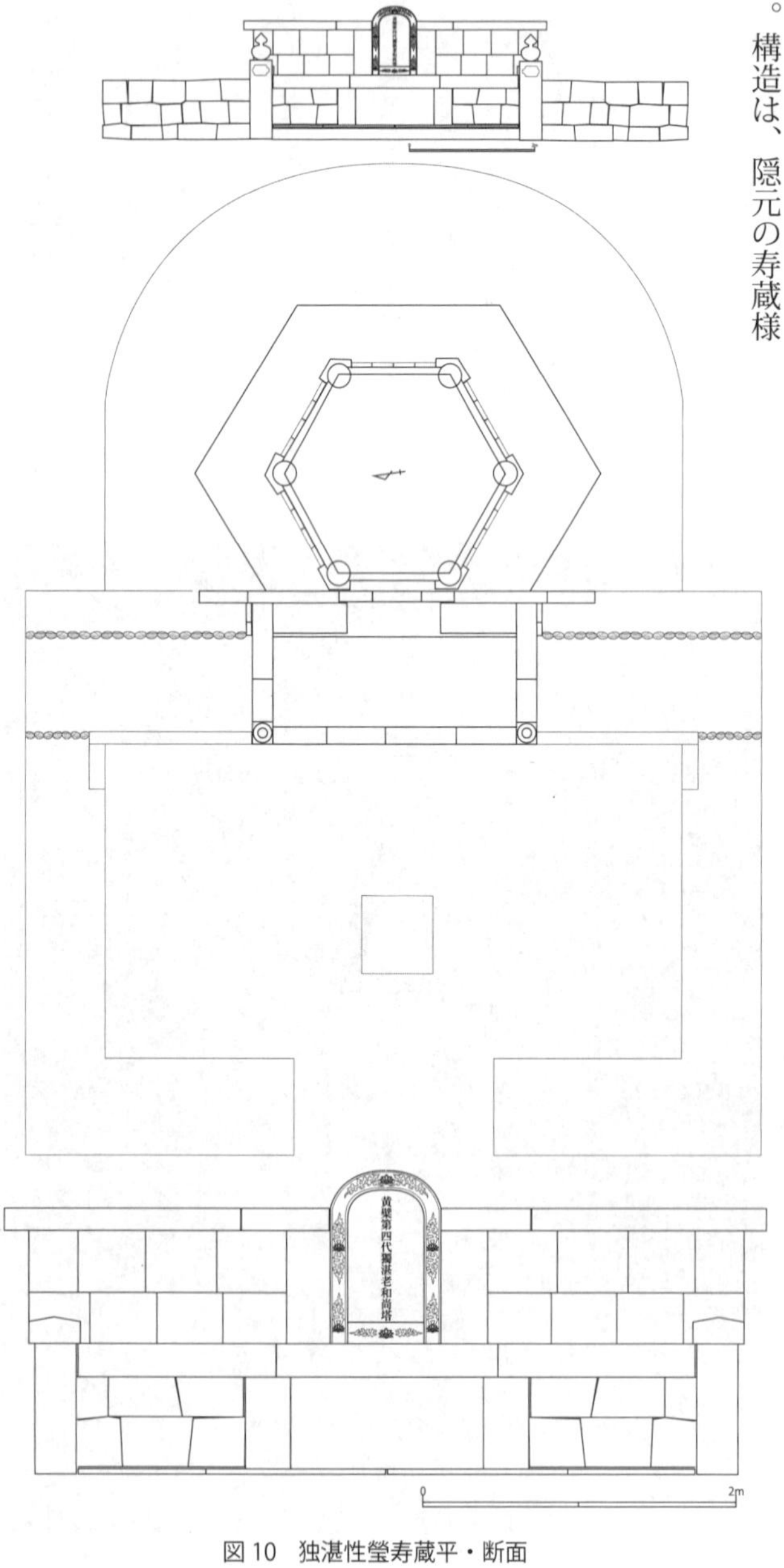

図10　独湛性瑩寿蔵平・断面

図11　独湛性瑩倚像

図12　独湛性瑩寿蔵碑

（三）京都萬福寺独文方炳《どくぶんほうへい》の墓碑

独文は、福建省泉州府安渓県の人で、一七歳で開元寺の良範の下で出家した。元禄五年（一六九二）、長崎福済寺の住持東潤が開元寺主元樸に後住持の要請をしたことで、宝永六年（一七〇九）八月四日に福済寺代五代住持となった。[8] 正徳四年には長崎中が飢餓に瀕した時には托鉢や施粥をお行いこれを救った。この様な実践力が認められたのか享保四年（一七一九）三月二六日旭如（黄檗一〇世）が没すると黄檗第一一世を継ぐこととなった。

本山では大潜庵を重興し享保七年隠元の五〇回忌を執り行った。享保八年（一七二三）一〇月八日示寂し大潜庵に塔した。七〇歳の生涯であった。

碑陰には独文の後席となった福済寺六代を継いだ全巌廣昌禅師が導師となり碑を造立したことが刻まれている。大潜庵から移転されたものと思われる。

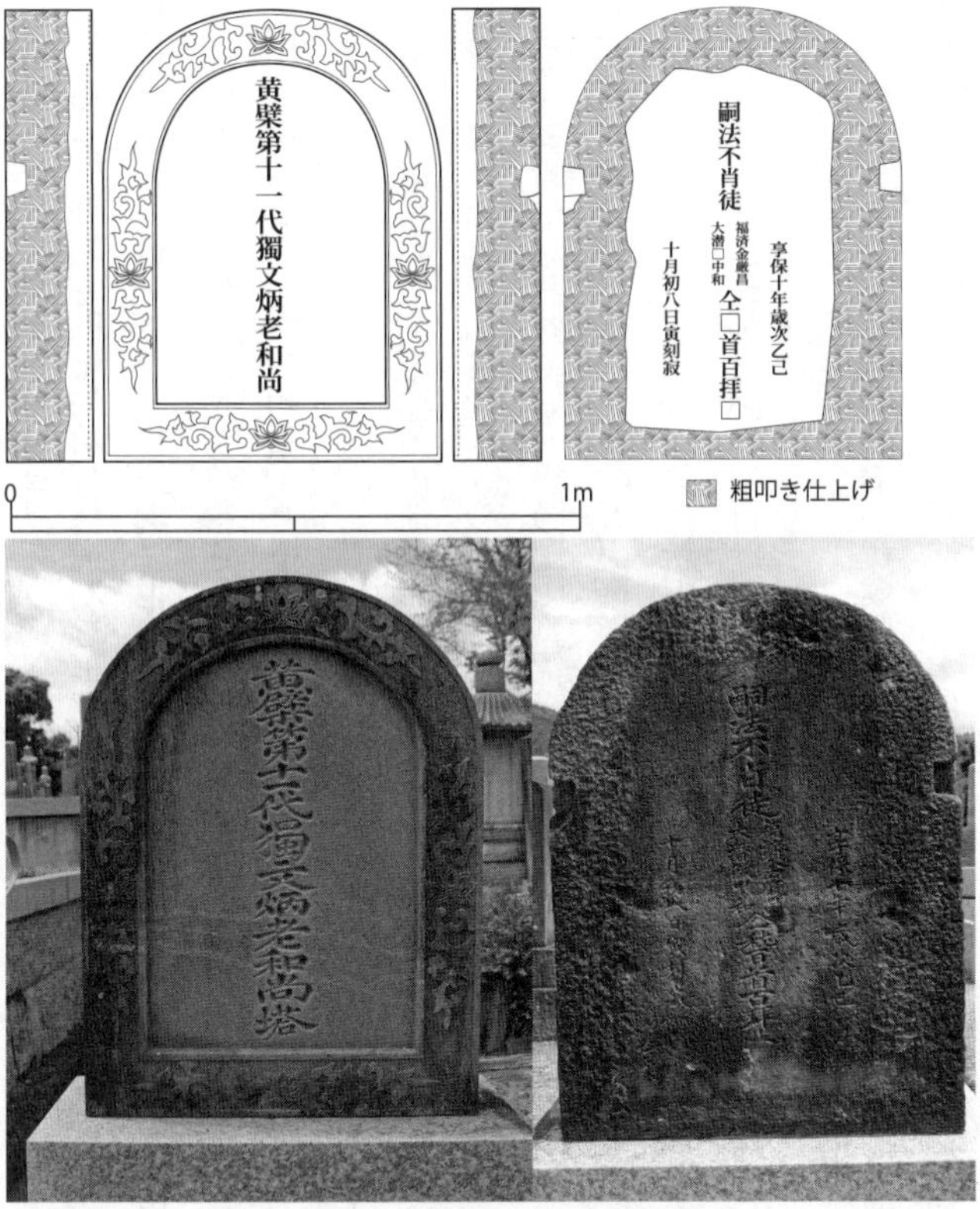

図13　萬福寺11世独文墓碑

【碑陰銘】

嗣法肖徒　　享保十年歳次乙巳
福済全巌昌
大潜衛中和　仝愸百首百拝□
十月初八日寅刻寂」

（四）京都山城葉室山浄住寺鉄牛道機《てつぎゅうどうき》寿蔵

鉄牛は、明暦元年（一六五五）二八歳にて、ようやく長崎に至ったのであるが、若くしては母の実家である因幡の広徳山龍峰寺に学び、その後大坂大仙・洛西花園妙心寺・阿波瑞巌寺・淡路興国寺など各地に遊方した末に長崎に隠元が東渡することを知り参見した。

隠元が堺普門寺に向うと、長崎福済寺木庵性瑫に参禅、会下に入った。その後万治元年（一六五八）冬、檀越稲葉美濃守正則らに請われて相模麟祥山紹太寺住持となる。

寛文九年（一六六九）に葛飾郡新田香盛島の弘福寺の古跡を得て、寛文一二（一六七二）年牛島に移し延宝元年（一六七三）春、牛頭山弘福寺となった。

延宝三年（一六七五）、江戸瑞聖寺の開山木庵性瑫が萬福寺二代帰檗により瑞聖寺の第二代を継いだ。

延宝四年（一六七六）、紹太寺開堂、同六年（一六七八）、美濃加茂城主松平丹波守光永の正室長松院の菩提を弔うために、本山塔頭長松院が建立されたのを機に開山に請われた。貞享元年（一六八四）木庵性瑫示寂に際して喪主となる。同年法弟慧極道明を推薦し弘福寺を退院した。また同年稲葉正則の捐資を受け、伊達綱村世子扇千代の遺館を移設するという援助により葉室山浄住寺が復興修復され、元禄二年（一六八九）一二月十五日、浄住寺檀越葉室頼孝・頼重・万里小路淳房に請われて晋山した。

元禄八年（一六九五）三月、黄檗五代高泉性潡《こうせんせいとん》の第八回開戒に際して羯磨阿闍梨を務め、翌年稲葉正則の葬儀では導師を務め、元禄一〇年には伊達綱村に請われて仙台大年寺の開山となった。元禄一二年（一六九九）には島津綱貴に請われて鹿児島護国山真福寺の開山祖として住持となる。また天恩山羅漢寺の松雲元慶の五百羅漢完成に際しては、開光及び千僧供養に応じた。そして下総香取郡椿新田では鎌倉時代叡尊の行った慈善事業に憧れ、救済救民運動を熱心に行い、干拓事業を推進し民の生活を安定させた。

このような事業は龍渓性潜の黄檗興隆事業、鉄眼道光の『大蔵経』開板事業、了翁禅師の『大蔵経』寄進と日本最初の図書館事業などと並び称される黄檗山大事業の一つといえよう。なぜ、このような慈善事業を熱心に行ったのかという点は、浄住寺の開基に由来している。浄住寺開基は、弘長元年（一〇二八）に葉室定嗣（一二〇八～一二七二）が叡尊に師事し出家しており、叡尊を招いて山荘を結界し西大寺派の律宗末寺としたことに始まるのであって、この由来を鉄牛は認識しており叡尊の行った慈善事業作善に学び憧憬が下総香取郡椿新田における干拓事業へと繋がったとされている(9)。

元禄一三年（一七〇〇）八月二〇日、下総香取郡椿の補陀落山福聚寺にて七十三年の世寿を全うし、九月八日茶毘に付され同九月一四日葉室山浄住寺石窟に建塔した。正徳二（一七一二）年八月十四日、霊元上皇より大慈普応禅師の謚号を受けた(10)。鉄牛の墓所は、浄住寺に伝わる『浄住寺伽藍

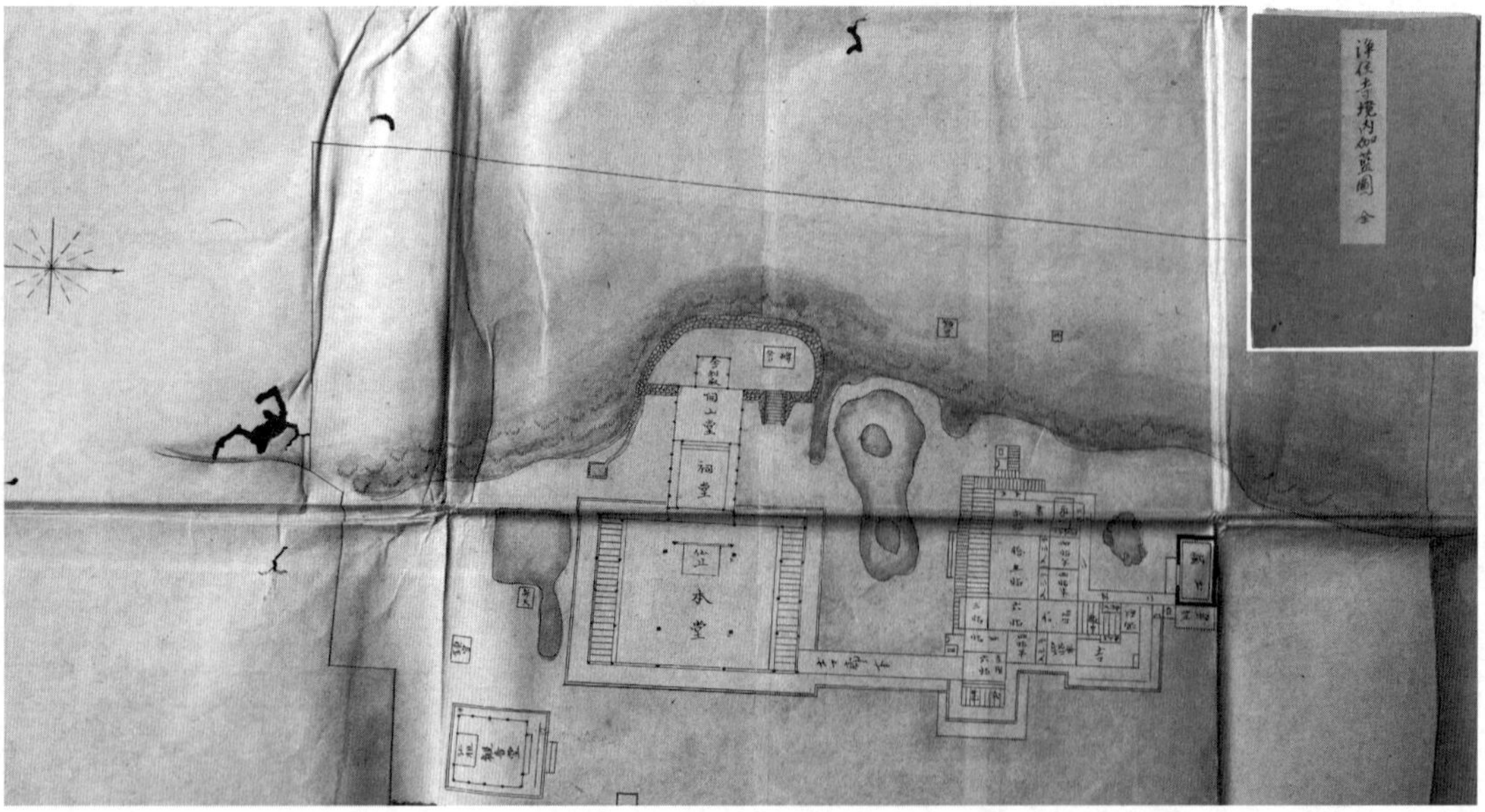

図14　近代の浄住寺伽藍絵図（浄住寺所蔵）

図 16　釈迦像

図 15　本堂

図 17　華光菩薩像

図 18　鉄牛道機椅像と位牌

図 19　鉄牛道機椅像と位牌

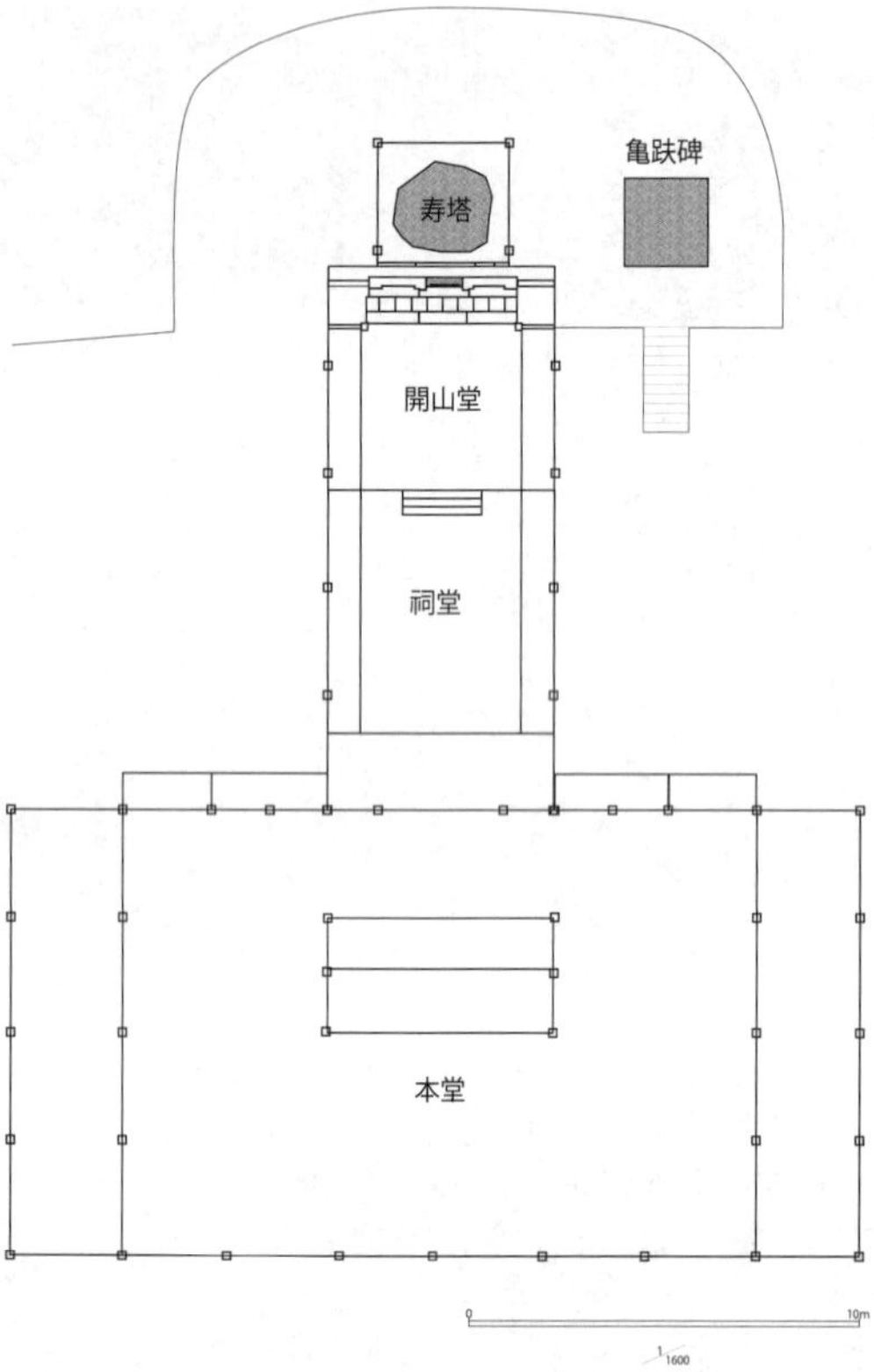

図 20　現在の浄住寺伽藍略図

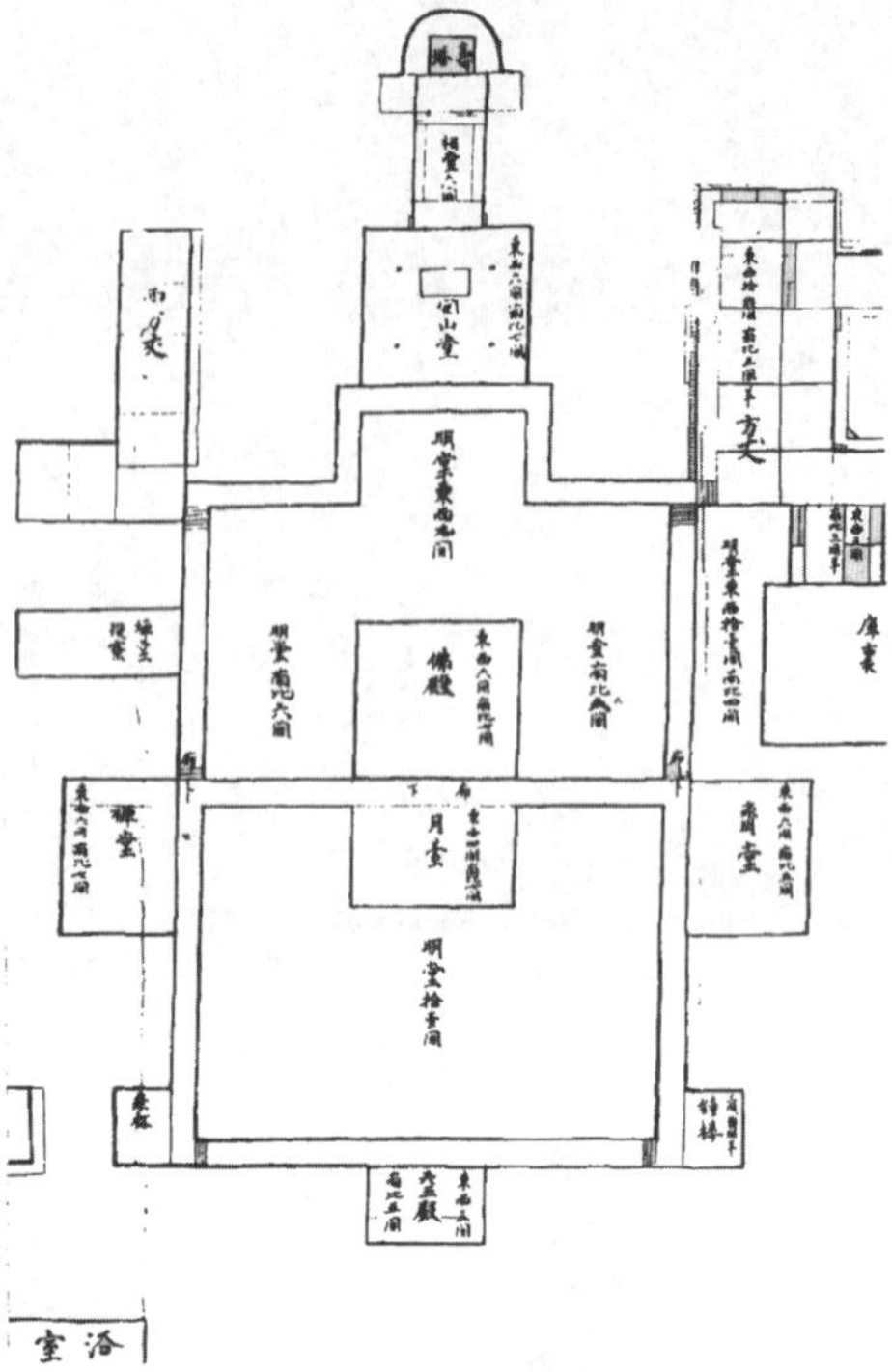

図 21　浄住寺伽藍古絵図（山本輝雄 2005 より）

図 23　鉄牛道機寿蔵

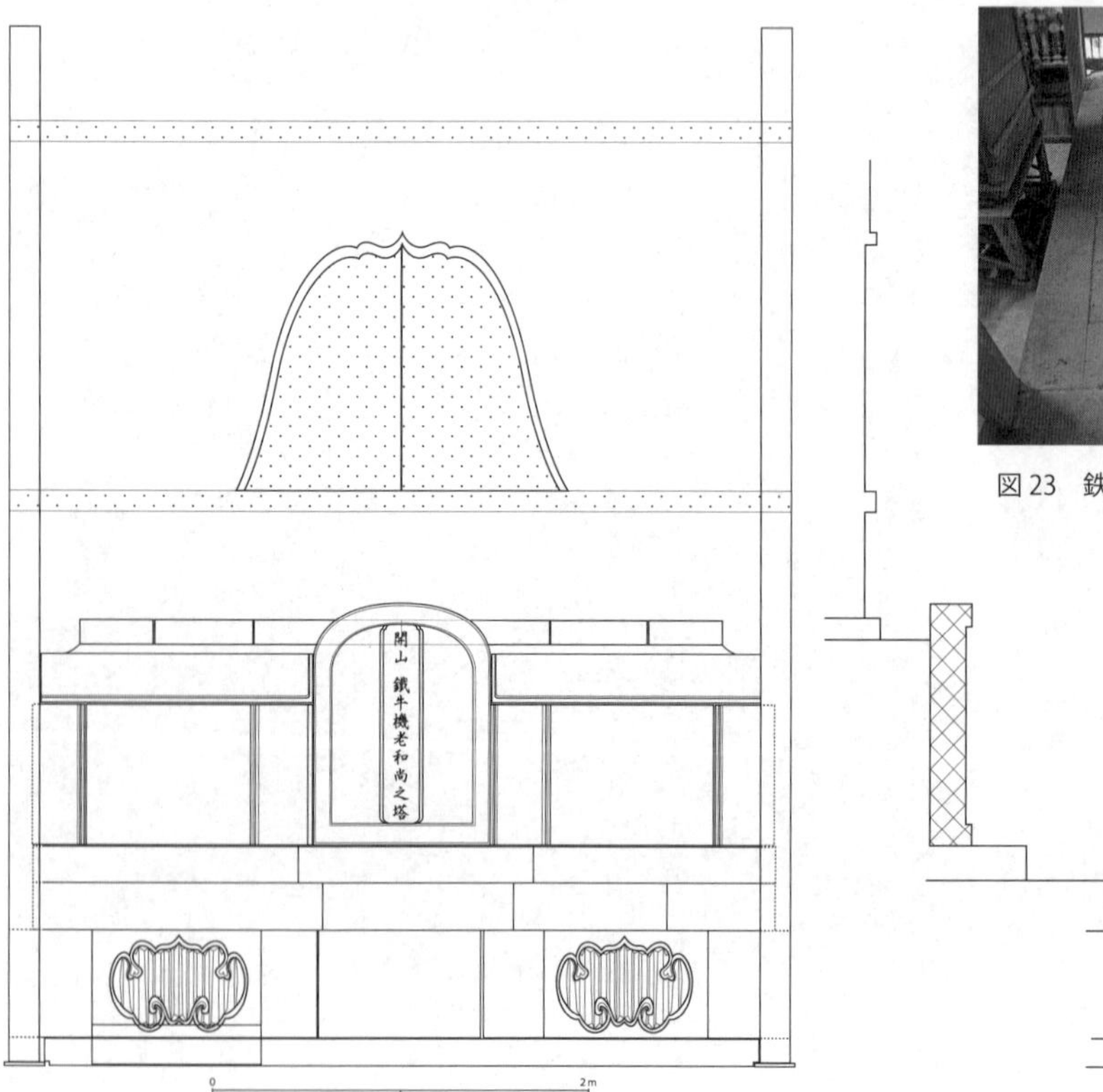

図 22　鉄牛道機寿塔正・段面図

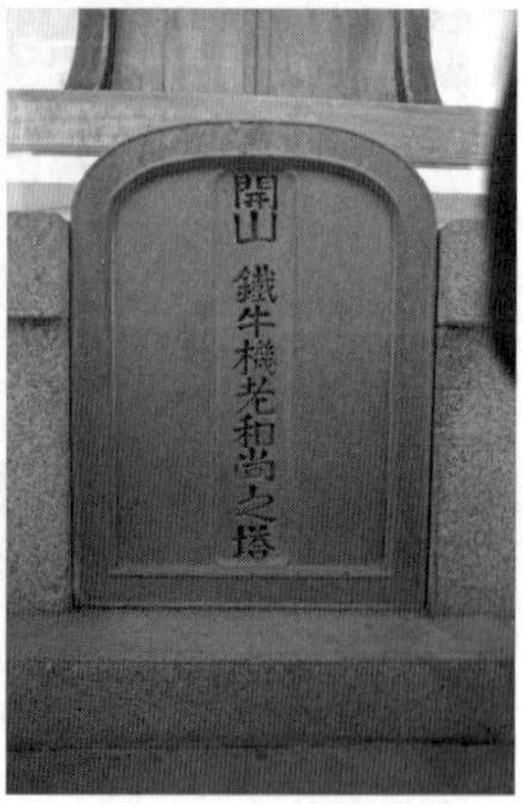

図 24　鉄牛寿蔵碑

並絵図[11]』には「舎利殿」と表現されており、現在の伽藍とほぼ同じ配置を示しているものと思われる。

（五）伏見石峰寺千呆性侒《せんがいしょうあん》墓

明暦三年（一六五七）の二月、即非の東渡に従い、崇福寺で即非の法化を受ける。万治元年（一六五八）崇福寺中興第二代の席を継ぎ、隠元隆琦髪寿塔を守るために広福庵を建てた。元禄元年（一六八八）、鳥取藩主池田光仲の開基にかかる龍宝山興禅寺の中興開山となり、元禄九年（一六九六）正月二八日に本山萬福寺に晋山し五代高泉の跡を継いで六代住持となった。元禄一一年（一六九八）即非の臨末に侍し舎利を崇福寺に塔し、歯牙を塔頭瑞光院に収めた。同年（一六九八）七月、紫衣を賜り翌年三戒壇会の導師を勤め、本山の堂宇を修繕改築、伽藍整備を積極的に行った[12]。本題とは若干ずれるが整備のことについて触れると、千呆性侒あるいは次席の悦山の住持の時に全山の整備が整い、現在の隠元隆琦寿蔵も含め、下に据えられた亀趺碑はこの時に造立されたものと考えている。また、隠元隆琦寿蔵の様式はこの時に創出されたのではないかと推定している。

千呆の事績に戻ると、宝永元年（一七〇四）九月石峰寺開山となり、このほか伊予千秋寺、尾張東輪寺を開き即非を開山とした。宝永二年（一七〇五）二月一日、七〇歳で亡くなるが独湛性瑩が仏事を修した。万松岡で荼毘に付され霊骨と舎利を塔頭瑞光院に安置し、後日石峰寺に塔した。また、分骨して崇福寺寿塔に窆られた。

石峰寺の千呆性侒墓所の現状は、改葬されているようで寿蔵正面の碑だけが据えられている（図26）。その周囲に歴代の墓碑がある。その墓碑の一つに「長建／當寺開山長水濬老和尚」、右側面に「寶永第三丙戌年」（四月六日寂）と没年が刻まれている（図28）。碑銘「長建」は長水が元禄四年（一六九一）一二月山城の西九条村龍峰山長建寺を本山末寺にしたこと

図25　石峰寺千呆性侒墓所

図26　石峰寺千呆性侒墓碑

から、頭書として「長建」と記したものと思われる。また、墓碑正面観は、千呆性侒墓碑部分に酷似するが、側面に紀年銘を入れていることから墓碑のために造られた形であろうと思われ、後に供養のために建立された可能性を指摘しておきたい。なお、長水道濬《ちょうすいどうしゅん》の葬儀においては月潭道澄《げったんどうちょう》が導師を務め、法嗣である泰州元瑤《たいしゅうげんよう》によって本山過去帳に記載された。長水道濬《ちょうすいどうしゅん》の墓碑の横には泰州元瑤の墓碑が確認できる。

開山千呆性侒の墓碑形状は方形の砂岩製板石で、中央に頂部円首の碑を陽刻し中央の陥入部分に「開山千呆安老和尚禅師之塔」と刻んでいる。没年名などはない。墓碑の縁部分は頂部中央と両側中央に唐草文様を陽刻している（図27）。砂岩製板石は厚さが約一五センチあり、中央部に幅約三・三㎝、高さ四センチ程度の凸状突起が造り出されていることから、両側面に凹形の受けがある石材が据えられ、上から落とし込んで墓室を塞ぐ構造を有していたものと考えられる。構造上は墓碑による閉塞方法には違いはあるものの正面に円首の墓碑を据えるという様式は隠元隆琦寿蔵に共通する。千呆性侒墓碑による閉塞様式は技術的に斬新な工法が用いられたと言えよう。このような構造は砂岩製の石材を用いたことで加工が可容易であったこともよるのであろうと思われる。

おそらく正面石材の受けである両側の閉塞用石垣も砂岩製切石が用いられたのではなかろうか。

また、後にも触れるが開山千呆性侒を葬った長水は、木庵性瑫に帰依して白衣の遺の弟子となり、後に出家し長水道濬《ちょうすいどうしゅん》と号したのである。また法兄は鉄牛道機であり、鉄牛が江戸葛飾須田村の弘福寺の住持の折に法論を交わし親炙するに至ったとされている。

このような子弟関係が、墓碑の形状、あるいは構造様式の共通性に反映された可能性を指摘出来るのではなかろうか。

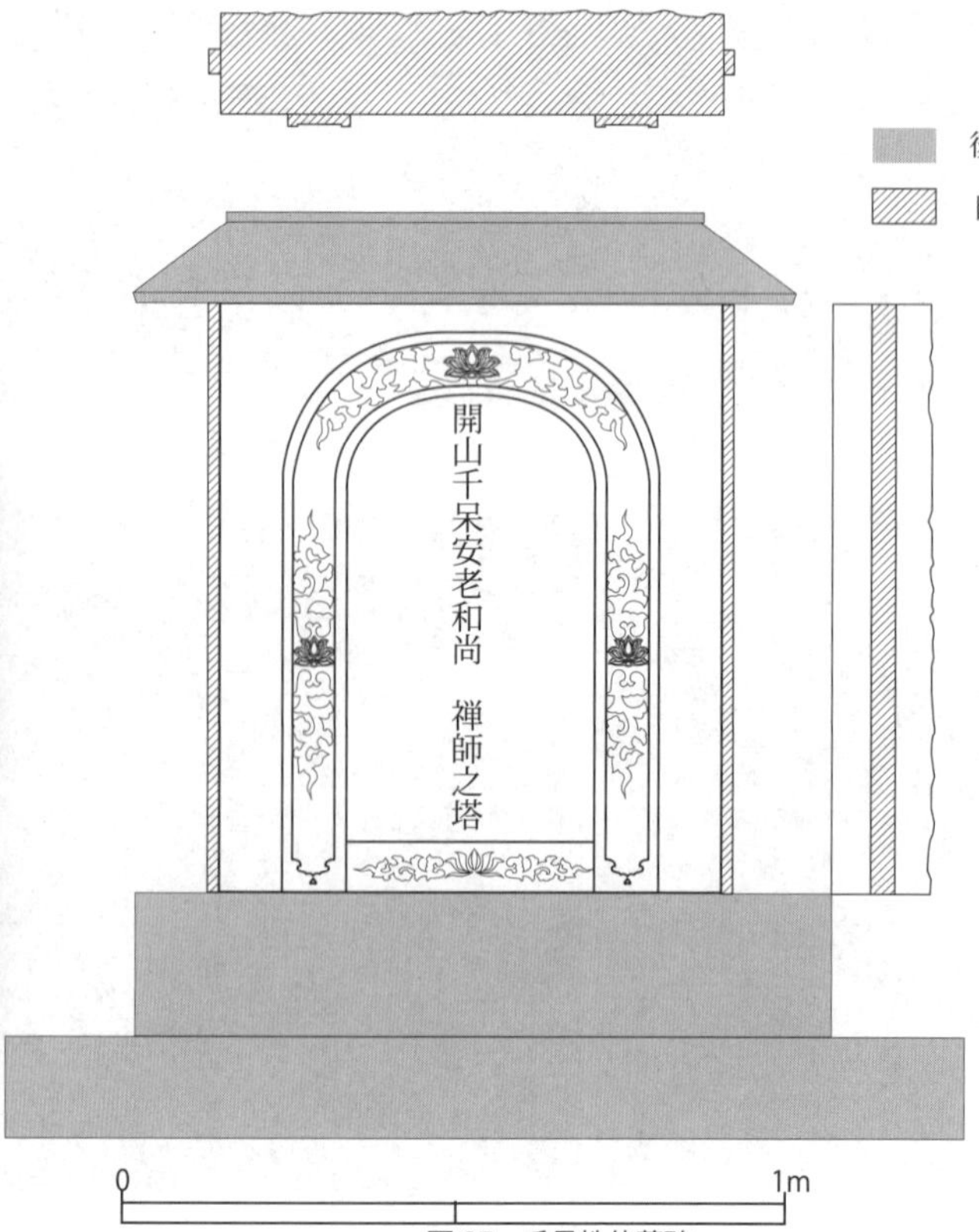

図27　千呆性侒墓碑

図28　長水道濬墓碑

（六）長崎聖福寺開山鉄心道胖《てっしんどうはん》墓所

宇和島伊達宗利の開基した大通寺の開山（天和二年〈一六八二〉）は鐵禅道廣であり、紫雲派祖木庵から延宝七年（一六七九）に法嗣。そして鉄禅の法兄が鉄心道胖であった。

鉄心道胖の父は福建省漳州府龍渓の人で、鉄心は長崎で生まれる。一四歳で渡来した木庵性瑫に接し、後に唐通事として堺の普門寺に上がり、木庵性瑫に伴われて新黄檗に登った。母の逝去に伴い長崎に戻り、真言派知覚院の旧跡を得て延宝五年（一六七七）万寿山聖福寺を建立。また鈞命により江戸瑞聖寺に晋山するもその秋に隠退し改めて聖福寺に再住した。

宝永七年（一七一〇）三月に病に伏し松月院を修理し寿蔵とし死後に備え同年一〇月に示寂し松月院に塔した。

木庵性瑫の紫雲派に属することから、寿蔵として造られた塔所の様式は、木庵と共通する構造様式である。

松月院については、『長崎市史』(13)に旧状が触れられているので参考として挙げておきたい。開山堂大殿の右側裏から階段を上ると「木造瓦葺平屋の建物があり、内部は開山塔室、内陣外陣などに区分されている。開山塔室の広さは一間四方で開山鉄心道胖の墳上に壇を設けて、鉄心の木像を安置し、四方四隅に護法神四体が配されていた」（長崎市一九二三）とされる。そして塔の台石に次の銘文が刻まれていたとされているので左記に示した。

図29　現在の聖福寺

【銘文】

萬寿山聖福禅寺並寿塔隠室略記
開山鎮主護三十有三年幾乎観往昔
百載巳相先鉢資倶融竭堅誓耀生前
誓堅安弗就世外小洞天鈞命應東請
國恩豈偶然同崎當海会食四衆與書連
臨済三十四世開山鐵心大老和尚壽塔
矧竟無縫塔不拘文年半銭七旬経瞬息
恰愛岡斯禅合成養老室彩雲任盤旋逐
使塔銘曰大哉一寿域風月浩無邊照破
千佛幻縁詎得牽
歳次庚寅月七十翁鐵心胖手誌

図30　聖福寺鉄心道胖墓所

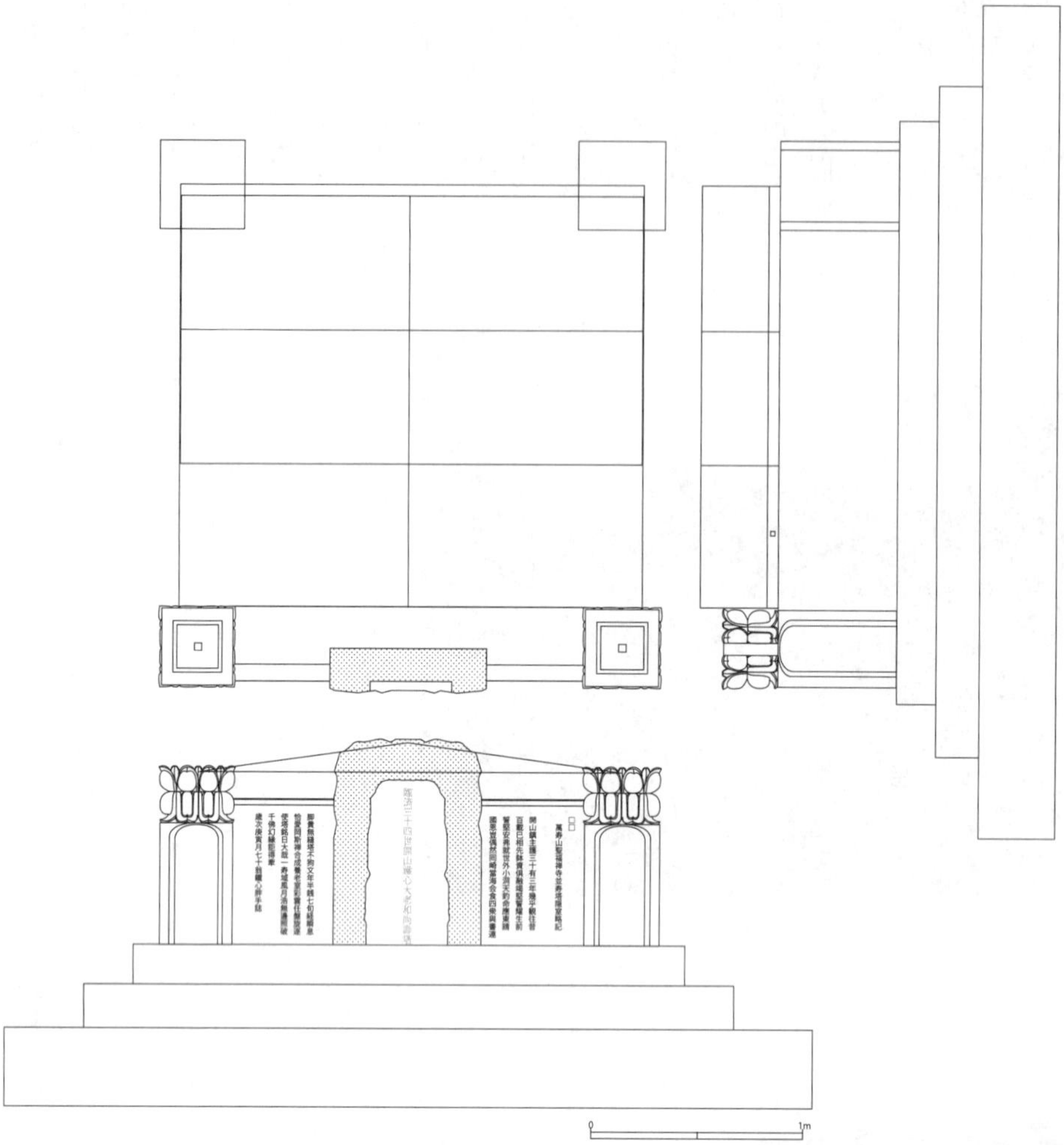

図 31　聖福寺鉄心道胖墓所

図 32　聖福寺鉄心道胖墓碑銘文（右）と墓前具足

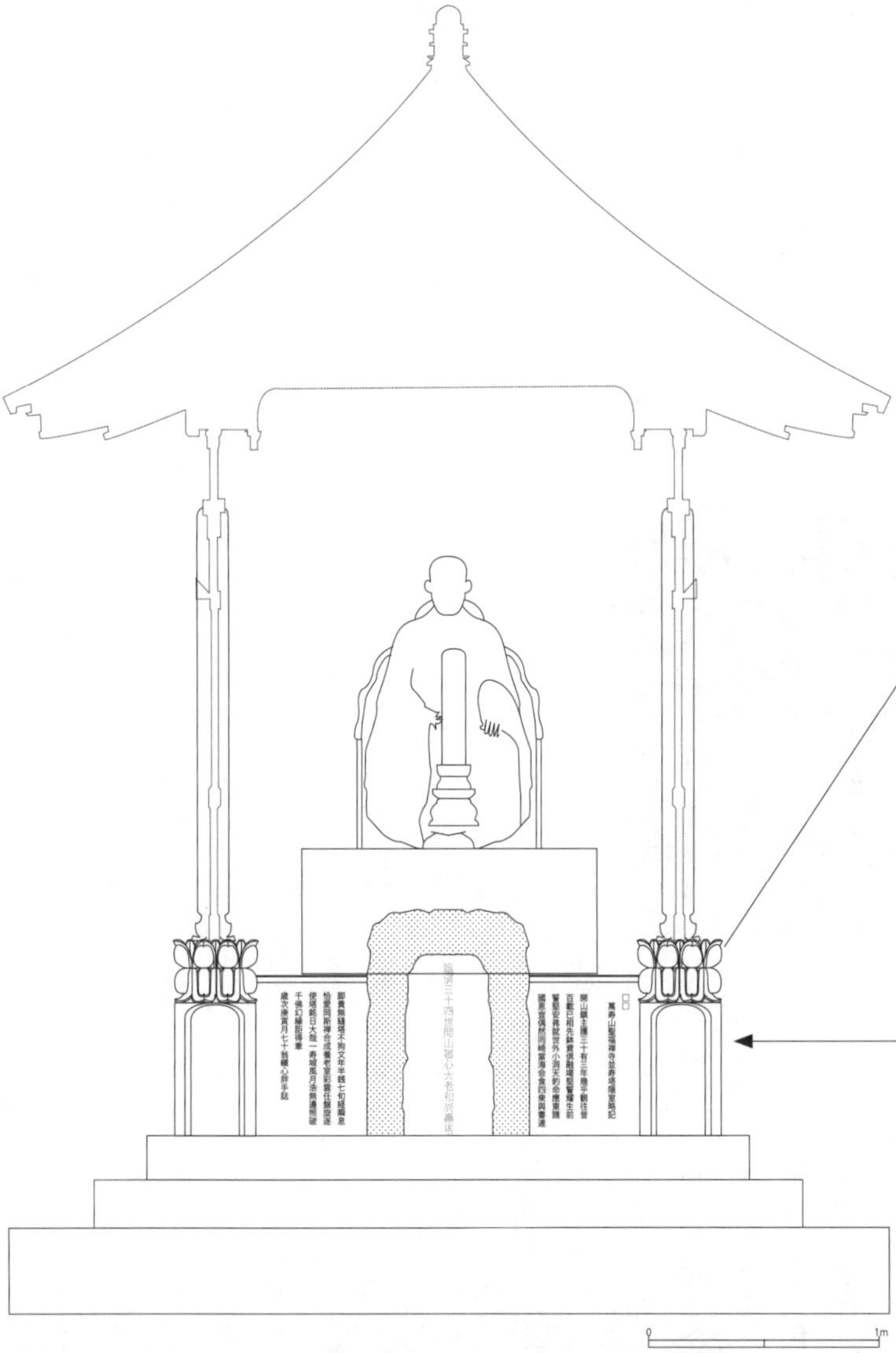

図 33　聖福寺鉄心道胖寿蔵復元図と各部材

（七）京都萬福寺萬寿院二世木庵性瑫《もくあんしょうとう》塔所

二世木菴性瑫の寿蔵は萬寿院にある。萬寿院の創建は、『木庵禅師年譜』(14)によれば、延宝三年（一六七五）に自ら建立したとされる。寿蔵として建立されたものと思われる。客殿に続いてタイル敷きの開山堂となる。堂内は、前面に内陣的な須弥壇が飾られ仏具が置かれている。須弥壇背後は目線の高さまで基台を挙げてその上に厨子が据えられている。厨子内部には木庵性瑫の椅像とその前に位牌が祀られている。また、厨子の左側には独湛の椅像と位牌が祀られている。そしてこの厨子の背後が寿蔵となる。

寿蔵は、厨子の背後に位置している。外部から確認すると厨子から奥行きは約四mあった。

寿蔵の構造は、南に緩やかに傾斜した斜面地を幅約7mにわたり馬蹄形状に大きく掘削し、奥行きを四m確保している。約最奥部の高さが二m以上の高低差となっている。正面を切石積みによって構築し、目地を漆喰によって埋め海鼠壁状に丁寧に仕上げられている。

そして同一空間となるように堂建築物寿蔵の前に架構され、内部に二世木菴と一一世独文方炳の倚像が位牌とともに祀られている。背後の寿蔵正面碑は倚像《いぞう》によって見えない構造である。日々の参拝は倚像と位牌を拝するということであろう。

図34　木庵性瑫塔所

二世木菴寿蔵の碑は、高さ一五〇cm、幅一一四cmの花崗岩製の一枚の板石を用いている。この板石には次の銘が彫られている。木庵性瑫は寛文九年（一六六九）に紫衣を賜っているので、碑銘に記された「賜紫」から寛文九年以降に寿塔が造られ、貞享元年（一六八四）一月二〇日に没したのである。

【木菴壽蔵碑銘】（図7・9上）

吾塔吾自銘　匪預世文木
無濫金鎖子　凡流謾度情
蔵身身下蔵　行脚謁當來
皇明賜紫當山二代木菴和尚壽蔵
珊瑚枝樸月　璗花石下蔵
二百餘年外　道法愈恢譜
此山斯塔在　千古清塵強

碑石の両脇は花崗岩製切石積みで架構し、目地を漆喰で留め盛り上げ仕上げている。碑面に向かって左側石積み花崗岩部分の外側は砂岩製石積みとなる。この部分は何らかの理由により後補された可能性が高いのではなかろうか。

続いて津山市千年寺で没した鉄堂道融墓（図8・9下）を比較資料として挙げておきたい。

図35　萬福寺木庵塔所

第四部

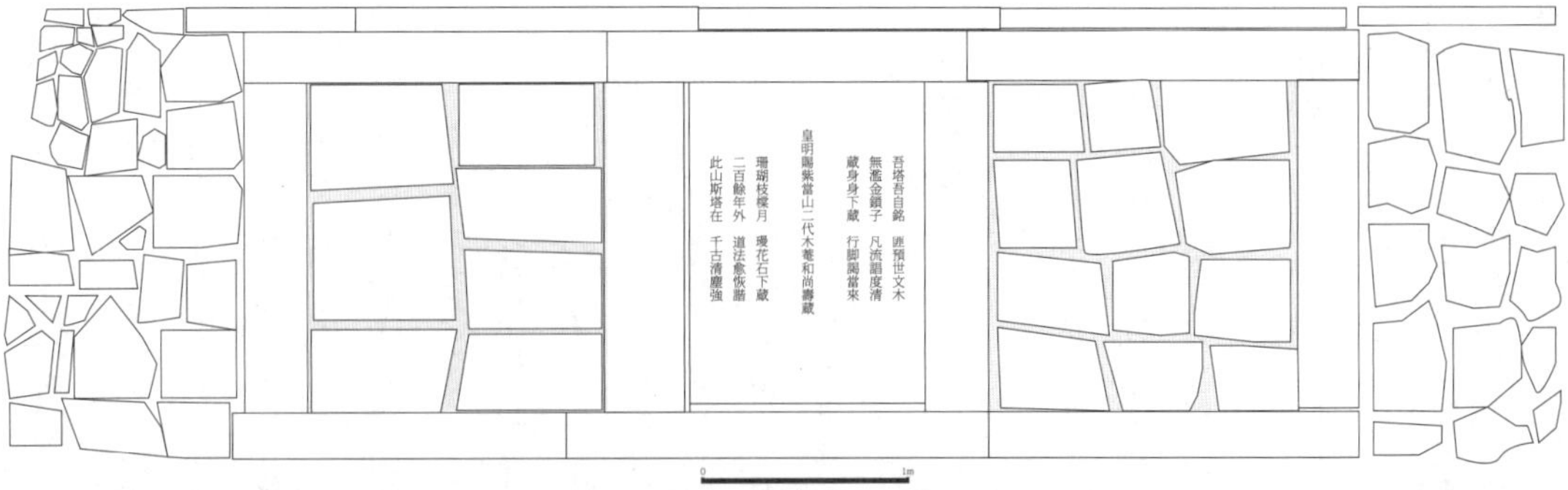

図 36　木庵寿蔵正面図

図 37　木庵寿蔵正面銘文部分

図 38　木庵寿蔵上部馬蹄形部分

図 39　木庵寿蔵正面左袖石組

図 40　木庵倚像

（八）津山千年寺跡・鉄堂道融《てつどうどうゆう》墓所

　鉄堂道融は、隠元から受戒したことで萬福寺二世木菴性瑫の法系になる。木菴が美作下田の千年寺開山となり後にその法系にある鐵堂が二代として千年寺を継いだ。鐵堂の没年は碑銘から「元禄十五年九月二十有三日」（一七〇二）である。　墓所の特徴は、南に面した緩やかな斜面全体を利用し斜面の周囲を馬蹄形状に仕上げ、その中心に一方に開口部の亀の甲状の墳丘を造りだしている。また墳丘前面構造は中心位置に幅七八㎝、高さ一〇七㎝程度の花崗岩製の板状石を嵌め込んで、両脇を安山岩製石積で構築している。方形板状の碑は中心に鐵堂の名が刻まれ、左右に没年と月日が記されている。木菴の碑銘の名前下の置字は「寿蔵」と記しているが鐵堂の場合は左記の通り没年であり「塔」と刻んでいる点に違いがある。

【墓碑銘】

元禄十五年歳次壬午
當山第二代鐵堂融和尚塔
九月二十有三日」

　構造は、墳丘の周囲を馬蹄形状に造り出す点が木菴寿蔵以上に自然地形を巧みに利用しており、現況でも馬蹄形の堤部分が観察できる。以上観察したように、中心の銘石や自然地形をダイナミックに利用しているという構造上の特徴は両者共通する。

図41　千年寺跡鉄道墓所

　このようなことから鐵堂墓造営に際しては萬福寺二世で千年寺開山である師の木菴性瑫寿蔵の構造に倣った可能性が高いことを指摘しておきたい。

　そこで、隠元の寿蔵について再度確認してみたい。木菴と鐵堂の法系あるいは師弟関係における寿蔵の類似した構造から考えると、木庵が目指した寿蔵構造は本人が築き上げた寿蔵構造であろうと思われる。

　現在隠元寿蔵とされる堂様式は構造的には木庵が首唱した構造とは違い後世に造営された可能性が高いのではなかろうか。

　そこで、その再構築された年代を探ってみたい。現在の隠元寿像の碑の様式は、砂岩製円首型式の碑石を中心に据えている。この様式は先に示した獅子林院の四世独湛性瑩（宝永三年〈一七〇六〉没）の祀られ方である。また、黄檗宗墓地の墓

図42　津山市千年寺跡鉄堂墓

碑類を確認すると第一一世独文方炳《どくぶんほうへい》（享保十年〈一七二五〉示寂）の墓碑が確認でき、この様式は隠元同様、砂岩岩製円首の墓碑様式である点注視しておきたい。

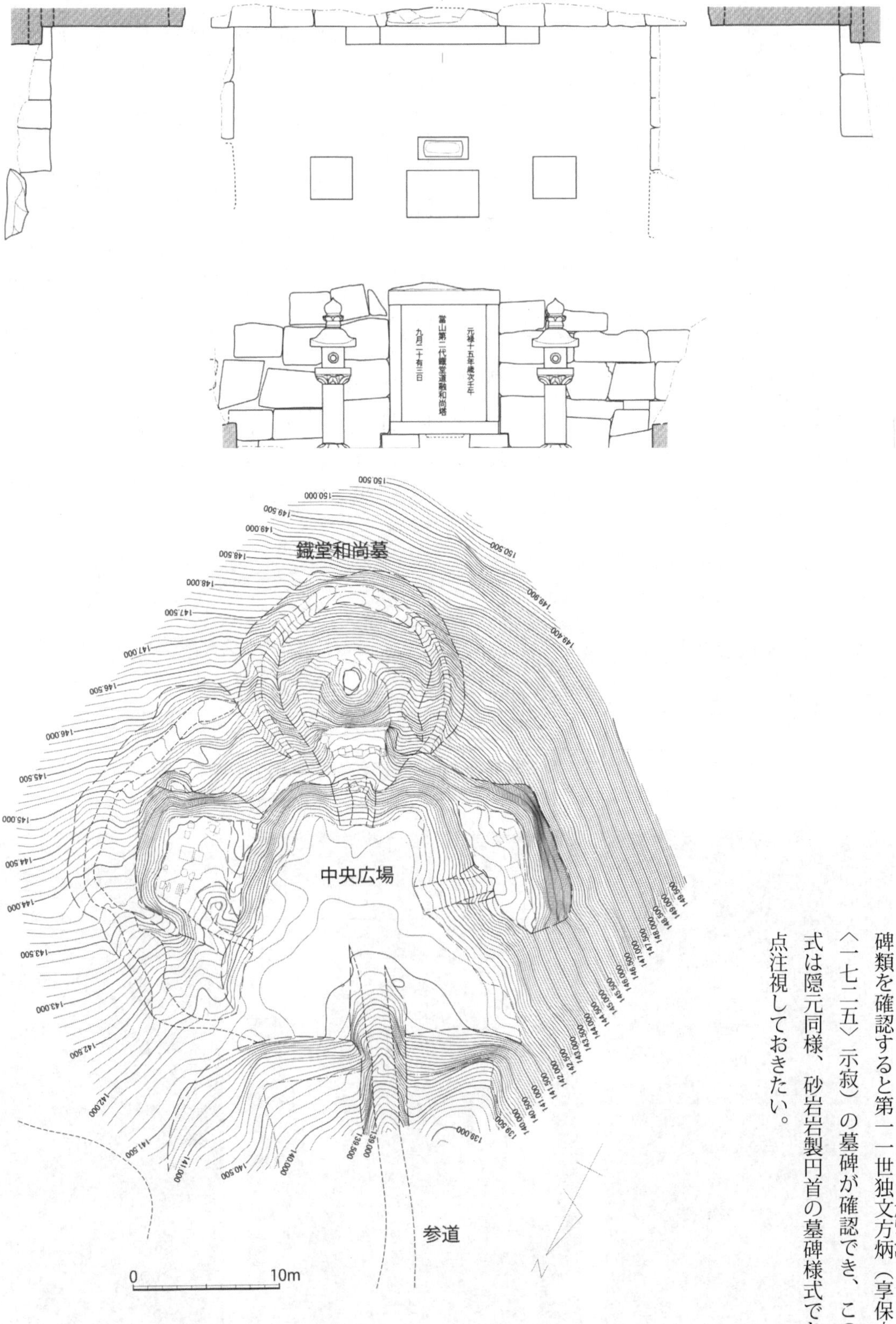

図 43　津山市千年寺跡鉄堂墓正面図（田中 2017 より）

（九）大洲正伝寺跡別峰《べっぽう》海瑞《かいずい》墓所

別峰は長崎崇福寺での千呆性侒の最初の和僧法嗣であった。千呆和尚は萬福寺六世である。

別峰の来歴は詳しく触れないが大洲藩加藤家並びに松山藩久松松平家に外護された(15)。別峰の墓構造は、図44に示す通り旧本堂の西にある緩やかな南向きの斜面の東面に築かれている。自然地形を利用し、前面に礫を野面積に積み、中央部に斜面を掘削し自然礫によって一㎡ほどの石室を築いている。正面には「開山塔」と碑面一杯に深く刻まれている。塔の形は唐破風笠付の塔婆である。日本の近世塔婆の型式である（材質は明確ではないが硬質凝灰岩で、在地の石か）。石室内部奥壁近くに加工が丁寧な直方体と思われる切石が据えられている。レベル的には墓碑の基部の高さと共通すると思われるが、石の上面がその高さで本体部分は基部以下に埋められている。石櫃の可能性が高いものと思われる。その上に補修婚のある方柱で尖塔の塔が納めてある。碑面正面に「當山開山□別峰老和尚大禅」、右側面に「貞享四丁卯歳」（一六八七）と判読できる。没年を示しているが、補修痕跡があることから後補の可能性が高い。どの段階の補修であるかは不明。中に納められた方柱形の碑から幕末、あるいは明治に入っての補修の可能性が高いのではなかろうか。神仏分離の段階も想定できる。しかし自然地形を利用し、前面を石積みによって架構した構造は黄檗独自の墓制の系

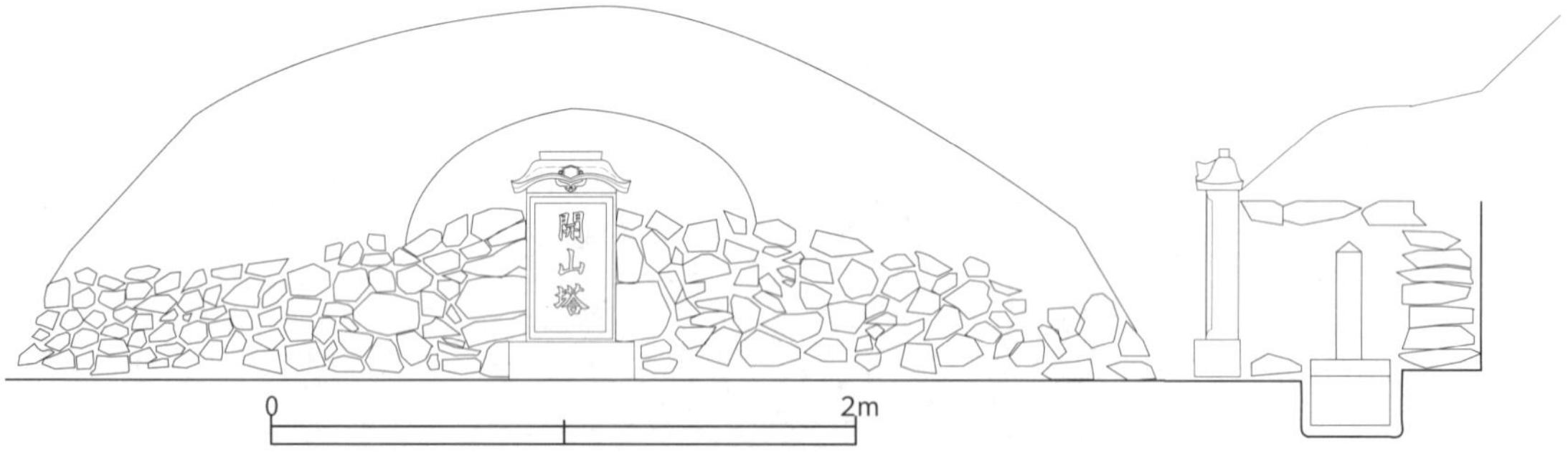

図44　大洲正伝寺別峰開山塔正・断面図（墳丘及び内部は現状から想定）

図45　大洲正伝寺跡別峰椅像・如意輪観音像・位牌

第四部

譜に載り、中の碑だけが再埋納されていた場合は、没年からすると津山の鐵堂を遡る事例として今後重視しておきたい。

（一〇）長崎福済寺歴代墓所

福済寺は、長崎県長崎市筑後町にある。

寛永五年（一六二八）福建省泉州府出身の僧・覚悔が弟子の了然と覚意を伴い来日、岩原郷（現在、筑後町）に庵室を結び、海上守護神である媽祖を奉ったのが始まりである。

慶安二年（一六四九）、重興開山に擬せられる蘊謙戒琬禅師が来日、滞在し寺院諸堂を創建した。山号の「分紫山」は蘊謙禅師が、泉州の紫雲山にいたことに因んで付けられた。明暦二年（一六五九）、木庵性瑫が来日したことで蘊謙は木庵に住持の座を譲るが、木庵が普門寺に晋山した後には住持に再任された[16]。

福済寺は、崇福寺・興福寺とともに「長崎三福寺」、さらに聖福寺も加えて「長崎四福寺」に数えられる。本寺の檀信徒には、福建省の中でも漳州と泉州出身の華僑が多く、漳州寺や泉州寺と称せられた。本堂（大雄宝殿）などの建造物は、第二次大戦以前、国宝に指定されていたが、長崎市への原子爆弾投下で焼失した。

福済寺歴代の墓所は現本堂背面の雛壇の墓地中腹にあり一〇〇㎡程度の広さを有している。墓所右から「開基覚悔」、中央に重興の「蘊謙」、左に木庵性瑫に就いて来日し蘊謙の後を継いだ「慈岳」の墓所がある。

墓所の構造は馬蹄形の平面が若干観察でき、岩盤をL字に段切した上で横穴状に墓穴を掘削したものと思われる。遺骸を納めたのちに正面に唐破風屋根と一枚石を嵌め込み塞ぎ、正面一枚岩には没年と名を記した。正面の墓誌と墓の平面を馬蹄形状に構築する点は、紫雲派祖木庵性瑫の寿蔵に共通する構造様式といえる。

図46　福済寺歴代住持墓所

図47　福済寺歴代住持墓所平断面図

【碑銘 - 写真右から】

① 覺悔禅師墓碑銘

了然上座

分紫山開基覺悔禅師寶塔

覺意上座

② 蘊謙禅師墓碑銘

癸丑年六月廿三日（寛文十三年〈一六七三〉）

重建分紫開山本師上蘊下謙和尚之塔

徒子定琰仝拜祀

③ 慈岳禅師墓碑銘

己巳年正月十二日（元禄二年〈一六八九〉）

第三十四世本師上慈下岳老和尚墖

徒子宗浄等仝拜祀

墓所造営年代は、唐破風様式が共通していることなどから考えて、慈岳が示寂した元禄二年（一六八九）の後に整備されたものと考えられる。なお、整備に当たっては、喜多元規が描いたとされる慈岳の頂相に賛を記した三代住侍東瀾、あるいは東瀾像を造った四代住侍喝浪の可能性が想定できるが、喝浪は四代住侍を継いで一一年後に没してしまい、当時六七歳の東瀾が再び住持となった。これらから考えると、三代住侍東瀾による墓所整備が行われた可能性を想定しておきたい。

（一一）長崎崇福寺竹林院玉岡海昆《ぎょくこうかいこん》墓所

玉岡海昆は、九歳にして黄檗山に入山、出家した。延宝二年（一六七四）、雪堂と共に長崎に至り崇福寺登山。貞享三年（一六八六）崇福寺山中に竹林院を創立し開基となった。元禄六年（一六九三）、千呆性侒の壽塔を改造した。

崇福寺塔頭広福庵に経閣法宝殿を造るなども元禄六年のことで、教線拡張にも熱心であった[17]。しかし、同年一〇月に示寂し、千呆性侒が仏事を修し竹林院に塔した。現在崇福寺墓所の歴代住侍の墓所中に墓所を確認することが出来る（図48）。

墓所は、切石積により平面馬蹄形の空間を造だし、墓所内は全体が石製の方形磚を敷き詰められている。

墓所奥壁中央に如意頭文の脚を有した基壇が表現され、基壇の如意頭文の内側に両頭の獅子と毬が陽刻されている。

基壇上部に上下に組み合わせた巻蓮華は、丁寧に連続に配され荘厳されている。巻蓮華の上中央に次の銘文が刻まれている。

【碑銘文】

右「臨済正傳第三十五世」（朱泥）

中「崇福住侍竹林開基上玉下岡昆公大和尚之塔」（金泥）、

左「元禄癸酉年十月初六日卒」（朱泥）

銘文の上部には、日月星辰文を大きく陽刻し配している。屋根は唐破風的な構造をていしている。全体の様式は非常に丁寧な造りと言える。没年が元禄六年（一六九三）であり、墓所の構造的には福済寺歴代住侍墓所の型式に通じる。

図48　玉岡海昆和尚墓所

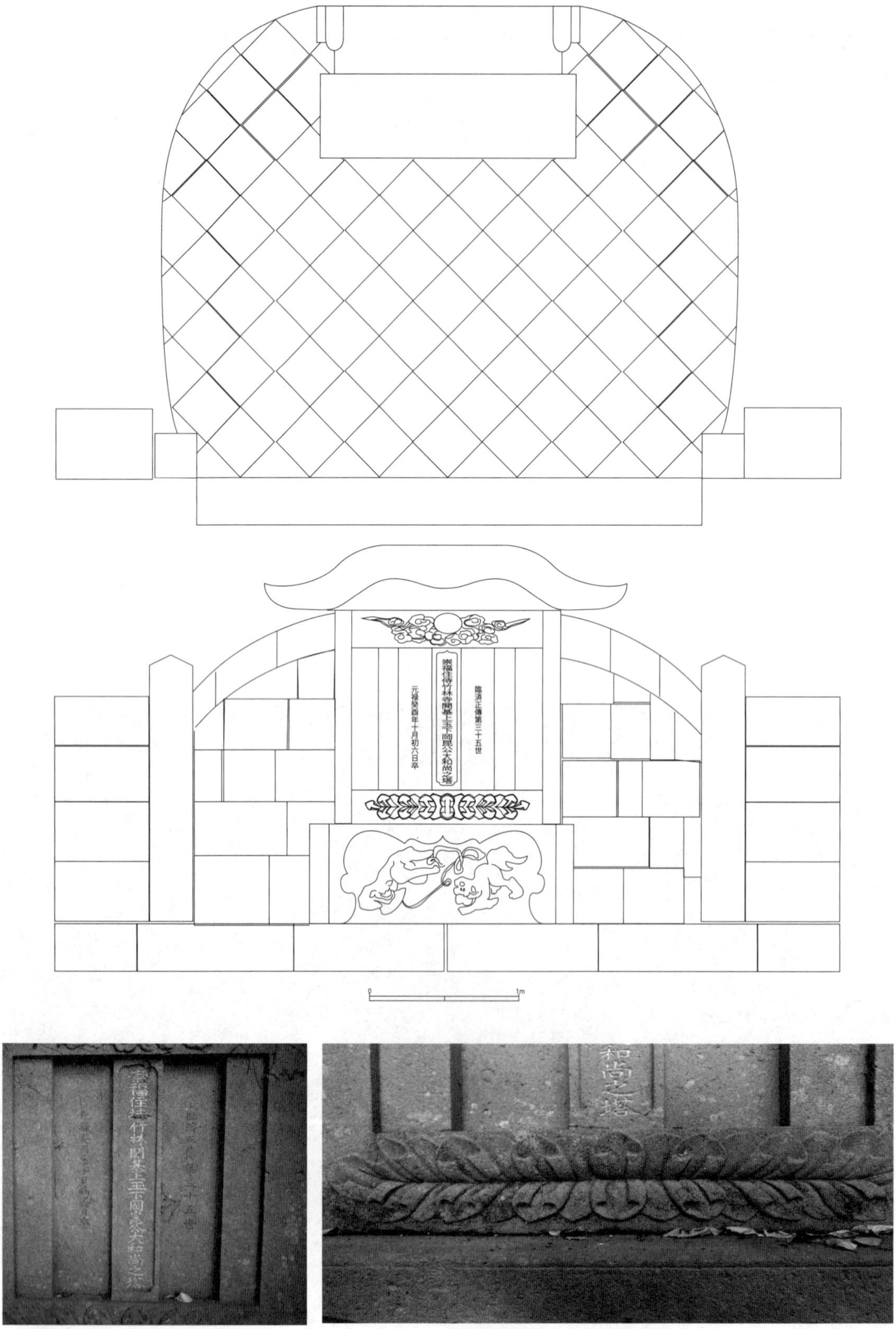

図 49　玉岡海昆和尚墓所

（一二）萬松院開山堂龍渓性潜《りゅうけいしょうせん》墓碑

萬福寺塔頭萬松院は、龍渓性潜の塔所として、寛文一一年（一六七一）弟子である東巌道白によって建立された(18)。

龍渓性潜は、日本仏教興隆と臨済禅の復興を望み、妙心寺長老で角倉了以の従兄弟にあたる伯蒲慧稜《はくほえりょう》隠に参じ学ぶ。後には隠元隆琦の東渡を強く望み、その中心として重要な役割を果たすことになる。

寛永八年（一六三一）八月、三代将軍家光の病気平癒祈祷が、京都五山を中心に行われたが「龍安寺潜首坐」として祈祷を納めるなどして臨済宗の中心的な人物としても活躍した。明暦元年（一六五五）七月、隠元隆琦の普門寺への請啓を笠印に託したことで、隠元は翌年普門寺に入院し、臨済復興の動きが現実的になった。さらにこの時、龍渓は隠元に後の慶瑞寺の中興を請い古跡の復興を願い臨済禅の新たな実践を懇願したのである。

図50　萬松院の馬蹄形部分

そして寛文元年（一六六〇）八月、隠元は宇治五ケ庄に寺地を賜り萬福寺として木庵性瑫、龍渓性潜など、明・和僧を率いて晋山し、新教団黄檗派が発足したのである。黄檗教団はこの時期から布教を熱心に行い教線拡張を図った。独本の永寿山海福寺・慧林性機の摩耶山仏日寺・独照の祥鳳山直指庵など黄檗の中核を

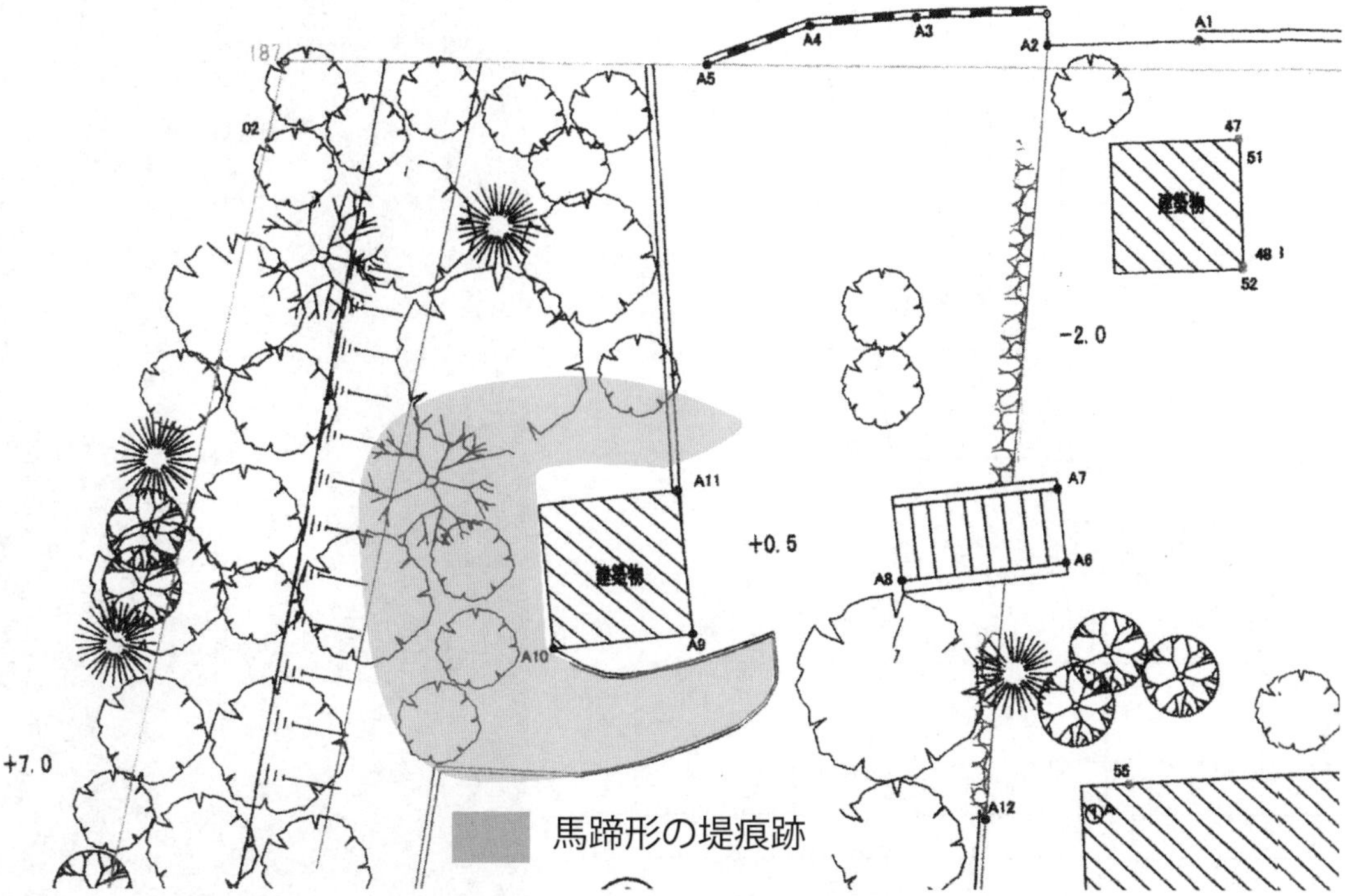

図51　萬松院塔所と馬蹄形堤の痕跡（萬松院図面より）

成す末寺が畿内を中心に地方へ展開した。また、地方では、隠元隆琦を開山第一代として隠元の法が継がれ多くの黄檗宗寺院が建立された。

独湛の初山宝林寺・即非如一《そくひにょいち》の広寿山福聚寺・高泉性敦《こうせんしょうとん》の甘露山法雲寺そして龍渓の法輪山正明寺などである。また特筆すべきは、寛文七年（一六六七）一一月、後水尾法皇が龍渓の法を継いだ。法皇龍渓の法を継いだ唯一の人物であることも興味深く、後に慶瑞寺には、聖歯塔が建立されるが、後水尾法皇の皇子の歯と同七年には仏舎利三個と法皇自らの歯一個が治められたという(19)。

そして、寛文一〇年（一六七〇）八月二三日、龍渓諸檀徒に請われ、出かけた摂津九条島の九島庵にて自然水害に遭い、弟子の拙道らとともに遭難した。この時の大坂の大風水は、商人船が沈没したり数万人の人が溺死したことが『摂陽奇観』巻一七寛文十年（一六七〇）条に記されているという。

後水尾法皇は悲しまれ、天和二年（一六八二）八月、龍渓の一三回忌の年に、三か所、萬福寺・萬松院天光塔に遺骨を納め、正明寺に肖像を、慶瑞寺に衣鉢を納め堂宇を建立した。

そして木庵性瑫の祭文や、高泉性敦の「特賜大宗正統禅師龍渓公大和尚御葬塔銘」などが慶瑞寺に伝わっている。

萬松院の開山塔を囲むように間知石を積んだ馬蹄形の堤が遺存しており、その中心に塔が据えられているのである。黄檗宗和僧の墓所として極めて重要であり注視する必要があろう。

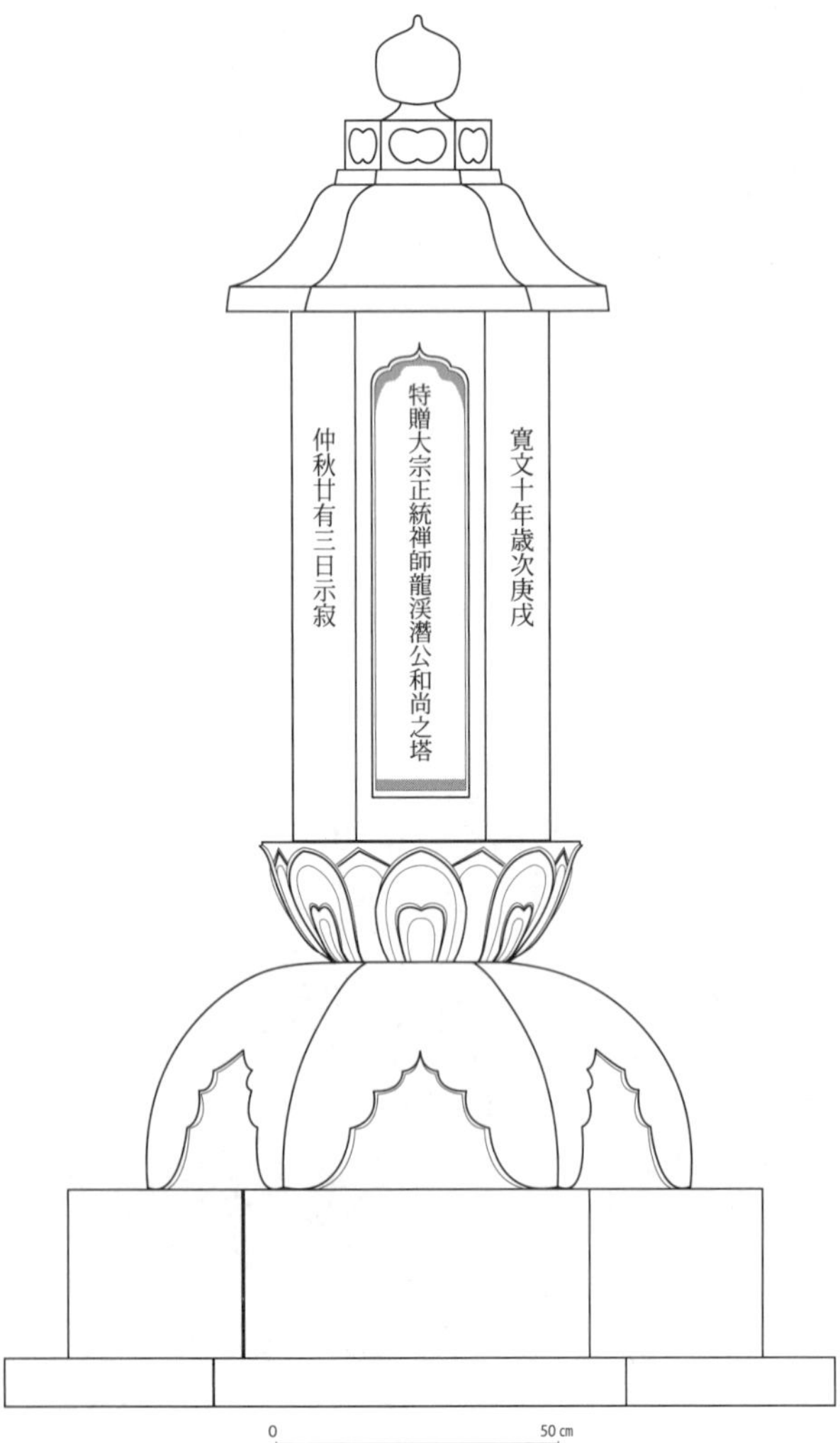

図52　萬松院龍渓塔

第四部

（一三）品川大龍寺香國道蓮《こうこくどうれん》墓碑

明暦三年（一六五七）九歳の時、摂津富田林普門寺の隠元隆琦に謁し、その後長く慧林性機の会下僧として従い、慧林第三代住持の時、衣鉢侍者となるが、天和元年（一六八一）独湛性瑩の四代継跡に伴い西堂となった。元禄一三年（一七〇〇）、品川の時宗東光寺を復興させ大龍寺と改めた。慧林性機を勧請開基第一代として、旗本藤堂伊予守直良が帰依し、請われて開堂した。その後、直良の継嗣である直瑞が熱心に帰依した。江戸においては柳沢吉保夫人真光院の仏事を修しするなど、大名からの帰依も篤かった。正徳五年（一七一五）奥州仙台藩伊達吉村に請われ両足山大年寺第六代住持となり、江戸で没した伊達綱村の霊柩を奉じた。慧林が退院した後に龍興院二世を継ぎ、唐音に通じた儒学者・荻生徂徠との親交があり、『徂徠集』（巻二九之一四）に「與香國禅師」尺牘（版元松邨九兵衛・国会図書館蔵近代デジタルライブラリー公開）尺牘が記されている。

品川大龍寺に遺る碑は、藤堂家の帰依によって造立された寿蔵のための碑であり、後に碑陰に香國の没年である享保八年（一七二三）八月六日示寂が刻されたのではなかろうか。遺骸は大年寺に葬られている。(20)

寿蔵の遺構としては廟内に造られたと思われる。様式的には千呆性侒の墓碑様式に類似している。円首の碑を表現するために縁取りに廻らせた唐草文様帯彫刻様式は、他の寿蔵碑唐草表現よりデフォルメされている点から没年を刻んでいるが、没後の年忌に造立された可能性を想定したい。現在確認している千呆性侒墓碑様式の中では最も新しい類例として捉えられる資料として重要である。

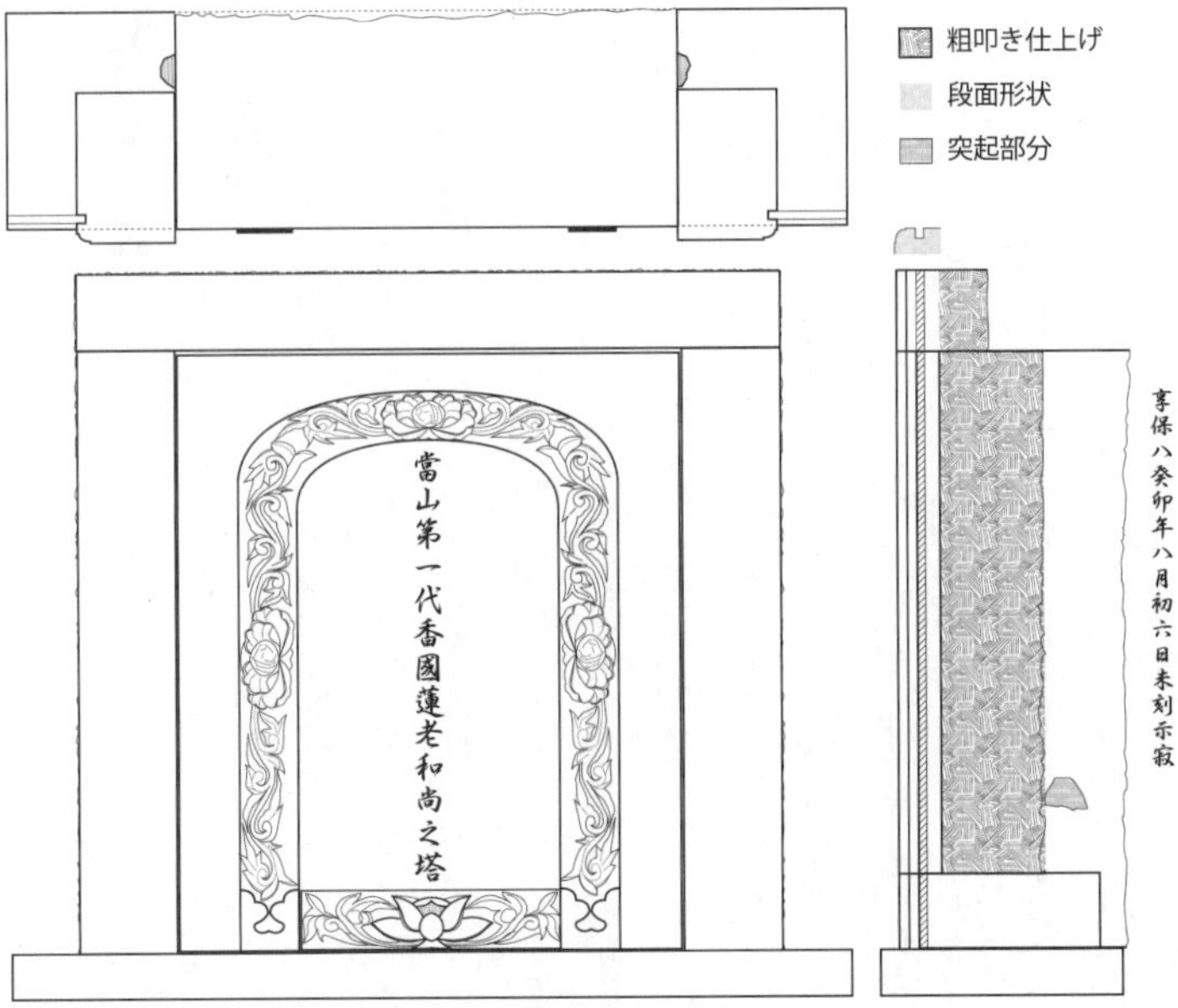

図53　香國道蓮寿蔵碑

三　寿蔵の類型と年代観

これまで見てきた黄檗宗本山萬福寺住侍や法筵の主な僧侶の寿蔵及び墓所について、改めて構造から葬墓制を検討してみたい。

（一）類型の設定

構造的な視点から次のように分類できる。

A類－馬蹄形の平面と基壇を基本とし、基壇上に寿蔵を築く。上段を横穴式の壙を設けその正面を円首の碑を用いて閉塞する。基壇上は六角の堂を伴い、堂内に倚像、および木主を奉安する。類例として隠元、独湛、鉄牛、独文の寿蔵。

B類－馬蹄形の平面を有し、基壇はなく正面に方形板石によって横穴系の墓室を閉塞する。木庵、鉄堂墓。

C類－馬蹄形の平面を有し、横穴系の墓室は唐破風付方形碑を用いて閉塞する。玉岡、覺悔墓、別峰墓が同類。

D類－A類＋B類の様式で、平面形は馬蹄形を基本とし、方形板石（A類）の中央に円首碑（B類）を陽刻し、閉塞する。千呆性侒、香国道蓮墓。

E類－馬蹄形の平面を残し中央に塔を据えるタイプ。塔を据える場合には覆屋として堂を祀る場合が初期段階に多いが、後に塔だけを祀るようになり、この段階が、帰依大名らが墓に用いた時期とほぼ同じ。

F類－馬蹄形の平面は省略され、塔（基台）と倚像組み合わせた祀り方。福厳寺鉄文和尚。

（二）類型の年代観

①A類の成立と展開

A類の最も古い事例は、西桂浄住寺鉄牛和尚の寿蔵である。これまで黄檗宗の寿蔵として、萬福寺開基の隠元隆琦の寿蔵が最古とされてきた。しかしそれがどのような経緯で成立するのかは全く触れて来なかった。

寿蔵は、木庵性瑫禅師年譜に依れば寛文三年（一六六五）に造られたとされ、寛文四年（一六六四）の『新黄檗志畧』（萬福寺蔵）の絵図に六角風の堂が記されているが、その構造については不明である。

現況の寿蔵は、二段の基壇、上段中央に円首碑が嵌め込まれている。寿蔵の構造と碑に着目すれば、萬福寺四世独湛の寿蔵は、構造はもちろんのこと碑の材質が砂岩製である点も共通している。また萬松岡にある享保一〇年（一七二五）に没した萬福寺一一世獨文の碑も同類である。

このことから寿蔵、および碑の年代は、隠元没年である寛文一三年（一六七三）に遡るというよりは、鉄牛以降で、独湛の没年である宝永三年（一七〇六）年あるいは、萬福寺一一世獨文の没した享保一〇年（一七二五）前後の前後に成立した可能性を想定しておきたい。そこで具体的に年代を想定すると、隠元の三三回忌である宝永四年（一七〇九）前後に造営されたのではなかろう。

さらに、なぜこの年代とするかという点は、一八世紀前半は隠元の弟子で既に退院していた萬福寺七世悦山と当寺八世を継いだ悦峰の呼びかけによって萬福寺境内地の再整備が行われる時期にあたる。これを象徴的に物語るのは隠元壽塔参道前に据えられた亀趺碑（図25）である。この整備に際して隠元寿蔵も再整備され円首碑が用いられたのではなかろうか。

加えて、本山七代の悦山による復興・記念事業は、先に示した京都西桂浄住寺の鉄牛を頌徳する事業の亀趺碑（図16）撰文においても確認でき、本山の亀趺碑造営事情が共通する点は注視したい。

また、当該期における亀趺碑造立の隆盛は、黄檗宗の教線拡張における歴代住持頌徳事業等と時期を同じくしている点に着目しておきたい。

長崎福聖寺の寿蔵もA類であるが、この段階では、馬蹄形の堤は省略され、それに伴って基壇もまた基礎石的に三段に重ねた上に堂と寿蔵を敷設している。

②B類の成立と展開

B類は、木庵自らが造った寿蔵に始まる。延宝三年（一六七五）に木庵性瑫自らの塔所として萬寿院を創建しており、寿蔵も一体に造営したものと思われる。

類似の構造を有する墓所は岡山県津山市千年寺跡に所在する鉄堂の墓所（元禄一五年九月二三日〈一七〇二〉没）で、木庵性瑫寿蔵同様に、正面に花崗岩製の一枚石を用いて閉塞し、左右袖を切石積みにより閉塞している点が共通する。隠元の寿蔵が一八世紀初期の再建と想定すると横穴式で墓室を閉塞する葬墓制は木庵性瑫の寿蔵が黄檗宗寿蔵最古様式となる。

先に触れたA類とした隠元隆琦の寿蔵は、本来は木庵が造営したとされている点からするとA類以前の古式寿蔵を改葬した後の姿が円碑を伴う寿蔵であった可能性もあろう。

③C類の成立と展開

C類は、B類木庵寿蔵を基本とし派生する。

馬蹄形の平面を有し、中央に墓室を横穴式に設けるが、墓室を閉塞するために、唐破風廂付方形の碑、あるいは碑に見立てた巨大石を組み合わせることによって閉塞している。

類例として長崎福済寺歴代墓所、長崎崇福寺玉岡海昆墓、大洲正伝寺跡別峰墓などが挙げられる。自然地形をL字状に大きく開削する点が共通していて、寿蔵、あるいは墓所は野外に造営されている。

④D類の成立と展開

D類は、構造上、A類の構造を基本とすると思われるが、遺構として遺存状態の良い寿蔵が確認できていないため、細部については不明である。

しかし、碑に残された架構痕跡などからその構造を推定できる点がいくつかある。

千呆性侒墓碑あるいは香國道蓮和尚墓碑の構造から考えてみたい。両類例は、板石をはめ込む構造であり、円首の碑を一石の板石にレリーフする様式である。

A類の円首碑は、独文の円首碑裏面に確認できるように、背面に蝶番の契孔が彫られているが、D類は、板石に円首の碑を方形の板石にレリーフし、これを寿蔵の中心に上から落とし込むタイプで、板石の側面に接ぐための架構が施されている。このことから構造的には、C類の屋外の墓所というよりは、A・B類のように堂内において建築物などとの組み合わせによって構成される構造と想定される。

⑤E類の成立と展開

龍渓和尚の塔所は馬蹄形の平面を呈しておりA類の系譜で、A類との違いは遺骨を治めるための横穴をやめ、塔を用いた点にある。萬松岡上にある鉄眼の墓所も同様式と思われる。堂と塔の組み合わせである。鉄文道智禅師は没後荼毘に付され六か所に分骨して塔が建立され、柳川福厳寺の類例は龍渓の事例に系譜が共通するが、基台の上に倚像を据える点は、泉涌寺の歴代の墓碑に系譜が共通していることも注視しておきたい。

⑥F類の成立と展開

E類の堂が省略され、塔に遺骨を納めるタイプである。萬松岡に遺る墓碑や仏日寺の隠元と慧林性機の塔を指す。

寿塔は、墓としてではなく、寿蔵として造られる。つまりこのタイプは、寿塔として製作された時には造立年を記さず、没後にこの塔に遺骨を埋納して没年を刻む。このような場合は、塔の造立年代と没年には若干乖離が認められることを認識したい。寿塔がどのタイミングで製作されるかにもよる。

四　黄檗宗の寿蔵とその系譜

これまで、日本の黄檗派歴住の墓制についてはあまり触れられることはなかった。また、触れられても萬福寺の隠元隆琦の寿蔵が最古として説明されてきたに過ぎなかった。しかし、今回各地に遺存する墓所及び寿蔵の構造的特徴に着目し、これを確認する中で改めて各類例の年代観を再確認するとともに、萬福寺堂宇の再整備の時期の再検討、隠元隆琦の寿蔵碑の存在などを含めて再調査した結果、最古とされる隠元隆琦の寿蔵様式は、萬福寺境内再整備の段階において改められた可能性が高いのではなかろうかと捉えられたのである。このことについて他の寿蔵、墓所様式を例にとり確認してみたい。結果から示すと、黄檗宗における寿蔵様式の変遷は、木庵性瑫寿蔵のB類を出発点とし、そしてC・D類が創出されたものと捉えられたということである。

なお、隠元隆琦の寿蔵様式A類は、国内において時間軸上ではB類に遅れて用いられたと捉えられるのであるが、本来、中世以来伝統的な禅宗における塔所の様式の系譜として捉えられる点も注視したい。

つまり一八世紀初頭段階には、日本的な禅宗様式の塔所（椅像を据える）と中国的な円首碑を組み合わせる寿蔵様式が考案され新黄檗派の塔所様式が創出された可能性が再認識された。

そして予察的に触れておくが、墓所全体の平面形態とその系譜を考えれば、馬蹄形を有する墓制は、中国温州、福建州などの墓制との直接的な系譜を示す特徴[21]と言え、日本黄檗初期の墓所構造の特性ともいえるのである。

先に触れたようにA類とした隠元、独湛の寿蔵は、基壇上六角堂には椅像や位牌を納めるのである。この様式は次章で確認するが倚像や位牌とは別に石塔を廟中央に祀る様式へと変化した。

寿蔵が基壇状に造られ、馬蹄形の堤を有する点は、中国の安徽歙県「椅式墳」、玉環の「交椅墳」、龍泉や縉雲の「椅子墳」との比較が肝要であり、椅子墳の上を平坦にし、日本の禅宗寺院共通する開山堂を載せて一体とした様式を黄檗派として創出したものとして捉えたい。

したがって隠元隆琦の寿蔵が再整備された時期が、黄檗派が日本化した時期として見ることはできないであろうか。この時期を遡る木庵の寿蔵（B類）は琉球弧等で確認される横穴式の古式な墓制の系譜が想起され、大山上江家古墓に先行した様式とも捉えられる。[22]なお、この沖縄宜野湾市大山上江家古墓では墓内部から墓誌が発見されており、[23]この銘から康熙三八年（一六九九）に墓を築造したことが分かる。琉球の墓の年代観から考えると琉球弧に伝わる前段階で、直に萬福寺内において黄檗派の寿蔵として木庵の寿蔵が実践された可能性を指摘しておきたい。そして、この系譜が、長崎福済寺や崇福寺で確認した唐破風墓へ繋がるものと考えている。

日本国内のB類の派生は、木庵性瑫の紫雲派との関連において全国へ展開したと捉えられ、これは黄檗派興隆の初期の教線拡張に連鎖しているといえよう。法系あるいは師資関係の展開を示す結果と言っても大きな間違いではないであろう。

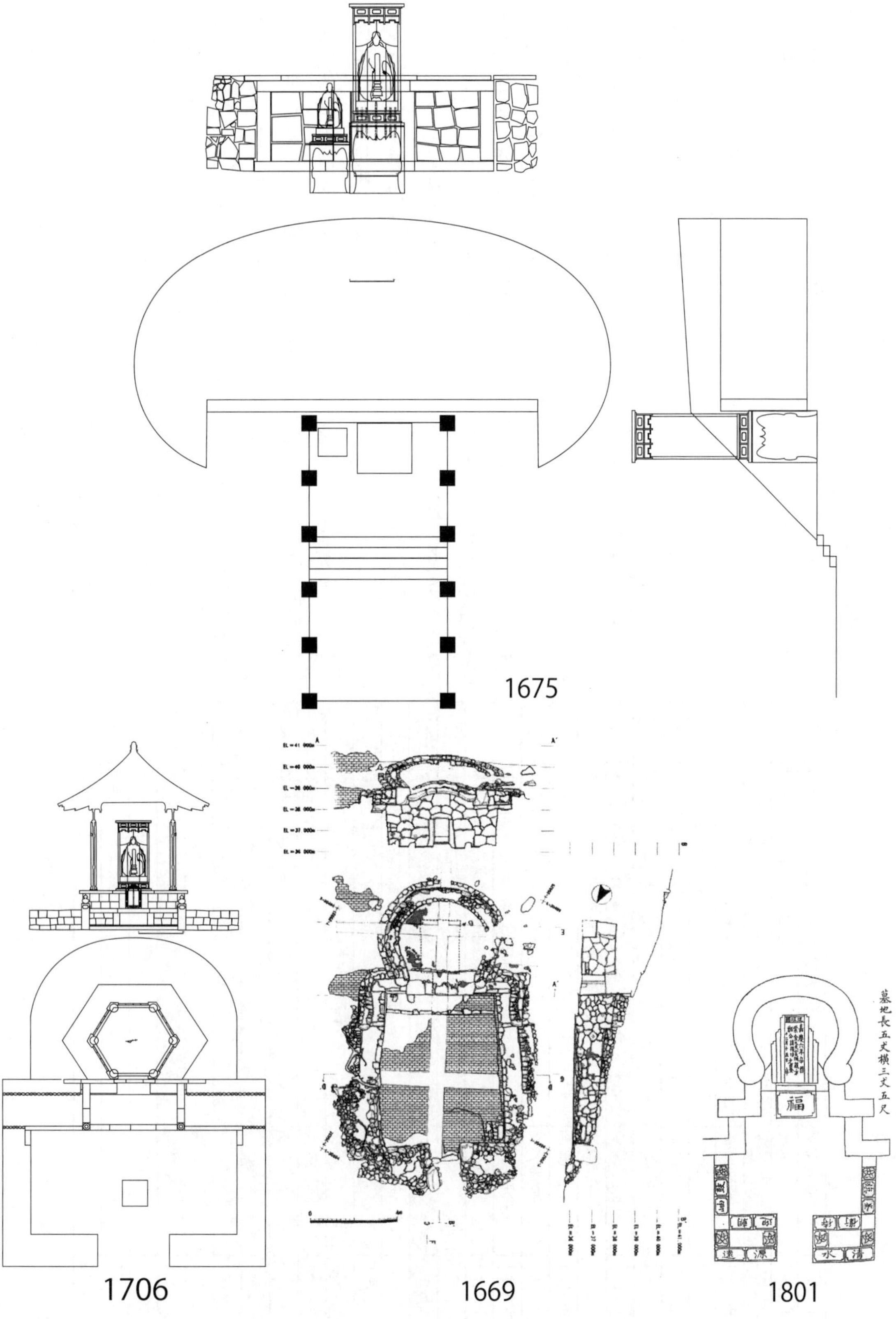

図 54　寿蔵様式と琉球亀甲墓

五　萬福寺墓所の歴代住持有縁の石塔とその周辺

萬福寺裏丘陵地尾根上は古くから墓所が営まれた場所であることは、絵図などで確認できる。その一部を紹介すると図3・4の『萬松一指』（萬松岡墓地絵図・天明四年〈一七八四〉）には寛永期に遡る墓碑の銘が碑形とともに記録されるなどその他多くの碑が記録されており興味深い。

今では、当時の大名関連や萬福寺歴代の碑が本来あった場所は明確にできないが、絵図の中で「地蔵」と記されている部分が現在墓所のほぼ中央中段にある「朝日観音」を示しているものと思われる。

先述したように萬福寺境内地は、古くは全体が広大なエリアであったが、明治以降その一部が火薬庫建設のために多くの塔頭が移転せざるを得なかった。これに伴って歴代の墓所も改葬され、地上の碑が現在の萬福寺墓所の一角に移転されたものと思われる。移転の場所についての記録が不明なためにその多くは確認できないのであるが、現状を確認する限り、本来あった墓碑類が移転に伴い一か所に集められたものと思われる。したがって当時の葬制については明確にはできないものの遺された碑類に着目をしてみた。

萬福寺墓所には二五基の歴代住持に関連すると思われる墓碑がある。このうち表2に示した鼠色部分以外は図化した。

①　1無心性覚《むしんしょうかく》塔

俗姓は林。同号は無心。後に「玉山」と改めたことから碑銘は「玉山」とした。慶安期に長崎に渡来し興福寺に寓る。興福寺住持不在に際して也嬾を推挙し厦門から呼び寄せるも難破したため、也嬾の本師である隠元隆琦を招請し漸く応諾となり隠元隆琦が東渡した。これは無心の大きな功績

表2　萬松岡黄檗歴代墓碑一覧

位置	碑銘	没年	西暦
1	明比丘玉山覺公塔	寛文一一年	一六七一
2	無上尊公之塔	万治三年	一六六〇
3	鉄心道胖	宝永七年	一七一〇
4	明　独立性易	寛文一二年	一六七二
5	錦橋池田先生墓	文化一三年	一八一六
6	慈譲院志覺順怒大姉塔	文化二年	一八〇五
7	瑛巌曜大和尚之塔	不明	不明
8	當院開基獨吼獅大和尚塔	元禄戊辰年	一六八八
9	本山二十三代本莽重興蒲菴英和尚壇	不明	不明
10	監院別山道徹公之塔	不明	不明
11	本山第十六代堂頭百痩拙大和尚塔	寛延二年	一七四九
12	慈徳開基大寧安禅師之塔	天和二年	一六八二
13	古石永公之塔	不明	不明
14	黄檗第十二代獨文炳老和尚塔	享保七年	一七二二
15	興福住侍韻法逸然融公之塔	寛文戊申年	一六六八
16	當院開基柏岩節和尚之塔	寛文癸丑年	一六七三
17	西堂獨言聞公禅師之塔	明暦乙未年	一六五五
18	本山老日舊華厳開基惟一實公禅師之塔	元禄五年	一六九二
19	當山開基紫玉晶老和尚塔	享保十一年	一七二六
20	當院第十一代天居超老和尚塔	享保十一年	一七二六
21	華蔵開基南源派老和尚之塔	元禄五年	一六九二
22	南龍院開山獨眼英龢尚之塔	不明	不明
23	臨済正宗第三十二世東林開基大眉善大龢尚之塔	延宝乙卯	一六七五
24	比丘海會塔	不明	不明
25	臨済三十四世暁堂収禅師塔	寛文丙午年	一六六六
26	黄檗十代崇寿中興旭如昉大和尚塔	享保四己亥年	一七一九

★グレーは未実測

と評価されている。寛文一一年（一六七一）正月二一日示寂。木庵性瑫が仏事を修して萬松岡に塔した。

② **2無上性尊《むじょうせいそん》塔**

俗姓石。黄檗山に隠元隆琦を礼して出家し、その後の東渡に際して、あるいはその後も左右に侍し各地に遊ぶ。普門寺において万治三年（一六六〇）示寂するが、後に萬松岡に塔を建てる。

③ **4独立性易《どくりゅうしょうえき》塔**

俗姓戴。永暦七年（一六五三）に長崎に渡来し、翌年隠元隆琦に参じ僧侶となる。松平伊豆守信綱に招かれ武蔵野野火止平林寺に寓した。寛文四年（一六六四）岩国藩主吉川広正、広嘉親子に診療のために請われて岩国に行きこの時の縁が親交を強めた。寛文一一年（一六七一）一一月示寂し荼毘に付された。後に遺骨は萬松岡に塔した。弟子の高玄岱は、平林寺に戴渓堂を寄進し享保三年（一七一八）、高松の年江直美らとともに木碑を寄進す。また、玄岱の子・右翁は、高家の菩提寺上野護国院の高家墓域に独立性易の「髪歯塔」を造立した。現在、多磨霊園に遺る。

④ **11百拙元養《ひゃくせつげんよう》塔**

晩年、葦菴叟と称したことから碑銘は「百叟拙」としている。俗姓原田氏。幼くして臨済宗の東海祖津に就いて出家。

貞享三年（一六八六）、東海が南禅寺塔頭帰雲院の住持になるに随う。南禅寺では東禅院住持の大随玄機（道亀）と霊芝山光雲寺住持の英中元賢の

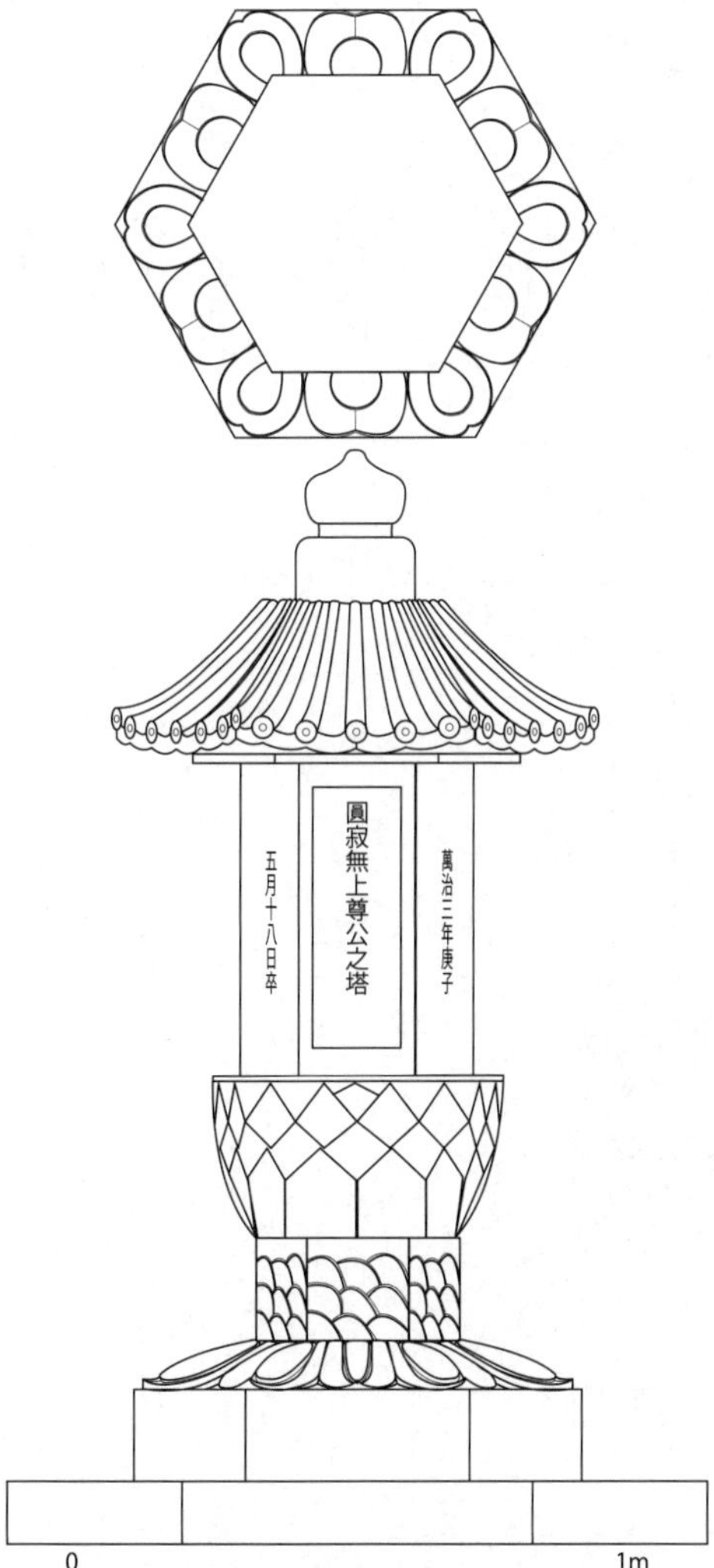

図 56　萬福寺墓所無上性尊塔

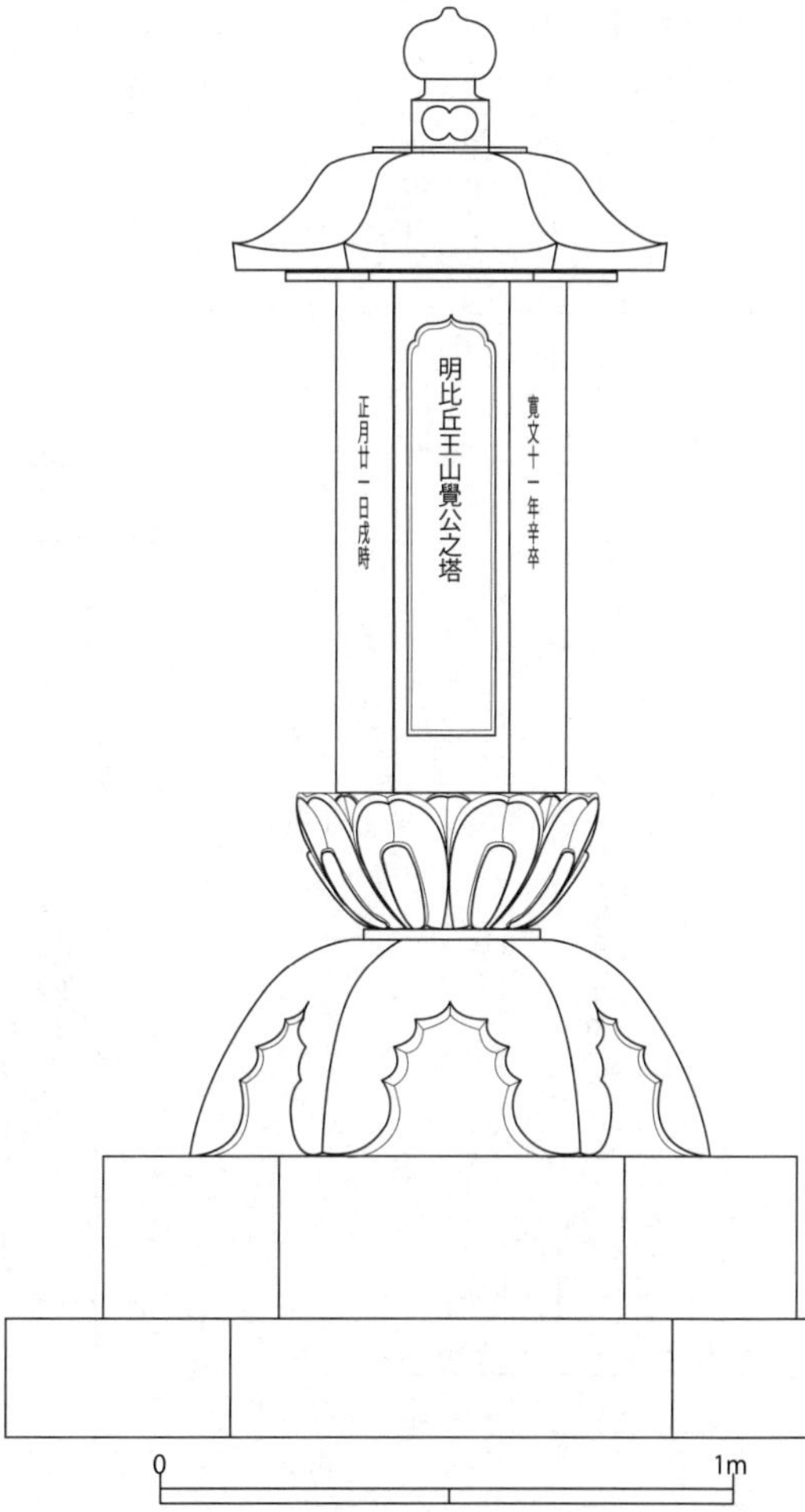

図 55　萬福寺墓所無心性覚塔

鉗鎚を受ける。この二人の師は黄檗宗に傾倒し大随は隠元隆琦や木庵性瑫に参じていた。百拙も独湛性瑩に参堂し影響を受ける。大随とともに天王山仏国寺(京都市伏見区)の高泉性敦の許に身を投じ、元禄五年(一六九二)、高泉が宇治萬福寺の第五代住持になるにともない百拙は侍者としてこれに随った。

宝永二年（一七〇五）、大随が仏国寺を退いた後は、紫野（京都市北区）に楊岐庵を構えた。近衛家煕や烏丸光栄ら公家の帰依を受ける。正徳五年（一七一五）仏国寺第九代住持、享保三年九月（一七一八）但馬の大雲山興国寺の第五代住持。

家煕の信任は篤く、享保一八年（一七三三）に洛西鳴滝泉谷に近衛家の菩提寺として海雲山法蔵寺を復興し、大随を開山祖師として自らは初代住持となった。この地はかつて尾形乾山が窯を開いたところで書人桑原空洞の所有地を近衛家で購入したものだった。元文四年（一七三九）に黄檗第一三代竺庵浄印の退隠後、長老として泰洲道香などと黄檗山監寺となり、翌五年に黄檗史上初の和僧住持となり第一四代龍統元棟によって首座を任じられた。寛延二年（一七四九）、法蔵寺において示寂する。

⑤　15逸然性融《いつぜ(ね)んしょうゆう》塔

寛永一八年（一六四一）浙江省杭州から商人として東渡した。正保元年（一六四四）黙子如定《もくすにょじょう》に師事し興福寺に入り黄檗僧となった。翌年には興福寺第三代住持となった。隠元隆琦の日本への招聘に尽力し承応三年（一六五四）に実現させた。そして明暦四年（一六五八）年興福寺を退隠して境内背後にあった東盧庵（黙子如定の隠居所）入って十年後の寛文八年（一六六八）に塔した。この逸然性融の死に際して隠元隆琦はこれを惜しんで萬福寺万松岡に石塔を造立したのである。この石塔が現在遺っている。東盧庵での逸然の活動は、「唐画の祖」と呼ばれるだけあって仏画の

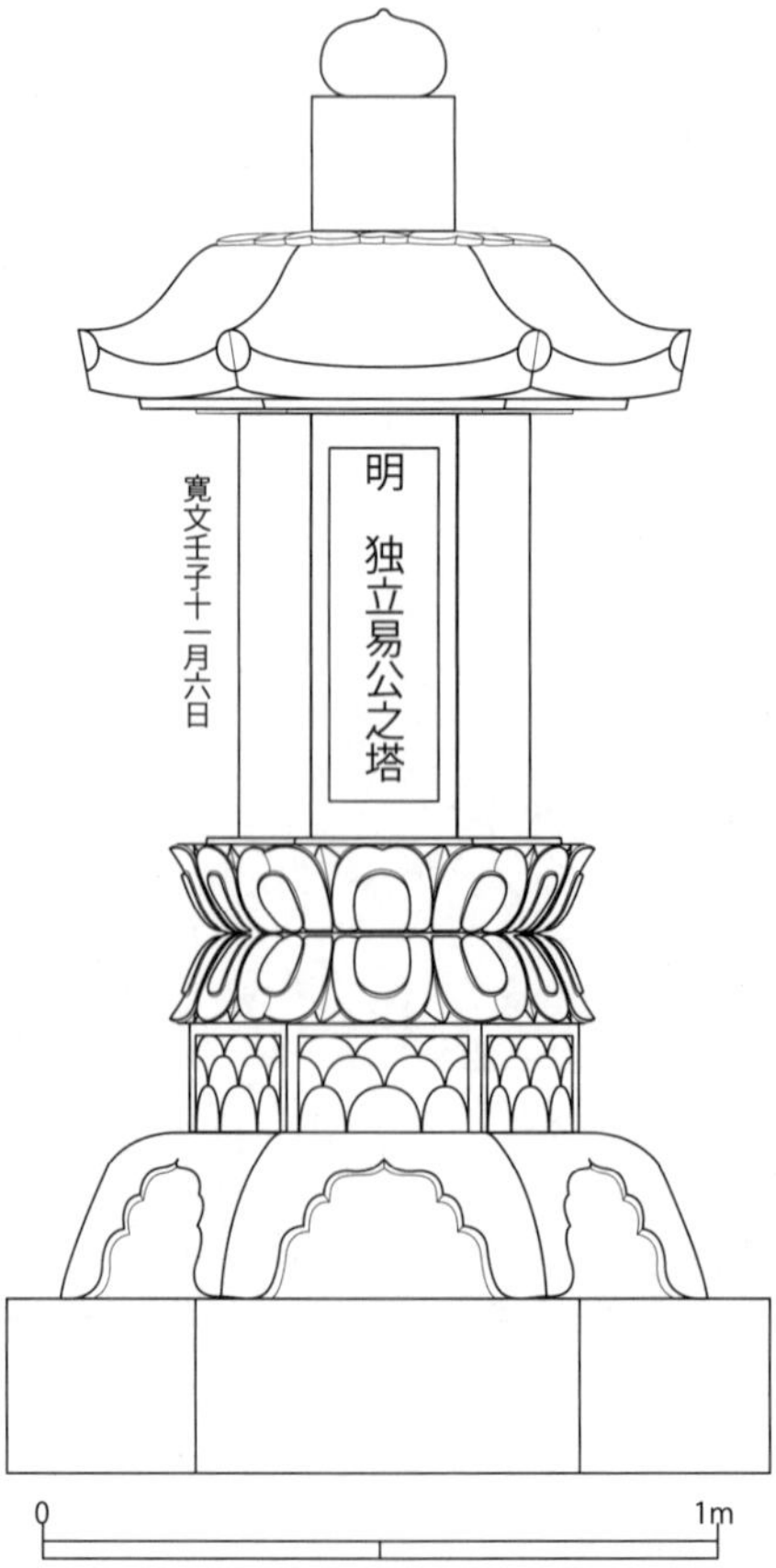

図 57　萬福寺墓所独立性易塔

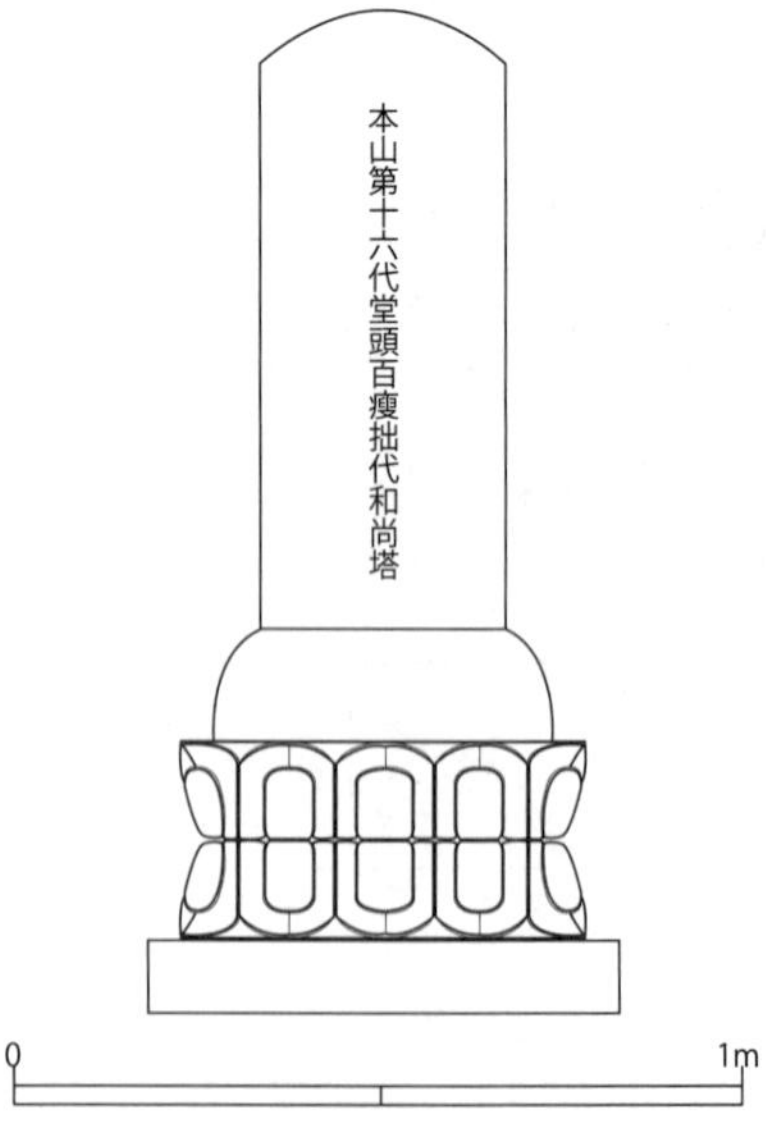

図 58　萬福寺墓所百拙元養塔

模写や粉本により多くの絵を学び、狩野派特に探幽あるいは室町水墨画などを積極的に模したと評価されている。また、東盧庵では多くの日本、中国の人々が集い、木庵性瑫、即非如一が訪れ、独立性易《どくりゅうしょうえき》などは三年も同居したとされる。そして仏工である范道生もまた訪れたとされる。

さて、隠元が造立した逸然の塔は、萬福寺墓所内で最も古く、この塔から型式が創出された可能性もある。

石塔型式は、二枚の板石を六角形に加工し基礎としている。

基礎の上は一石から造り出され六脚を表現しているいわば基台である。脚の内側は三段の如意頭文を表現している。

脚の上には低い六角柱の中台が載り、中台の六面は、幅三㎝内外、深さ五ミリ内外の縁が彫り出され、その内側全面に青海波が線刻されている。中台の上は六面体の反花座と仰蓮座の組み合わさった中台とも言うべき台座が載る。

仰蓮座上面は、その上に載る塔身の大きさに応じて、高さ5㎜内外の低い段を設けており、この上に六面幢的な塔身が載る。なお、花弁の表現に特徴があり、中心部分は複弁、間弁が単弁、そして花弁先の両端部分に刻みを表現している点は日本の石塔の花弁表現として皆無であり独特と言え中国的な表現といえる。この点から中国の工人の存在の可能性を指摘しておきたい。塔身正面は陥中を設け、中心に名が彫られ、正面右に示寂の年、左に月日を刻

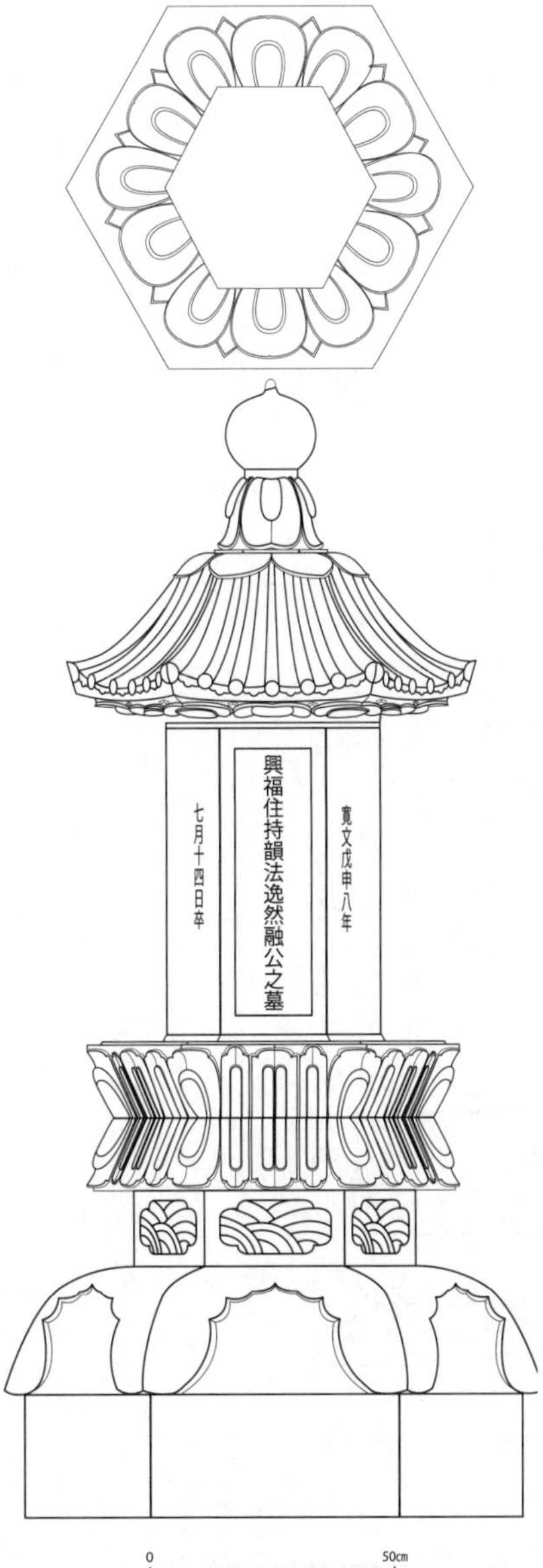

図59　萬福寺墓所逸然性融塔

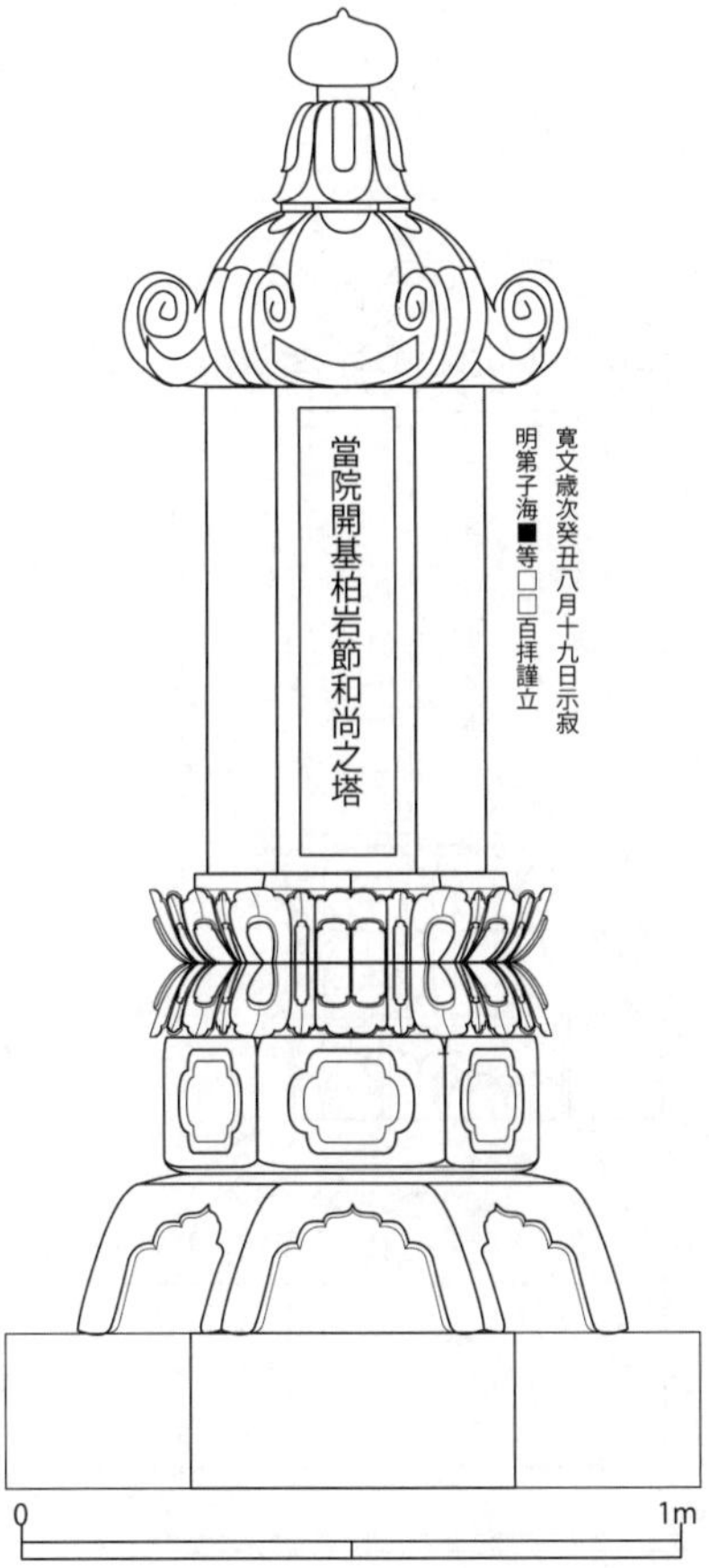

図60　萬福寺墓所柏岩性節塔

第四部

んでいる。塔身の上には六注の宝形造りの屋根が載る。稚児棟が表現されている。軒先には中国の滴水瓦を表現している。軒裏は、単弁による花弁の肉彫りにより荘厳されていて、塔身を包むように配されている。

屋根の上部中心には、露盤と宝珠が載るが、露盤の六面に肉彫りの単弁が華麗に表現され荘厳している。

⑥　16柏巌性節《はくがんしょうせつ》塔

福建省漳州府漳浦県の生まれ。即非如一《そくひにょい》の招書で共に東渡し、崇福寺に続いて寛文五年（一六六五）小倉福聚寺に晋む。翌年即非如一の法を嗣ぎ、寛文八年に長崎崇福寺広福庵に退隠した。寛文一二年（一六七二）には登檗し翌年隠元隆琦の死に際して百箇日これを守り、後を高泉に託し景福院に退去し同年示寂し同院に塔した。塔は崇福寺にも造立された。

⑦　17獨言性聞《どくげんしょうぶ(もん)》塔

道号獨言、法諱性聞。承応三年隠元隆琦の東渡に随従し、興福寺に住し西堂に就く。明暦元年（一六五五）七月に示寂。萬福寺が創建後に改めて萬松岡に塔を建立したとされる。創建直後であれば七回忌（一六六二年）あるいは貞享四年（一六七八）の一三回忌の建立となろう。

⑧　18惟一道実《ういどうじつ》塔

承応三年（一六五四）隠元隆琦に就いて出家し黄檗に参禅、寛文元年（一六六一）、高泉性敦らとともに東渡。その後摂津普門寺で隠元隆琦に省観し双鶴亭に閑居す。日々鮮血を瀝いで『華厳経』八一巻を血書したとされる。元禄五年（一六九二）三月一三日示寂。隠元の付法を断ったともされる。

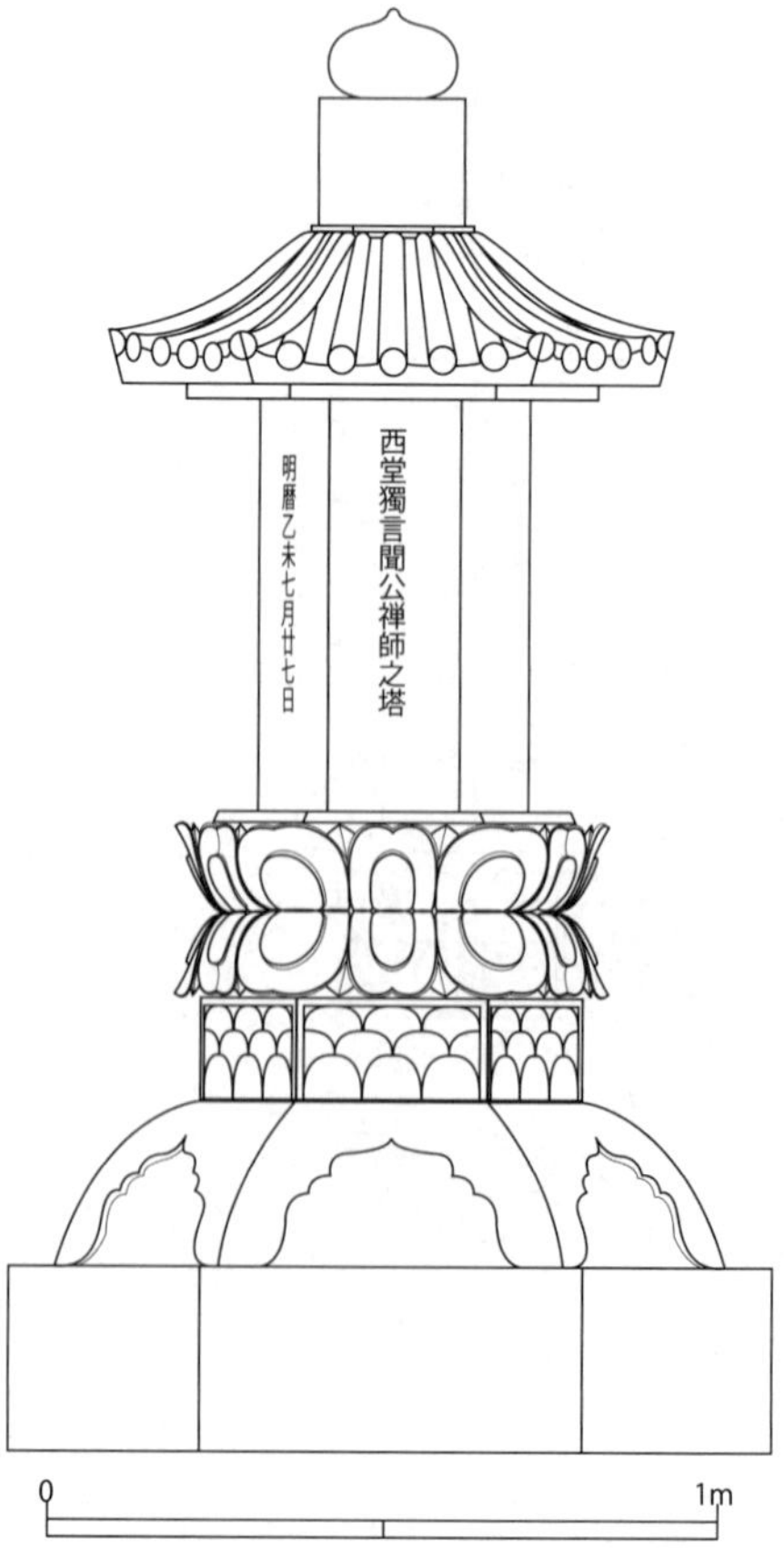

図61　萬福寺墓所獨言性聞塔

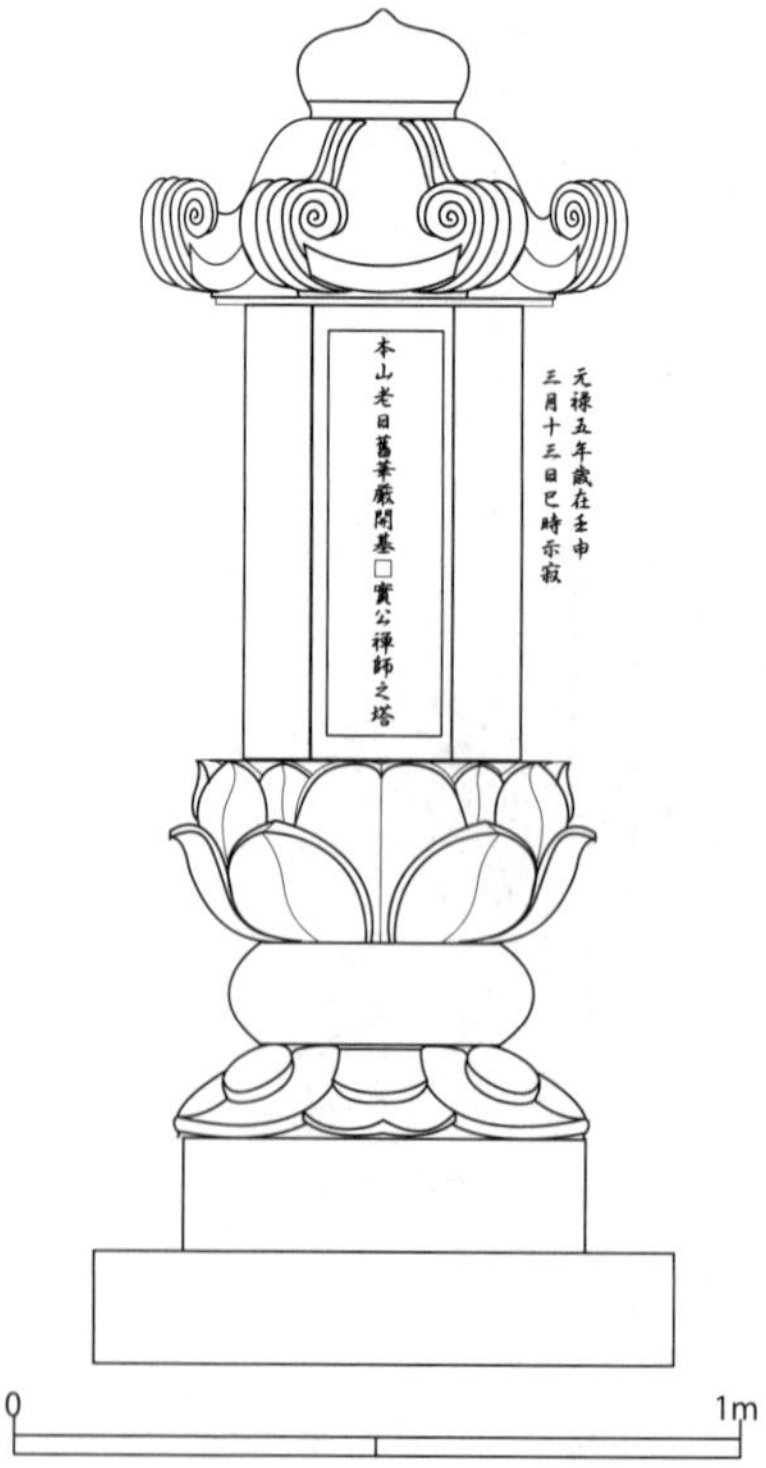

図62　萬福寺墓所華蔵院老師 塔

第四部

⑨　**21 南源性派塔**《なんげんしょうは》

承応三年隠元隆琦とともに東渡。長崎興福寺にはいる。萬福寺の開創に随従。寛文八年（一六六八）華厳院を開く。寛文一三年（一六七三）隠元隆琦示寂。開山堂を守り大享堂を寿蔵の右に建立した。

延宝八年（一六八〇）摂津天徳山国分寺において隠元を開山とし自ら中興住持となる。元禄元年、南都公慶上人大仏殿の重興においては拈香師に請じた。元禄五年（一六九二）六月示寂。福州出身。俗姓は林。号は松雪。遺骸は荼毘に付して天徳・華蔵院に窆めた。「南源和尚語録」「芝林集」など。

⑩　**22 独振性英塔**《どくしんしょうえい》

日本名は林仁兵衛、母が薩摩藩篠原氏の娘である。鹿児島で出生し、元和五年（一六一九）に長崎に移住、寛永一七年（一六四〇）小通事、翌年に大通事に昇進した。崇福寺に隠元隆琦が晋山に際して臥遊居を寄進し、万治四年（一六六一）即非如一の晋山を迎えた。寛文二年（一六六二）に大通事を辞め、翌年伊黄檗山にて出家し寶善庵を建立し延宝四年（一六七六）独吼の法を継いだ。元禄七年（一六九四）五月七日八五歳で示寂し萬松岡に孫の芳徳によって塔した。崇福寺には供養塔がある。

⑪　**23 大眉性善塔**《だいびしょうぜん》

順治一〇年（承応二・一六五三）隠元隆琦の招請の実情調査のために長崎に渡り役目を果たし翌年隠元隆琦東渡が実現し

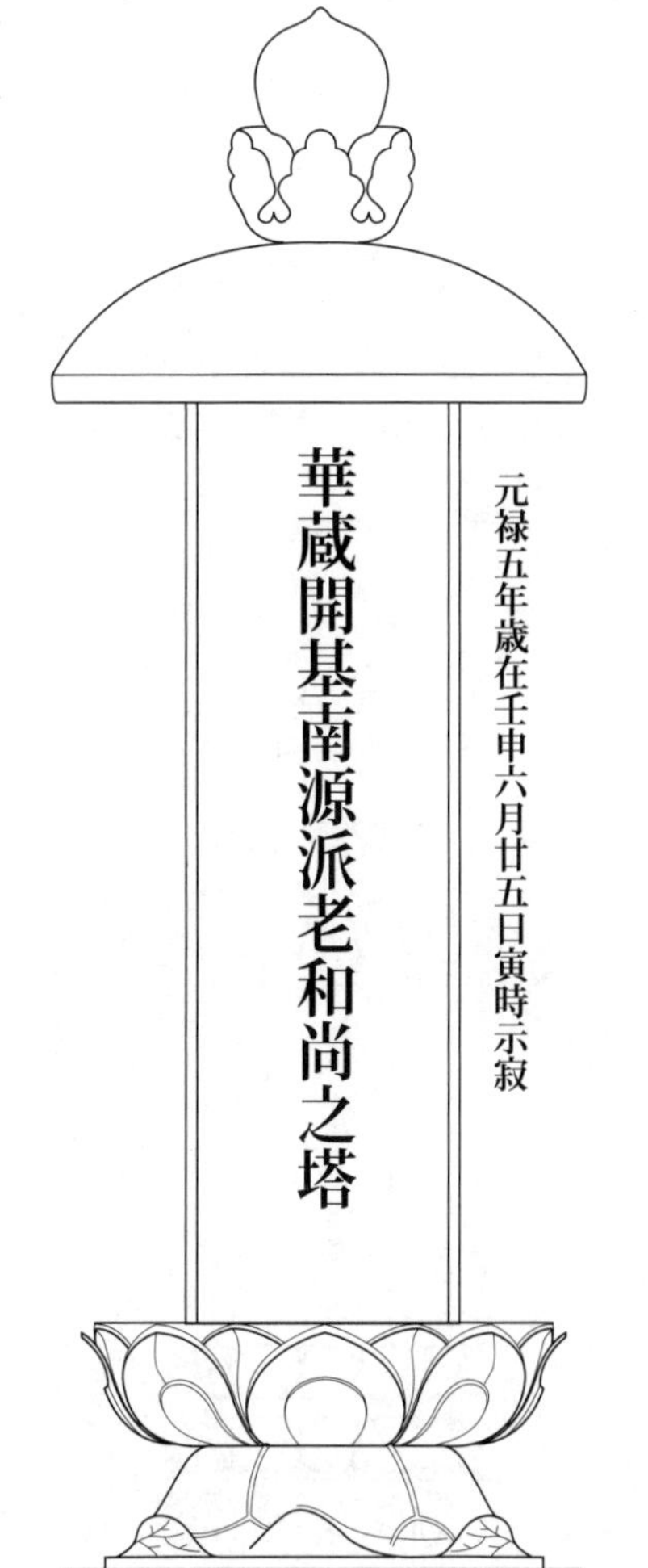

図 63　萬福寺墓所南源性派 塔

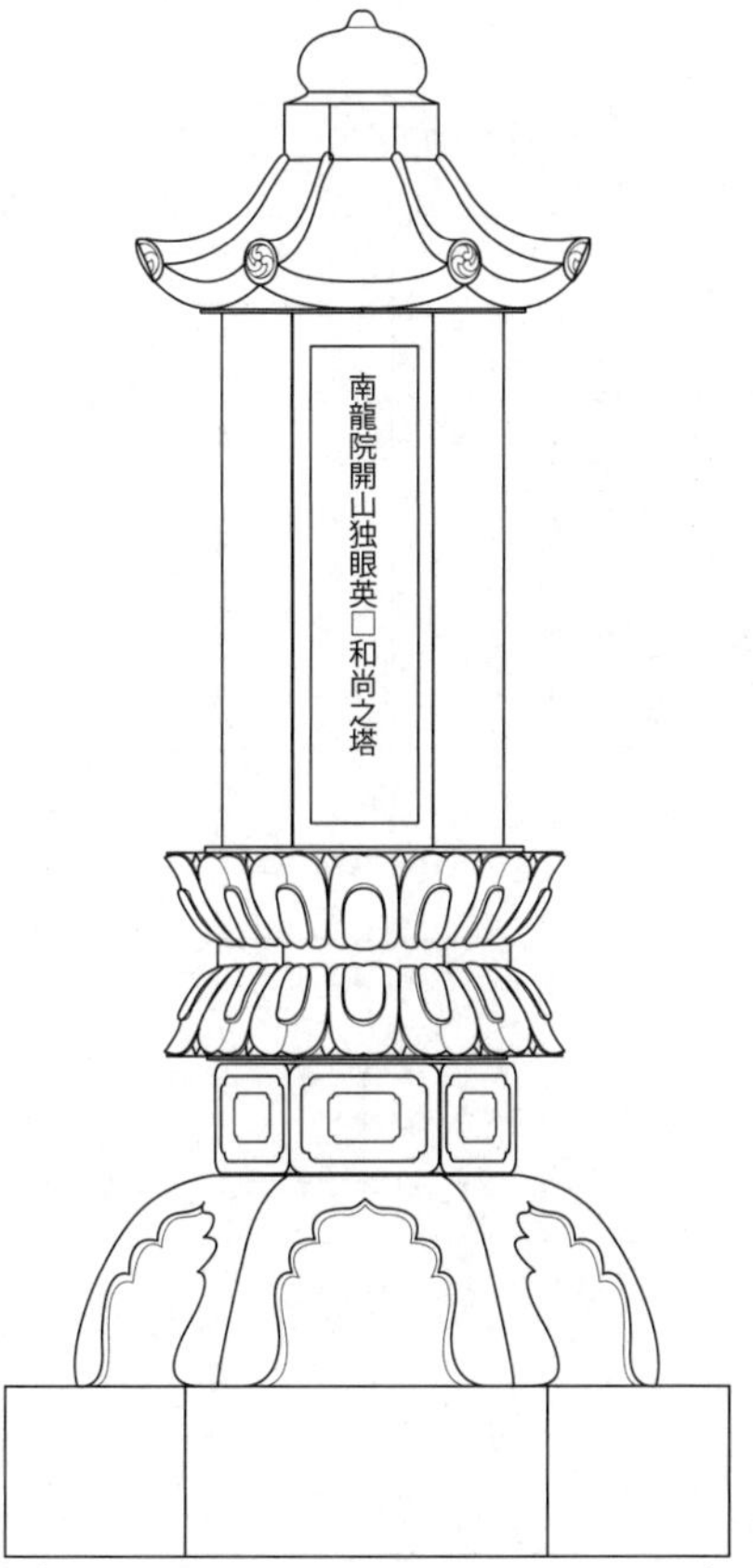

図 64　萬福寺墓所独振性英塔

た。萬福寺塔頭東林庵を構え寛文三年（一六六三）の第一次黄檗三檀戒会では尊証阿闍梨を務めた。寛文五年付法された。寛文一三年（一六七三）の隠元隆琦示寂においては百日隠元の龕に寄り添い読誦した。同年病に没し東林の後を梅嶺が継いだ。「火後骨灰を水葬し少しも留むる勿れ」という遺言を遺し延宝元年（一六七三）一〇月十八日示寂した。萬松岡に塔を建立し正宗寺に爪髪塔を祀った。

⑫　26弢玄道収《とうげんどうしゅう》塔

俗称は林。慧門如沛《えもんにょはい》の法を継いだが、高泉性敦、未発、惟一、柏巌性節らと東渡し、隠元隆琦に謁し第二次檀戒会では尊証阿闍梨を務めるなどした。寛文六年（一六六六）示寂。萬松岡に塔す。世寿三四世、木庵性瑫が仏事を修した。

⑬　27旭如蓮昉《きょくにょれんぼう》塔

俗称は王。康熙四六年（一七〇七）、興福寺の悦峰より後住を求められ、正徳元年（一七一一）五月長崎に至り悦峰を継いだ。享保四年（一七一九）示寂。

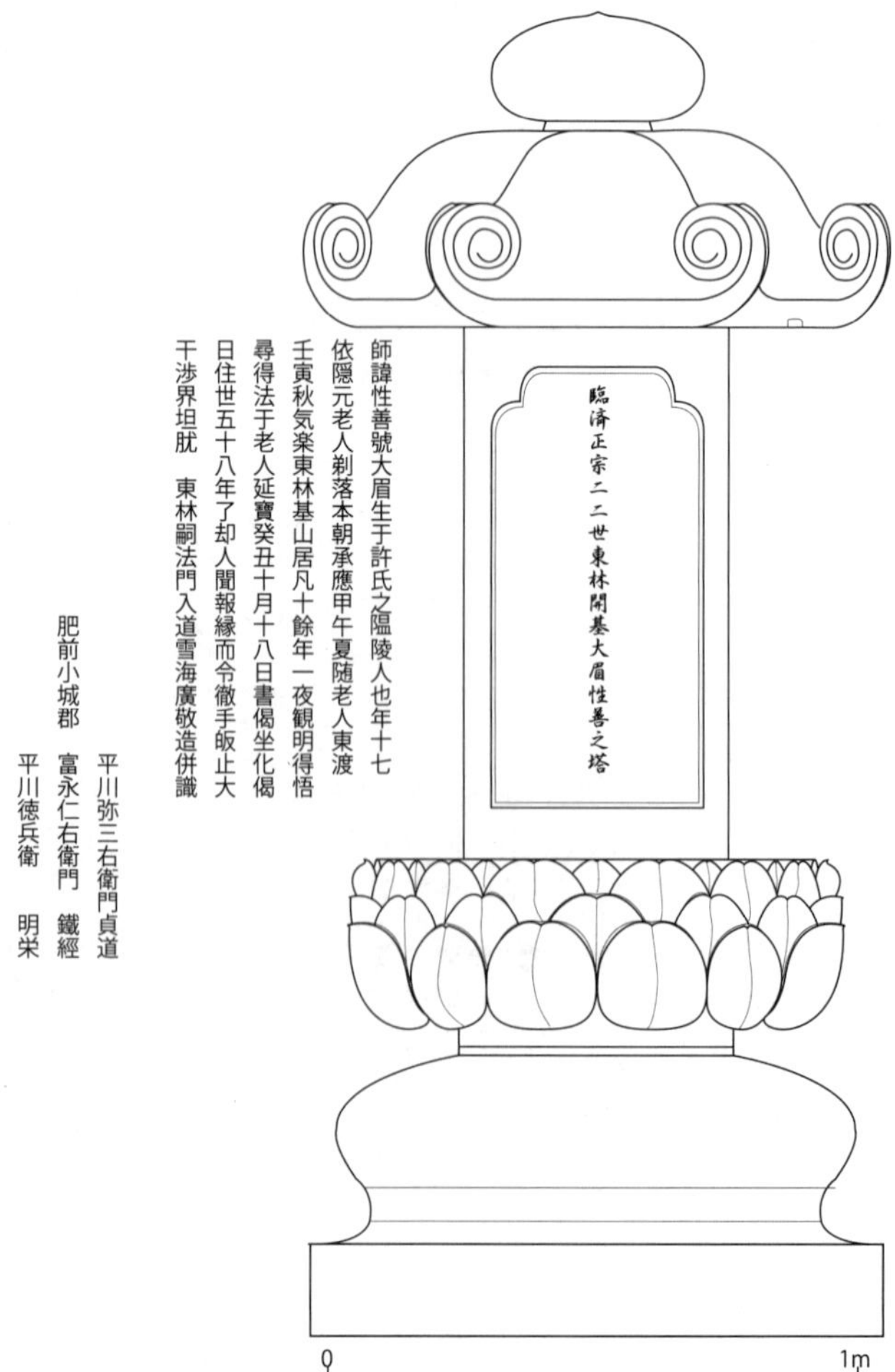

図65　萬福寺墓所大眉性善塔

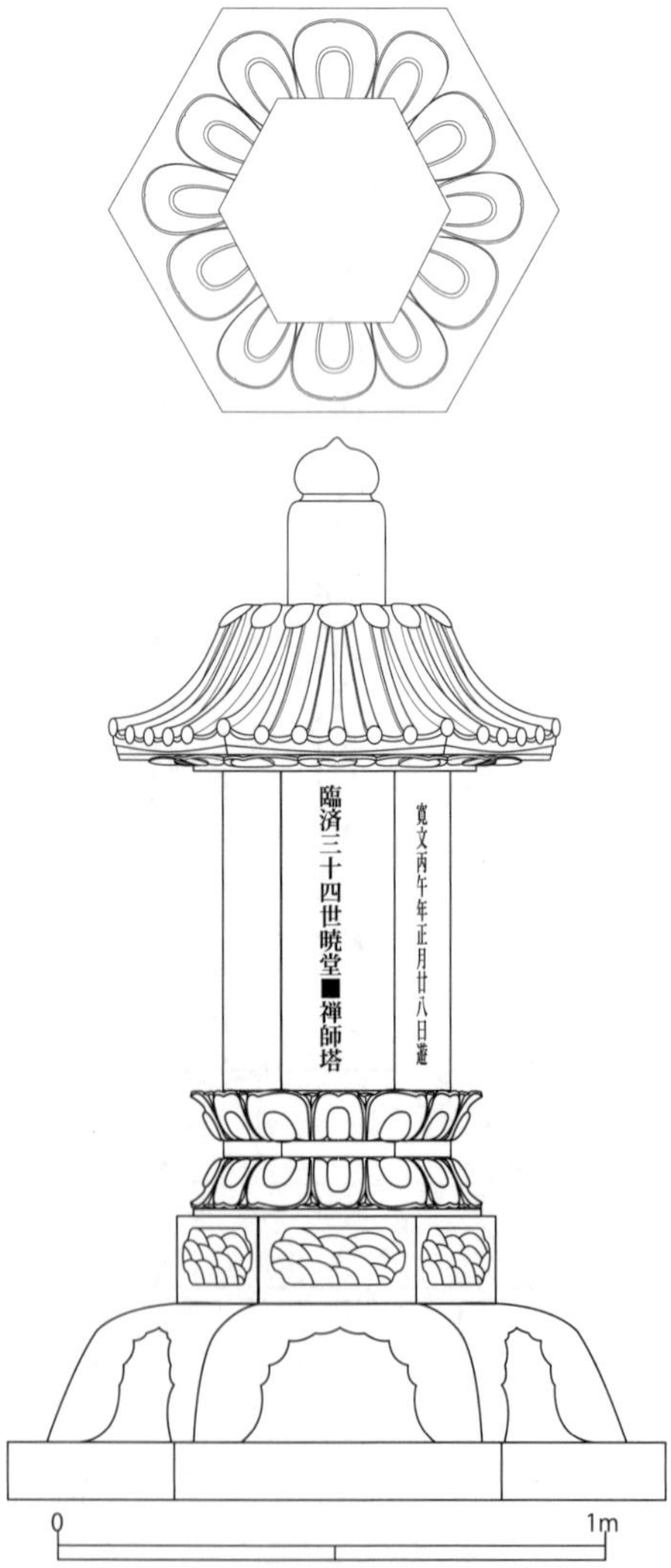

図66　萬福寺墓所弢玄道収塔

第四部

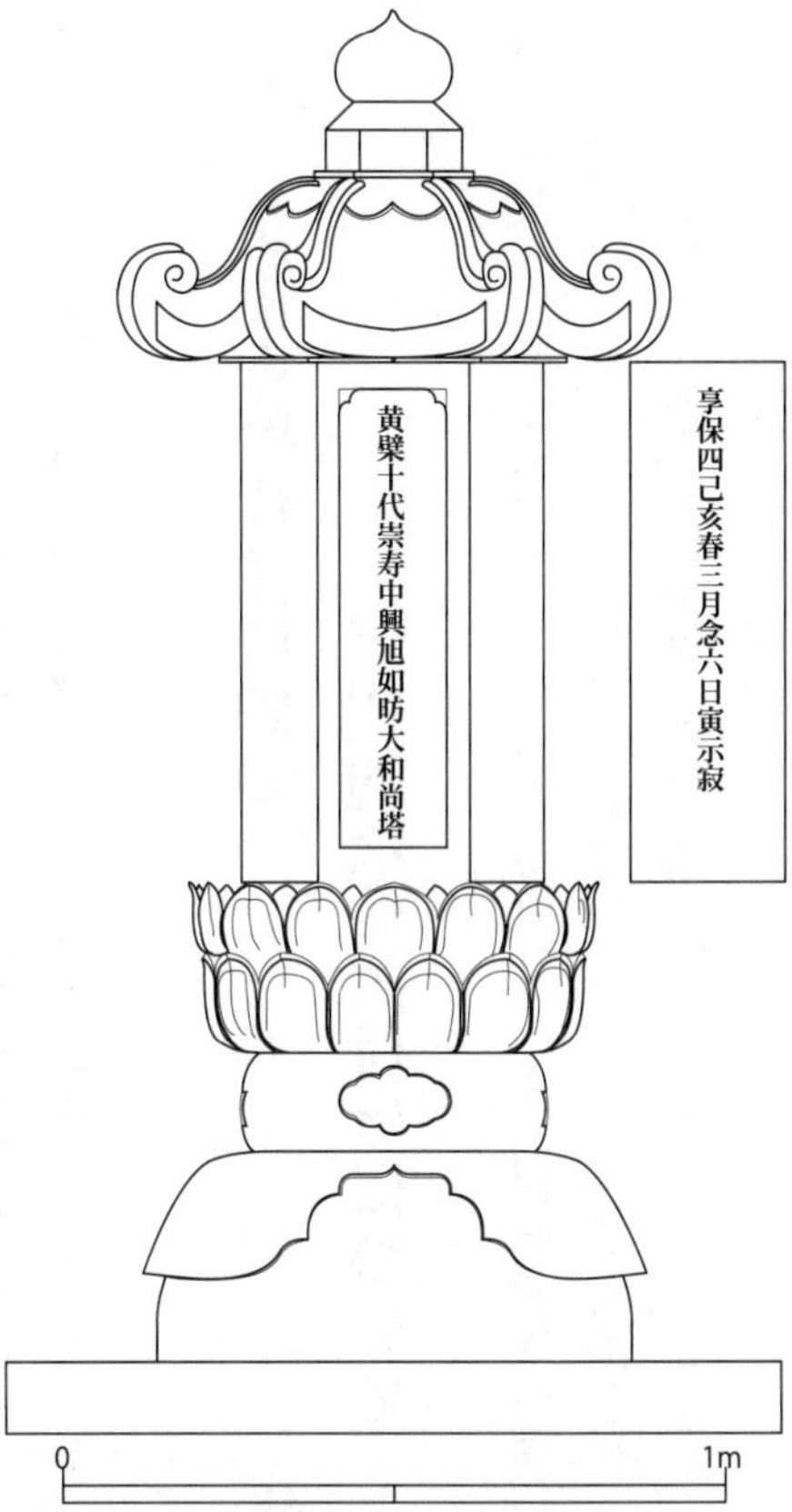

図67　萬福寺墓所旭日蓮昉塔

六　黄檗宗塔型式について

黄檗宗塔型式の大きな特徴は、六角形を重視しており、基礎以下塔身、屋蓋に至るまで全て平面系を六角形としている。

各部位の特徴は、基礎を据え、その上に脚台（基台）を置く。六面体の脚台は中心に向かって三乃至四転する如意頭文を彫り出し脚としている。

脚台の上に六面体の中台を置く。中台の六面には黄檗宗独特の青海波文様を配する事例が多い。また、黄檗宗独特な文様として、黄檗宗の寺院建築の礎盤に酷似する太鼓文様を配している例も多い。

中台の上に大振りな径を有する蓮座を据える。この蓮座の下は反花座、上は請花座として一石から造り出されている。上下の座は直接連結して彫り出されているが、数センチの高さの束を間に入れる場合もある。

上下の蓮座は基本的に同じ様式が上下組み合わされるが、若干下の反花座の径がわずかに大きい場合がある。目視ではほぼ同じ径の大きさに見える。

また各塔で蓮座の花弁は、単弁を基本とするが花弁一葉の形に大きな特徴を有する類例がある。特に花弁の先端に近い両側部分に木瓜形に近い刻みを入れる例がある。この点は後に系譜問題で若干取り上げてみたい。

蓮座上部は、丁寧な造りでは、塔身が載る面を、高さ五㎜内外の中台のような受け部分を造り出し、この上に塔身を載せている。

塔身は、六角柱で正面を彫り込み陥入として中心部分に被葬者あるいは寿蔵する人物の名を刻み最後に「墖」、「塔」の字を置く。あるいは生前の場合は「寿蔵」と彫る場合も確認した。没年月日などは左右の面か背面に刻む。

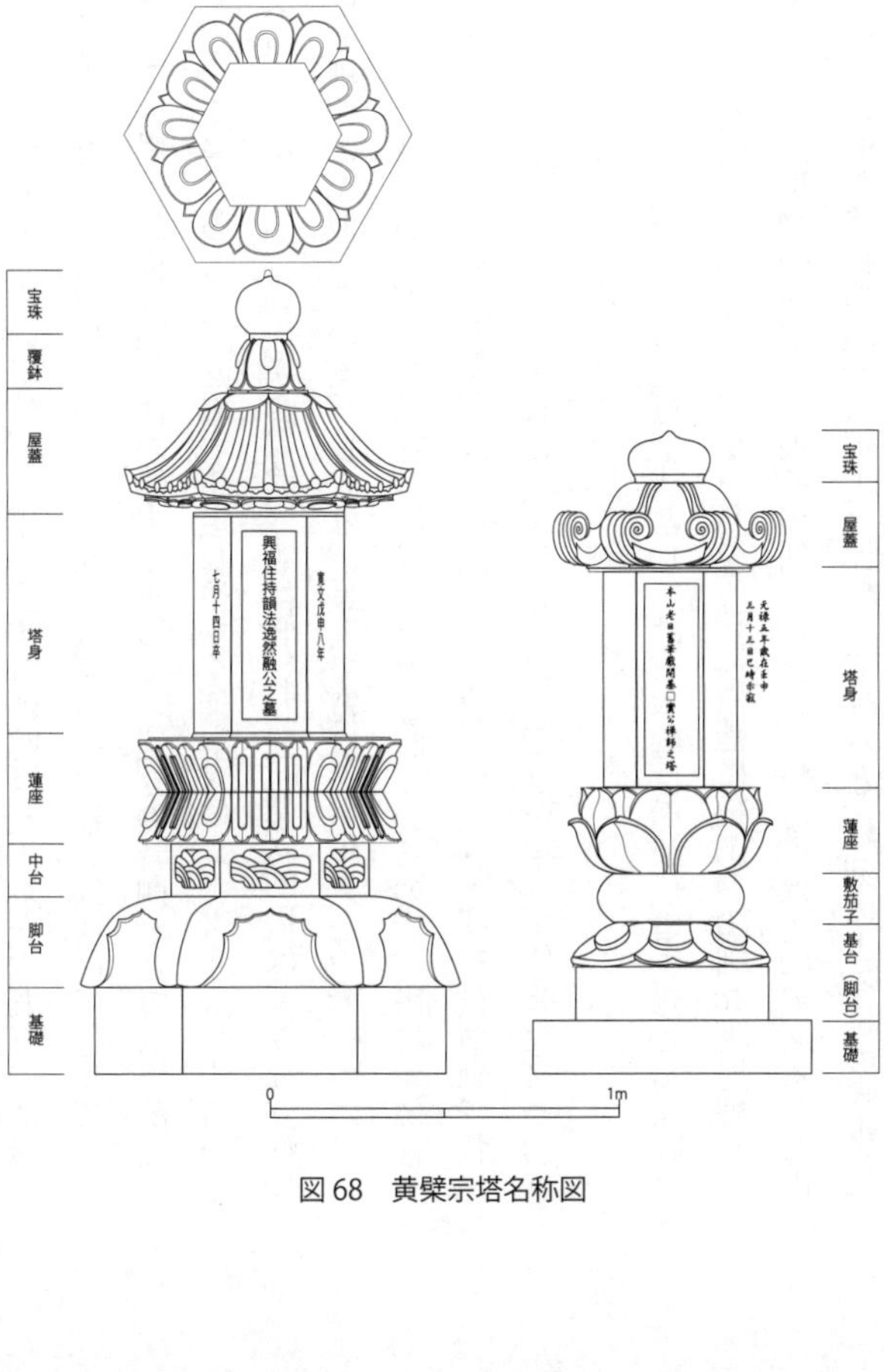

図68　黄檗宗塔名称図

屋蓋は特に建築部材である軒丸を立体的に細かに表現している。軒先瓦の表現で軒先丸瓦を重弧文・巴文を刻している例も認められ非常に丁寧な彫刻である。軒先平瓦は中心部に水切りを表現した滴水瓦や重弧文を示す彫刻が年代的に古い塔に見られた。軒丸の巴文瓦表現は、新しい塔の軒先に残る。日本の石塔類では、宝塔型式に屋根の降り棟、稚児棟などが若干認められるだけである。

屋蓋のもう一つの特徴として、頂部に素弁の蓮華文を配している点であり黄檗塔独特の装飾ではなかろうか。

屋蓋軒裏面は花弁の彫刻を施している例が、年代の古い塔に認められる。花弁の間に間弁を彫刻している例は逸然性融塔だけであり最も装飾性に富んだ塔といえる。

屋蓋上には、覆鉢と宝珠が載るタイプが基本で、覆鉢の替わりに露盤が載る場合の他、宝珠が屋蓋に載るタイプが認められ、年代が新しい類例に多く観察できる。

以上の各部位の組み合わせは、黄檗宗の歴代住侍の石塔類に認められ、当該期あるいは中世の日本の石塔類には認められない型式であり、黄檗宗独特の塔型式であり、象徴的に寿蔵、あるいは墓碑として造立されたものと思われる。

七　萬福寺歴代住侍碑の年代的な位置付けについて

今回改めて萬松岡に遺存している歴代住侍有縁の人々に関連した塔の没年と塔型式の比較を行った。没後時間を経て年忌等に造立された可能性が高い塔については、造立事情や被葬者の事績、隠元隆琦他、萬福寺との関係性を考慮に入れ検討した結果が図71である。

建立年代の最も古い塔は、没年からすれば明暦元年（一六五五）に興福寺で没した無心性覚《むしんしょうかく》塔である。しかし没年時は萬福寺創建前であることから、この塔は萬福寺開基後の建立であろう。建立の時期としては、萬福寺創建後で考えると一三回忌が想定しやすく延宝六年（一六七八）くらいになる。塔型式から相応ではないかと思われる。型式的には、4独立性易塔の細部に類似している。独立は、長崎で寛文一一年（一六七一）に没した後に、侍徒らが遺骨を萬松岡に塔したとされているので、塔の類似性や年代的な点から無心と同じ時期に同一工房において製作され造立された可能性も想像できる。これらのことから無心塔の造立年代を寛文一〇年（一六七〇）代に下げて捉えた。

また、この型式塔の先行型式としては、木庵性瑫が仏事を修し萬松岡に塔した26弢玄道収《とうげんどうしゅう》塔が挙げられる。特に屋蓋に細工の繊細な稚児棟を表現し軒裏に単弁の蓮華一二葉を陽刻し荘厳している点は巧妙である。国内の同時代的な遺物の屋蓋の細工と比較してみると、線刻による棟の表現や、四隅の棟の丸彫りの表現は確認できるものの弢玄道収《とうげんどうしゅう》塔様式の軒裏の単弁蓮華の細工など細部にわたり繊細で丁寧であり中世的である。

この点は、近年、九州地区で確認された首羅山遺跡東側薩摩塔[26]（図69）あ

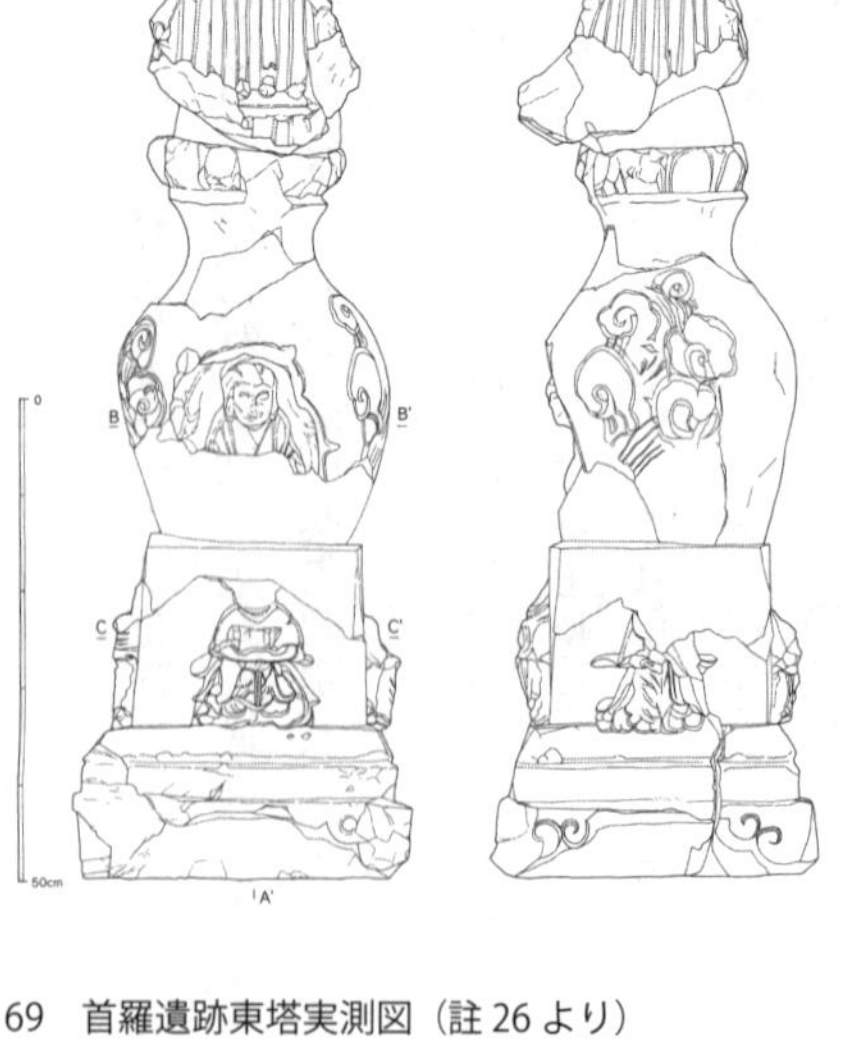

図69　首羅遺跡東塔実測図（註26より）

るいは、平戸市田平町下寺観音堂薩摩塔[27]の屋蓋の彫刻手法に系譜的に近く捉えられることから、東アジア的な彫刻技術の系譜が想定できる。中国石工の存在については、仏師からの影響と合わせて改めて示したい。

次に、同型式として注視した塔として、逸然性融塔に着目した。没年から位置づけると造塔は寛文八年（一六六八）で弢玄道収塔以後になってしまうが、この塔の由来として隠元隆琦が建立導師をしたとされる点が重要であろう[28]。

細部を観察してみると、基礎は少し小さめであり組み合わせとして不具合であるので移転の際に欠失し代替品が用いられている可能性が高い。

基台は如意頭文を刻み腰が低く低平な台となっている。中台は黄檗特有の太鼓様式の框の中に大きな径の青海波文を立体的に陽刻し、その上にやや大ぶりの上下組み合わせの蓮座を置く。

上下の組み合う蓮座の特徴は、花弁表現にある。花弁先端部分に刻み表現を施しており華やかで正面に復弁を配し、六角形を基本とする角部分に大きな膨らみのある単弁を配し間弁が表現されている。

屋蓋は降棟を立体的に細部に亘り表現し軒先平瓦部分は滴水瓦が線刻で表現されていて中国建築が再現されているといえる。

屋蓋上部は、六角面の各面に対応すべく素弁二枚一組を一二葉に飾っている。

覆鉢は四方を大きな単弁で飾り宝珠の請座としており、その上に球形に近い宝珠が載る。

軒裏は単弁とその間に間弁を配し一二葉を配している。

このように逸然性融塔の細部を観察すると繊細な加工が施されており、中国建築意匠を想起する表現と言え、中国工人による直接的な作品として捉えている。また、これに続く造立の獨立や弢玄道収塔は中国工人の指導を受けた邦人による国産品として捉えている。しかし、16柏巌性節《はくがんしょうせつ》塔の造立には隠元隆琦が直接かかわっていることや、蓮座の花弁に刻みを施す中国的塔として創り上げていることから、この塔も中国工人の製作として捉えられる。

以上のような細部の繊細な彫刻様式や中国的な意匠表現が確認できることから中国工人の存在を想定したが、加えて無上塔はフォルムが独特であり、屋蓋の表現も丁寧な中国建築意匠を再現していると言える。蓮座の表現が受花だけで表現されている点は、実見はしていないが写真などで紹介されている中国天童寺や延寿王塔[29]などの意匠表現に近いのではなかろうかとその系譜を考えており、この塔についても中国工人製作の塔と捉えた。

無上は隠元隆琦の左右に侍して普門寺で亡くなったのであるが、これを悲しんだ隠元が萬松岡に造立を指揮した可能性があるのではなかろうか。没年からすると萬福寺創建以前に亡くなっているので萬福寺創建後に建立されたものと思われる。

また、逸然性融塔に先行し初源的な黄檗様式塔と捉えている事例として図71に示した摂津仏日寺の慧林性機塔と隠元隆琦の寿蔵とされる塔をとりあげておきたい。

隠元塔は、摂津麻田藩初代藩主である青木重兼が隠元に帰依をし、仏日寺の開山として招聘され寿蔵の塔として造立したと思われる[30]。そのためか隠元の没年は彫られていない。次いで慧林性機塔は、東渡依頼隠元隆琦に従ってきたことで隠元隆琦の法を嗣ぎ、仏日寺第二代住持となった。この時に造立されたものと思われる。また没年が刻まれていない点から考えると隠元同様、寿塔として造立された塔であろうと思われる。

この二基の塔は、平成二年（一九九〇）仏日寺が修復を行い、その際に塔の下部から石櫃二口が確認されている。

現在、墓地の入り口に野外展示されている。発見当初の様子を聞き取りしたが記録が残ってないことから不明であるが、石櫃内に遺物などは発見

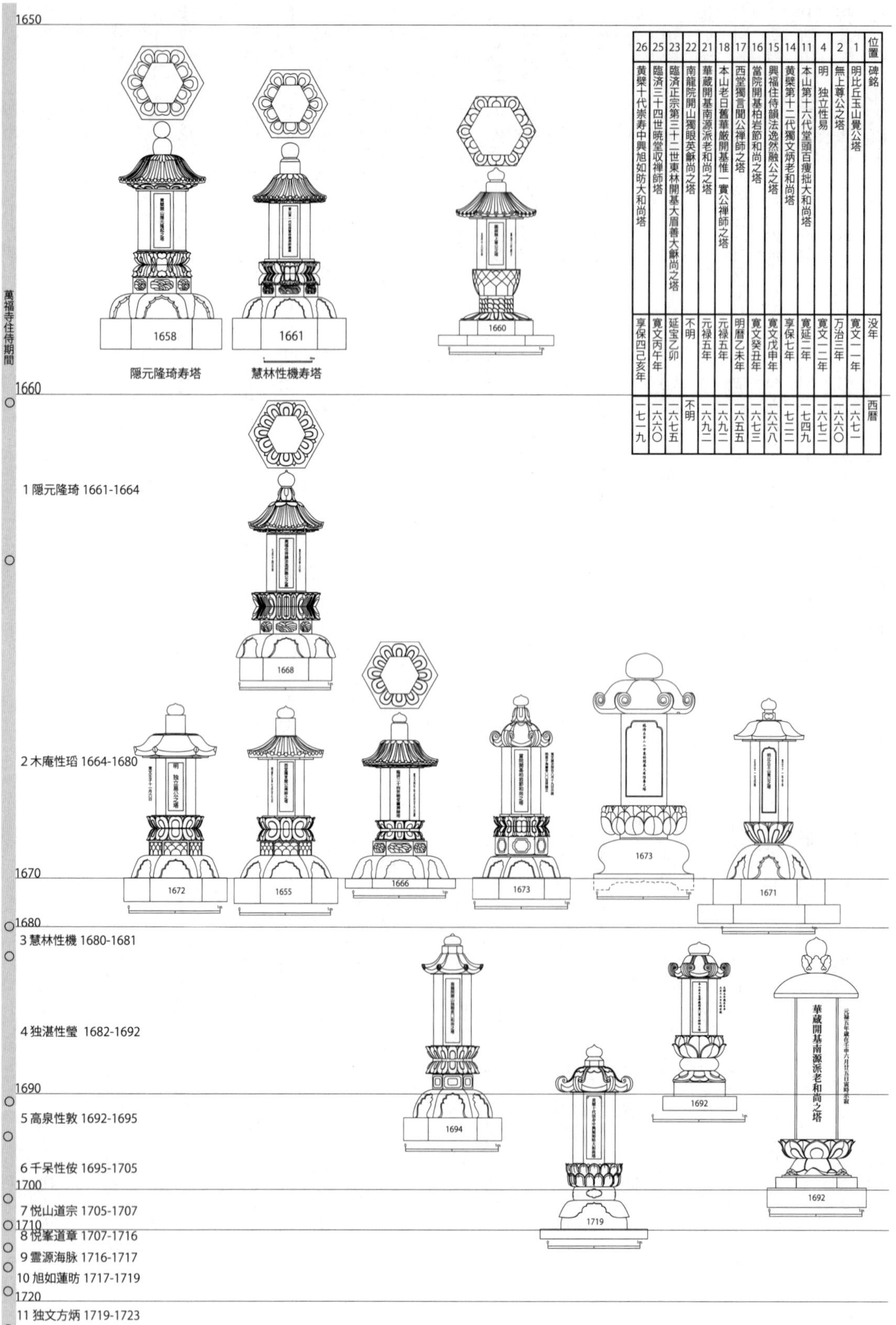

位置	碑銘	没年	西暦
1	明比丘玉山覺公塔	寛文一一年	一六七一
2	無上尊公之塔	万治三年	一六六〇
4	明　独立性易	寛文一二年	一六七二
11	本山第十六代堂頭百痩拙大和尚塔	寛延二年	一七四九
14	黃檗第十二代獨文炳老和尚塔	享保七年	一七二二
15	興福住侍韻法逸然融公之塔	寛文戊申年	一六六八
16	當院開基柏岩節和尚之塔	寛文癸丑年	一六七三
17	西堂獨言聞公禅師之塔	明暦乙未年	一六五五
18	本山老日舊華厳開基惟一實公禅師之塔	元禄五年	一六九二
21	華蔵開基南源派老和尚之塔	元禄五年	一六九二
22	南龍院開山獨眼英穌尚之塔	不明	不明
23	臨済正宗第三十二世東林開基大眉善大穌尚之塔	延宝乙卯	一六七五
25	臨済三十四世暁堂収禅師塔	寛文丙午年	一六六〇
26	黃檗十代崇寿中興旭如昉大和尚塔	享保四己亥年	一七一九

図 70　萬松岡歴代墓碑変遷図

第四部

されなかったとのことである。寿塔（蔵）であり、萬福寺の隠元隆琦寿蔵造立においては、木庵性瑫によって隠元隆琦の髪と爪が埋納されたとされている。このような記録で確認される寿塔造立事情を考え合わせれば、仏日寺の二基の寿塔の下には石櫃を納めてあったがこの中には、有機物が納められていた可能性も否定できなかろう。

このように仏日寺の隠元隆琦・慧林性機の事例は、石櫃の埋納を伴う寿蔵であり、先に示した二代木庵の寿蔵とは別様式である点は、自坊での慧林性機の独自性が示された可能性もあり、これに続く黄檗の寿蔵あるいは葬制を考える時には重要な事例となると思われるので注視したい。

因みに木庵性瑫は寛文九年（一六六九）に紫衣を賜っており、寿蔵の碑銘を確認すると「賜紫」の文字が掘られていることから寛文九年

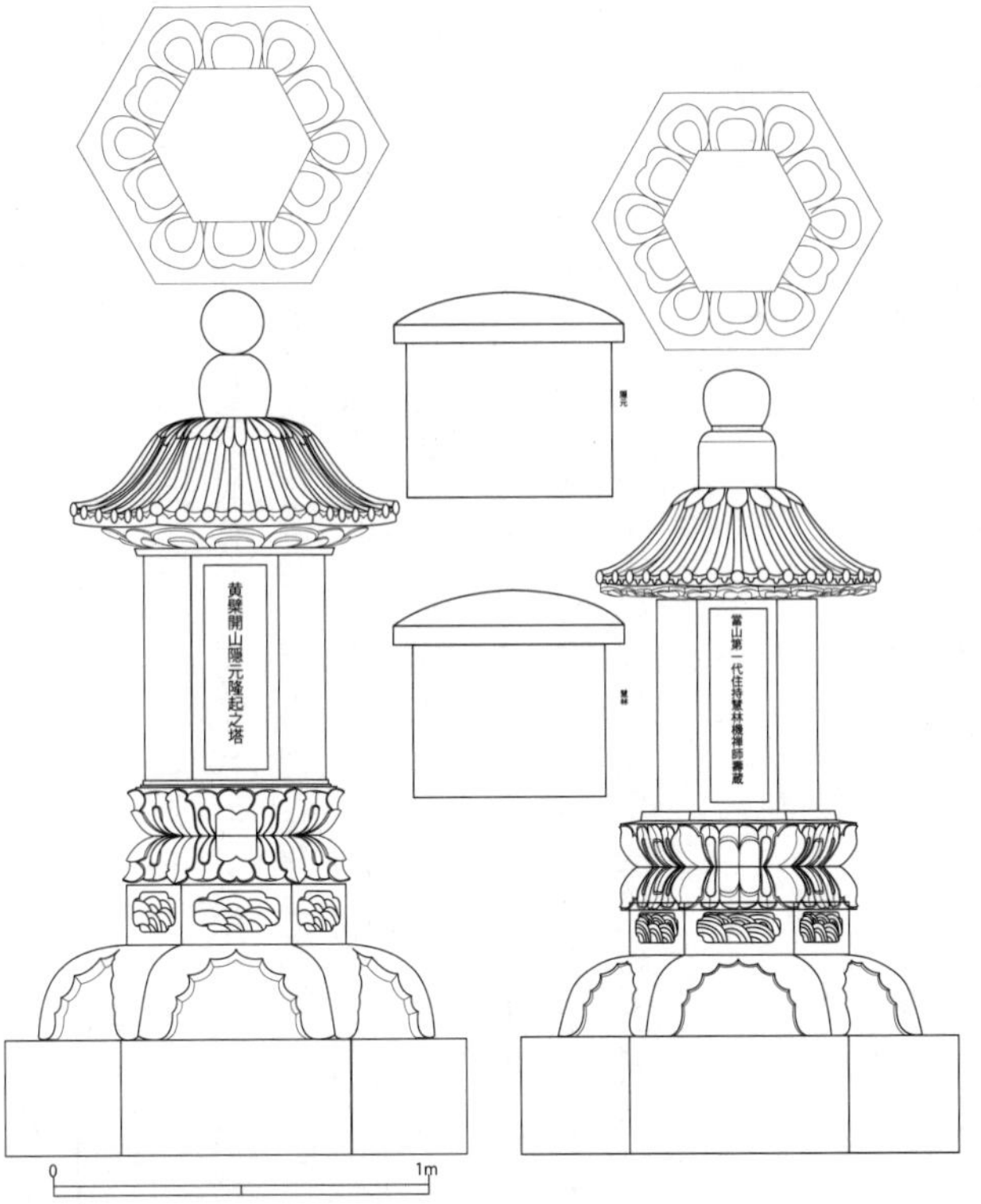

図 71　仏日寺隠元・慧林塔（大阪池田市）

（一六六九）、あるいはそれ以降の寿蔵造立と想定している。とすると慧林性機の寿塔は、木庵性瑫に先行して自坊において石櫃を埋納し、その上に黄檗塔を造立するという新しい寿蔵制を創出した可能性が想定できないであろうか。

そしてさらに石塔型式に着目すると、仏日寺の隠元隆琦塔の特徴は蓮座の花弁と、屋蓋の二点にある。逸然性融塔との違いがあるので示しておきたい。

上下に組み合わさる蓮座の特徴は、複弁の子葉が幅広に表現され主葉を以上に幅を有する子葉を配している。そして六角形の角の位置には素弁を配し、それぞれの弁間には間弁を配すという独特の配置である。また全ての花弁の弁端両側は鋭い木瓜形の刻を入れている。このような表現をした蓮座は、石造物はもちろんであるが木彫においても日本国内の類例は皆無である。

屋蓋は、軒先は反りがきつく頂部で起りを強調した造りである。頂各降り棟は半円で立体的に表現されており、頂部は各降棟ごとに素弁で飾っている。

軒先は降り棟先端に無文の軒丸瓦を表現し、軒丸瓦の間の軒先平瓦は線刻によって中央部に垂れを表現している点から、滴水瓦を意識し線刻で表現したものと思われる。

屋蓋の軒裏側は、肉厚な単弁が一二葉表現されている。

以上、特筆すべき点を挙げたが、いずれも管見において古代から近世を通して国内塔には認められない表現であり、滴水瓦とした表現や蓮座の緊張した刻みは、中国あるいはアジア的な表現と捉えられる。明・清期の中国の石工、あるいは蓮座の巧みな花弁様式から、仏師の影響が想定できそうである。この点については、別稿で示したい。

一方、慧林性機塔を確認すると、蓮座の花弁様式は共通する。

花弁端の刻みが丸みを帯びているが、隠元塔を真似て造立した可能性を想定しておきたい。弁端の丸みを帯びる形状は、年代的な造立時期のずれによるものであろうと考えている。

以上みた二基の塔の彫刻技術や塔全体の様式的な組み合わせは、技術的な系譜も含め逸然性融塔に受け継がれていると考えている。

蓮座の複弁様式と弁端の木瓜形の刻みを有する花弁の系譜は、中国工人の技術的な系譜を示す痕跡であると捉えておきたい。

したがって中国工人の系譜は、現在の遺物から弢玄道収塔造立(一六七三年)までは確認できるのである。つまり、隠元隆琦が直接かかわった塔はこの様式を有しており、中国工人の存在を想定出来るのである。

おわりに

以上、萬福寺と有縁の寺院における歴代住侍の寿蔵、墓碑型式を中心にその年代的な変遷と系譜を合わせてみてきた。

萬福寺をはじめ各地で確認できた黄檗宗独特の寿蔵あるいはそれを後に塔所としたとした様式では、構造的に横穴式石室を基本として閉塞されるが、時代的な変遷は、閉塞石→円首碑→唐破風架構様式へ構造的な変化を遂げたと捉えられる。また、隠元隆琦の墓所でも明らかなように、寿蔵を没後に墓所(塔所)として用いたことも特徴と言える。寿蔵は、生前において歴代住侍への晋山や師からの法嗣の機会に髪・爪を埋納し聖遺物とされた。没後に遺骸を納めたのである。そしてこの寿蔵の習俗は、地方への黄檗派普及において師弟関係を顕現すべく師の分骨あるいは爪、髪を開山の塔として祀り、併せて椅像と位牌を同所に治めた。

その場合、分骨や爪、髪は、石室を造らず、馬蹄形の平面形態は残しつつ、その中央に堂を建て石塔内に祀ったのである。

そして黄檗宗による開山塔の建立は、地方の各地の領主である大名が檀越として帰依をし、経済的な支援を積極的に行ったことで実現したのである。このことは黄檗派の教線拡張と軌を一にしている。そして黄檗派に帰依をした大名らは、特徴ある「黄檗様式」の石塔造立が許され、自らの墓所や歴代の墓所造営において同型式の塔を造立した。別稿では、黄檗派の教線拡張と帰依大名の墓所という視点から、改めて「黄檗様式」石塔造立とその展開を捉えてみたい。

註

1　林雪光　二〇〇七「隠元禅師の寿像と開山堂」『黄檗研究資料』1輯

2　田中智誠　二〇一六「江戸の隠元ブームを解き明かす」(『週刊　日本の名寺をゆく　仏教新発見改訂版』三〇

3　宇治市教育委員会　一九七八『宇治市史』4-近代の歴史と景観

4　『寺院明細帳』8-2(明治一二(一八七九)年六月、内務省は同省達乙第三一号に基づく資料・京都府歴彩館所蔵)

5　林雪光　二〇〇七「隠元禅師の寿像と開山堂」『黄檗研究資料』1輯。

6　註5に同じ。

7　浜松市博物館編　二〇一四『浜松にもたらされた黄檗文化-初山宝林寺開創三五〇年記念-』。

田中実マルコス　二〇一三「黄檗僧念仏独湛の著作」『佛教大学総合研究所紀要』二〇。

長谷川匡俊　一九八四「近世念仏者と外来思想―黄檗宗の念仏者独湛をめぐって」(『季刊日本思想史』第二二号)。

8　大槻幹郎・加藤正俊・林雪光編　一九八八『黄檗文化人名辞典』(思文閣出版)。

9 松尾剛次・阿子島功　二〇〇九「京都洛西山田浄住寺境内絵図の現地比定について」（『山形大学歴史・地理・人類学論集』第一〇号）。

10 註8に同じ。

榊原　直樹　一九九八　黄檗文華一一九「大慈普応禅師鉄牛道機老大和尚　三百年大遠忌記念講演要旨」。

山本　輝雄　二〇〇五「信仰に関わる場所としての黄檗派寺院と黄檗派禅僧の関連について」『福岡国際大学紀要』一三のほか一連の黄檗宗寺院についての建築学史的論考を参照。

塩澤　寛樹　二〇一〇「墨田区・弘福寺鉄牛道機倚像と祥雲元慶」『東京国立博物館研究誌』六二九。

11 浄住寺・榊原執事のご厚意により資料撮影と引用の許可を頂いた。

12 註8に同じ。

13 宗教法人聖福寺　二〇一三『長崎県指定有形文化財聖福寺調査報告書』。

長崎市一九二三『長崎市史』地誌編　聖福寺　五五四頁。

「萬壽山聖福禅寺幷寿塔隠室略記
鉄心没開山鎮主護三十有三年幾乎観往昔百載巳相先鉢資倶融竭堅誓耀生前誓堅／安弗就世外小洞天釣命應東請國恩豈偶然回崎當海会食四衆與書雲連／臨済三十四世開山鐵心大和尚寿塔／矧竟無縫塔不狗文半銭七旬経瞬息憎愛罔斯禅合成養老室彩雲任盤旋逐使／塔銘日大哉一寿域風月浩無邊照破千佛幻縁詎得牽／歳次庚寅月七十翁鐵心胖手誌」

14 註8に同じ。

15 中山光直　一九九六『温古』復刊第18号（大洲史談会〔編〕）。

同　一九九四『伊予の黄檗宗の研究 - 栄枯盛衰の寺院と時の流れ - 』（川崎ミニコミプロデュースセンター）。

16 福済寺　一九二四『光風盖宇：附黄檗渡来史』。

17 吉永雪道　一九四一『聖壽山崇福寺概観』（崇福雑志1）。

吉永雪道　一九四一『聖壽山崇福寺年表』（崇福雑志2）。

18 萬福寺蔵書『鐵文禅師語録』（木庵性瑫老僧書延宝戊午春二月）。

19 大槻幹郎　二〇〇〇「龍渓禅師と慶瑞寺」『祥雲山慶瑞寺』。

20 尾暮まゆみ　二〇一三『仙台と黄檗を繋ぐもの - 四代綱村以降の伊達家の菩提寺 - 』（国宝大崎八幡宮　仙台・江戸学叢書三七）及び著者から直接塔についてご教示頂いた。

21 何　彬　二〇一三『中国東南地域の民俗誌的研究 - 漢族の葬儀・死後祭祀と墓地』。

22 沖縄考古学会　二〇一三『琉球近世墓の考古学 - 近世墓集成編 - 』

沖縄県立博物館・美術館　二〇一五『琉球弧の葬墓制 - 風とサンゴの弔い - 』。

23 上江洲敏夫　一九八五「石碑概観 - 県内の石碑採択を通して - 」（『沖縄県立博物館・美術館紀要』一一）。

24 鄧　陳霊　一九九〇「琉球における「家礼」の思想 - 『四本堂家礼』を中心として」（『名古屋大学東洋史研究報告』一三号）。

三浦國雄　二〇一一「琉球における『朱子家礼』の受容と普及過程 - 『四本堂家礼』の性格」（吾妻重二・朴元在編『朱子家礼と東アジアの文化交渉』汲古書院）。

25 上江洲敏夫　一九八四「「四本堂家礼」と沖縄民俗 - 葬礼・喪礼について - 」（『民族学研究所紀要』八）

田名真之一九七九「琉球家譜の成立とその意義」『沖縄史料編纂所紀要』四。

26 久山町教育委員会　二〇〇八『首羅山遺跡 - 福岡平野周辺の山岳寺院』。

同　二〇一二『首羅山遺跡発掘調査報告書』。

27 井形　進　二〇一二『薩摩塔の時空—異形の石塔をさぐる』（花乱社選書）。

28 木村得玄　二〇〇二『隠元禅師年譜 - 現代語訳』（春秋社）。

29 常盤大定　一九七六『中国文化史蹟』第1～12（法蔵館）。

30 三島仁能　一九二七「摩耶山佛日寺伽藍及略志」『黄檗』第13号では、二口及び青木重兼の寿塔を寛文二年に寿塔を寺の南隅に建てたとされているが、塔型式からすると隠元塔と青木一重の寿塔が古く慧林がこれに続いて造られたものと思われる。

【参考文献】

錦織亮介　二〇一三「黄檗禅林の書画」（若木太一編『長崎東西文化交渉の舞台』）。

錦織亮介　一九九三「黄檗派美術の影響」（中野三敏編『日本の近世』一二　中央公論社）。

秋元茂陽　二〇〇九「満福寺に建立された大名家の墓碑考察」『黄檗文化』一三〇。

林雪光　二〇〇七「隠元禅師の寿像と開山堂」『黄檗研究資料』1輯

櫻井敏雄・大草一憲編　一九八三『黄檗寺院の伽藍計画に関する研究』（美原町教育委員会）。

木村玄徳　二〇〇五『黄檗宗の歴史・人物・文化』春秋社。

京都府　一九七二『重要文化財万福寺通玄門・舎利殿・祖師堂・寿蔵附中門・総門・鼓楼・法堂修理 工事報告書』

田中裕介　二〇一七『日本近世における外来系墓碑の変容過程に関する実証的研究』（平成二六（二〇一四）～同二八（二〇一六）年度科学研究費助成事業（基礎研究C）研究成果報告書）。

挿図出典

図1・2は、京都市歴彩館所蔵地図より転載。

図3は、黄檗山萬福寺所蔵『萬松一指』より転載。

図5は、櫻井敏雄・大草一憲編　一九八三より転載。

図6は、京都府一九七二より転載。

図14は、葉室山浄住寺『浄住寺伽藍並絵図』より転載。

図21は、註10山本輝雄　二〇〇五より転載。

図43は、田中裕介　二〇一七より転載。

図51は、萬松院所蔵図面より転載。

図54の琉球関連図は、註21より転載。

図69は、註26より転載。

その他の図は、全て実査により作製。

追記

黄檗宗に関わる多くの人物の事績については、大槻幹郎、加藤正俊、林雪光編著　一九八八『黄檗文化人名辞典』（思文閣）を参照した。

代	(在任期)	道号 / 法諱	ﾖﾐ	姓	生年	(世寿)	生誕地
開山	(1661-1664)	隠元隆琦	ｲﾝｹﾞﾝ ﾘｭｳｷ	林	1592-1673	-82	中国福建省福州府福清県
第 2 代	(1664-1680)	木庵性とう	ﾓｸｱﾝ ｼｮｳﾄｳ	呉	1611-1684	-74	中国福建省泉州府晋江県
準世代		即非如一	ｿｸﾋ ﾆｮｲﾂ	林	1616-1671	-56	中国福建省福州府福清県
第 3 代	(1680-1681)	慧林性機	ｴﾘﾝ ｼｮｳｷ	鄭	1609-1681	-73	中国福建省福州府福清県
準世代		龍渓性潜	ﾘｮｳｹｲ ｼｮｳｾﾝ	奥村	1602-1670	-69	京都
第 4 代	(1682-1692)	独湛性瑩	ﾄﾞｸﾀﾝ ｼｮｳｴｲ	陳	1628-1706	-79	中国福建省興化府甫田県
第 5 代	(1692-1695)	高泉性とん	ｺｳｾﾝ ｼｮｳﾄﾝ	林	1633-1695	-63	中国福建省福州府福清県
第 6 代	(1696-1705)	千呆性侒	ｾﾝｶﾞｲ ｼｮｳｱﾝ	陳	1636-1705	-70	中国福建省福州府長楽県
第 7 代	(1705-1707)	悦山道宗	ｴｯｻﾝ ﾄﾞｳｼｭｳ	孫	1629-1709	-81	中国福建省泉州府晋江県
第 8 代	(1707-1716)	悦峰道章	ｴｯﾎﾟｳ ﾄﾞｳｼｮｳ	顧	1655-1734	-80	中国浙江省杭州府銭塘県
第 9 代	(1716-1717)	霊源海脉	ﾚｲｹﾞﾝ ｶｲﾐｬｸ	許	1652-1717	-66	中国福建省福州府連江県
第 10 代	(1717-1719)	旭如連昉	ｷｮｸﾆｮ ﾚﾝﾎﾞｳ	王	1664-1719	-56	中国浙江省杭州府銭塘県
第 11 代	(1719-1723)	独文方炳	ﾄﾞｸﾓﾝ ﾎｳﾍｲ	劉	1656-1725	-70	中国福建省泉州府安渓県
第 12 代	(1723-1734)	杲堂元昶	ｺｳﾄﾞｳ ｹﾞﾝｼｮｳ	楊	1663-1773	-71	中国浙江省嘉興府石門県
第 13 代	(1735-1739)	竺庵浄印	ｼﾞｸｱﾝ ｼﾞｮｳｲﾝ	陳	1699-1756	-61	中国浙江省湖州府徳清県
第 14 代	(1739-1742)	龍統元棟	ﾘｮｳﾄｳ ｹﾞﾝﾄｳ	志方	1663-1746	-84	摂津大阪
第 15 代	(1744-1748)	大鵬正鯤	ﾀｲﾎｳ ｼｮｳｺﾝ	王	1691-1774	-84	中国福建省泉州府甫田県
第 16 代	(1743-1753)	百癡元拙	ﾋｬｸﾁ ｹﾞﾝｾﾂ	佐々木	1683-1753	-71	陸奥仙台
第 17 代	(1754-1757)	祖眼元明	ｿｶﾞﾝ ｹﾞﾝﾐｮｳ	糟谷	1673-1757	-85	三河加茂郡八草村
第 18 代	(1758-1765)	大鵬正鯤	ﾀｲﾎｳ ｼｮｳｺﾝ	王	1691-1774	-84	中国福建省泉州府甫田県
第 19 代	(無)	仙巌元嵩	ｾﾝｶﾞﾝ ｹﾞﾝｽｳ	川島	1684-1763	-80	近江五個荘
第 20 代	(1765-1775)	伯珣照浩	ﾊｸｼﾞｭﾝ ｼｮｳｺｳ	劉	1695-1776	-82	中国福建省延平府龍渓県
第 21 代	(1775-1784)	大成照漢	ﾀﾞｲｼﾞｮｳ ｼｮｳｶﾝ	林	1709-1784	-76	中国福建省延平府尤渓県
第 22 代	(1786-1790)	格宗浄超	ｶｸｼｭｳ ｼﾞｮｳﾁｮｳ	高橋	1711-1790	-80	伊勢多気郡並多瀬
第 23 代	(1793-1797)	蒲庵浄英	ﾎｱﾝ ｼﾞｮｳｴｲ	藤原	1722-1796	-75	摂津浪華
第 24 代	(1789-1790)	石窓衍劫	ｾｷｿｳ ｴﾝｺﾞｳ	清水	1724-1799	-76	長野県小県郡
第 25 代	(1800-1809)	華頂文秀	ｶﾁｮｳ ﾌﾞﾝｼｭｳ	藤谷	1740-1827	-88	近江甲賀郡石部
第 26 代	(1809-1822)	妙庵普最	ﾐｮｳｱﾝ ﾌｻｲ	藤原	1745-1821	-77	陸奥会津大沼郡山内村
第 27 代	(1823-1827)	金猊浄踞	ｷﾝｹﾞｲ ｼﾞｮｳｷｮ	本貫	1759-1826	-68	不明
第 28 代	(1827-1829)	梅嶽真白	ﾊﾞｲｶﾞｸ ｼﾝﾊﾟｸ	深川	1766-1829	-64	岐阜県美濃武儀郡八神村
第 29 代	(1831-1837)	璞巌衍曜	ﾊｸｶﾞﾝ ｴﾝﾖｳ	西村	1767-1836	-70	肥前長崎
第 30 代	(1837-1881)	独旨真明	ﾄﾞｸｼ ｼﾝﾐｮｳ	大工屋 (?)	1776-1840	-65	下関
第 31 代	(1841-1846)	若存通用	ｼﾞｬｸｿﾝ ﾂｳﾖｳ	西村	1776-1850	-73	鳥取
第 32 代	(1846-1850)	楚州如宝	ｿｼｭｳ ﾆｮﾎｳ	福地	1791-1850		大和郡山潘江戸屋敷
第 33 代	(1851-1858)	良忠如隆	ﾘｮｳﾁｭｳ ﾆｮﾘｭｳ	渡辺	1793-1868	-76	滋賀県愛知郡水口村
第 34 代	(1859-1869)	瑞雲悟芳	ｽﾞｲｳﾝ ｺﾞﾎｳ	御厨	1798-1869	-72	肥前佐賀
第 35 代	(1870-1872)	独唱真機	ﾄﾞｸｼｮｳ ｼﾝｷ	花岩	1815-1889	-76	福岡県三門郡野町村
第 36 代	(1872-1876)	金獅廣威	ｷﾝｼ ｺｳｲ	津呂	1823-1878	-56	武蔵豊島郡下谷御徒町
第 37 代	(1878-1881)	萬丈悟光	ﾏﾝｼﾞｮｳ ｺﾞｺｳ	光	1815-1902	-88	豊前下毛郡耶馬溪曽木村
第 38 代	(1880-1883)	道永通昌	ﾄﾞｳｴｲ ﾂｳｼｮｳ	林	1836-1911	-76	伊勢朝明郡茂福村
第 39 代	(1875-1876)	霖龍如澤	ﾘﾝﾘｭｳ ﾆｮﾀｸ	山野	1805-1883	-79	周防吉敷郡秋穂村
第 40 代	(1885-1899)	観輪行乗	ｶﾝﾘﾝ ｷﾞｮｳｼﾞｮｳ	多々良	1826-1896	-71	仙台
第 41 代	(1900-1902)	虎林曄嘯	ｺﾘﾝ ﾖｳｼｮｳ	吉井	1835-1902	-68	肥前国小城郡多久村
第 42 代	(1903-1904)	蓬山真仙	ﾎｳｻﾞﾝ ｼﾝｾﾝ	佐伯	1820-1904	-85	茨城
準世代		又梅亨運	ﾕｳﾊﾞｲ ｷｮｳｳﾝ	武内	1842-1912	-71	名古屋
第 43 代	(1906-1914)	紫石聯珠	ｼｾｷ ﾚﾝｼｭ	鷲峰	1842-1914	-73	福岡築上郡樵田村
第 44 代	(1911-1916)	柏樹曄森	ﾊｸｼﾞｭ ﾖｳｼﾝ	高津 (青柳)	1836-1925	-90	小倉城下
第 45 代	(1916-1918)	英巌通璋	ｴｲｶﾞﾝ ﾂｳｼｮｳ	龍岡 (深柄)	1842-1926	-85	
第 46 代	(1918-1925)	大雄弘法	ﾀﾞｲﾕｳ ｺｳﾎｳ	隆琦 (奥田)	1849-1929	-81	奈良県桜井市出雲
第 47 代	(1925-1932)	直翁廣質	ﾁｮｸｵｳ ｺｳｼﾂ	星野	1867-1937	-71	大阪市北区
第 48 代	(1932-1940)	義道弘貫	ｷﾞﾄﾞｳ ｺｳｶﾝ	関 (芳仲)	1875-1948	-74	奈良県北葛城郡河合村穴闇
第 49 代	(1939-1946)	玉田眞璞	ｷﾞｮｸﾃﾞﾝ ｼﾝﾊｸ	山田	1871-1961	-91	愛知県海部郡蟹江町西之森
第 50 代	(1946-1948)	徳寧正悌	ﾄｸﾈｲ ｼｮｳﾃｲ	近藤	1878-1948	-71	神奈川県湯河原町
第 51 代	(1948-1956)	不説仁説	ﾌｾﾂ ｼﾞﾝｾﾂ	寺岡	1891-1962	-72	兵庫県飾磨郡糸引村
第 52 代	(1956-1963)	道元仁明	ﾄﾞｳｹﾞﾝ ｼﾞﾝﾐｮｳ	渓	1877-1966	-90	京都府宮津市
第 53 代	(1963-1964)	宜豊永昌	ｷﾞﾎｳ ｴｲｼｮｳ	木村	1880-1964	-85	大阪市西区新町
第 54 代	(1964-1966)	弘道弘久	ｺｳﾄﾞｳ ｺｳｷｭｳ	中村	1887-1967	-81	三重県亀山市
第 55 代	(1967-1973)	慈光通照	ｼﾞｺｳ ﾂｳｼｮｳ	加藤	1898-1973	-76	三重県四日市市
第 56 代	(1973-1980)	禅梁智棟	ｾﾞﾝﾘｮｳ ﾁﾄｳ	安部	1897-1984	-88	滋賀県犬上郡多賀町
第 57 代	(1980-1987)	玄妙廣輝	ｹﾞﾝﾐｮｳ ｺｳｷ	村瀬	1913-1988	-76	長野県北佐久郡御代田
第 58 代	(1980-1987)	行朗仁傳	ｷﾞｮｳﾛｳ ｼﾞﾝﾃﾞﾝ	奥田	1911-1999	-89	東京・弘福寺
第 59 代	(1994-2001)	文照興質	ﾌﾞﾝｼｮｳ ｺｳｼﾂ	林	1922-2006	-84	福岡県企救郡大字足原字広村（現北九州市小倉北区寿山町）
第 60 代	(2001-2008)	泰山智深	ﾀｲｻﾞﾝ ﾁｼﾝ	仙石	1929-	(-)	大分県
第 61 代	(2008-2014)	亘令興宗	ｺｳﾚｲ ｺｳｼｭｳ	岡田	1931-2014	-74	福岡県豊前市

〔参考資料　萬福寺歴代住職一覧〕

第四部

萬福寺歴代墓所全景

旭日蓮昉塔

弢玄道収塔

無心性覚塔

無上性尊塔

独立性易塔

逸然性融塔

柏岩性節塔

華蔵院老師 塔

大眉性善之塔

独文方炳塔

第五部　近世大名墓とその周辺

I　岡山藩家老六家の墓所とその思想

はじめに

岡山藩における葬祭については、池田輝政と徳川家康の娘・富子（良正院）との間に生まれた池田忠継と忠雄の墓が、移転に伴い調査が行われ藩主の葬制の一端が明らかにされた。

元和元年（一六一五）に没した忠継墓は木棺に納められた遺骸を地下に埋納し、墓の上部に霊屋に祀るという禅宗塔頭様式が用いられた。

寛永九年（一六三二）に没した忠雄の墓は、地下に切石で石室を築き、駕籠状の木棺に遺骸を納めた。墓上部は五・四mに及ぶ巨大な無縫塔が祀られた[1]。

両者の墓所の調査によって、没年の差による上部施設の様式の違いは明瞭になったが、近世前半という年代観における墓制としては、極めて一般的という評価である。しかし、その後の二代池田光政によって造営された和意谷の歴代墓所は[2]、儒教に則った墓碑と背後にある馬鬣封は『礼記』に示されている墳丘様式であった。池田家歴代藩主及び室墓は、明治に至るまでこの様式が用いられた。

そして和意谷墓所造営の総奉行である津田永忠とその一族の墓所が同様式で営まれている。永忠は宝永四年（一七〇七）に没するのでこの段階まで儒教式の墓所造営が用いられたことが明確になるのである。

また、津田永忠の活躍以前に、光政の儀礼祭祀及び藩政は、儒臣として熊沢蕃山の存在を忘れてはならない。彼の実践した儒教の影響が藩全体の思想体系に大きく関わっていたと思われる。

そこで、ここでは藩主光政の儀礼祭祀を確認すると共に、津田永忠が活躍した時代にまで影響があった葬制が、重臣の間でどのように受容されたのかについて、家老家の墓制から捉えてみたい。また、この岡山藩家老家についての墓所調査が一部実施されており[3]、以前拙著で儒葬の実態例として紹介したが再度ふれ[4]、その他の家老家については墓所の上部構造である墓碑などの形からその影響を読み解きたい。

一　光政の儀礼祭祀について

岡山池田家は、初代光政が承応四年（一六五五）に開始した神儒式儀礼（先祖に対して昇進を報告する冠礼、縁組を報告する婚礼、亡くなったことを報告する葬礼〈喪礼〉、先祖自体をお祭りする祭礼）は、城内本丸西の宗廟において執り行なわれ、簡略化されながらも明治五年（一八七二）まで続けられたという。

光政は儒教信奉の立場から、明暦元年（一六五五）以後の祖先の祭祀は仏事による追善を止めて、儒法による祭儀を城内の書院にて行っていたが、万治二年（一六五九）に城西の石山の地に宗廟を設け、祖考池田輝政、祖妣中川氏夫人・先考池田利隆を祀った。

さらに寛文六年（一六六六）に領内の和気郡和意谷に新たに塋域を築営し、それまで京都花園の妙心寺の塔頭護国院に葬られていた祖父輝政・父利隆らの遺骨を、翌七年閏二月に和意谷の新塋域へ改葬した。

光政が執り行った儒教的な先祖祭祀は、神主を祀り一定の儀式が執り行われるが、この儀式の中で光政が奉主となり儀式全体を執行した。そして儀礼の中で最も重要とされる先祖の霊を祀る役割は熊沢蕃山が勤めた。儀礼の内容については、近藤萌美[5]が復元的研究を行っており詳しいので、これを示した。

【先祖祭祀儀礼[6]】

奉主（光政）就位が神主を祭祀場所へ配置。
↓降神（先祖の霊を呼ぶ－〈蕃山〉）↓進饌（神饌を進める）↓奠盞（盃を供える）↓初献（酒を献じる）↓読祝文（祖先へ儀礼の主旨を述べる）↓奉饌（神饌を奉る）↓亜献（二度目の酒を献じる）↓奉饌↓終献（三度目の酒を献じる）↓奉饌↓侑食（食べ物を薦める作法）↓皆出↓献茶↓献菓↓詣飲福位↓辞神（先祖の霊を帰す）↓徹（神饌などを撤収する）↓送主（神主を元あった場所に戻す）↓（祭祀に参加した者一同で神酒・神饌を食す）

の順に行われ、配役について親族は勿論であるが、家老家は配役が与えられることで儀礼を受け継ぐ役目も必然的に発生した。これらの儀礼継続の認識は、配役となった家老家における葬礼や先祖祭祀に反映されたものと考えられる。

先祖祭祀で祀られた霊は、光政の祖父である輝政は「顕祖考正三品前参議播備淡大守輝政公」、光政の祖母である中川氏は「顕祖妣前参議輝政公中川氏夫人」、光政の父である利隆は「顕考従四品拾遺播磨君武蔵守利隆公」と神主に記され、頭の「顕」の文字の後に現当主との間柄、生前の官職名、俗名が記された。

また、先祖祭祀は、藩主が参勤交代で江戸へ登る場合は、神主を運んで実践されたとされる。

藩主の祭祀の実践は、家督の相続に伴い受け継がれ、家臣に対しての先代からの正統な相続を顕示するための仕掛けであり、宗廟こそが祭祀実践のステージであった。

祖先祭祀は、相続により継続されるので、相続をした藩主は、最初に神主の改題を行い、祖父母（祖父〈顕高祖考〉・祖母〈顕曾妣〉）そして両親（顕考・顕妣）の四人を祀り、先祖祭祀儀礼が実践されたのである。そして、この先祖祭祀を藩主が先代から受け継ぐときは相続に伴うので必ず儀礼の最初として前段で葬礼が必ず実践されている。葬礼もまた一定の儀礼に従って行われた。

初代光政の葬礼の復元的・思想史的研究に関しては、吾妻重二[7]の一連の論考が詳しく、葬礼という儀礼によって相続が顕現されたことがわかる。

したがって、葬礼と先祖祭祀は一連の儀礼として認識され、歴代に受け継がれる間に形骸化された部分はあるものの、各藩主は一定の儀礼を受け継ぎ、次の世代に託した。

初代池田光政は、藩儒として熊沢蕃山を信頼し、寛永一一年（一六三四）から寛永十五年の四年間と、正保二年（一六四五）から明暦三年（一六五七）の十二年間そばに置き、士道の実践を求められる蕃山には大きな期待を寄せていた。

熊沢蕃山は、寛永一八年（一六四一）二三歳で中江藤樹を師と仰ぎ、この年に、中江藤樹の門を叩き、弟の泉八右衛門と共に池田家に仕えた[8]。慶安四年（一六五一）参勤交代の光政に従って江戸の登ると、徳川頼宣・松平信綱・板倉重宗・稲葉正則・久世広之・板倉重矩・中川久清・浅野長治・松平恒元らが教えを求めた。

しかし、承応元年（一六五二）九月の事件を発端に、蕃山の教えが民衆をたぶらかすとされ「耶蘇の変法」など妖言を広める疑いをかけられた。幕府儒官である林羅山が極言したとされる。

特に大老酒井忠勝は、岡山藩の心学を快く思っていなかったが、光政自身の蕃山への信認はかわることはなく、承応三年（一六五四）の干ばつに際しては、蕃山に救荒対策を任せ、翌年には藩主名代としてその対策にあたらせ、城下百間川の築造、築堤、架橋、池溝の整備治山など積極的に行わせたとしている。明暦三年（一六五七）に致仕を願い出て一時岡藩に向かった。

一方、弟の泉八右衛門は平戸藩松浦氏に仕え、岩田氏の養子となった。寛永一九年（一六四二）致仕し、藤樹の門に学び、慶安三年（一六五〇）光政に仕え、承応元年（一六五二）新知五百石を給せられた。

天和二年（一六八二）五月二二日に光政が亡くなり、それまで光政と綱政が主となっていた祭祀の担い手が、綱政と政言（信濃守、備中鴨方藩初代藩主）が中心となる。

貞享元年（一六八四）五月二二日は「家礼」の服喪の終わりとなる大祥儀を執り行った。このことは、貞享三年（一六八六）六月に、宗門改が寺請へ戻されていることと無関係ではないだろう。以降、養林寺で供養されることとなり、綱政期の祭祀は、定例の正月、仲春（二月）、光政忌祭、仲秋（八月）の他、参勤の出入り、告婚の儀が行われるのみになった。これが岡山藩の祭祀の定式となり、以降踏襲されていくことになるとされる。

綱政は元禄一一年（一六九八）に高祖父の恒興と父光政の菩提を弔うために曹源寺を建立するが、その際、宗廟祭祀には変更を加えなかった。しかし、自らが宗廟で祭られることは選ばなかったようである[9]。

綱政が亡くなるのは、正徳四年（一七一四）一〇月二九日であるが、綱政の神主は作られず、その死が先祖に報告されるのみだった。

これ以降の藩主の神主は作られなくなったとされる。神主祭が儒式の祭祀であるという認識が明確である。

一方、領民においては、光政が神儒に傾倒し、藩内の寺院淘汰政策を推進する中、寛文六年（一六六六）八月三日発布された神職請制度は、寛文五年（一六六五）の幕府の諸寺院統制の強化や日蓮宗不受不施派の禁教を背景に、領民は仏法を離れて神職請に転じ、壇那寺を失った領民たちに対して、今後行うべき葬祭の仕方についてその大要をも同時に教示した。これが儒葬であった。

『備陽国史類編』[10]寛文九年「国学記」所載の記事に従って藩が調べた数字の上では、この時、岡山藩領内のうち神職請に転じたものは、領民全体のおよそ九五・八％に達し、特に備前十郡のうち、上道郡・奥上道郡・邑久郡・磐梨郡・赤坂郡・津高郡・奥津高郡の七郡と、備中浅口郡は、領民のすべてが神職請と記録されていることは興味深い。

神職請は、岡山藩内に普及し、領民の檀那寺からの離脱、寺僧の立退・還俗などによって、日蓮宗不受不施派をはじめ、その他の諸宗寺院をも合せて約六〇〇寺が廃絶となったのであった。

以上、見てきたように蕃山の儒教思想の影響は大きく、幕府の切支丹統制に対して、光政の力を背景として民衆の生活の規範や道徳全てにおいて通俗思想として儒教が置かれ、皆が実践した。

そこで次に、家臣らの通俗思想はどのようであったのかという点について家老家の墓制を確認してみたい。最初に調査事例から、その内実を読み解く。大方の家老家墓は調査が行われていないので、墓所の上部構造や様式を検討することで読み解いてみたいと思う。

二　家老家墓所の調査

一九九八年、山陽自動車道路の工事に伴って行われた岡山市富原大岩遺跡の調査で[1]、岡山藩池田家支流の池田武憲系の墓所が明らかになった。

池田武憲系は、池田輝政の四男で宍粟藩藩主池田輝澄の流れを組む。輝澄は、寛永一七年（一六四〇）お家騒動を起こし改易となるが、輝澄の八男である武憲が光政に仕えこれを継ぐ。武憲は無嗣であったため養子を取るが享保三年（一七一八）に家老日置忠明の子森臻（勘解由）が養子入りしたことで漸く名跡が継がれたのであった。以後、日置忠明の子森臻（勘解由）の血筋が後世に残った。

なお、池田武憲は、元禄八年（一六九五）に没する。正室・さいは、熊沢蕃山の娘で、継明の姉である。没年は延宝四年（一六七六）とされる。

大岩遺跡は、低丘陵上標高約六mに位置しており、墓所はその頂部で確認された。近世に池田家大岩墓所として基壇状に造成が行われたという。その面積は約千㎡で一三基の墓碑が存在したという。一応、武憲以下歴代の墓が揃っていたようである。また報告の中では、出土墓誌が三点図示されており、二枚の磨いた方形の板石を合わせるタイプであった。一つは次に触れるが天明八年（一七八八）に没した「亜卿池田志津摩源森英之墓」と享保三年（一七一八）に没する池田武憲岡で池田家支流の武憲系の初代の墓誌、そして武矩の正室（大洲藩加藤家長門守〈『寛政諸家譜』〉の中では特定できない）の娘）の墓誌が挙げられている。

また調査で確認された墓の構造については、特に、五号「亜卿池田志津摩源森英之墓」（天明八年〈一七八八〉没）の構造は、地上から七m階段状に掘り下げた土壙に座棺が納められた。納め方は、板の痕跡や炭、階段状に掘り下げられた土壙の形態などから朱熹の『家礼』に示されている埋葬方法が執り行われていると解釈できる。また、一号墓「亜卿池田勘解

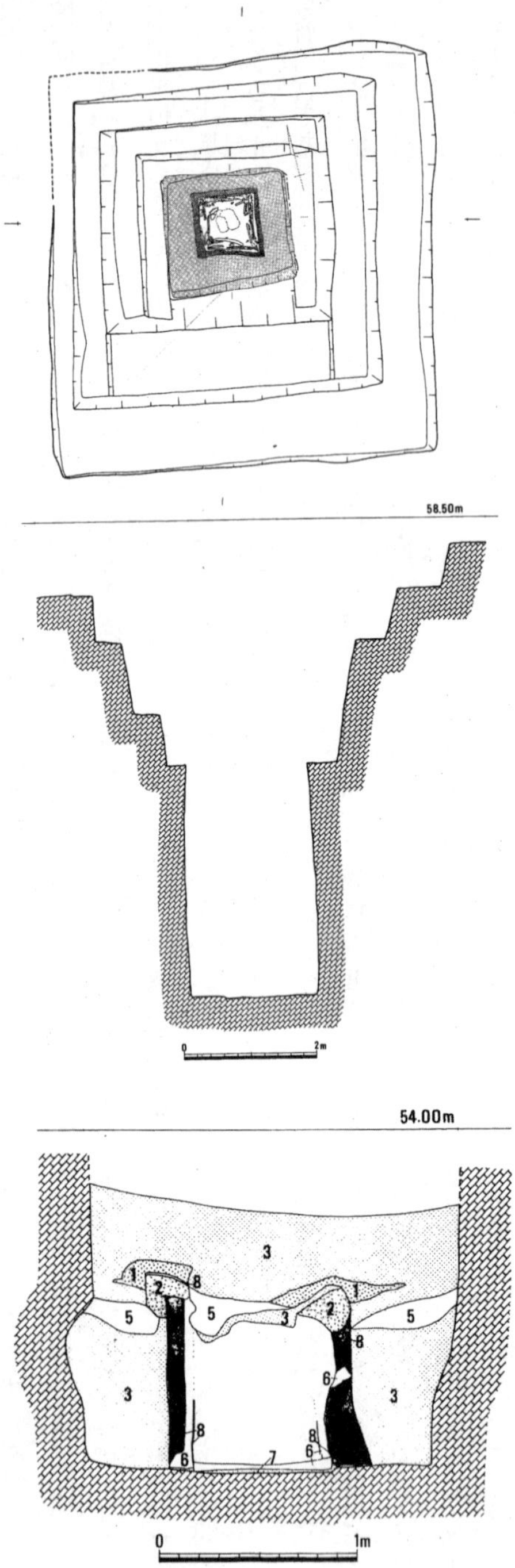

1．赤淡茶色土（粘土）
2．赤淡茶色土・白色（漆喰）混層
3．木炭層（荒い）
4．木炭層（細かい）
5．暗黄色土（マサ土）
6．漆喰（白色）
7．マサ土・炭化物の混層
8．板材

図１　大岩遺跡５号土壙図

由源政矩之墓」（年代不詳）内から検出されたい遺物類は、仙台藩留守家伊達村儀墓所の改葬で確認された遺物群に類例がある。村儀は仙台藩一門第三席・水沢伊達氏八代（留守氏二五代）当主である。また遠野藩南部家の改葬で確認された遺物群なども遺物群は『家礼』に示された「明器」と同義であろうと捉えている。(12)

大岩遺跡の調査範囲からは若干外れているが、本来は同じ墓所内であったと思われる範囲に、熊沢蕃山の子供で「蕃山右七郎継明之墓」（貞享二年七月一六日没〈一六八五〉）とその妻「蕃山継明之妻都築之墓」（貞享二年六月一八日没〈一六八五〉）の墓所が確認できる。墓誌銘が『蕃山全集』に掲載されている。なぜ蕃山の子供夫婦の墓が造られたかについては、池田武憲が蕃山の娘で継明の姉を娶っている縁から同所を一族の墓所としたと思われ、各墓が朱熹『家礼』に則った葬法によって遺骸を埋葬している点については、蕃山の実践的な儒教の影響を受けたとみるべきであろう。

以上のように、蕃山とその一族にあたる中老家・池田武憲系の大岩墓所の実態は、朱熹『家礼』に則った葬法が実践されていることが明白である。

そこで続いて、発掘調査はされていないが、現在も岡山市内の旧領主地に遺る家老家の墓所の上部構造を検討し、その葬制を垣間見みたい。

三　岡山藩家老家と墓所

岡山藩宗家の家老家は、伊木・土倉・日置・森寺・片桐・池田輝政の兄之助を祖とする池田分家の都合六家体制が長く続いた。

特に、之助流の女子の婚姻関係は、他家へ一六名嫁ぐが、その家柄も各藩の重臣家への婚姻が目立つ他、宗家との婚姻関係を絶やさず藩主との関係を保った。

家老家の例をみれば、婚姻は池田家中と他藩重臣に限られ、他藩も鳥取藩家臣への婚姻であることから、宗家との関係性が強い家への婚姻と言える。言わば近世初期段階の宗家確立期段階における家老家の存在は非常重要であったものと言えよう。

岡山藩は大藩で、家老家は一万石超と大名並みの石高を誇り、領地に陣屋（お茶屋）を構えていた。

また、先に示した通り儀礼においては、光政の代まで限定的ではあるが、藩主家と家老家（重臣）は婚姻関係もあり、池田家一門、親戚として配役を実践し、儒教的な儀礼を積極的に行ったことが推測できる。例えば、池田家分家の鴨方藩池田利政の娘は、本家家老である日置忠治に嫁ぎ、あるいは池田政信の娘は本家家老土倉一涂に嫁している。

生坂藩では、池田政晴の長女善子（養女）が本家家老池田長仍に嫁しており、旗本格の家への婚姻関係も多い中、縁戚を結ぶことで本家一門としての意識を保ったものと思われる。

改めて池田家家老家を挙げると以下の通りである。

伊木氏（長門）〈備前虫明領三万三千石・重臣筆頭家老〉伊木忠貞
天城池田氏（出羽）〈備前天城領三万二千石・藩主一門〉池田由之（池田輝政の甥）由成（大石良雄の祖父）
片桐池田氏（河内）〈備前周匝領二万五千石・藩主一門〉池田長政（池田恒興の四男）
日置氏（豊前）〈備前金川領一万六千石・重臣〉日置忠俊‐忠治‐忠明‐忠昌
建部池田氏（下総）〈備前建部領一万四千石・藩主一門〉森寺秀勝‐忠勝‐長貞（池田長吉の次男）‐池田長政（池田長吉の三男）‐長泰
土倉氏（市正）〈備前市佐伯一万石、重臣〉

以下、家ごとにその墓所を概観するが、それぞれ陣屋があった位置に墓所を構えている。墓所は藩領及び国領の境であり要衝の地であったともいえる。陣屋は、侍屋敷、馬場、町家を構えとしており、いわば城と城下町の構えそのものであったという。現在も野面積みの石垣を目にする。

伊木家墓所（図4・5）

伊木家墓所は、備前虫明領の千力山（円通山）には代忠貞・四代忠親・八代忠福・一一代忠順・一二代忠直・一三代忠正の墓碑、長島には五代忠義・六代忠興・七代忠知・九代忠真・一〇代忠識の墓碑がある。虫明周辺には家臣の墓も残されている。

今回示したのはこの内、伊木忠俊と正室、側室墓を示した。なお、側室墓の墳丘部分はほぼ消失しており、花崗岩製の墓誌の存在が確認出来る。系図は図に示したので参照頂きたい。墓誌の埋葬状態と位置が確認できた事例は珍しく、『家禮』に示された埋納位置からすると浅い場所であり、遺骸もまた浅い土壙に埋められている可能性がある。墓誌は現地表と同じレベルにあり、墓誌を隠すために墳丘が盛られたようにも看取できる。忠貞及び正室の墓所も同様な構造で墓誌が埋められていると思われる。墓所は全て花崗岩製で玉柵が廻り、入り口は屋根付きの門がそれぞれにあったと思われる。

天城池田家墓所（図5～8）

初代由之は、池田輝政の兄池田元助の嫡男で輝政に仕え、伯耆米子三万二千石を領した。二代由成は藩主光政の岡山移封に伴い寛永一六年（一六三九）備中天城に陣屋を構えた。

また、由成は赤穂事件で知られる大石良雄の外祖父にあたる。

初代由之の正室・即心院は、父が阿波徳島藩祖・蜂須賀家政、妹弟に蜂須賀至鎮、阿喜姫（井伊直孝正室）、実相院（松平忠光正室）がいる。天城池田家五代継政は、宝永元年（一七〇四）一〇月天城池田家の池田由勝の家督を相続し、保教と名乗る。長兄の吉政は生まれる前に既に死去、それを受けて嫡男となっていた兄の政順も宝永六年（一七〇九）に早世したため、実家に戻り後継者に指名され、本藩に戻り三代藩主に就いた。興味深いのは正室・伊達吉村の娘・和姫（心定院）である。伊達家は綱村以

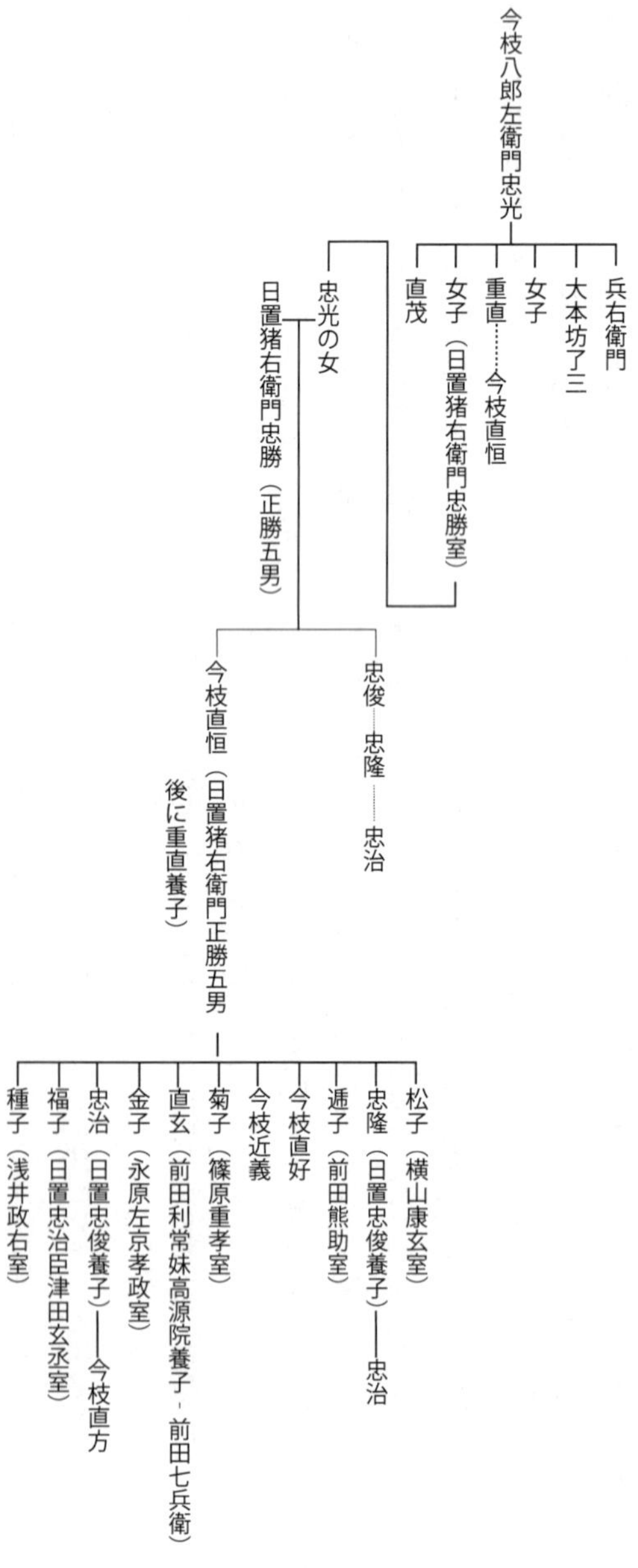

図2　日置・今枝家略系図

下黄檗宗への帰依も篤信的で、仙台藩五代吉村は儒教の信奉者でもある。

片桐池田家墓所（図9）

片桐池田家は、周匝池田家とも呼ばれる。備前国下津井三万二千石の領主となる。

江戸城普請や駿府城普請でも功績を挙げた。大名家は維持できず一七世紀後半には旗本家、兄長貞の養子となる。長吉三男長政流として存続した。墓所は赤磐市茶臼山である。

墓所は和気町北吉井川右岸、旧茶臼山城の二の丸にあり「空のお塚」と呼ばれ、東の塚に八基、西の塚に四基の墓碑がある。

二代池田伊賀守長明は儒式の墓で、墓碑も円首であった。

三代池田大学長久以下歴代は組合せ蓮座の上に笠付の円柱（三代）と方柱を載せた墓碑型式であった。

なお、三代長久正室は大洲藩加藤家から嫁いでいる。大洲藩二代泰興の世嗣泰義の女である。四代池田主殿長喬の正室は伊木家から嫁いでいる。四代池田主殿長喬の子は伊木家七代として養子入りしている。

伊木家は三代忠貞が光政に仕えており、その墓所は儒葬墓である。いずれも儒教的な思想信条を強くした家柄との婚姻関係にあったと言える。

日置家墓所（図10～12）

日置氏（備前金川領一万六千石・重臣）日置忠俊を筆頭とした家老家である。

日置忠俊の父は、池田家家老日置忠勝。母は今枝忠光の娘とされる。弟に今枝直恒がいる。

忠俊の正室は飯尾敏成の娘でその母は池田恒興の養女七条殿とされる。中隆・忠治は養子であった。

忠勝は、寛永九年（一六三二）、光政の岡山転封に伴い、備前金川に移る。同年、養子忠隆（今枝直恒の子）に千石賜る。寛永一五年（一六三八）、養子忠隆が早世したため、その弟の忠治を養子に迎える。寛永一六年（一六三九）、二千石を加増され、合わせて知行一万七千石となる。同年隠居して養嫡子忠治に家督を譲り、寛永一八年（一六四一）五月一九日、病気療養のために京都に滞在中に死去。享年七〇、忠隆の養子入り以来、日置家と今枝家は幕末まで縁組を重ねている。

直恒は、池田家家老日置忠勝と今枝忠光の娘の子として兄日置猪右衛門正勝と弟今枝直恒が生まれた。本題とは外れるが少し忠俊、忠治の子息について触れておきたい。

忠俊は寛永一八年（一六四一）五月一九日、病気療養のために京都に滞在中に死去し、忠治が前田利常の実は忠治は、今枝直恒の四男である。

忠治は兄に日置忠隆、今枝直好、今枝近義がおり、子供が一一人いたとされる。[13] 近義は京都高野蓮華寺を開基し仏道に熱心で、後に黄檗二世の木庵性瑫に帰依をして祖父今枝重直の頌徳碑を寛文六年（一六六六）建立した。近義は嗣子がなく、忠道こと今枝直方が継いだ。直方と忠治との親交も厚く、貞享二年（一六八五）忠治の室心珠院が亡くなると忠治の安否を問うなどした。元禄二年（一六八九）（近義〈心斎〉の九回忌[14]を修し、紺紙金泥大乗妙典全部を書写し蓮華寺に治めた。篤信的な信者であり、金沢藩では家老八家奥村庸礼に期待され親交が厚かった。

日置家歴代の墓所は岡山市内の松琴寺とされるが、市内東山墓地内にある日置家墓所にある墓碑の基礎は、忠治の様式を取り入れており彫刻性に優れた墓碑である。家老家の墓碑としては極めて上等な墓碑と言える。

忠治と正室の墓（図10）は金川領内で宇甘川の右岸、現在の岡山市北区御津高津大谷の安倉山山頂に近い中腹にあり、現状では花崗岩製の円首と頤を表現した墓碑と燈籠が一対ずつ存在しているが、周辺を確認すると、標高約三百mの山頂に近い東側の一部を削平し平場を造り出し、参道と築地を備えた墓所であったことが確認できた。また墓所は基壇を共有しており各区画内に平礫を全面に敷き詰めてあったことが痕跡から明らかである。丁寧で荘厳された墓所であったことがわかる。

正室の墓碑の背面には新田藩鴨方藩利政の「池田利政女戌（犬子）」が読み取れる。

日置家では、分家生坂藩政晴の養女である八重子姫が、日置忠寿と婚約を交わすも死別し離縁するも一八世紀中葉まで本分家関連との婚姻関係が続いていた。建部池田家六代宗春の室は忠治の娘である。

森寺池田家

輝政の弟で因幡鳥取藩初代池田長吉は長吉流池田氏初代当主で、その二男長貞が若くして没したため実弟長政を養子に入れ家督を継ぎ、代々岡山藩の家老を務め備前建部一万四千石を領したことから建部池田家と呼ばれた。

土倉家墓所

土倉勝看は岡山藩池田家の家老。備前佐伯土倉家初代当主。父は滝川一益の家臣岩田小左衛門。池田家家老土倉貞利の養子。鳥取に転封されると、光政を補佐して日置忠俊と共に藩政を司った。寛永九年（一六三二）、光政の岡山転封に伴って、備前磐梨郡佐伯に移り、陣屋を構えて代々知行した。

四　池田家の婚姻関係からみた家老家

岡山藩の池田家本家の女子の婚姻関係について大森映子の詳しい分析研究[15]を参考にすると、当主輝政以下斉政まで女子の数（養女も含めて）は六七人がいた。内三一人が早世、既婚・再婚を合わせて三六人が他の大名家に二五人、旗本に三人、公家に三人、家臣に五名嫁いでいる。このうち大名家に嫁ぐことは政治的にありうるので今回は特に触れない。ここで注意したいのが、公家との婚姻より家臣の家へ嫁いだ数が四名（五件）である点に注意し、さらにその四名が輝政（養女二名）と光政（養女一名、実子二名）の代で家臣に嫁がせていることに着目した。

嫁ぎ先としては家老家（日置家、池田家）と番頭（丹羽家、滝川家）であり、輝政、光政の代において家臣との婚姻関係には大名宗家確立との関係性が指摘されるところである。

また、大名家について見ると、儒教を信奉する藩主の娘との婚姻関係の多いことも初期池田家あるいは広く江戸初期の武家社会の本質の一端が現れているように見えるのである。

宗家の分家である鴨方藩初代利政の娘たちは本家家臣との婚姻関係に限られ、三代政方が家督を継ぐ元文三年（一七三八）年以降で、しかも他家、それも旗本家に限られた婚姻関係であったことは宗家の意向が大きく関わっていた可能性さえ想起させられる。

生坂藩においても同様なことが言えそうである。これは光政の絶対的な政治判断が左右している可能性が想起させられる。なお、分家生坂藩初代輝録は光政の三男輝録で、最初は熊沢蕃山の養子となり、明暦三年（一六五七）には蕃山致仕により熊沢政倫（池田輝録）に譲る。後に綱政が家督を継ぐと分与によって池田家に復し、生坂藩を立てた。彼も儒教に熱心であった（図14）。

寛文一二年（一六七二）に光政は隠居し、綱政が家督を継ぐ。藩政は光政存命中は、隠居であったが自身で治めた。綱政は天和二年（一六八二）、父の死によって、自ら藩政に取りかかったとされることからも、光政の絶対的な藩政掌握が窺えるのである。

おわりに

以上、池田家、光政の藩政と儀礼祭祀を参考にし、藩政における家老家の役割を確認する中で、婚姻関係が根底となり一門としての結びつきを持つことで、池田家初期の藩政形成に大きな役割を果たしていることを確認した。また、これらの結びつきは、各家における葬礼祭祀においても儒式による墓所造営を選択し、長く歴代の墓が同様式で造営されていることを明確にした。

光政の藩政における家臣の儒教的な影響については北脇義友の精力的な一連の研究[16]があり、岡山藩における悉皆的な調査による結果が導き出されており、今後の研究の指針にもなろう。

また、今回取り上げた家老家の墓所について、特に上部様式は儒教式に則り造られており、藩主光政が和意谷墓所造営において実践した墓所造営を、重臣である家老家が実践していることは、綱政藩政の時には神職請から仏式に戻るが、墓所造営において儒式様式が通俗的な墓様式として認識されていたことは明らかである。これまで、神職請から仏式に変化することで儒教的な意識が消えるかのように説明されることもあったが、墓所の地上様式を確認しても明らかなように、通俗的な墓様式として用いられたことが明らかとなった。

一般的に、大都市あるいはその近郊においてのみ、一七世紀中葉以降になってようやく墓に墓碑が造立されるようになるのであるが、それは仏教において墓造営の通俗的な様式が出来上がっていなかったのである。一方、一七世紀中葉以降になると儒教テキストが受容され儒教が通俗的道徳[17]と浸透するようになる。かかる中で、仏教は朱熹の『家禮』に則った葬法を通俗的な葬法として取り入れ実践した。その結果が、墓碑の造立や、埋葬・上部施設の画一化・遺骸の沐浴や包み方に至るまでの葬祭の儀礼祭祀が画一化するのであろうと考えている。

仏教が有していなかった民衆のための通俗的葬祭儀礼は、儒教のテキストを用いて実践することで一七世紀中葉以降、仏教における通俗的な葬礼が整えられ、墓碑の創出、造立数の増加という現象面に端的に示されているものと理解している。

一七世紀後半以降、仏教が儒教的な通俗的葬制を取り込み、仏教の通俗的葬礼を創り上げていったのである。白木の葬具が一般的になる事と時期を一にしていることに注目している。また、この時期には神道の台頭があり、儒教を取り入れた通俗的な神道葬礼を創り上げていくことになったものと捉えている。

註

註1　乗岡　実　二〇一四「地域における近世大名墓の成立－中国」（大名墓研究会編『近世大名墓の成立　信長・秀吉・家康の墓と各地の大名墓を探る』雄山閣）。
註2　吉永町史刊行委員会編　一九八四『吉永町史』通史編2。
註3　岡山県教育委員会　一九九八『埋蔵文化財発掘調査報告一二八－大岩遺跡』。
註4　拙著　二〇一二『近世大名葬制の考古学的研究』雄山閣。
註5　近藤萌美　二〇一四「江戸前期岡山藩主の先祖祭祀とその思想背景」『岡山県立記録資料館紀要』九）。
註6　註5を引用。
註7　吾妻重二　二〇〇八「池田光政と儒教喪祭儀礼」（『東アジア文化交渉研究』第一号　関西大学文化交渉学教育研究拠点）。
註8　後藤陽一　一九七一「熊沢蕃山の生涯と思想の形成」（『熊沢蕃山』岩波書店）なお、岡藩中川家における神主祭を指導し仕切った人物は蕃山の弟とされる岩田八右衛門である。
註9　註5と同じ。
註10　吉備群書集成刊行会編　一九三二『』吉備群書集成。

註11　註3に同じ。

註12　拙者二〇一三「近世葬制における神儒仏それぞれの墓」（坂詰秀一・松原典明編『近世大名墓の世界』雄山閣）。

註13　日下幸男　二〇一〇「今枝直方年譜稿」（『龍谷大學論集』四七四・四七五）。

註14　今枝直方年譜には一三回忌としているが年代からすると九回忌と思われる。

註15　大森映子　一九九八「岡山藩池田家における婚姻事例 - 分家との比較を中心として - 」（『湘南国際女子短期大学紀要』五）。
同　二〇〇〇「大名家における後継者決定過程：池田綱政の継嗣をめぐって」（『湘南国際女子短期大学紀要』七）。

註16　北脇義友　二〇一五「岡山市東山墓地における儒葬墓 - 江戸時代資料を中心として」『石造文化財』7。
同　二〇一六「一七世紀儒教を信奉した村―旧邑久郡の儒葬墓から―」『石造文化財』8。
同　二〇一七「池田光政による儒葬墓とその影響 - 旧和気郡の儒葬墓から - 」『石造文化財』9。

註17　安丸良夫　一九七七「「民衆思想」の立場」『一橋論集』七八。

挿図出典

図1は、註3より転載。

図2は、註13より作製。

その他の図は、全て実査により作製。

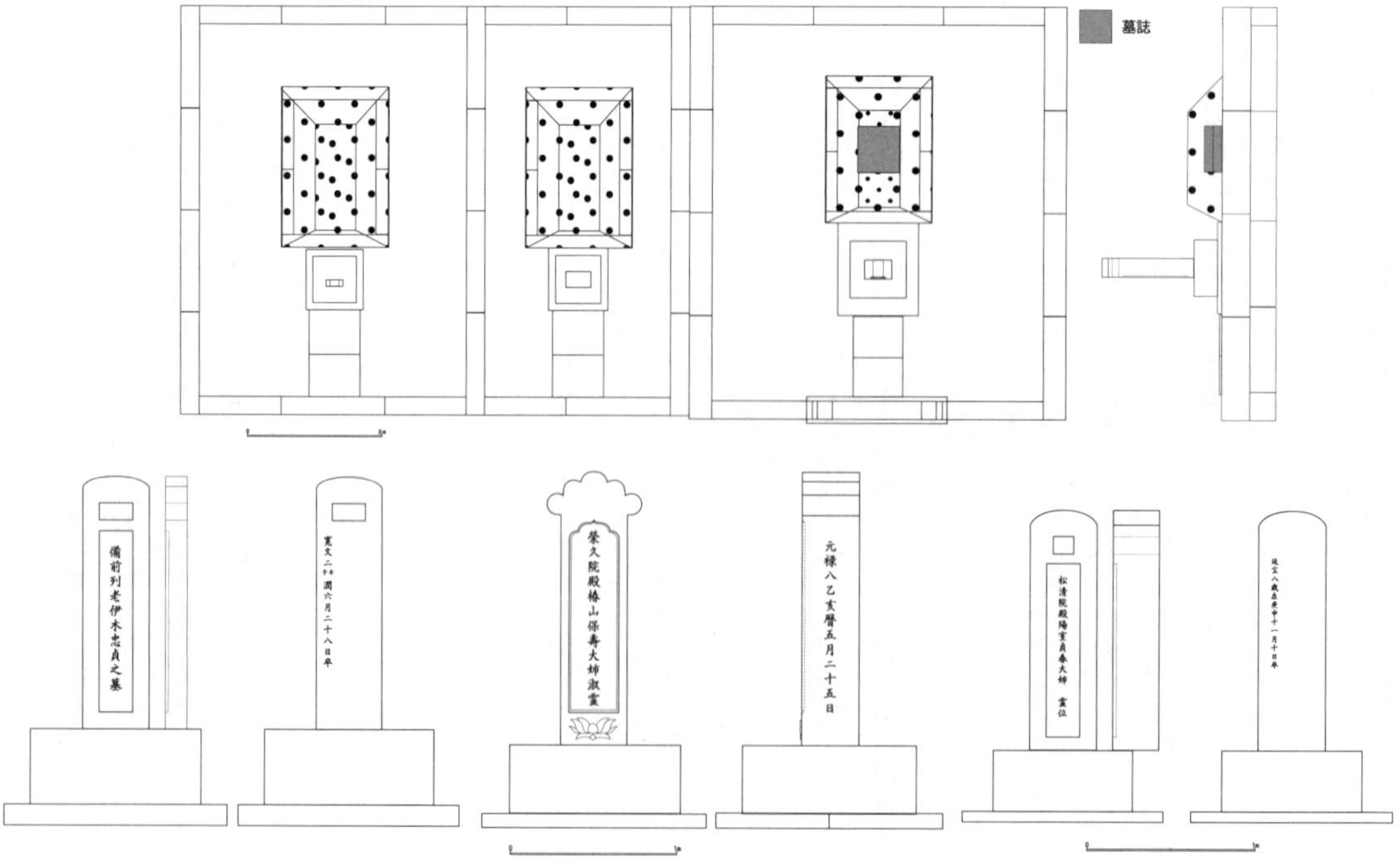

図4　伊木家3代忠貞・正室・側室墓

図3　伊木家墓所全景と3代忠貞側室墓・墓誌

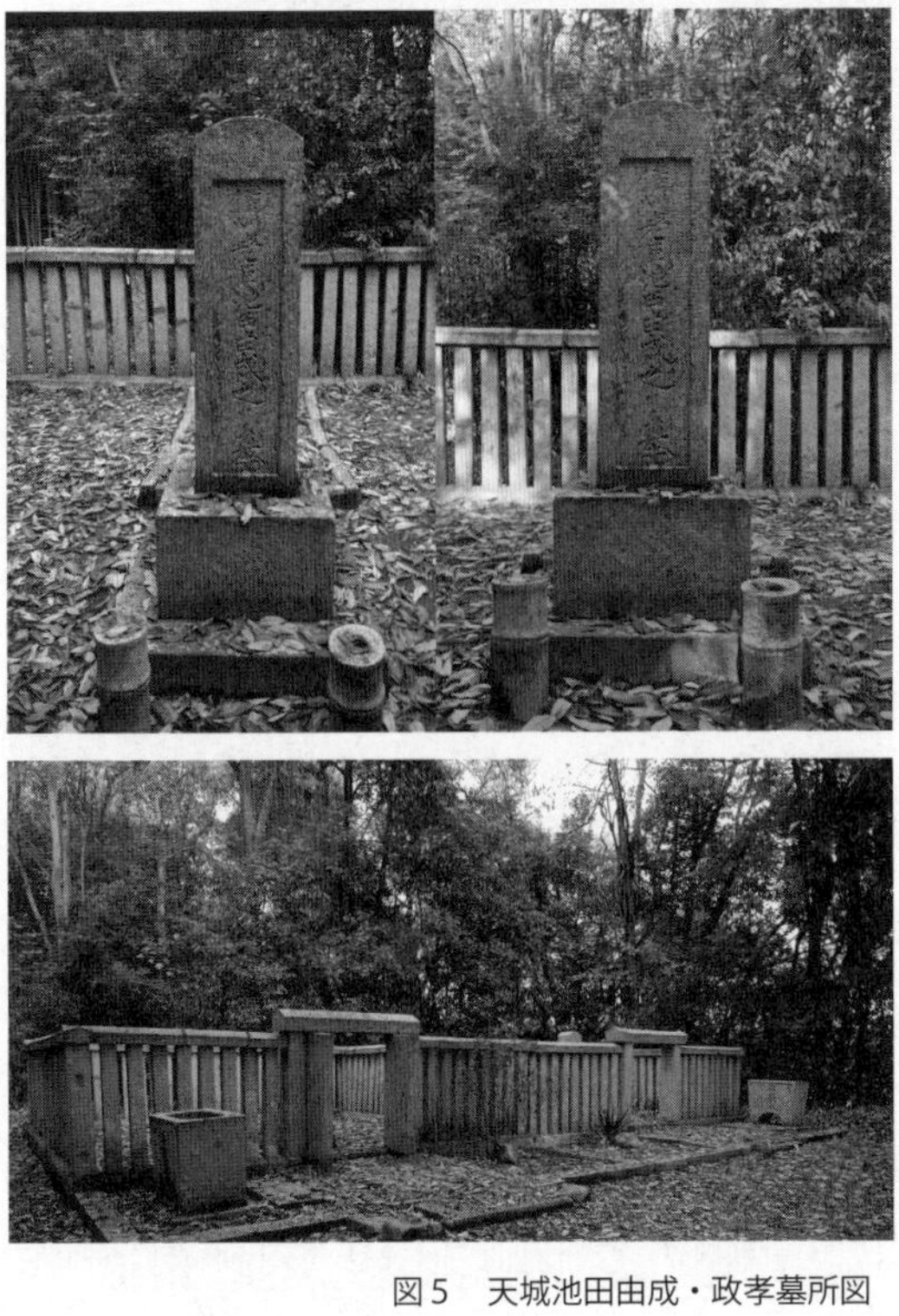

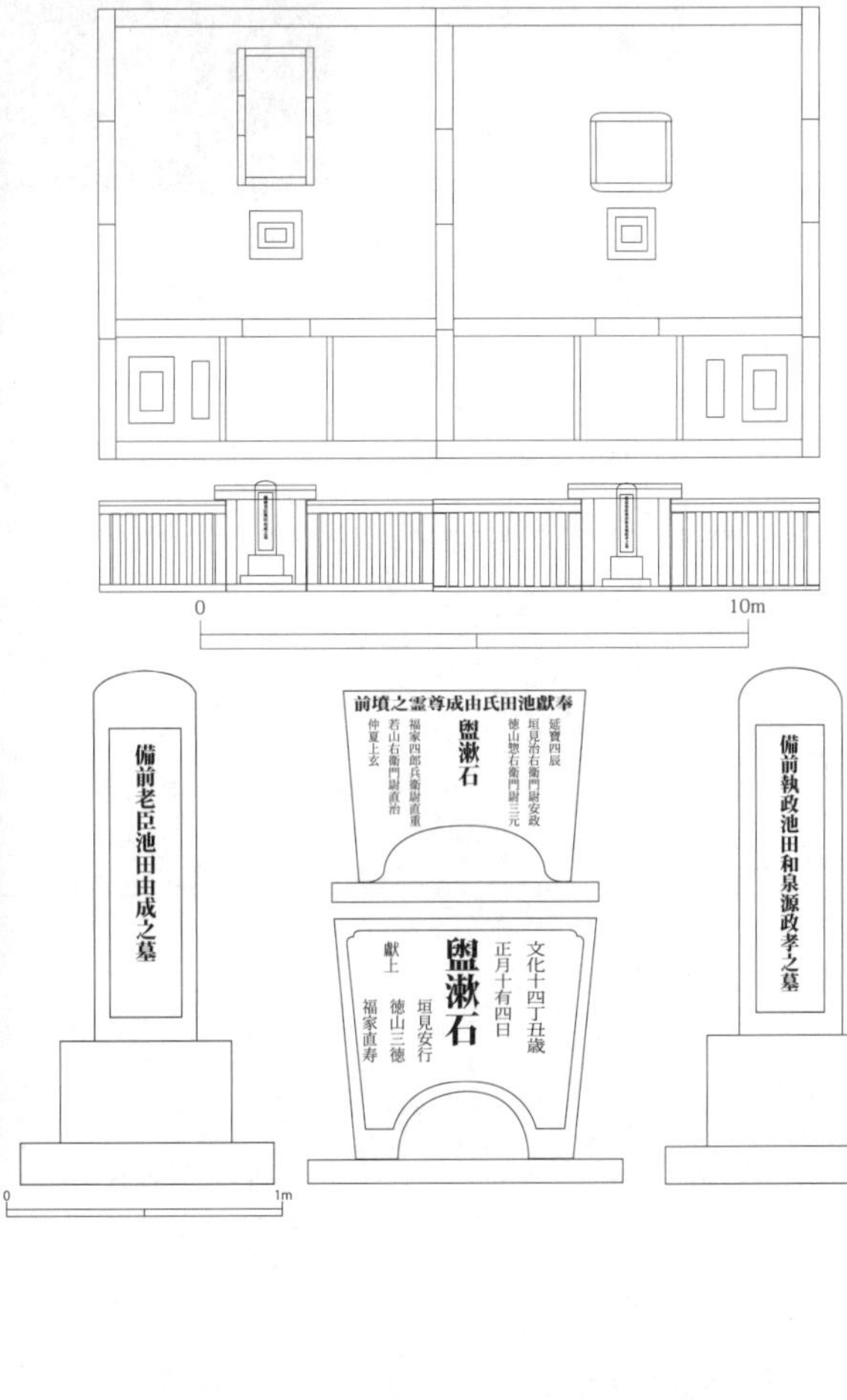

図5　天城池田由成・政孝墓所図

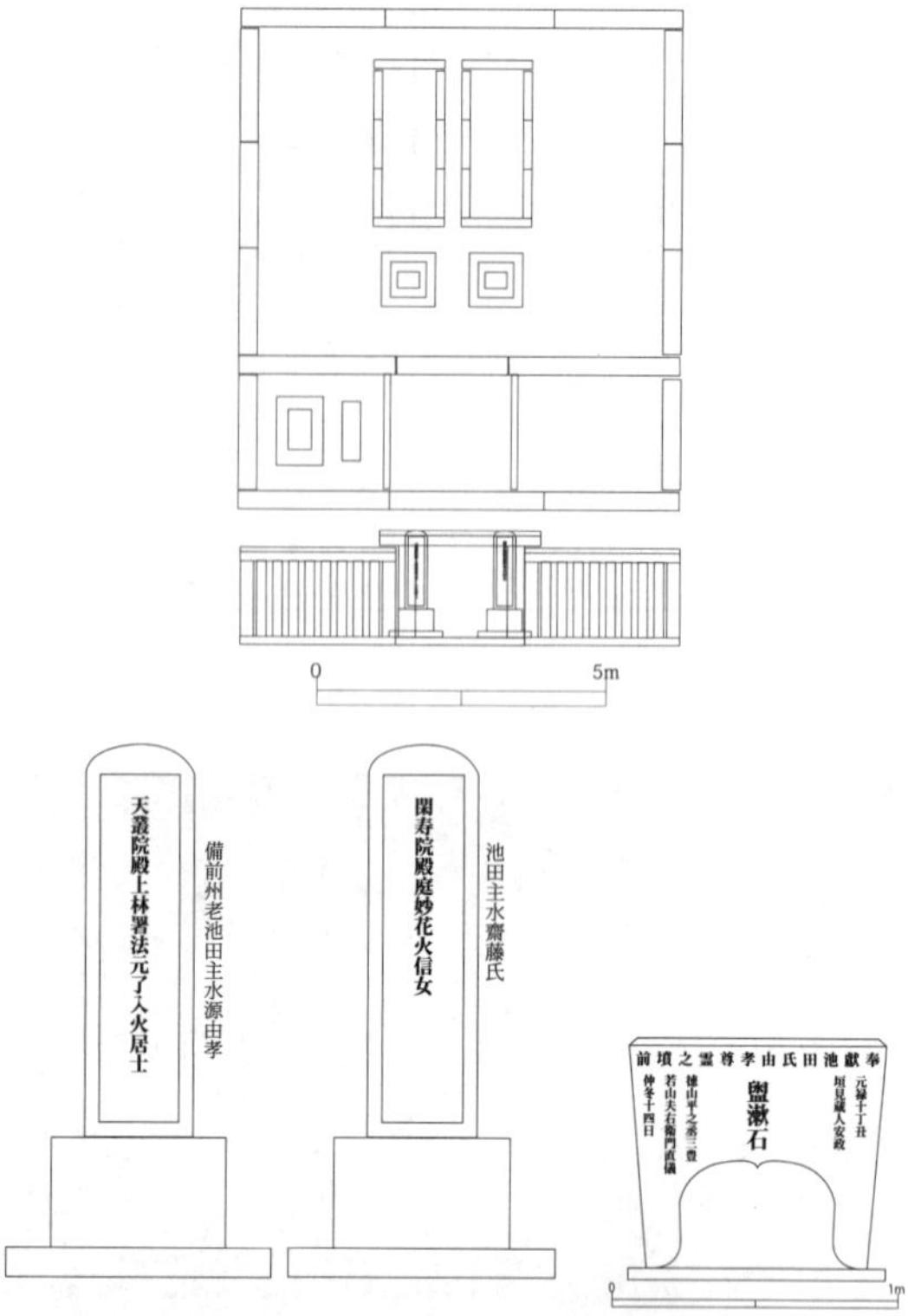

図６　天城池田主水源由孝墓所図

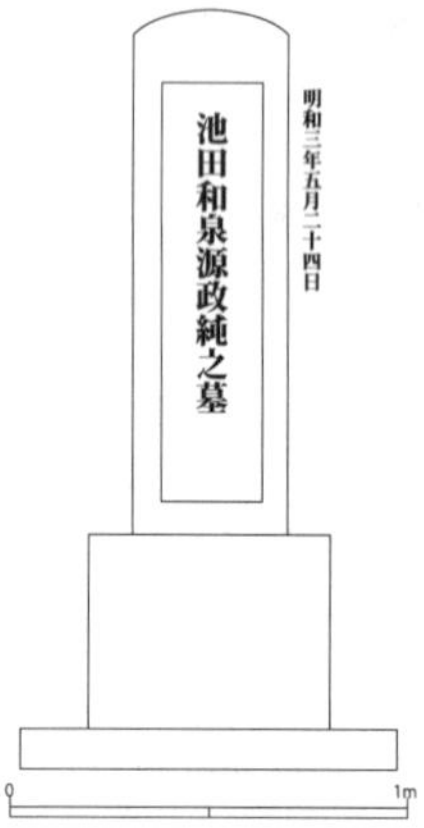

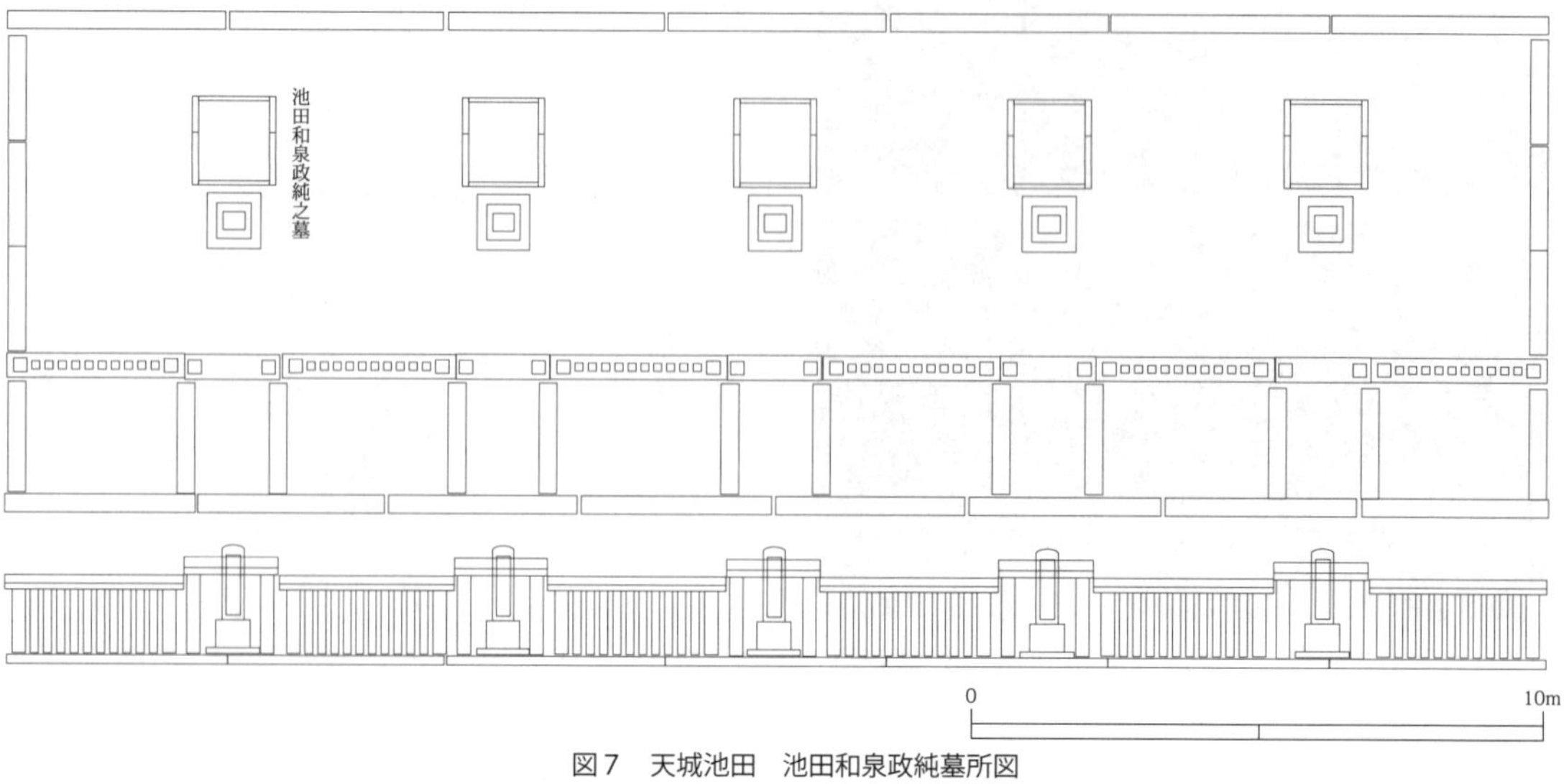

図７　天城池田　池田和泉政純墓所図

第五部

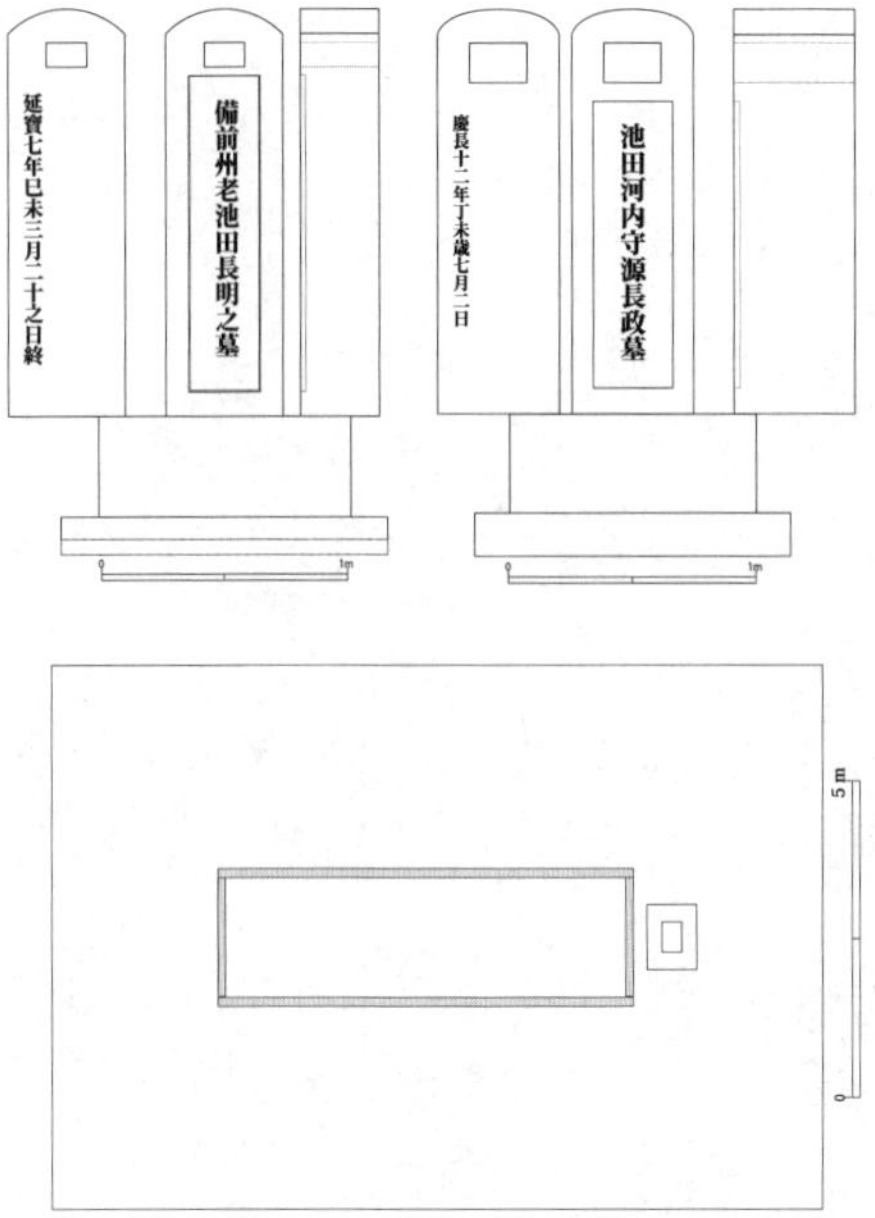

図９　片桐池田家池田長明・長政墓所図

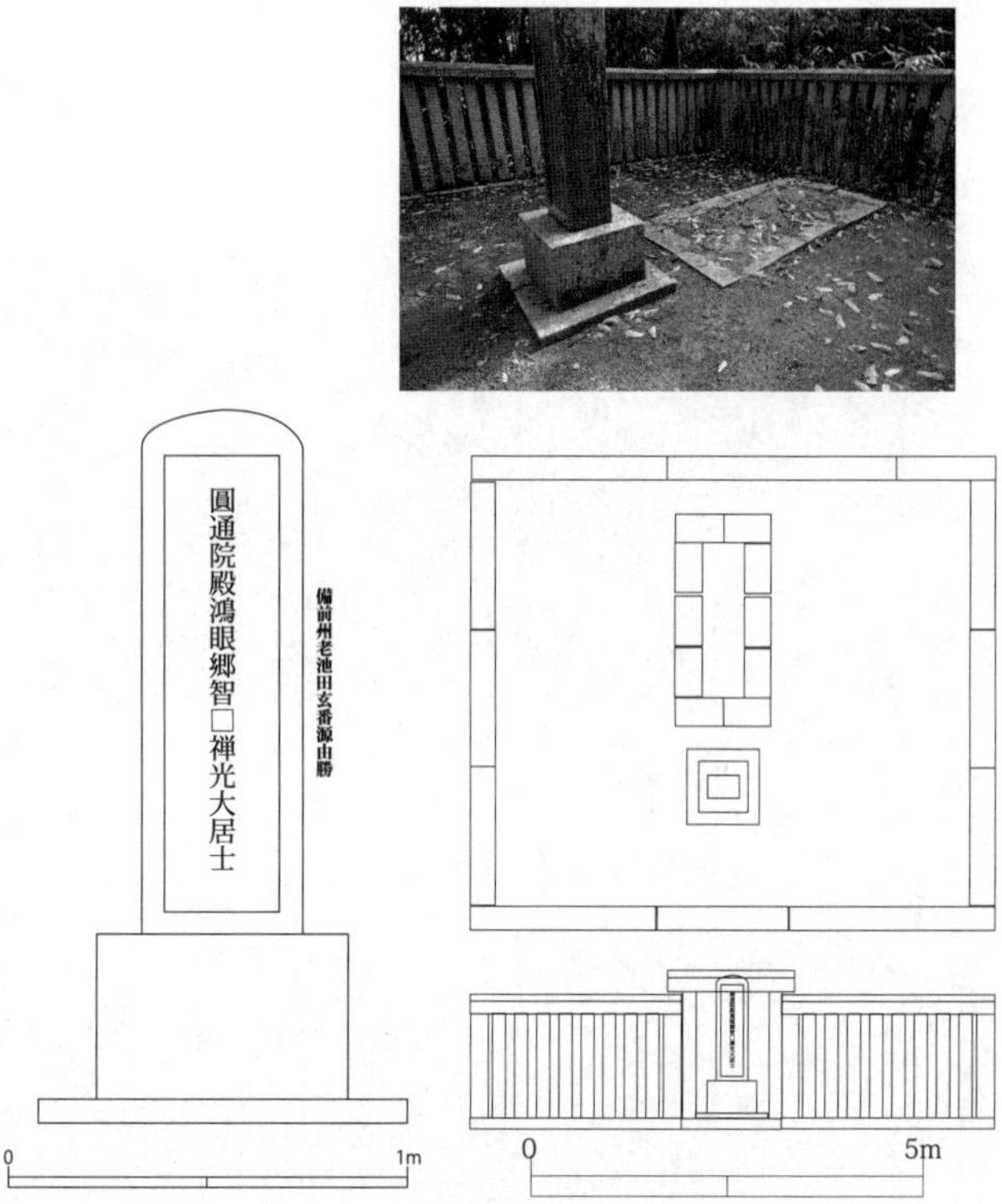

図８　天城池田家池田由勝墓所図

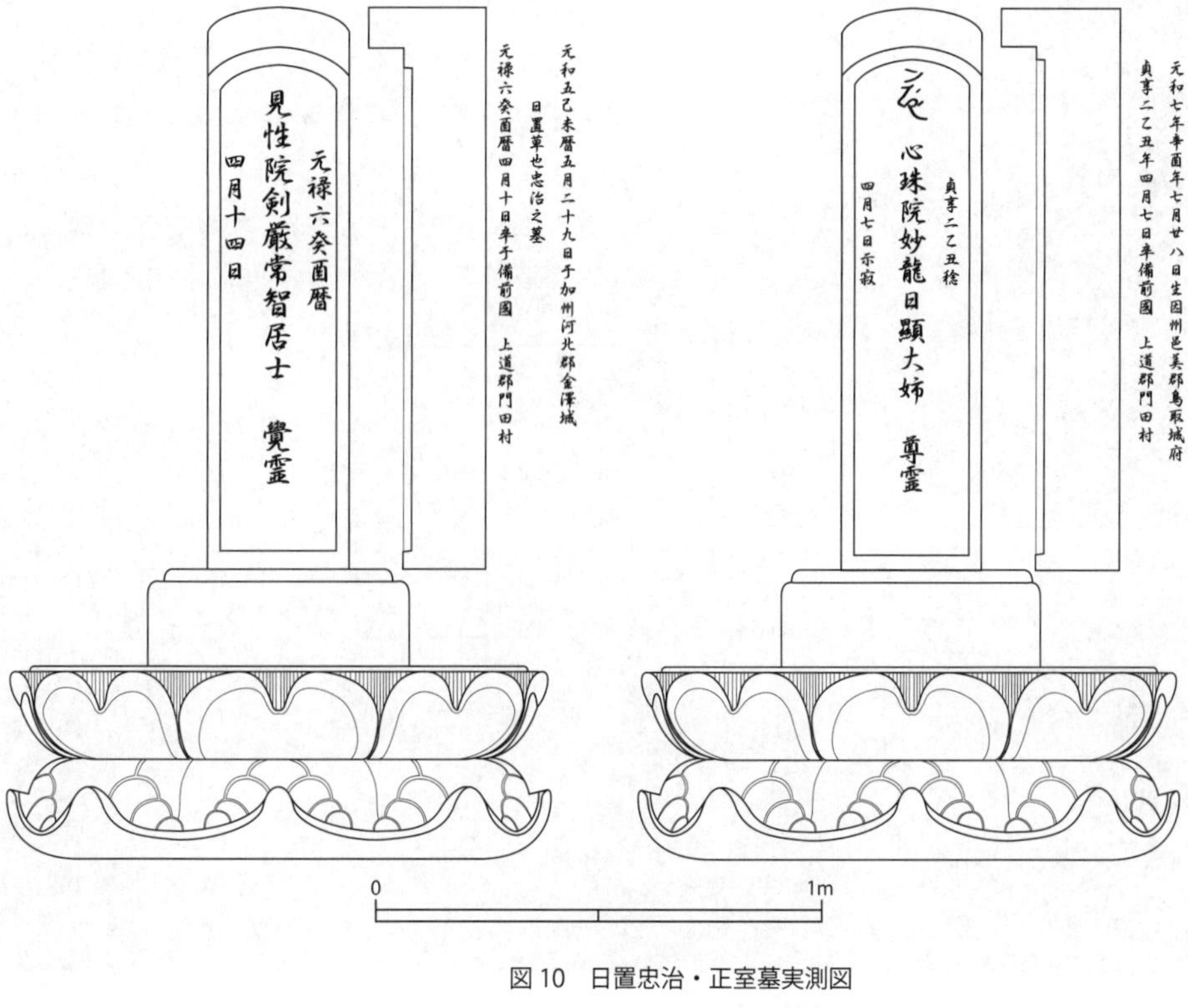

図10　日置忠治・正室墓実測図

図11　日置忠治夫妻墓所（岡山市御津安金山、左・忠治）

図12　日置家墓所（岡山市東山墓所）

第五部

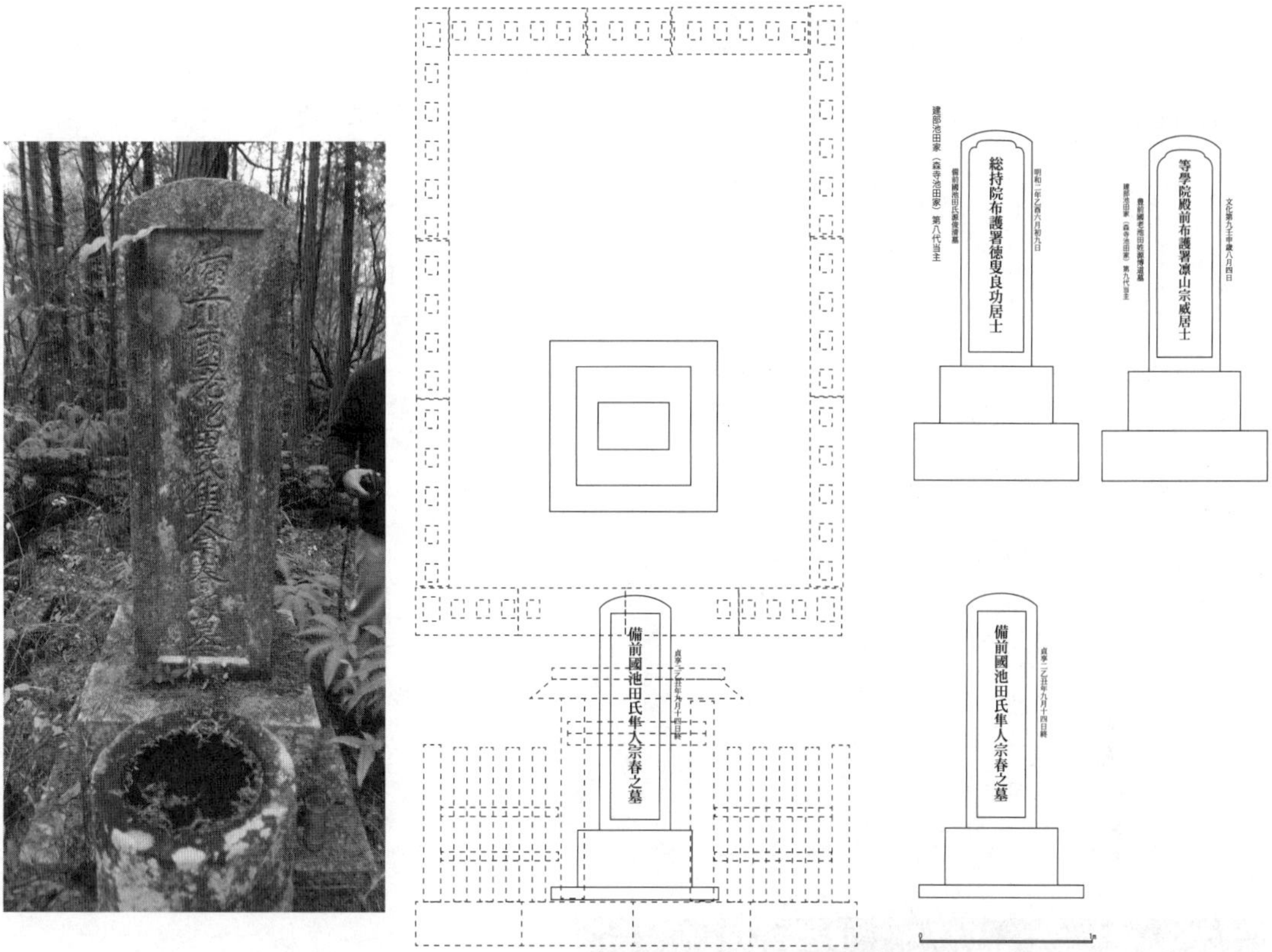

図 13　建部池田池田宗春 6・8・9 代墓

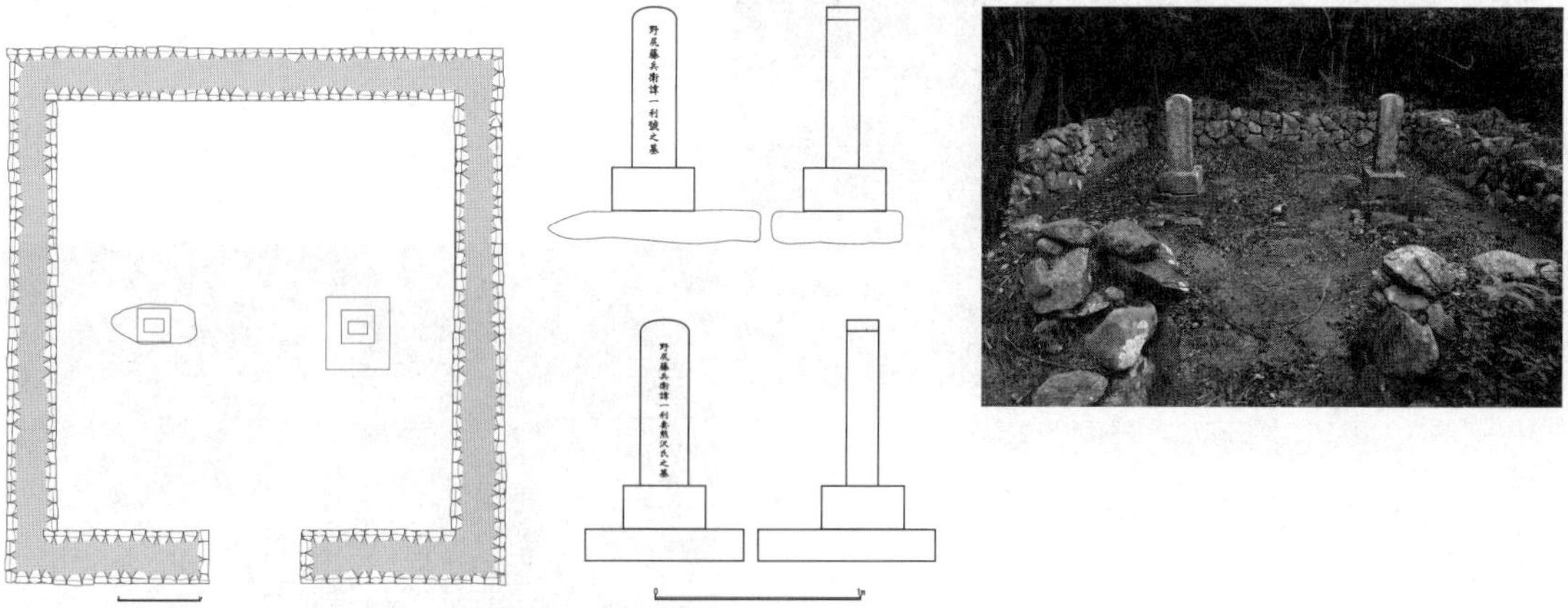

図 14　熊沢蕃山墓両親の墓所

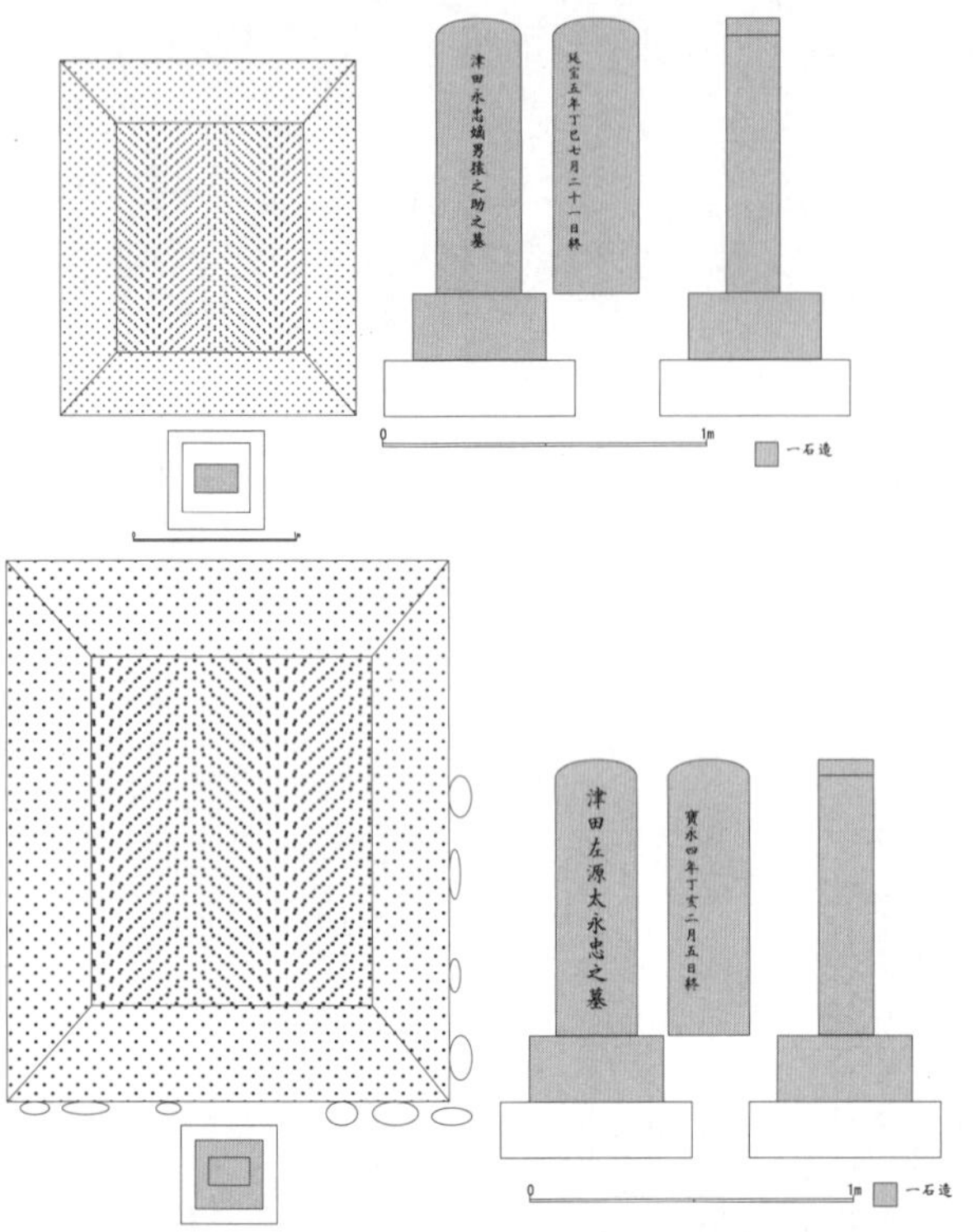

図 15　津田永忠親子墓所（改葬後）

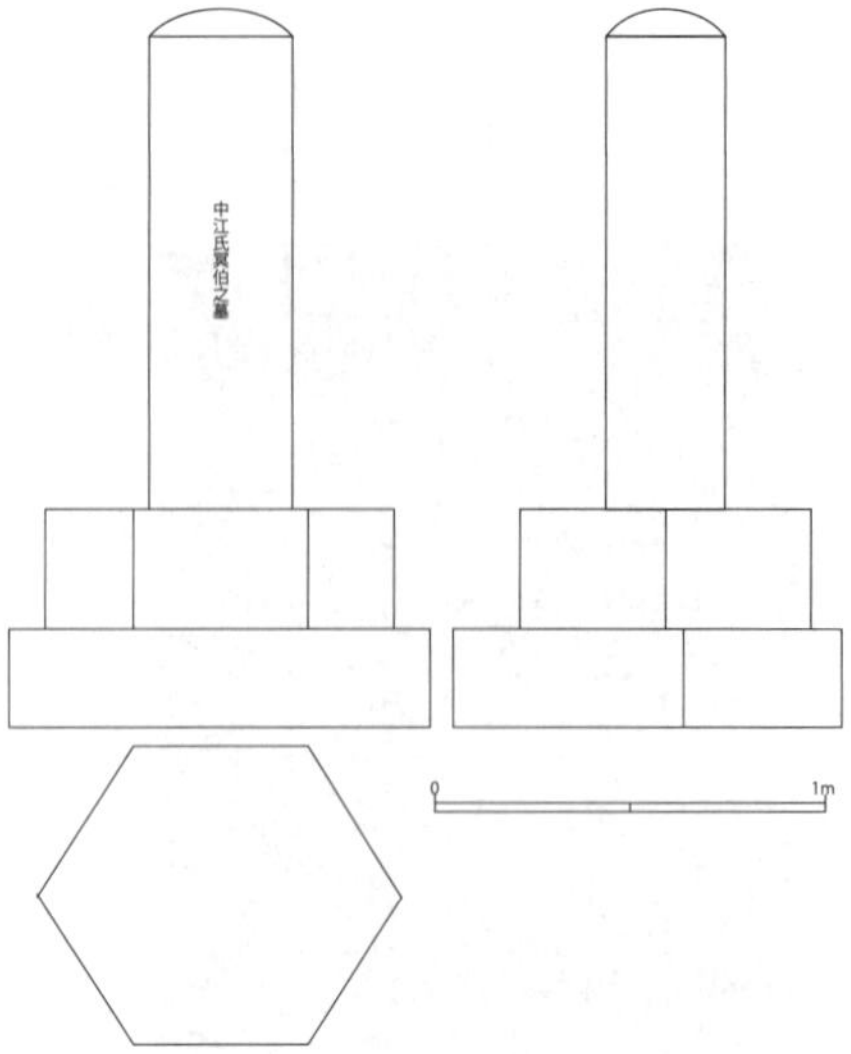

図 16　東山墓地中江氏冥伯之墓

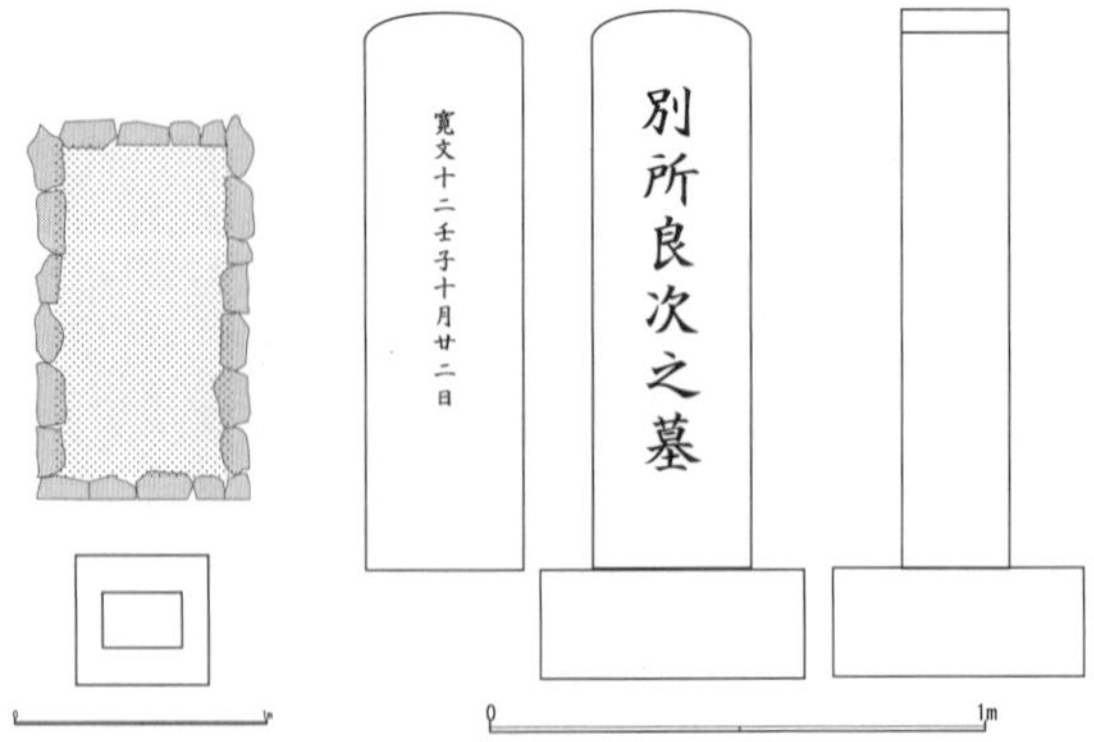

図 17　東山墓地別所良次墓所

第五部

Ⅱ　近世大名の葬制と墓誌
―府内寺院と墓誌の調査―

はじめに

墓誌は中国に起源を、有す。死者を哀悼し、その姓名や生前の地位、経歴、没年などを銅板・石・塼などに記すほか、骨蔵器、石櫃に直接印刻したものや墨書したものもある。墓への埋納の目的は、未来永劫にわたる墳墓の安泰を願い、墓が暴かれた際も被葬者をあきらかにして、遺骨が破棄されるのを避けるためにあると説かれる(1)。

中国における墓誌は前漢末期まで遡るが、現存するものは後漢から魏、晋の資料である。墓誌の起源は、本来は墓上、前に墓碑を置き死者の功績を讃えたことにあるとされるが、晋代における厚葬の規制下では地上の墓碑造立を禁じたたことで、小型にした墓碑を墓中に置くことが盛行し、その様式が後世に伝わったと解されている(2)。南北朝期では一辺二、三尺の同形同大の方形切石二個を用い、一方を誌石として多くの文章を刻み、他方を蓋石としてこれに重ねるという墓誌様式が確立するとされる。また、北魏の墓誌には優れた作品が多く、中国の墓誌様式はこの時代にほぼ完成したと見られ、この様式が日本へも影響を与えたと考えられている(3)。

現在、日本の中世墓からは墓誌は確認されていない。古代（一六例）と近世に限られるのが現状である。ここでは特に近世武家社会の葬制において用いられた墓誌を取り上げるが、既に石田肇(4)、谷川章雄(5)が研究を重ねており屋外屋の感はあるが、儒教受容とその影響という視点から墓誌を取り上げてみたい。なお、個々の墓誌の観察は行っているが紙面の関係から示せないので実測図を提示するに留めたが、ここでは近世武家社会における墓誌を有する葬制が有する意味とはなにか、について考えた。

資料は一昨年直接調査をさせていただいた練馬桜台に所在する臨済宗大徳寺派円満山広徳寺の墓誌と同じ臨済宗であるが現在は、単立寺院である海禅寺で確認した墓誌を資料とした。また、この他に岡山藩家老伊木忠貞の側室の墓誌資料を参考として取り上げた

一　円満山広徳寺調査の概要

広徳寺は、箱根湯本早雲寺の子院として戦国期末に小田原に建立され、天正一八年（一五九〇）には江戸神田昌平橋の内に移り、寛永一二年（一六三五）下谷へ移転した。江戸時代には「ビックリ下谷の広徳寺…」と隆盛し塔頭一五院を擁していた。しかし、関東大震災による被害と後の区画整理で昭和三五年（一九六〇）、現在の練馬に移転し現在に至っている。

慶長期には片野藩滝川家、柳川藩立花家、寛文期には前田綱紀の帰依が大きく、以下の多くの大名らの菩提寺となった。特に寛文期の前田綱紀お

第五部

よび富山藩二代前田正甫の帰依は大きく一八世紀前半までに多くの年忌法要が執り行われた。

菩提寺とした公家及び主な大名家は次の家である。近衛家、加賀前田家、富山前田家、大聖寺前田家会津松平家、柳河立花家、三池立花家、柏原織田家、園部小出家、谷日部細川家、安志小笠原家、日向秋月家、赤穂宗家、大和柳生家、肥前松浦家、破嶋蜂須賀家、安芸毛利家、鶴岡酒井家、桑名松平家、小倉小笠原家、長嶋増山家、仁天寺市橋家、新見関家、松代真田家、小室小堀家、加々爪家、金森家、水野家、小倉家、小笠原家、阿形家、滝川家、大河内家、桑山家、松浦家。

なお、これらの大名家、公家家は近世を通じ広徳寺を菩提寺としたが、関東大震災による被災により大正期に改葬が行われ、その際に出土した墓誌が石塔と共に練馬の現在の地に運ばれた。しかし多くの墓は家ごとに合祀されたために、個々の墓誌の再埋納は避けられた。今回の報告は、現在の墓所内で確認できる全ての墓誌であり年代順に一覧（表1）にした。

墓誌は、福島会津藩松平家、福岡柳河藩主立花家あるいは両家に嫁いだ有縁の人々として富山藩前田家、水戸藩松平家、武蔵忍藩阿部家、日向高鍋藩秋月家有縁の墓誌である。

年代的には、会津松平家三代藩主正容の嫡子であったが宝永五年（一七〇九）、家督を継ぐことなく若くして亡くなった松平久千代（正邦）の墓誌が最も古い。安山岩製で全体の墓誌中最も厚く蓋（凹）と身（凸）を合わせた厚さが約六〇㎝近い。大きさは七八㎝四方である。外面は全て荒叩き仕上げで表面には何も刻さず、蓋内面の中心に大きく「松平久千代」と刻み、磨いた身の碑面に生没年月日、出自を中心に刻む。両方の刻字の一部に朱を確認した。

最も新しい墓誌は、会津松平家九代藩主正室の墓誌である。文久元年（一八六一）に没している。この墓誌は、蓋が確認されていない。身は安山岩製で凸面を磨き生没と出自が刻まれている。

表1に示した通り、会津松平家歴代藩主正室墓と藩主有縁の人々の墓誌が半数以上で9件を確認した。柳河藩立花家の場合は、藩主の一部と正室、有縁の人々、筑後三池藩立花家は六代藩主墓、日向高鍋藩秋月家は七代藩主の有縁の墓誌を確認した。

表1　広徳寺確認の大名家墓誌一覧（№は図6～10の個々を参照）

№	被葬者	関係	出自	没年
1	松平久千代	会津松平家三代松平正容の長男		一七〇九
2	僊渓院	会津松平家二代藩主松平正経正室	正経妹前田綱紀正室、前田利常娘	一七一五
3	友	会津松平家四代藩主松平容詮正室	讃岐高松藩三代藩主松平頼豊娘	一七四六
4	浄心院殿貞巌紹節大姉（銑）	会津松平家五代藩主松平容頌正室	忍藩五代藩主阿部正允の娘	一七六三
5	松平容詮	会津松平家五代藩主松平容頌養子		一七八五
6	立花鑑門	柳河藩立花家七代藩主立花鑑通長男	井伊一〇代直幸斐姫正室、後室養女鉄姫	一七八九
7	立花種周	筑後三池藩六代藩主		一七九六
8	小野隆儀	大組組頭兼家老	立花宗茂家臣	一八〇一
9	類	会津松平家五代藩主松平容頌元正室	前田重教二女	一八〇三
10	秋月式部種備	日向高鍋藩七代藩主秋月種茂三男		一八〇四
11	竜譚院殿寒月紹清大居士	筑後三池藩六代藩主	立花種周十三回忌	一八一〇
12	立花鑑寿	柳河藩立花家七代藩主五男	柳河藩八代藩主	一八二〇
13	美勢子（天寿院）	柳河藩立花家八代正室鑑寿正室	立花致真（七代藩主鑑通の兄弟）の娘	一八二九
14	立花鑑賢	柳河藩立花家第九代藩主		一八三〇
15	壽風院殿（謙）	会津松平家六代藩主容住正室	謙姫（井伊一〇代直幸の娘）	一八三二
16	清仙院殿（厚姫）	会津松平家八代藩主容敬正室	加賀藩一一代藩主前田斎廣二女	一八五三
17	日寶鑑院殿（敏姫）	会津松平家九代藩主容保正室	会津松平家八代容敬の娘	一八六一

二　江東区大雄山海禅寺調査の概要

大雄山海禅寺は、寛永元年（一六二四）神田明神北妻恋に始まるが振袖火事の後、現在の位置へ移転したとされる。

蜂須賀家をはじめ、諸侯から厚く庇護を受け、「阿波様寺」とも称され、塔頭四ヶ寺（霊梅軒（霊梅寺）、泊船軒、寒窓軒、瑞光庵）を擁していた他、臨済宗妙心寺末の触頭として湯島麟祥院、高輪東禅寺、牛込松源寺と共に勤めていたとされる。

墓誌は、現在の本堂西側に位置する境内墓地内にあり、蜂須賀家の五名の墓誌が纏められている。今回は、この墓誌群と同所にある亀趺碑をあわせて紹介した。

五例のうち最も古いのは、阿波蜂須賀家十代藩主喜重の正室であり十一代の生母である伝姫（柳河藩五代藩主立花貞俶の四女〈母は側室永林院・峯氏〉）の墓誌で、一三代藩主斉裕の側室山本珠子の墓誌は明治一九年（一八八六）銘ので最も新しい。全体で六名の墓誌を確認することができた。

また、この墓誌の内、蜂須賀家十一代治昭が母伝姫の埋葬に伴ない造立した亀趺碑もあわせて示した（図4）。

蜂須賀家菩提寺は、国元である徳島に臨済宗妙心寺派興源寺と万年山に営まれ、寛永十五年藩祖家正没後以来、菩提寺とされた。この興源寺には藩祖家政から初代至鎮・二代・三代・四代・五代・六代・九代の各藩主の遺体が埋葬されている。七代宗英は京都清浄華院に葬られている(6)。一方、十代重喜によって造営された万年山墓所には八代・十代〜十四代の墳墓がある。なお、万年山及び京都清浄華院に埋葬された藩主は遺髪を興源寺に埋葬している。

そして、今回紹介する海禅寺が蜂須賀家菩提寺となる切っ掛けは、蜂須賀藩主五代綱矩の長男早世に伴い、次男吉武が世嗣となったが父に先立ち若くして没して埋葬されたことに始まる。その後、『寛政諸家譜』によれ

表2　海禅寺の蜂須賀家墓誌一覧

№.	被葬者	関係	出自	没年		墓誌撰文
1	伝姫	阿波蜂須賀家一〇代藩主正室（一一代生母）	柳河藩五代藩主立花貞俶娘（側室四女）	一八〇二	一〇代藩主重喜は佐竹壱岐守家義道四男、蜂須賀家へ養子（出羽秋田新田藩二代藩主、母内藤政森娘）	阿波國儒員藤原惟賢謹誌 阿波國史臣藤原専珠謹書 幕府内史勺直事源弘賢象
2	蜂須賀喜和	阿波蜂須賀家一〇代藩主重喜三男		一八〇四	母は立花貞俶娘・伝姫	
3	穠姫（文姫）	阿波蜂須賀家一二代藩主正室	近江彦根藩一三代藩主井伊直中長女	一八二〇		阿波國儒員臣柴升謹誌
4	鷹司并子	阿波蜂須賀家一二代藩主継室	関白・鷹司政熙娘（第八女）	一八三七	鷹司政熙正室は一〇代重喜の二女	阿波國儒員増田希哲謹誌
5	鷹司標子	阿波蜂須賀家一三代藩主正室	関白鷹司政通の娘	一八五八	母は水戸藩主・徳川治紀の娘・鄰姫	増田成龍（一八三三〜若殿様御素読御用｝
6	山本珠子	阿波蜂須賀家一四代藩主側室		一八八六	万年山にも墓所が設えられている	
亀趺	伝姫	阿波蜂須賀家一〇代藩主正室（一一代生母）	柳河藩五代藩主立花貞俶娘（側室四女）	一八〇二	一〇代藩主重喜は佐竹壱岐守家義道四男、蜂須賀家へ養子（出羽秋田新田藩二代藩主、母内藤政森娘）	阿波國儒員藤原惟賢謹誌 阿波國史臣藤原専珠謹書 幕府内史勺直事源弘賢象

ば海禅寺には七代世嗣であった長男宗純が元文四年（一七三九）に、八代嫡子であった重矩が宝暦元年（一七五一）に、父宗鎮に先立ち没して埋葬され、江戸の菩提寺の一つとなった。このように相次ぐ世嗣の不幸から、八代藩主は高松藩二代重頼の六男を養子と迎え繋いだが、これも若くして没してしまい、末期養子として秋田新田藩藩主佐竹義道四男を迎え重喜と改名して一〇代を相続させた。このように家督が途絶える危機が続いたことを受けて、一一代治昭は実母が没したときにこれを嘆いて亀趺碑（図１）を江戸の菩提寺である海禅寺に造立した。

　この亀趺碑の書き出しは、江戸で多くの世嗣が亡くなり埋葬された弔いが記され、碑の建立に際して、阿波國儒員藤原惟賢が撰文し、阿波國史臣藤原専珠が記し、幕府内史局直事源（屋代）弘賢が彫ったことが明確に記されている。[11] 二代治昭の代には徳島藩の儒者登用が多いことも指摘されている。海禅寺で確認される現存の墓誌は、表２に示した通り一〇代生母から十四代側室までが確認できた。そこで続いてこれ等墓誌を用いた葬制の背景について考えてみたい。

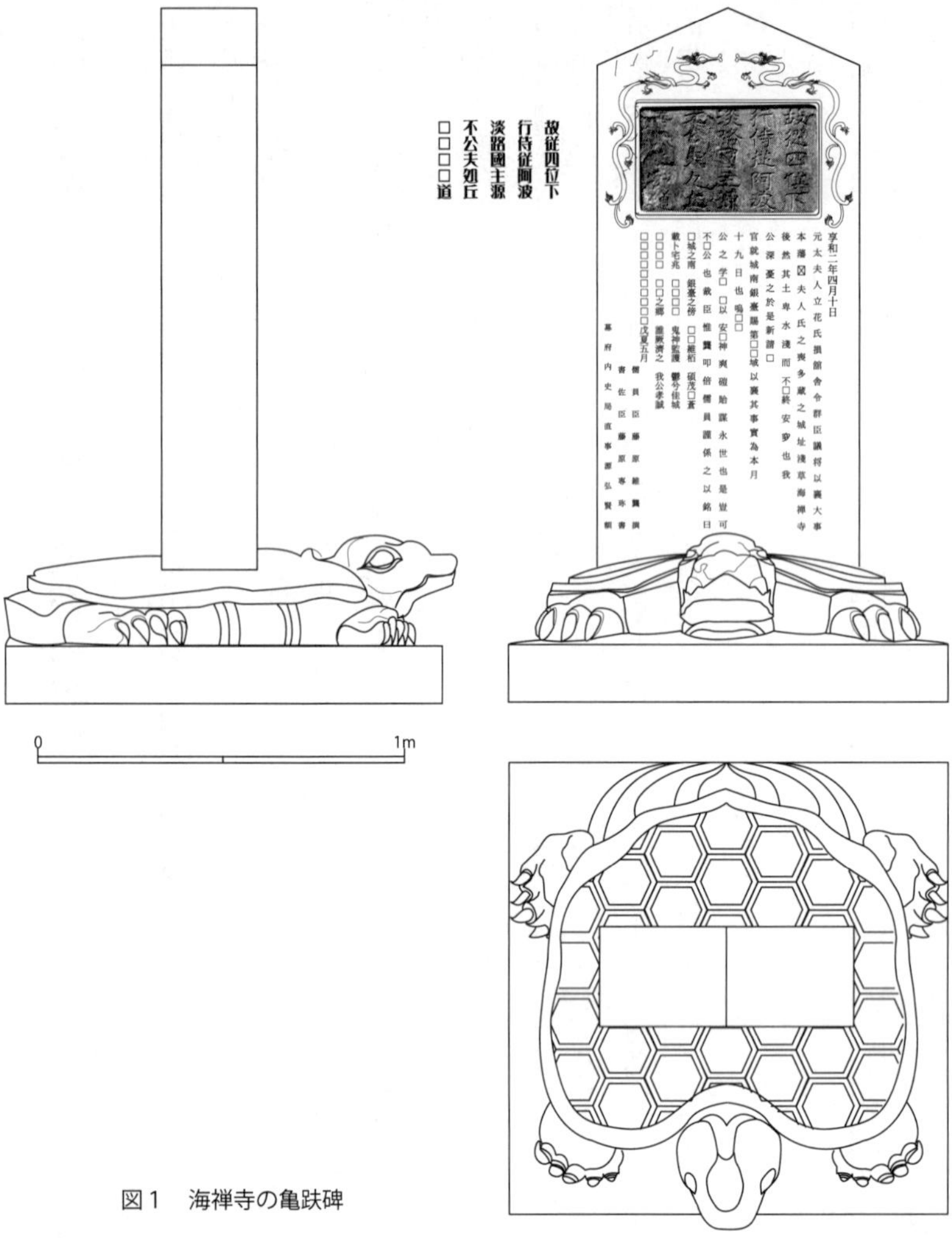

図１　海禅寺の亀趺碑

三　近世期の墓誌とその背景

　筆者は別稿[7]で新宿区に所在する国指定史跡である林家墓地における実測調査を実施し、林家歴代の墓碑と現存する墓誌を示したことがある。また同じ儒者の墓誌として京都の黒谷山の塔の北に埋葬されその後の瑞岩山円光寺に改葬（延宝五年〈一六七八〉）された鵜飼石斎の墓誌や、享保四年（一七二〇）に没した佐賀藩多久第四代邑主多久茂文の儒者であった河波自安の墓誌を紹介した[8]。

　近世墓誌の研究は、石田肇の一連の研究が先駆的であり、この成果と最新の発掘調査の成果を踏まえて谷川章雄は集成的研究を行っている。これらの研究により近世期武家社会における墓誌の概略は捉えられるが単独の墓誌資料が多かったが、今回の報告の墓誌群は、儒者林家、徳川将軍家に続く「家」を単位とした有縁の人々の墓誌資料群といえ、一八世紀初頭から一九世紀代の墓制を捉える上において重要な新たな資料群である。

これまで近世石製墓誌の最も古い例として、三代将軍家光の第三子である綱重墓出土の宝永元年（一七〇四）銘の資料が挙げられてきたが、今回取り上げた広徳寺の会津松平家三代松平正容の長男の墓誌は宝永六年（一七〇九）銘であり、近世期の墓誌中においても古い例といえる。また本号の北脇論考で紹介された一七世紀代の花崗岩製の墓誌や、後に触れる高知県の芝田夫人の墓誌銘から、墓誌を用いる墓制の上限が確実に一七世紀中葉に遡ることになった。そこでここでは新たに北脇から教示を受け共に実見した墓誌埋納に係わる新資料を葬制復元の視点から示しておきたい。

（一）墓誌の埋納法

新資料は、岡山県の岡山藩筆頭家老伊木忠貞の側室墓内で確認した。側室墓は、家老墓及びその正室墓から若干間隔をあけた位置にあるが概観から墓所様式の違いはなく、ほぼ同じ構造を呈している。特徴は実測略図で示した様に、二段に設えられた基壇を石製の玉垣が廻り門を正面に据え、内部は最初に拝石・碑石そして碑石の背面に墳丘を造っている。岡山藩光政治世下の家臣の葬制は儒葬が徹底され、多くの馬鬣封を有する墓が現存している。この研究は本誌北脇論考を参照されたい。

墓誌は偶然発見されたのであるが、碑石の後ろのマウンドの位置で基壇上面のレベルに据えられていたようで、盛土の部分が流出して墓誌が地表に置かれた状態になっていた。花崗岩製の二枚の板石（全ての面が磨かれている）を用い、組み合う面の蓋側に氏名を中心に彫り、身側に出自・生没などが細字で一四行二二四字彫られていた（図６）。墓誌様式はこれまで確認されている資料群に共通するが、これまで考古学的な調査によって明らかにされてきた米沢藩上杉治憲（鷹山）墓所の修復改葬に伴う事例様式とは大きく違うので、改めてこれまで発見された事例と比較検討したい。

（二）上杉鷹山墓とその他の事例から

上杉鷹山の出自は、日向高鍋藩主・秋月種美の次男で、母は筑前秋月藩主・黒田長貞の娘・春姫であるが、九歳（宝暦一〇年〈一七六〇〉）で米沢藩主八代上杉重定の養嗣子となり家督を継ぐ。文政五年（一八二二）三月に没し、遺骸は霊屋の下に土葬で埋葬された。発掘調査[11]では遺骸を納めた柩の上、三尺程度の位置に墓誌（二石を針金で結ぶ様式）が確認された。

鷹山墓にみられる墓誌埋納事例は、『家礼』の治葬-誌石の項（参考資料）に示されている方法に則った埋葬方法である。つまり遺骸を納めた柩の上部に納めることが正統であり、遺骸が後の時代に荒されるのを避けるために地下約三ｍ前後（一丈許）の位置に埋納することを勧めているのである。また鷹山墓誌の細部では針金によって結節されている点も、治葬に示された「刻誌石」の方法に則っている。

高知県南国市岡豊町奥谷南遺跡で確認された芝田夫人墓の墓誌[12]には、「後の世にもし此地をうこかしてこの石見者かなしみ以多ミをお於もひやりてもとのことくうつしたまへ　芝田夫人壙誌」と記されている。夫人は掛川町の鍛冶頭木原作左衛門の妻と推定されていて、承応元年（一六五二）に高知城下で亡くなった為に埋葬された。後に触れる増田立軒は元禄一五年（一七〇二）に『慎終疏節聞録』[13]を著す中で墓壙の掘削に触れ、深くする理由として、「浅ニ遇ル時ハ盗賊ノ恐レアリ、一丈許ニス可ナリ」としている。また掘削の仕様について、柩を埋める土壙は先ず口を広くとり掘り一丈あまりの深さに柩を納めるが、その壙は柩が入る程度の幅で、半ばに柩を下ろす人の立つところを設けるように詳説している。つまり断面は二

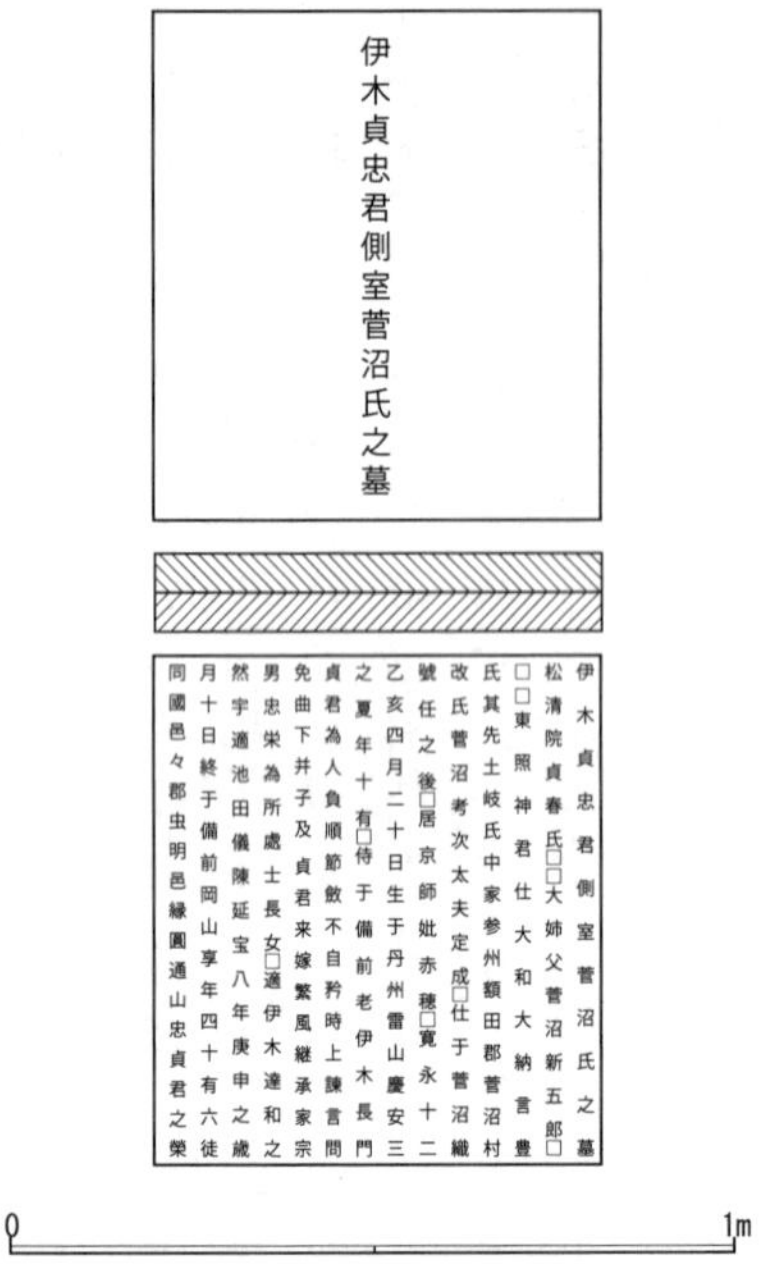

図3　伊木忠貞側室墓誌

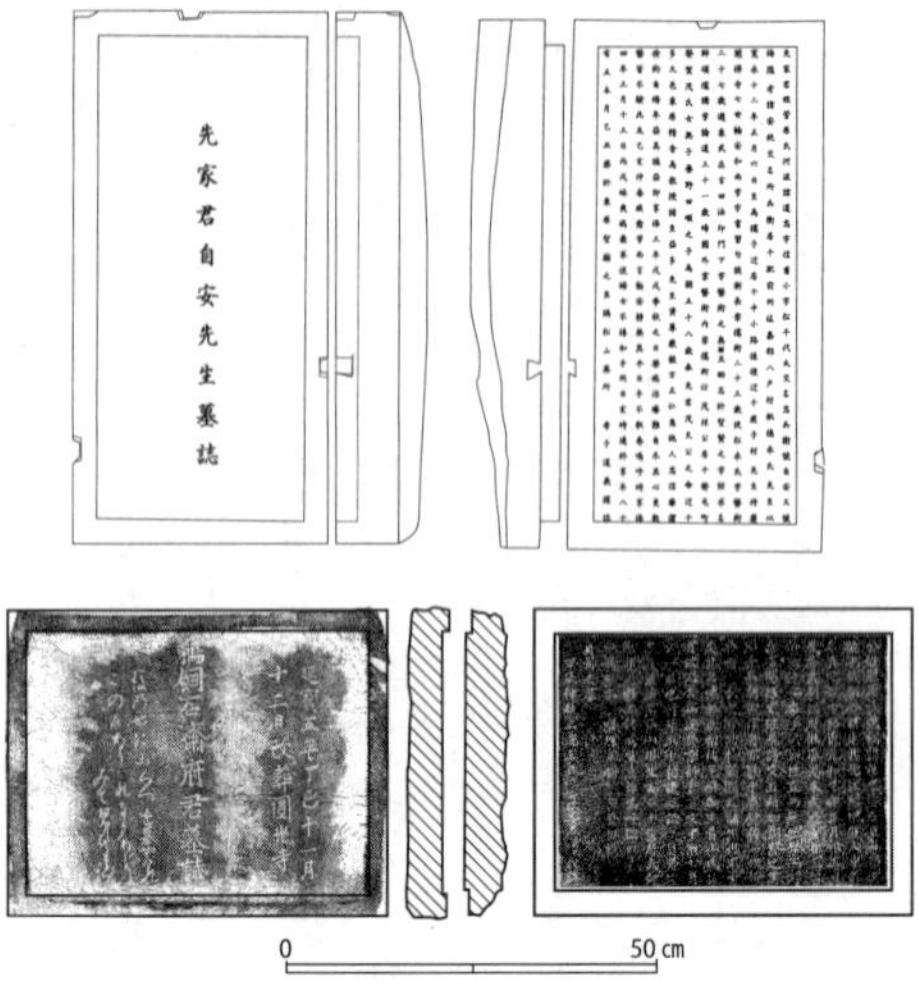

図2　川波自安（上）、鵜飼石斎（下）墓誌

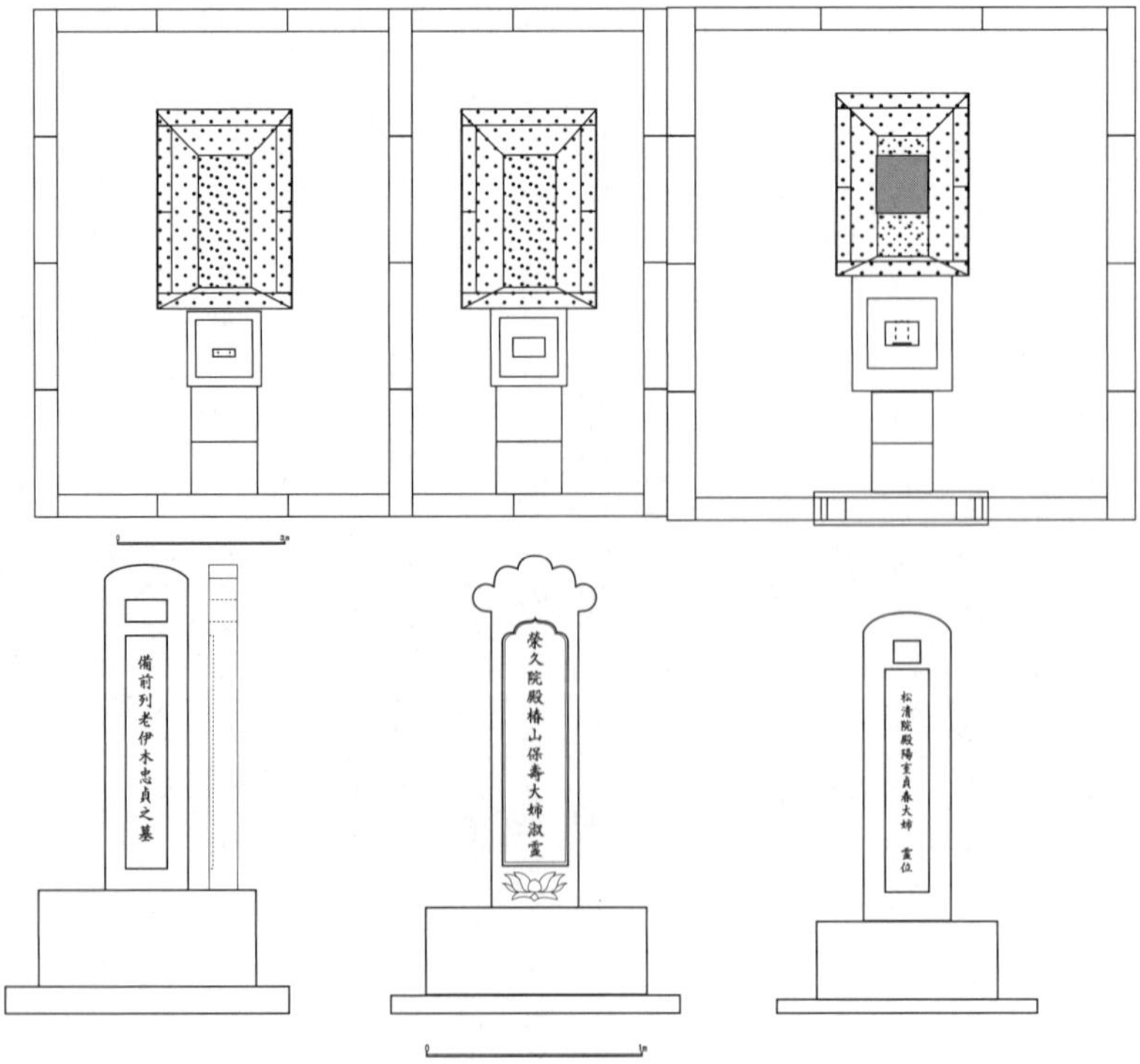

図4　伊木忠貞・正室・側室墓と墓誌発見位置（網掛け）

段になるのである。芝田夫人墓や後の上杉鷹山墓の断面も共通する。

このように見てくると、岡山の事例の場合、遺骸は墓誌の直下で、基壇を築いた現状の面から、深くならない位置に遺骸が埋納された可能性もあろう。年代的には鷹山墓の事例は新しく、『家礼』に忠実に丁寧に深く埋葬している。埋葬がテキストに忠実に則って実践されたかが明確である。因みに広徳寺№10（表1）は、日向高鍋藩七代藩主秋月種茂三男の墓誌であり、種茂は鷹山の実兄であることも注意しておきたい。

鷹山の墓誌の出土状態（図5）が示す通り、墓誌は地中深く埋納するものと捉えてきたが、岡山藩伊木家墓所例発見の墓誌は、墳丘の規定面に墓誌を据えている。遺骸に添えるというよりは、墳丘造成に際してこれに伴うように埋納したものと解される。この様な墓誌の埋納の相違、あるいは変化は、朱熹『家礼』に示されている「治葬」が、日本的に環境や状況に応じて読みかえられて墓所造営が実践されたものと解せる。

図5　上杉鷹山墓埋葬主体部復元図と墓誌

（三）墓誌埋納の背景

蜂須賀家における墓誌埋納の背景を若干考えてみたい。一〇代重喜の思想と各墓誌を撰文した儒者の存在がキーワードとなろう。

先にも触れたが重喜は、蜂須賀家八代・九代の世嗣の不幸から末期養子として秋田新田藩藩主佐竹義道四男として迎えられ重喜と改名して一〇代を相続した。重喜は絶家の危機感からか一六男一五女をもうけ、一二・四子は独立させこれを家老家として政治に取り込み安定政権を計った。[14]

伝夫人の墓誌の最後の部分を確認すると、儒員臣藤原維龔（賢）が撰文し書佐臣藤原専珎が書して幕府内史局直事源（屋代）弘賢が額を任されたことが記されている。亀趺の銘文最後にも「弘賢」が記され共通している。いずれも墓を造営する際に一一代治昭が御収御用役に任せた結果である。

改めて重喜正室伝姫について簡単に触れておく。一〇代重喜正室伝姫は立花貞俶、筑後国柳河藩五代藩主の娘（側室四女）で、享和二年（一八〇二）に六六歳にて没した。『蜂須賀家家臣成立書並系図共』の資料を分析した安達洋[15]によれば、正室が亡くなった享和二年頃の国元の儒者は増田希哲とされる。増田が伝姫の御収御用役で万年山に葬ったとされてきたが、しかし海禅寺に墓誌が確認されたことや亀趺の銘文などから、江戸で亡くなり海禅寺を宅兆と定めことが記されていることから、遺骸は海禅寺に埋納されたものと思われる。墓誌がこれを語っている。重喜より一年先立ってなくなったことから考えると、想像を逞しくすれば、重喜が亡くなった折に改めて保管されていた遺髪・爪などが、万年山の重喜墓近くに納めたのではなかろうか。したがって、国元の御収御用役は増田希哲であり、江戸での菩提寺の葬送においては、先の儒者などが役に就いたものと解される。

同様に遡って、享和元年（一八〇一）の重喜の死における儒者を確認してみると、増田希哲と立木信憲の二人が御収御用役を務めたとされる。なお二人の御収御用役がいたことについては、重喜の遺骸が遺命により万年山に葬られており、遺髪を興源寺に埋納したとされることから、この二ケ所への埋納の御収御用役が二人の儒者なのであろうと思われる。

ここで少し儒者・増田希哲に触れておきたい。希哲は藩主侍講を勤めた増田立軒を祖とする徳島藩儒の家の五代目である。若くして江戸においては柴野栗山に師事し、寛政四年（一七九二）に名跡を相続し（二三歳）、藩儒として任用された。寛政一二年には世子斉昌の侍講を務めた[16]。

増田家の藩儒としての位置付けは、増田立軒が京で中村惕斎に師事し礼学を学び、師である惕斎の記した和文の注解を成し遂げた時からあり、特に『慎終疎流節聞録』『追遠疎節』などは、現在遺存する儒学の儀礼書の葬儀、家廟の祭り方を最も詳細に述べた書と位置付けられている[17]。このような点から一八世紀代の蜂須賀家の儒教的な道徳的体系の背景には、中村惕斎の教えが浸透していたことが指摘されている。

蜂須賀家一〇代藩主重喜は、増田立軒の没した後の明和三年（一七六六）に万年山墓所を造営した。重喜の造営における思惟は、万年山の碑に明快に、示されているので、その箇所を示しておきたい。儒者からの思惟的な影響が墓誌（儒教における誌石）を遺骸と共に、埋納するという葬制として示されているのであろうと理解しておきたい。

「万年山碑文」

阿波二州太守族葬墓域

地属阿州名東郡佐古邑號萬年山

（中略）

右第十世源重喜所擇開、四至有封、毎歩埋炭、葬必守禮不用浮屠、嗚呼身者父母之遺體、豈可軽忽之耶、因建此石、便後嗣国人知寡人之志

明和三年歳次戊冬十一月

忠孝者人之本而慎終、追遠為其至要、然世之人君、其生受富貴之養、夏涼冬暖綺羅蔽身、其死別水濕骨、土親膚、臣子恬然不敢哀痛其何心也、今吾君擇開発域、欲使臣子盡憤終之道、可謂厚矣、臣等久受国恩世々汚重職、顧視往日其□有泚、臣等及吾子ゝ孫ゝ明知吾君之厚徳、不可以不謹奉而遵守也、謹記碑陰以飴無窮云

（以下略）

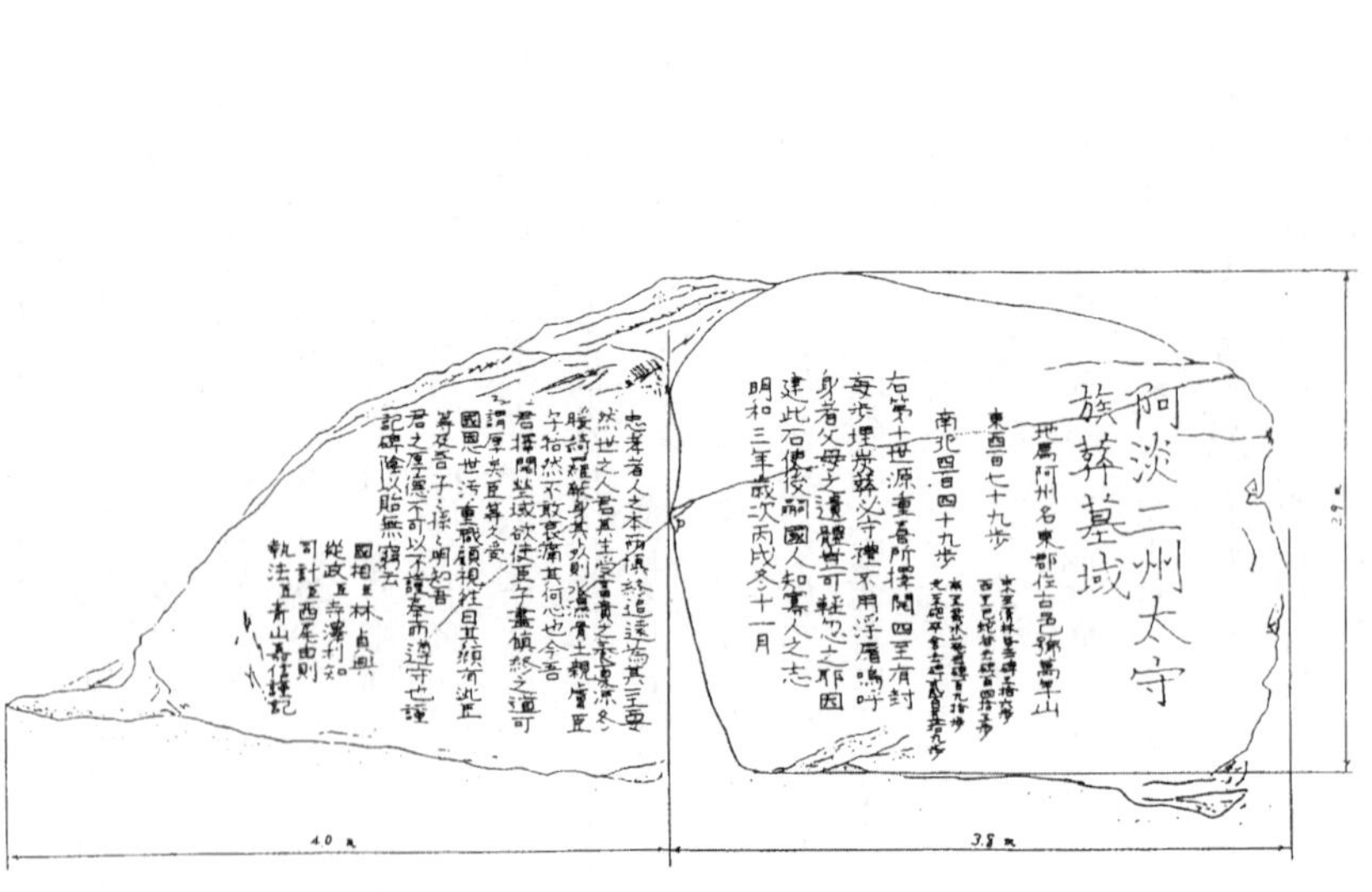

図6　万年山碑実測図（註19）

この中で特に、

「（略）葬必守禮不用浮屠、嗚呼身者父母之遺體、豈可軽忽之耶、（略）」

の部分に着目すると、次のようなことを示すものと考える。

「自分自身の体は父母から預かったものであるから、軽んじず仏教による葬送（この場合火葬を指すものと思われる）を用いず禮（『家礼』）を守ることが重要である。」

つまり、まさに儒教の思惟と言える。火葬を嫌い、葬禮に従い、遺骸を大事に埋葬することこそ、父母への礼であることを造営の要として碑に示したのであったものと考える。

おわりに

以上、広徳寺と海禅寺で確認された近世大名に関する墓誌を取り上げて葬制とそれを実践した思惟の点について触れてきた。

今回、多くの近世期後半の墓誌埋納事例を検討する中で、墓誌埋納の背景は、朱熹著『家礼』の治葬に則り、二つの板石を合わせて墓誌を造り納めるが、その時の情勢や政治的な状況に応じ、日本的に執行の内容を変更させた場合も確認できた。このことは既に増田立軒が『慎終疎流節聞録』を著す中で臨機応変な儀礼の変更を解説している。このような比較的おおらかな儒教受容は武家社会に留まることはなく、大名家との姻戚関係を有した公家、摂家、あるいは天皇家においても仏教に拘らず、儒葬を積極的かつ実践的に用いられたことは明らかである。大名では米沢藩主一四代上杉鷹山墓における墓制、公家では野々宮定基とその妻の葬制、天皇家では後光明天皇以後、火葬は避けられ儒葬が積極的に用いられた。

以上示したように江戸期以降の葬制の復元的研究は重要である。天皇家を中心に仏教にあえて拘らず、儒葬あるいは神道葬を積極的に取り入れ、明治維新以後も葬法に土葬が残って行く。明治期あるいは大正・昭和期まで射程を広げ葬制を検討する意味は看過できない。

石田肇は、無窮会に所蔵されている資料中から、最後の水戸学者と称された「清水正健の墓誌」と彼の葬送について詳細に報告されている。[18] 詳細は改めて論考を確認して頂きたいが、興味深いことは、昭和九年（一九三四）に没した清水正健の葬送が儒葬に則って葬られたことで、墓誌が製作されると同時に、縁者にその拓本が配られたということである。

江戸期前半に墓誌を埋納する葬制が実践され、それが昭和の段階まで連綿と続けられた事実は、これまであまり積極的には儒教受容は認知されてこなかった点とは相反する結果を示す事例であり、今後はむしろ中世後半以降から昭和段階も含めた時間軸の中で、葬制の変遷を捉え直す必要があることが石田論考によって喚起されたと言えるのではなかろうか。

【参考資料】

刻誌石

用石二片　其一為蓋　刻云某官某公之墓　無官則書其字曰某君某甫
其一為底刻云某官某公諱某字某某州某縣人　考諱某某官　母氏某封
某年月日生　欽歴官遷次　某年月日終　某年月日葬于某郷某里某處
娶某氏　某人之女　子男某某官女適某官某人　婦人夫在則蓋云　某官
姓名某封某氏之墓　無封則云妻　夫無官則書夫之姓名　夫亡則云某官
某公某封某氏　夫無官則云某君某甫妻某氏　其底敍年若干適某氏　因
夫子致封號　無則否　葬之日以二石字面相向　而以鐵束之埋之壙前
近地面三四尺間　蓋慮異時陵谷變遷　或誤為人所動　而此石先見　則
人有知其姓名者　庶能為掩之也

（儒教学術院成均館編『譯註　朱子家礼』二〇一〇）

註

1　水野清一　一九五八「碑碣の形式」『書道全集』第二巻。
2　大脇　潔　一九六八「墓誌」『日本歴史考古学を学ぶ』（中）有斐閣。
3　窪添慶文　一九八二「喪葬儀礼」『東アジア世界における日本古代史講座』第九巻。
4　石田　肇　二〇〇七「江戸時代の墓誌」『群馬大学教育学部紀要　人文・社会学編』五六。
5　谷川章雄　二〇一一「江戸の墓誌の変遷」『国立歴史民俗博物館研究報告』第一六九集。
6　山川浩実　一九七五『慈光寺　蜂須賀家・藩士墓出土品の研究』。
7　拙稿　二〇一二「国指定史跡　林家墓地の実測調査」『石造文化財』5。
8　拙著　二〇一二『近世大名葬制の考古学的研究』。
9　註4に同じ。
10　註5に同じ。
11　上杉家　一九八六『史跡　米澤藩主上杉家墓所保存修理工事報告書』。
12　㈶高知県文化財団埋蔵文化財センター　一九九九『奥谷南遺跡Ⅰ』発掘調査報告書三七集。
13　吾妻重二編　二〇一五「解説」関西大学東西学術研究所資料集刊二十七－四『家礼。文献集成　日本編四』。
14　竹治貞夫　一九八九「阿波の藩学」徳島大学『徳島大学国語国文學』2。同一九七八「増田立軒の事跡と学問－上－」『徳島大学学芸紀要人文科学』二八。同一九七九「増田立軒の事跡と学問－下－」『徳島大学学芸紀要人文科学』二九。
15　安達　洋　二〇一一「近世徳島藩藩儒の成立と展開－『成立書』を中心に－」『鳴門史学』二五。
16　註14に同じ。
17　註13に同じ。
18　石田　肇　二〇〇〇「明治の墓誌」澄懐堂美術館研究紀要『澄懐』第1号二〇〇三「清水正健にかかわる二・三の新資料と著作一覧」『東洋文化』復刻第九十一号。
林　正章　一九三四「正健清水翁の喪儀」『東洋文化』一一三号。
19　多田茂信　一九九三『万年山』（一九九六年に改訂版が出版されている。）

挿図出典

図5は、註11より転載。
図6は、註19より転載。
その他の図は、全て実査により作製。

第五部

表3　一〇～一三代の儒者一覧（＊註15より引用）

No.	年月日	名	御用
1	天明五年（一七八五）一二月五日	立木信憲	川代重書九女　御収御用
2	天明七年（一七八七）七月廿七日	立木情意	一〇代重喜五男　御収御用
3	天明七年（一七八七）一二月二七日	立木情意	一〇代圭喜一一女　御収御用
4	寛政二年（一七九〇）正月一四日	立木情意	一〇代重書一一男　知収御用
五	寛政五年（一七九三）四月一九日	立木情意	一〇代垂書一三女御収御用
6	享和元年（一八〇一）	増田希哲	一一代治昭四女　御収御用
7	享和元年（一八〇一）十月二〇日	増田希哲	一〇代重書　御収御用
8	享和元年（一八〇一）二三日	立木信憲	一〇代圭書　御収御用
9	享和二年（一八〇二）	増田希哲	一〇代圭書夫人伝　御収御用
10	享和二年（一八〇二）	増田希哲	以降　御詞堂御用向一巻
11	享和二年（一八〇二）一二月一八日	増田希哲	一〇代主事　御麻山御用
12	文化元年（一八〇四）	増田希哲	富田御社造立　御袖名御文字選奉
13	文化一〇年（一八一四）三月二四日	増田希哲	一一代治昭　御収御用　御石碑認
14	／／	立木億共	一一代治昭　御収御用
15	文政三年（一八二〇）四月二三日	立木信共	完梁院（？）御収御用
16	天保五年（一八三四）正月二四日	合田立礼	一一代治昭三男　御収御用
17	天保一三年（一八四二）二月八日	立木信周	貞心院（一一代治昭の側室）御収御用
18	天保一三年（一八四二）一一月廿七日	立木信周	一三代斉裕夫人御収御用
19	安政六年（一八五九）八月四日	立木情周	於巻（一二代斉昌の側室？）御収御用　碑面誌石認
20	安政六年（一八五九）九月一三日	立木情周	一二代斉昌　御収御用
21	安政六年（一八五九）	柴野惟喬	一二代斉昌　御収御用
22	安政六年（一八五九）一〇月一二日	立木借周	〃　碑面誌石認
23	安政六年（一八五九）一〇月廿四日	岡本知充	一三代斉裕夫人小祥御祭御用
24	安政六年（一八五九）一一月廿四日	岡本知充	〃　大祥御祭御用
25	安政七年（一八六〇）九月一三日	立木借周	一二代斉昌　小祥御祭御用　御神主認御用
26	方延元年（一八六〇）正月二二日	岡本知充	一三代斉裕夫人坪御祭御用
27	方延元年（一八六〇）二三日	岡本知充	〃　紺御祭御用
28	文久元年（一八六一）九月一三日	立木借周	一二代斉昌　大祥御祭御用
29	文久元年（一八六一）	柴野惟喬	〃　大祥御祭御用
30	文久元（一八六一）十四日	立木借周	〃　御神主御改題御用
31	文久元（一八六一）十五日	立木借周	〃　耐御祭御用

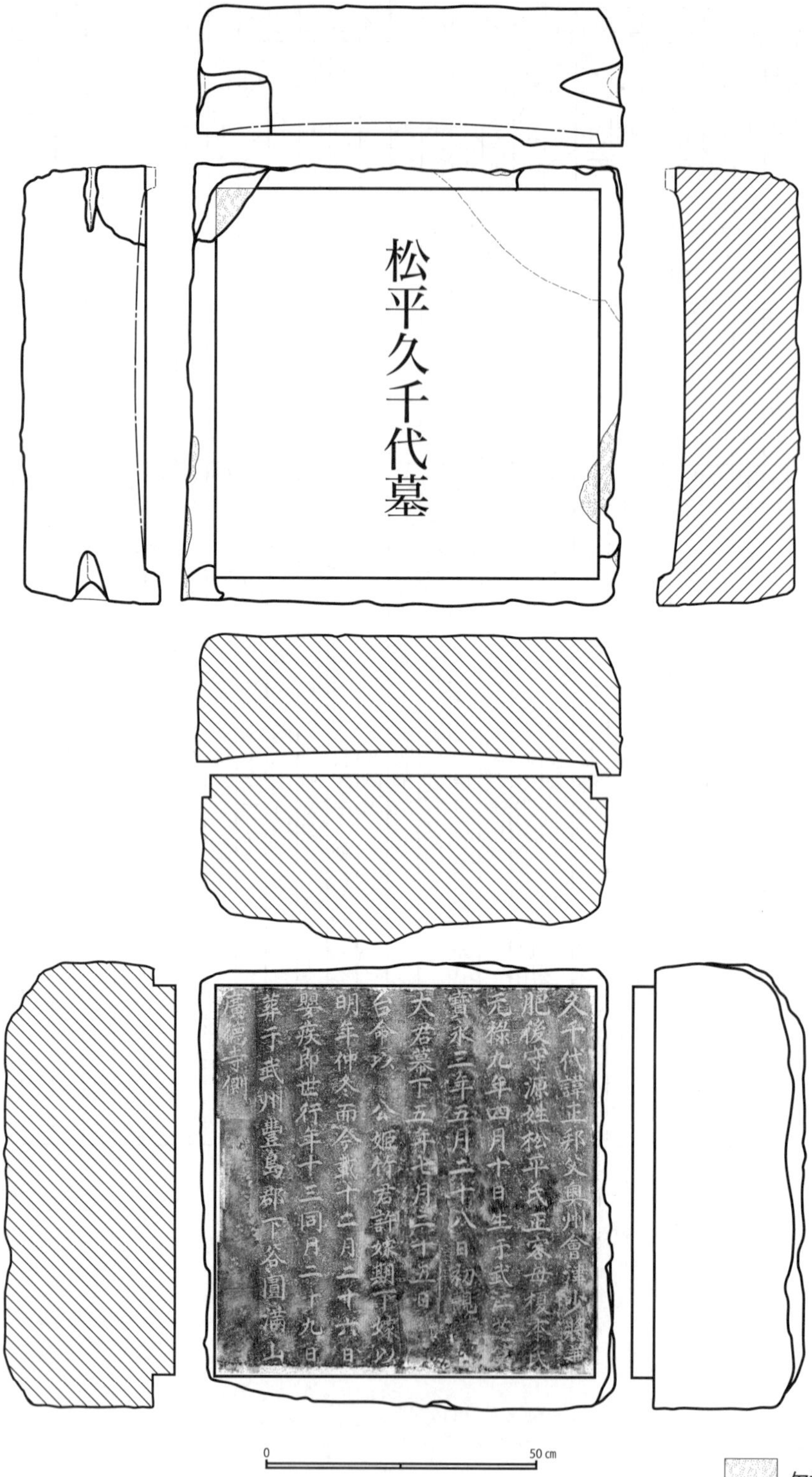

図6　広徳寺有縁の墓誌

第五部

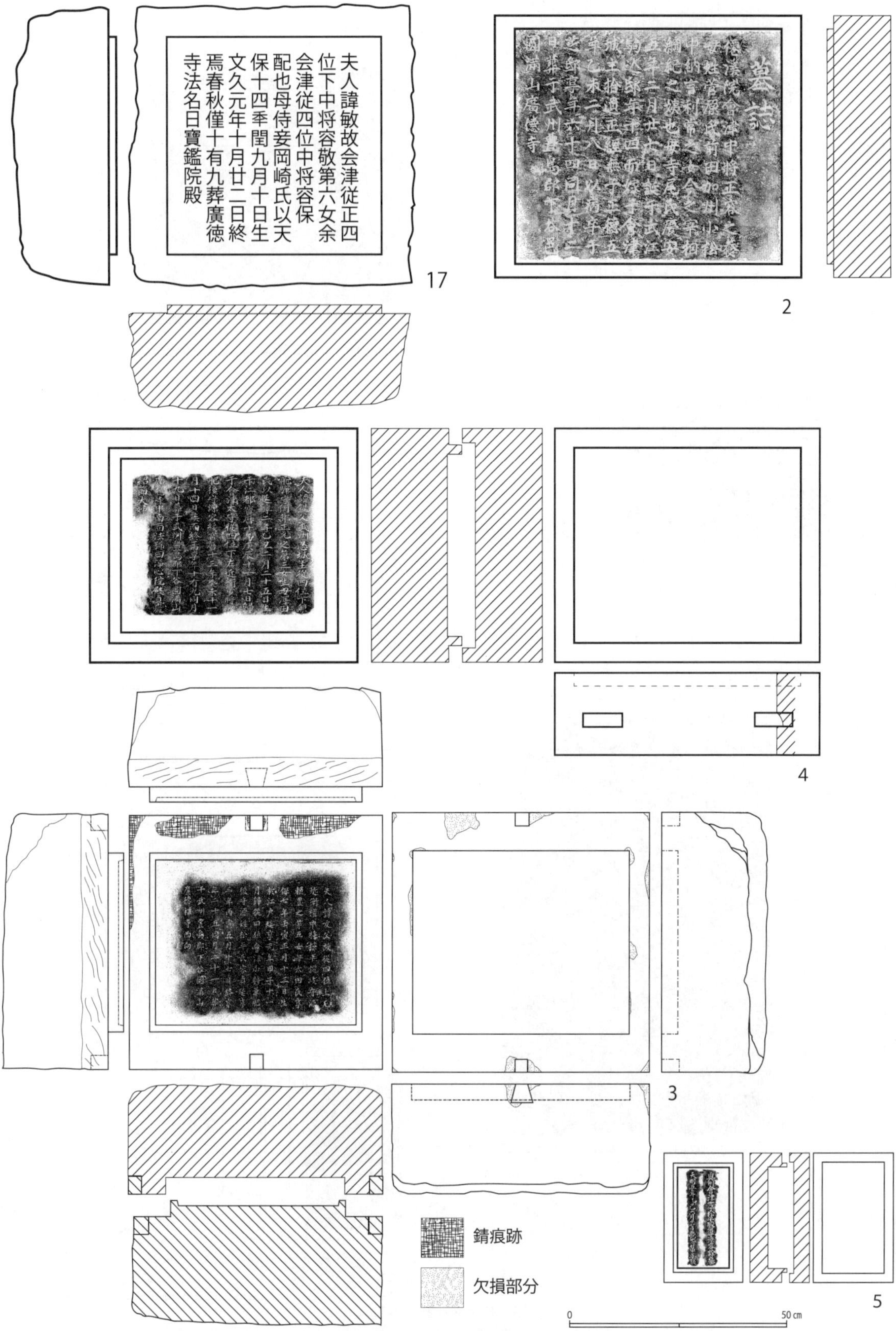
夫人諱敏故会津従正四
位下中将容敬第六女余
会津従四位中将容保
配也母侍妾岡崎氏以天
保十四季閏九月十日生
文久元年十月廿二日終
焉春秋僅十有九葬廣徳
寺法名日寶鑑院殿
17
2
4
3
5
錆痕跡
欠損部分
0
50㎝

図7　広徳寺有縁の墓誌

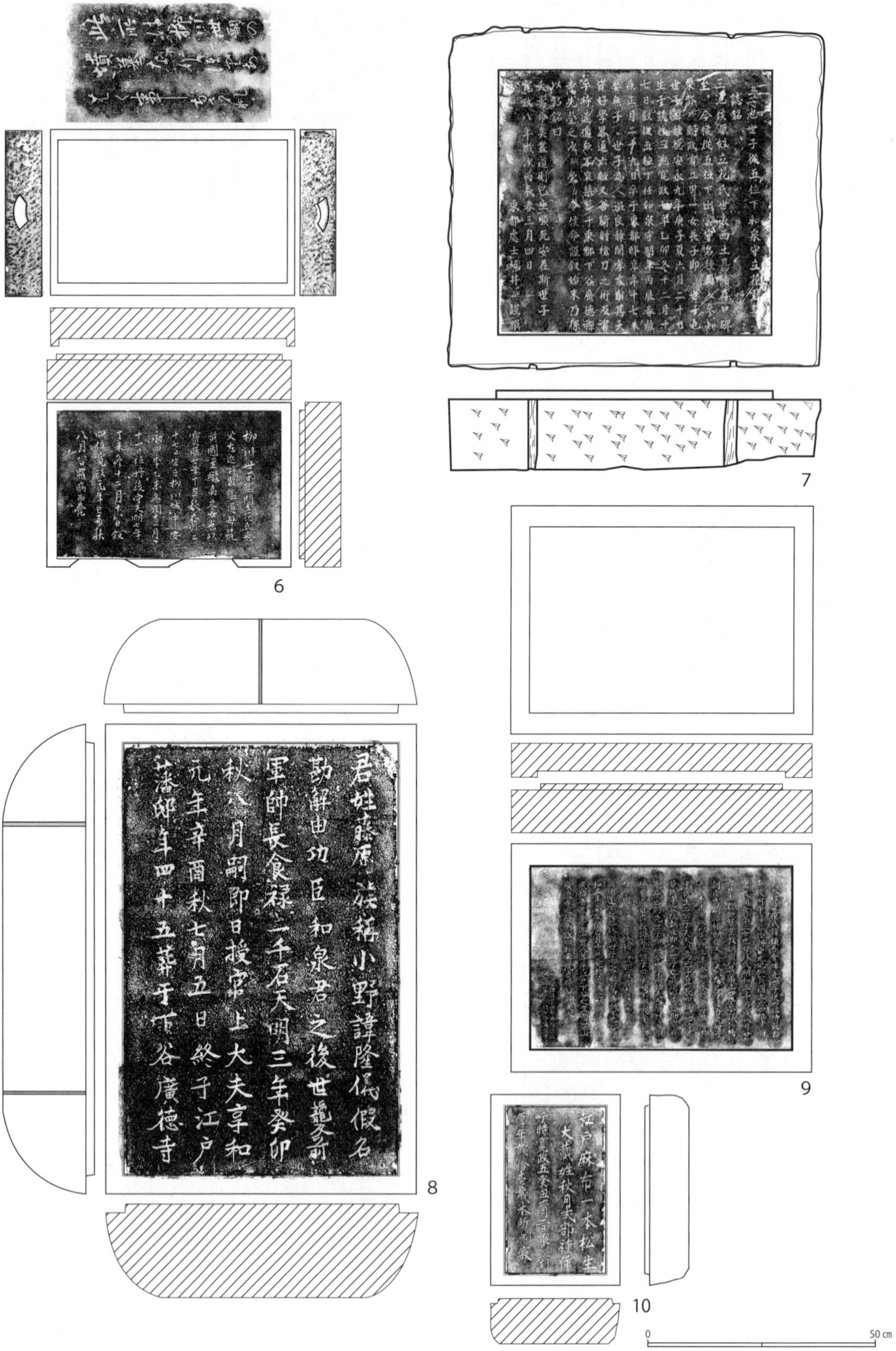

図8　広徳寺有縁の墓誌

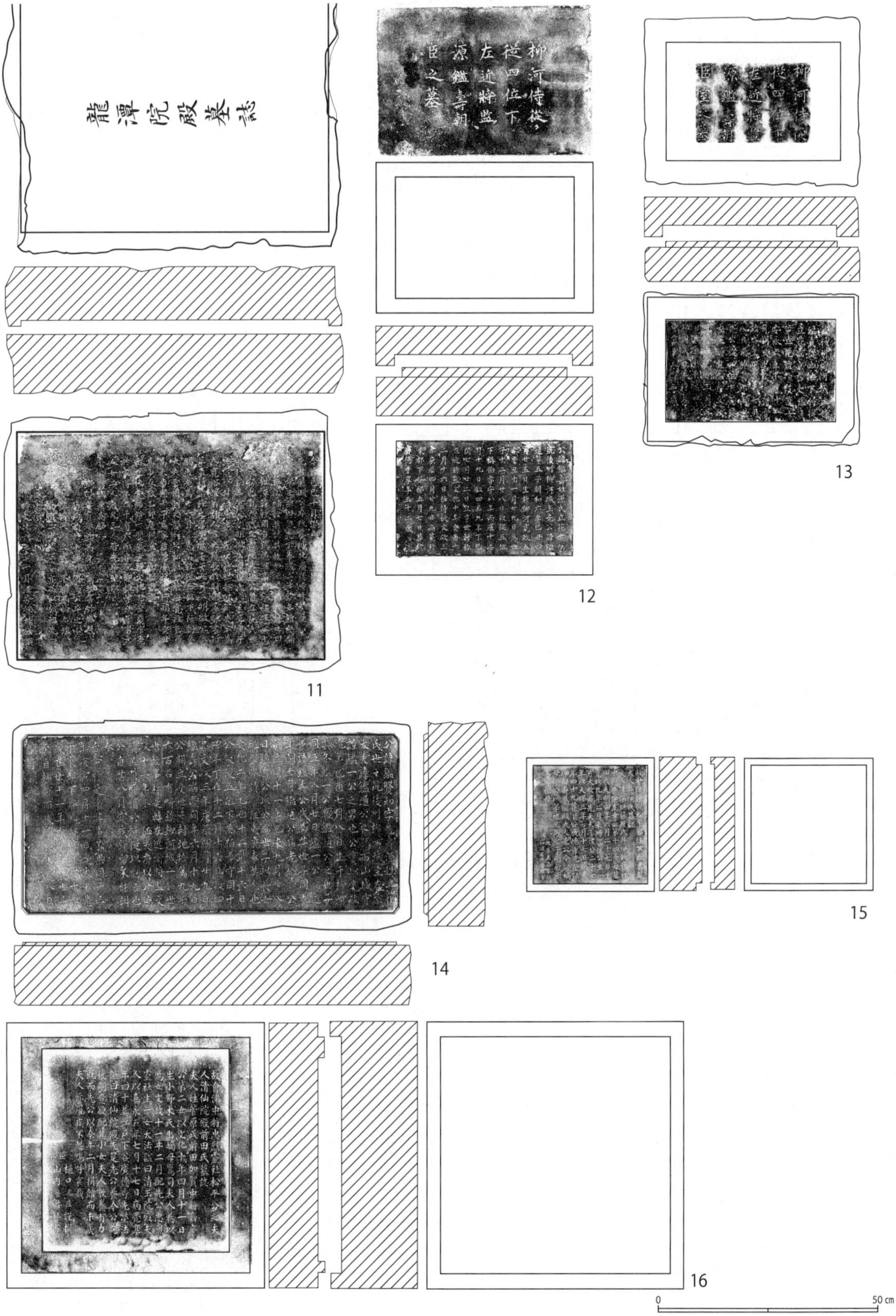

図9　広徳寺有縁の墓誌

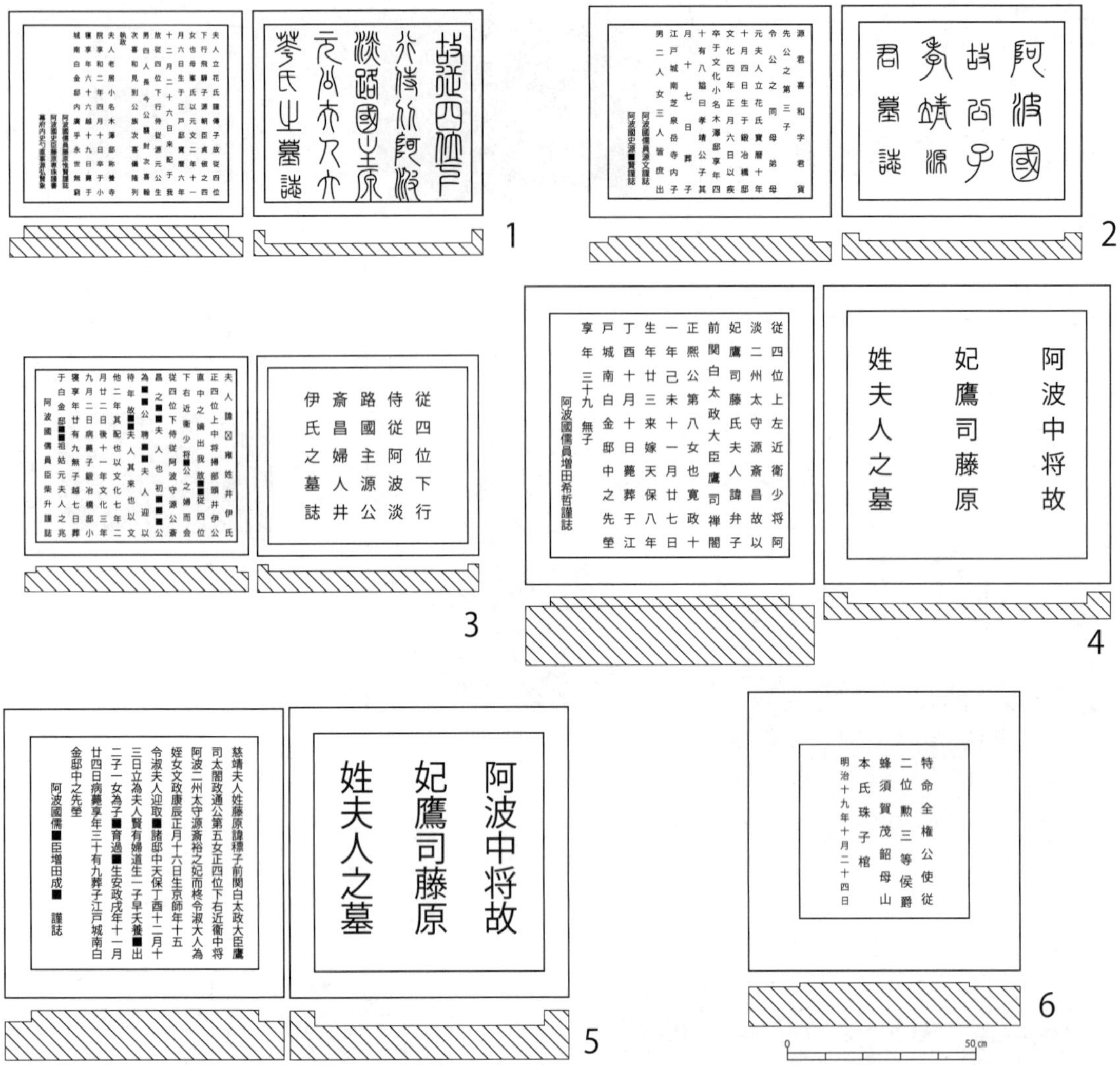

図10　蜂須賀家有縁の墓誌

Ⅲ　品川東海禅寺所在石櫃とその被葬者「岡山夫人」

はじめに

この報告は、東海禅寺世尊殿前の水盤として使用されている一対の石造物についての調査結果を報告したい。

今回紹介する二基の内、世尊殿に向かって右側の水盤は、長軸方向の両側面の同じ箇所に掘り込みが確認された。また両水盤上部の長方形に開口した口縁部がほぼ同じ寸法であり、作図上で凸凹の抉りと造り出しの関係にあることが認められ、一対（石材も安山岩と思われ共通する）の可能性が高いことが明らかになった。

一対の石製容器として機能した可能性が高い石造物は、いわゆる印籠蓋式被せ蓋造りによる石製容器（石櫃）と考えられ、一方に手を懸ける仕様が施されていることから、世尊殿に向かって右が蓋で、左が身と思われる。以下報告内では蓋、身として呼称し概要を報告する。なお、後に示すが器内面に銘文が確認された。この銘文から興味深い、いくつかの点も示しておきたい。

一　石櫃の概要

（一）石櫃蓋（世尊殿に向かって右）

蓋外面は大きな削《はつ》りによって整形されているが、ほぼ直方体を意識した造りである。外寸の長軸最大長は約一二〇cm、短軸最大長は約一〇七cmである。蓋は天井部にあたる部分が地中に埋め込まれており、現状で最大値が五七・四cmであった。身と接地する口縁は段欠きによって仕上げられている。内寸で長軸方向に九二・五cm、短軸方向に約六九・六cm、深さは三六cmあり、その外周を幅六～六・五cm内外、高さ約三・五cm程度、直角に欠き取り合わせ部分を造り出している。身に載る口縁部は広いところで約一九cm、狭いところで幅約一〇cm程度が確保されている。段欠き部分及び身との接地面は、細かな削りにより面を平滑に造り出しており、丁寧な仕上げとなっている。

長軸方向の外側面の四箇所に穿たれた掘り込み部分は、横幅が一二cm前後で、掘り込みの深さは三cm程度であった。

内側面の加工は削《はつ》り痕跡が若干残るが、丁寧に面を整形しており凹凸はあまり目立たない。また、蓋内天井部分は削《はつ》り加工の後に、中心部分を長軸方向に約五一cm、短軸方向に約四一cmの範囲を磨き整形を施し資料一（図1・2）に示した六行、三六文字の銘が鐫られている。

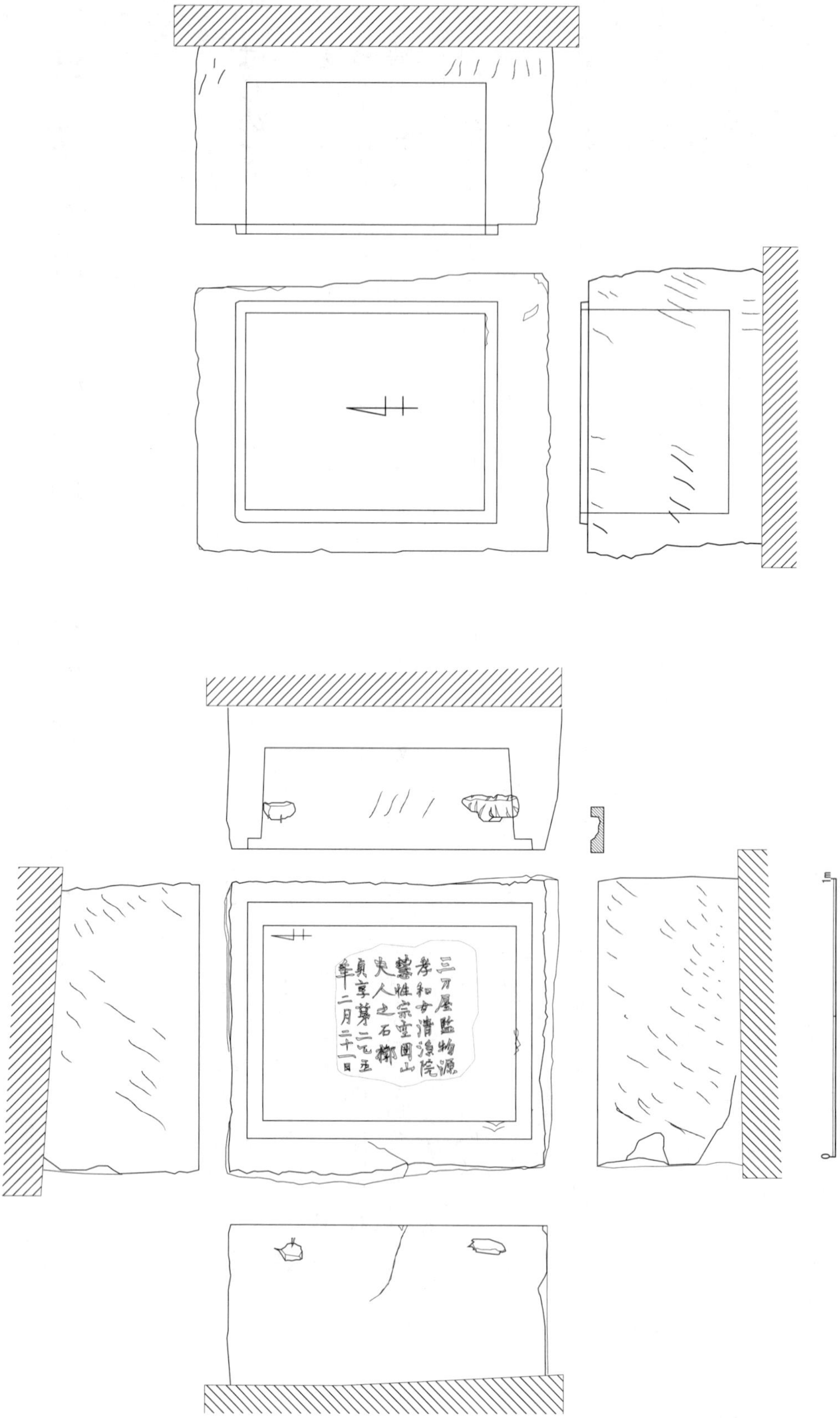

図１　世尊殿前石櫃実測図

【石櫃蓋銘文】

三刀屋監物源
孝和女清浄院
慧性宗空岡山
夫人之石槨
貞享第二乙丑
年二月二十一日

(二)　石櫃身（世尊殿に向かって左）

外寸の最大長軸は約一三一・五cm、横幅の最大長は約九五・九cmである。高さは蓋と同様現状の口縁部最高値で約六六cmであった。身の内寸は、長軸方向に約八七・七cm、横軸方向に約七〇・一cm、深さ五四cmある。蓋（印籠蓋式被せ蓋造り）との接地部分は幅約四・六cm、高さ約三・七cmを口縁部として削り出している。蓋を受ける口縁部外側は長軸方向に余裕があり、広い箇所では幅約一九cm程度ある。短軸方向外側は若干狭く、約五cm内外幅で蓋を受けていることになるが、口縁部造り出し部分まで入れると約九cm内外で蓋を受けていることになる。

蓋と身の内寸から、凡そ内部の容量は、長軸八七cm、横軸七一cm内外、高さ九〇cm内外の空間が確保されていることになる。

二　石櫃と棺の検討

世尊殿前の清浄院の石櫃（以下、清浄院石櫃）の銘文には「石槨」と記されていることや、方形ではないことからも木棺、あるいは蔵骨器を納め

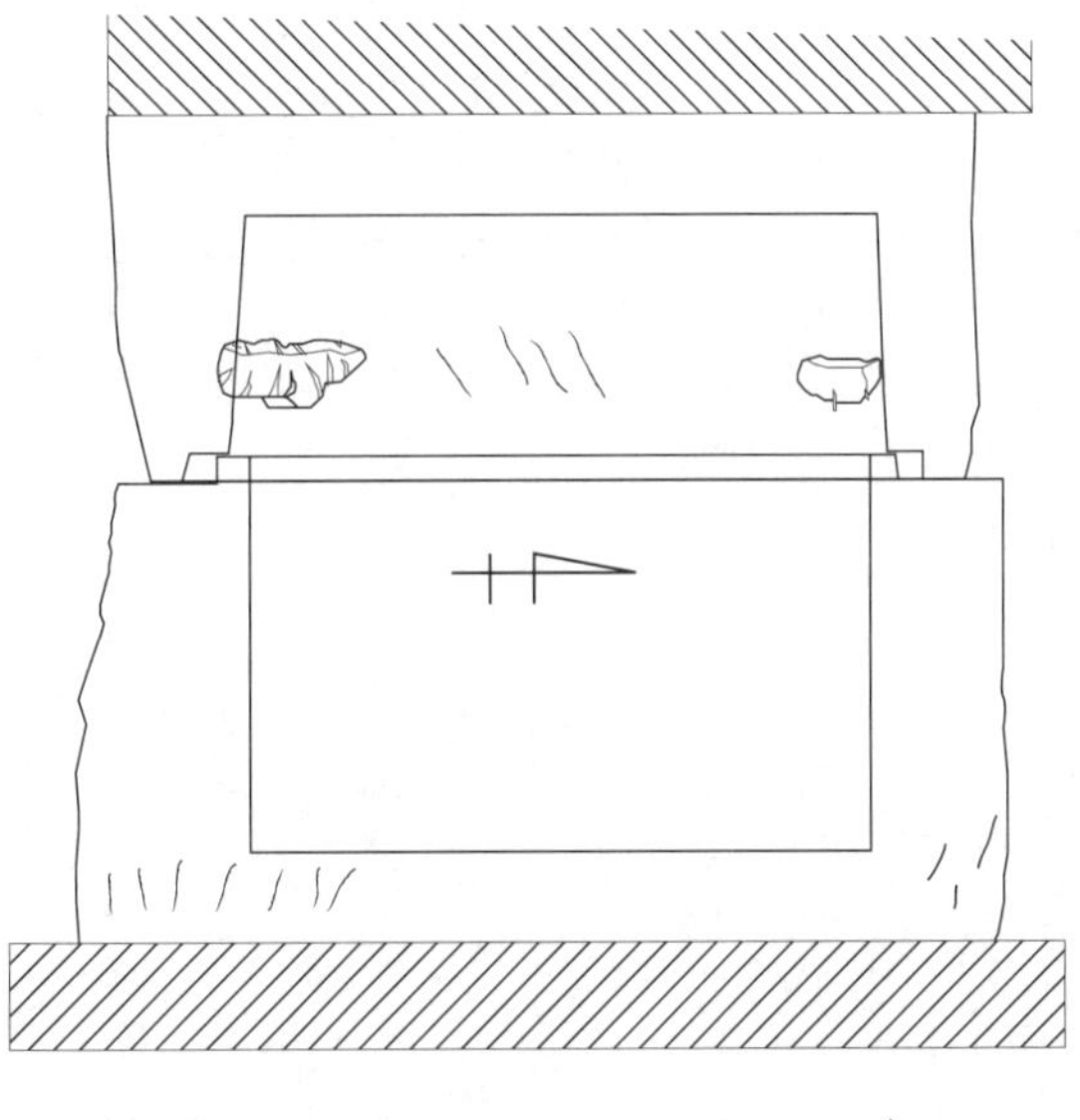

図２　世尊殿前石櫃内銘文と組合せ想定図と石櫃内銘文

図3　世尊殿前石櫃（右−全景、左下−身、上−蓋）

た外箱＝櫃として理解しておきたい。

石櫃の内寸から推定した木棺の大きさは、将軍及び有縁の人々の木棺および石櫃と比較すると図4に示した表の通りである。直接比較できる石櫃は確認されていないが、火葬骨を納めた二代将軍秀忠正室の崇源院逵子の宝篋印塔基礎を刳り抜いて蔵骨器とした例[7]や、管見では徳川将軍家有縁の墓所から検出された石櫃三例と池上本門寺二例の六例であるが、全国的には僧侶に関連した石櫃などもあるようである。今後改めて集成してみたい。

ここでは特に既に報告されている徳川将軍家有縁の人々の石櫃、池上本門寺例について触れ比較したい。

徳川将軍家有縁の人々の石櫃は、徳川家御裏方墓所の調査[3]で明らかにされた例であり、被葬者は四代将軍家綱生母宝樹院、四代将軍家綱御台所高巌院と甲府藩主徳川綱重の側室で六代将軍家宣の生母・長昌院を葬るために用いられた石櫃である。また本門寺は、おそらくは旗本クラスの家格を有した横地家の墓所改葬に伴って確認された石櫃である。以下、報告に従い概略を年代順に簡単に触れる。

（一）宝樹院

宝樹院は、三代将軍家光側室、四代家綱生母である。承応元年（一六五二）一二月に没した。寛永寺護国院で荼毘に付され、拾骨の後、石櫃に納められ寛永寺御裏方墓所に埋葬された。石櫃の大きさは長軸一一一cm、短軸一〇〇cm、高さ九五cmである。

石櫃の構造は蓋石二枚と刳りぬきの身からなり、蓋板石に梵字墨書が記されていた。また身の底内面にも墨書が確認されているが特殊な呪文を梵字で表現したものであり生没年を示すような墓誌はなかった。

（二）高巌院

高巌院は、四代家綱正室で延宝四年（一六七六）八月に没している。葬法は宝樹院と同じで寛永寺護国院で荼毘に付され後に拾骨され石櫃に納めて寛永寺御裏方墓所に埋葬された。石櫃の大きさは長軸一一九・九㎝、短軸一一九・九㎝、高さ一五〇㎝である。

石櫃は、内外面共に丁寧な表面加工が施されており、ほぼ長方体を呈している。蓋石二側面の対照位置に方形に穿った穴が四乃至五箇所に確認できる。

墓誌銘は次の通りであり、銘文中に記された「贈従一位」は一周忌にあたる延宝五年八月二日に追贈されていることから、墓誌は追贈後に設えられたことがわかり再葬の可能性もある。なお、石櫃内に確認された大小二口の蔵骨器と骨灰、被熱した葬具類、錠前金具類などが確認された。

【高巌院　墓誌】

厳有院贈大相國公尊夫人
伏見貞清親王之女
高巌院贈従一位顯子女王
法號月潤圓眞
延宝四年丙辰八月五日薨

（三）長昌院

長昌院は、甲府宰相徳川綱重（三代将軍家光二男）の側室で、六代将軍家宣の生母である。寛文四年（一六六四）二月に没した。没後当初、谷中善性寺に火葬で葬られたが、家宣が将軍に就任したことにより、綱重とども寛永寺御裏方墓所に改葬された。綱重墓所にも墓誌が伴うのであるが、調査報告で改葬時に新たに墓誌を加えた可能性が指摘されている点は注意したい。石櫃の大きさは長軸一一六㎝、短軸一一六㎝、高さ一三五㎝である。石櫃に火葬骨を入れた木棺を納め、改葬時に墓誌（〇・八六m四方）が追刻された。墓誌の銘文は次の通りである。なお、墓誌中に記された「従三位」を長昌院が追贈されるのが宝永二年（一七〇五）一〇月九日であるとされることから、墓誌は贈位の後に谷中善性寺から改葬されその時に設えられたと考えられる。

【長昌院　墓誌】

寛永十七年庚辰十一月十五日誕生
贈従三位長昌院殿藤原保良子之棺
寛文四甲辰二月二十八日掩糀

続いて池上本門寺で調査[4]された石櫃二例を紹介する。先に示した高巌院の葬制にほぼ類似した④圓光院墓所出土事例と大名ではないが武家の夫婦合祀墓と思われる内容を示す⑤石櫃がある。

（四）圓光院

圓光院は米沢藩上杉家四代綱憲正室で八代将軍吉宗の実姉である。石櫃は墓所主体部基壇上中心にある石塔基礎下部に三段間智石積みで築かれた石槨に納められていた。この石槨は長軸一七〇㎝、短軸約一〇〇㎝、深さ約一三〇㎝あり、石櫃と遺灰が別々に納められていた。なお、遺灰は石櫃側面に金具の錆痕跡が残ることから木製箱に納められて石櫃脇室に埋納されたものと思われる。石櫃内に大小二口の肥前系有蓋白磁壺と錠前金具類と鍵が確認された。このことから白磁壺は錠前付きの木製箱に納めたうえで石櫃に埋納されたことが明らかでありきわめて丁寧な埋葬様式であることがわかる。このような圓光院蔵骨器の埋納方法は、先に触れた徳川御

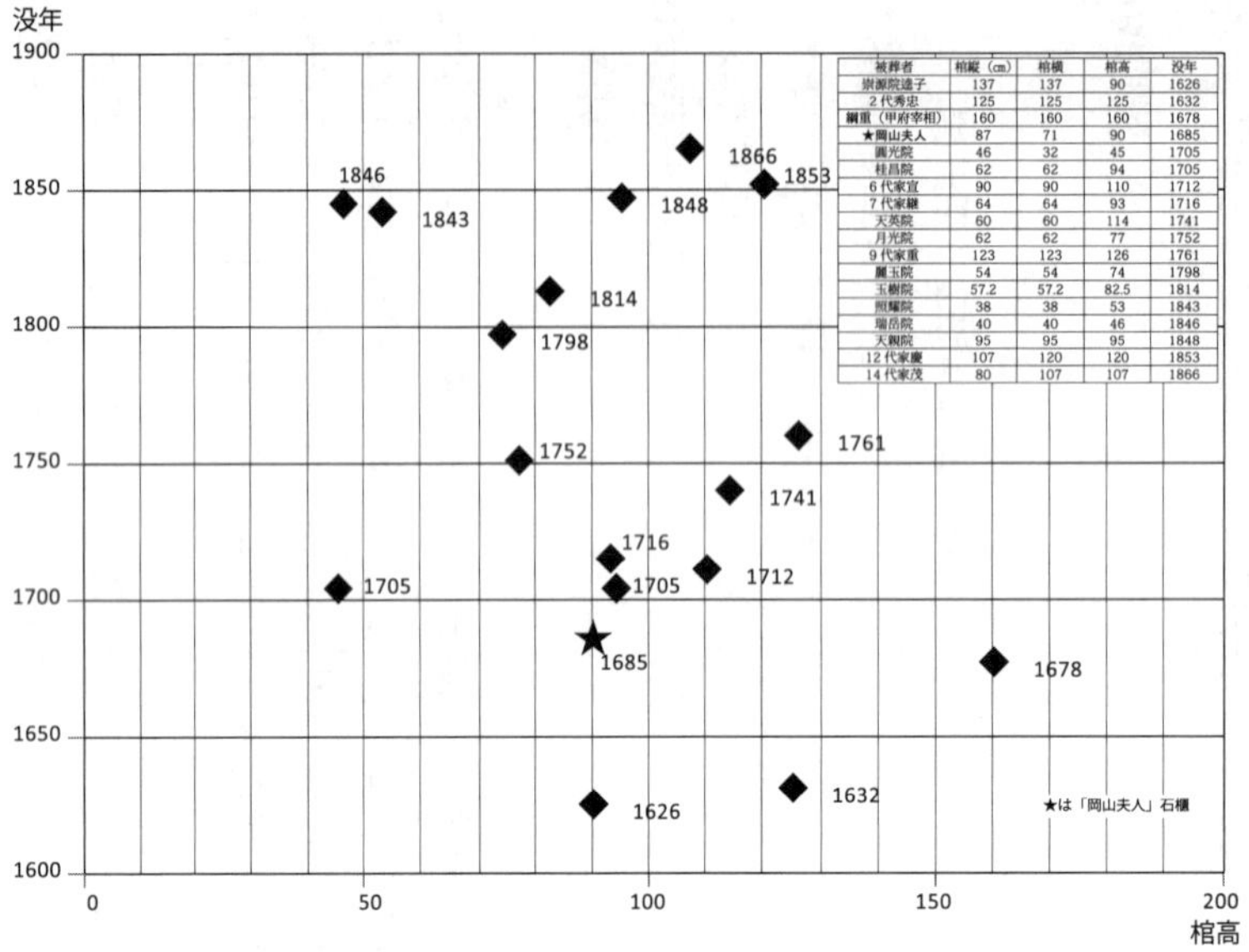

被葬者	棺縦（cm）	棺横	棺高	没年
崇源院達子	137	137	90	1626
2代秀忠	125	125	125	1632
綱重（甲府宰相）	160	160	160	1678
★岡山夫人	87	71	90	1685
圓光院	46	32	45	1705
桂昌院	62	62	94	1705
6代家宣	90	90	110	1712
7代家継	64	64	93	1716
天英院	60	60	114	1741
月光院	62	62	77	1752
9代家重	123	123	126	1761
麗玉院	54	54	74	1798
玉樹院	57.2	57.2	82.5	1814
照耀院	38	38	53	1843
瑞岳院	40	40	46	1846
天親院	95	95	95	1848
12代家慶	107	120	120	1853
14代家茂	80	107	107	1866

図４　将軍家有縁の人々の棺比較（高さ、註１より作成）

裏方墓所で発見された延宝四年（一六七六）に没した四代将軍正室高厳院例に極めて類似している。圓光院の没年が宝永二年（一七〇五）であり約三〇年遅れるが、出土状況や、被熱した葬具類を埋納するなど共通した葬制に則って葬られた可能性を指摘したい。

大きさの点で清浄院（岡山夫人）石櫃と他の棺の大きさとを比較すると図４のように約二分の一の大きさであることがわかる（図４）。

（五）本門寺横地家石櫃（図５左・６）

⑤本門寺横地家石櫃は、本門寺無縁仏群の中にあった笠付の宝塔型式石塔の下部から出土した。

石塔には以下の銘文が記されてある。

【石塔正面】

題目、（題目下右）圓了院道順日徳霊位

（題目下左）修徳院妙果日成霊尼

【石塔側面】

左　延寶六戊午暦十一月下旬二日

右　寛文八年戊申七月十七日

この笠付宝塔直下から長方形で甲盛りの被せ蓋付き石櫃が確認された。身は二箇所を方形に穿った構造である。また、石櫃蓋内側には以下の通りの銘文が記されている。

【石櫃蓋内面銘文】

（蓋裏面右）　寛文八戊申年七月十七日／圓了院道順日成幽儀

（蓋裏面左 - 朱書）　朱書で横地主税佑源政詮／圓了院道順日得信士

朱書と夫妻の没年の違いから、妻と思われる修徳院妙果日成を葬ると同時に、自らの骨を後に納めるつもりで逆修として朱書したものと思われる。

以上のように、これまでに発見された近世石櫃例を概観したが、池上本門寺横地家石櫃の例から、寛文期には既に茶毘に付された後に石櫃を用いる葬制が一般の武士階級と思われる層まで広まっていたこと考えられる。但し、遺骸を中心に葬制を捉えた場合、将軍御台所、側室など茶毘に付した遺骸を全てを入れるための容器と、横地家のように遺骨の一部だけを埋納するための容器としての石櫃とは同一視できないと思われる。遺骸全てを治める埋葬と骨の一部を治める納骨という葬制の違いに注視する必要がある。

続いて石櫃に刻まれた銘、墓誌に着目してみると、その内容から将軍家有縁の人々は、一周忌、あるいは追贈[5]の段階で墓誌が設えられていることが明らかである。墓誌を伴う葬制としては、三代将軍家光の次男で延宝六年（一六七八）に没し伝通院に葬られ宝永元（一七〇四）年に増上寺に改葬された綱重の没年を記した墓誌（石室蓋内面刻）が最も早い事例として知られていた。しかし将軍墓例では墓誌が伴う葬制は六代将軍家宣（正徳二－一七一二年没）の段階からとされてきたので綱重の延宝期の墓誌は改葬時である宝永元（一七〇四）年に新たに造られた可能性が指摘され続けた。しかし近年の研究では新井白石著『折たくの柴の記』の中に林大学頭林信篤が四代将軍家綱（没年延宝八年）の墓誌銘を撰文した事を述べている部分があることを、将軍墓においても墓誌を伴う葬制は延宝期まで確実に遡ることが指摘[6]されている。また先に示した将軍御台所高巌院墓出土の墓誌は没年から延宝四年（一六七六）であり翌延宝五年八月二日、従一位が追贈された時点で墓誌を設えている。石櫃内面に墓誌を記す点を捉えれば、清浄院の石櫃は墓誌銘を刻んだ位置や年代的にもほぼ共通していると言えよう。

今回発見した清浄院墓誌銘は、高巌院の例と比較すると、①の誰の夫人であるかは明記せず「岡山夫人」とだ

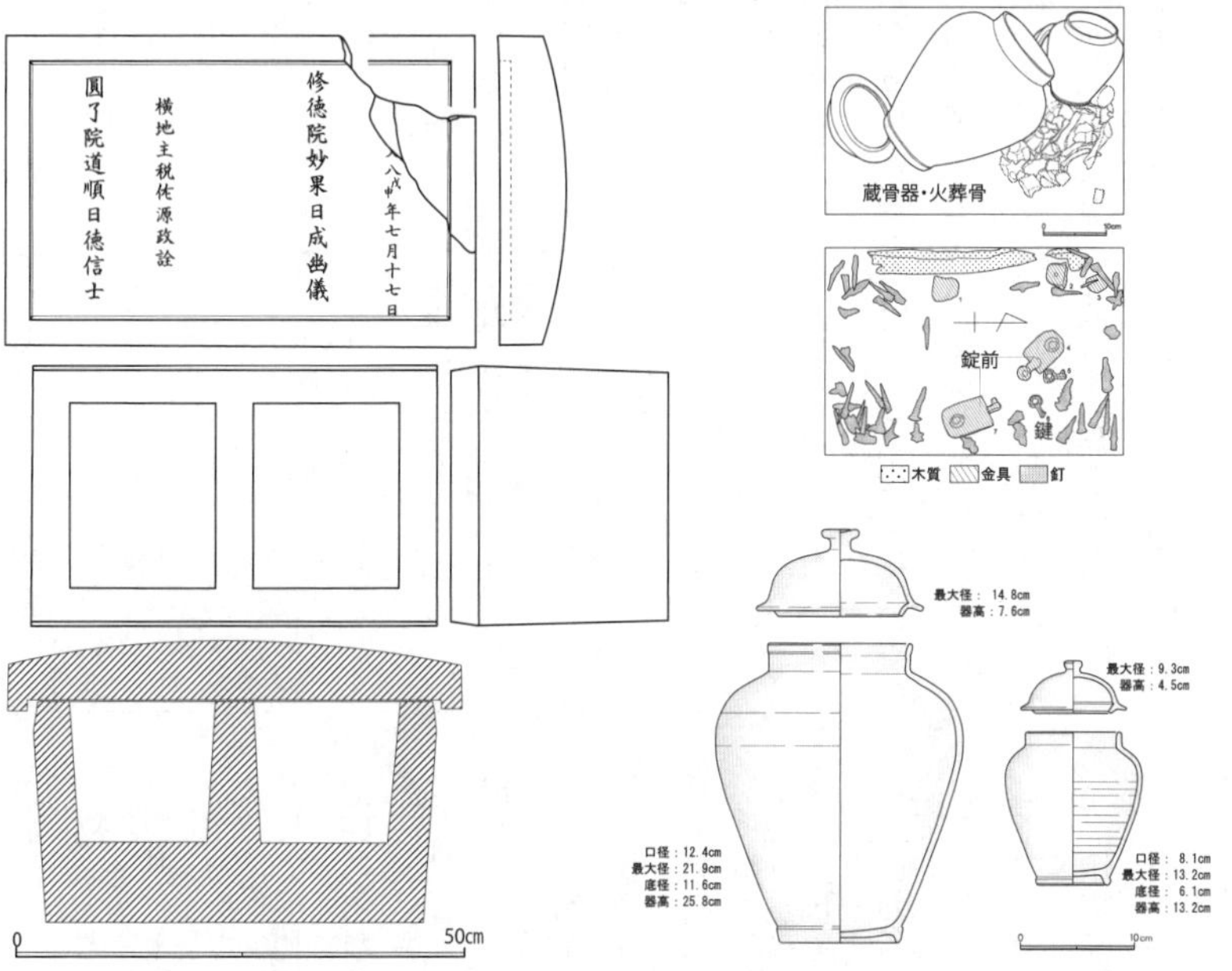

図５　池上本門寺石櫃２例（右-圓光院、左 - 横地家出土例、註２より）

図６　池上本門寺横地家石櫃と墓碑（註２より）

け記し、②出身については「三刀屋監物源孝和女」と記している。③官位の明記なし、④の法号は、「清浄院慧性宗空」と刻している。⑤没年を記している。以上のことから様式的には将軍有縁の高巌院に類似しているが、嫁ぎ先が明記されていない点は、岡山夫人が大奥との関係から敢えて明記せずに「岡山夫人」とだけ記したのであろうか、あるいは島根県立図書館が所蔵する「三刀谷《ママ》家系図」**【資料一】**に示した通り孝和の娘である阿古が岡山夫人と思われその系図には「家綱公ノ母公宝樹院侍女後嫁于渡辺氏」と記されているなど不明な点も残る。因みにこの系図は惣領家三刀屋伴蔵が有したとされ系図最後に奥書として牛込済松寺湘山和尚から宝永六年に写したことが付記されている。三刀屋伴蔵は孝和の嫡男で旧来姓である諏訪部吉十郎という名も系図中に併記されており「紀伊亜相公之近臣」と記され紀州藩に仕えていたことがわかる。

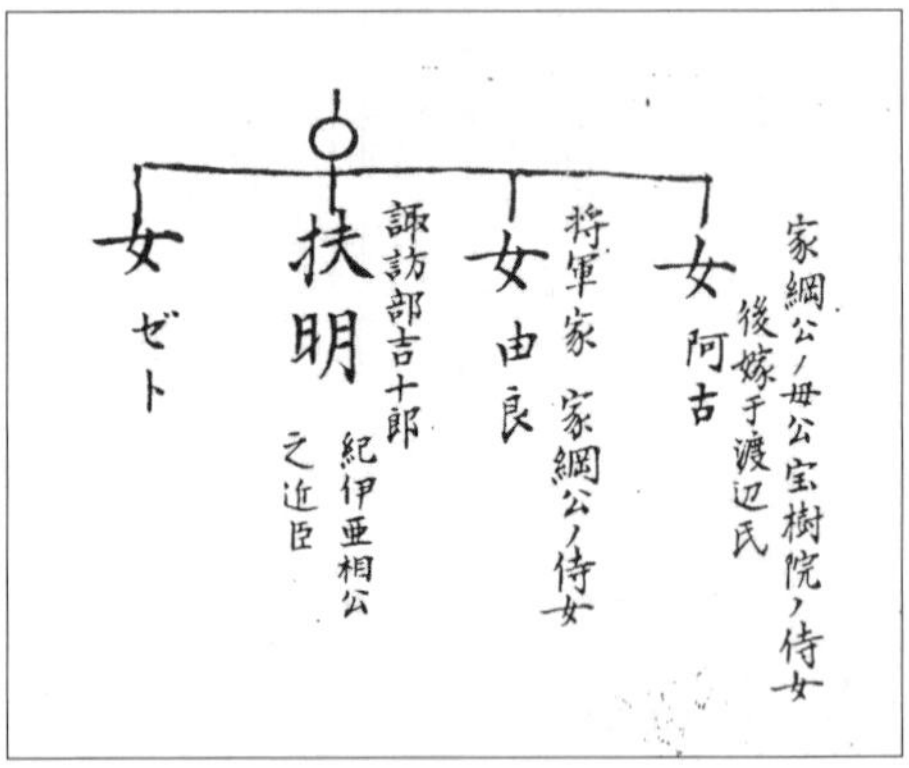

資料一『三刀谷系図』孝和の系図（部分）

三　銘文から被葬者の検討

石櫃蓋に刻まれた銘文から被葬者を検討してみたい。

「三刀屋」家は、出雲の伝統的な土着武士とされるが、ここでは特に江戸期、三刀屋監物孝扶（孝祐・孝和）の事績を中心に戦国期末から江戸初期の三刀屋家について若干触れ、今回発見の石櫃の銘から被葬者像を示したい。

銘文中の「孝和」は三刀屋孝扶ともいう。戦国期末、久扶五男、孝扶は父と共に毛利家に従い織田信長の中国攻めに対して、織田方の尼子氏と戦い、天正六年（一五七八）の上月城の戦いで尼子軍を破り、功績を積むなどして毛利家に対して忠勤に励んだが、父久扶は毛利輝元に疎まれ改易に追い込まれる。領地であった三刀屋郷は没収となるが、五男であった孝和（孝扶）は毛利家家臣として残った。しかしその後は、細川藤孝の元で一時仕えたこともあったが、近世期には一時紀伊徳川家の祖頼宣に仕えた。また、頼宣時代の「駿河分限帳」[8]には二千石を拝領したことが記されており、頼宣が駿府から紀州和歌山城に移る時の家臣団を記したとされる『南柳院様御入国御供姓名帳』の寄合衆の箇所には「二千石　三刀屋監物」の名が確認できるとしている[9]。また、これを裏付ける資料として『南紀徳川史』巻之五十五、名臣傳第一六[10]に筆頭で示されるなど、名臣として記されている。この名臣傳の割註に「按駿河分限帳在寄合衆之列二千石」と記されている。しかし彼の出自については詳しくないが、罪状あって致仕し、江戸に下向したことが記され、明暦三年（一六五七）七月に八十八歳で没し、「武州品川東海臨川禅院」に埋葬されたことが記されている。

近世期の三刀屋家及び孝和を知る資料として、中村隆一[11]著『三刀屋城址』（一九四一）に三刀屋家に関する興味深い資料が挙げられている。三刀屋出身の人物・「銭屋九郎兵衛」の明和七（一七七〇）年三月三〇日付け高野山に登拝した折の記録の一部で概略を記す。

三刀屋家は高野山塔頭普賢院[12]を位牌所としており、銭屋九郎兵衛が普賢院を訪ねた折には多くの位牌が納められていたようである。

高野山における三刀屋家の墓所は「奥の院玉川石碑の向かい」に在あったことを記し、一族の多くの石塔が建立されていた様子を記している。さらに銭屋九郎兵衛は三刀屋家の墓碑類を詳細に記録したようであり、中村は、本文中で「これを一覧する」としていることから『三刀屋城址』が刊行された昭和一六年には記録が古文書として存在していたと思われる。しかし、現在は、高野山塔頭普賢院においても聞き取り調査を行ったが古文書は勿論、三刀屋家墓所及び石塔類は山内の道路拡幅工事に際して合祀されたようであり、現地においても墓石類を確認することはできなかった（図7・8）。そこでここでは、参考として中村が示した石塔二基の銘文を**【資料2】**として示した。

【資料2－石塔銘文】

《表》

文禄三年十二月二十三日

三刀屋久次郎源則扶

南又左衛門　扶定

阿部六内　孝幸

錦織孫右衛門　忠元

引地與左衛門　家信

同　五郎右衛門信氏

同　久八郎　朝信

青木彦次郎　貞憲

吉森吉兵衛　久清

小谷　伊谷・田野之一族不仮記

則扶之中間忠死者二名朝鮮降囚一名

天和二年六月二十一日　建立之了」

《裏》

僕勵忠死之輩欲報其志造進先鋒而令弟則扶戦死家邦之兵敗北司三軍拒後殿城冬十二月大戦異賊而本従毛利家入朝鮮國蔚山之文禄年中三刀屋監物孝和天和二壬戌夏六月偶登于高野山延命院聊欲報高祖之恩而謹安置尊碑

二十五世之遠孫三刀屋伴蔵源扶明焚香拝書

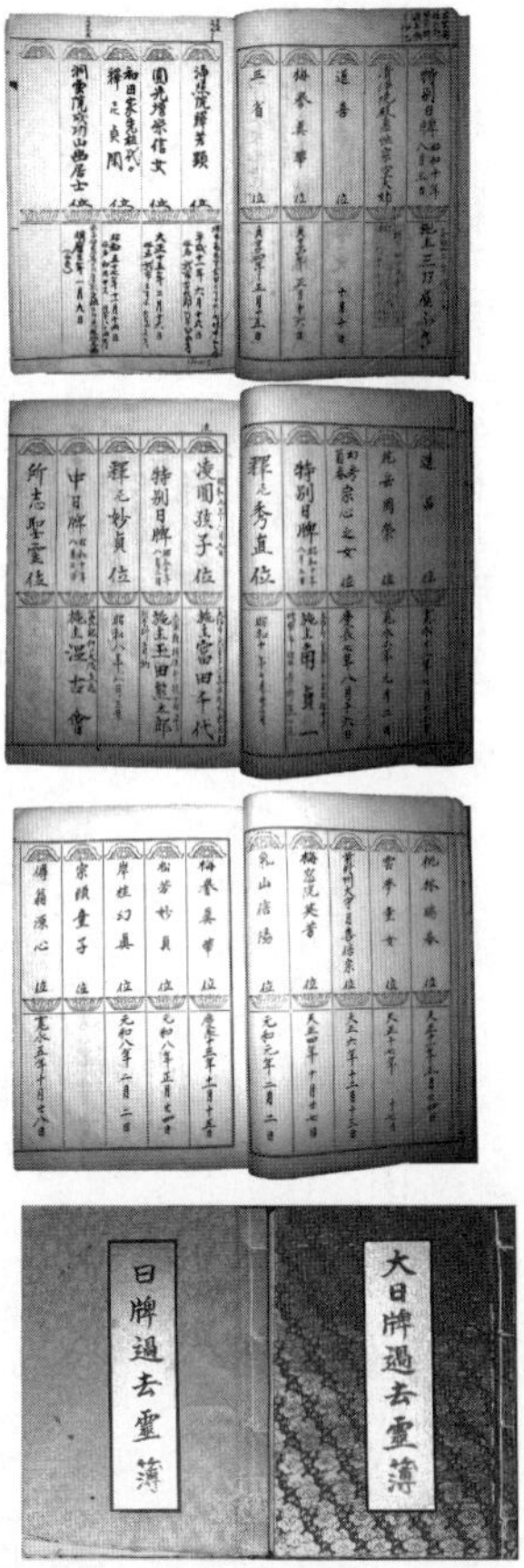

図7　高野山普賢院「日牌過去霊簿」の中の三刀屋家過去帳

図8　高野山内旧玉川碑周辺と無縁墓

この銘文から三刀屋監物孝和は毛利に仕え加藤清正と共に朝鮮半島蔚山城での文禄三の役において軍功を挙げたのが弟である三刀屋久次郎源則扶やその臣下八名、そして中間二名、囚われた朝鮮の人一人を含む人々の菩提を弔うために孝和の嫡男である扶明が天和二年の夏高野山に尊碑を建立したとされる。そして興味深いのは、三刀屋家の墓所の位置が現在高野山中に所在する島津義弘が慶長四年（一五九九）に建立したとされる「為高麗國在陣之間敵味方閗死軍兵皆令入佛道也」碑の近い場所であったことは碑陰の銘文中に記された蔚山城の戦いにおける囚人を含めた菩提供養を行っていたことと通じる。この

第五部

他、今回の石櫃に係わる銘文を記した石碑が記録されているのでここで示しておきたい。

【資料三】

「清浄院殿恵《ママ》（慧）性宗空大姉
　前三刀屋監物法諱幽山成功居士息女江武御城内岡山自己為追福依
　遺言従女宗民宗智両比丘尼建立」

この銘文から、亡くなった孝和の諱は「幽山成功居士」であり息女として「岡山」という人物がいることが分かる。また「岡山」は江戸城内に仕えて亡くなり、遺言によって、岡山付きの侍女二人（「宗民・宗智両比丘」）が供養碑を建立したことが銘文から明らかとなる。「岡山」という人物の戒名は、「清浄院殿恵《ママ》性宗空大姉」と刻されており、今回確認した石櫃の銘文との比較検討が可能となったのである。

以上、中村が示した古記録として遺されていたとする二基の石塔銘文の内容（**資料二・三**）は、今回、品川区東海寺世尊殿前に据えられていた一対の石造物（石櫃）の蓋内面中央部分に鐫られた銘文と比較してみると「三刀屋監物孝和」と「岡山」という人物名は一致し、岡山夫人の戒名「恵性宗空大姉」と「慧性宗空大姉」との違いはあるもののほぼ合致するといえよう。そして石櫃には「岡山夫人之石槨／貞享第二乙丑年／二月二十一日」と没年を記していることから、資料三に示した銘文に合致する。また、『南紀徳川史』**【資料四】**に記された父孝和の葬地「東海禅寺臨川院[13]」の位置を近年の研究から確認すると現在の世尊殿一帯ではなかったかとされている[14]。石櫃が世尊殿前に据えられた経緯は不明であるが、父孝和の葬地「東海禅寺臨川院[13]」の位置と今回の報告の石櫃の関係は決して無関係ではなく、塔頭臨川院が三刀屋家の葬地であった可能性を強く示しているのではなかろうか。

続いて父と同じ葬地に埋葬された「岡山夫人」とはどのような人物であったのかを検討してみたい。

四　被葬者・岡山夫人と石櫃の位置づけ

「三刀屋監物孝和」の娘で「岡山夫人」とはどのような人物であったのか。まず岡山夫人付きの侍女が高野山に建立した碑銘文中の「江武御城内岡山」と記された箇所に注目したい。

「岡山夫人」は江戸城内に仕えた人物、つまり「奥」と関係した人物である可能性が想定でき没年が貞享二（一六八五）年二月であることにも注目しておきたい。

近世武家社会における「奥」の研究は、江戸城大奥に勤務した女子の話や、幕府勤務の古老から聞き取った話を纏め幕府の制度や内実を探ることを目的として進められた。

昭和三九年（一九六四）青蛙書房から刊行された『旧事諮問録』は明治二四年（一八九一）一月から二五年一一月までの間に行われた一四回の聞き取りが纏められ、『史学雑誌』に逐次掲載された内容を収録したものであり、当時の研究の拠所とされた。その中身は天璋院の御付きの話を中心に近世後期の大奥を対象としたものであった。そしてその典拠は『柳営婦女伝系』、『徳川諸家系譜』『幕府祚胤伝』などの伝記・系譜を中心としたものであり、大奥の言説については不明確な要素も多かったとされ、基礎的事実関係を明確に示すことが求められ続けた。

かかる研究現状の中、竹内誠[15]・松尾恵美子[16]・畑尚子[17]らの基礎的研究により大奥研究は大きく進展したと言える。特に、女中分限帳を使った具体的

第五部

な研究を展開した松尾の研究はその後の指針となった。しかし、これまでの研究は、最初に指摘した通り有効と思われる史料の時期的な性格から江戸後半期に偏っており、近世後期の女中研究がその中心であった事実も否めない。近年、石田俊[18]が行った研究は綱吉政権期の江戸城大奥の公家出身女中招聘過程を明確に示し、近世前期から中期における大奥研究を発展させた。

　特に石田の研究は、女中の大奥招聘に着目し、特に公家から大奥への招聘に視点を注ぎ「綱吉・家宣政権期将軍付女中発給奉文」一覧を示した。この中で改めて注目したいのが、最も古く位置づけられた延宝八年八月二十六日から延宝九年の間に発給されたとされる文書**【資料五】**と天和二年に発給されたとされている女中奉文**【資料六】**である。

　この資料は、九州国立博物館所蔵の重要文化財指定された「宗家文書」中の資料であり詳細は、九州国立博物館によって翻刻されており別記したので確認して頂きたい。概略を示せば、両文書の差出は「むめ・岡山・尾上」で、宛先が宗義真である。女中奉文は、御台所の意を奉じた大名宛ての文書とされることから、参勤交代における宗義真からの献上品に対して御台所に代わり「むめ・岡山・尾上」が大奥を代表し返礼していることが明らかである。つまりこの文書内容及び様式は、大奥女中が御台所に代わり大名と直接贈答儀礼を行っていることが明確な資料としても注視されている。差出の中の「岡山」という名は石田の一覧では天和以降は全く見当たらないことや、石田の示した発給年代を考慮すると、今回発見の石櫃に記された「岡山夫人」の没年である「貞享二年」の直前の時期であり、中村が記した高野山建立の供養塔に示された「江武御城内岡山」、石櫃銘「岡山夫人」は大奥女中であり、宗家文書中「岡山」と同一人物と考えられる。また、大名への返礼儀礼を直接でき得る点などを鑑みれば、石田が既に指摘しているように「むめ」は公家出身が明らかであることから筆頭（上臈、御年寄）と考えれば、「岡山」は二番手であるが実務方の筆頭であった可能性も考えられ、職制としての「年寄」に次ぐ「老女」であった位置づけが可能性ではなかろうか。

　さらにこの「岡山夫人」ついて実紀類から次の二点の記事が確認できるが、特に②の記載については今回発見の石櫃銘の内容と合致する点を強調し注視しておきたい。

①『厳有院殿（四代家綱）御実紀』巻四十四、寛文十二年二月十五日条、「梅局へ八丈紬五反。岡野。矢島。河崎へ二反。岡山へ二反。各奇楠香一木そへて給はる。」

②『常憲院殿（五代綱吉）御実紀』巻十一　貞享二年三月十三日条、「岡山うせしをもて。俸金をその女にたまふ。この女は寄合小出権之助英直が妻なり。」

②の資料[19]『常憲院殿御実記』貞享二年（一六八五）三月十三日条の記事中「岡山うせしをもて」という点は、石櫃銘の没年である貞享二年二月の翌月であり事実関係を補強する内容である。

ここで俸金を給わった「岡山夫人」の娘（養女）について若干ふれておきたい。

『常憲院殿御実紀』では「岡山夫人」の娘（養女）は、寄合・小出権之助英直に嫁いでいることがわかる。

小出家は『寛政重修諸家譜』によれば、信州伊奈郡小井庄出身で、後に尾張国愛知郡中村に移り、「小出」と改名した。近世期の小出家は、天正一三年岸和田城を賜うことからはじまり、五代吉重は出石藩主を仰せつかる。岡山夫人の娘（養女）が嫁いだのは吉重の四男で一五〇〇石を分ち賜い別家を立て寄合に列した小出権之助英直《ふさなお》であった。彼の家譜を確認すると「後妻は老女岡山が養女」と記されており『常憲院殿御実紀』の記載と合致する。

五　「岡山」夫人の葬地と家の存続

最後に「岡山夫人」がなぜ父と同じ葬地に埋葬されたのかについて想像の域を出ないが検討を加えたい。

中世以来女性は「非器」成るものとされ、家長足りえなかったとされるながらも、研究が進む中で、大内・毛利・南部・伊達・島津家などにおいて女性が家督を継ぐ、あるいは「家」を新たに創設できる場合があったことが指摘されてきた[20]。とりわけ近年の根津寿夫[21]の分析に着目しておきたい。根津は、徳島藩「成立書並系図」の奥女中および女中などの階層・召出・立身についての考察から、「徳島藩の奥女中は長年の功労に対しては一定の階層への昇格が認められたのと、昇格に際しては養子を迎え「家臣」の家を創設することができた」と結論付け「家」の創設が認められたとしている。極めて重要な指摘である。この中で「老女佐山」の例をあげれば、佐山の出自は陪臣の家から城に上がり、十代藩主重喜の隠居した大谷屋敷の御中居を皮切りに、三三年間勤め上げ老女に昇進したという。そして養子をとることが認められ、広間小姓に召出され五人扶持・支配一〇石が給されたことを示した。

また柳谷慶子氏[22]の仙台藩の研究によると、相続すべき嫡男がない場合、娘あるいは母・後妻などに一端知行を付与され、後に例えば娘婿などに名跡相続をさせることを藩が許可しているのである。幕府は慶安四年（一六五一）に末期養子の禁を解くが、これ以前は、各藩はそれぞれの事情で家の存続のために様々な工作の上、相続を繰り返した。この様な状況下において、仙台藩などでは、一六事例において女子が一時的に家を相続し繋ぎ役としてその役割を果たしていたことが明らかにされている。

それでは根津が指摘する「老女佐山」例や、柳谷が示した仙台藩の女性の相続例が、今回発見の石櫃の被葬者である「岡山夫人」の場合に当てはまるのであろうか。「岡山夫人」の父孝和が「三刀屋家」を潰したとされることを念頭に置くと、「岡山夫人」が養女を得ていたことは、孫を嫡子として得るための準備として考えていた可能性はないのであろうか。「岡山夫人」が没して間もなく幕府から「俸金」を授かっていることを考えると、俸金は「岡山夫人」への功労金としての性格も考えられるが、「岡山夫人」が生前に「三刀屋家」の復活を願い、家督の座を得ることの準備を行っていた結果として、彼女が没した直後に服忌令にも触る可能性を遺しながらも、速やかに幕府は「俸金」を娘に授けているのではなかろうか。性差の観点を越えて女性による武家の相続を考える上で注意したい。

以上、東海寺世尊殿前に据えられた水盤の調査を行ったことで、水盤は、本来、大奥に係わる「老女岡山夫人」の遺骨を治めた石櫃であったことが明らかにできた。『徳川実紀』に登場する大奥老女の葬制の一端と、夫人の父であり戦国期末から江戸初期に西国を中心に活躍した武士である三刀屋監物孝和の足跡につても不明であった点、新たに近世武家社会の中で僅かながらその存在を位置付けることができたものと思う。

また、考古学的な視点からは、近世武家社会における墓誌を伴う葬制に位置付けられ、遺物としては墓誌を刻んだ初期的な石櫃例としてきわめて重要であることが示せたと思う。係る点から今後、新たに石櫃の有効な保存と展示、活用などを考える必要があろうかと思う。

今回の資料は、品川歴史館の柘植信行副館長によって既にその存在が確認されており、内部に何らかの銘があったことが指摘されていたが、調査が実施されるまでには至らず、経年の中で水盤として使用されたことによって詳細が不明のままであった。

品川区教育委員会佐伯氏に調査の実施を検討していただき、東海禅寺御住職・加藤正念師の寛大なご理解とご協力を得たことで実現したものである。現地調査では、品川歴史館・中野光将氏（当時）・増井有真氏に実測調査の協力を得た。

また、高野山における三刀屋家の位牌所である普賢院様におきましては『日牌帳』の閲覧、撮影などに多くのご理解とご協力を賜った。

高野山山内の墓碑調査では、高野山霊宝館・鳥羽正剛様・三義好三・山川公見子・増井有真氏にご協力を賜った。

「三刀屋家」につきましては、米子市在住で半生「三刀屋家」を研究されている亀尾八洲雄先生から自費出版された『三刀屋氏墓碑合祀之記』、『安養寺三刀谷氏系図』、『和歌山三刀谷系図』などの多くの資料をご提供いただくとともに有益なご教示をいただいた。

また、末筆になったが、現当主で三刀屋家の末裔である竹中ひろみ氏からは、資料公表に当たり寛大なご了承をうるとともに、研究において寛大なご理解を賜り、ご協力を頂いたことを記して感謝申し上げげたい。

註

1　鈴木尚・矢島恭介・山辺知行　一九六七『増上寺徳川将軍墓と遺品・遺体』（東京大学出版会）。
2　坂詰秀一編　二〇〇二『池上本門寺　近世大名家墓所の調査』（日蓮宗大本山池上本門寺）。
3　寛永寺谷中徳川家近世墓所調査団編　二〇一二『東叡山寛永寺　徳川将軍家御裏方霊廟』。
4　註2と同じ。
5　註3と同じ。
6　谷川章雄　二〇一一「江戸の墓誌の変遷」『国立歴史民俗博物館研究報告』No.一六九。
7　註1と同じ。
8　和歌山県立図書館所蔵「駿河御藩分限帳」（天保七年　松平範春写、神宮文庫所蔵の複写）。
9　亀尾八洲雄　二〇〇四『山陰の武将三刀谷監物孝裕』（私家版・非売品）。
10　名著出版　一九七一『南紀徳川史』第六巻の巻之五十五 - 名臣傳第十六。
11　中村隆一　一九四一年『三刀屋城址』（島根県飯石郡教育委員会発行）にも詳しく触れられているので参考とした。
12　今回の石櫃銘との比較調査のために高野山普賢院で過去帳、位牌の有無などの調査を行った。この結果、「日牌帳」中に三刀屋家過去帳を確認できたが、普賢院は古く被災しており、「日牌帳」は昭和十年に新たに檀家などから資料を寄せて作り直している。
13　伊藤克己　一九九一「品川・東海寺塔頭」『品川歴史館紀要』第六号。
14　品川歴史館　二〇〇九『品川を愛した将軍徳川家光』。
15　竹内　誠　一九八〇「大奥老女の政治力」『図節人物女性の日本史』六　小学館。
16　松尾恵美子　一九九二「江戸幕府女中分限帳について」『学習院女子短期大学紀要』第一号。
17　畑　尚子　二〇〇九『徳川政権下の大奥と奥女中』岩波書店
18　石　田俊　二〇一三「綱吉政権期の江戸城大奥：公家出身女性を中心に」『総合女性史研究』三〇。
19　『厳有院殿御実紀』巻四十四 - 寛文十二年二月十五日条および『常憲院殿御実紀』巻十一 - 貞享二年三月十三日条に「岡山」の記載があることを亀尾八洲雄氏からご教示頂いた。記して御礼申しあげる。

20　中田　薫　一九五六『法制史論集』。宮本義己一九七五「武家女性の資産相続」『國學院雑誌』六九‐八八。高橋　弘　一九九四「大名佐竹家の婚姻・通婚圏と幕藩関係」『学習院史学』第三二号。峰岸純夫　二〇〇三「戦国東国の女性」『家・社会・女性』吉川弘文館。松崎留美子　二〇一二「大名家の正室の役割と奥向きの儀礼」『歴史評論』七四七など。

21　根津寿夫　二〇〇八「徳島藩蜂須賀家の「奥」」『史窓』三八。

22　柳谷慶子　二〇〇七『近世女性相続と介護』吉川弘文館。

挿図出典

図5は、註2より転載。

その他の図は、全て実査により作製。

参考資料

【資料四】

『南紀徳川史』（第六巻）‐巻之五十五（名著出版　一九七一）

三刀谷《ママ》孝和 監物○按駿河分限帳在寄合衆之列禄二千石

三刀谷《ママ》孝和称監物父曰弾正忠久扶、其先有功於承久役賜出雲三刀谷郷、因氏焉、孝和初仕尼子義久、朝鮮役従毛利秀元有戦功、及乱戦秀元賜盃、於有功諸士、孝和為第一、後辞去放浪京師會關原役起、安国寺恵瓊屢招不應、助細川藤孝守田田邊城、謂人曰此役歯軍必敗何則徳川氏勢援乏於西国而多於東国若使嶋津起西則徳川公必狼狽西上、乗其虚撃之可以成事今乃起事於會津其不能成必矣、及後忠輿封豊前賜一万石置之、既而有故被放、於是公召而禄之後亦獲罪屏居於江戸、明暦三年七月没年八十八、葬於武州品川東海臨川禅院、子伴蔵扶明仕公食五百石 三刀谷系譜及常山記談

三刀谷監物孝和 三刀谷伴蔵附

按するに 監物孝和之家譜傳はらず委細を知るに由なし左に記する者は御蔵書中武功働之覚書〆援抄す伴蔵は其子なるべし

三刀谷伴蔵覚書

【資料五】 国立九州博物館

整理番号	014104001
収蔵品番号	P2790
指定	重文
名称1	老女奉文
年月日	（なし）
差出・作成	むめ・岡山・をのえ
宛所	宗つしまの守さま、申給へ
概要	御台所への進上への返札（参勤御礼）
品質	現状続紙
法量	20.0×55.3
備考	
通番	2587
紙数・丁数	2紙
員数	1通
階層情報、墨書等	14番箱内　14-10番巻子内
封紙	
包紙	
書出文言	公方様御きけんよく・・・
書止文言	めでたくかしく
翻刻	なを／?、わたくし共へも御しうき下され候かたしけなさ、いくひさしくと祝入まい

らせ候、おもて使衆三人も御しうきかたしけなさにて、よく御礼申入
たきよし御座候、
山崎殿御局も御しうきかたしけなさ、御礼申たきよしにて御さ候、い
つれもめてたく
そんしまいらせ候、かしく、
公方様御きけんよく、こん日さんきんの御礼仰上られ候御事かす／?
めてたさ、御台様へ
御しうきとして銀子御もくろくのことく進上被成候、すなはちひろう
いたし候へハ、御満
足の御事にてめてたく覚しめし候、いか程もよく心へて御礼申まいら
せ候やうにとの御事
にて御さ候、まことに幾ひさしくと、めてたくそんしまいらせ候、め
てたくかしく、

ヨリ
宗　むめ
つしまの守さま　岡山
人々御申給へ　をのえ

【資料六】

収蔵品番号　P2846
整理番号　014115601
指定　重文
名称　老女奉文
年月日　（なし）
差出・作成　むめ・岡山・をのえ
宛所　宗つしまの守さま、申給へ
概要　宗対馬守書状（将軍・御台所への機嫌伺・朝鮮使者）
品質　現状続紙
法量　20.0 × 56.0
備考
通番　2643
紙数・丁数　2紙
員数　1通
階層情報、墨書等　14番箱内　14-11番巻子内
封紙
包紙
書出文言　公方様御きけんよく・・・
書止文言　以上
翻刻

尚々それさまいよ／□御そくさいの御事めてたくそんし、さ
そ御心つくし御くろうの
御事と御うわさ申まいらせ候、めてたくかしく、
公方様御機けんよくこん日御礼仰上られ候よしめてたさ、御台様へ
も銀子御もくろくの
ことく進上被成候、ひろう申まいらせ候へは、めてたく思召しよく申
せとの御事にて御座
候、御しうきとしてわたくし共へも御書付のことく下されかたしけな
さ、いく久しくと祝
入まいらせ候、おもて使もみなかたしけなくにて御さ候、山さき殿御
つほねもかたしけな
さ、みな／?よりよく申入くれ候へと申され候、こんとハ朝せん使参
向の事にておはしま
し候に、しゆひよくそれさま御そくさいにて御つとめなされ候めて

たさ、まことに　公
方様御機けんよく、世上も御しつ／?にて御座候、てうせんの人来て
うの御事共めてたさ
申ハかりなくそんし奉候、めてたくかしく、
　　　　　　　　　　　　　　　　　　　ヨリ
　　宗　　　　　　　　　　　　　　　　むめ
　　　つしまの守さま　　　　　　　　岡山
　　　　人々御申給へ　　　　　　　をのえ

資料 ID 0000000000402643

【資料七】

島根県立図書館所蔵『三刀谷系図』孝和の系図に下記の子供たちが記されている。「阿古」と記されている人物が今回発見された石櫃の被葬者「岡山夫人」に合致するか。なお、この系図の奥書として左記の内容が記されており、宝永六年に写されていることが明らかである。

（奥書）
此の系図ハ惣領家三刀屋伴蔵方写候由宝永六己丑ノ
八月武州牛込済松寺湘山和尚〆見被申写也

【資料八】
東海禅寺塔頭創建一覧（註13より作製）

塔頭名	開基	創建年代	開祖
臨川院（玄性院）	堀田正盛（幕府年寄・信濃松本藩主）	寛永十六年（1639）十一月	沢庵宗彰
長松院	酒井忠勝（大老・若狭小浜藩）	寛永十八年（1641）七月二十日	沢庵宗彰
妙解院	細川光尚（肥後熊本藩主）	寛永二十年（1643）	沢庵宗彰
雲龍院	小出書親（丹波園部藩主）	正保元年（1644）	沢庵宗彰
春雨庵	土岐頼行（出羽上山藩主）	正保元年（1644）	沢庵宗彰
清光院	細川行孝（肥後宇土藩主）	慶安三年（1650）	清厳宗滑
桂昌院（定恵院）	安藤重博（近江山上藩主）	寛文元年（1661）	江雪宗立
慈雲庵	武田道安	寛文十一年（1671）	南丘座元
少林院	細川綱利（肥後熊本藩主）	元禄三年（1690）	大雲義休
勝帳院（師聖院）	未詳	戸禄四年（1691）	天倫宗忽
法雲庵	赤松範恭	元禄四年（1691）	拙堂宗清
琳光院	未詳	元禄七年（1694）	天倫宗忽
真珠院	奥平昌成（豊前中津藩主）	元禄十五年（1702）	周山宗甫
高源院	有馬頼元（筑後久留米藩主）	元禄十六年（1703）	恰渓宗悦
瑞泉院	未詳（瑞泉院殿緑誉心光大師か）	元禄十六年（1703）	端崖宗言
泰定院	木村春徳	宝永五年（1708）	龍睡宗章
佃雲庵	久世正広	享保元年（1716）	天柱義雪

Ⅳ　木内石亭の交流と墓碑

はじめに

斎藤 忠先生の葬制研究は東京帝国大学国史学科に卒業論文として提出した「本邦古代における葬制の研究」にはじまり、帝国大学の指導方針通りの文献を中心とし、考古資料を従とした構成は、後の三部作として先生ご自身が示されている一冊『墳墓』の成果へと受け継がれた。このような研究方法論は、現在近世大名墓に大変興味を持っている私にとってバイブルと言ってもよいほどで、その見識の広さと文献への視点は研究の拠り所的な著作と言える。

特に、最近大名墓の葬制を観察する中で、仏教葬以外で葬られていると捉えられる事例に興味が多くあり、儒教との関連を指摘したことがあった。そこでここでは、改めて、斎藤先生の再葬に関する論考や江戸時代の文献から捉えた日本伝統的な葬制と、その変化を捉えた論稿に導かれながら、特に近世の葬制の一つの捉え方について試論を披歴し、先生の偉業への追悼とさせていただきたい。

一　『墳墓考』に記された小場式部大輔義実墓碑について

斎藤論稿では近世墓塔の変遷を論ずる中で、関西における中世から近世の墓標の変遷を捉えた学史的な坪井良平の「木津惣墓の調査」を引用し、墓碑の型式的な変遷を背光型・尖頭型が先行して登場し、その影響下に方柱型が略式形として派生した可能性を指摘した。そして関東地方における墓標の変遷は同一視できないことを述べ板碑や位牌から形態的特徴の受容の可能性を指摘された。さらに近世元禄期以降に角碑型式の墓碑が一般的になるとした。角碑の由来については、平子鐸嶺「本邦墳墓の沿革研究」(『仏教芸術の研究』金港堂書籍〈一九一四〉)に依拠して位牌起源とし、その淵源を儒教における「神主」に求められることを指摘し、日本国内における展開には禅宗の教線と密接な関係があることを示唆された。かかる視点において江戸期の文献である中山信名著の『墳墓考』を重視されたのである。改めて先生の儒教の影響とされた点に注目し、現在茨城県常陸大宮市に遺存する中山信名が取り上げた碑[1]（図1）を見ておきたい。（『新編常陸国史』には碑銘は明記されていない[2]）。

碑は、頭部が円首で、碑正面に描かれている長方形の線は陥中を示したものと推測した。陥中の中心に上から「高巌常秀大禅定門　神儀」と記されている。さらに絵解として三行に亘り「此碑同所常秀寺ニアリ同所ノ城主小場式部大輔義実ノ墓也義実ハ天文九年庚子三月十四日戦死ス」と被葬者を記している。

以上の『墳墓考』から得られた情報について、斎藤先生は特に「神儀」という置字の点から、この碑は「神主」を示しているとして、位牌そのものが墓碑化した一型式として捉えられという指摘は、位牌と墓碑との関連を考える上において示唆に富む。そこでここでは、斎藤先生の指摘と現在の墓碑研究から何が言えるか改めて現地調査の結果を合わせて示しておきたい。

現在、碑は、常陸大宮市駅から車で二〇分程度西に向かった舌状台地上の旧常秀寺の墓地内に遷墓碑と共に立っている。

この碑は、小場城主小場義実の菩提を弔って建立された碑とされている。小場を領した義実は、たまたま部垂城に居合わせたため、常陸守護佐竹氏十七代義篤と部垂城主部垂義元の戦乱に巻き込まれてしまい、自害せざるを得ず命を絶った。当初、家臣によって部垂城内の八幡神社に祀られたが、慶長七年（一六〇二）に佐竹家は秋田転封となったため部垂義元の宿老である立原氏が墓守として部垂に残った。近世に入り延享五年（一七四八）年、義実の墓は、部垂から領地である小場への墓移転が検討され、秋田転封の佐竹宗家に具申され、小場にある義実開基である常秀寺との間で証文が交わされ移転が実現した。その移転に際して「遷墓記」が記され共に造立され現在にいたっている。遷墓碑の銘文から、延享五年（一七四八）三月一四日（小場義実の祥月命日）に常秀寺八代沙門大車乗によって現在の位置に移され、遷墓碑も建立された事が記されている。この遷墓記については、東京大学史料編纂所所蔵の『常陸古伝条』の中に収められた「部垂義元父子・小場義実遷墓記」に記されており、高橋[3]によって翻刻されており詳しい。墓の造立・遷墓については以上のようであるが遺存する墓碑を実見する限り、遷墓の折に作り替えていると思われ、現在に至ったものと思われる。

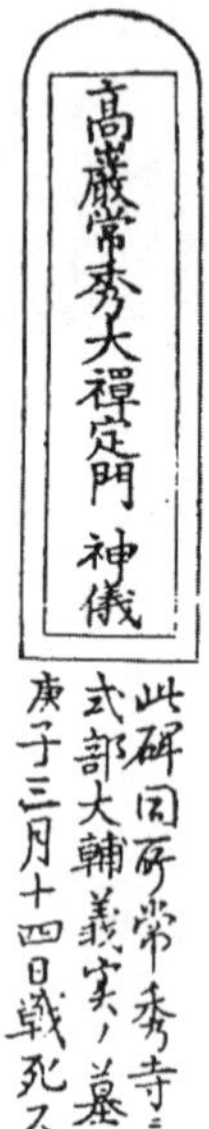
高蔵常秀大禅定門　神儀
此碑因所常秀寺ニアリ因所ノ城主小場式部大輔義実ノ墓也義実ハ天文九年庚子三月十四日戦死ス
図1　中山信名『墳墓考』記載の小場式部大輔義実墓碑

『墳墓考』の図との違いは、墓碑頭部である。図では円首であるが、実見すると頭部中央に茨が観察できる。つまり遷墓の際に常秀寺八代沙門大車乗は、墓碑造立に当たり儒者が好んで用いた墓碑型式を採用しており、碑の材質が砂岩製であることからも当該期に全国的にも広まる儒教的な教えに準じた実践として窺知できる。

遷墓という行為を一族顕彰のための行為として捉えて実践された可能性を秘めた碑ではなかろうか。また、興味深いのは、碑の厚さが極めて薄く作られている。この碑が最初に祀られたのは八幡神社であり、斎藤先生が指摘された「神儀」と位牌の関係から想像するに祠あるいは石殿のような覆屋に納められた石製の位牌が図1で記された型式で、近世に入り小場に遷墓され造られたのが現在遺存する石碑であろう。造り替えるにおいても先例に従うために厚みが薄く造られたものと思われる。当

図2　中山信名『墳墓考』の小場義実墓と遷墓碑

第五部

該期の庶民あるいは大名墓の墓碑においても方柱型が一般的と思われることからも、この石碑の特殊性を注意しておきたい。

二　木内石亭とその交流

続いて、先生の足跡の中で木内石亭の生涯を纏めた著書『木内石亭』がある。この著作は、近世武家社会の葬制を考えている中で非常に興味深かったので、「儒教」的な視点から斎藤先生の「木内石亭」研究を紐解いてみたい。

木内石亭は、我が国で最初の物産学者である島津如蘭に学ぶ。そして同じ門弟に「浪速の知の巨人」と称される木村蒹葭堂と共に品評執事などを勤めた。一方木内石亭は、明和六年（一七六九）ころから「弄石学」を学び世上の藩政改革の一環で盛んに勧められた殖産興業という時流に乗り、自らの邸を常設博物館として「奇石会」を主催するなど熱心に愛石趣味を広げた。そして著名な『雲根志』は、安永二（一七七三）年から享和元年（一八〇一）の約三〇年間で纏めたものである。この他の彼の弄石学における業績は斎藤先生及び他の先学が纏めているので大いに参考としたが、ここでは触れない[4]。

ここで改めて注意したい点は、木内石亭の弄石学を通したネットワークの広さであり『雲根志』『奇石産誌』などに示されている通り全国に三百人以上の様々な職業の人々との交流があったことである。中でも注視したいのは『懐中日記』でも明らかな通り寛延三年（一七五一）から、京都南禅寺畔で庵を結んでいた珠光流の茶人野本道玄に学んでいたことであろうか[5]。

野本道玄は、元禄期に津軽藩の茶道役で養蚕を通した殖産における業績が非常に大きく評価の高い人物である[6]。特に津軽四代藩主信政に仕えたこととの意味はのちに触れる墓碑との関係で大いに注視しておきたい。

時代はやや遡るが、江戸初期における儒学や神道などの学問的な交流は、茶人を通したネットワークが大名を結び付けたと解される点も多々ある。例えば既に指摘されているが大茶人である藤村庸軒の場合をみても藤堂高虎の御伽衆の一人で、相談役として広く情報収集する役目にあった[7]。彼は三宅亡羊の養子である合田道乙と共に儒学を学び、三宅亡羊と高虎の交流から小堀遠州茶会において大名をはじめ多くの皇族・公家との交流があったことは指摘されているとおりである[8]。因みに藤村庸軒自身は千宗旦に師事しながらも小堀遠州とも交流が親密であり、「香炉の茶の湯」を伝授され庸軒流独特茶道を開き大茶人となる。亡羊が亡くなるまでの約二〇年間指導を受け、以後山崎闇斎に漢学を学ぶなど学問的交流が窺える[9]。藤村庸軒と山崎闇斎の墓所は、京都黒谷の五重塔の北にあり、両家とも隣接した位置にあり、墓碑型式も圭頭で共通している[10]。

最後に木内石亭の墓碑の形態とその銘文に着目してみたい。

三　木内石亭の奥津城

先ず、先に触れた野本道玄なる人物に注意したいと思う。彼は木下勝俊の第十四子とされている[11]。勝俊は、安土桃山時代から江戸時代初期の武将、大名、足守藩二代藩主で歌人として長嘯子また挙白と名乗り著名である。松永貞徳、九条道房などの儒家との交流があったとされている。彼の墓は豊臣秀吉ゆかりの高台寺墓地にあり、圭頭の碑身を載せた亀趺碑である。正面に頭書に「露」と刻み、その下に「大成院殿前四品羽林天哉長嘯居士」右に「慶安二己丑年（一六五〇）」、左に「六月十五日」と没年を記し、亀趺の上に載る。

先に触れたように、木内石亭は、一七歳の春から長嘯子の第一四子である野本道玄に入門した。そして、野本道玄について見てみると、江戸で津軽家（四代藩主信政）に茶人として招聘される。津軽家の『江戸日記』（元禄十二年〈一六九九〉十二月十八日条）に、道玄が津軽家仕官のことが記されており、仕官の折に水戸徳川家に挨拶に行くことや、津軽家招聘以前は、広島三次藩浅野長照に仕え、三次藩初代浅野長治の近習であったことも記されている。(12) 三次藩との係わりや水戸藩との関係から考えると、当然ながら儒教との接点があり、石川丈山との交流は考えられよう。そして父長嘯子の松永貞徳などとの広い交流が、その子である尺五との交流へつながったと考えられる。かかる環境の中において儒教的な素地を有した野本がいたのではなかろうか。

これらのことからも、木内石亭が茶道を熱心に学んだと説明されるのであろうが、それ以上に様々な学問を広く学ぶに及んでいたものと推測する。

また木内石亭は、松岡仲良に垂加神道を学んだ谷川士清との交流もあった。垂加神道・松岡仲良についても触れておくが、彼は、熱田神宮の祠官の子であり、吉見幸和に神道を学び、のち京都で若林強斎に師事。さらに玉木正英について垂加流神道の諸伝を伝授され、神祇官吉田家に賓師とし

図３　木下長嘯子墓碑（高台寺）

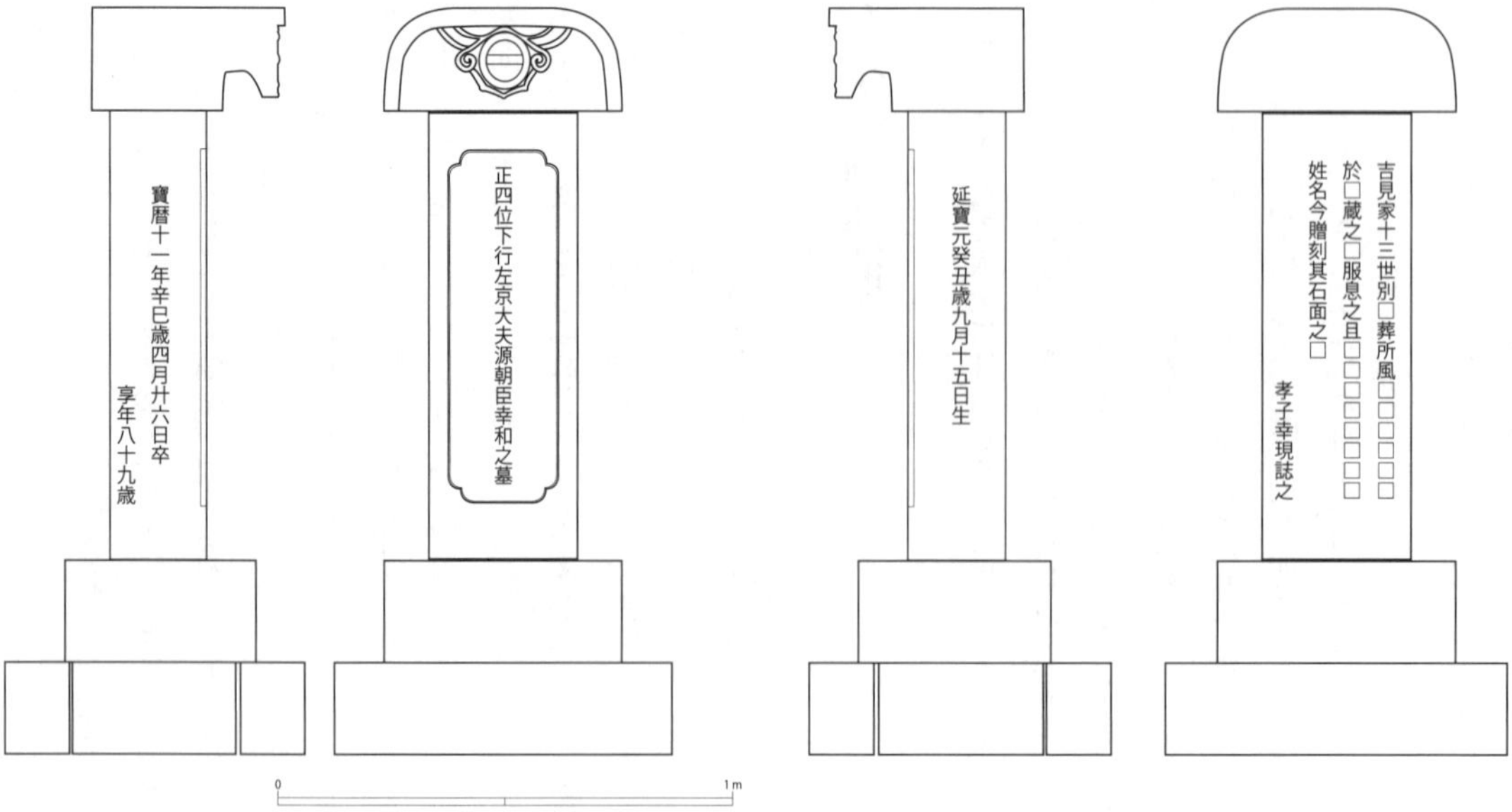

図４　吉見幸和墓碑

第五部

て迎えられたのである。

参考に熱田神宮神官の家柄である吉見家の墓碑（図４）は、基台の上に方柱を載せ、頭部に蒲鉾形の破風を載せ破風の中心部に懸魚と類似の飾りを配している。おそらくこれらの様式が木内石亭の墓碑型式に影響したものと捉えている。(13)

四　木内石亭の墓碑銘と遺言

滋賀県守山市今宿本像寺に遺る木内石亭墓碑は、彼の遺言とは裏腹に養子である嘉蔵が「石之長者」に相応しい神道碑を造立した。

碑は神道碑の通り砂岩性（泉州泉石か）の碑身を載せ、頭部に吉見幸和墓碑（宝暦一一年〈一七六一〉没-）と同様に懸魚こそないが蒲鉾状の唐破風的な笠を載せた型式を採用している。

碑陥中は圏線で表し、圏線内に二三六文字の銘が刻まれている。この墓碑造立は、先にも示したが木内石亭の養子とされる嘉蔵こと七代目伴伝兵衛（近江国志賀郡下坂本村捨井家生まれとされる。遺言の最後の部分を見ると嘉蔵が「六角の杭木」を持つことが記されている。一説では江戸で『近江屋』、八幡で『扇屋』という畳表・蚊帳などを商う老舗伴伝兵衛家の七代目当主とされている）が阿波藩の儒臣佐野憲（通称〈山陰〉）に撰文を依頼したことが一行目に記されている。

佐野家は山陰が『阿波志』の編纂など阿波藩蜂須賀家一一代治昭の典姫（大久保保忠正室）の和学指南役として米五〇俵の小姓であり、寛政四年（一七九二）から藩儒として奉公する。養子・長統がこれを継ぎ文政二年（一八一九）まで仕えた。蜂須賀家は一〇代重喜から新たに万年山を葬地とし儒葬を行い、藩民統制政策も儒教に基づいた藩政思考となる。係る藩政における儒臣の知識が木内石亭の墓の造立に関連したのであろう。

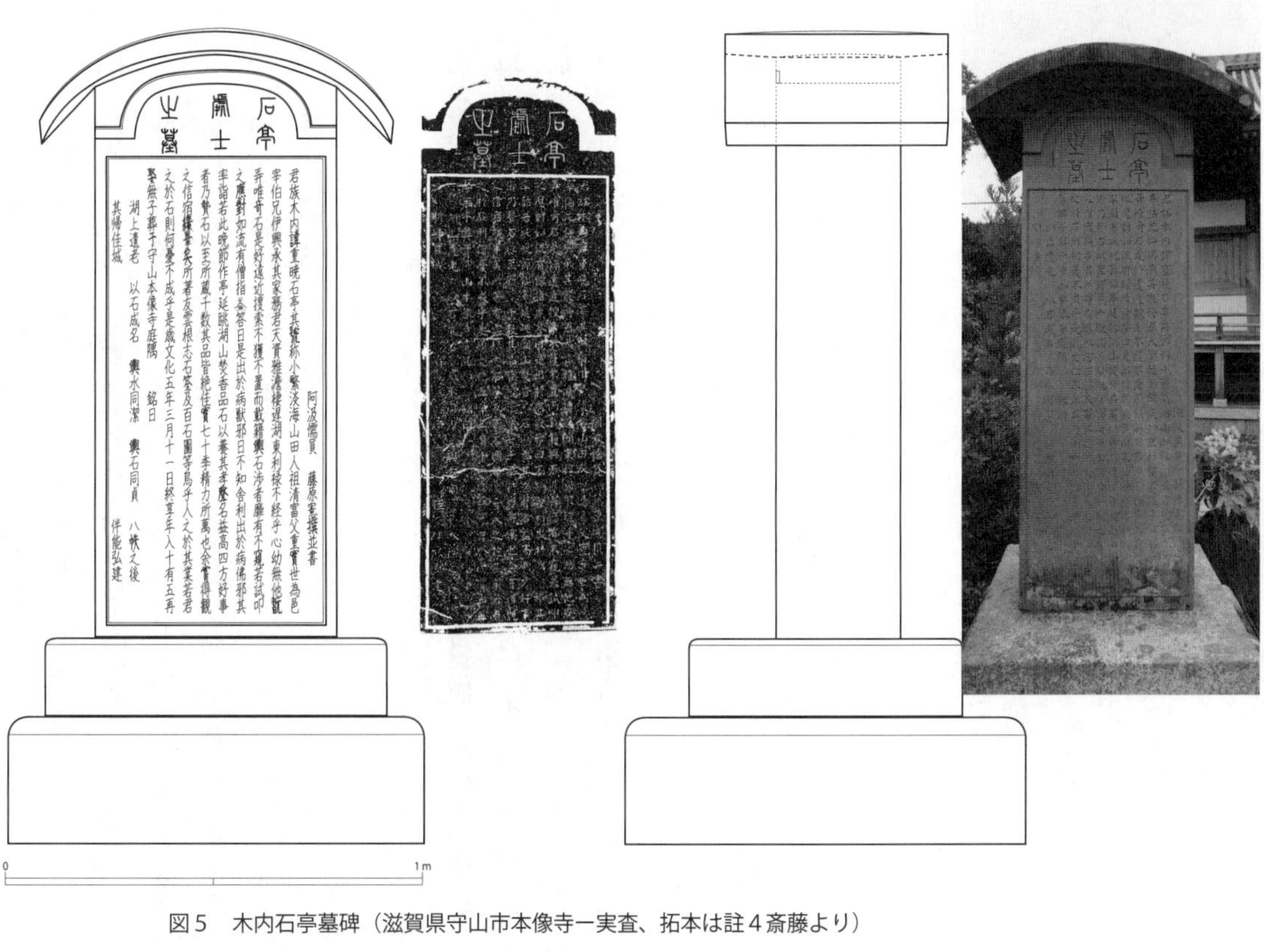

図５　木内石亭墓碑（滋賀県守山市本像寺一実査、拓本は註４斎藤より）

最後に既に有名であるが木内石亭の書き遺した「遺言状」と墓碑に記した銘文[11]を示して筆を置く。

木内石亭は、天明三年（一七八三）、六〇歳のころ病床に伏して重篤な状態に陥り、病床で筆を執って遺言状を記した。彼の遺言は、柩に入れるもの、葬具、服装などについて細かに大きさや華美にせず普段の物を使用することを示した。墓については「位牌か杭木《ママ》に表に木内小繁重暁神主と書き、裏に年号月日横に行年を書く」と記している。

そして最後に自らの心境を「死後心の残るは石也」と記しており、石の長者らしい遺言といえよう。

註

註1　中山信名　一八九二「墳墓考」（『百家説林』正編下　吉川弘文館）。

註2　斎藤　忠　一九七八「中山信名『墳墓考』と粟田寛の『喪礼私考』について」（『茨城県史研究』三九　茨城県史編纂委員会）。

註3　高橋裕文　二〇一一「部垂の乱に関する伝承資料」（『茨城大学中世史研究』8）

註4　斎藤　忠　一九六八『木内石亭』（人物叢書九七　吉川弘文館）

井上・伊東ひろ美　二〇〇〇「石の長者・木内石亭とそのネットワーク」（『IS』八三号　ポーラ文化研究所）

中川泉三編　一九三六『石之長者　木内石亭全集』（巻一～六）。

宇野茂樹　一九八六「木内石亭」（『國學院大学博物館紀要』一一号）。

註5　中川泉三編　一九三六『石之長者　木内石亭全集』（巻六）

註6　弘前市　二〇〇二『新編　弘前市史』

註7　白嵜顕成　二〇一一『藤村庸軒をめぐる人々』思文閣出版。

註8　白嵜顕成　二〇〇一「藤堂家と藤村庸軒、三宅亡羊」（『教育諸学研究』第一六巻　神戸女子大学文学部教育学科）。

註9　小堀宗慶編　一九九六『小堀遠州茶会記集成』。

註10　拙著　二〇一二『近世大名葬制の考古学的研究』（雄山閣）

註11　註6及び勝俊の足跡は、津田修造　一九七九、八〇「木下長嘯子伝雑考　その（一）・（二）」（『語文研究』四八・五〇　九州大学国語国文学会）に」詳しい。

註12　註10に同じ。

註13　吉見一族墓所実査。

小場義実関連資料について常陸太田市歴史民俗資料館・高村恵美様に資料の提供を受けましたこと感謝申し上げます。また、本稿は、斎藤 忠先生の研究を振り返る中で、木内石亭研究と『墳墓考』の研究に触れ、それぞれの碑を見学することができ、自分なりに新たな視点を得ました。感謝いたしまして筆を置きます。

挿図出典

図1は、註1より転載。

その他の図は、全て実査により作製。

【参考資料】　石亭墓碑銘文

石亭處士之墓

阿波儒員　藤原憲撰並書

君族木内諱重暁石亭其號称小繁淡海山田人祖清富父重實世為邑
宰伯兄伊興承其家務君天資雅澹棲遅湖東利禄不経乎心幼無他翫
弄唯奇石是好遠近捜索不獲不置而載籍輿石渉者靡有不窺若試叩
之應對如流有僧指鱃答曰是出於病獣邪曰不知舎利出於病佛邪其
率詣若此晩節作亭延眺湖山焚香品石以養其孝聲名益高四方好事
者乃贄石以至所蔵千数其品皆絶佳實七十季精力所萬也余嘗得観
之信宿纔畢矣所著友雲根志石筌及百石圖等烏乎人之於其業若君
之於石則何憂不成乎是歳文化五年三月十一日終享年八十有五再
娶無子葬于守山本像寺庭隅　銘曰

湖上遺老　以石成名　輿水同潔　輿石同貞　八帙之後
其帰佳城　侄　伴能弘建

《碑銘及び遺言は註５から作成、一部改行など加筆》

【参考資料】　石亭遺言状

遺言状
一、我等相果候節、
○沐浴なし其儘にて髪月代して常之衣服浅上下木太刀着用入くわんの事○本像寺へ土葬之事
○白木のこし無用乗り物可然事、
○紙細工一切無用、
○三具足持事無用の事、
○送りの親類中へ相頼み常の衣服社袴着用の事親類外様分兼いかヾと云人も候はゞ親類中小き松明を持か
○野餝盛物はへぎにて餅饅頭干菓子類、左様に幾飾も可然、
○野膳尤木具土器にて生鹽青菜生味噌無用何成共高盛可然、
○ちやうちんは白張箱灯燈○位はいなし、六角の杭木に表に木内小繋重暁紳主と書。裏に年號月日構に行年を書。乗りもの先きに嘉蔵是を持。寺にて埋め候上印に立る。其外萬事手軽く費無之様取斗肝要也。

一、我等生涯石に心魂を投打實に菽麥も辨へざる身として六十餘州の人に知られ。高位貴官の尋にも預るは石の徳な穏らずして何ぞや。死後心の残るは石也。其方嫌とあれば是非に不及。進めても全なし。頼ても益あらじ。然し共食物の外嫌といふは多は我がまゝなり。暫我意を離れ名跡と孝行と儀理と人口とを考。神明の前に心をすまして勘辨あるべし、　穴賢

天明三年癸卯十一月　　　木内重暁華押

《碑銘及び遺言は註５から作成、一部改行など加筆》

第五部

V　徳川将軍家の宝塔造立事情再検討
―崇源院宝塔を事例として―

はじめに

増上寺徳川家墓所は、第二次世界大戦の戦禍により荒廃していたが、一九五八年、墓所の整理に先立ち三年間かけた緊急的な立ち合い調査が行われた。

その成果は、一九六七年東大出版会から鈴木尚・矢島恭介・山辺知行共編『増上寺徳川将軍墓とその遺品・遺体』として纏められ、この報告によって将軍及び正室、有縁の人々の葬墓制が明らかとなった。そして現在、歴代将軍は新たな増上寺徳川家墓所に合祀されている。

さらに、近年もう一つの徳川将軍家菩提寺上野寛永寺では、将軍有縁の人々を埋葬した墓所である御裏方墓所の全面的な調査が行われ、将軍御台所をはじめ、多くの所縁の人々の葬墓制が明らかとなった。

「徳川家の墓＝宝塔」というイメージが、いつ、どのように用いられるようになり、重視されるようになったのか、という事についての言及はこれまでされてこないままであった。

そこで、一九五八年の増上寺徳川家墓所の発掘調査報告[1]を見直してみると、増上寺徳川家墓所における最初の埋葬は、二代将軍秀忠の長男（世嗣）・長丸である。長丸の死没日時については諸説あるが、慶長六年（一六〇一）九月説は間違いないようである[2]。

増上寺の発掘調査により確認された長丸の墓碑は宝篋印塔（図2）であり、これに続く葬送は崇源院で、崇源院の墓所調査においても宝塔の地下から宝篋印塔の部材が発見され、当初の墓碑は宝篋印塔で、何らかの要因によって改葬された結果、現在の宝塔が墓碑として祀られたことが明らかとなったのである。その後これらの宝篋印塔の行方は永く不明であったこともあり、実測図だけが独り歩きし宝篋印塔の意味についての言及はされてこなかったのが現状である。

二〇一五年春、山梨県塩山市恵林寺で崇源院の宝篋印塔の基礎が発見されるという思いも及ばなかった報道が流れ、改めて観察する機会を得ることができ、これまでのいくつかの疑問点である、なぜ崇源院の墓は宝篋印塔から宝塔へ改葬されたのか、その要因は何であったのかを考える契機になった。

そこでここでは、今回のお江の墓碑発見と徳川将軍家が用いた宝塔にはどのような関連があったのかを改めて考えてみたい。

今回ここで取り上げたのは、二代将軍秀忠の正室、お江（崇源院殿）の墓とその供養に関わる興味深い造塔事情などに触れることで徳川家における宝塔造立事情の一端を示したいと思う。

一　崇源院宝篋印塔基礎発見まで

増上寺における崇源院墓は、八角形の宝塔型式の塔を築地が囲む様式であった。しかし昭和三三年（一九五八）から三年に亘る増上寺の調査で、八角宝塔基壇の地下から巨大な宝篋印塔部材が確認されたことにより崇源院の宝塔は改めて造立された塔であったことが判明し、初期の墓碑は宝篋印塔であったことが明らかになった。

緊急的な発掘の考古学的調査の中心にいた矢島の報告では、宝篋印塔についての説明はほとんどなかったが、図1の実測が示されている。

特に宝篋印塔の基礎は、内部が刳り貫かれ、その上に削り入のせ蓋（裏面の回りに削りを入れて、蓋のずれを防ぐ）で閉塞する様式として復元されていた。

いわば基礎を石櫃状に用いて火葬骨を納め造立したものとして解釈され復元図が示さたのである。当時発見された火葬骨は、その後に造営された増上寺徳川家墓所において秀忠の遺骸と共に合祀され、崇源院宝塔下に再埋葬された。そして初期の宝篋印塔部材の行方は判らなくなっていたこともあり、本来の墓である宝篋印塔については矢島の復元図だけが独り歩きしていたのである。

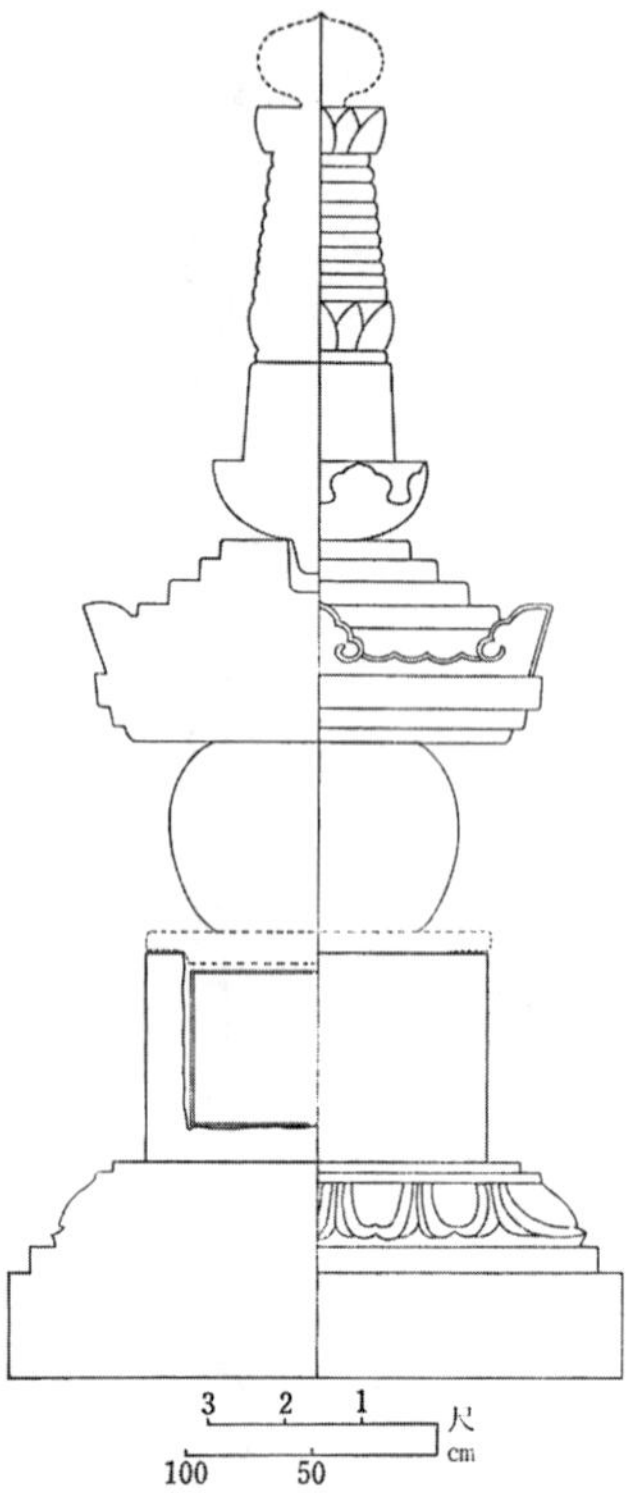

図1　崇源院復元宝篋印塔（註1より）

増上寺徳川家墓所整理に当たり、墓所に用いられた石造物類の多くは埼玉県狭山の無動寺へ運ばれたが、多くは様々な経緯の元、他の寺院や民間に渡され、各地で将軍の諡が刻まれた石燈籠を見かける。しかし燈籠以外のその他の石造物の行方についてはこれまで関心が無く触れられてこなかった。

そのような状況の中、二〇一五年春、山梨県塩山市恵林寺で崇源院の宝篋印塔の基礎が六八年振りに発見される、[3]という報道が流れたのである。

その後、この基礎を実見する機会を得て観察してみると、基礎の上部は粗く打ちかかれており蓋をするための加工とは到底考えられないような粗い造りであった。矢島が復元したような「削り入のせ蓋」をのせるための加工ではなかったのである。

改めて、増上寺の矢島報告を確認し、恵林寺にて基礎の各部分を観察した結果、矢島の復元した実測図は構造的に無理があるのではないかという疑問に至った。そこで、ここでは改めて、崇源院の宝篋印塔の石櫃的仕様への疑問と宝篋印塔から宝塔へ造り替えられている経緯などについて触れるとともに、なぜ改葬され宝塔が用いられたのか、あるいは高野山における崇源院の宝塔と、それに纏わる造営事情なども併せて考えてみたい。

二　崇源院墓の造営 - 宝篋印塔から宝塔へ

崇源院墓は、これまでに明らかなように改葬されている。この改葬理由についてはこれまであまり触れられてこなかったこともあり判然としない。そこでここでは、今回の石櫃（宝篋印塔の基礎）の発見をきっかけに改めて宝篋印塔から宝塔への改葬について若干考えてみたい。

崇源院は寛永三年（一六二六）九月一五日江戸城にて没し、麻布のかせんぼう谷にて茶毘に付され、同一八日葬礼が増上寺にて行われた。『徳川実紀』にその葬礼の事が詳細に記されている。

一方、亡くなってから後の崇源院の供養について『徳川実紀』の記載を確認すると、寛永四年九月に法事が執り行われ霊拝所への参詣が記され、一周忌として万部会法要が実施された記載があった。また、一周忌以後の月次拝礼が廃止されたことも記述されている。

正保四（一六四七）年五月一四日の条には、この時発生した地震により崇源院の墓所周辺の石垣ならびに燈籠が傾いたことが記され、さらには修復を命じている記事を確認することができ、その奉行を八木守直（宗直）後に伊勢山田奉行を務める人物と河内丹南藩初代高木正次に命じたことが記されていた。

そして同年七月一五日条には「崇源院霊牌所並びに御墳墓等御拝あり」（圏点筆者）と記されている。「墳墓」という表現は、石塔（宝篋印塔）が地震で崩落したためか既に片付けられていたために埋葬地として「墳墓」という表現が使われたのではなかろうか。

一方、家光の弟である駿府城主忠長は、母崇源院のために寛永五年（一六二八）の三回忌に合わせて駿府竜泉寺を改め宝台院を再建し、宮殿を造営し霊牌を祀っている。この事がきっかけで、幕府より増上寺での法要への参列は叶わず駿府の宝台院で修した[4]とされる。

また、忠長について『徳川実紀』寛永四年（一六二七）七月一八日の条によれば「崇源院宝塔を高野山に構造あり、石面の題名書法は、金地院崇伝会して」と記されており、現存日本一の大きさを誇る五輪塔が造立された。

その後は、享保八年（一七二三）八代将軍吉宗の時に、増上寺霊屋と宝台院の霊屋が二重になることから、宝台院が廃され増上寺に統合され、不要になった霊屋内に祀った宮殿は、崇源院の旧領地であった目黒祐天寺に「前宝台院住職光蓮社瑞譽上人即到欣設大和尚」によって寄贈されたのである。この宮殿は八角形の宝塔型であり、祐天寺に遺存しており、現在は家康が祀られている[5]。

以上のような『徳川実紀』から読める記録からは、崇源院の最初の墓所は地震の被害から修復が行われたことは明確であり、戦後の増上寺の発掘調査によって発見された宝塔下に埋納されていた宝篋印塔部材の存在は、この事実を補強するものであった。また、忠長が高野山に造立した塔は五輪塔で、宝台院の宮殿は宝塔塔型式を用いていることから宝塔を造立する意識はあったのである。宝台院の宮殿は、その銘「寛永五年／辰九月拾五日御建立／崇源院様御玉家」から三回忌のために造立されたことが明らかである。「玉家」という表現から位牌を祀る施設として造られた参拝の為の施設なのである。墓型式としての宝塔とは認識を分けていた可能性がある。

一方、増上寺に最初に埋葬された秀忠の長子・長丸は、崇源院よりの遡り慶長六年（一六〇一）に没するが、その墓碑型式は、宝篋印塔[6]（図2・3）であり宝塔ではなかった。

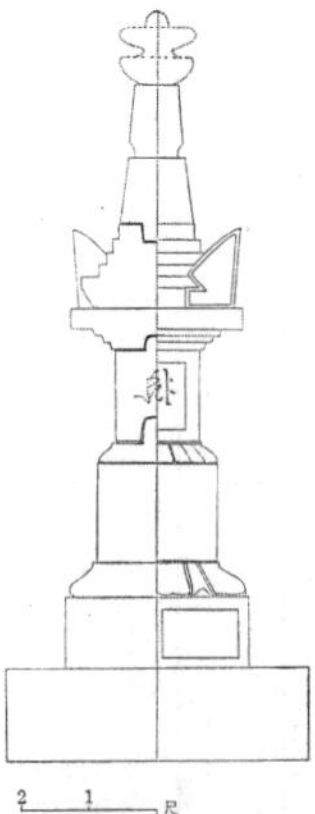

図2　秀徳院長丸（秀忠長男・註1より）
慶長6（1601）年9月没（3.45m）

図3　長丸宝篋印塔笠（国分寺市個人宅所蔵）

表1　徳川家宝塔造立と出来事

関係名	塔	元号	西暦	月日	記事	実施者	備考
家康	多宝塔	元和3	一六一七			秀忠	
崇源院	石造球心式宝篋印塔	寛永3	一六二六	九月十五日	崇源院没する。五四歳		
崇源院		寛永3	一六二六	十月十八日	諡を奉り崇源院と申す		
崇源院		寛永3	一六二六		この月五条少納言為適参向ありて、崇源院殿に従一位を贈らせる		
崇源院	五輪塔	寛永4	一六二七	七月十八日	高野山に石造五輪塔を造立	忠長	
崇源院	六角廟（玉屋）	寛永5	一六二八	九月十一日	一筆令啓候、仍於貴寺／万部被仰付之由、御／苦労共候内々我等も／可参之由存候、處ニ、／崇源院様御玉屋申付候／儀達上聞、於当地／御佛事可執行之由／御意ニ付而無其儀就は／三枝伊豆守差遣候、委細／口上ニ申含候、恐々謹言、／駿河大納言／九月十一日　忠長（花押）／増上寺／座下	忠長	書状
崇源院	六角廟	寛永5	一六二八	九月十五日	寛永五年／辰九月拾五日御建立／宗（崇ヵ）源院様御玉屋	忠長	
		寛永8	一六三一	三月三日	日光山廟堂改造	家光	
		寛永8	一六三一	五月十五日	日光山廟塔落成	家光	
秀忠	木製宝塔	寛永9	一六三二		基壇部分反花石造（昭和二〇年焼失）。	家光	
家康	石造宝塔	寛永18	一六四一	七月二十五日	日光山笠石成功の御祝とて猿楽あり。三家、国持、普代諸大名饗せらる。	家光	
		寛永18	一六四一	十月二十五日	日光山宝塔成功により大工頭木原木工允義久銀百枚。石工縣五郎作。石屋又蔵へ金弐萬両下され、又蔵には月棒も下さる。	家光	
		寛永20	一六四三	六月十七日	相輪塔成功	家光	
崇源院・台徳院	霊屋	正保4	一六四七	五月十九日	増上寺に台徳院殿と崇源院の墓所周辺地震により石垣、石燈倒れる修復を命じる		
崇源院	石造宝塔	慶安1	一六四八	五月十四日	崇源院殿宝塔改造の奉行を小姓組仙石右近久邦（久俊）、書院番石尾七兵衛治昌に仰せ付ける。（宝篋印塔から宝塔へ）	家光	
		慶安3	一六五〇	十月十一日	日光山奥院唐門銅華表新造。	家光	
		慶安4	一六五一	四月二七日	日光門跡守澄法親王（初代日光門跡、寛永寺・輪王寺貫主）日光山にのぼらるるにより、醫員土岐長元敦山を供奉せしめらる。		
家光	石造宝塔	承応1	一六五二	二月一一日	諸大名より石燈籠奉る事沙汰すべしと命ぜられる。	家綱	
		承応1	一六五二	三月二三日	日光廟前に三家銅燈籠進献あり。	家綱	
		承応1	一六五二	十一月十八日	寶樹院歿。	家綱	
寶樹院	石造宝塔	承応2	一六五三	二月九日	寄合堀田権右衛門一純、米津内蔵助田盛。寶樹院殿宝塔造作の奉行を命ぜられる。		
		承応2	一六五三	五月一五日	前代の御尊容製作したる仏師左京に銀百枚くださる。	家綱	
		承応2	一六五三	八月二三日	養珠院没し、二四日に甲斐大野へ葬る。		
		承応3	一六五四	二月三日	日光山　御宮銅瓦に改造。		
		承応3	一六五四	二月八日	日光山御宮銅瓦に改造奉行に奥平美作守忠昌。		
		明暦1	一六五五	二月七日	増上寺宝塔造営。		
		萬治1	一六五八	四月廿日	寶樹院殿へ初て詣で給う。	家綱	
崇源院	石造宝塔	萬治1	一六五八	九月七日	これより先高野山保坂坊中に京極常光院（京極宰相高次妻　崇源院殿姉君）より崇源院殿霊廟を造営ありしが、年序をへて破損せしとて修理あるべき旨。かの寺僧より聞え上しかば。この後廟を毀ち去て。石塔を営むべしと仰せ出され費用銀を給う。	京極常光院（京極宰相高次小浜藩主妻　崇源院殿姉君）より	厳有院殿御実紀　巻十六萬治元年　九月七日条
		萬治2	一六五九	十一月十五日	高野山小坂坊は崇源院尼公宝塔御建立を謝し奉る。		
		寛文4	一六六四	五月二十五日	寶樹院霊廟柱立		
		寛文4	一六六四	十月十六日	寶樹院霊牌所安鎮入佛。		
		寛文4	一六六四	十月二十四日	寶樹院霊像成功、大仏師左京銀百枚。		

第五部

関係名	塔	元号	西暦	月日	記事	実施者	備考
		寛文4	一六六四	十一月	寶樹院十三回忌。		
		寛文6	一六六六	二月十六日	大番頭米津田盛一万石加恩ありて一万五千五石にせられ、大坂定番となる。		
		延宝2	一六七四	十月五日	家光夫人本理院遺骨遺言により荼毘ありて御骨を高野山に収めらる。よって執事北村杢助某持参あり。大徳院内に葬埋すれば、霊牌・宝塔・霊膳領として金三百両下さる。	家綱	
家綱	鋳銅製宝塔	延宝9	一六八一				
		天和3	一六八三	五月二十四日	日光山に六十余度の地震有り。御宮・奥院・本地堂・九輪塔・其他石垣・石燈籠・悉く頽壊。	綱吉	
家康 家光		天和3	一六八三	七月三十日	日光山より昨日御宮宝塔修繕始ありる旨注進あり。	綱吉	
家綱		貞享2	一六八五	一月二九日	青山播磨守幸督厳有院殿宝塔造替助役を命ぜられた。	綱吉	
		貞享2	一六八五	三月一二日	東叡山厳有院殿宝塔事始、戸田山城守忠昌人々監臨す	綱吉	
		貞享2	一六八五	五月七日	東叡山厳有院殿宝塔造畢により安鎮あり	綱吉	
		貞享2	一六八五	五月二九日	東叡山厳有院殿宝塔構造行賞、佐久間信就にも金銀くださる。		
		貞享3	一六八六	九月一八日	武徳大成記三〇冊進覧す 阿部豊後守正武・儒臣林春信・信篤・人見友元・木下順庵。		
家綱		元禄2	一六八九	一一月二日	これよりさき、崇源院・寶樹院・高厳院霊牌所毎年年忌に代参停止。	綱吉	

表2　徳川家と有縁の人々の宝塔

番号	被葬者	種別	造立年	西暦	造立者	所在有無
1	初代　家康	木製多宝塔	元和三	一六一七	秀忠	無
2	二代　秀忠	木製宝塔	寛永九	一六三二	家光	無
3	初代　家康	石造宝塔	寛永一八	一六四一	家光	無
4	崇源院逵子	石造球心式宝篋印塔→石造宝塔	慶安元	一六四八	家光	増上寺（東京）
5	三代　家光	石造宝塔（日光）	承応元	一六五二	家綱	無
6	三代　家光	石造宝塔（上野）	承応元	一六五二	家綱	無
7	家綱生母寶樹院	石造宝塔	承応二	一六五三	家綱	有
8	崇源院逵子	石造宝塔建立願	萬治元	一六五八	家綱（九月七日、これより先高野山保坂坊中に京極常光院（京極宰相高次妻　崇源院殿姉君）より崇源院殿霊廟を造営ありしが、年序をへて破損せしとて修理あるべき旨。かの寺僧より聞え上しかば。この後を毀ち去て。石塔を営むべしと仰せ出され費用銀を給う。）万治二年十一月十五日高野山小坂坊は崇源院尼公宝塔御建立を謝し奉る	高野山（和歌山）
9	酒井二・三代	石造宝塔	寛文六か	一六六六	四代酒井忠清	龍海院（前橋）
10	阿部忠秋	石造宝塔	延宝三	一六七五	二代阿部正能	大猷院（日光）
11	四代　家綱	石造宝塔	延宝八	一六八〇	綱吉	無
12	米津田盛	石造宝塔	貞享元	一六八四	米津政武	米津寺（東久留米）

第五部

一七世紀初頭の徳川家における葬墓制における墓碑は宝篋印塔が主に用いられていたことになる。

そして『徳川実紀』慶安元年（一六四八）五月十四日の記述では「崇源院殿宝塔改造の奉行を小姓組仙石右近久邦、書院番を石尾七兵衛治昌に仰附らる」（圏点筆者）とあり、さらに『徳川実紀』の同じ慶安元年の五月二十二日の記述には、慶安元年が崇源院の二三回忌に当たることから、知恵伊豆でも知られる松平信綱（老中）を万部会法要の奉行に命じたことが記されるなど、墓所・墓碑の改造が回忌供養を見据える中で準備されたことに注視したい。

このほか、崇源院の三三回忌には、高野山山内の丸亀藩京極家墓所の一角に宝塔が造立された。

京極家と崇源院との関係は、若狭小浜藩主初代高次の正室が、浅井氏（初）であり、崇源院の姉にあたる。

また、二代忠高の正室は、秀忠の四女初姫（高次正室・常高院の養女）である。忠高は嫡子を決めず没してしまい、お家断絶になるところ甥である高和が末期養子と認められ、寛永四年（一六二七）播磨龍野藩六万石を与えられ存続した。

そして後に龍野が無城地であったことから大津時代の城を有する地への転封の計らいがあり、万治元年（一六五八）丸亀の地に所替えが叶ったのである。これが丸亀藩京極家の誕生となったのである。

ここで着目しておきたいことは、『厳有院殿御実紀』万治元年九月七日条を確認すると、次の内容が確認でき宝塔の造立事情の一端が垣間見ることができる。

【宝塔銘文】（①～⑤は刻位置）

①崇源院源夫人昌誉大姉尊儀
右寂初者雖為御霊屋而歴
②三十三回之年序漸及破壊
故令依　征夷大将軍
③家綱公之鈞命而再興御
宝塔者也
④御宿坊
小坂坊祐遍
⑤萬治二年己亥
九月十五日

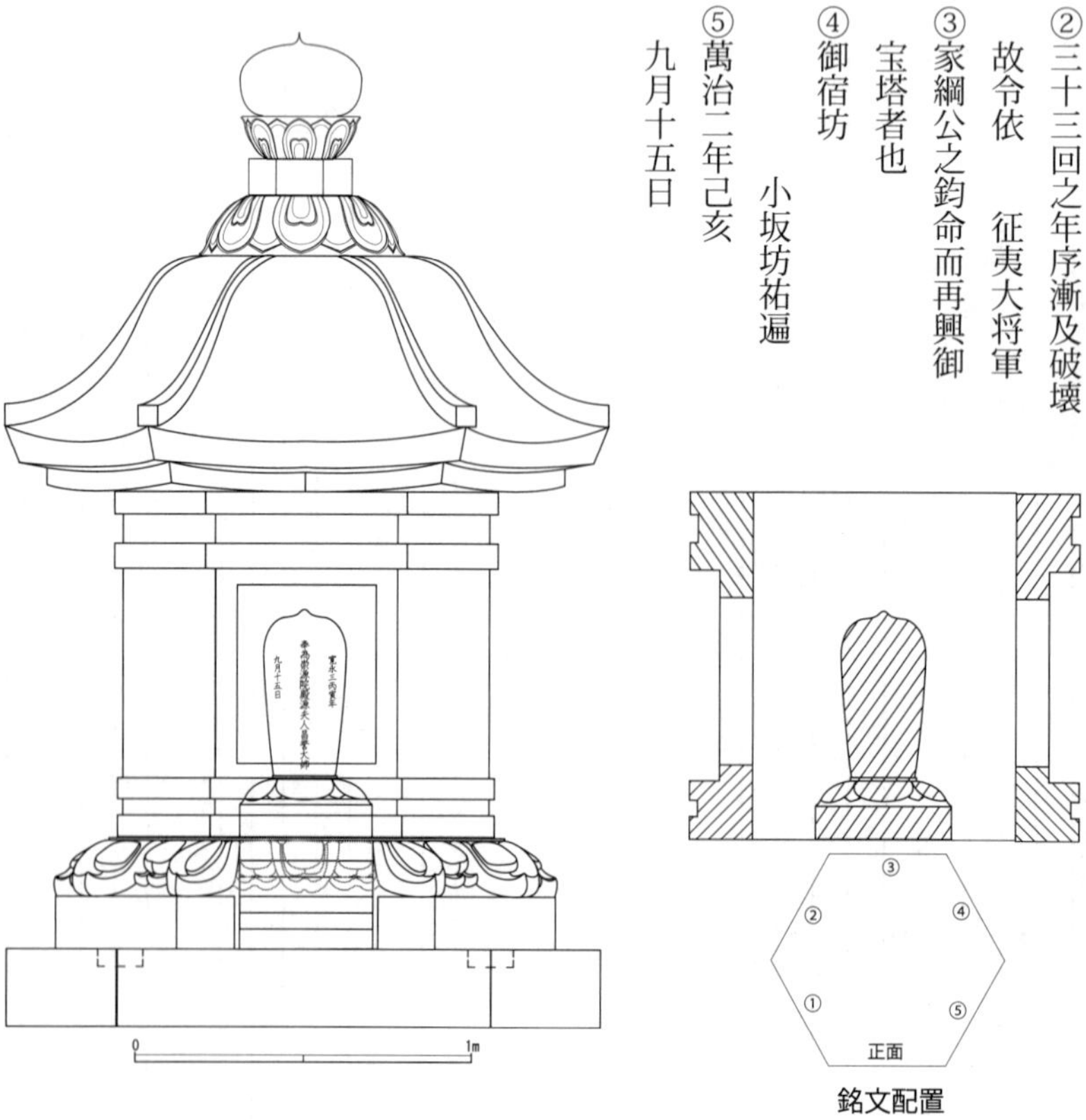

図4　高野山崇源院宝塔と銘文（宝塔笠以上部分は未実測で写真から想定）

第五部

【『厳有院御実紀』万治元年（一六五八）九月七日条 】

「（中略） これより先高野山小坂坊中に京極常高院（京極宰相高次妻。崇源院殿姉君）より 崇源院殿霊廟を造営ありしが年序をへて破損せしとて修理あるべき旨。かの寺僧より聞え上しかば。この御廟を毀ち去て。石塔を営むべしと仰せ出され費用銀を給う。」

つまり、高野山小坂坊中には常高院（京極当主高次正室で崇源院姉―初）が妹の江の供養ために造営した霊廟があったが、それは経年変化で荒廃していたので小坂坊を通じて幕府へ修理伺いが提出された。この伺いに対して将軍家綱は、木造の廟を壊して石塔を造立すべきだと言い、銀をくださった。という事である、

一方、丸亀藩京極家墓所内に現存している宝塔の銘文は次のようであり、

①崇源院源夫人昌誉大姉尊儀
右寂初者雖為御霊屋而歴
②三十三回之年序漸及破壊
故令依　征夷大将軍
③家綱公之丈鈞命而再興御
宝塔者也
④御宿坊
小坂坊祐遍
⑤萬治二年己亥
九月十五日

石塔に造り変えるよう命じ支度金を授けた、という内容である。実紀の内容と宝塔銘文内容がほぼ合致することから、京極家墓所に所在する六角宝塔こそ万治元年に伺いを立てて造営された石塔と思われる。

銘文からは崇源院の三三回忌（万治二年〈一六五九〉）に四代将軍家綱の鈞命より造立されたことが明らかで、この造塔に対して小坂坊から同年一一月一五日に謝意を表したことが『厳有院殿御実紀』に確認できる。

これまで見てきたように、歴代将軍の正室、側室の中で三三回忌が行われたのはお江だけであり、五〇回忌法要も執り行われており、徳川将軍家の女性の中でも特殊で重要な存在であったことが理解できるのである。

三　徳川将軍家宝塔・木から石へ

近世武家社会最高位の死に際して、最初に選択された、あるいは選択した墓碑型式は、日光東照宮に二代将軍秀忠によって建立された家康の木製多宝塔であった。しかし、この多宝塔は創建後に三代将軍家光によって世良田に移築され、東照宮として勧請されたが、昭和の火災により焼失して

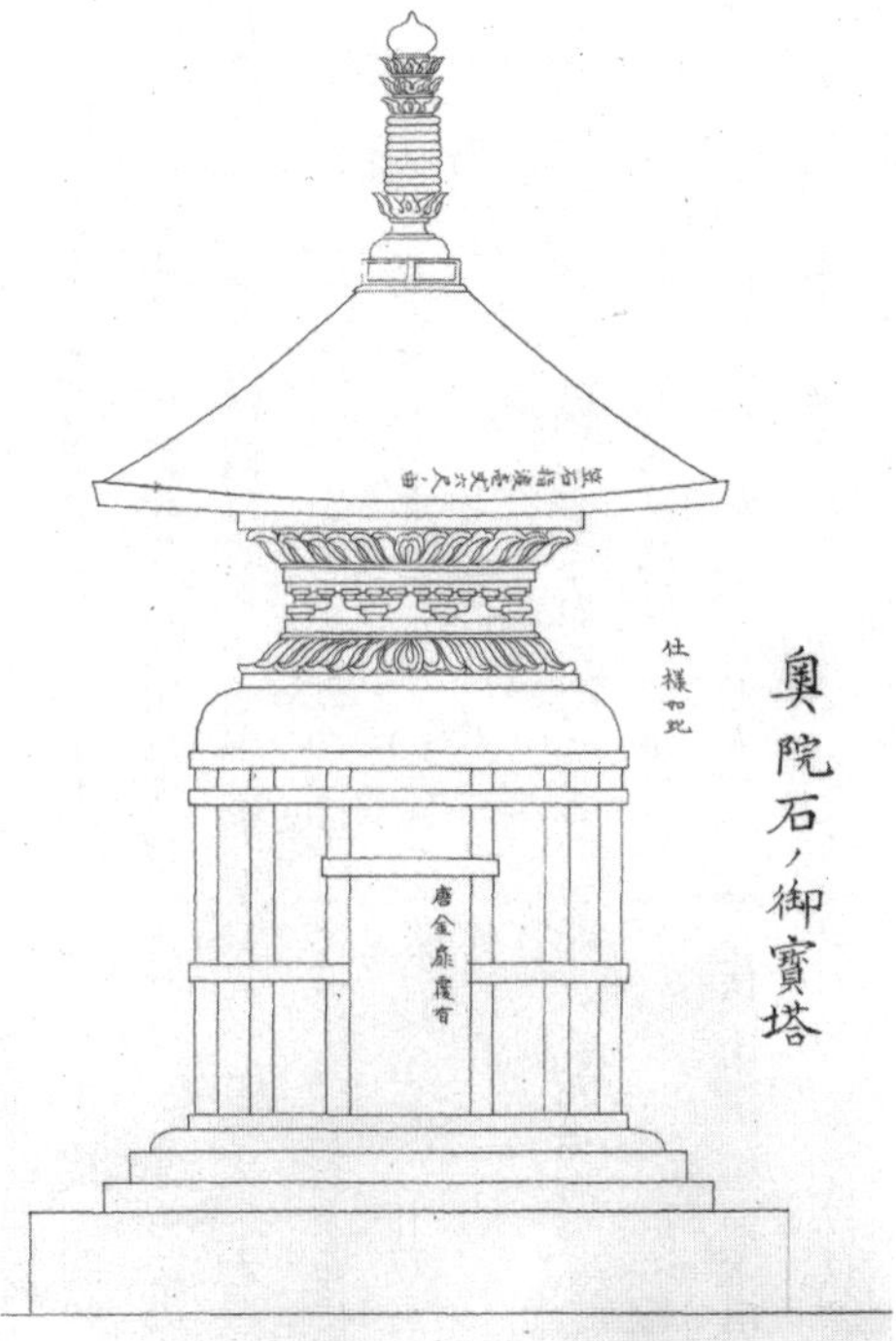

図5『東照宮本地割図』より（『徳川実紀』寛永18年7月25日に御笠石成功の記事）

第五部

しまった。このためにこの多宝塔の様式について詳細がわかる資料は殆どないが、田中亮司は「東照社縁起絵巻」（紀州東照宮蔵　五巻 紙本著色 正保三年（一六四六）に描かれた奥社多宝塔の一部から、コンピューターによる解析手法により総高が約一五・六メートの多宝塔であったとする復元を示されている（田中　一九九九）。移設された次の代の塔（図5）は、『徳川実紀』の寛永一八年（一六四一）の記述に「日光山笠石成功の御祝とて猿楽あり。三家、国持、普《ママ》代諸大名饗せらる。」と記されていることから、石造宝塔型式が家光によって選択されたことが明らかである。そしてこの巨大な石造宝塔は、その後綱吉によって銅製宝塔に造り替えられて、以後、徳川将軍家は六代家宣まで建築のあらゆるところに惜しげもなく青銅が用いられ、贅沢のきわみを尽くしたが、八代将軍吉宗の時に質素倹約令により七代家継（正徳六年〈一七一六〉歿）が没した時から石製宝塔が再度用いられるようになった。また、一七世紀中葉以後、将軍の御台所、側室など数多くの有縁の女性も、その遺骸は増上寺及び寛永寺徳川家御裏方墓所に納められ、特に御台所あるいは将軍生母の墓碑型式は将軍のそれとは屋根、塔身に違いはあるものの、宝塔型式が用いられた。

　そこで宝塔の造立について年代を追って確認し、石造宝塔の変遷に着目してみたい。

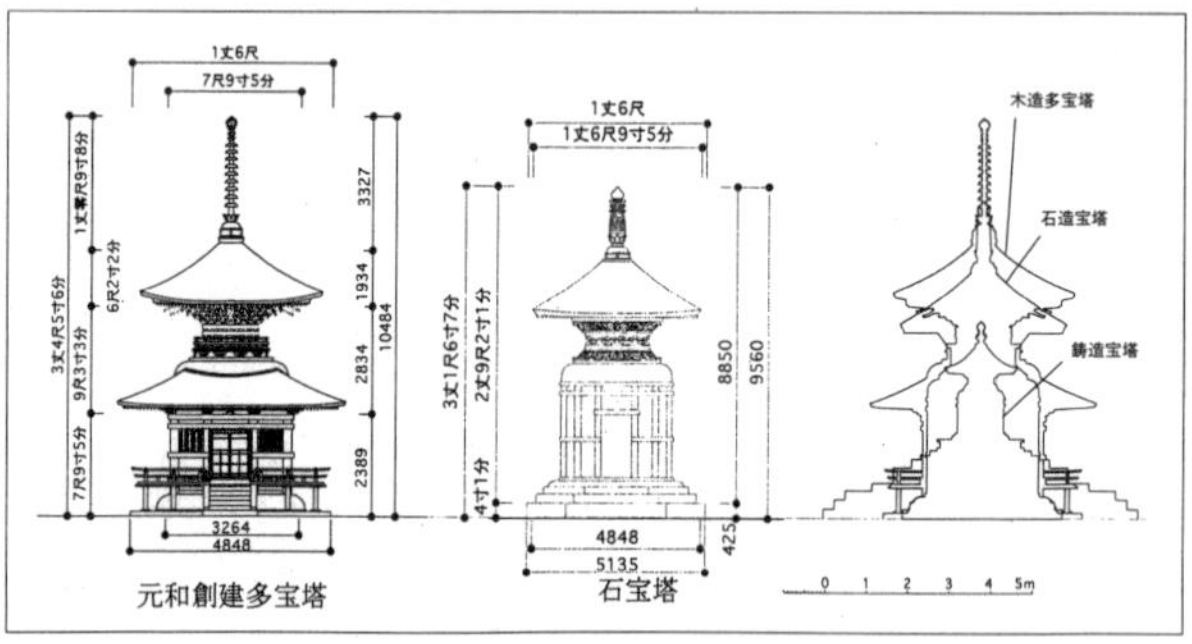

図6　日光東照宮宝塔比較図（田中 1999）

先に触れたように三代家光は、日光東照宮の整備に伴い秀忠が造立した家康墓塔である木造多宝塔（図6）を上野世良田長楽寺に移設し東照宮を勧請し、日光東照宮に新たな石造宝塔を造立させた。しかしこの家光造立の石造宝塔も五代将軍綱吉によって現在の銅製宝塔に造りかえられているので詳細は不明である。石造宝塔については図5に示したように『東照宮本地割絵図』に記されており、全容の一端が窺知できるので型式の概要について触れておきたい。

　宝塔の大きさは、図に記された軒の大きさが「笠石指渡一丈六尺ノ由」と記されていることから総高は二丈余であり、八角三段の基壇も含めて約六・六ｍあったことがわかる。この大きさは六代家宣の銅製宝塔の屋根の渡りで比較すると、約二倍の大きさとなり、田中亮（一九九九）による復元的な研究でその大きさを知ることが出来る。

　塔型式の特徴は、三尺程度の腰高の最下層基壇の上に、八寸五分程度の基台を二段重ね、その上に宝塔本体が載る。笠は稜が示されていないことから方形造と思われる。相輪部分は露盤・伏鉢・請花・九輪となり、その上に三段の請花を重ねた上に宝珠が載るタイプである。そしてこの型式が秀忠以下の歴代将軍廟の塔型式の基本形となったと。

　これまで石造宝塔型式は正徳六年（一七一六）に没した七代将軍家継（有章院殿）からとされてきたが、家光の段階で、秀忠造立の木造多宝塔を世良田へ移設し、石造塔を建立している。その後、綱吉によって銅製宝塔に造りかえられた。このような変遷から考えれば、将軍廟への石造塔導入は、家光段階まで遡り、その後綱吉により銅製宝塔が導入され、七代将軍の時に再度、国内の銅生産の難しい局面から石造塔を採用するしかなかったものと思われる。

　したがって、三〜六代将軍の銅製宝塔は当時の日本の国力の象徴であり、銅生産の象徴でもあったといえる。

以上みてきたように、将軍は宝塔型式を採用し、その時の国力に応じ材質を木製から銅製に替えた。形の淵源は家光が創り上げた家康のための石造宝塔にある。

家康の宝塔に続いて早い段階に宝塔型式の墓碑が採用されるのは三代側室で四代生母である寶樹院の宝塔（承応元年〈一六五二〉没）とされてきたが、改めてその造立時期を確認してみたい。

四　宝塔造立のシステム

四代家綱生母寶樹院は、承応元（一六五二）年一二月六日に没し、「遺命にて護国寺にて荼毘に付される。

墓所造営について『徳川実紀』（「厳有院殿御実紀」）の記録を確認すると

【承応二年（一六五三）二月九日条】

寄合堀田一純、米津内蔵助田盛、寶樹院殿宝塔造作の奉行命ぜらる

と記載されており、米津田盛が多宝塔造塔奉行に命ぜられている事が明らかである。また、寶樹院の霊屋の柱立ては一三回忌の寛文四年（一六六四）五月二五日であり、時を同じにして、宝塔に安置する銅製の阿弥陀如来の完成もこの時期である。[7] また、これを補強する遺物として墓前の石燈籠の献灯銘は「寛文四年（一六六四）五月二十五日」と献灯日時を鐫っている点なども鑑みて宝塔の造立時期は軌を一にするものと考える。つまり一六六四を寶樹院宝塔の造立年代と考えておきたい。

次に、寶樹院の宝塔奉行であった米津田盛の墓碑について見ておきたい。

米津田盛は、寛文六年（一六六六）二月一六日、大番頭米津出羽守田盛摂津、河内加増で一万五千石となり大坂定番となり大名に列せられる。言わば多宝塔奉行としての評価が端緒となり幕政の奉公を無事勤めあげた論功により大名に列せられたのである。

田盛は貞享元年（一六八四）に没し開基した米津寺に埋葬され、以後この寺が米津家菩提寺となった。

米津家墓所における歴代墓は全て六角型多宝塔型式墓碑を採用している（図7）。この型式の塔は、当該期の同家格の大名墓と比較すると特異であり、左記の寶樹院宝塔奉行の業績と米津家の歴代墓所の型式が宝塔型式として一致することは、功績に対する幕府の配慮として捉えられよう。また正室は酒井尚政の娘であることも宝塔造立に繋がっていると考える。酒井家との婚姻関係で注視したいのは、上野前橋藩酒井家墓所の二・三代の墓碑が石造宝塔型式を採用しており、それが崇源院の宝塔と酷似していることにある（図8）。

以前、上野前橋藩酒井家二代酒井忠世は、崇源院の葬礼において公家や朝廷に対応する住職を任され、その後の回忌供養において中心的な役割を果たした。加えて四代酒井忠清の幕府における要職を背景として宝塔型式造立が叶ったのであろうという結論を導き出した。

宝塔造立の年代については忠清が大老に就いた時期としたので改めて酒井家における宝塔造立の経緯を触れておきたい。

酒井家二代忠世は忠清の祖父で、寛永一三年（一六三六）三月に没し、三代目を家督相続した忠清の父忠行は、父と同年十一月に没してしまう。この時、四代忠清は十二歳であったために、墓所造営には直接携われない状況であろうと想像する。そこで次に造立可能な時期として、慶安元年（一六四八）が考えられる。この年は、酒井忠清は奏者番を仰せつかり、二代・三代の九回忌に当たる。

あるいは承応二年（一六五三）は、老中昇進の年であり祖父・父の一七

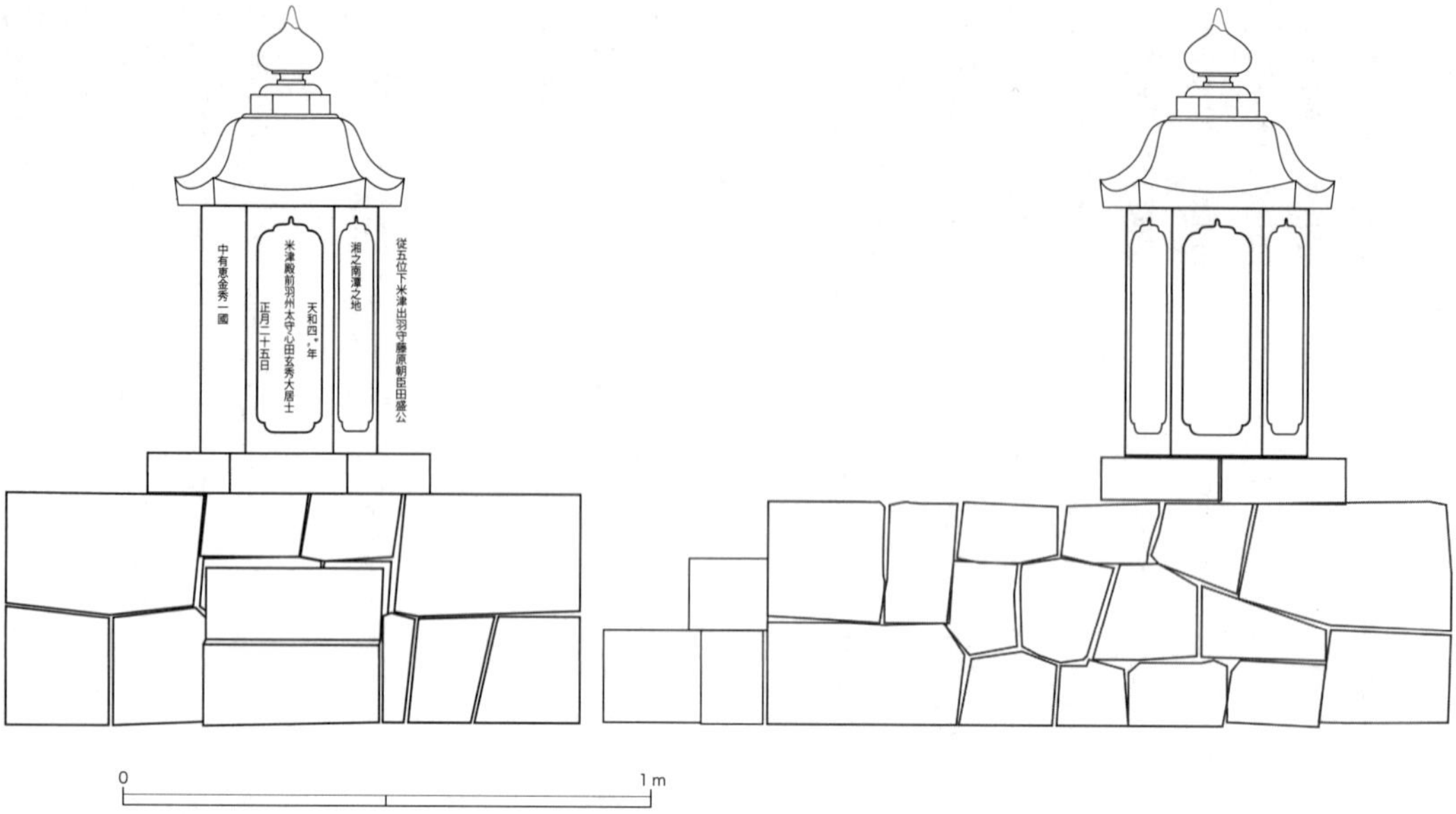

図7　米津田盛墓（東京都指定史跡）

図8　前橋藩2代酒井忠世墓所正面図（一部写真実測）

第五部

回忌に当たるのである。そして先に触れた正保四年（一六四七）五月一四日の地震の被害と慶安元年（一六四八）五月十四日の記述では「崇源院殿宝塔改造」（圏点筆者）などを考えると、両者の宝塔の造立時期は、慶安元年（一六四八）と考えられる(8)。

これまで触れた歴代将軍墓の八角形を基本とした「宝塔」の持つヒエラルキーは非常に重視され、家臣における六角宝塔型式採用において論功行賞同様のシステムにより下賜された可能性を指摘しておきたい。

米津家の六角宝塔型式採用のシステムがこれを物語っているのではなかろうか。

註

1 鈴木尚・矢島恭介・山辺知行編　一九六七『増上寺徳川将軍墓とその遺品・遺体』（東京大学出版会）。

2 福田千鶴　二〇〇八『江の生涯』中公新書。

3 深沢喜延二〇〇五「東京・芝・増上寺徳川家霊廟由来石燈籠の山梨県内各地への移設について」『甲斐』一〇九号　山梨郷土研究会によれば恵林寺には二・六・七・九・家宣の父の燈籠が計一二基移設されたとしている。山梨県内には全体で三七基の燈籠が現存するようである。なお、恵林寺内には、この他、主体部の石蓋が数点確認できる。改めて調査が必要であろう。

4 巌谷勝正　二〇一一「崇源院の宮殿」『江－姫たちの戦国－』。

5 大野　敏　二〇一四「祐天寺所蔵　旧崇源院御霊屋宮殿の建築史的考察」『文化財の保護』第一四七号。

6 長丸の宝篋印塔は、実測図が掲載されているが現物は長い間行方知れずであった。しかし二〇一五年夏、国分寺市の石造物悉皆調査に参画した際に個人宅に保管されている徳川所縁の石燈籠部材を確認する中で、新たに宝篋印塔笠部を確認した。実測図で示したが、おそらくはこの笠が長丸の宝篋印塔笠であろうと思われるので、掲載した。

7 中川仁喜　二〇一二「徳川将軍家塋域と寛永寺御裏方霊廟の形成」『東叡山寛永寺　徳川将軍家御裏方霊廟　全3冊（本文編・図版編・考察編）』。

8 天岸正男一九七〇「万治二年崇源院殿石造六角宝塔―紀伊高野山金石遺記－八－」（『史迹と美術』40）。

参考文献

拙著　二〇一二『近世大名葬制の考古学的研究』（雄山閣）。
川上　貢　二〇〇五『禅院の建築―禅僧のすまいと祭享』中央公論美術出版。
坂詰秀一編　二〇〇二『池上本門寺　近世大名家墓所の調査』。
港区教育委員会　一九八六『港区三田済海寺長岡藩牧野家墓所発掘調査報告書』。
田中亮　一九九九「コンピューターグラフィックによる東照宮奥宮の復元について」『大日光』六九。

挿図出典

図1・2は、註1より転載。
図5は、日光東照宮所蔵『東照宮本地割図』より転載。
図6は、田中亮　一九九九より転載。
その他の図は、全て実査により作製。

謚	名	父	母	生没	（西暦）	歳	
崇源院	達子	浅井長政	織田信長娘	元亀３・９～寛永３・９．15	1572 ～ 1626	55	一品大夫　二代秀忠夫人　三代家光生母　崇源院殿昌譽和興仁清大禅定尼
明信院	鶴姫	五代将軍綱吉	五代将軍綱吉の侍女（瑞春院）	延宝７・５．７～天和３・５．28	1679 ～ 1683	5	明信院澄譽恵鑑光耀大姉　鑑蓮社
桂昌院	光子	京都・八百屋仁右衛門の次女、本庄宗正（養女）	不詳	寛永元・～宝永２．６．２２	1624 ～ 1705	79	贈従一位　三代家光の侍女２　五代綱吉の母桂昌院殿仁譽興国恵光大姉
瑞春院	於傳	掘田左近将監正元	小谷権兵衛忠栄娘	万治元年～元文６・28	1658 ～ 1738	81	五代綱吉妾　瑞春院　到譽清月涼池大禅定尼　岳蓮社
天英院	熙子	近衛基熙	後水尾天皇皇女常子内親王	寛文 8.6.8 ～元文 6.28	1668 ～ 1741	74	従一位　六代将軍家宣夫人　天英院殿光譽和貞崇仁大禅定尼　最勝院
月光院	輝子	勝田玄哲著邑	不詳	？～宝暦 2.9.19	～ 1725	68	贈従二位　六代家宣の妾　七代家継の生母綱吉の母　月光院理譽清玉智天大禅定尼
麗玉院	綾姫	11 代家斉	平塚伊賀守為喜娘 契眞院（於萬）	寛政 4.7.13 ～寛政 5.6.24	1792 ～ 1793	3	麗玉院光顔如幻大童女
清湛院	淑姫	11 代家斉	平塚伊賀守為喜娘 契眞院（於萬）	寛政 1.3.25 ～文化 14.5.19	1789 ～ 1817	29	清湛院純譽貞心旃了大姉
契眞院	於萬	平塚伊賀守為喜	不詳	～天保 6.12.29	～ 1835		11 代家斉の妾　契眞院譽玉岸了智大姉　　岳蓮社
泰明院	益子	11 代家斉	戸田四郎右衛門政方娘 (瑠璃の方)	文政 10.10.2 ～天保 14.1.3	1827 ～ 1843	17	泰明院馨譽徳香貞順大姉　最勝院
蓮玉院	若姫	12 代家慶	稲生左右衛門正方の娘　殊妙院（於筆）	天保 13.6.4 ～天保 14.6.1	1842 ～ 1843	2	蓮玉院浄月清光大童女　岳蓮社
見光院	於金	武本安芸守正長	不詳	～天保 14.9.14	～ 1843		12 代家慶の侍女　見光院即得無生大姉　岳蓮社
殊妙院	於筆	稲生左右衛門正方	不詳	～天保 15.6.20	～ 1844		12 代家慶の侍女　殊妙院暁月法雲大姉　岳蓮社
廣大院	寔子	松平島津重豪 近衛右大臣経熙（養父）	薩摩臣市田勘解由の姉（登世）	安永 2.6.18 ～天保 15.11.10	1773 ～ 1844	72	従一位　11 代家斉夫人　廣大院殿超譽妙勝貞仁大姉最勝院
瑞岳院	田鶴	12 代将軍家慶		弘化 2．6．18 ―弘化 3．7．30	1845 － 1846		瑞岳院螢光如幻大童子 岳蓮社
清涼院	於貞	押田丹波守勝長		―弘化 4．1．25	-1847		12 代将軍家慶の侍女　清涼院浄箸香潔妙薫大姉 岳蓮社
孝盛院	国子	11 代将軍家斉		文化 8．3．12 ―弘化 4．3．10	1811 － 1847		孝盛院天譽順和至善大姉
天親院	任子	鷹司政猥　関白　　鷹司政通（養父）		文政 6．9．5 ―嘉永 1．6．10	１８２３ －1848		贈従二位　13 代将軍家定夫人　天親院殿有譽慈仁　智誠大姉　　　最勝院
輝光院	鏽姫	12 代将軍家慶		嘉永 1．2．14 ―嘉永 1．9．28	1848 － 1848		輝光院華月円明大童女　岳蓮社
香共院		不　詳		―嘉永 5．1．23	-1852		香共院遍譽側空戒心大姉
妙音院	於廣	杉原八郎重明		―万延 1．4．8	～ 1860		12 代将軍家慶の妾　妙音院琴譽直弦操心大姉　岳蓮社
観行院	経子	橋本実久		―慶応 1．8．14	～1865		仁孝天皇典侍　和宮の母　観行院光譽心月覚影大姉　岳蓮社
静寛院	親子	仁孝天皇	家女房	弘化 3．5．10 ―明治 10．9．2	1846 － 1877		贈一品大夫 14 代将軍家茂夫人　静寛院宮内親王親子好譽和順貞恭大姉　真乗院
秋月院	泰露子	不　詳		―明治 21．5．5	1888		12 代将軍家慶の侍女　秋月院徳響露潤行超法尼　岳建社

表３　増上寺徳川宗家関連被葬者一覧

Ⅵ　近世大名墓にみる東アジア葬制・習俗の影響

はじめに

以前、近世大名の葬制を纏めたことがある。[1]その中で、結論として、近世大名家の葬制成立には、中国・朝鮮半島を始め、汎東アジアで受容された朱熹『家礼』の影響を、看過することはできないものとして捉え、直接的な影響を受ける背景として、儒者を媒介とした朝鮮半島との交流が淵源として求められることを指摘した。

ここでは、あらためて日本の近世大名家葬制確立における朝鮮半島の影響について、両国の事例を比較検討することで、捉えてみたい。

一　ふたりの為政者と近世初期の葬制

中世末から近世初期における為政者である豊臣秀吉、そして徳川家康の遺骸埋葬、造墓、葬送儀礼については、不明な点が多い。秀吉の埋葬については、佐賀藩の記録[2]などには、棺内に甲冑などを共に納めたことなどが記されているが、その真偽については検証が不可能である。しかしこの両者の墓所は、山頂に築かれ、麓に拝殿を設け、鳥居によって結界されている。このような墓域空間構造の意識の淵源を前時代である中世段階に求めてみると、禅宗寺院における開山堂や塔頭が想起できる。例えば、弘安七年（一二八四）に開基の鎌倉円覚寺佛日庵、嘉慶二年（一三八八）開基の春屋妙葩（普明国師）の寿塔を守る塔頭である京都下嵯峨鹿王院法堂、夢窓疎石の遺骸を祀る京都臨川寺である。[3]しかし、山頂に祀り、拝殿、鳥居を設けるなど異空間における祭祀を造りあげた秀吉・家康の祭祀というものは、遺骸を重視し、墳墓上に堂を祀る点では、中世の系譜を想定できるが、大きな空間構造の構成から捉え直すと、中世寺院にみられる開山堂や塔頭様式以外の要素も考えられる。

そこで、両氏に共通する巨大な墓域の空間構成を成す様式を広くアジアに求めると、管見ではベトナムの阮朝王陵が想起される。広域な空間構成の墓域を有するということでは共通する。しかし、成立年代を考えると、それは一九世紀初頭、中国の影響下に成立することから考えると後出であるために除外される。ベトナム王朝以外では、中国、朝鮮王陵が挙げられる。

朝鮮王陵は、風水に従った造営であることが指摘されており、[4]空間構成は地形に影響されるものの、ほぼ全ての王陵で共通し、統一されている。いわゆる「族墓」の制に従ったとされている。『実録』、『儀軌』の記録に先例を求め、「陵寝」を造営しているのである。図1に示した顕陵[5]の空間構成を具体的に見てみると、紅箭門で結界された聖域に長い直線的な参道を設置し、参道を進むとT（丁）字閣という拝殿が設えてある。この拝殿は、儀礼に応じて木主が祀られ、その背後には、尾根から舌状に張り出した丘陵先端があり、その尾根の先端部分に墳丘を墓として形成している。また、墳丘(陵寝)の前面と周囲に石造物が配される。この石造物の配置も、歴代王陵は画一的である。「陵寝」前面及び周囲の虎と羊は対で配置され、計八匹の動物が封墳を囲み守っている。羊は親孝行を象徴するとされている。また、「陵寝」空間の最前方には対の文人と武人が配され、正面中央に八角形笠の燈籠、「陵寝」正面に遊魂台が配される。地形は、先に触れたように、背山臨水の山麓が撰地され、四方を山や丘陵に囲まれた、いわゆる小さな盆地状の地形を兆域としているのが特徴であり、中国帝陵（明・秦陵は除く）に確認できる、平地に人工的な半球形の「陵寝」を造り出す構造とは大きな違いといえる。

以上のように、自然地形を利用して築かれた歴代朝鮮王陵の空間構造様式に見られる紅箭門、T（丁）字閣、そして丘陵端部に設けられた陵寝の様式は、秀吉・家康墓所に認められる門（鳥居）、拝殿、墳墓という様式に共通する意識として捉えられる。

天下統一を目指した為政者ふたりは、朝鮮半島の秩序社会を希求し、様々なヒントを得て、文献的な裏付けはないが、「遺命」という形で後継に託した結果として墓所様式が具現されたのではなかろうか。つまり、後継の為政者は、前為政者の肉体の死後もなお、その存在が必要不可欠であった。「遺命」と為政者の意識の具現がこの構造様式に示されているのである。

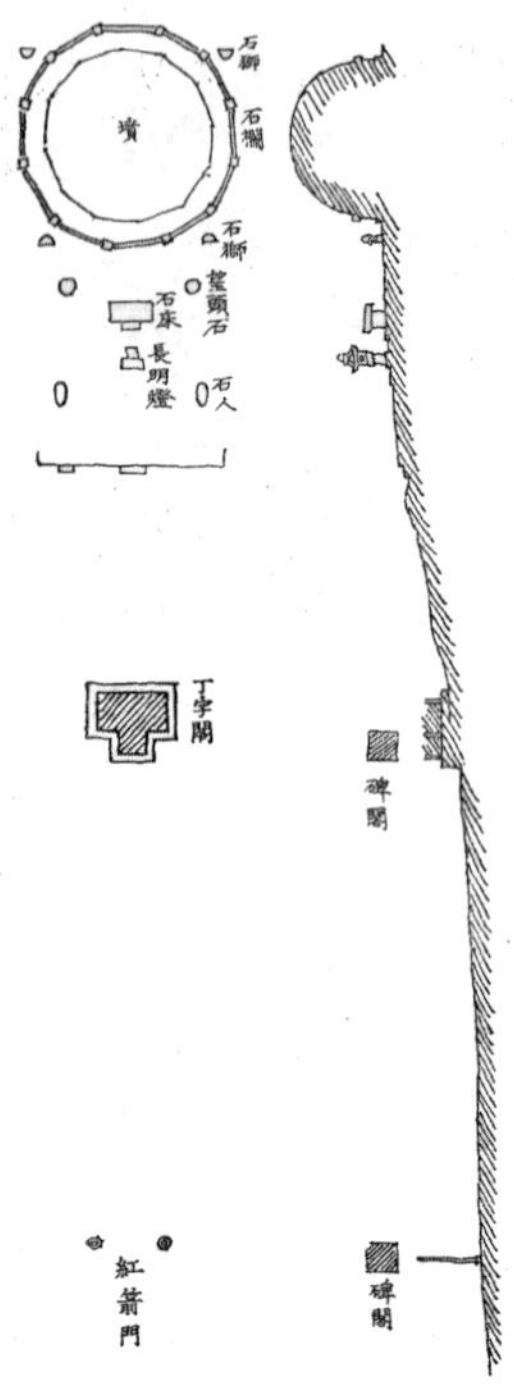

図１　朝鮮王陵第５代文宗の王妃、顕徳王后の陵：顕陵(註5)

一方、近世における大名墓（関ヶ原の合戦以降、徳川家につかえるようになった家を中心に、従五位以下の大名が主と思われる）の基本的な墓所様式は、近世初期の為政者である秀吉・家康に遠慮し、自然地形を利用した丘陵への埋葬と墓所構築は避けたものの、遺骸を丁寧に埋葬し、堂あるいは塔に祀る点においては、秀吉・家康を前例とした。この点は、中世禅宗寺院における開山堂・塔頭様式の系譜の上にあり、官位に従った秩序ある墓所の構築を行ったのである。しかし、秀吉の中心的な家臣であった「家」は、所謂国持大名（従四位下以上の一八家を中心）と位置付けられ、藩の治政も幕府から独立しており、治外法権であった。しかし、国持大名は、幕府構成員である限り、表向きは幕府の宗教統制に従うが、倫理・道徳的において、朝鮮から儒教を受容し独自の儒教的武士道として意識を確立させた。特にその儒教的武士道は、儒教が最も重視した喪礼における土葬による葬制を積極的に実践したのである。朝鮮儒教から得た彼らの倫理意識や道徳観は、一八世紀前半、徂徠学を受け入れるまで葬礼において個々に積極的に実践し、仏教と対立するベクトルとして軸線上に際立った。この仏教との対峙した死生観は、遺骸を祀る装置である墓の構造や様式において、確認することができるのである。

二　朝鮮王陵様式を受容した日本の大名家墓所

そこでここでは、御家門であり、独自の死生観を示した代表的な大名の一人である会津藩保科松平家初代藩主保科正之と、その一族の墓所を取り上げ、墓所構築の意識や、その意識の背景にある死生観の淵源をモノから捉えてみたい。

　三代将軍家光の異母弟で、信濃高遠藩主、出羽山形藩主を経て、陸奥会津藩初代藩主となった保科正之墓所を嚆矢として展開する会津藩保科松平家墓所である。墓所は初代藩主保科正之墓所が、見禰山にあり、以下、歴代は院内墓所に葬られて墓所が造営された。両墓所の特徴は、立地と構造にある。簡単に示せば、自然地形の大きく緩やかに張り出した丘陵を葬地として南面する斜面を撰地し、拝所、亀趺碑、献燈籠、碑（表石）、鎮石（八角形）が傾斜に直行するように南北方向に直線的に配され、歴代が全て同一の空間構造（図2）を有している。[6] この空間構造は、秀吉・家康の墓所構造にも通じる。続いて、なぜ正之が、このような墓所を望んだのか彼の意識について若干触れて見たい。

　見禰山墓所の撰地は、保科正之が寛文一二年（一六七二）八月に領内を視察した折に見禰山を墓所として定めたとされている。[7] 同年の一二月には没し、翌年延宝元年（一六七三）三月に埋葬されるまでに墓所として完成したとされている。葬送儀礼についても触れておくと、正之は、吉川惟足に神道を学び、寛文一一年（一六七一）一一月十七日に「土津霊社」という霊社号を授けられていることが、文政一一年に書かれた『千とせの松』[8] という彼の伝記に記されている。また、この中の嫡子である正経に宛てた遺書には、「死後の葬送は壽穴に霊号儀によって埋葬してほしい」ことが「喪礼」執行の遺命として明確に示されていたことも彼の意識として強調しておきたい。

「……中略（十一月）十七日、奉二土津霊社之号一、吉川惟足書レ之。同日、惟足上二神道傳授一事二事三事四事之澄明一、且上二霊号之説一。同日、遺二書于経一曰、我之身後、依二霊号之儀一蔵二于壽穴一、則足焉。友松勘十郎書レ之。」

（『千とせの松』）

以上のような遺書を嫡子・正経に宛てたことで、没後の葬礼は、幕府との関係もあったが、吉川惟足が導師を務めることで仏式を一切用いず、「神葬」によって執り行われた。つまり、葬儀の執行が貫徹されたのは吉川惟足の存在が重要なのである。さらに注視したいのが、神祇管領上・吉田兼連によって「土津霊神安鎮座」が、墳上の「鎮石」に刻まれたことで、吉田神道の制によって葬礼が執り行われたことを明確に示しているのである。

　葬儀の内容は『会津鑑』[9] に詳しいため、具体的に葬送儀礼をみてみると「小斂」、「大斂」、「大轝」、「殯」、「三物」、「棺」、「槨」、「墳」、「虞」、「卒哭」と『家礼』の儀礼がほとんどである。したがって吉田神道の葬制は、儒葬を取り込んだ葬礼であり、神儒一致様式の葬礼が実践された例として極めて重要である。加えて、亀趺碑の撰文は、山崎闇斎が担当していることも、神儒一致を確認することができる資料としても重視しておきたい。

　以上、会津藩保科家墓所の空間構成あるいは、初代正之の葬儀を記した『土津霊神事実』から導きだされた朱子『家礼』の喪禮に則った吉田神道による葬儀が執行されたことの意味を、国内に類例のない八角形の墳丘に据えられた「鎮石」に求めてみたい。

三　保科正之墓所「鎮石」の淵源と朝鮮半島の「胎室」

　共通した構造様式の中で特に、注視したいのが「鎮石」と墓所構造である（図3）。「鎮石」の形態は、基礎、八角柱の竿石、八角形の笠を用いており、きわめて特徴的である。この鎮石の形態的な特徴に着目し、同型式の石造物を探してみても国内には皆無ではなかろうか。そこで、これもまた、朝鮮半島に目を転ずれば類似する石造物が存在することを指摘しておきたい。そして、その石造物が朝鮮半島において祀られる背景も重要であるために併せて紹介したい。具体的には朝鮮半島における「胎室」と称さ

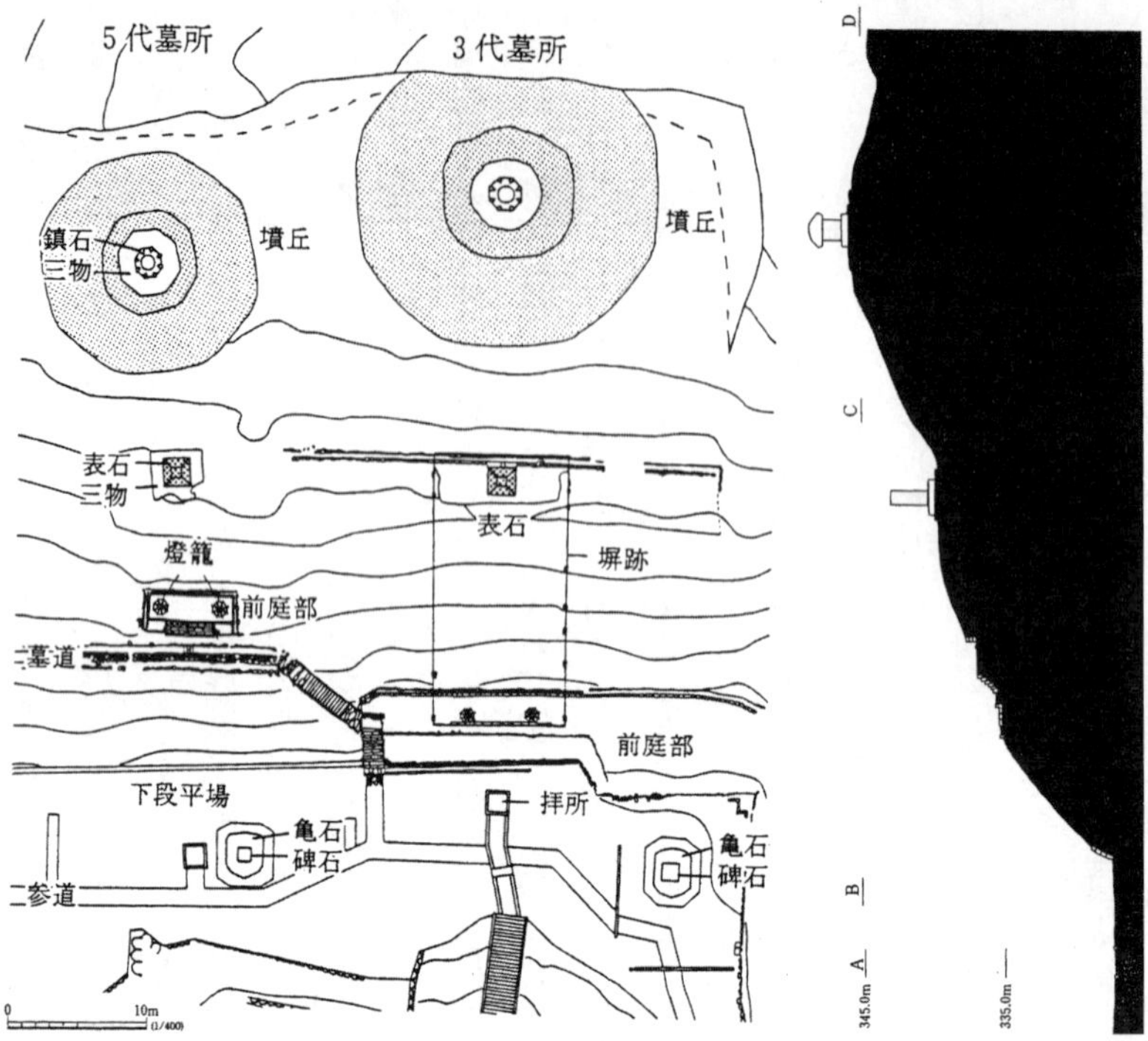

図2　会津藩墓所構造図（註6より）

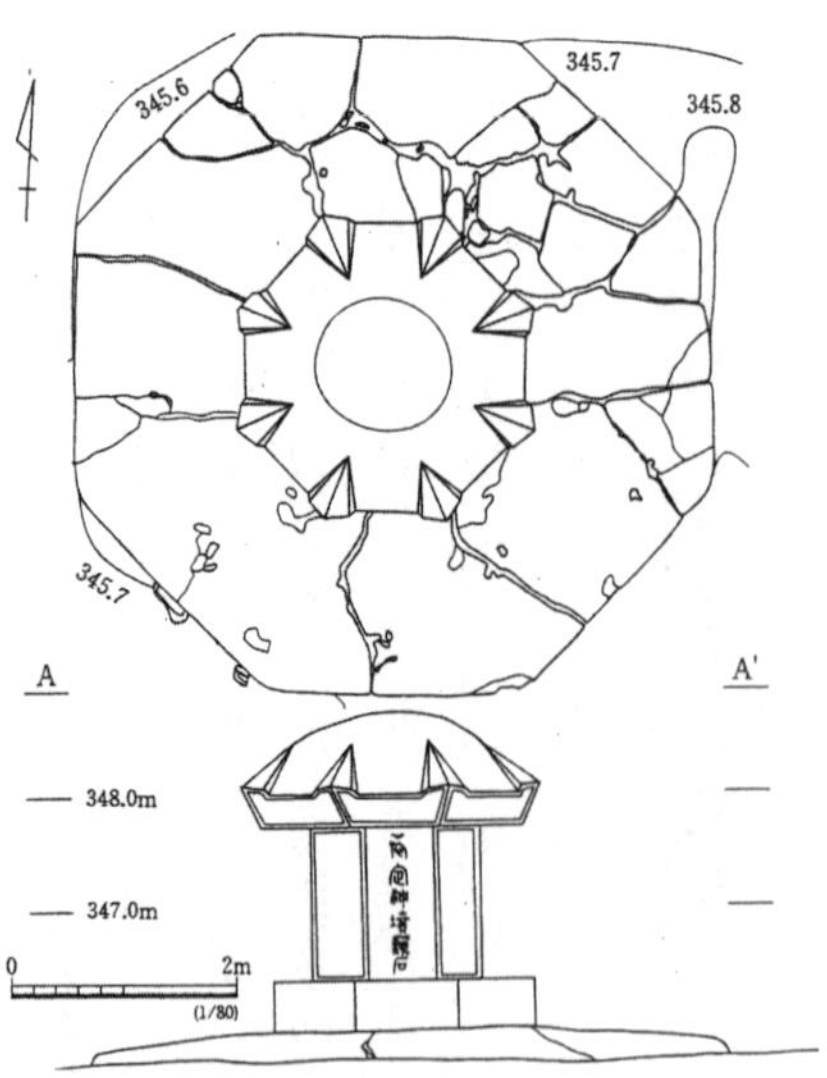

図3　保科松平家5代鎮石とその平面図（註6より）

第五部

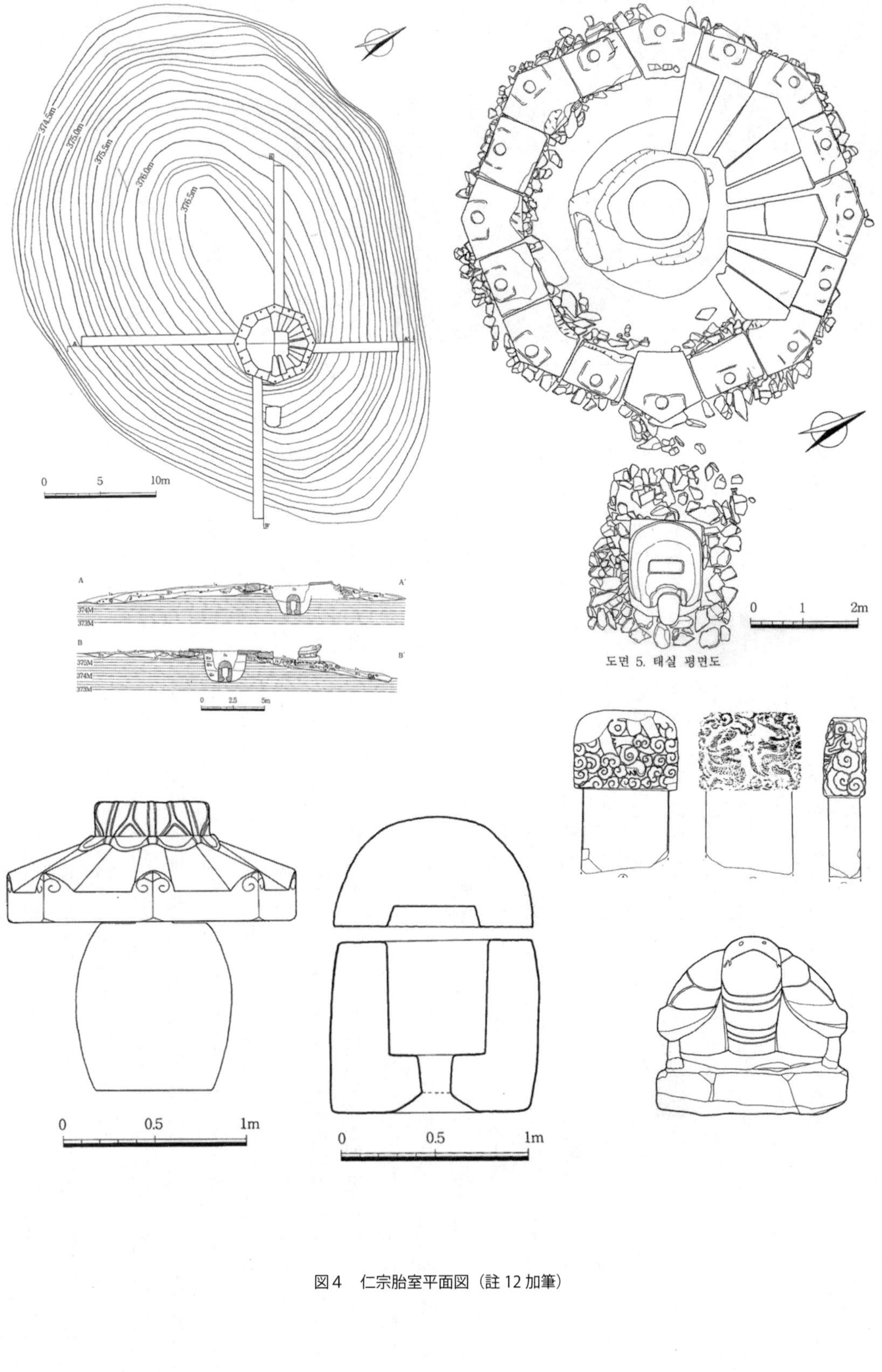

図４　仁宗胎室平面図（註 12 加筆）

図５　朝鮮胎室（朝鮮国立中央博物館）

図６　正祖大王胎室（朝鮮国立中央博物館）

れるものである。なお、近年、篠原啓方[10]によって朝鮮半島に分布する胎室の位置と現状の概要が報告されているので、これを参考としたい。

　朝鮮半島における「胎」の記録は古く、『三国史記』に新羅の武将・金庾信の「胎」が山に埋納されたことが記されている。このような記載から、六世紀から七世紀段階には既に「胎」埋納の信仰儀礼があったことが指摘されている。

　先学の成果によれば、朝鮮半島における「胎」は、特に王位を継承する元子の「胎」を重要視して名山の山頂に埋め奉安したものとされている。奉安された山は、神聖視され「胎峰」と呼ばれ、聖域として守護兵が配備され厳重に守られた。このような元子の「胎」を奉安した王室の記録は、儀礼として重視され『蔵胎儀軌』、『胎室儀軌』などとして遺されている[11]。これらの胎室関連儀軌を紐解くと、王室における胎の保管方法や、「胎室」構築（図４～６）の概略が理解できる。そこで、これらの資料から「胎」の奉安の方法や埋納構造について若干触れておきたい[12]。

　「胎」は、「臍の緒」のことである。生まれてすぐの元子の臍の緒を百回程度聖水で洗い、準備されていた白磁の壺（「胎壺」）二つ（「外壺〈外容器〉内壺」）の内、小さな壺（「内壺」）にこれを納める。納める際には、臍の緒が動かないように綿で充填される。続いて、白磁を油紙で包み、さらに青い絹布で包んで、赤い紐で厳重に閉じられ、準備されていた外容器である大きな白磁壺（図７）に納める。そして、この外容器内には、銭貨や銀の薄板なども一緒に埋納されることが、朝鮮半島各地に奉安された「胎室」の習俗として共通しているといわれている。埋納に際して、内容物を納めた外容器は、石櫃（石函）に納められ土坑に埋納される。石櫃内には、誰の「胎室」であるかを明示した「胎誌石」を納め、石櫃を埋納する。埋納した石櫃の上部には、「蓋簷石《がいえんせき》」が据えられる（図４）。

　「蓋簷石《がいえんせき》」は、方形の基礎石「四方石」の上に太鼓様の「中童石」を据え、八角形に笠石が載る。笠の上部は蓮華文を有する露盤と宝珠が載る。この中心の石塔を囲むように「磚石」という部材で八角形に整えてゆく。この「磚石」の外周は「童子石」と「竹石」、「裳石」、「柱石」で欄干を設置する。そしてその前面に「亀籠台」という基台に亀趺が載り、亀趺の上には螭首を配した碑が建てられる。この碑を「加封碑」と称している。

　以上、長くなったが、朝鮮半島の「胎室」の概要を記したが、ここで注視したい点をいくつか示しておく。

　まず、会津藩保科松平家の墓所に造立された「鎮石」の形態と胎室にみる「蓋簷石《がいえんせき》」の形態が共通する。先にもふれたが、国内における同形態は皆無である。また、この「鎮石」を、山頂部に築いた八角形墳丘に据え

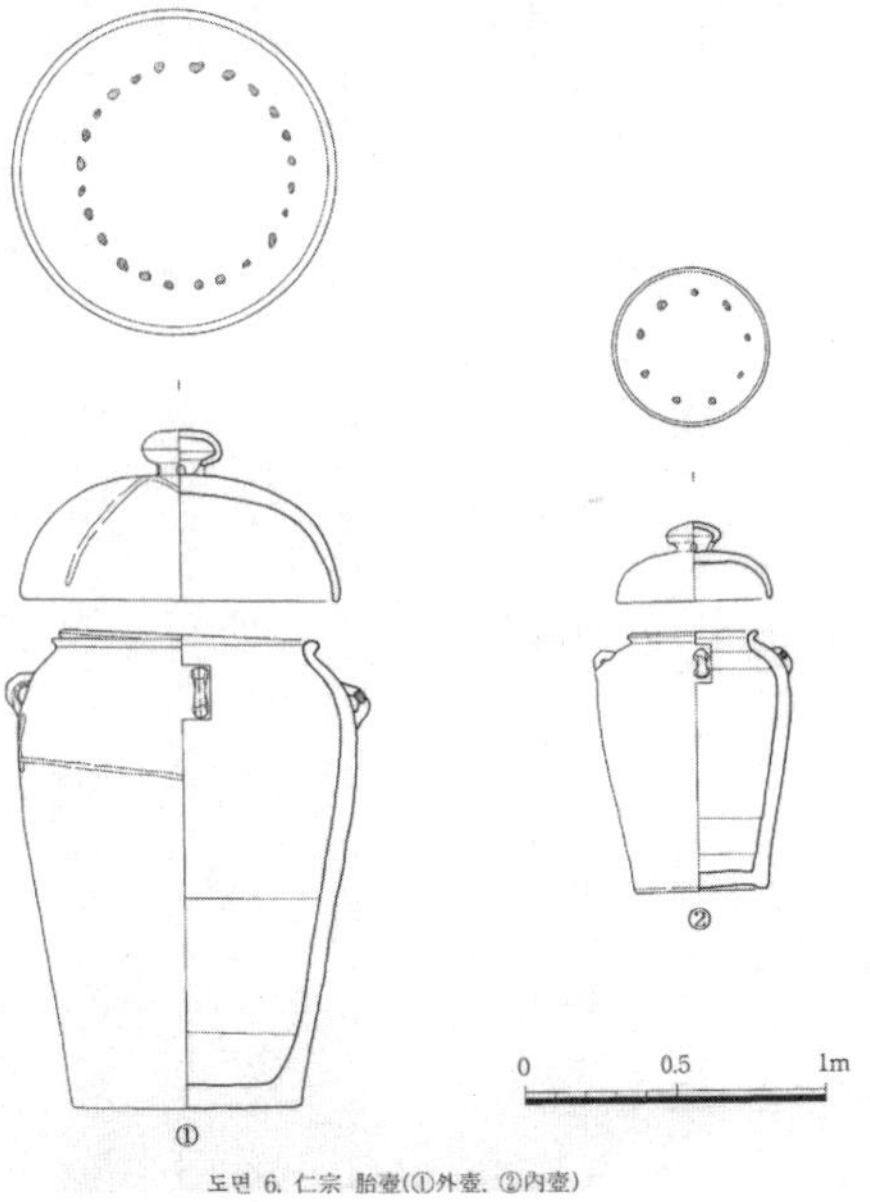

図７　仁宗胎室白磁壺二口（註12より）

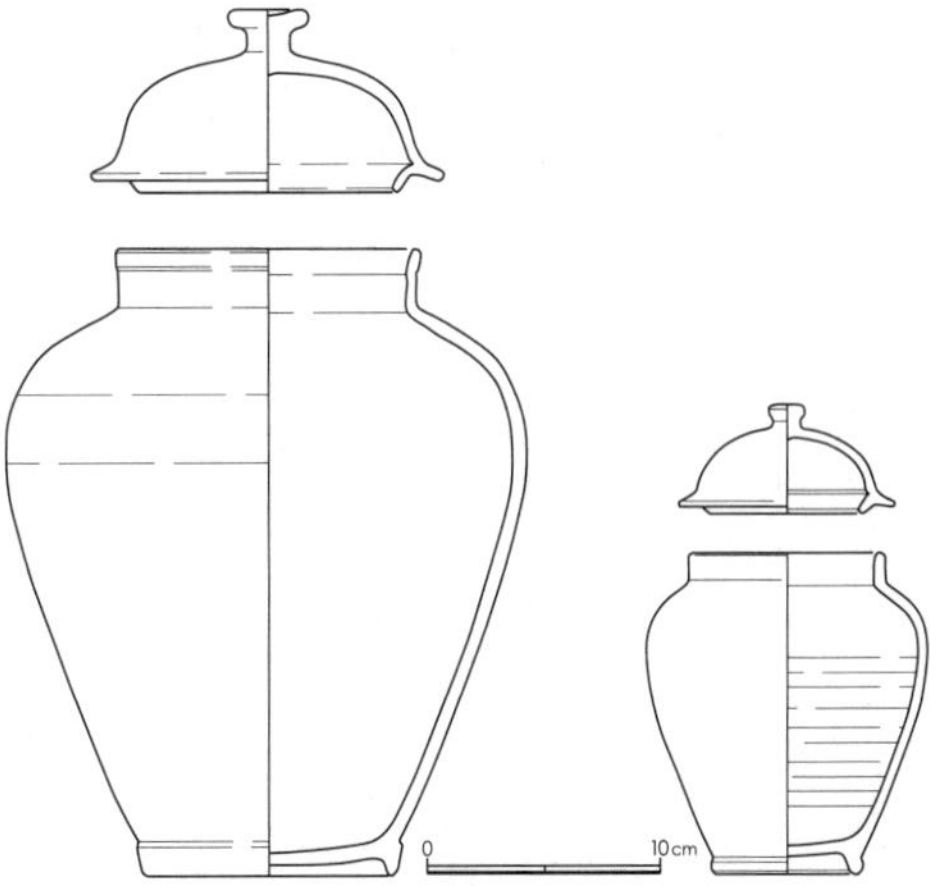

図８　圓光院墓所出土白磁骨蔵器二口（註15より）

るという構造は、まさに朝鮮王陵の「胎室」と同義である。「蓋簷石」と八角形に配された「磚石」の組み合わせそのものの写しのように捉えられる。特に「蓋簷石」の形態的な特徴の類似性は、日本国内に類例を探すことができない点も韓国王陵の淵源の可能性として重要視すべきではなかろうか。さらに石造物の配置関係に着目すると、保科松平家墓所の空間構造は、王陵の様式を重視してこれに倣い構成されているが、「胎室」に見られた主体部と加封碑（亀趺）との配置関係（図４・５・６）は、日本国内における亀趺碑を伴う墳墓様式に、何らかの影響を与えたことを想定したい。

加えて、内部埋納された遺物に着目してみると、誌石と銭貨が確認されている。誌石は、『家礼』に示された葬制における重要な埋納品であり、これが「胎室」に用いられていることは、「胎室」そのものも儒葬に通じる習俗的な様式の意味を強く有しているものであることを示していると思われる。そして、銭貨が埋納されているが、なぜ入れられたのであろうか。先の誌石と同様に葬制に目を向ければ『家礼』では、「襲衣」、「飯含」で、小箱に銭三枚を入れることが示されており、匙で、尸（遺骸）の口に含ませる、など確認できる。また、古く、中国殷・周時代以降では、隋唐時代まで確認できる「含幣」、「葬幣」に、その習俗は遡るとされている。[13]『儀礼』士喪禮に確認できる「琀」の礼、『礼記』檀弓上には、米や貝を口に含ませることが記されている。時代が前後するが漢代には貝や玉を口に含ませ、それらの持つ僻邪性や、永遠性によって遺骸の永続を願ったとされている。

以上のように、中国における習俗が銭貨に置き換えられ、十二世紀に成立する南宋の朱熹『家礼』は、これを埋納する礼制へ纏めたのではなかろうか。遺骸を重視した中国における習俗は、地域と時間の変化の中で「胎室」の制へも影響したと考えられる。中国における死者復魄の思想を捉え、朝鮮半島では生まれ来る新たな命を重視し、その永遠を、「臍の緒」に託し、嗣子を重視し子々孫々の繁栄を守るために「胎室」を造営させたものと捉えられよう。

こうして見てくると朝鮮王朝における「臍の緒」の捉え方は、中国における随の文帝楊堅が阿育王の故事に倣って実践した仁寿舎利塔造立に通じるものがある。「胎室」の各国への分配造塔ということはないのであるが、嗣子を重視することで、王権存続には不可欠であり、これを王権の重要な習俗に礼制化させた。日本における受容においても、一族の存続、永続性が重視される中で、思想と共に墓制に取り込んだものと捉えておきたい。

おわりに

以上、見てきたように秀吉・家康、そして保科松平家に認められた朝鮮王陵、あるいは「胎室」からの構造的な受容と思想の受容は、単なる個人のエートス[14]にとどまることなく、国内の大名あるいは知識階層へ広まった。墓所で確認できる上部構造に用いられた亀趺碑や多くの墓誌を確認できることが敷衍の結果として捉えるべきであろう。

最後に、「胎室」の埋納様式を認識して受容した痕跡を示す事例を示し、改めて、今後、朝鮮半島の葬制、あるいは様々な場面における朝鮮半島からの文化受容痕跡模索への視点の必要性を示して終わりたい。

まず、石櫃に白磁壺を埋納する様式である。米沢藩上杉家四代藩主綱憲正室・圓光院[15]（宝永二年〈一七〇五〉没）は、刳り抜き一石の合せ石櫃に、肥前製の有蓋壺二口大小（図8）が納められており、大壺には遺骨を納め、小さい壺には底に何らかの痕跡が若干認められただけであった。この小さい白磁壺に着目してみたい。圓光院は、記録上、嗣子を設けられなかった。しかし形質人類学的な見地から出産の痕跡が確認できるという。小壺底に確認できる僅かな痕跡は、形質人類学による出産痕の結果と朝鮮王陵「胎室」習俗の痕跡として、重なる部分はないのであろうか。圓光院の系譜では子は確認できないが、小壺の中身が出産した子の褜とするならば、「胎室」の習俗と関連しよう。また、同じような例として、東京都港区済海寺長岡藩牧野家二代藩主忠成生母長壽院墓例[16]（寛文四年〈一六六四〉没）をあげておきたい。鉄釉三耳壺（大）と山水文染付蓋物（小）で染付蓋物内にも少量の骨が確認されたとされているという。また、牧野家四代藩主忠壽正室貞岳院墓（享保一七年〈一七三二〉没）では、石槨内に陶器製甕（大）と共に肥前製蓋付白磁壺が納められていた。牧野家に確認できる二例も、また、大小の壺あるいは甕との組み合わせである。小さな壺への埋納の中身が重要であり、子供の褜の可能性を想定しておきたい。古泉[17]は、分骨、選骨という捉え方をしているが、別の葬地、聖地への埋納ならばその可能性も残ろうが、同一の墓内での区分埋納をこれに結び付けることの意味を探せない。とすると、圓光院の例が示すように、白磁内に、埋納された内容物として、出産と褜の関連や爪髪などを埋納する可能性も残ろうかと考えている。このことは、『家礼』に見れば、「大斂」の中に「生時落つる所の髪歯及び剪る所の爪を棺の角に實たす。」と記された内容にあう。このことは、宝暦一一年（一七六一）に没した九代将軍家重の葬送[18]においても、真田打紐付黒漆手木箱に丁寧に納められた正室と想定される人物の髪や、家重が生涯剪った爪を別の袋に入れて柩内に納めている。また、大名正室で享和元年（一八〇一）一月に没した八戸藩六代藩主南部信依信行院（港区金地院）の葬礼記録[19]では、「御扇子、御はな紙、御臍緒、御歯、御月代、御法号是者先年剃髪之節金地院より御受被成候御法号、右外ニ御守、或御直筆之御経文・名号・御手鏡・御珠数頭、地陀袋江入、御草履」も棺に入れられたことが明らかである。女性の葬制の場合、日本的に「臍の緒」が墓に埋葬することが通例の葬送習俗になった可能性がきわめて高いと思われる。このような、習俗は、日本における朝鮮半島の「胎室」の受容から日本化した結果でもあろうか。また、信行院の遺骸を納めた「瓶」の埋納

第五部

方法を確認すると、石灰や「ちゃん」を使い、油紙を使う点なども、『家礼』の「治葬」に見る方法や、「胎室」の埋納方法にも共通する部分であることを重視しておきたい。

以上、墓所構築における空間構造の淵源を捉えながら、日本における朝鮮半島の王陵から受けた影響を秀吉・家康墓に確認した。そしてその後、国内の大名墓の葬制の展開として、一八世紀前後、会津藩保科正之及び院内墓所の構造様式の代表的な例を取り上げ、石造物の形態や、埋葬様式・空間構造は、朝鮮王室に伝わる「胎室」習俗に伴う埋葬様式に求められることを指摘し、直接的な朝鮮儒教の影響および受容の実態として示した。

最後に、朝鮮儒教の国内における受容について現段階での言説に触れながら、国内における儒教受容の様相について若干触れておきたい。

我国の近世初期における朝鮮儒教の影響について、二〇一〇年に行われた日韓歴史共同研究の報告中、須川英徳[20]の次の見解があるので挙げておきたい。

「中略…近世日本社会では、儒教はあくまで教訓ないしは教養であり、「朱子家礼」に説くような儒式によるような葬祭儀礼は受容されなかったし、その基盤でもある家族制度にも影響を及ぼすことはなかった。」として結論付けられている。この国際共同研究の大きなテーマは、「文禄・慶長の役」の両国の歴史認識であったため、これに力点が置かれていたことは致し仕方がない。しかし、先のような葬祭儀礼における朝鮮儒教の日本受容に対する認識が示されなかったことは、国際的な研究の場であるだけに残念である。

田世民[21]・吾妻重二[22]はもとより、三宅英利[23]などの研究を見ても日本における朝鮮儒教の積極的な受容は確認できるはずである。先学の成果に導かれながら拙著[24]においても林鵞峰の儒教実践を示す中で、朝鮮との影響に触れたことがある。

『先哲叢談』の著者である原念斎が「林鵞峰」の冒頭で「名」の由来に触れ、「向陽軒」の条

寛永十三年丙子ノ之冬、先考令メテ三朝鮮国全梅隠ヲシテ書セ二此ノ三字ヲ一、以テ授テレ余ニ為レ号ト。

と、記しており[25]、鵞峰の号が朝鮮通信使との交流において付されたことが明確であった。朝鮮通信使に起因した交流が、朝鮮儒教の受容に直接繋がったことは、当然起こり得たこととして捉えておきたい。

さらに、初期の朝鮮儒教受容は、儒教受容「展開期[26]」を迎えた後、特に国内の葬制に影響を与え、吉川惟足・山崎闇斎などは、『家礼』の「治葬」あるいは「胎室」に見る「臍の緒」の習俗を、いち早く取り込み神道的な葬制、あるいは日本的な葬制として実践したのである。

最後に、近世大名の葬制は、儒者による初期儒教受容の実践とは違い、仏教との対立を避け、神・儒・仏が一致する葬制を創出、実践したことを確認したことで結論としておきたい。

註

註1　拙著　二〇一二『近世大名葬制の考古学的研究』（雄山閣）。

註2　「直茂公譜考補足」の七六八頁（佐賀県立図書館　二〇〇八『佐賀県近世史料』第一編）。

註3　川上　貢　二〇〇五『禅院の建築―禅僧のすまいと祭享』中央公論美術出版。

註4　来村多加史　二〇一一「朝鮮東九陵の視察報告と兆域の選定に関する所見」（『陵墓からみた東アジア諸国の位相‐朝鮮王陵とその周縁‐』関西大学文化交渉学教育研究拠点）

村山智順　一九七一『朝鮮の風水』（円光大学民俗学研究所『民間信仰資料叢書』5朝鮮総督府〔調査資料第三一輯〕昭和六年刊

の複製)。
註5　東京帝国大学工科大学　一九〇四『東京帝国大学工科大学学術報告』第六号　朝鮮建築調査報告。
註6　会津若松市教育委員会　二〇〇四・二〇〇五『史跡　会津藩主松平家墓所』。
註7　近藤啓吾　一九九〇「保科正之の葬儀」(『神道史研究』第三八巻第一号)。
註8　註7による。
註9　千葉栄編　一九七二『会津鑑』(神道文化叢書三・十一)。
註10　篠原啓方　二〇一二「朝鮮時代の胎室加封碑に関する予備的考察」(『東アジア文化交渉研究』5巻)。
註11　ソウル大学奎章閣に五四六種二九四〇冊、韓国学中央研究所蔵書閣に二八七冊四九〇冊が現存しているとされている。
註12　氷川市　一九九九『仁宗胎室　発掘調査報告書』(慶州北道文化財研究院学術調査報告　第三集)。
註13　王維坤　二〇〇四「死者の口に貨幣を含ませる習俗の再研究」(『考古学に学ぶ(Ⅱ)』同志社大学考古学シリーズ刊行会)。
岡林孝作　二〇〇四「中国における木棺と棺形舎利容器」(『シルクロード研究』Vol二二)。
註14　笠谷和比古　二〇一一『武家政治の源流と展開』清文堂。
註15　坂詰秀一編　二〇〇二『池上本門寺　近世大名家墓所の調査』。
註16　港区教育委員会　一九八六『港区三田済海寺長岡藩牧野家墓所発掘調査報告書』。
註17　古泉　弘　二〇〇三「江戸の墓制における分骨・選骨」(『駒澤考古』二九)。
註18　鈴木尚・矢島恭介・山辺知行編　一九六七『増上寺徳川将軍墓とその遺品・遺体』(東京大学出版会)。
註19　岩淵令治　二〇一二「大名家の江戸菩提所」(『平成二四年特別展江戸の大名菩提寺』港区立郷土資料館)。
註20　日韓歴史共同研究委員会『日韓歴史共同研究報告書』(第二期)第2分科会(中近世史)篇　須川英徳「第3主題：17・18世紀東アジア世界と日韓関係(通信使と倭館の意味を含む)17・18世紀の東アジア世界と日韓関係―グローバル・ヒストリーとの接続―」。
註21　田世民　二〇一二『近世日本における儒礼受容の研究』ぺりかん社。
註22　吾妻重二　二〇一二「日本における『家礼』の受容――林鵞峰『泣血余滴』『祭奠私儀』を中心に」(吾妻重二・朴元在編『朱子家礼と東アジアの文化交渉』汲古書院)。
註23　三宅英利　一九八六『近世日朝関係史の研究』文献出版。
三宅英利　二〇〇六『近世の日本と朝鮮』講談社など。
註24　拙稿　二〇一二『近世大名葬制の考古学的研究』雄山閣。
註25　大場卓也　二〇〇一「先哲叢談聚議・林鵞峰・連載その八」(『雅俗』八号)。
註26　註20で、吾妻重二氏が朝鮮儒教について一七世紀を「受容期」、一八世紀以降を「展開期」と位置付けている。

挿図出典
図1は、註5より転載。
図2・3・7は、註6より転載。
図14は、註12より転載。
図8は、註15より転載。

第五部

第六部　近世大名墓の諸問題

I　岡藩の儒教式墓の一覧と儒教受容の変遷

一　概略

岡藩は、文禄元年（一五九四）に中川秀成の封入によりはじまった（図1）。以来、中川氏は江戸期を通じて領知替えにあうことなく豊後国岡領を支配した。

そのため、領内には初代藩主から続く菩提寺「碧雲寺」がありその墓制の変遷を一覧することができる。

ただ、この菩提寺に葬られていない当主があり、そのうち三代と八代藩主はその意思により別の墓所を設けさせ儒教式の葬送により葬られた(1)。

その墓の形態は、前面に墓碑を置きその背面に跳び箱様の石製の馬鬣封を付すというスタイルをとり、林鵞峰の『泣血余滴』を参考にしたと目される墓制であった(2)。

岡藩においてこの形態の墓制を創始した三代藩主中川久清は、池田光政との姻戚関係や他藩領主と交友のなかで儒教に芽生え傾倒したとされ(3)、熊沢蕃山や三宅道乙などの儒者を招聘し教導をうけ藩経営から処世にも大きな影響を受けた。

その儒教熱の高まりは、おそらく久清本人を中心としたごく近しい家族でのみ受容されたとみられ、「前面に墓碑、その背面に跳び箱様の石製馬鬣封」という墓塔形式に表現され特定の家系にのみ受け継がれていった。

しかし、十八世紀初頭を最後に六十年ほど作られなくなる。

その墓制をおもむろに復活させたのが久清から五代のちの藩主で、三河松平家から養子に迎えられ家督を継いだ中川久貞であった。

久貞は、三代藩主久清を非常に敬い儒教に傾倒し藩政をとるようになる。

そして儒教ルネサンスとでもいうべき時代を生み、近い家族だけでなく家臣までがその墓塔形式を真似るようになり多様化していった。

そして近代になると、その墓塔形式が儒教式であることを忘れられ在方でも造塔されるようになっていき、ひとつの墓塔形式として現

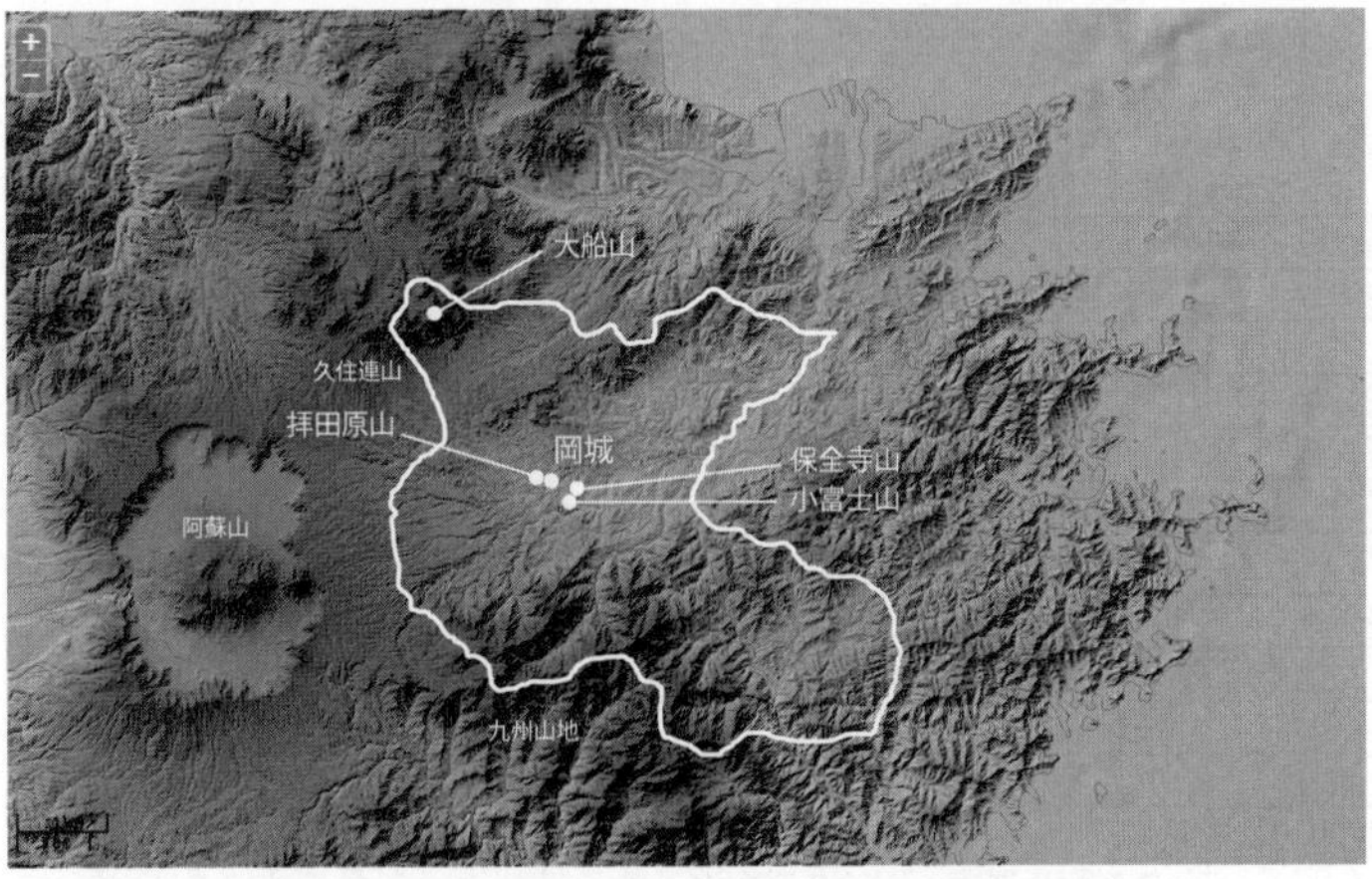

図1　岡領域地形図（国土地理院色別標高図を改変）

代も存続されるに至っている。

なお本稿においては、「前面に墓碑、その背面に跳び箱様の石製馬鬣封」のことを便宜的に「儒教式墓」ないしは「儒式墓」と呼ぶ。「儒式墓」とは旧岡藩領で活動する郷土史家がよく使う用語で、定義については不明確なところがあるが、知る限りでは「前面に墓碑、その背面に跳び箱様の石製馬鬣封」の墓を指していることに逸脱した例はない[4ほか]。

そのため、本稿においても便宜的に使用する。

二　岡藩の儒教式墓一覧

下表は、筆者の管見による岡藩領内で確認した儒式墓の一覧である（表1）。

一六六九年を下限に始まったこの墓塔形式の造立時期は、大きく三つの時期に分けることができる。

一期は寛文九年（一六六九）から享保十五年（一七三〇）までで、該当する墓所は中川久清・中川井津・稲生六子、中川久矩・中川久豊・中川久虎の五名の墓である。

二期は寛政四年（一七九二）から安政二年（一八五五）までで、該当するのは、中川久貞、中川久貞正室落飾碑、新兵衛塚、井上並古、唐橋君山、中川久照、井上並増、角田九華である。

三期は明治五年（一八七二）から現代までで、小河一順、加藤種磨、加藤長慶、小河一順妻ほか、衛藤道考、田近竹邨、武藤家墓所の三基である。

各期の大まかな特徴は、一期については三代藩主中川久清とその子、孫までの時期であり儒式墓を建てる人物群が藩主を中心とした血族で包括でき限定的であること。二期は八代藩主久貞によって復古されてから近世末までの間で、血族の境がなく家臣にまで及び墓碑形式が多様化したこと。三期については、近代以降から現代までで、墓碑に戒名を記すなど草創期に示されていたような儒教的な色合いが薄まっていることである[5・6]。

本来であれば、すべての時期、すべての墓塔についてそれぞれの特徴を示し各期の区分の意味について開陳し評価をいただきたいところであるが、実測図などそろっていない物もあり今回については、この内一期の墓

期	和暦	西暦	姓名等	備考
一	寛文９年	1669	井津	久清三女、夭折
	寛文 10 年	1670	稲生六子	久清側室
	延宝３年	1675	中川久矩	久清六男、稲生六子三男
	天和元年	1681	中川久清	三代藩主、二代久盛実子
	宝永３年	1706	中川久豊	久清次男、稲生六子長男、公族老職
	享保 15 年	1730	中川久虎	久豊長男、稲生六子次男、公族老職
二	寛政４年	1792	中川久貞	八代藩主、三河松平家より養子
	寛政４年	1792	中川久貞室落飾碑	久貞正室、実は久虎娘
	寛政８年	1796	新兵衛塚	小庄屋山村家先祖墓
	寛政 10 年	1798	井上並古	一代老職
	寛政 12 年	1800	唐橋君山	御匙医師・儒者
	文化８年	1811	中川久照	公族老職久豊家、実は久旨家より養子
	天保３年	1832	井上並増	井上並古長男、一代老職
	安政２年	1855	角田九華	藩校教師・儒者
三	明治５年	1872	小河一順	近習物頭、勤王家家督継承者
	明治 25 年	1892	加藤種磨	御嶽神社神主
	明治 31 年	1900	加藤長慶	御嶽神社神主家
	明治 41 年	1908	小河一順妻	小河一敏長女、ほか複数あり
	大正２年	1913	衛藤道考	在方医師
	大正 11 年	1922	田近竹邨	画家
	明治～平成		武藤家墓所	大庄屋家、ほか複数あり

表１　岡藩の儒教式墓一覧

第六部

のみについて被葬者となった人物の実像と造塔の背景、そしてこの一期の特徴でもある儒教受容の実態について深めていきたい。

三　一期の儒教式墓の特徴と被葬者、受容の背景

この一期は、馬鬣封の付いた墓塔形態が生まれた草創期で、その在り方は『泣血余滴』などを参考に岡藩なりに理解し墓塔が成立したと考えられる。

写真１　岡藩儒教式墓初期の姿

写真２　中川井津墓（上から）

馬鬣封について林鵞峰は「馬鬣封とは、形は斧を伏せたようで、前が高く後が低く、両面をそぎ。刃を上に向けたように細く、上が狭く登りにくいような様」という。

吾妻重二は孔子が理想とした墳形で林鵞峰が復元したものが馬鬣封だとして、水戸徳川家藩主墓で見られる水戸光圀などの墓はその実践例の一つであるとした(2)。

岡藩においても、その形態的な特徴から『家礼』で示される「墳」を「馬鬣封」とする水戸徳川家と同様の理解により造塔されたと考えられる。

この草創期の墓のうち、注目したい「様式」をもつ一群がある。

それは、中川井津・六子・久矩の墓で、外観が極めて酷似し、同人物による思考と指示によって造立されたことを強く感じさせる一群である。

その墓の様式的な特徴は、儒式墓の外郭にマウンドを有し、その内郭は切石積みにして墓塔を囲うことにあり正面からみるとあたかも亀甲をイメージさせる儒教的な雰囲気を感じるのが特徴であるが（写真１）、この墳墓様式については松原典明によるいち早い着眼があり、国内の近世墓所様式としては特異な例であると指摘された。

さらに、その「系譜のテキスト」として中村惕斎の『慎終疎節　巻三』に納められた付図の存在をあげ、惕斎が家礼を実践する上で具現化され伝わった墳墓様式だと言及している(7)。

その様式の特徴は内郭を上から覗くと長方形を呈すが角を取り馬蹄形として、両壁長軸の上部の二つと奥壁の上部に一つ花頭様の装飾石を配して、いずれも緻密な整形による石積みとなっている（写真２）。

この井津、六子、久矩、三者のうちもっとも没年が古い井津は、もっとも没年が新しい久矩と同じ場所に墓が造営されており、その場所とは、領地の北端にある久住連山の一角、大船山の中腹にある前出の中川久清公の墓所内である（図２）。

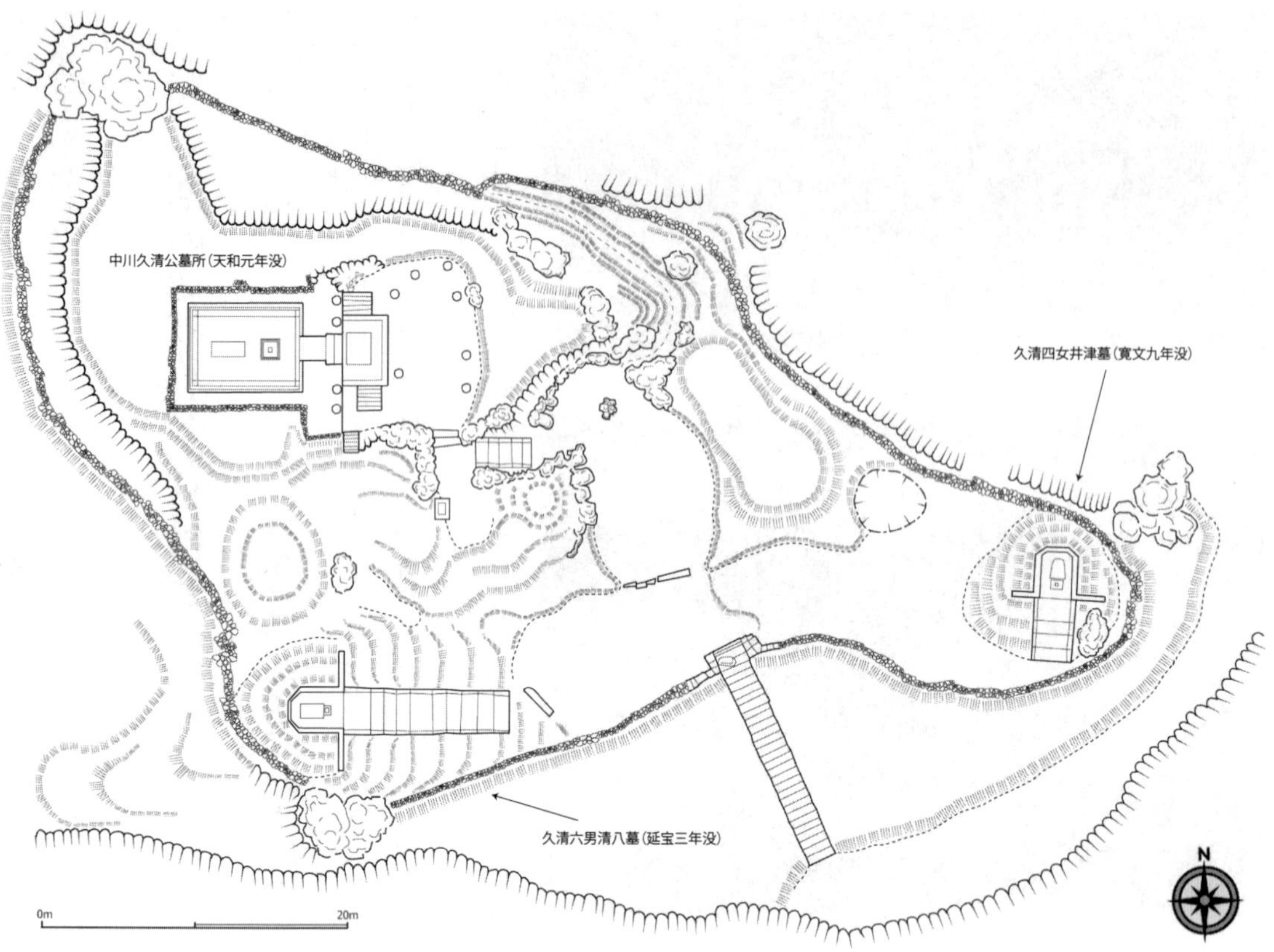

図2　中川久清公墓所縄張図

（一）久清四女中川井津（図3）

中川井津は、寛文七年（一六六七）久清の四女として側室の蒲生藤四郎義行娘との間に生まれ、寛文九年（一六六九）数えの三つで岡城にて逝去した。

『中川氏御年譜』[8]には「大船山ニ儒葬シ」とあって、記録上では没後すぐに墓所造営され埋葬されたと考えられる。没年＝墓所造営年とすると水戸光圀の正室泰姫が水戸家瑞龍山墓所へ改葬されたという延宝五年（一六七七）より古く、国内の儒教式の墓として最古段階となるが、久清

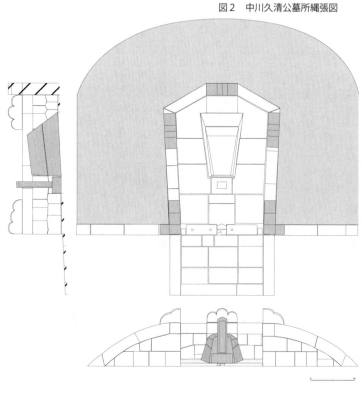

図3　中川井津墓

公が大船山に葬られるのが天和二年（一六八二）で、大船山墓所の普請は二月に始まり同年の八月に終えていることから、没年を直ちに墓所造営年とすることには留意が必要である。

墓所は、中川久清の墓と向きを違えてあり、墓所のうちもっとも東側に位置している。

その様式は先のとおり、マウンドに内郭を切り込み、精緻な切石積みをしてその上部に花頭様の飾り石を配し、その中に儒式墓を置くものである。

墓碑は一段の台石の上にのって「中川氏井津之墓」と刻む。頂部は花頭様に装飾され高さおよそ八十三cm（墓碑のみ）、馬鬣封は上下二石を積み上げ高さおよそ七十五cmである。

墓を構成する石材は、現地やその付近で切り出すことのできる安山岩もしくは凝灰岩を使用している。

（二）久清六男中川清八久矩（図4・写真3）

中川久矩は、寛文三年（一六六三）久清と側室稲生六子との間に生まれた六男であった。しかし元服直後の延宝三年（一六七五）に岡城で逝去し、井津と同じく「大船山ニ儒葬シ」とあり久清墓所内に墓が築かれた。

墓所は、久清墓の右隣に位置し墓の向きは久清と同方向であるが、形状や規模は井津のものとほぼ同じである。ただし、墓に到るまでに十一段の階段が設えてあり久清の墓より低く、井津の墓より高い位置にある。

この久矩の墓も井津の墓と同様、マウンドと内郭を持ち花頭様の飾り石が配されている。

墓碑には「中川清八久矩之墓」と刻み同じく台石の上にのり頂部は花頭様に装飾され墓碑のみの高さは九十二cmを計る。馬鬣封は一石にて作られ、馬鬣封の高さはおよそ六十一cmである。

墓を構成する石材は、現地やその付近で切り出すことのできる安山岩もしくは凝灰岩を使用している。

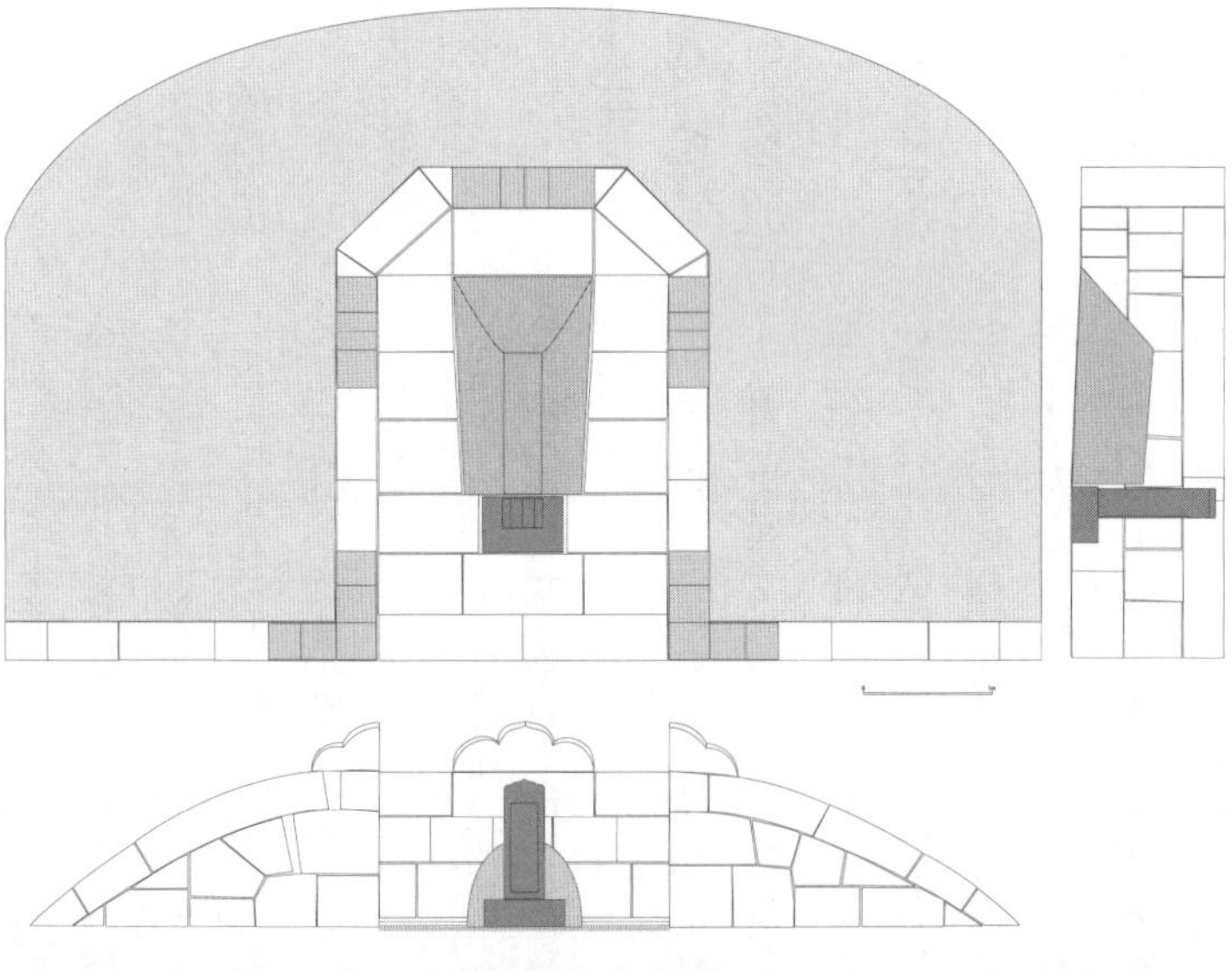

図4　中川久矩墓

写真3　中川久矩墓（正面）

（三）久清側室稲生六子（図5）

稲生（山中とも）六子は、山中六右衛門利勝の娘で承応三年（一六五四）に京都にて召し抱えられ岡に下った後、御奥御居間勤めとなって久清との間に四郎三郎・平六・清八と三人の男子を生んだ。

後、お客人となり、寛文十年（一六七〇）井津が亡くなった翌年に没する。

墓所は、竹田市拝田原の標高およそ三〇〇メートルの山上[9]にあって、城がある南を向いて単独で造営されており独立性が高い。

墓碑には「稲生氏之墓」とあり、先述のとおり墓の形状や様式は井津や久矩のものと酷似しているが、全体的な規模はやや小ぶりとなる。やはり墓碑は一段の台石にのり頂部に花頭様の装飾をして高さ六十六cm（墓碑のみ）、馬鬣封は一石で高さ五十七cmである。

墓を構成する石材は、付近で切り出すことのできる凝灰岩もしくは安山岩である。

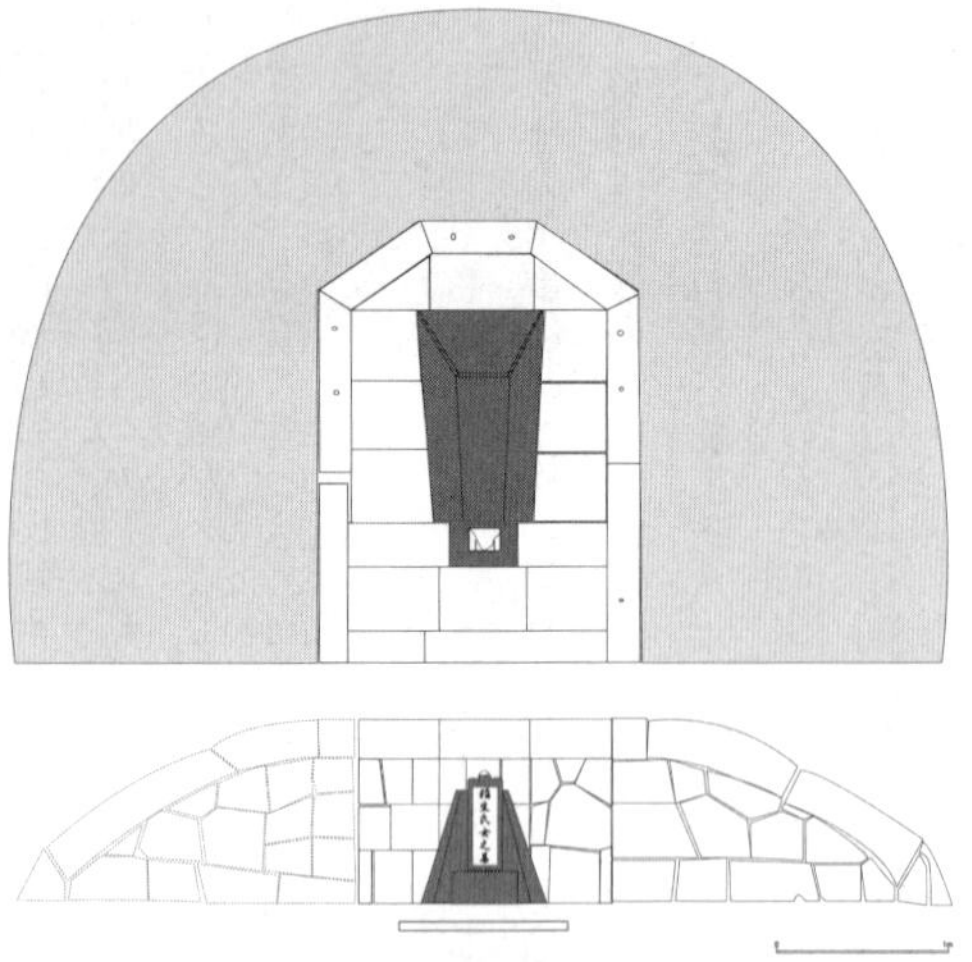

図5　稲生六子墓

墓所造立のいきさつは、御年譜ではなく『諸士系譜』[10]稲生氏の項に詳しい。

それを見ると「宝俊院（御寝間勤を許され客人扱となり剃髪した六子）が死去した節は、ご隠居様（久清公）のお考えによって、君ケ迫組拝田原山に儒葬することを申しつけられ、儒礼御用万端、四郎三郎が執り行うよう命じられた」とあり、久清と六子の間の長子である四郎三郎が父久清の意思に従い儒礼をもって葬送し墓所普請を実行したことを示している。

管見によれば領内で藩主の正室や側室にかかる墓は、普通、菩提寺である碧雲寺や西光寺の墓所にあって、それ以外に単独の墓所が作られるのはまれである。

その独立性の高い立地と単独の墓は、稲生六子の存在を際立たせており、その様相から造営を指示した藩主久清の格別の目かけを感じざるを得ない。

ここまで三者の墓が、様式的に酷似した一群である。

三者とも藩主久清公の意思、命令が造営の契機であることが明確で、造営者は稲生六子については四郎三郎が行ったことが記録で明らかになっている。井津、久矩についての造営にかかる記録はないが、同様式であることから六子同様、久清の命をうけた四郎三郎によって企画されたという可能性は、考えられるのではないだろうか。

いずれにせよ、儒教を信奉した久清公による意思は、自らの縁者のうち限定的に発揮されていたことがここで明確にわかる。

この稲生六子が亡くなってから十年後、久清は岡城にて逝去した。

（四）三代藩主中川久清（図2・写真4・写真5）

久清公の臨終に際しては、中川氏御年譜附録[11]に詳しく「儒教」によって葬送された様子が取り上げられている。

そのうち御年譜編纂にも尽力した藩士大田原具顕の家説、大田原権六譜によると、天和元年（一六八一）十一月十九日、かねてから病の久清はいよいよ容体が重く大田原権六は側に詰めていた。

久清公は床に伏せ目を塞いでいたので、権六は「先年、清水にて了介（熊

第六部

写真4　中川久清墓（正面）

写真5　中川久清墓（左側面）

沢蕃山）が申し上げた神心の祭は、もはやこの節に至り取計らうべきでは」と申す。すると久清公は目を開けて「ニッ」と笑い「取計らい候得」の意を示したという。

権六と平十郎は早速、席を立ち錫の鉢に水を溜め、三方に乗せて居間の御床の上に置き、再び久清公の側につき「水はただいま備えました、御心持ち随分心強くなられたのでは」と申すと、再び目をあけ権六をジッと見て「心安くあると思え」とおっしゃったが、その後再び目を覚ますことなくそのまま息を引き取ったという。

「神心之祭」とは、すでに松原による言及があって、了介（熊沢蕃山）が伝えた複哭の儀であると指摘されている。[12] 久清が「ニッ」と笑ったくだりからは、儒教のしきたりによって旅立てることに大いなる満足を得た様子がうかがえる。

また、別の記録として藩港のあった三佐に詰めていた役人へ老職三名が出した書簡には、「御隠居様戒名之儀、御使者尋申時之儀御申越候、儒道之御取置ニ候得者、御戒名無之旨答被申尤ニ候」とあった。

これは久清公の戒名がないため、もし使者などから尋ねられれば、ただ無いと答えるだけでなく「儒道により葬送するため戒名が無い」と答えることがもっともだ、という指示の書簡であるが、ここからは通常ではない葬送を執り行う家臣の気苦労がうかがわれる。

特に久清治世下で、キリシタン露見事件[13]が起きたことからその影響がたぶんにあったことを感じさせる一文である。

十一月二十日に亡くなってから一日空けた二十二日に斂棺の儀があり、二十八日に出棺し大船山の麓の有氏村で一泊して、二十九日に子どもや家臣に付き添われ大船山の墓所に葬られた。この墓所は、寛文二年（一六六二）八月に本人自らが登って定めたもので、大船山の中腹標高約一四〇〇メートルにある「鳥居ケ窪」と呼ばれる平地の先端部であった。

家老達は直接山に詰めて墓所修築のあらましに仕舞いをつけ、翌十二月二日には番人を残し下山したとある。

年明け正月二十一日には京都へ石碑の用立係が走り、二月十六日から本格的な普請に取りかかった。造営奉行らは小屋掛けして詰め、三月二十一日には京都から石碑が到着、五月二日には霊屋の作事伝授のため家臣が上京し二十九日から霊屋の普請を始めている。

そしておよそ三ケ月後の天和二年八月二十六日、普請成就となる。

造営当初の様子は伝わってはいないが、天保年間の記録[14]によれば、登山道に下馬札があり駒立二箇所あり脇へのびる石段が設けていて、それをおよそ百四十階登ると、門がありその中が墓所であったという。

それより内は板囲いになっていて、久清の墓は高い石垣の上に赤銅色の

第六部

瓦葺き、本殿のような建物の中にあり、久矩・井津は格子戸のうちにあったという。

さらにこの墓所には番人が一名常駐し七日ごとの勤番していた。

番人役所は墓所より少し北に下がったところにあり、もともと石切を行なっていた場所と考えられている。

なお、この記録には墓の姿も詳しく記されていて、頂部を山形に整形した墓碑と烏帽子型の石（石製馬鬣封のこと）が置かれていたと絵図入りで紹介されている。

現在、久清墓が立つ場所は壮麗な石垣が築かれ左右方向に階段をしつらえて、拝所を有し精緻な切石積みになっている。石垣の広前には家老達が献じた石灯籠が立ち並び、最上段には四代藩主となった久恒奉納の石灯籠が四基立って、その内が板石を敷き込んだ内陣となる。内陣には玉垣が巡らされているが破壊が激しい。また板石も場所により不揃いで状態としては良くない印象を受ける。

立地は久清の墓を最高点として清八久矩・井津と標高が下がり久清墓より一瞥できる距離にある。

墓碑は花崗岩製と目され三段の台石の上にのって頂部は円弧状に仕上げられている。高さ一二七㎝（墓碑のみ）、馬鬣封は墓碑と少し離れて置かれ一石で高さ五十四㎝であった。

以上、四者の墓を見てきたがここで気を付けたいのは久清の墓のみが、異なる規模、様式だということである。

異なる点を挙げると、墓そのものの規模が大きいこと、前面の碑が高く基壇が複数あること、前面の碑の高さに比べ馬鬣封が小さいこと、前面の碑、馬鬣封ともに花崗岩と見られる石材を使用していること、六子らの墓でみられたマウンドと切石囲いの内郭が明瞭でなく一部切石積みの安山岩塊が乱積みされた内郭であること、そして玉垣の存在である。

とくに碑と馬鬣封との相対比は違和感すら覚えるため、以下に筆者が一期とした儒式墓の墓碑のみの高さと馬鬣封のみの高さを抽出し比率を出して対比させてみた（表2）。

それを見ると久清公墓の馬鬣封が突出して小さいことがよくわかる。

これに台石の高さを入れればさらに大きな違いとなるが、これらの違いには、いくつかの理由が考えられる。

ひとつは、久清の墓は、昭和八年（一九三三）までに藩士の子孫たちによって、改造・改修されたことである。

そのことは墓所内にある石碑に刻まれており、それによれば明治十四年（一八八一）頃には霊屋が焼失し「墓表」破損、現在の石に改造されたことと、明治二十六年（一八九三）に匪徒が霊域を発掘したため仮修し、昭和八年（一九三三）に現状改修したことがわかる。

なお、霊域発掘については『大分県警察史』に重要犯罪として取り上げられていて、明治二十年（一八八七）に玖珠郡から来た石工がおよそ一ヶ月近くかけて掘り、あと少しのところで落雷に遭い断念したのだとあった。

いずれにしても、現在の墓標は明治に作り変えられたことがはっきりしていて、墓所の前面で見られる切石積みが大ぶりで見事なのに比べ内郭施設の石積みは規模も小さく状態がよくないこと、内陣に敷かれた板石も部分的に不揃いなこと、墓碑と馬鬣封のバランスがよくないこと、は盗掘後の改修の影響である可能性が高い。

いまひとつの理由は、藩主の身とそれ以外の身であることからではない

墓所名	A：墓碑高（㎝）	B：馬鬣封高（㎝）	比率（B／A）
井津墓	83	75	9/10
久矩墓	92	61	7/10
稲生六子墓	66	57	9/10
久清墓	127	54	4/10
久豊墓	92	92	1
久虎墓	80	68	9/10

表2　墓標高と馬鬣封高の対比表

だろうか。

使用石材については、久清は花崗岩と目される材を使っているのに対して、井津ら三者は在地産と見られる安山岩もしくは凝灰岩を使用している。領内でも花崗岩を採掘することはできるが、わざわざ御年譜に記載されていることから在地のものとは考えにくい(15)。

また、規模の違いについても然りであろう。

ただ、久清墓については後世の改変が大きいと見られることからなかなか判然としない部分もある。

現在、竹田市教育委員会によって整備事業が行われているが、整備委員会の指導助言によって一部発掘調査も行っていて、改修の様子、それ以前の姿を解明しようとしている。

今後の調査報告には、大きな期待が寄せられる。

さらにもう一つ注意しておかなければならないのが、同様式の久清縁者三名の墓と久清墓所の実際の成立順である。

没年順は、井津→六子→久矩→久清とそれぞれ、二年と四年、六年の開きがあり、御年譜に各々記載された「儒葬ス」を信じるのであれば足掛け十二年間のうちに次々と普請されていったことになる。

久清の墓所普請については、御年譜における寛文二年（一六六二）八月「大船山ニ登リ、鳥居箇窪ニテ御寿蔵ノ地御見立テ、角木建置レ、追々御兆域御普請仰セ出サル」の記録が初出で、井津が幼くして亡くなるのはこの見分から五年後のことであった。

「追々」云々の言を信じるのであれば井津・久矩の墓がすでにあった後に久清公墓を整備したと考えてもよいのではないだろうか。

ひとまずここでは、「造塔の順は没年と同じであること」、そして「久清の墓がそれ以前の三者のものと大きく異なるのは、王たる者としての格の違いと後世の盗掘による破壊の結果である」と理解しておきたい。

ところで久清と六子の間には、三人の男子が生まれている。

長男（久清息としては次男）は四郎三郎・次男（久清息としては四男）は平六・三男（久清息としては六男）は清八で、それぞれ長じて「四郎三郎→久豊」、「平六→久和」、「清八→久矩」と名乗る。このうち久矩は若くして没してしまうが、久豊、久和は永く生きた。

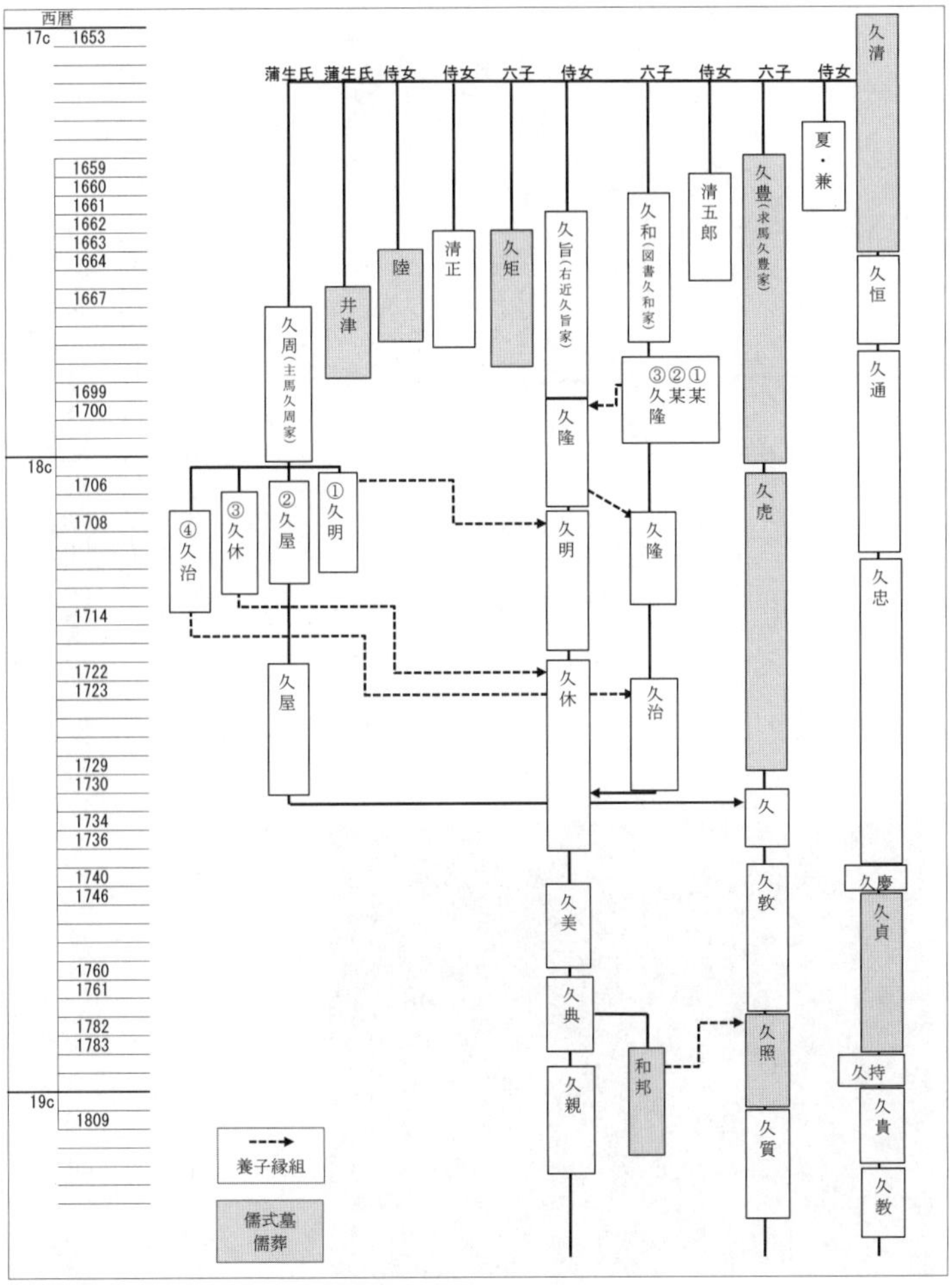

図６公族老職家　家督相続略図

また話は前後するが、久清は正室である石川忠総娘種との間に長男清蔵久恒をもうけていて、家督を継がせ四代藩主とする。

さらに、久恒以下の弟として久豊・久和のほか、名不明侍女との子「七三郎久旨」、側室蒲生藤四郎義行娘との子「助五郎久周」が大成し、中川の血脈を継ぐ御舎弟四兄弟としてそれぞれ老職となり中川惣領家の「分家」とした。

「求馬久豊家」「図書久和家」「右近久旨家」「主馬久周家」の四家は「公族老職家」と称され、他藩より迎えられた当主があった場合に娘を輿入れさせることで中川の血脈を保持する役目を担っていき、「公族老職家」同士でも血統存続のため頻繁に養子縁組みが行われ家督の統合や分離が繰り返されている（図6）。

その「公族老職家」でもっとも年長で、久清が特別目をかけたであろう六子の子である中川久豊は、父母弟と同様、墓所を菩提寺ではない城下の南にある留山（藩有林）、保全寺山とし、儒教式の墓を作った。

（五）中川久清息家老中川求馬久豊（図7・写真6）

久豊の墓は、岡城下より三kmほど南南西にある小富士山から、東北東に派生する尾根上にあり南東を向いて作られている。

墓碑は三段の台石の上に置かれ、正面に「中川氏源久豊塔」と刻みその頂部は花頭様に装飾して、墓碑のみの高さは九十二cmある。一石作りの馬鬣封は高さ九十二cmでおそらく在地系の凝灰岩か安山岩で作られている。

これまでの儒式墓と同じく、墓碑の前には拝石を据えて墓碑と馬鬣封を囲うように板石を敷き詰め内陣とするが、その周囲には玉垣を設えてあったことが一部に残る柱痕からうかがえる。墓所の前面には、内側に向けとび口のように加工された門柱が立っていてその厳かな構えを想像することができる。ただ六子墓や久矩墓などとは異なり、周囲の盛土施設は痕跡も含め確認することができない。

また、墓碑に両側面から裏面に渡り銘文が刻まれている点で既出の儒式墓とは異なる（写真7）。

銘文には久豊の事績について記されていて、久豊が岡城で生まれたこ

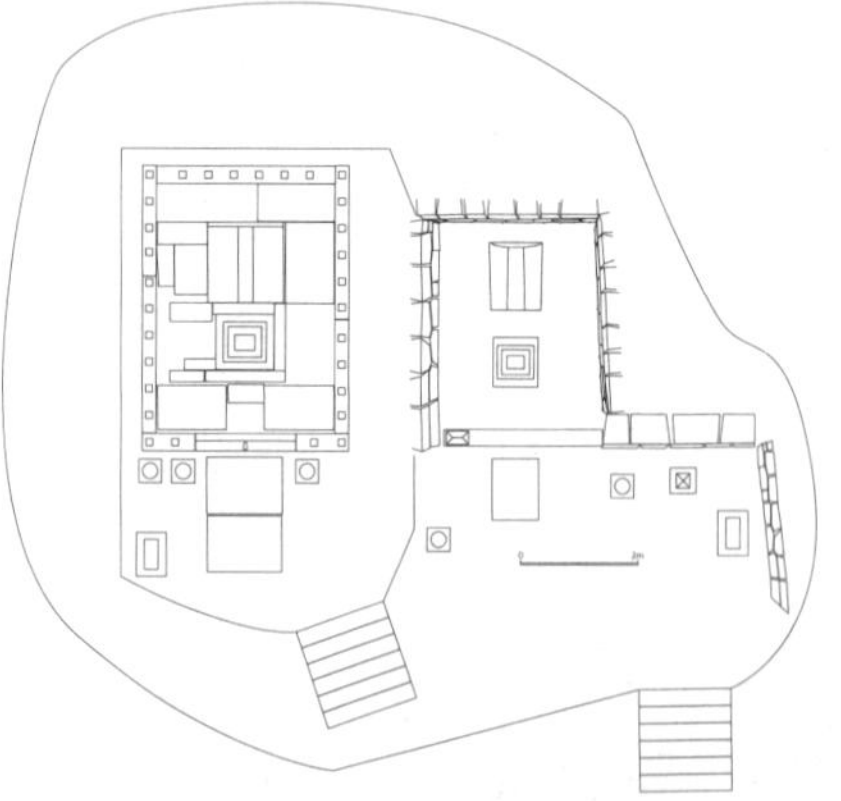

図7　中川久豊・久虎墓所

写真6　中川久豊墓（右側面）

写真7　久豊墓碑銘文（右側面）

とから、太祖中川清秀から六代後の子孫であること、領主久恒に仕え宰相となり国政に参与したこと、宝永三年（一七〇六）九月十日、享年四十八歳で病により自宅にて亡くなったこと、その自宅の南、保全山（原文ママ）に葬られたこと、さらにその業績・人徳を讃えた漢詩が記されている。

儒葬の場合、棺の上に墓誌を置くことになっているが、ここでは墓碑そのものにも刻まれていて、これまでの岡藩型の儒式墓では見られない「様式」である。

写真８　中川久虎墓（正面）

（六）中川久豊息家老中川右門久虎（図７・写真８）

その久豊の正嫡、右門久虎の墓も同じく儒式にして久豊墓の左脇、一段下がった場所にあり、すべての規格において父久豊のものより小ぶりにできている。

墓碑は久豊墓と同じく三段の台石の上にあり正面に「中川氏源久虎塔」と刻み頂部を花頭様にして高さは八十cm（墓碑のみ）で、馬鬣封は一石で高さ六十八cmである。

儒式墓の周囲は、石垣にして囲い、そうしてできた内陣にも板石を敷く、内陣より前面に拝石を置いて石垣は地勢に制限されながら両翼にのびている。ただ、明確な盛土の状況は見受けられず、久豊墓と隣接し一段下げたため石垣を設置したように見受けられる。

また、この久虎墓にも墓碑に銘文があって久豊墓と近似する。

墓碑には久虎の出自として久清公の孫、久恒公の甥、久豊の子の順で記載し、その事跡・功績・没年、さらに遺言をもって保全寺山の父久豊の「塚下」に接し葬ったと記している。

このことから、この墓所の造立意思は久虎自身にあったことがはっきりして、よく似た墓であることと、規模が父久豊のものより小さいこと、この二つの特徴が久虎本人の意向と見られる点で注目できる。

なお、この久豊、久虎親子の墓が儒教式として連続するのに対して、その間他の「公族老職家」である「右近久旨」「図書久和」本人や、その家督相続者たちは墓所を碧雲寺として仏塔を建てている。このことは惣領家においても同様で、「求馬久豊家」が単独での墓所を連続して設けた点は特異な例となる。

そして、この単独立地で岡藩型儒教式墓を継承していく者が、稲生六子の血族、中でも久豊家である事実についても実に興味深く注目すべき点である。

（七）追遠碑について

この久豊、久虎の墓所には「追遠の碑」「先考（献孝）墓碑」と題される後世の石碑が建てられている点も注目しなければならない[16]。

まず久豊墓にある「追遠の碑」は墓所に向かって左手に位置し。建立者は八代から十代の藩主に仕えた家老中川久照であった（写真９）。

彼は久豊から数えて四代後の「求馬久豊家」の家督で「文化二年（一八〇五）秋九月　孝孫　中川久照謹建」と記している。

銘文には、久豊の出自や経歴、家族や法号、加えて没後から百年忌にあたり「従国家大制用浮屠法祭致追遠之志且建碑銘焉曰」として、この碑文が国家の大制である仏法により追遠法要を行い記念して碑を建て万福を願ったことが記されている。

また、久虎墓にある石碑は墓所に向かって右手に位置し、建立者は六代から八代の藩主に仕えた家老中川久敦で、彼は久豊より三代後の「求馬久豊家」家督で「安永八年（一七七九）己亥春三月念七日　嗣子源久敦謹誌」と記している（写真10）。

銘文には明記されていないが、久虎没後、五十年遠忌に由来したと見られ、碑の前面には久虎の出自や功績について記されているほか、惣領家と公族老職家との婚姻や、久敦自らの跡目相続についての記述があり、裏面には久虎を讃える漢詩と先の建立年月日などが記されている。

これらの追遠の碑を建てたのはいずれも「求馬久豊家」の家督継承者であるが、実はいずれも養子である（図6）。

久敦は、「主馬久周家」の出で、先代久屋代より「久周家」の家督を継いだまま「久豊家」に入り両家の家督となっていた。その久敦の跡を継いだ久照は「右近久旨家」から養子に迎えられ、彼の在所である「久旨家」は「図書久和家」の家督も継承していた。

写真９　久豊追遠碑

写真10　久虎先考碑

複雑であるが、彼らが久豊家の元々である「稲生六子」の血統ではなかったことは明らかで、その彼らが祖先に対して「追遠」「遠忌」の祭りを「国家の大制であった浮屠の法」によって行ったこと、そしてこの久虎より六十年ほど儒教式墓が作られなくなることは、関連があるように思えてならない。

四　小結

本稿においては、岡藩における儒式墓について三つの時期に区切り、そのうち草創期とでも言うべき一期についてみてきた。

三代藩主久清は、中川井津の墓塔より「岡藩型儒教式墓」の形式を創始し、当初はその儒式墓の外郭にマウンドがあって内郭は切石積みにして墓塔を囲うという様式であった。久清はこれらを壮大に発展させた墓所を自らのために造営し、霊屋を設えた大型の墓所を築いた。

この儒式墓の形式は、久清没後その側室「稲生六子」から生まれた子が中心となって受け継ぎ、「公族老職家」として重要な立場であった「求馬久豊家」が儒式墓を受け継いでいった。

一方で久清後の惣領家では碧雲寺に墓所を築き宝塔や五輪塔の下に葬られた。

ただし、求馬久豊家においても久虎没後の家督は嗣子となり、以来儒葬を行なった記録や儒式墓を建てた遺跡を確認することができなくなる、というのが一期の流れであった。

この流れから、儒教の受容や儒式墓の造営には、藩主の強い意向により領内の雰囲気が作られ、その雰囲気の中で積極的に受容するのはまた一部の家系であり、その相続も血族に縛られ限定的であったことが見えてきた。

さらに積極的に儒教を受容した「中川求馬久豊家」において、久虎墓が成立してから儒式墓の造塔は途絶えていたが八〇年経て儒式墓が作られる。

その人物は、久豊塔に「追遠碑」を送った家老中川久照であり「右近久旨家」から養子に迎えられた「久豊家」の当主であった。

そしてその時期は、安永年間からはじまる儒教復古の時代、岡藩型儒教式墓第二期にあたり、この儒教復古を行ったのは三河松平家から養子に迎えられた八代藩主久貞であった。

彼は寛政二年（一七九〇）に没したが、久清公墓との相似形とでもいうべき儒教式墓を作らせ、以降再び岡藩型儒教式墓が続々と作られは始めるのである。[17]

この一期においては、可能性として「岡藩型儒教式墓」の造立と久清公にその側室稲生六子、そしてその血族が深く関わっていることを示したが、血族としては亜流となる中川久照が「追遠碑」を建てたのち、自らの墓所を儒教式とした点は久照の心変わりと捉えることもできる。その心変わりのきっかけとして、二期における儒教の大流行があって、それまでの儒式墓の形式、様式が多様化し、儒式墓を選択する人物も多様化することに現れたのではと考えている。

本稿ではここで筆を置くが、今後、その様相についても機会があれば私見を表していきたいと思う。

（豊田徹士）

註

1 坂詰秀一・松原典明編　二〇一三『近世大名墓の世界』雄山閣。
2 吾妻重二　二〇一〇「日本における『家礼』の受容 - 林鵞峰『泣血余滴』、『祭奠私儀』を中心に - 」『東アジア文化交渉研究第三号』。
3 松原典明　二〇一七「近世大名墓から読み解く祖先祭祀」『アジア遊学二〇六宗教と儀礼の東アジア』勉誠堂。
4 緒方町誌編纂室　二〇〇一『緒方町誌　総論編』緒方町。
5 註3に同じ。
6 豊田徹士　二〇一四「岡藩における「儒式墓」」『石造文化財6　斎藤忠先生追悼号』雄山閣。
7 註3に同じ。
8 竹田市教育委員会　二〇〇七『中川氏御年譜』竹田市。
9 この山は、当時拝田原山と呼ばれていたが、現在はお兼山と呼ばれている。それは田近喜八郎の妻「兼」の墓所があることから通称されているが、その「兼」とは、万治元年（一六五八）久清と名不明侍女との間に生まれ、重臣田近家の次男へと嫁いだ女性である。貞享四年（一六八七）に亡くなり拝田原山に葬られるが、墓塔そのものは儒式墓の形をとっていない。
10 『諸士系譜』竹田市立歴史資料館蔵。
11 竹田市教育委員会　二〇〇七『中川氏御年譜附録・別紙』竹田市
12 註3に同じ。
13 万治三年（一八六〇）長崎にて訴人により領内の二名のキリシタンが発覚した事件。領内では初のキリシタンの露見で、のちに万治露見と呼ばれ藩及び豊後国を揺るがす大事件となった。
14 柄木田文明　二〇〇七「中条唯七郎九州道中日記」『成蹊論叢』四四。

15　改修後の石碑も花崗岩と思われる石材が使用されている。
16　註3に同じ、松原はいち早くこの「追遠碑」等に着目し、祖先祭祀の一例として指摘していた。
17　註5に同じ。

挿図出典

図1は、国土地理院色別標高図を転載。
図2・3・4・5・7は、松原・豊田作製図を使用。
その他の図は、全て実査により作製。

Ⅱ　廣瀬家史料に見る葬送儀礼について—淡窓・旭荘を中心に—

はじめに

廣瀬家は初代廣瀬五左衛門(一六五六～一七四二)が延宝元年(一六七三)に筑前国博多から豊後国日田に転住したとされ、屋号を堺屋、後に博多屋と称した。天保五年（一八三四）に編纂された「廣瀬家譜」によれば、廣瀬家の祖先は甲斐国武田信玄の家臣廣瀬郷左衛門の弟で将監正直の系譜とし、日田へ転住した五左衛門は正直の孫にあたるとされている。また日田での所在は日田御役所（日田代官所）の陣屋町として栄えた豆田魚町通りに居を構えていた。

二世源兵衛（一六七九～一七六六）からは御役所の出入りを許され、先の家譜によれば「農作を営み、蝋油を製し、諸産物を上方に登するの類」を家業としていたとある。その後、三世久兵衛（一七一四～一八一七）のときには家業を拡大し、次第に田畑や山林・家屋などの資産を蓄えて家産の安定を図っていった。

四世平八(一七四七～一八一二)。俳号は秋風庵月化。以下「月化」と表す）の頃には、岡藩や府内藩など四藩の御用達を務めるようになり、弟で五世の三郎右衛門（一七五一～一八三四。俳号は長春庵桃秋。以下「桃秋」と表す）や六世久兵衛（一七九〇～一八七一）の時代にはさらに御用達を務める藩が九州諸藩の内、十五藩にまで広がっていた。また、江戸幕府の御用金を取扱う「掛屋」にも任じられるなど有力な商家として発展していった。

初代五左衛門は寛保二年（一七四二）八十七歳で死去すると、豆田町に隣接する中城村大超寺に葬られ、それ以降は廣瀬家の菩提寺となり現在に至っている。大超寺は元和四年（一六一八）日田藩主の石川忠総によって寄進・建立された浄土宗寺院で、日田代官を務めた南条金左衛門や西国郡代として在任した羽倉権九郎などの墓がある。

大超寺境内には、廣瀬本家の墓所「浄安園」のほか、「慈光園」や「㋟墓地」、「一条園」など分家の墓所も所在するが、五世桃秋の長男で儒学者や教育者として私塾「咸宜園」を経営した廣瀬求馬（一七八二～一八五六。号は淡窓。以下「淡窓」と表す）夫妻やその他の咸宜園関係者の墓所は淡窓が生前に自ら選定し、造営を行った「長生園」[1]に葬られている。

廣瀬家の発展に貢献のあった人物の内、文人や経世家として活躍した八名を「廣瀬八賢」と呼んでいる。

その筆頭は四世の月化であり、三世の父久兵衛の影響を受けて早くから俳諧に親しんでいた人物である。月化は家業を弟の桃秋に譲って隠居すると豆田町の南に位置する堀田村に秋風庵（現在の咸宜園跡地）を建築し、九州俳諧の中心人物の一人として広く文人と交流した。また甥にあたる淡

第六部

窓は幼少期に秋風庵で月化夫妻に養育されていたこともある。

　月化の弟桃秋は、八賢人に名を連ねる淡窓や秋子（一七八四～一八〇五）・久兵衛（一七九〇～一八七一）・旭荘（一八〇七～一八六三）などの父で、兄と同じく俳諧を好んだ人物であったが、代表作「箒木《ははきぎ》」など小説の創作も行っていた。一方で地元の羽野天満宮に対する筆塚の奉献や蕪観音堂、神宮寺の弥勒堂の建立など神仏への崇敬が篤かったことでも知られている。

　そのほか、儒学者や教育者として著名な淡窓や旭荘、淡窓の義子青邨（一八一九～一八八四）、旭荘の長男林外（一八三六～一八七四）などはいずれも私塾咸宜園の塾主を務めていた。また、兄の淡窓に代わって廣瀬本家を経営した六世久兵衛は九州諸藩の御用達を務めるなど経世家として知られる。八賢唯一の女性は淡窓の二歳下の妹で京都の宮中務めをした秋子《ときこ》を含む八名を「廣瀬八賢」としている。

　本稿では、廣瀬家に伝わる史料から淡窓や旭荘に関する記事を中心に葬祭儀礼の一部を取り上げ、廣瀬家や淡窓に関わる葬儀の実態と祖先祭祀（崇拝）のあり方について見ていきたい。

図１　廣瀬家墓所「浄安園」（日田大超寺）

図２　廣瀬淡窓墓「長生園」（日田長生園）

一　廣瀬淡窓と咸宜園の服喪について

廣瀬淡窓は、三浦梅園や帆足万里と並ぶ「豊後の三賢」の一人で、儒学者や教育者として知られている。また、漢詩人としての才能も高く、「海西の詩聖」と称されるなど、菅茶山や頼山陽とともに「江戸時代後期の三大漢詩人」とも言われる。

　淡窓の学問は、伯父の月化や父桃秋から俳句や書法の手ほどきを受けたのが始まりとされ、七歳の頃には桃秋より「孝経」や「四書」を学んでいた。その後、寛政三年（一七九一）淡窓一〇歳の時、廣瀬家に寓居していた筑後出身の儒学者松下筑陰（号は西洋）の門下となり、詩作の教授を受けるなど本格的な学問が始まった。寛政六年、筑陰が佐伯藩校「四教堂」の教授に招聘されると、その翌年淡窓は師の後を追って初めての遊学を行っている。

　佐伯での遊学後、淡窓は十六歳で福岡の徂徠学を奉じる亀井南冥・昭陽父子の亀井塾に入門した。当時、南冥は蟄居謹慎の身であったため、塾ではもっぱら昭陽に師事していた。亀井塾での学問は実質二年余りであったが、後に自らの塾を経営する際に教育方法や塾舎での共同生活など、この塾での経験が大いに役に立ったものと思われる。

　遊学経験の少なかった淡窓の学問は、そのほとんどが独学であったとされている。『約言』『析玄』『義府』『迂言』など多くの著作を残しているが特定の学派に捉われず、独自の「敬天思想」を確立し、実践的行為である「善行」を常に心がけた徳行家でもあった。

　儒学者の淡窓は、身近に起こる家族や恩師、門人たちの凶事にどのように接してきたのか。『淡窓日記』（以下、日記と表す）や自叙伝『懐旧楼筆記』（以下、筆記と表す）の記事を参考に淡窓の喪葬や祖先祭祀における思惟とはどのようなものであったかを概観する。

（一）家族や恩師、門人の凶事

文化二年（一八〇五）七月十七日の条〔妹の死　淡窓二十四歳〕

此年ノ七月十七日。妹秋子京師ニ於テ病ンテ没セリ。初メ兵衛佐君四月ノ比ヨリ外邪ニ感シ玉フ。陰症ノ傷寒ナリ。秋子其傍ニ看侍シテ。朝夕暇アラス。病久シキヲ經テ。六七月ノ間ニ至リ。終ニ没シ玉ヘリ。秋子此ニ於テ。即日ニ剃髪セリ、法名ヲ慈等ト云フ。此ハ剃髪前ヨリ定メタル名ナリ。已ニ葬ヲ送リテ。菱屋源兵衛カ家ニ歸リ。其夜ヨリ病ニ臥ス。亦傷寒ノ症ナリ。十日ホトヲ經テ。彼ノ宅ニ終レリ。〔筆記〕

生来病弱だった淡窓は、十八歳の時に大病を患い、これを妹のアリは寝食を忘れて献身的に看病を行った。ついには大誓願を発して淡窓の命に代わらんと仏に誓いを立てたほどである。その願いは叶って淡窓は一命をとりとめたとされる。

図３　廣瀬秋子墓（日田大超寺）

図４　廣瀬秋子墓（京都称名寺）

その後、アリは京都の官女で風早局に仕えることになり、名前も秋子と改名した。風早局は秋子を厚く寵遇したが程なくして局は病に倒れ、看病の甲斐なく没してしまった。また秋子も葬儀を終えた夜に発病し、わずか十日後に病没する。享年二十二歳であった。

この訃報に接した淡窓は秋子が十六歳の頃、自らの生命を賭して、自分を守ってくれたことを思い返し妹の死に嘆き悲しんでいる。

後年、秋子の墓が不詳となっているのを聞いた淡窓は弟の旭荘に依頼して新たな墓碑を建立することにした。秋子の法名は生前から「慈等」と決まっていたが淡窓は妹に諡して「孝弟烈女廣瀬氏墓」と刻んだ墓碑を京都称名寺に建立した。また廣瀬家菩提寺の日田大超寺にも同様の墓を建てたが、これには「孝弟烈女廣瀬氏之墓」と刻銘される。その後、淡窓は「孝弟烈女詩」と題した長恨の漢詩を作っている。

文化十三年（一八一六）七月九日の条〔門人の死　淡窓三十五歳〕

七月九日。古田豪作桂林園ニ於テ没セリ。歳二十二。諸生塾ニ死スル者。是人ヲ以テ始トス。是ヨリサキ。六七日以來。塾中痢ヲ病ムモノ多シ。豪作モ其一ナリ。時ニ予小恙アリ。桂林園ニ行カズ。往來スル者ニ。豪作カコトヲ問ヒシニ。憂フルニ足ラズトイヘリ。此日ノ暮ニ及ンテ。令助走リ來ツテ。豪作カ病急ナリト報ス。驚キ走ツテ行イテ見シニ。已ニ事キレタリ。厠ヨリ返リ。眩暈シテ倒レシカ。其ママニ開カズトナリ。發病以來七八日ナリ。予先考ト專ラ往來シテ。喪事ヲ經紀セリ。俵屋幸六佐伯ノ用達タルヲ以テ。來ツテ予ヲ助ケテ。喪事ヲ經營シ。又人ヲ遣シテ佐伯ニ報ス。其屍ハ大超寺銀杏樹ノ下ニ。假リ埋ミセリ。其ヨリ十日程ニテ。豪作ノ兄惠十郎佐伯ヨリ來ル。是ニ於テ。改メテ葬式ヲ行ヒ。益多其碑文ヲ作リタリ。今大超寺ニ

存セリ。〔筆記〕

淡窓は文化二年（一八〇五）二十四歳の時に豆田町の長福寺学寮を借りて初めての私塾経営を行っている。その二年後には新たな場所に学舎を建築して「桂林園」と称し、初めて「入門簿」を作成するなど塾は大きく発展していった。その頃、豊後佐伯藩から入門した中島益多（後に子玉）と古田豪作の二人の青年が学んでいた。淡窓の門人で在塾中に死没したのはこの古田豪作が初めてであり、その最期を淡窓は日記や筆記に書き記して才能ある若者の死を悲しんでいる。墓は廣瀬家墓所のある大超寺に葬った。墓石正面には「古田子由之墓」と銘があり、他面には同窓の中島益多の追悼文が刻まれている。その後、在塾中に亡くなった計三名の墓が同寺にあるが、いずれも戒名を持たない俗名での墓としたのは淡窓の考えによるものであろう。

図５　古田豪作墓（日田大超寺）

文政五年（一八二二）二月二十一日の条〔伯父の忌日　淡窓四十一歳〕

二月二十一日。伯父歿後五十一日ニ當レリ。予之ヨリ持齋ヲ休メ。内外出シテ人事ニ預レリ。本ハ暫ク喪ニコモラント思ヒシカトモ。内ハ多病。外ハ多事。其志ヲ遂クルコト能ハス。哀哉。〔筆記〕

文政五年（一八二二）十一月十六日の条〔伯母の忌日　淡窓四十一歳〕

十一月十六日。官府ニ到レリ。今暫ク伯母ノ喪ニ居ラント思ヒシカトモ。時制限アリ。且世事ニ累ハサレ。僅五十日ニシテ。遂ニ二喪ヲ除キ。門ヲ出テタリ。〔筆記〕

以上の二つは伯父と伯母にあたる月化夫妻の服喪の記事である。二人は幼少時代の淡窓を育てた父母同然の存在であった。幕府が定めた服忌令によれば、本来、伯父・伯母の忌日は二十日であり、例え養父母と見なしても三十日となる。父母と同等の五十日としたところに淡窓の服喪に対する姿勢の深さが見てとれる。

天保五年（一八三四）の項〔父桃秋の凶事　淡窓五十三歳〕

予今年五十三。供養ノ日長シト云フヘシ。李令伯カ言ニ。人ノ弟タランヨリハ。寧ロ人ノ兄タラン。如何トナレハ。供養ノ日長シト。然レハ。天ノ我ニ福ヒスルコト。厚シト云フヘシ。恨ムル所ハ。供養ノ日長シト雖モ。孝養ノ力見ルヘキナシ。且屡病難ニカカリ。親ノ心ヲ労スルコト萬端ナリ。天祿厚クシテ。人報之ニ稱ハス。之ヲ何トカ言ハンヤ。先考没後。今日ニ至ツテハ。餘慶ニ因リテ。虚名ヲ世上ニ偸ミ。福祿モ亦之ニ随ヘリ。若シ父母堂ニアラハ。其心ヲ慰メ。孝養ノ一端ニモ當ツヘケレトモ。事已ニ及フコトナシ。古人負米ノ歎。誠ニ心ニ迫ル所ナリ。

先考ノ行狀ハ。廣瀬家譜ニ載セタリ。故ニ此ニ贅セス。喪中魚町ニ

第六部

來往シ。兄弟一室ニ會スルコト毎日ニシテ。数旬ニ及ヘリ。因ツテ相議シテ。家譜ヲ作ル。予主トナリテ。久兵衛。伸平。謙吉之ニ與参ス。高祖五郎左衛門君ヨリ始メ・先考ニ至レリ。書法。高祖ヲ稱シテ始祖トシ。高祖妣ヲ始妣トス。曾祖ヲ二祖。王父ヲ三祖。伯父ヲ四祖。先考ヲ五祖ト稱セリ。高曾等ノ稱稗ヲ用ヒス。是八十世ノ後ニ通用シテ。其稱ヲ改ムルコト無カランカ爲メナリ。先考歿年ニ至リテ。筆ヲ絶テリ。是ヨリ以後ハ。後人ノ續キ成スヲ待ツノミ。委シキコトハ。其書ヲ讀ンテ知ルヘシ。〔筆記〕

淡窓を始めとする兄弟は、父桃秋の死を機に『廣瀬家譜』の編さんに取り掛かっている。また、続けて

我家ノ葬。俗ニ従ヒ。世々火化ヲ用ヒタリ。予常ニ此ノ事ヲ恨トス。故ニ先考歿前数年。諸弟ト議ヲ定メ。此度ハ土葬ヲ用ヒタリ。先妣ノ火化セシ遺骨。瓶ニ藏シタルヲ。其中ニ納メタリ。此等ノ事。家譜ニハ載セス。故ニ子孫ノ心得ノ爲メ。已ムコトヲ得スシテ。此ニ録ス。〔筆記〕

「身体髪膚これを父母に受く、あえて毀傷せざるは孝の始めなり」

淡窓は、文化九年（一八一二）に母の葬儀を終えてから喪葬に関する考えを改めることを決意した。これまでの廣瀬家では代々火葬することが常であったが、この行為は「孝」の精神にもとると考えたのであろう。この考えは淡窓の幼少期における学問の始まりに父から学んだ「孝経」の存在が影響していると思われる。若くして没した妹の秋子の諡にも「孝弟」の文字を用いたように、淡窓にとって孝は徳の根本であり、これにより家族共同体のつながりの強さが生まれ、廣瀬家では様々な局面において兄妹が助け合う様子を各史料により伺い知ることができる。淡窓の道徳倫理の中には常に「孝」の文字があり、また「孝」を通じて儒教の理念も学んでいったものと思われる。

天保五年（一八三四年）十一月の条〔父の忌日　淡窓五十三歳〕

二十三日。先考没日ヨリ。四十九日ニ當レリ。久兵衛毎ニ府君ヨリ奪情ノ命アリシカトモ。事ニ托シテ之ヲ僻ス。此ニ至リテ。命ニ應シ。是日ヲ以テ。奈良潟新田ニ往キ。其事ヲ経理セリ。〔筆記〕

二十五日。先考没後五十一日ナリ。世上ノ例。是日ヲ以テ。月題《さかやき》ヲ剃リテ外出シ齋食ヲヤム。余ハ猶喪ニ居レリ。〔筆記〕

右も同じく、淡窓の父桃秋の死に関する記事であるが弟の久兵衛が不本意ながら父の死後四十九日目に日田代官の命に従い新田開発に係る業務を遂行したとあり、また翌々日の記事では淡窓が定められた忌日（五十日）を過ぎても引き続き喪に服しているとある。

天保七年（一八三六）五月二十六日の条〔恩師の死　淡窓五十五歳〕

二十六日。亀井鐵次郎カ書至ル。昭陽先生本月十七日ヲ以テ。世ヲ辭シ玉ヒシ由ナリ。此日ヨリ持齋シ。講業ヲ廃シ。諸塾遏密スルコト。七日ナリ。玄佳。松庵ニ生ヲ使トシテ。福陵ニ至ツテ。喪ヲ弔セシム。二生帰時。鐵次郎ヨリ遺物ヲ予及謙吉ニ贈レリ。〔筆記〕

亀井鉄次郎書至。報昭陽先生以本月十七日卒。持斎廃業。家中並塾遏密。〔日記〕

右は淡窓の恩師で亀井昭陽の訃に接したときの記事である。青年期の淡窓が筑前福岡の儒学者亀井南冥・昭陽父子のもとで学んだことは先に触れたが、南冥の時と同様に昭陽の死は淡窓にとって大きな悲しみであった。

淡窓は昭陽の死を次男鉄次郎の手紙で知ったが、その日から咸宜園では塾の講義を中止して、門人たちも静かに時を過ごしている。淡窓は門弟の玄佳、松庵の二人を弔問に向かわせているが、それに対して、亀井家の遺族は昭陽の遺品を淡窓と謙吉（淡窓の弟旭荘）に渡したとある。

また、淡窓の著述『懐旧楼筆記』には昭陽の喪葬観について触れた次のような記事がある。

図6　浄満寺（福岡市）

図7　亀井昭陽墓（福岡浄満寺）

寛政十二年（一七九九）の項

昭陽先生ハ。氣象豪邁ニシテ。父ノ風アリ。（中略）後年父ノ喪ニアリ。水漿口ニ入ラサルコト三日。服喪三年。哀毀骨立セリ。我邦三年ノ喪ニ服スル者鮮シ。貝原先生ノ篤行ナルスラ。三年ノ喪ハ邦人ノ勝フル所ニ非ス。國制ニ因ツテ。一年ノ喪ヲ用フヘシト言ハレタリ。然ルニ是ノ人ノミ。断然トシテ古道ヲ行ヘリ。（後略）〔筆記〕

この記事にある「三年の喪」とは『論語』の陽貨篇に「夫れ三年の喪は天下の通喪なり」とあるように儒教における普遍的な礼制とされていた。

淡窓は、昭陽がその父南冥の死没に際して三年の喪に服したことを当時としてはめずらしい行為だとした上で、古いしきたりに則っているとした。当時、江戸幕府は喪に服する期間を定めた「服忌令」によって、父母の死については「忌は五十日、服（喪）は十三月」としており、淡窓の記事にも「国制では一年の喪とされている」と述べている。

（二）天皇家、将軍家の凶事

淡窓は幕府直轄地である豊後日田の地において出生し、本家は幕府御用達を務め、淡窓本人も日田代官所に用人格として出仕するなど幕府との関係は深いものがあった。

『淡窓日記』には天皇家や将軍家の喪に関する記事も多くみられる。いずれも簡潔な内容となっているが、そのいくつかを例示し、家中や塾内でどのように国家の喪に対して服してきたのかを紹介する。〔　〕は筆者補注。

天保五年（一八三四）八月二日の条

府君内子姉訃音至。遏密一日。

〔日田代官の身内の死に対して遏密一日とした。〕

天保十一年（一八四〇）二月十五日の条

以遏密故。（中略）大君婦人薨。遏密自十一日至二十五日。

〔幕府第一二代将軍家慶の正室喬子女王が正月一六日に逝去した。これまでにない一五日の喪に服している〕

天保十二年（一八四一）二月十四日の条

聞太上皇謚光格天皇。・・・。又聞大御所薨。・・・。是日遏密令下。期限未定。

〔前年の十二月に逝去した光格天皇の喪について、幕府から下された令は無期限の遏密であった。〕

天保十二年（一八四一）二月十五日の条

止出賀休素読。為遏密故也。

〔代官所への出仕を止めて、塾内での素読も休みとした。静粛とするため、大きく声を上げる素読の授業を控えたのである。〕

弘化二年（一八四五）六月二十四日の条

開遏密。起素読。

〔遏密から開放し、塾では素読を再開した。〕

弘化二年（一八四五）八月十一日の条

官命以尾張亜相公薨。遏密七日。

〔七月六日に逝去した尾張藩主徳川斉荘公の喪に服すよう官命が下りたとして遏密七日とした。〕

弘化二年（一八四五）九月三日の条

官令以紀侯夫人薨。遏密三日。

〔この記事は去る八月四日に逝去した紀州藩第十一代藩主徳川斉順の正室で豊姫（後、鶴樹院）のことで官令があり遏密三日とした。〕

弘化三年（一八四六）三月二日の条

南冥先生忌辰。没後三十三年。向西致拝。斎食。

〔淡窓の師であった亀井南冥の三十三回忌。南冥が眠る筑前の地は日田の西にあたるため西に向かって拝礼した。食事は仏事の内容に倣った。〕

弘化三年（一八四六）三月四日の条

以天皇崩。遏密五日。

〔仁孝天皇の逝去に対して遏密五日とした。〕

弘化三年（一八四六）七月十七日の条

他業不廃。但素読休数日。

〔昨日死去した近親者の喪について、塾中を静粛にするため素読は数日中止するが他の講義は止めないとした。〕

　これらの記事は、『淡窓日記』に見える凶事の一部の例に過ぎないが、淡窓没後の咸宜園を継いだ廣瀬青邨の著述『青邨日記』や林外の『林外日記』のほか、『咸宜園日記[2]』などにも同様の記事を見ることができる。それらの内容からは淡窓時代と同じく周辺の凶事に対して、咸宜園では引き続き講義の一部を中止するなど、粛々と喪に服していたことがわかる。

　上記に示した凶事の内容と「遏密」の日数の関係について、淡窓は近親者や知人、門人の訃の場合は通常遏密一日とすることが多かったが、将軍家など幕府の要職にあった人物の場合、喪に服した期間は長く、咸宜園においては最高で十五日の例をみるが通例は七日程度であった。一方、光格天皇の時は遏密は無期限との令が下りたが、仁孝天皇の際はその期間は五日であった。当時の社会制度が幕府を中心としたものであり、服喪の期間を比較しても将軍家の力がいかに強いものであったかがわかる。当時は、幕府や朝廷などの死者に対して序列化を行い、喪に服する期間を定めていたとされる。

　淡窓自身は商家の出身でありながら、学問や教育で身を立てることを決心し、二十四歳から塾を経営していたが、その後は日田代官所の用人格として任命され、度々代官所へも出仕していた。そのような立場もあって、幕府からの喪葬に係る官命は個人だけの問題ではなく、自らが経営する咸宜園内においても服喪の実行と徹底がなされていた。

　咸宜園では、個人の学力や成績に応じた学習方法が導入されていたが、学習課程の中でも素読は最も初級に位置付けられていた内容であった。

　記事では「遏密」という表現が頻出するが、俗に言う「鳴物停止令」のことかあるいは同意ではないかと思われる。特に素読は大勢の門人たちが一斉に声を発するため、遏密の期間は原則素読の講義を中止していたということであろう。しかしながら喪に服することですべての講義を中止していた訳ではなく、喪によって塾内全てを休講あるいは休学（咸宜園では「放学」と表す）とすることは基本的には無かったようで、恩師の亀井昭陽の訃音に接したときは特別に休業としているがそのような事は稀であった。

二　廣瀬淡窓と『凶禮記』

『凶禮記』とは廣瀬本家に保管されている淡窓の葬儀一切に関する史料である。史料は全三巻で構成されており、巻一は淡窓の葬礼に係る内容を主に記録している。また、巻二では淡窓の賻儀（香典）に関する記事が大部分を占めており、続く巻三は淡窓の葬儀後に訪れた府内藩使者の弔問記録に始まり、青邨の妻サク（佐玖）や息女カモ（加茂）、淡窓の妻ナナ（奈々）の葬儀記録のほか、大坂で没した旭荘の招牌仏事に関する内容となっている。以上の内容から史料が作成された時期は安政三年（一八五六）一一月の淡窓の死没に端を発し、元治二年（一八六五）二月の淡窓の妻ナナの葬儀終了までとなる。

これを記録したのは当時の咸宜園塾主であった廣瀬青邨とされている。(3)

この史料は『淡窓全集』にその一部が翻刻されているが墓所図や霊柩図の模写は精度の高いものではなく正確性を欠いていたのは残念であった。

淡窓の墓所「長生園」の呼称は、淡窓が生前から命名していたもので、造営後すぐに『林外日記』にもその名が見えるが、『凶禮記』に掲載された墓所図からは若干の変遷を経て今日に至っている。その詳細は他著に譲るが現在は国指定史跡「廣瀬淡窓旧宅及び墓」の一部となっており、墓所には全十三基の墓標と淡窓自撰の銘が刻まれた「文玄先生之碑」がある。被葬者の概要は安政三年に逝去した淡窓のほか歴代塾主の旭荘・青邨・林

図8　長生園墓所図（『凶禮記』より）

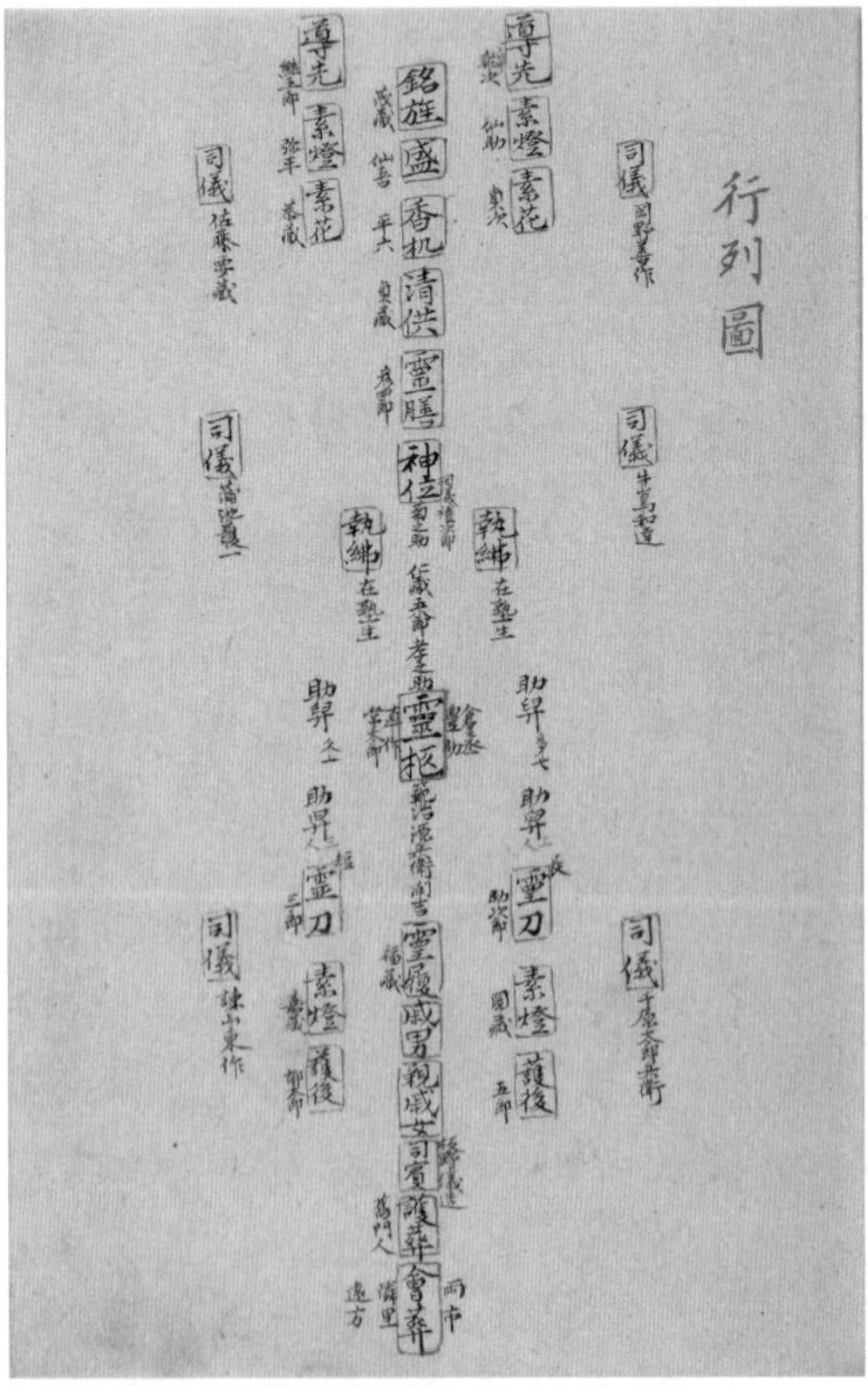

図9　廣瀬淡窓葬儀行列図（『凶禮記』より）

外・濠田とその妻や早世した子息女で、最後に葬られたのは大正三年（一九一四）没（墓碑は同七年に建立）の廣瀬濠田である。園内の墓には旭荘やその妻の松子（通称マツ）、青邨や林外など大阪や東京で死没した人物も含まれており、本墓とは別に改葬した墓が長生園には存在する(4)。ここでは儒葬の影響が見える廣瀬淡窓と廣瀬青邨の妻サクの墓を紹介する。

（一）廣瀬淡窓墓

淡窓は、安政三年（一八五六）十一月一日、咸宜園内の居宅「秋風庵（春秋園、和粛堂とも称す）」で七十五歳の生涯を閉じている。

当時の咸宜園は、淡窓の養子で廣瀬青邨が塾主を務めていたが日田代官所への訃音は廣瀬範治（青邨）の名で報告がなされている。淡窓は死没する約五ヶ月前から自らの墓所を選定し、菩提寺の大超寺とは異なる新たな塋域を定めて寿蔵を行っていた。「長生園」と名付けた墓所には、「碩亭」(5)を築き、花木を植えるなど淡窓の理想とする墓所が完成した。その後は家族とともに行厨（弁当）を携行して度々同所を訪れるなどしたことが『林外日記』に記されている。また、同日記には墓所の造営後、小迫という土地に「石槨」の石材を見に行ったとする記事があり、淡窓は同行していないがその準備は着々と進められていたことがわかる。

葬儀は淡窓の没後五日が経った十一月六日に執行されたが、『凶禮記』の式次第には儀式後に棺を墓に収めた後、位牌を安置したとあり、また同史料にある墓所図には現在の墓標がある位置に「祠堂」とも考えられる建物が描かれている。

図 10　廣瀬淡窓墓（右から 2 番目）

『林外日記』によれば、没後五十日目の十二月二十日には大超寺ほか数名の僧侶を招いて忌祭を執行し、また続けて翌年二月十日には「文玄府君百日忌祭」が行われたとある。その後、一周忌前の安政四年十月十五日には「碑石」に利用する石材を塾生六、七十人をかけて、長生園まで運び、同二十三日には碑文を刻み、二十六日に「立碑」したとある。淡窓自撰の

図 11　「文玄先生之碑」（古写真）

文玄先生之碑

苓陽先生諱建字子基一號淡窓通稱求馬豊後日田人家世住市井先生
自幼多病不耐農商之業專力讀書遂業儒教育弟子前後三千餘人
官賞其教授廣及　特許世々稱姓帶刀直隸　縣府其学主大觀與人不
争同異旁喜佛老世稱曰通儒所著遠思樓集前後編析玄義府迂言淡窓
小品老子摘解皆梓行于世生天明壬寅没安政丙辰壽七十五葬中城邨
新兆門人私諡文玄先生遺命曰精神歸天骨肉遺蛻然為子孫者則不可
不埋葬焉至表其事業何假一片石乎銘曰　何所稱述一箇散儒欲知我
志視我遺書　安政丙辰十月自譔　弟謙謹書
先考生平厭諛墓之辞彌留時自撰墓誌銘如是不肖孝謹填
没以下二十三字餘不敢增減一字而請　本生父書
安政四年歳次丁巳正月中澣不肖孝謹識

図 12　「文玄先生之碑」碑文

墓誌銘を刻んだ「文玄先生之碑」はこのように建立されたことがわかる。[6]

淡窓の死没から葬儀までの記事は先に紹介した史料のほかに淡窓の弟久兵衛や咸宜園出身者の恒遠醒窓の日記等にも関連記事がある。[7]

淡窓が生前に起した墓所造営や咸宜園門下生たちによる葬礼の内容、あるいは淡窓が自撰した墓誌銘からは儒者としての儒教や儒学に対する深遠な思いが感じられ、また葬儀も遺言などにより儒葬の影響を受けた喪葬であったと考えられる。

また、淡窓は墓誌に「我ガ志ヲ知ラント欲セバ、我ガ遺書ヲ視ヨ」とあり、自らの思想は遺した著作にあると述べている。[8]

「文玄先生之碑」（書き下し文）

苓陽先生諱は建、字は子基、一に淡窓と号す。通称は求馬、豊後日田の人、家、世々市井に住す。先生幼より多病、農商の業に耐えず、専ら読書を力め、遂に儒を業とす。弟子を教育すること、前後三千余人。官その教授の広きに及ぶを賞し、特に世々姓を称し刀を帯ぶることを許し、県府に直隷せしむ。その学は大観を主とし、人と同異を争わず、旁ら仏老を喜ぶ。世、称して通儒と曰う。著すところの遠思楼集前後編・析玄・義府・迂言・淡窓小品・老子摘解、皆世に梓行せらる。天明壬寅に生れ、安政丙辰に没す。寿七十五、中城村の新兆に葬り、門人私に文玄先生と諡す。遺命して曰く。精神は天に帰す。骨肉は遺蛻なり。然れども子孫たるもの則ち埋葬せざるべからず。その事業を表すに至っては、何ぞ一片の石を仮らんやと。銘に曰く、何の称述するところぞ一箇の散儒、我が志を知らんと欲すれば我が遺書を視よ。安政丙辰十月自ら撰す。弟謙謹しんで書す。

先考、生平諛墓の辞を厭う。弥留る時自ら墓誌銘を撰することかくの如し。不肖、孝謹んで沒以下二十三字を填め、余は敢て一字も増減せずして本生父に書を請う。

安政四年歳次丁巳正月中澣、不肖、孝謹しんで識す。

（二）廣瀬サク（佐玖）墓

廣瀬青邨の妻サク（佐玖）は日田合原家の出身であった。淡窓没後の翌年、安政四年（一八五七）二月九日に二十六歳で病没した。青邨は儒学者の妻として諡を定め、「貞閑孺人」として儒葬を行っている。『凶禮記』ににはは「貞閑孺人」と記されているが、長生園に在る墓石正面には「貞閒合原氏之墓」とあり名称の一致はなされていない。

『凶禮記』の記事は次のとおりである。

貞閑孺人葬儀

安政五年戊午二月九日卒孺人作巳九月末痢疾ニテ危篤ニ至ル既而快方ニ赴ク十一月廿九日分免腫気ニテ起居不自由胸動甚敷食気無之今正月十一日ヨリ袋屋ニ引取武石道一相招療養ヲ加へ得共効験無之次第ニ衰弱九日ノ夕ニ至リ俄ニ衝心頃刻ニテ卒其夜和粛堂ノ南室ニ遷ス

また、続けて

棺中ノ装　棺ハ缾ヲ用ユ　白灰ニテ積メル

墓誌　石蓋ニ切リ付ル

廣瀬範治妻合原氏諱佐玖豊後日田人安政戊午二月九日卒葬中城先塋側年二十六法號日貞閑

とあり、ここでは墓誌の項があるが通例ならば上下一対の石などで構成され、蓋には諡を底には墓主の履歴を記すことになっているがこの場合は遺骸を収める棺が缾（甕）であったことから、墓誌銘のある石蓋はその棺の蓋として利用されたと考えるのが妥当であろう。

そのほか、『凶禮記』には湯潅の人名や副葬品の内容、葬列図や焼香順次などについても書き記してある。

図 13　廣瀬サク墓（日田長生園）

図 14　廣瀬青邨墓（東京多磨霊園）

一方、青邨の墓は明治十七年（一八八四）に東京で死没した後、当初は青山墓地に埋葬されたが、後に現在は多磨霊園に移っており、現在も墓標と墓誌銘を刻んだ墓碑が建っている。また日田市の長生園にも改葬された時期は不明であるが青邨の墓標が現存する。

三　廣瀬旭荘と『旭荘公逝去前後ノ日誌』について

廣瀬旭荘は、兄の淡窓とは二十五歳も年の離れた末弟で、咸宜園で学んだ後、筑前福岡の亀井昭陽の門下となり、続けて筑後の樺島石梁や備後の菅茶山などに学んだ。文政六年（一八二三）、実子のいなかった淡窓夫妻の養子となって、咸宜園の塾運営を援けている。

天保二年（一八三一）旭荘二十五歳のときに咸宜園の第二代塾主に就任した。当時は日田代官所の子弟も数多く塾に在籍しており、日田在任中の西国筋郡代塩谷大四郎による咸宜園への塾政干渉が始ろうとしていた。いわゆる「官府の難」である。

その結果、塩谷との関係が悪化した旭荘は、塾主を辞任して以前より江戸や京・上方への遊学を望んでいたため、堺に向かった。堺では在地の咸宜園出身者の協力を得て開塾し、その後は大坂や江戸でも塾を開いていたが最晩年は摂津池田に移り住み最期を迎えている。

ここでは旭荘の最期を記録した門人光吉文龍（旧称は森秀三）による『旭荘公逝去前後ノ日誌』（以下、日誌と表す）をもとに葬送の様子を概観する。[9] 旭荘が長年暮らしていた大坂を離れたのは、死去する二ヶ月前の文久三年（一八六三）六月であった。旭荘門下で池田の豪商林田良平や託明寺（池田市・浄土真宗）の了現、医者の高橋由信らのすすめで池田に転居したとされる。

光吉の日誌は、旭荘が危篤となった文久三年八月十三日から死去した同十七日までの記事を経て、葬儀終了後の九月二十二日までの記録である。その内容は旭荘の病状や臨終の様子、弔問に訪れた人物名や葬儀の場所、墓所の選定の経緯など詳細な情報が漢文体で記されているが、その中から墓所の選定や副葬品など葬送に関する記事について言及する。

図 15　廣瀬旭荘墓（大阪統國寺）

図 16　廣瀬旭荘古墓（大阪邦福寺、現統國寺）

日誌によれば、旭荘は摂津池田の大広寺山に埋葬して欲しいと遺言していたようだ。そこで高弟たちは大広寺周辺の土地を買い求めるのであるが門人の間での意見がまとまらず、遂には豊後府内藩士が介入してこの問題は収束する。結果は遺言とは別の大坂天王寺にある黄檗宗寺院「邦福寺」に葬ることになった[10]。しかしながら決定に至った理由については記事には見当たらない。

現在は統國寺(旧邦福寺)と名を改めているが、山門をくぐると右側に「広瀬旭荘墓所」と記した標石があり、側面には「名は謙　大分県日田の人　儒者淡窓の実弟　詩文に通ず　三十歳で大阪に来り多数の門人を教育す　幅広い浪華文化人との交流がある　文久三年五十七歳で没」(昭和六十年三月　大阪市建立)と刻まれている。この標石については、古くは門前に旭荘の別の標石が建っていたがその標石は現存しない[11]。

旭荘の墓は本堂正面の左側に位置する墓域の敷地南隅に墓石と燈籠二基が現存する。墓石の形状は円首で花崗岩を用いており、基礎石は二段構成で一段目は自然石、二段目は切り石で墓石と同素材が用いられている。

墓石には、

〔碑陰正面〕　旭荘廣瀬先生墓
〔碑陰背面〕　文久三年癸亥秋八月十七日　卒歳五十有七

と刻まれている。

一方、故郷日田の歴代咸宜園塾主が眠る「長生園」には、「文敏廣瀬先生之墓」と刻まれた墓がある。「文敏」は旭荘の諡号であるが、『凶禮記』には「文敏先生仏事」と題する記事もある。

ここで統國寺にある燈籠の形状は自らが兄淡窓の三回忌に寄進した燈籠と類似していることを指摘しておく。この燈籠は旭荘門下の藤井藍田らによって建立されたことが銘に見えるが、藍田自身の墓も妻と一緒に同寺に建立され現在は旭荘の左隣に並列してある。

統國寺は昭和四十四年に邦福寺から改宗して寺号も新たにしているが、旭荘の墓についても当時改葬されている。改葬前の古写真には現存しない墓石後部の石組で「壙」と考えられる構造物が見えているが[12]、光吉の日誌には関連する記事は見えない。この組合せ式の石組は屋根のように中央が高くなっており、同一な形状とは言い難いが馬鬣封の類と考えることはできないだろうか[13]。

このように江戸時代の儒学者の墓には儒教の影響を受けた「壙」を有する事例が多数知られているが[14]、先行する事例との関係性は不明である。また、改葬された現在では当時の石組の下部構造を知る由はないが、日誌によれば、

文久三年八月十七日の条（旭荘死没の日）

○仁造ヲ伊丹ニ遣ハシテ、石槨ヲ買フ事ヲ謀ル（後略）

とあり、関連記事として注目される。

日田の廣瀬本家には改葬時に出土した遺品の一部が返還され、現在は公益財団法人廣瀬資料館にて公開されている。

それらの内容は、水晶印二顆、硯（赤間硯製）、合子（朱肉入れ）、瑯石製文鎮、眼鏡（レンズ一枚）である。

一方、日誌にある副葬品の記事を見ると、

文久三年八月十八日の条

○秀検入棺之諸具、《梅墩詩鈔三編九冊。白紙二切。水晶印／三顆。朱肉一噐（器）。印癖。印矩。小刀。硯。水入。三段硯筐黒塗。墨一挺文露。筆三枝純羊毫玉立氷清花雨右軍池。蝋石文鎮。眼鏡》

とある。秀とは日誌を作成した光吉文龍（森秀三）のことで、棺に納める品々を確認したとあるため、それらの諸具は遺骸とともに埋葬されたと思

われるが、廣瀬本家が所蔵する諸具とは一致しないものもあり、当初の内容と比べると後に散逸したものも多いようである。

最後に旭荘の墓碑銘の存在について、実兄の淡窓や旭荘の長子で林外（明治七年東京没）、また淡窓の養子となった青邨（明治十七年東京没）には墓碑の存在が明らかであるのに対して、旭荘のそれは現在の墓所には見当たらず、改葬前の古写真にもそれらしいものは写っていない。

首藤助四郎によれば、旭荘門下で大阪在住の文人画家行徳玉江が慶応元年（一八六五）六月八日付けで作成した書簡が旭荘の墓碑に関するものであったことが報告されている。[15]書簡は日誌を作成した森秀三（光吉文龍）宛のもので、文面にはすでに肥前の儒学者草場佩川が旭荘の墓碑銘の原案を作成していることに触れ、墓碑を建立するあかつきには玉江自身がお世話したいと申し出ているのである。

また、同年十月晦日に作成された廣瀬林外から森秀三宛の書簡には未だ銘文が完成していない旨の内容が含まれ、この年の八月が旭荘三回忌にあたることから当初は八月の立碑を画策していたものと考えられるが、書簡には政情不安な時期でもあり、日田を離れて上阪することが難しいといった林外の事情も窺える。いずれにしてもその後の史料には墓碑を建立した記録はなく、旭荘の墓碑建立は実現しなかったものと思われる。

おわりに

廣瀬家には、江戸時代後期から幕末維新期にかけての貴重な史料が所蔵されているが、その中には『凶禮記』以外にも廣瀬家の喪葬に関する史料が見受けられる。[16]特に、廣瀬淡窓の日記や自叙伝『懐旧楼筆記』には身の回りで日常的に起こった身近な「死」について事細かに記録し、また国家における喪祭の例についても同様に記録し、服喪は家中だけでなく自らが経営する私塾咸宜園の中でも徹底し実践されていたことがわかった。

特に「遏密」の記事が頻出するほか、「持斎」の用語も度々見える。恩師の亀井昭陽が死去した際の記事には悲しみの大きさを表すように通常の喪には講義の一部を中止するに留まっていたが、この時ばかりは塾全体を休講とするなど、咸宜園の門人たちにも影響は及んだ。

淡窓の宗教観は家族や恩師、知人や門人など身近な死に対して、『淡窓日記』や『懐旧楼筆記』などの記事から読み取ることができる。生前の故人を偲び、常に自分との関係を懐旧している様は、淡窓がどのように死と向き合っていたかを理解するに十分である。

身近な死を受け入れることで、自らの学問や思想とも相俟って次第に喪葬に対する思惟が確立していったのではないだろうか。

その中で淡窓にとっての最初の凶事は妹（秋子《ときこ》）の死だったと思われる。若くしてこの世を去った妹に対して、自分の命を救って身代わりとなったことが死去した主な原因であるとまで思い込み妹へ哀悼の意を漢詩を通して表現した。また、父母の死に接するなかで亡き母を火葬した悔恨から父の送葬は土葬であるべきと兄弟皆で取り決めたことなどは「孝」の精神や祖先祭祀の重要性に鑑みた子々孫々まで継承することが必要な概念と考えたのであろう。

また、淡窓は自らの死について、死期が近づくと予め墓所の選定を行い、小亭を建築して花木を植えるなど着々とその整備を進行していった。先祖代々の墓所とは異なる寺域の外へと新たな墓所の造営に取り組んでいる。現在までに淡窓の遺言に関する史料は見つかっていないが、『凶禮記』によれば葬儀は廣瀬家菩提寺の大超寺僧侶を中心に執り行われたことが示されている。しかしながら、葬礼の詳細については事前に咸宜園側と寺側が申し送った事項などもあり、銘旌を掲げたことや法名（戒名）を用いずに代わりに諡を位牌[17]（神主カ）に記した点、また土葬を強く望んでいたことなど、儒葬の要素を取り入れた仏教との混淆の形を淡窓は望んでいたものと思われる。その点においては葬儀を仏式として執行することで廣瀬家や菩提寺への配慮がなされていたと見ることもできる。

淡窓が自撰した墓碑銘には「其学主大観與人不争同異旁喜仏老世称曰通儒」とある。淡窓の学問とは「大観（学問の本質を学ぶこと）を主とし、他の学者と学派学説で争わず、儒学の傍ら仏老を学ぶことを好んだ。世に言う通儒である」と撰文したようにこれらの思想は淡窓の喪葬観にも大きく影響したものと思われる。

また、葬礼や祭礼については淡窓の学問や著述を見る限り強い関心事であったことは間違いないが、殊に葬礼に関しては父の土葬に拘り、自らの墓所造営や神主、墓誌の存在など儒教の影響が一部に見えるものの、あくまで儒仏混淆の立場であったと思われる。祖先祭祀は儒教にとっても不可欠な要素であるが、淡窓は父母や恩師の回忌による追善供養を実行するなど儒教には概念のない行為に及んでいる点などがその理由の一つである。

『凶禮記』に見る淡窓の葬送は当時の咸宜園塾主であった青邨や義弟の林外、高弟たちによって淡窓の遺言に従った葬儀が実践されたとみるべきであるが葬列図はさながら「塾葬」の様相を呈していた。また、青邨に関連して淡窓没後の翌年に死没した青邨の妻サクの墓葬が儒葬であったことは先に述べているとおりである。

次に、淡窓の弟旭荘の喪葬について、埋葬地の問題など遺言どおりとは行かなかった点もあるが門弟たちにより葬儀は実行された。また、現在のところ史料には見当たらないが、当初は墓標と併せて「墳」の存在があったことが古写真で明らかとなった。葬儀後には墓誌銘の作成も進んでいたが、墓碑を建立する計画があったにも関わらず頓挫したことは残念であった。旭荘の場合も儒葬の影響を受け儒式墓であった可能性を示唆している。

本稿では廣瀬家史料の中から儒学者として活躍した人物に関して紹介を行った。これまでも大学頭の林家や大坂懐徳堂の中井家など儒学者の喪葬史料の存在は数多く知られてきたが、相互の史料の比較検証については十分なされてきたとは言えない。今後は特に廣瀬淡窓や旭荘が活躍した江戸時代後期から幕末頃の史料について調査を行い、特に淡窓らと交流した菅茶山の「文恭先生喪儀」や頼山陽の「山陽凶変始末」、淡窓の「凶禮記」など同時期の喪葬記録について、葬礼や服喪、遺骸の埋葬方法や副葬品の比較などを行うことで当時の儒学者による葬送儀礼とはどのようなものであったかを解明したいと思っている。また、儒学者たちの喪葬を通じて当時の儒教儒学の受容のあり方について考える機会としたい。

本稿の作成にあたっては、公益財団法人廣瀬資料館より史料提供について ご協力をいただきました。また同学芸員の園田大氏や石造文化財調査研究所の松原典明氏には貴重な指導助言をいただき、ここに記して感謝申し上げます。

（吉田博嗣）

【註】

（1）廣瀬淡窓が造営した長生園墓所には咸宜園歴代塾主十名の内、いずれも姓に廣瀬を冠する淡窓・旭荘・青邨・林外・濠田の五名とその家族の一部が眠っている。詳しくは拙稿の吉田博嗣・園田大二〇一四（三七～三九頁）、吉田二〇一四（一一六～一一八頁）。

（2）『咸宜園日記』とは、廣瀬青邨時代の文久元年（一八六一）五月からその後塾主を継いだ林外時代の慶応四年（一八六八）八月までの日記である。塾主や門人の動向、講義内容など塾中における記録である。

（3）『淡窓全集』の中における『凶禮記』の説明文による。

（4）廣瀬旭荘の墓は大阪天王寺の統國寺にあり、妻の松子や長男の林

第六部

外は当初の小石川伝通院から現在は多磨霊園に移っている。また青邨は青山墓所から現在は多磨霊園の廣瀬家墓所にある。

（5）碩亭は『凶禮記』の墓所図にある「小松亭」と同じと推測する。

（6）「文玄先生之碑」建立の経緯はこの通りであると思われるが、同年二月二十六日の記事には石工源三郎と村人二十名が碑石を曳いて長生園に到達したとある。しかしながら後日の記録に墓標の建立に係る記事がみられないのは不可解である。このほか、淡窓の三回忌には旭荘による石燈籠二基が寄進されたことが旭荘の日記『日間瑣事備忘』に記録されている。関連記事は吉田二〇一四（一一八〜一二〇頁）、吉田二〇一五（五四〜五五頁）。

（7）久兵衛の日記は『久兵衛日記』と称する。恒遠醒窓の著は『醒窓日記』と呼ばれる。

（8）淡窓の思想に関する主著は「三説」と呼ばれ、『約言』『析玄』『義府』とされる。また、その他にも『迂言』や『論語三言解』など「経世論」に関する著作もあるがここでの遺書（遺著）とは碑銘にある六種の本と思われ、後に咸宜園でのカリキュラムに「淡窓六種」とあるのがそれに当たると考えられる。

（9）史料名は外題であり、内題は「旭荘翁御逝去時日記」となっている。光吉文龍の日誌引用の記事は溝田直己（二〇一三）「史料紹介　光吉文龍述『旭荘公逝去前後ノ日誌』について」に依拠した。

（10）邦福寺（現在の統國寺）は大阪市天王寺区茶臼山町に在り、天王寺公園に接した地域にある。

（11）旭荘墓所の古写真は昭和四十年代に故廣瀬恒太氏が撮影したもので、現在、「廣瀬恒太所蔵資料」は咸宜園教育研究センターにて整理保管している。

（12）註（11）に同じ。

（13）松原典明氏より豊後岡藩の中川久照など儒教式墓所に見る墳との関連性や類似点について指導助言を得た。

（14）儒学者の墓に見る「墳」の存在はこれまでも多数知られているが、古くは「中江藤樹墓所」（高島市史跡）や「大塚先儒墓所」（国史跡）などの例があり、また江戸後期以降では「頼家之墓」（広島県史跡）などがある。その他、北脇義友の論考（二〇一七）には岡山県内の儒式墓が多数紹介されている。北脇は時期が下がると墳の規模も縮小化傾向にあると述べており、万波家の例などは旭荘の墓葬を考える際に参考となる。

（15）首藤助四郎（一九七七）を参照。

（16）『広瀬先賢文庫目録』に掲載される廣瀬家の喪葬関連史料としては、先に紹介した『凶禮記』『旭荘公逝去前後ノ日誌』のほか、「泡影童女喪記（附生時諸事）」「南陔広瀬翁墓碑銘草稿」などがある。また、廣瀬資料館園田大氏からは「広瀬本家日記」にも関連記事があるとの助言をいただいた。

（17）『凶禮記』巻一の行列図には「神位」とあり、同巻の雑記には「位牌」と記されているが、そこには「門人相謀私ニ諡シテ端靖（後に文玄と改める）先生トス。法号之代ニ位牌ニ記ス・・・」とあることから儒教の「神主」であった可能性もあると思われる。

【参考文献】

武石繁次『日田金石年史』上・下巻（一九七二）
『淡窓全集』上中下全三巻（一九二五〜一九二七）日田郡教育会
『日田廣瀬家三百年の歩み』（一九七三）廣瀬先賢顕彰会
首藤助四郎「広瀬旭荘先生墓碑銘存否の疑問」『敬天』第六号（一九七七）淡窓会

中村幸彦・井上敏幸 編著『広瀬先賢文庫目録』（一九九五）広瀬先賢文庫（広瀬貞雄監修）
『頼山陽の生涯展』頼山陽史跡資料館開館五周年記念企画展（二〇〇〇）財団法人 頼山陽記念文化財団
『黄葉夕陽村舎に憩う 菅茶山とその世界Ⅲ』広島県立歴史博物館展示図録 第三四冊（二〇〇五）広島県立歴史博物館友の会
中川学「鳴物停止令と朝廷」『近世の死と政治文化』（二〇〇九）吉川弘文館
吾妻重二編著『家礼文献集成』日本篇一〜六（二〇一〇〜二〇一六）関西大学出版部
岡野将士「資料紹介「文恭先生喪儀」」『広島県立歴史博物館研究紀要』第一二号（二〇一〇）広島県立歴史博物館
谷川章雄「江戸の墓誌の変遷」『国立歴史民俗博物館研究報告』第一六九集（二〇一一）国立歴史民俗博物館
松原典明『近世大名葬制の考古学的研究』（二〇一二）雄山閣
『廣瀬淡窓の生家 - 廣瀬家の歴史と業績 - 』（二〇一二）日田市教育委員会
『廣瀬淡窓と咸宜園 - 近世日本の教育遺産として - 』（二〇一三）日田市教育委員会
溝田直己「史料紹介　光吉文龍述『旭荘公逝去前後ノ日誌』について」『咸宜園教育研究センター研究紀要』第2号（二〇一三）日田市教育委員会
吉田博嗣・園田大「史料紹介 廣瀬家所蔵の「凶禮記」について（上）」『咸宜園教育研究センター研究紀要』第3号（二〇一四）日田市教育委員会
吉田博嗣「廣瀬淡窓の墓所造営と葬送について」『石造文化財6』（二〇一四）石造文化財調査研究所
松原典明「近世武家墓制と墓誌 - 府内寺院と墓誌の調査」『石造文化財7』（二〇一五）石造文化財調査研究所
吉田博嗣「廣瀬淡窓墓の石材に関する一考察」『石造文化財7』（二〇一五）石造文化財調査研究所
吉田博嗣・園田大「史料紹介 廣瀬家所蔵の「凶禮記」について（下）」『咸宜園教育研究センター研究紀要』第5号（二〇一六）日田市教育委員会
『図説 咸宜園―近世最大の私塾―』（二〇一七）日田市教育委員会
『宗教と儀礼の東アジア 交錯する儒教・仏教・道教』（二〇一七）勉誠出版
北脇義友「池田光政による儒葬墓とその影響 - 旧和気郡の儒葬墓から - 」『石造文化財』（二〇一七）石造文化財調査研究所

【参考史料】

廣瀬淡窓『淡窓日記』（文化十年八月〜安政三年九月）公益財団法人廣瀬資料館蔵
廣瀬淡窓『懐旧楼筆記』（天明二年〜弘化二年の内容を所載）同右
廣瀬淡窓他『廣瀬家譜』（天保五年）同右
『凶禮記』（安政三年十一月〜元治二年二月カ）同右
廣瀬青邨『青邨日記』写真版（嘉永二年〜明治二年）同右
廣瀬林外『林外日記』（嘉永二年正月〜明治四年十一月）同右
『咸宜園日記』（文久元年五月〜慶応四年八月）同右
光吉文龍述『旭荘公逝去前後ノ日誌』同右

挿図出典

図8・9は、註3より転載。

Ⅲ　岡山藩における墓誌について

はじめに

墓誌には、墓中に副葬されたものと墓石のまわりに刻まれたものとがあるが、本稿では前者の副葬されたものについて論ずることとする。墓誌に関する研究は古代を中心に進められてきた。『国史大辞典』（吉川弘文館一九九四年、）では、古代の墓誌について写真付きで数ページにわたって墓誌を載せているが、近世については触れていない。この理由として、墓誌に書かれている内容について資料的価値が少ないことや、研究対象が副葬品ということで、改葬時に発掘されることが多く事例が少ないことなど、従来近世の墓誌に関して関心の程度は低かった。

しかし、近年では、東京を中心に墓地の改葬に伴い墓誌が発掘されることもあり、次第に資料が集まり、研究がされ始めた。大脇潔氏は『日本歴史考古学に学ぶ』[1]で近世の墓誌を取り上げた。そこでは、徳川将軍家をはじめとする武家や公家・豪商などの階層に墓誌が広まったことを明らかにした。また、石田肇氏は「江戸時代の墓誌」[2]で墓誌の材質や形態に類型があることを明らかにした。谷川章雄氏は「江戸の墓誌の変遷」[3]で、江戸の墓誌を基に考古学的見地から墓誌の位置付けを論じている。その中で、谷川氏は「江戸の墓誌は、一七世紀の火葬墓である在銘蔵骨器を中心にした様相から、遅くとも一八世紀前葉以降の土葬墓にともなう墓誌を主体とする様相に変化した。これは、一七世紀後葉と一八世紀前葉という江戸の墓制の変遷上の画期と対応していた。こうした墓誌の変遷には、仏教から儒教へという宗教的、思想的な背景を見ることができる。」と儒教との関連性指摘している。また、最近では、松原典明氏[4]は江戸を中心とした墓誌について報告をしている。

近世の墓誌の出土例で古いのは、「近世の墓石と墓誌をさぐる」[5]による と大和芝村藩（一万石）織田家墓所から出土した五代藩主長弘（一七一四年没）、儒者林家墓所の鳳岡（一七三二年没）の墓誌がある。

徳川将軍家では家宣（一七一二年没）の墓誌が最古発掘例である。史料では水戸藩主頼房（一六六一年没）の墓誌が知られている。これらの研究の多くが墓地改修に伴い東京で出土した例を基に考えている。

そこで、本稿では、儒教を信奉した岡山藩主池田光政による儒教による墓誌について、出土例及び池田家文書を基にみてみたい。そして、それら墓誌が光政死後どのように変化したかをみてみることにする。

一　儒教による墓誌について

(一)「朱子家礼」における墓誌

宋の時代に作られた冠婚葬祭のマニュアル書「朱子家礼」によると墓誌について次のように書いている[6]。

石二辺を用ひ、その一を蓋と為す、刻みて云ふ、「某官某公之墓」と。官無ければすなわちその字を書して曰く、「某君某甫」と。その一を底と為し、刻して云ふ、「某官某公諱某字某、某州某県の人、某諱某、某官、母某氏、某封、某念月日生る。歴官遷次を叙して、某の年月日終はる、某の年月日、某郷某里某所に葬る。某氏某人の女を娶る。子、男某某官、女、某官某人に適ぐ」と。婦人は、夫在ればすなわち蓋に云ふ、「某官、姓名、某封、某氏之墓」と。封無ければすなわち「妻」と云ふ。夫官無ければすなわち夫の姓名を書す。夫亡ければすなわち、「某官、某公某封某氏」と云ひ、夫官が無ければすなわち、「某君、某甫の妻、某氏」とする。その底は、「年若干某氏に適ぎ、夫子に因りて封号を致す」と叙す。無くんばすなわち否ず。葬る日には、二石を以て字面相向かへ、しかして、鉄束を以てこれを束ね、これを壙前の地面に近き三四尺の間に埋む。蓋し異時陵谷変遷し、或いは誤って人の為に動かさる所を慮りて、この石まづ見れば、すなわち人その姓名を知る者有る、能く為にこれを掩ふに庶からんや。

このように、墓誌があることによって、地形が変わったり、動かされたりした時、再び埋め戻してくれることを予想して作られた。その形式は、一枚を蓋として「某官某公之墓」と刻み、もう一枚を底としその経歴などを刻む。そして、その二枚を合わせて鉄束で結び埋めるというものである。では、実際に岡山藩では、どのように考えたかを次の項に示した。

(二)岡山藩における墓誌

「朱子家礼」を基に、岡山藩では儒葬を執り行うためのマニュアル書である「下民に葬祭之概略被仰出」[7]を寛文六年(一六六六)八月以降に出した。これには、墓石の例は示しているが、下民に対するものであることから、墓誌については触れていない。しかし、棺を下ろした後「壙二尺も埋て、二人持程の石を二つ程上に置、其上に土をつき[8]」とし、二人抱えの大きな石を二つ置くよう書かれている。このことは、下民が石に字を刻むのは困難なことから、形式的に「朱子家礼」にある二つの石を意識して書かれたと考えられる。また、家臣で儒者熊沢蕃山は寛文七年に出された『葬祭辨論』[9]で「幾百年して他人のあやまり、掘りおこさんとを慮りて、其人の氏又は出處を有増石に剜て、石二枚をうちあわせ、誌石と名付、棺の上又はその辺に埋むなり。」と書いている。内容は簡単であるが、ほぼ「朱子家礼」に従って書かれている。そこで、岡山藩では墓誌が具体的にどのように扱われたかを考えてみたい。なお、岡山藩では合わせ蓋な式墓誌の内一枚を「蓋」、もう一枚を「身」(実)と呼んでいるので、以下この呼び方を用いることとする。

二　藩主池田家の墓誌について

(一)池田家和意谷墓所に葬られた人々の墓誌について

岡山藩主池田光政(一六〇九～一六八二)は儒教を深く信奉し、先祖

第六部

を儒葬によって和意谷墓所（備前市吉永町和意谷）に葬った。この時、改葬したのが祖父輝政・父利隆・輝興らであった。工事はまず寛文七年（一六六七）二月に輝政・利隆に始まり、寛文十年に完成を見た。そして、この工事に伴い墓誌が納められた（表1）。

まず、当時の墓誌の石擦が残っている輝興[10]について見ることにする。（図1）輝興は赤穂藩主（三万五千石）であったが、改易になり、光政の預かりとなった。その後、正保四年（一六四七）に亡くなると城下の少林寺に埋葬されたが、改葬に伴い和意谷墓所に移され、墓誌が造られた。その蓋には一文字が縦約五㎝×横約六㎝で「従四位下右近太夫源輝興朝臣之墓」と刻み、「朱子家礼」の「某官某公之墓」と一致している。その後造られた蓋の銘文でも「従四位下左近衛権少将源光政朝臣之墓」、「左近衛権少将源朝臣室家藤原氏之墓」[11]と「朱子家礼」の書き方に合致している。もう一枚の身には、一文字約三㎝四方で次の文が刻まれた[12]（史料1）。

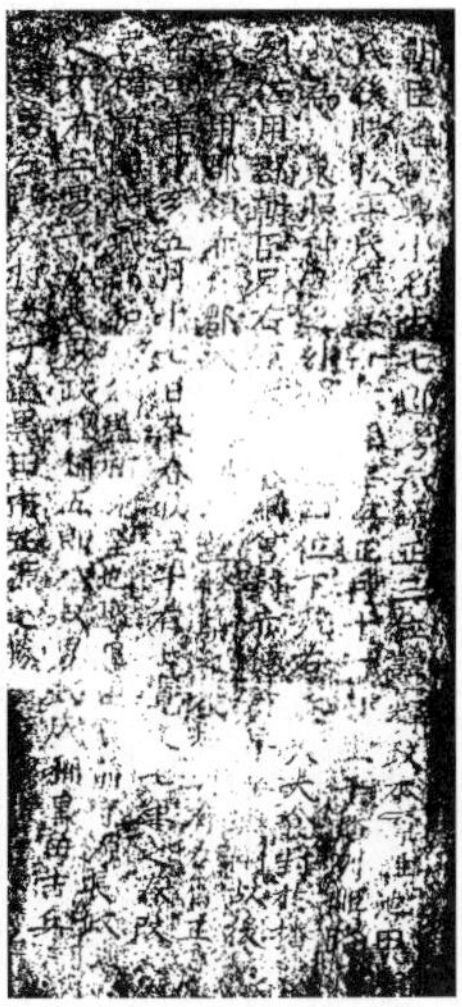

図1　輝興の墓誌石擦

【史料1】

朝臣諱輝興小名古七郎考参議正三位諱輝政本源池田氏後賜松平氏慶長十六年辛亥正月十一日生于播州姫路城為　東照神君之外孫叙従四位下號右近太夫食封於播州佐用郡朝臣兄右京太夫政綱曾封赤穂郡早卒無嗣故後改佐用郡領赤穂郡大坂武江城塁修築之役皆興有力焉正保四年丁亥五月一七日卒春秋三十有七寛文七年之春改葬備前国和気郡和意谷蓋祈先塋也娶黒田筑前守源長政之女有三男一女長長男政種稱五郎八叔男正成稱黒田吉兵衛季男左門夭折女子適黒田市正源之勝

墓誌の内容についても、先の「朱子家礼」に示した「某官某公諱某字某、某州某県の人、某諱某、某官、母某氏、某封、某念月日生る。歴官遷次を叙して、某の年月日終はる、某の年月日、某郷某里某所に葬る。某氏某人の女を娶る。子、男某某官、女、某官某人に適ぐ」とほぼ同じである。このことから、この改葬時の墓誌は「朱子家礼」に従って作られたことがわかる。

次に、父池田利隆の墓誌[13]を少し長いが次に示した。

【史料2】

朝臣諱利隆小名新蔵源姓池田氏傳謂朝臣之曾大父紀伊守諱恒利者摂州池田十郎教正之裔也教正實為楠正行遺腹之男有故為池田九郎教依之子承其家宗故號池田十郎以質贄于将軍足利家所謂兵庫助是也恒利曾家摂州仕于源将軍義晴後僑居尾州薙髪曰宗傳大父諱恒興字勝三郎亦號紀伊守仕于右相府平信長因有軍績賜諱字改名信輝断髪号勝入先考諱輝政字左衛門歴進参議正三品食於播備淡三國之饒秩妣中川瀬兵衛清秀之女天正十二年九月七日生于濃州岐阜城于三州吉田城慶長五年東照神君征上杉景勝乃命先考為先鋒朝臣時十七歳従先考而往于野州宇都宮岐阜之役供先考有汗馬之労八年賜備前国於其弟継忠継忠尚幼代之治備前十年叙従四位下任侍従補右衛門督台督尊君君養榊原式部大輔康政之女以妻朝臣修婣親之好御将之際使青山播磨守忠成土井大炊頭利勝各執其事十二年始徃武江執謁尊君燕賜甚厚乃賜松平氏為武蔵守蓋以尊君嚢時任武蔵守也十四年四月四日嫡嗣光政生于備前岡山城尊君使牧野豊前守信成来於備州述弄璋之慶賜長　剣短刀及衣服於光政又賜封邑千石於備中以為朝臣之夫人粉黛之資十八年春先考有疾大漸惟幾朝臣時在武江尊君速命帰省先考易簀之後賜播州於朝臣以承家宗十九年朝臣往武江築城壁今茲之冬大坂有違言神君尊君共發大軍朝

表1　江戸時代における池田家の墓誌

No.	死去年 和暦	死去年 西暦	名前	役職・続柄	字数	法量 長さ×幅×厚	凹凸	枚数	墓所	史料名
一	慶長一八	一六一三	池田輝政	姫路藩主	一六四六	三尺八寸×三尺五寸×六寸	不明	石二枚	和意谷墓所（改葬）	「満寿子夫人安貞公子鋭子君和意谷治葬書類」（池田家文書）
二	元和二	一六一六	池田利隆	姫路藩主	九一八	三尺×三尺×六寸	不明	石二枚	和意谷墓所（改葬）	「満寿子夫人安貞公子鋭子君和意谷治葬書類」（池田家文書）
三	寛永一一	一六三四	池田政貞	利隆三男	一三一	不明	不明	不明	和意谷墓所（改葬）	「福照院様・右近様・備後様・民部様・円照院様御墓誌銘」（池田家文書）
四	正保四	一六四七	池田輝興	赤穂藩主	二〇八	二尺八寸五分×一尺五寸×四寸七分	不明	石二枚	和意谷墓所（改葬）	「右近太夫輝興君墓誌石擦」（池田家文書）
五	寛文一一	一六七一	池田恒元	宍粟藩主	六三一	不明	不明	不明	和意谷墓所	「福照院様・右近様・備後様・民部様・円照院様御墓誌銘」（池田家文書）
六	寛文一二	一六七二	鶴姫（福照院）	利隆妻	四九七	身二尺六寸四分四方×八寸、蓋二尺六寸四分四方×七寸五分	有	石二枚	和意谷墓所	同右
七	延宝五	一六七七	池田政元	宍粟藩主	二一七	不明	不明	不明	和意谷墓所	同右
八	延宝六	一六七八	勝姫（円盛院）	光政妻	四七四	不明	不明	石二枚	和意谷墓所	同右
九	天和二	一六八二	池田光政	藩主	二七二八	不明	不明	石二枚	和意谷墓所	『池田光政公伝』下
一〇	正徳四	一七一四	池田綱政	藩主	七三〇	不明		石郭	正覚谷墓所	『池田家履歴略記』下
一一	安永五	一七七六	池田継政	藩主	七九八	不明	不明	不明	正覚谷墓所	『池田家履歴略記』下
一二	安永五	一七七六	池田政弼	生坂藩主	六八	約一五〇cm×約三〇cm×約一五cm	不明	蓋石か	東禅寺	「江戸墓誌の変遷」
一三	宝暦一四	一七六四	池田宗政	藩主	六〇〇	不明		石郭	正覚谷墓所	『池田家履歴略記』下
一四	文政元	一八一八	池田治政	藩主	一一四五	四尺八寸四方×六寸	有	石二枚	正覚谷墓所	「顕国院様御葬送前御地方御普請御仕構帳并絵図」（池田家文書）
一五	文政二	一八一九	池田斉輝	藩主嫡子	三八〇	身・蓋共三尺四寸×二尺二寸×三寸五分	有	石二枚	正覚谷墓所	「龍泰院様御葬送前後地方御普請御仕構留帳並絵図」（池田家文書）
一六	文政七	一八二四	池田政共	鴨方藩主	四四二	二尺四寸×二尺三寸×身蓋共一尺	有	石二枚	国清寺	「常観院様御葬送関係書類」（池田家文書）
一七	文政九	一八二六	池田洪徳	斎政養子	二五〇	不明	不明	不明	東禅寺	『池田家履歴略記』下
一八	安政六	一八五九	池田知子	斎輝妻	五八一	不明	不明	不明	正覚谷墓所	「御出棺御葬送御次第帳・御出棺御葬送御行列帳・御葬送之節御山内絵図・御墓誌・一條様御代香御次第帳共」（池田家文書）

臣到尼崎渡神崎及中津川禽殺数十人進陣于天満又以神君之命分兵艤船於淡路海門守西海之兵路講和之後班師翌年大坂之役再作朝臣又擁重兵而到難波焼大和田之民舎数百大坂城陥之日獻首級千余　元和二年春朝臣在武江而不豫尊君則賜帰休先入京師医養其病且使牧野傳蔵成純以問朝臣之安否也六月十三日遂損館舎享年三十有三尊君以使節賜賻金於武江之第朝臣修己厳正能事先考及継室與群弟友愛尤厚下至侍御僕妾皆懐其恩及先考之下世凡諸士之易任使者悉予群弟而引其老弱者歴任者至器用貨物亦予美取毀其發政播令亦多卒由先考之舊章而不敢改革朝臣之在世凡都城隍壁造築之績劔馬貨服奨嘉之賚不可殫記矣寛文七年之春孝子従四位下近衛権少将光政朝臣改葬於備前國和気郡和意谷敦土山朝臣有三男一女長男光政叙従四位下歴侍従任少将襲封領播磨國中間徙播州領因幡伯耆両國及叔父忠雄卒又轉因伯二州領備前國及備中数郡二男恒元叔従五位下任備後守領播州宍粟女長適山内対馬守藤原忠豊庶子政貞為光政之家臣

さらに、改葬後は恒元・利隆妻・政元・光政妻・光政が亡くなると、順次和意谷墓所に儒葬墓が造られた。利隆妻の墓誌(14)を次に示した。

【史料3】

福照院夫人榊原氏諱鶴上州舘林人其先為勢州人曾祖榊原清長移参州其子曰長政長政子曰康政所謂榊原式部大輔者乃是夫人之顕孝也康政有勲労食封於上州舘林城妣某氏以文禄三年十月九日生夫人慶長十年夫人年十有二台徳尊公養之於城州伏見里適武州刺史源利隆御将之際使青山播磨守忠成土井大炊頭利勝各執其事今年夫人従武州札刺史往居備前岡山城十四年四月四日生適嗣光政尊公使牧野豊前守信成来於備州述弄璋之慶賜封邑千石於備中以為夫人粉黛之資十八年武州刺史承家宗従居播州姫路城夫人乃従往二十年夫人與二男恒元趣武江時有大坂之役恒元謁東照神君於勢州四日市之駅神君命躬所乗之船使夫人與恒元渡於鳴海又謁尊公於参州岡崎之駅尊公賜短刀於恒元今茲尊公賜塵牙千俵於夫人以為年給元和二年武州刺史易簀夫人哀戚甚遂執貞烈之操寛文十二年十月二十六日逝於武江享年七十有九孝子光政告帰備前十一月二十六日合葬於同国和気郡和意谷敦土山武州刺史之塋嗚呼夫人為人質直且厳正生二男一女長男光政叙従四位下歴侍従任少将襲封領播磨國中間改播州領因幡伯耆両国又転因伯二州領備前国及備中数郡今退老傳世於家嗣綱政次男恒元叙従五位下任備後守領播州宍粟郡往年先卒女長適山内対馬守藤原忠豊

これらの墓誌の内容も「朱子家礼」に沿って書かれていることが分かる。墓誌を見て気付くのは字数の多さである。江戸の他の出土例を見ても、その文字の多さは抜きんでている。その学校は光政（二七二八文字）がトップで、輝政（一六四六文字）、利隆（九一八文字）と続く。同じ藩主でも、山崎藩藩主（三万石）の池田恒元（光政弟）は六三一字、池田政元は二七一字であり、輝興（三万五千石）は二〇八文字と大きく異なる。さらに男女で見ると、利隆は九一八字で、その妻は四九七字である。光政は二七二八字、その妻は四七四字である。利隆夫婦・光政夫婦とも、地上に見られる墓石の形も大きさも同じであるが、地下の墓誌の字数から見ると差は大きい。このように文字数には墓石とは違った階層性も見られる。

墓誌の作者は寛文一〇年（一六七〇）二月には「市浦清七郎ヲ京都ニ使セシメ三宅道乙及可三ニ先公墓誌撰文ヲ命セラル」(15)と

表2　福照院の墓所造営過程

10月26日	江戸にて死去
11月26日	和意谷に埋葬
1月28日	犬島へ石工を派遣
2月7日	和意谷普請奉行に津田永忠を命ずる
5月8日	犬島より石の輸送を始める
7月15日	和意谷の土木工事を開始する
12月8日	台石を据える
12月9日	碑を建てる
4月19日	誌石を下ろす
9月13日	完成する

三宅道乙・可三親子に撰文を命じ、輝政の墓誌は三宅道乙が作り、利隆は三宅可三が作った。なお、三宅道乙・可三親子は京都の儒者である。

　墓誌は死後、どのような経過を経て造られたかを、利隆妻福照院の例を通してみてみたい。（表2）　福照院は寛文一二年一〇月二六日江戸で亡くなり、翌年一月に御用丁場犬島に石工を派遣し、七月から和意谷の土木工事に取り掛かった。そして、一二月には墓石の台石を据え、さらに翌年四月に誌石を下した[16]。このことから、死後約一年半かかっている。先に述べた利隆の改葬（寛文七年二月開始・寛文一〇年完成）では、寛文一〇年（一六七〇）二月三宅親子に墓誌の撰文を命じていることから、ここでも工事の最終段階に墓誌を下ろしている。このように、墓誌を入れる時期は、墓所全体の工事の終わり頃に行っている。そして、その時の工事は次のように行われた[17]。

【史料4】

御誌石下し申事

一延宝二年四月十九日穴之深さ土台ゟ周尺八尺但前ハかつら石ヲ三尺ほどのけ溝石ヲかきりニして和尺五尺四方ニ掘り下ニ厚さ二寸之かわらヲ敷鉄之金物ヲ十文字ニかけ四方上ニもかわらヲふせ埋ム也下し様ハ御誌石ノ身ふた共二つなくくりヲ切り付ケ縄ヲ巻き付け又その縄ニ上ヘ縄をかけ縄ごしノ木ヲ二本穴ノ上ニ渡し次第下ル也

一御誌石ノ金物長二尺八寸横一尺六寸ハバ一寸六分厚さ五分何も和尺鉄目八貫有之

　これによると、五尺四方に掘り下げて、厚さ二寸の瓦を敷き、、身・蓋を鉄金物を十文字にかけて縛った墓誌を、四方及び上にも瓦を置いた。そして、墓誌を下す時は穴の上に二本の木を置き、縄を括り付けて下ろした。使うという。鉄金物は幅一尺六寸・厚さ五分である。この方法について「朱子家礼」では、「誌石を下して、墓、平地に在ればすなわち壙内の近き南においてまづ磚を一重に布き、石をその上に置き、また磚を以てこれを四囲してその上を覆ふ[18]」と書き一致している。次に、墓誌の形状について見ていきたい。輝政・利隆・輝興の墓誌は共に二枚組で、輝政は長さ三尺八寸（約一一五㎝）・横三尺五寸（約一〇六㎝）・厚さ六寸（約一八㎝）で、利隆の墓誌は長さ三尺四方（約九一㎝）、厚さ六寸（約一八㎝）である[19]。また、輝興の墓誌は二尺八寸五分（約八六㎝）・横一尺五寸（約四六㎝）・厚さは四寸七分（約一四㎝）である[20]。福照院の墓誌は実二尺六寸四分四方（約八〇㎝）、厚さ八寸（約二四㎝）、蓋二尺六寸四分四方（約八〇〇㎝）、厚さ七寸五分（約二三㎝）で「文字ノ外上下脇和尺三寸ツヽ[21]」と書かれていることから凹凸を持つことが分かる。和意谷墓所の改葬時に作られた墓誌は凹凸を持つ合わせ蓋式墓誌で、正方形もしくは縦長の長方形である。なお、この時使われた石は犬島産の花崗岩である。蓋の書き方は、先に示したように輝興の蓋には「従四位下右近太夫源輝興朝臣之墓」と刻まれているが、地上部の墓石正面にも「従四位下右近太夫源輝興朝臣之墓」と刻まれており、蓋と墓石に刻まれている文字と同じである。このことは、光政の妻円盛院についても同様である[22]。

（二）曹源寺に葬られた人々の墓誌

池田光政が亡くなると、綱政が後を継いだ。綱政は正徳四年（一七一四）に亡くなり、「曹源寺公浮屠の道をふかく信し給くは遺命にまかせ仏礼を用ひられし[23]」と書かれているように、葬儀は仏教によって執り行った。そして、自らが造った菩提寺曹源寺の背後にある正覚谷墓所に葬られた。埋葬では墳を造らず、石郭を採用した。その墓誌は「曹源寺殿源綱政朝臣石槨名[24]」と書かれていることから、一七世紀の二枚合わせの墓誌と異なり、石郭に刻まれた。次に綱政の墓誌を示した。

【史料5】

故備陽候姓源氏松平旧池田之族長而其先出敏達帝之苗裔左丞相橘諸兄公之後胤元享功臣前河泉摂侯楠正成之遠孫也逓祖有故続清和之統易今姓氏矣誠賢良之将種日域之名家也特曩祖勝入公當不平之秋起於偏小之地卒区々兵動與大国之諸侯角力遂殞身於白匁之上曾祖父宰相輝政卿亦擅武権横行於天下而拉強劫弱遂有備淡播作四州不愛珍器重宝肥饒之地以致英雄豪傑而倍呈勇威殆有嚢括四海并呑八荒之心當此時東照神君帯相之印與聞国政痛憂之浤慮遠謀而妻以其子賜以其氏能親之能和之能懐之遂使之不叛遂到子孫裂其地二三之矣尓来箕相襲既四葉邦家弥繁栄以到賢矦賢候諱綱政父前羽林次将光政朝臣母本田中書刻之女也然而忠刻之夫人者相国秀忠公之女而皇太后東福院之妹君明照皇帝之外姑也年十五而見大将軍家綱公深珍愛之為加冠賜綱之字於名上始拝大夫任予州刺史進左拾遺終羽林次将軍天資聴智温良恭倹而謁孝致忠定省曽無倦朝請不敢怠矣暇日専好礼楽署名和歌時々敲禅関親参吾師絶外老漢之室直徳端的之妙処力造営仏寺神廟興廃継絶治国用殷周善政出法拠漢相憲章故庶民懐其仁士臣重其義鄰国服其威子孫膺其福可謂至徳也矣嗚呼悲夫今治治茲正徳四年秋将尽日抱疾遂日益病也子女群臣憂之仰天俯地祷山川神祇更無截欵靈扁鵲華佗奥術医不愈遂孟冬二十九日春秋七十有七歳而薨殂矣斯日也知不知無不慟哭者右曰桃李不言下自成蹊賢侯亦云耶一七年前預相地於府上東円山建此禅刹又就大殿之後正覚谷搬土疊石高築兆宅以備百年後埋身之地是故嗣君孝子継政随其遺命送葬于茲号曹源寺殿湛然徳峰大居士瓦其棺石其槨公議破衲請之銘固辞不許強走筆以汚槨上其顔厚而不愧穢陋者乎将恐被泉下之脩文郎其銘曰

傑然気宇　更絶比倫　仁徳琢玉
武威推輪　乃阪黄土　慈理全身
永受法寿　吾銘維新

正徳四年歳次甲午霜月十八日

當山現住賜紫沙門逸俊鶚謹誌

墓誌は曹源寺住職俊鶚によって書かれ、儒者から僧に変わった。そして、文末に詩、年紀及び作者を掲載しており、一七世紀の墓誌の書き方と異なっている。

三代藩主継政は安永五年（一七七六）に亡くなると綱政と同様正覚谷墓地に葬られた。石槨か合わせ蓋式の墓誌か不明であるが「老君保国公墓誌[25]」と書かれていることから、合わせ蓋式の墓誌である可能性が高い。そして、その文は曹源寺住職によって書かれた。四代藩主宗政は宝暦十四年（一七六四）に亡くなり、正覚谷墓地に葬られた。その墓誌は「寿国院殿故侍従石槨銘[26]」と書かれていることから、石槨に刻まれたことが分かる。そして、その文も曹源寺住職によって書かれた。五代藩主治政は文政元年（一八一九）に亡くなると、正覚谷に葬られた。彼の墓の地下には図2のような墓誌[27]が収められた。墓誌の法量は四尺八寸（一四五cm）四方で、厚さ六寸（一八cm）で、凹凸を持つ二枚合わせ蓋式になっている。そして、實石には「水磨面ニ御墓誌銘千百四十五文字彫立黒漆入[28]」となっている。彼も墓誌も曹源寺住

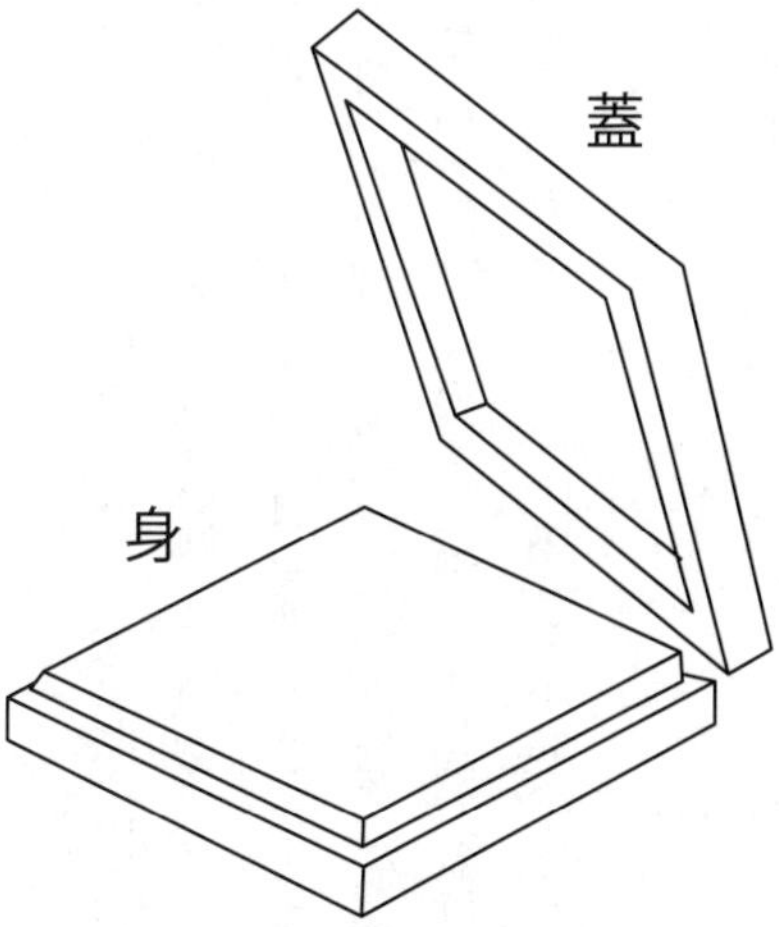

図2　治政の墓誌模式図

職によって書かれた[29]。六代藩主池田斎政、七代藩主斎敏の墓誌は不明である。

藩主以外では斎輝の墓誌[30]がある。斎輝は斎政の世子あったが、文政二年（一八一九）に亡くなると曹源寺に葬られた。斎輝の墓誌 及び地下構造の絵図[31]が残されているので、それをもとに見てみたい（図３）。墓誌は身・蓋とも縦三尺四寸（約一〇三㎝）・横二尺二寸（約六七㎝）・厚さ三寸五分（約一一㎝）である。凸面の身には水磨きをした後三八〇字を刻み、墨を入れている。凹面の蓋には九字を刻んでいる。そして、凹面と凸面を合わせて、張金（針金）を巻いて漆喰で塗り固めた後、石郭の真上に置かれた。二枚の石を縛る方法は「朱子家礼」と一致する。池田斎輝の妻もまた、墓誌を造っている。安政五年（一八五八）に亡くなり、その墓は曹源寺に葬られた。その文は国学講官和田[32]によって書かれた。斉政の養子洪徳は文政九年（一八二六）に亡くなり、その墓誌[33]は井上直記によって書かれている。

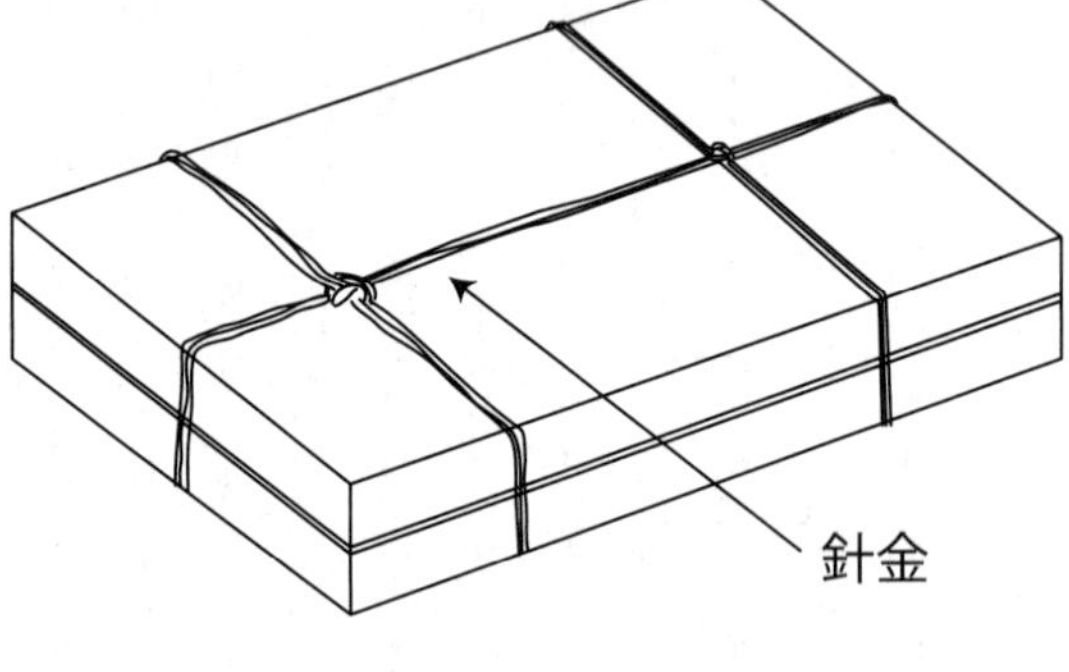

図３　斎輝の墓誌模式図

（三）支藩藩主の墓誌

支藩鴨方藩（二万五千石）の七代藩主池田政共は文政七年（一八二四）に亡くなると、国清寺に葬られた。その墓誌は外法縦二尺四寸(約七三㎝)、横二尺三寸（約七〇㎝）、身蓋共一尺（三〇㎝）で身は水磨きをしている[34]。そして文字数は四四二字である[35]。絵図から凹凸のある合わせ蓋式の墓誌で、石棺部分と一体となって納められている。（図４）

政共の妻は明治元年（一八六八）一二月に亡くなり、夫と共に国清寺に葬られた。その墓誌は二尺角・厚さ三寸で水磨きを施している[36]。

支藩生坂藩（一万五千石）の四代藩主池田政弼は安永五年（一七七六）に亡くなり江戸東禅寺に葬られた。東禅寺の改葬時に政弼の墓から墓誌[37]が出土した。その法量は、長さ約五〇㎝、幅約三〇㎝、厚さ約一五㎝で、石室の蓋と思われる。墓誌は四行でごく短い。それを史料６に示した。

【史料６】

従五位下池田丹波守源朝臣諱政弼以延享
元年甲子秋七月二一七日生于備前岡山邸
安永五年丙申七月二十五日卒于武江藩邸
以是歳八月七日葬于芝浦東禅寺

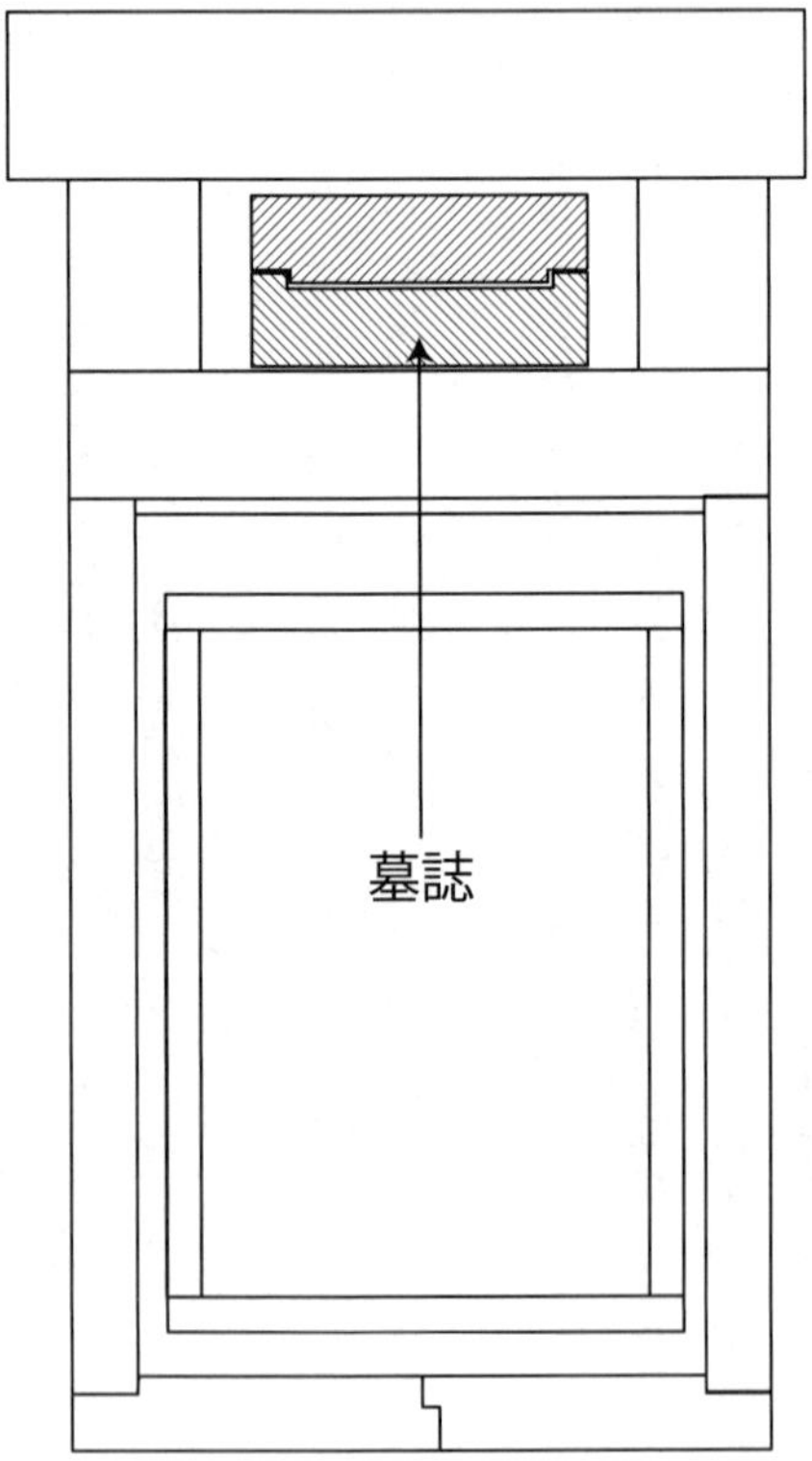

図４　政共の石棺模式図

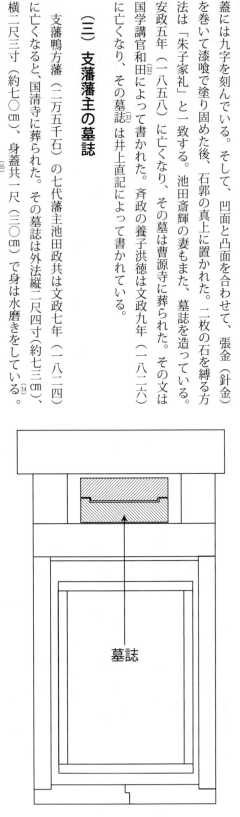

（四）明治時代以降の墓誌

明治元年（一八六八）八月に池田茂政妻満寿子が亡くなると、神葬になり再び和意谷墓所に葬られた。（表3）そして、その墓所は一七世紀の儒葬墓と同形式の墓で、一七世紀和意谷墓所の造営に関わった河内屋治兵衛の子孫が行った。[38] 墓誌の作者も曹源寺の僧侶から国学教授伊藤に変わった。墓誌の大きさは三尺九寸四方（約一一八㎝）で蓋の厚さは七寸五分（約二三㎝）、身の厚さは八寸（約二一㎝）である。[39] さらに「図ノ如ク鉄金物ヲ十文字ニ掛ケ下ニ瓦ヲ敷其上ニ納メ四方并上ヨリモ瓦ヲフセ埋メ可申事」[40]（図5）とし、瓦を敷き、鉄金物で十文字に縛った後周りと上下にに瓦を置くこととしている。これは、先に見た福照院の時と同じである、明治時代になって再び「朱子家礼」に沿って墓誌が埋葬されている。[41]

また、同時期正覚谷墓所にも葬られ、藩主章政（明治三六年、死去）を始めとして、多くの人が葬られた。

菩提寺ではあったが、章政の墓碑銘が「麝香間祇候従一位勲一等侯爵池田章政之墓」のように儒葬墓である。

明治期になると墓誌に金属板が用いられるようになった。「備前侯池田公墓誌銘（正阿弥勝義謹鐫）[42]」から慶政・章政・詮政は御用彫金師正阿弥勝義[43]によって作られたことが分かる。[44] さらに、「章政公墓誌」[45]から次のことが分かる。一つ目は「銅板雛形」と書かれていることから用いられている金属は銅板であることが分かる。二つ目は「以神式行葬儀」と書いてあるように、神式で葬儀が行われた。三つ目は「縦一尺二寸（約三六㎝）×横一尺六寸（約四八㎝）」の横長の長方形で、今まで見てきた藩主の石製墓誌に比べて小さくなっていることである。

現認できる最も新しい金属板で作られた詮政の墓誌を次に示した。[46]

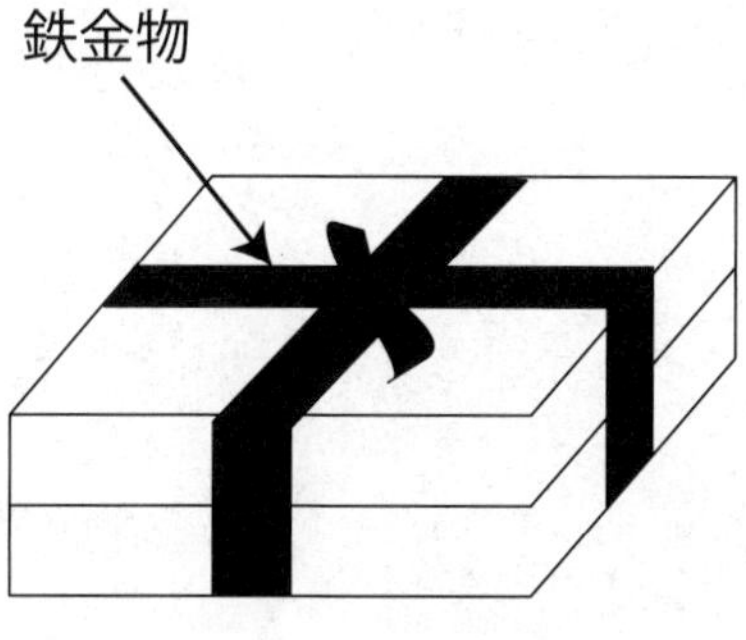

図5　満寿子墓誌模式図

【史料7】

正三位勲四等池田侯墓誌
侯諱詮政初稱政行小字鉦三郎考従一位勲一等章政公妣鑑子戸田氏慶応元年十二月二十四日生于岡山章政公有三子長曰登久丸夭次曰政保季即侯也明治十二年叙従五位三十六年六月五日章政公薨七月一日襲爵為貴族院議員四十年夏歴遊満韓地方韓国皇帝贈勲一等太極章九月二十一日叙勲四等賜旭日小綬章累進従三位四十一年冬罹病四十二年六月一日病革特革昇叙正三位尋薨年四十有五八日葬于東京府荏原郡目黒村謚曰手研光彦詮政命初娶充子島津氏有故離婚女博子嫁男爵細川護立後迎朝彦親王第三女安喜子女王為室生三男二女曰禎政曰政鉦曰政鈞曰鋹子曰温子禎政継家政鉦為子爵池田政保養子

表3　明治時代における池田家の墓誌

No.	死去年 和暦	死去年 西暦	名前	関係	形	材質	墓所	史料名
1	明治元	1868	池田満寿子	茂政夫人	正方形	石	和意谷墓所	「満寿子夫人安貞公子鋭子君和意谷治葬書類」
2	明治 13	1880	池田芳子	慶政六女	横長	金属か	正覚谷墓所	「池田芳子姫御墓誌」
3	明治 14	1881	池田政尚	慶政二子	不明	不明	正覚谷墓所	「瑞若建政尚命墓誌」
4	明治 15	1882	池田信子	斉敏夫人	不明	不明	正覚谷墓所	「和意谷御墓面写各地御墓誌」
5	明治 26	1893	池田慶政	藩主	横長	金属	和意谷墓所	「慶政公墓誌」
6	明治 32	1899	池田茂政	藩主	不明	不明	和意谷墓所	「故従一位茂政公御墓誌銘」
7	明治 36	1903	池田章政	藩主	横長	金属	正覚谷墓所	「章政公墓誌」
8	明治 39	1906	池田鑑子	章政夫人	横長	金属か	正覚谷墓所	「鑑子夫人拓本」
9	明治 42	1909	池田詮政	章政子	横長	金属	東京	「詮政公墓誌」

この墓誌は、「朱子家礼」に示した「某官某公諱某字某、某州某県の人、某諱某、某官、母某、某封、某念月日生る。歴官遷次を叙して、某の年月日終はる、某の年月日、某郷某里某所に葬る。某氏某人の女を娶る。子、男某某官、女、某官某人に適ぐ」とほぼ同じ内容である。

この時期の墓誌はどのように納められたかを「政尚公葬送祭式次第」[47]の例で見てみたい。藩主慶政の第二子として生まれた池田政尚は明治一四年九月六日に亡くなり、一四日正覚谷墓所に葬られた（図６）。埋葬時の葬儀では次の要領で行った。

図６　政尚の墓（墓石の背後に墳がある）

【史料８】

棺到葬所居于祭場置高案立旗旌榊作花等整頓装束
次　焚庭燎
略
次　下棺于壙
次　御喪主及御近親等撥土
次　埋墓誌
次　建墓表筑塚
次　植榊建鳥居及灯篭
以下略す

先に見た福照院の場合は、亡くなってから数年後に行われた墓石工事の際に墓誌が埋められたが、ここでは棺を墓壙に入れる時点で墓誌を入れている。この史料には、墓誌が石製か金属製かは書かれていないが死後一週間ということを考えると金属製と考える。材料によって、墓誌を入れる時期が変わっている。次に墓誌を入れる場所であるが、藩主慶政の墓所について見てみることにする。慶政は明治二六年（一八九三）に亡くなり、工事は明治二八年から取りかかった。このときの「和意谷御石碑土工見積書」[48]の絵図（図７）によると、墳前方に置かれ「深さ延石より二尺」の位置に置かれている。埋める場所について「朱子家礼」では「壙前の地面に近き三四尺の間に埋める」とほぼ似通っている。このように、一七世紀の埋葬法が長い年月を経て再び用られることができた要因として、墓所造営に請け負った藤原伊平は河内屋治兵衛[49]の流れを汲む石工であったことが挙げられる。治兵衛は和意谷墓所造営時に大阪から連れてこられ、その後岡山に残って御用石工として活躍した。

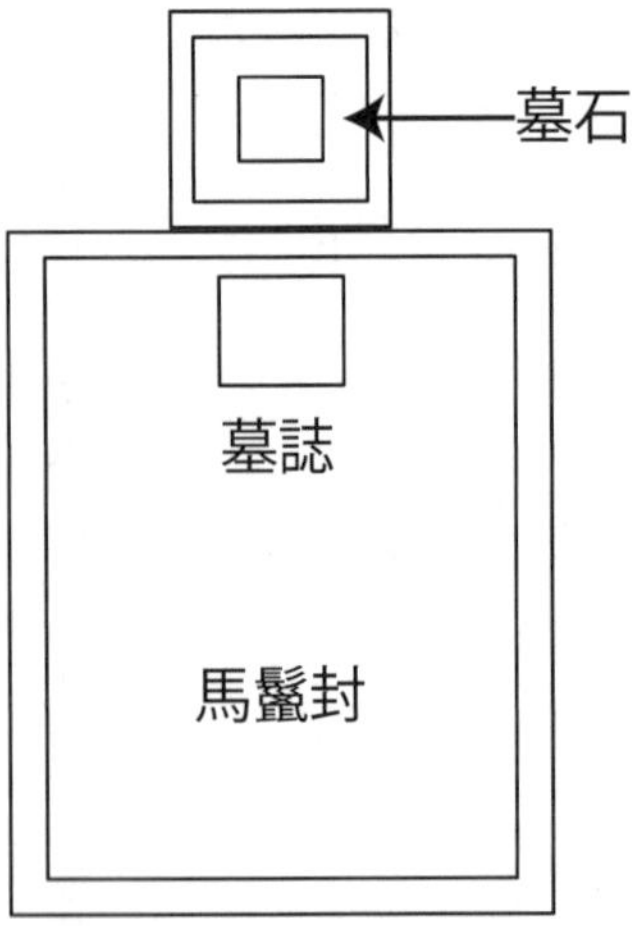

図７　慶政墓所模式図

三　家臣の墓誌について

（一）家老伊木家の墓誌

伊木家は代々岡山藩家老（三万石）を勤めた。寛文一二年（一六七二）に亡くなった三代忠貞に始まり、七代忠知（安永四年〈一七七五〉死去）、九代忠貟（一八〇七年死去）、十二代忠直（文化一二年〈一八一五〉死去）の墓誌銘が残っている。忠貞の墓は（瀬戸内市虫明）の円通山の山頂にあり、その墓は「備前州老伊木忠貞之墓」と刻み儒葬墓である。その墓誌を次に示した。

【史料9】

長門守諱忠貞小名三十郎氏伊木大父諱忠次尾州清須之産氏香川甞縁濃州
伊木山之役有軍役改禰伊木所謂伊木清兵衛是也始執贄于池田紀州牧信輝
公摂州花熊及山崎尾州犬山之戦破堅抜敵武名籍甚矣逮　参議輝政公之領
播州使忠次叙従五位下任豊後守居同國三木城賜秩禄三萬七千石祖妣日根
法印之女先考諱忠繁号長門守摂州伊丹人也襲封居三木白乃割采地四千石
以與第日向守奉宣嘗奉従拾遺利隆公于難波之師逸群励功戦於是東照神君
台徳尊君感其驍勇而恩命殊至妣森寺清右衛門忠勝之女以慶長十七年生忠
貞于播之姫路元和二年忠繁棄世忠貞時五歳　羽林光政公賜忠繁之食邑三
萬三千石翌年従公之轉封従伯州倉吉寛永九年徙備之前州十一年以　公命
徃武江築城壁役畢之後拝謁于　大猷尊君賜衣服及白金十九年又従　公于
武江執築役後謁　尊君慶安二年　尊君養　公之女以適一條右府公于洛忠
貞陪従焉寛文三年　禁裏有践祚之事　公遣忠貞于京師上加十二年六月
以公退老之故徃武江執謁于　大樹帰洛閏六月二十有八日以疾卒于武州河
崎之驛享年六十有一反葬于備州邑久郡之采地虫明邑圓通山忠貞之在世嘗
與聞國政十五年其餘奉君命往東武亦数回矣娶荒尾但馬守成俊之女生男清
兵衛忠清早卒無嗣又生女國適土肥助二郎由平妾菅沼氏生二男二女男勘解
由忠恒承家宗世禄男松二郎忠直未仕女豊適伊木平内幸和女通許嫁池田吉
左衛門義陳

伊木忠貞の墓誌は五三七文字からなり、墳の前方に地表面の高さに墓誌を埋めている[50]。そして、伊木忠貞側室の墓は忠貞の近くに葬られている。この墓誌の内容も、「朱子家礼」とほぼ一致している。その墓誌は、二枚合わせであるが、凹凸がなく平滑で、縦六七㎝×横六二㎝×厚さ一三㎝の縦長である。蓋には「伊木忠貞君側室菅沼氏之墓[51]」と刻み、身には一文字約三㎝ほどの一四行で二〇四文字が刻まれている。しかし、墓石には、「松清院殿陽室貞春大姉　霊位」と刻み、蓋と異なる書き方をしている。墓石背後に墳（現在では土砂が流失して墳は見られない）があり、墳の前方寄りに地表面の高さで墓誌が置かれている（図8）。

伊木家で忠貞と共に地表面の高さに墓誌が見られるのは管見の限りこの忠貞とその側室のみである。なお、これらの墓誌は花崗岩である。

七代伊木忠知は、安永四年（一七七五）になくなり、江戸東禅寺に葬られた。墓誌の文字数は三〇五文字である。九代伊木忠貟は文化四年（一八〇七）に亡くなり、長島墓所（瀬戸内市虫明）に葬られた。墓誌の文字数は五二五文字を数える。一二代伊木忠直は文政三年（一八二〇）に亡くなり、菩提寺興禅寺の近くに葬ら

図8　忠貞側室の墓（墓石の背後に墓誌がある）

れた。文字数は二六五文字である。伊木家家老であっても、文字数は大きく異なるが、忠貞を超えることはない。

（二）山崎藩家老淵本家の墓誌

山崎藩（兵庫県宍粟市）家老である淵本六兵衛（千石）の墓誌（図9）が残っている。山崎藩は、慶安二年（一六四九）に幕府から割譲を受け、岡山藩主池田光政の弟池田恒元によって立藩（三万石）された。恒元は、死後和意谷墓所に葬られた。その家臣で元岡山藩家臣であった淵本六兵衛の墓は、寛文一一年（一六七一）に亡くなると、春安村塚谷（山崎町）に葬られた。その後、墓の改葬が行われ、現在は興国寺（兵庫県宍粟市山崎町）に墓誌とともに葬られている。六兵衛の墓は前面には「淵本六兵衛之墓」と刻まれ儒葬墓である。蓋・身の大きさは共に縦九一cm・横六〇cm・厚さ一三cmで縦長である。また、墓誌には、図九のように鉄帯の跡が二本残り、その幅は三・五cmである。その縛り方は図三の斎輝と異なる。蓋には「淵本六兵衛之墓」と書かれ、身には二〇行三三文字からできている。

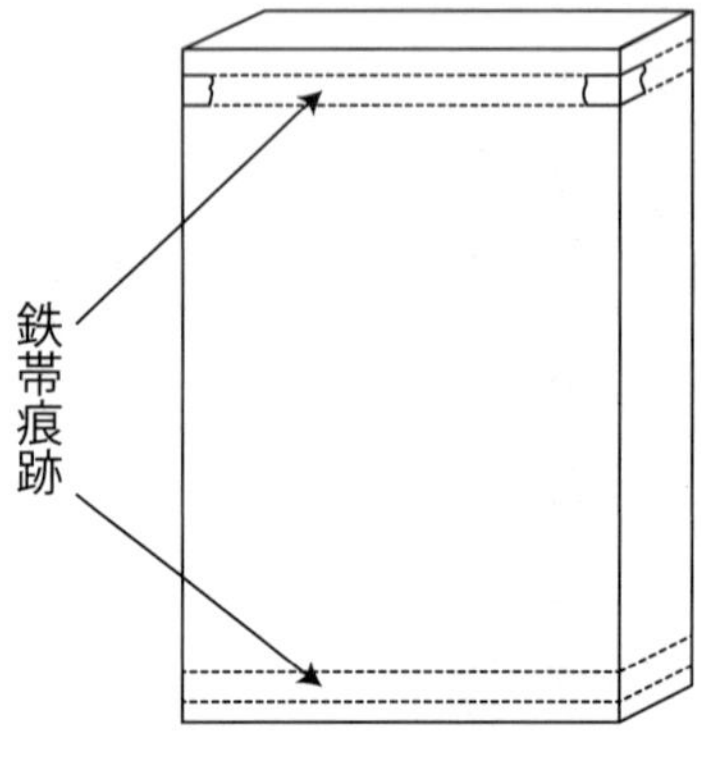

図9　六兵衛墓誌

（三）津田家の墓誌

津田永忠の父母の墓誌銘[52]が残っている。津田永忠は、光政・綱政の二代にわたって勤め、墓所奉行・学校奉行など光政の儒教政策に大きな役割を果たした人物である。墓誌によると永忠の父貞永（知行高六百石）・母寧は共に天和三年（一六八三）に亡くなっている。そして、二人は東山墓地の一角にある門田村山内に葬られたが[53]、貞享三年九月に吉田村温谷（和気郡和気町吉田）に改葬された。墓誌はこの改葬時に作られた。それぞれ墓石の背後には、壙を伴っており、下に墓誌が埋蔵しているはずである。貞永の墓誌の文字数は千三百六十文字で寧の文字数は四三五文字である。

（四）大岩山墓地に眠る人たち

大岩山（岡山市富原字大岩）には、番頭（四千石）池田武憲[54]の有縁の墓一三基があった。この墓地の特徴として、すべての墓石が戒名を刻まず、儒葬墓であったことである。つまり、延宝四年（一六七六）になくなった武憲の妻「さい」から嘉永三年（一八五〇）までの約二百年の間、儒教の墓を造り続けた。

移転先の墓所には、中老であった池田森臻と池田憲章（図10）の墓碑と花崗岩製の墓誌が保存されている。まず、池田森臻の墓誌の形式は二枚合わせで、凸面の一行目には「故公族大夫観海老君墓誌銘」と書き始め、その後一九行二七字の計五一五字を刻んでいる。それに続き凹面に二〇行二七文字の計六二二字である。その法量は縦一〇八cm・横一〇七cmで合わせた時の厚さは三八cmである。彼の墓石には「國老池田勘解由森臻之墓」と刻み、墓誌と異なっている。

もう一つは中老池田憲章の墓である。彼の墓も墓誌の形式は二枚合わせで、凹面の一行目には一文字約八cm四方で「故亜郷池田勘解由君墓」と刻み、二行目からは一文字四cm四方で一一行一九字の計二一五字を刻んでいる。さらに、凸面に一四行二二四文字の計四三九字である。その法量は縦九二cm・横九二cmで合わせた時の厚さは三三cmである。彼の墓石には「亜郷池田勘解由源憲章之墓」と刻まれて、墓誌と異なっている。

この二つの墓誌の相違点は書き始めが森臻は凸面からに対して、憲章は

図10　故亜郷池田勘解由墓誌

凹面から書き始めており、蓋と身との区別はみられない。墓誌の形は一七世紀の墓誌の形を採用しているが、書き方については一七世紀の墓誌と異なり、多様な形式をもつ墓誌が出てきている。

これ以外の墓誌については、中老池田森英・政矩妻の墓誌[55]がある。天明八年（一七八八）に亡くなった中老池田森英墓誌銘には「明和辛卯建立祠堂改建立浮屠之礼」と書いているように、明和八年（一七七一）には浮屠（仏教）の礼を改め、祠堂を建てた。このことから、彼は儒教を信奉していたことが分かる。彼の墓誌は二枚の石からなり、二枚とも墓誌銘が刻まれている。そして、誌文の最後には「万波俊休謹誌」と刻まれている。この万波氏は岡山藩の儒者である。中老政矩妻の墓誌は一枚には「池田勘解由孺人加藤氏之墓誌」と刻み、もう一枚には一〇四文字を刻んでいる。

また、池田武憲の妻さいが熊沢蕃山の娘であったことから、蕃山の子蕃山継明（一六八五年死去）とその妻烈（一六八五年死去）の墓が造られ、その誌文が残されている。貞享二年（一六八五）に亡くなった継明の墓誌は三四六文字の文字が刻まれている。その妻は貞享二年に亡くなり、その墓誌には一六四文字が刻まれている。継明とその妻の墓誌の作者は共に小原大丈軒文集に所収されていることから[56]、儒者小原大丈軒によって書かれたと考えられる。延宝四年（一六七六）に亡くなった載は凸型の墓誌に一一行一五字で文字が刻まれていたが、墓誌は現在不明である。

（五）奥市墓地の墓誌

奥市墓地（岡山市奥市）は護国神社の造営に伴い、一九四一年に一部が寄せ墓として東山墓地へ移された。その中に、土肥彦四郎、下方貞治妻、正木主計の三基の花崗岩製の墓誌が残されている。

土肥彦四郎は延宝四年（一六七六）に亡くなっている。土肥彦四郎の墓誌は、二枚からできており、凹面の蓋には水磨きを行った後「土肥彦四郎吉□之　墓」と刻んでいる。凸面の身は一文字約三㎝四方ほど大きさで一二行二〇字の計二三五字からなっている。その法量は身・蓋とも縦七〇㎝×横四七㎝×厚さ一五㎝で、縦長の長方形をしている。墓石には、「土肥彦四郎吉□之　墓」と刻み、蓋と同じである。

下方貞治（近習、千五百石）の妻は墓誌から延宝三年（一六七五）に亡くなっている。その法量は縦五一㎝×横四三㎝×厚さ一三㎝で、縦長の長方形をしている。その墓誌を下に示した。

【史料10】

下方貞治妻誌石
下方主税介貞治之妻保仙院者大江末孫宮城
氏筑後守政次之女也母者号清教院叺慶長十
八年癸丑五月七日生於播州姫路之府女三而
嫁貞治之家産四男嫡男下方権平俊貞考之
家緒□様千石二男同忠左衛門貞直三男□左

衛門貞清□□上坂外記貞曳之家四男藤兵衛
貞昭養宮城大蔵政定之家□官仕于備前之□
光政公保仙院亨年六十三延宝三乙卯七月十
五日卒葬上道郡奥市之谷矣

水磨きを施し、一行目には一文字約七㎝四方で「下方貞治妻誌石」と刻み、二行目以降は一文字二㎝四方で九行×一九字で合計一七一文字である。蓋は不明であるが、おそらくこの墓誌は一枚ものと考えられる。書き方は一七世紀の池田家と異なるが、内容はほぼ池田家の墓誌と似通っている。

正木主計（知行千五百石）は番頭を勤め、延宝六年に亡くなっている。その墓誌は縦四六㎝×横四三㎝×一二㎝で、縦長の長方形をしている。そして、墓誌中央に「正木氏主計之墓」と刻んでいる。もう一枚は見られず、一枚ものの墓誌と考えられる。

これら三基の墓誌の形式はそれぞれ異なっていることから、この時代の家臣における墓誌について一定のきまりは見られない。また、護国神社造営に伴う大規模な墓地移転であったが、一七世紀の墓誌が三基しか見付っていないことから、墓誌を作ったのはごく一部武士であったと考えられる。

四　まとめ

岡山藩の墓誌は池田光政が儒教を信奉したことに伴い、一七世紀後半儒葬による埋葬が行われたことに起因し、藩主のみならず家臣にも広がった。しかし、領民の儒教の墓は多数見つかっているが、墓誌は見つかっていないことから、藩主及びごく一部の家臣にとどまっていると考えられる。岡山藩の墓誌には二つの大きな変化がある。一七世紀後半、「朱子家礼」に沿って二枚の合わせ蓋式の墓誌を使い、儒者によって誌文が書かれた。そして二代藩主綱政になると再び仏教を戻り、埋葬の仕方も変化し、墓誌も形式もそれに伴って変化を遂げた。それは、石槨の蓋を用いるとともに、墓誌の書き方も作者や詩を入れたりするようになった。また、墓誌の作者は儒者から僧に変わった。明治時代になると再び一七世紀と同様の方法で墓誌が納められた。しかし、墓誌の材料が石材から銅板が用いられるようになった。これに伴い、遺骸の埋葬時に墓誌も同時に埋められるようになった。形も近世では、縦長の長方形もしくは正方形であるが、横長の長方形に変わっている。このように形式的には変化しているが、その書かれた内容はほぼ「朱子家礼」に沿って書かれているのは変わらない。

家臣の墓誌の例はわずかであるが、光政の時代の墓誌をモデルにしている。江戸の発掘例から幕臣や藩士の多くが甕棺の蓋や木蓋に記されていたことを考えると[57]、岡山藩の家臣の墓誌は光政に倣い儒教による中国風な墓誌を採用していることが特徴である。

岡山藩の墓誌の特徴として、花崗岩で出来た凹凸をもつ合わせ蓋式墓誌が多いことである。このような形式は、谷川章雄氏によると儒者林家の墓に見られるような儒者の墓誌である。また、墓誌に書かれた字数の多さである。個々人によって異なるが、全体を通してみると一七世紀以降次第に文字数は減少している。徳川家の墓誌で字数の多い六代将軍徳川家宣（正徳二年〈一七一二〉死去）が五行一〇二字である中、池田家一族の文字数は際立っている。藩士においても、水戸藩が寛文六年家臣に向けて出した葬祭マニュアル『喪祭儀略』の墓誌が簡単なものであったのに比べて、岡山藩では詳細に書かれている。その文字数は階層性が見られるが、身分に比例するものでなく、人物によっても異なる。さらに、男女による差は大きい。なお、このような文字の多さは、水磨きで表面を丁寧に調整することで、はじめて可能になった。

（北脇義友）

註

1　大脇潔　二〇〇九「墓誌」『日本歴史考古学に学ぶ』中、有斐閣。
2　石田肇　二〇〇七「江戸時代の墓誌」（『群馬大学教育学部紀要』人文・社会科学編五十六年）。
3　谷川章雄　二〇一一「江戸の墓誌の変遷」（『国立歴史民俗博物館研究報告』第一六九集。
4　近年では「近世武家墓制と墓誌・府内寺院と墓誌の調査」（『石造文化財』七　二〇一五）。
5　立正大学博物館第九回特別展　二〇一五「近世の墓石と墓誌を探る」。
6　細谷恵志『朱子家礼』明徳出版社、二〇一四年、二五〇頁　今回は本著を基に記述した。この底本は浅見絅斎校訂『朱子家礼』（元禄一〇年）である。
7　『吉備群書集成』七　三九五頁　この法令については、別府信吾『備中岡山藩」の世界』（二〇〇八年）に詳しい。彼によると、寛文六年八月に出された神職請と同日か少なくとも同年中としている。
8　『吉備群書集成』七　同左　四〇〇頁。
9　正宗敦夫『増訂蕃山全集』第五冊、一九四三年、九九頁。
10　池田家文庫「右近太夫輝興君御墓誌石摺」　YCE‐一四三一〇。
11　石坂善次郎『池田光政公伝』下、一九三二年、一三七五頁。
12　池田家文庫「右近太夫輝興君御墓誌石摺」　YCE‐一四三一〇。
13　石坂善次郎『池田光政公伝』上、一九三二年、七三五頁。
14　『池田光政公伝』下、一九三二年、一一〇五頁。
15　『池田光政公伝』上、一九三二年、七二九頁。
16　石坂善次郎『池田光政公伝』下、一九三二年、一一〇五頁
17　池田家文庫「参議武州様御改葬、福照院様御葬送略記」TCE‐〇一〇八〇。
18　細谷恵志『朱子家礼』明徳出版社、二〇一四年、二五〇頁
19　「和意谷御墓出来之記」『吉永町史』資料編、一九八四年　一四五頁。
20　池田家文庫「右近太夫輝興君御墓誌石摺」　YCE‐一四三一〇。
21　参議様武州様御改葬、福照院様御葬送略記　TCE‐〇一〇八〇。
22　徳川光圀は寛文六年に儒葬のための葬祭マニュアルとして『喪祭儀略』を家臣に配布した。そこでは、蓋に「某号某氏君墓誌」と刻み、墓石には「故某号某君墓」としている。蓋の書き方では、岡山藩の方がより「朱子家礼」に近い。
23　石坂善次郎『池田家履歴略記』上、一九六三年、六四八頁　一方「朱子家礼」では「仏事を作さず」としている。
24　石坂善次郎『池田家履歴略記』下、一九六三年、一〇五八頁。
25　『池田家履歴略記』上、日本文教出版、一九六三年、一〇五九頁。
26　『池田家履歴略記』下、日本文教出版、一九六三年、一〇六〇頁。
27　『池田家履歴略記』下、日本文教出版、一九六三年、一〇一三頁。
28　池田家文庫「顕国院様御葬送前御地方御普請御仕構留帳并絵図」TCE‐〇六一八〇。
29　『池田家履歴略記』下、日本文教出版、一九六三年、一〇一三頁。
30　『池田家履歴略記』下、日本文教出版、一九六三年、一〇二三頁。
31　池田家文庫「龍泰院様御葬送前後地方御普請御仕構留帳并絵図」。YCE‐〇五二二〇。
32　「御出棺御葬送御次第帳・御出棺御葬送御行列帳・御葬送之節御山内絵図・御墓誌・一條様御代香御次第帳共」。
33　『池田家履歴略記』下、日本文教出版、一九六三年、一〇六七頁。
34　池田家文庫「御石塔御石棺御絵図并御葬式切手留帳」TCE‐

〇六一八〇。

35　池田家文庫「常観院様御葬送関係書類」ＹＣＥ‐〇〇〇一〇。

36　池田家文庫「清厚院様御葬送一件」ＫＡＭ‐〇〇九。

37　谷川章雄　二〇一一「江戸の墓誌の変遷」『国立歴史民俗博物館研究報告』第一六九集　三三八頁

38　「満寿子夫人安貞公子鋭子君和意谷治葬書類」（ＹＣＥ‐一一三〇〇）によると、満寿子夫人の造営は河内屋治兵衛と和島屋重吉が関わっている。この書類の中には、円盛院（光政夫人）の埋葬の仕方を書いた「御壙之内御棺詰申次第」が同封されており、円盛院の埋葬法を参考にしたと考える。なお、御用石工が河内屋から親戚筋の鳥取屋に変更時には「円山御廟所御大切之密事之御用も三度迄相勤」（『市政提要』）と墓所造営法は密事とされた。さらに、鳥取屋から和島屋重吉に変わったときには「先祖より伝来之職分秘法不残此度重吉え致伝受遺し」と墓所の造営法は引き継がれていった。詳しくは拙稿「岡山藩における御用石工とその周辺の石工」『岡山県立記録資料館紀要第七号』（二〇一二年）を参考にされたい。

39　「満寿子夫人安貞公子鋭子君和意谷治葬書類」ＹＣＥ‐一一三〇〇。

40　「満寿子夫人安貞公子鋭子君和意谷治葬書類」ＹＣＥ‐一一三〇〇。

41　墓誌埋葬時に瓦（磚）を用いた例は管見の限りなく、出土例も聞かない。

42　池田家文庫「備前候池田公墓誌銘（正阿弥勝義謹鐫）」ＹＣＭ‐〇二三三〇。

43　勝義は一八三二年に生まれた。そして、岡山藩のお抱え彫金師となり、刀装具制作をしていたが、廃刀令以後金工作家に転向した。その技量の高さは世界的にも評価されている。（佐藤寛介「正阿弥勝義の新出作品と関連資料」『岡山県立博物館研究報告』第三二号　二〇一二年）一八五三年には、慶政の命により短剣装具雲龍図金具一式を作成している。（臼井洋輔『岡山文庫　一五八　正阿弥勝義の世界』一九九二）。

44　この三人以外に文書の状態から金属板と思われるのは池田芳子、鑑子がいる。

45　池田家文庫「章政公墓誌」ＹＣＢ‐〇〇一〇〇。

46　備前候池田公墓誌銘（正阿弥勝義謹鐫）ＹＣＭ‐〇二三三〇。

47　池田家文庫「政尚公葬送祭式次第」ＹＣＥ‐一一〇二〇。

48　池田家文庫「明治二八年八月　和意谷御石碑土工見積書　藤原伊平」ＹＣＥ‐一一〇二〇。

49　河内屋治兵衛及び藤原伊平については拙稿「岡山藩における御用石工とその周辺の石工」『岡山県立記録資料館紀要第七号』（二〇一二年）を参考にされたい。

50　二〇一四年一二月の調査で、壙の土砂の流出で墓誌の一部が顔をのぞけていた。

51　松原典明　二〇一五「近世武家墓制と墓誌・府内寺院と墓誌の調査」（『石造文化財』七　一〇二頁）。

52　「津田永忠資料集」一九四〇　津田永忠の子孫が所持していた史料を岡山県立図書館が借用して筆写したものである。

53　この時に作られたと思われる伊木家墓地が東山墓地の一角に残され、一族によって現在も祭祀が続けられている。

54　池田武憲は姫路藩主池田輝政の孫にあたる。現在は、山陽自動車道の工事のため、この墓所はなくなっている。そのときの調査報告書「大岩遺跡・田益田中遺跡・白壁奥遺跡」『岡山県埋蔵文化財発掘調

査報告書』一二八（岡山県教育委員会　一九九八年）。

55　この二人の墓誌は「大岩遺跡・田益田中遺跡・白壁奥遺跡」『岡山県埋蔵文化財発掘調査報告書』一二八（岡山県教育委員会一九九八）による。

56　正宗敦夫　一九七九年『増訂蕃山全集　第六冊』、名著出版、一〇七頁。

57　谷川章雄　二〇一一「江戸の墓誌の変遷」（『国立歴史民俗博物館研究報告』第一六九集　、年、三四八頁）

【図版出典】

図1　池田家文庫「右近太夫輝興君御墓誌石摺」ＹＣＥ‐一四三一〇。

図2　池田家文庫「顕国院様御葬送前御地方御普請御仕構帳并絵図」（ＴＣＥ‐〇六一八〇）より模式図を北脇作成。

図3　池田家文庫「龍泰院様御葬送前後地方御普請御仕構留帳并絵図」（ＹＣＥ‐〇五三二〇）より北脇模式図を作成。

図4　池田家文庫「御石塔御石棺御絵図并御葬式切手留帳」（ＴＣＥ‐〇六一八〇）より北脇模式図を作成。

図5　「満寿子夫人安貞公子鋭子君和意谷治葬書類」（ＹＣＥ‐一一三〇〇）より北脇模式図を作成。

図6　曹源寺正覚谷墓所　池田政尚の墓（北脇撮影）。

図7　池田家文庫「和意谷御石碑土工見積書」（ＹＣＥ‐一一〇二〇）より北脇模式図を作成。

図8　伊木忠貞側室の墓（北脇撮影）。

図9　六兵衛の墓誌（兵庫県宍粟市興国寺）を北脇実測。

図10　池田家文庫「明治二八年八月　和意谷御石碑土工見積書　藤原伊平」（ＹＣＥ‐一一〇二〇）より北脇模式図を作成。

第六部

伊木忠貞墓所全景（左）と忠貞側室墓誌出土状況（右）

岡山市東山墓地内　土肥家墓誌（右蓋・左身）

東山墓地内　下方貞治墓誌

東山墓地内　正木主計墓誌

大岩山墓地内　池田森臻墓誌

興国寺墓地内　淵本六兵衛墓誌（左蓋・右身）

Ⅳ　大名と礫石経についての覚え書き —伊勢神戸藩の思徳之碑と礫石経について—

はじめに

ここで紹介する「思徳之碑」は、伊勢神戸城主本多家の菩提寺である観音寺（鈴鹿市神戸二丁目一七‐九・市指定文化財　平成二一年一月二二日指定）境内にある。この碑の銘文中には小石に経文を書写したことが記されているが、膳所藩の当主が関わったものである。

三〇年ぐらい前に調査に訪れた際に、気付いていた。その当時は、礫石経は「庶民の経塚」という位置付けが主流であり、大名が関わっている礫石経というのが不可思議な感じがあった。当時の私としては、そういうこともあると認識しただけであった。

この時期になって、ようやく、見直してみようかと思った次第である

一　「思徳之碑」の概要

神戸藩初代忠統《ただむね》の五男で、二代藩主である本多忠永《ただなが》の徳を称えて文化一五年（一八一八）に忠憲《ただのり》によって建てられた石碑である。

碑は、正面の幅が五六cm、厚さ三〇cm、高さ一五〇cmで、頂部は山形となっている。その台座は正面の幅一〇六cm、側面の幅七五cm、高さ四〇cmである。

この石碑の正面に「思徳之碑」と大きく彫られている。そして、残りの側面と背面に銘文が刻まれている。

銘文の内容は以下の通りとなる。

【碑　銘文】

思　徳　之　碑

右面　文化丁丑《ママ》五月十七日故 神戸侯桂徳公卒葬
東都深川靈巖寺 先塋之側立碣刻銘世次詳
具今侯又匣其脱牙一枚埋二神戸城北観音寺
立碑表之自題曰思徳之碑乃使臣潜 叙而銘之
日公姓藤原族本多緯忠永字天錫為人仁恕

背面　惜不與忤視人有善如自己出喜周人窮毫不吝
皆不慙於為 君徳云好談兵法善文章是其
餘事耳其使人思慕而不能忘者非以 君徳之
美耶公享年九十有四 子孫仍亦皆貴富
積善之餘慶於是乎驗矣 公嘗書佛經於小石

一字非自求蓋為　祖先追福也全部既
埋江劦茶臼山蓋宗室膳所侯之封土次書一
部埋靈巖寺乃　先塋之所在次書一部未畢卒
公第五子　心水君続書以完乃運致之神戸并
埋焉銘曰

左面
　有斐君子　千載不朽
乃斯思徳　仁者之壽
文化戊寅四月既望　文學臣長野潛謹撰并書

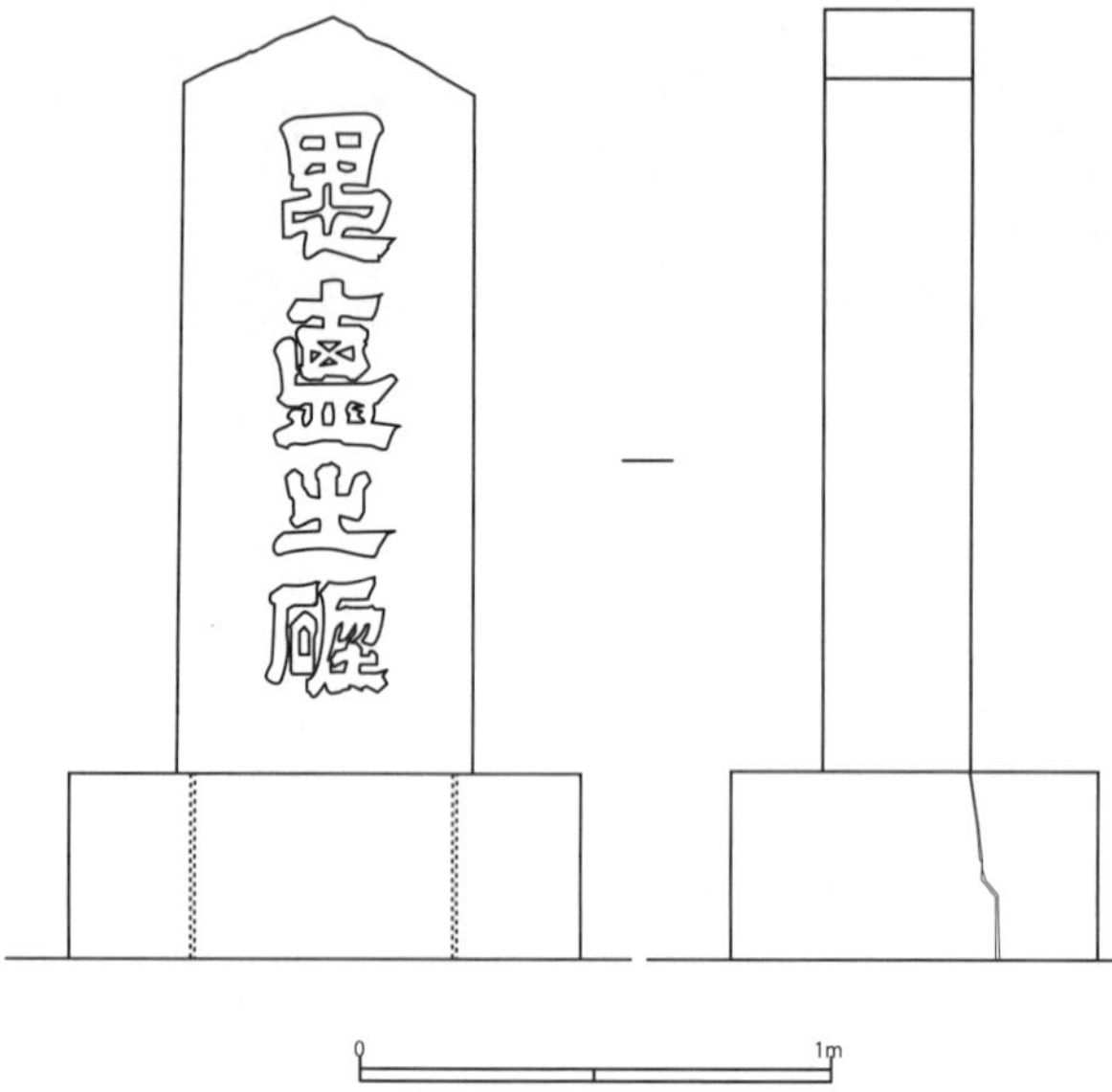

右面
思徳之碑
文化丁丑五月十七日故　神戸侯桂徳公卒葬
東都深川靈巖寺　先塋之側立碣刻銘世次詳
具　今侯又匣其脱牙一枚埋二神戸城北観音寺
立碑表之自題曰思徳之碑乃使臣潛　叙而銘之
曰　公姓藤原族本多諱忠永字天錫為人仁恕

背面
惜不與忤視人有善如自己出喜周人窮毫不吝
皆不尠於為　君徳云好談兵法善文章是其
餘事耳其使人思慕而不能忘者非以　君徳之
美耶公享年九十有四　子孫仍仍亦皆貴富
積善之餘慶於是乎驗矣　公嘗書佛經於小石
一字非自求蓋為　祖先追福也全部既
埋江劦茶臼山蓋宗室膳所侯之封土次書一
部埋靈巖寺乃　先塋之所在次書一部未畢卒
公第五子　心水君続書以完乃運致之神戸并
埋焉銘曰

左面
　有斐君子　千載不朽
乃斯思徳　仁者之壽
文化戊寅四月既望　文學臣長野潛謹撰并書

図1　思徳之碑と銘文

図2　観音寺の思徳之碑（鈴鹿市神戸 - 市指定文化財）

神戸藩の二代の忠永公の徳を讃えたものであるが、歴代城主と同じように東京都の深川霊巌寺に葬られたが、その歯一本を匣に納めて菩提寺の三重県の神戸藩の観音寺に埋葬されたことを五代の忠升の命により、儒者長野潜（豊山）の撰文になる「思徳之碑」が、文化十五年同寺境内に建てられた。

さらに、生前自らの書になる一字一石の経石を本家のある江州茶臼山に埋めたことが記されている。そして、次にもう一部を代々の墓地である霊巌寺に埋めたこと、更にもう一部書写していたが完成せずして卒したので、公の第五子心水君（忠憲のことで、系図では七男ともある）によって書き続けられて、神戸に運んで、遺歯とともに埋めたとある。

この銘文からわかることは、歯を納めたことと礫石経を大名も書写したということである。その理由も、子孫のためであったり、追善であったりしている。

そこでここでは、経碑が造立された背景を考えるために、神戸藩成立から六代忠憲までの系譜を概観しておきたい。

二　神戸藩本多家系譜と相続

神戸藩本多家初代忠統は、享保一七年（一七三二）河内西代藩主から伊勢神戸に一万石で入封、延享二年（一七四五）に五千石を加増され、忠統が若年寄に着任したことで神戸城築城を許され寛延元年（一七四八）に再興された。

忠統は文人大名であり荻生徂徠の門人であったことなどから藩士の教育にも熱心で、城内には藩士の教育機関として「三教堂」、江戸藩邸に「成草館」という藩校をそれぞれ興したのもこの忠統である。そして延享四年（一七四七）に隠居した。

家督は、忠統長男忠邦（後に本多康恒）は宗家である近江国膳所藩主六代本多康敏の養嗣子に入り、後に七代藩主となる。次男は越前国勝山藩主の小笠原信成の養嗣子となったため、三男ながら忠篤が神戸藩嫡子となるが、家督相続前の延享四年（一七四七）に早世したため、神戸藩二代の家督は忠統の五男である忠永が継いだ。

三代は、忠永の隠居により忠統の三男忠篤の長男忠興が宝暦十年（一七六〇）嗣ぎ、明和三年（一七六六）死去により四代を養子の忠奝（二代忠永の次男）が継いだ。

五代忠升は、本家の近江膳所藩の嫡子本多忠薫（忠統の長男ながら本藩膳所藩主に養嗣子に入った康恒の長男）の四男で、享和二年（一八〇二）に神戸藩四代藩主本多忠奝の養子となり、享和三年（一八〇三）、忠奝の死去により家督を継いだ。忠升の母は、大洲加藤泰衍の娘である。

泰衍は俳詩・和歌・書道・画道にすぐれ、漢学をはじめ程朱学を幕府儒

図3　勢州神戸本多家略系図

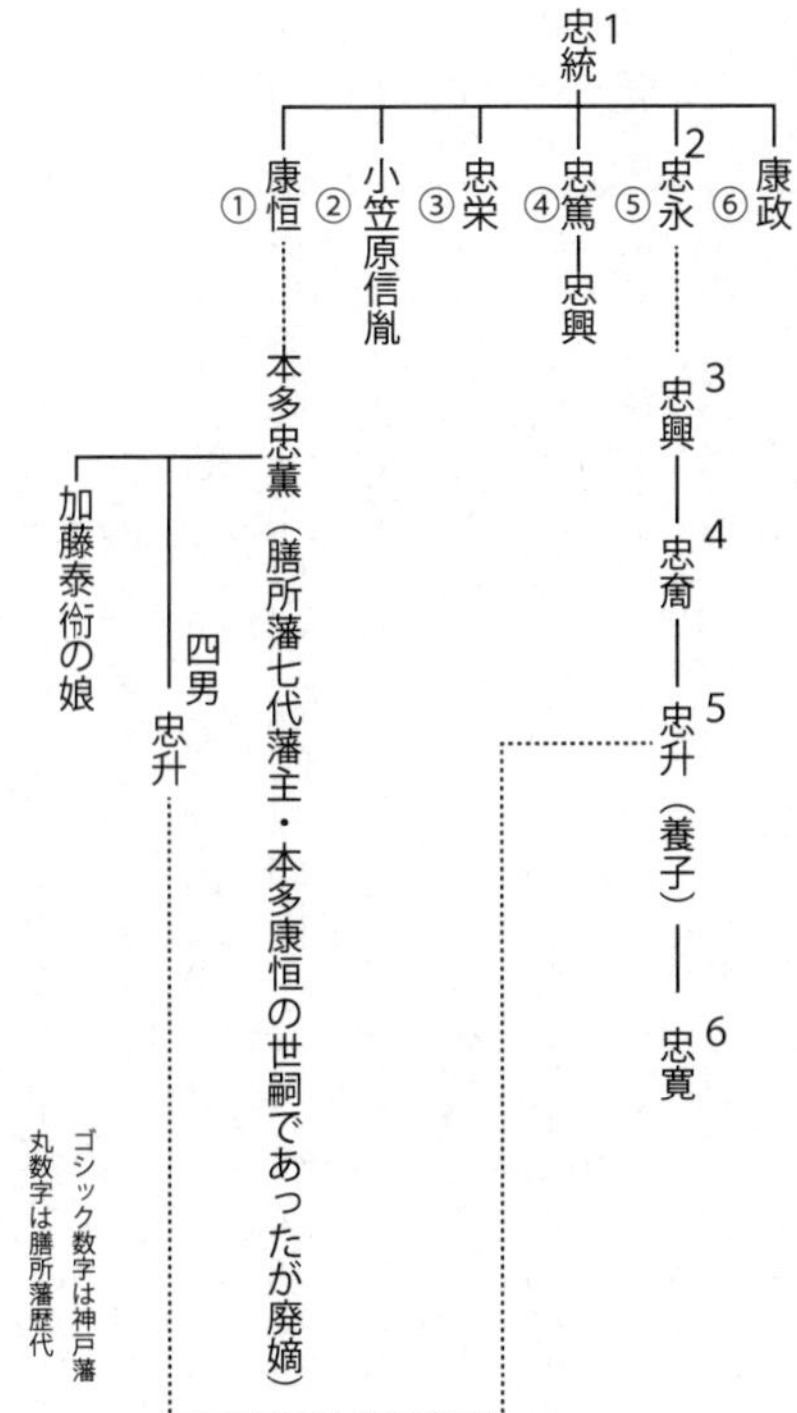

第六部

官林鳳谷、藤堂家儒官・佐善雪渓嫡男源之丞に学び、のち川田雄琴・資哲に従って陽明学を修めたとされている。

懐徳堂四代學主の中井竹山の門下で学んだとされ、大分日出藩の帆足万里とは同じころ学び、佐藤一斎とも竹山同門弟子とされる。

六代を継いだ忠寛は、忠永七男ですべての文芸に秀でており、国学を屋代弘賢に学んでいる。

三　大名墓と礫石経覚書

以上、概観した通り、神戸藩本多家の相続は、本家膳所本多家の存続も含め、忠統の血筋によって辛うじて幕末まで継続できた。中でも系図でも明らかの通り、二代忠永が継ぐ以前、忠永の兄らは本家はもちろん小笠原家など他家の存続のために養子入りしていた。特に本藩膳所本多家の存続においては嫡男である長男を養子に出すなど複雑な状況にあった。しかし五代の相続では、忠升は本家膳所藩から養子入りをしたことで神戸藩は存続できたのである。それも膳所藩七代に入った康恒の四男忠升が、神戸藩を存続させたことになったのである。このような、本藩と神戸藩本多家の存続を自らが六代として受け継いだのが忠憲であり、「思徳之碑」を建立することで、初代忠統が忠永に託しそれを享けて五男ながら神戸藩を存続させたことで、六代としての自分が存在しているという、儒教的な考え方が賞賛と正統性の具現として碑に示されているのではなかろうか。

忠憲は、本家膳所と神戸藩との一族存続における養子縁組の重要性を認識したうえで、父忠升を「思徳之碑」によって讃え、「歯」を祀ることで人神として祀った可能性もあろう。このような想定できる儀礼に伴って礫石経が埋納されたことは大変興味深く思った。

大名家における礫石経の墓への埋納例は、古くは看過されてきたところがあった。しかし増上寺における徳川将軍家の墓所の調査などで方解石に記された経石が多数確認されたことで階層性を超えた儀礼であった可能性も想起された。この点は改めて纏めてみたい。

ここでは、具体的な例を挙げるにとどめたい。

徳川将軍家墓所例は、『東叡山慈眼大師伝記』という文献から天海の埋葬で始まった儀礼ではなかろうかとされているが、この文献の成立年代についての考証がされていないのではなかろうか。現存資料を見ると天明期の年代が記されていたと記憶している。この点も含めて年代的な位置付けは今後重要な課題と思われる。

なお、発掘事例では宝暦一一年（一七六一）に没している九代家重（八代将軍第一子）で確認されている。また、『東叡山厳有院殿実記』に「幽宮に水晶石を納めた」記事がある。その他は、一二代、一四代に礫石経の埋納があったとされているが、正確な資料は未だ確認していない。

経碑という視点では、榊原政邦墓所が挙げられる。

榊原政邦は新潟長岡藩主から姫路藩主に戻るが、享保一一年（一七二六）に没する。兵庫県姫路市増位山随願寺の榊原家墓所を確認すると、墓所前に宝篋印塔が造立されておりその塔身には石経の文字が確認できる。宝篋印塔自体には銘がないのであるが、藩主の没年に近い段階で献塔が行われたものと思われ、藩主の没年から一八世紀前半代には礫石経の奉埋納が行われていたものと思われる。

このほか長崎諫早家では百万部奉納経典の碑が墓所の入り口に建立されたり、龍峯寺跡に残

図4　長崎県諫早市鍋島家墓所法華経読誦碑

された都城島津氏の墓所を始め、島津分家の墓所には確認できる。

甲州市天童山景徳院の武田勝頼墓所では保存修復整備に伴い発掘調査が行われ、中央基壇中から多数の多字の礫石経が確認されている。

基壇上に建立されている塔は、銘文から安永四年（一七七五）三月に武田勝頼二百回忌の遠忌を営んだ際に造塔されたことが明らかであり、これに伴って般若心経が書写され埋納されたと捉えられる。

同じ甲州市では、恵林寺内に武田晴信（信玄）の百回忌の遠忌塔である五輪塔と宝篋印塔が一対で建てられており、もともとお霊屋があったものが焼失してしまい造塔したことが銘文から確認でき興味深い。

以上管見に及んだ限りではあるが概観した。

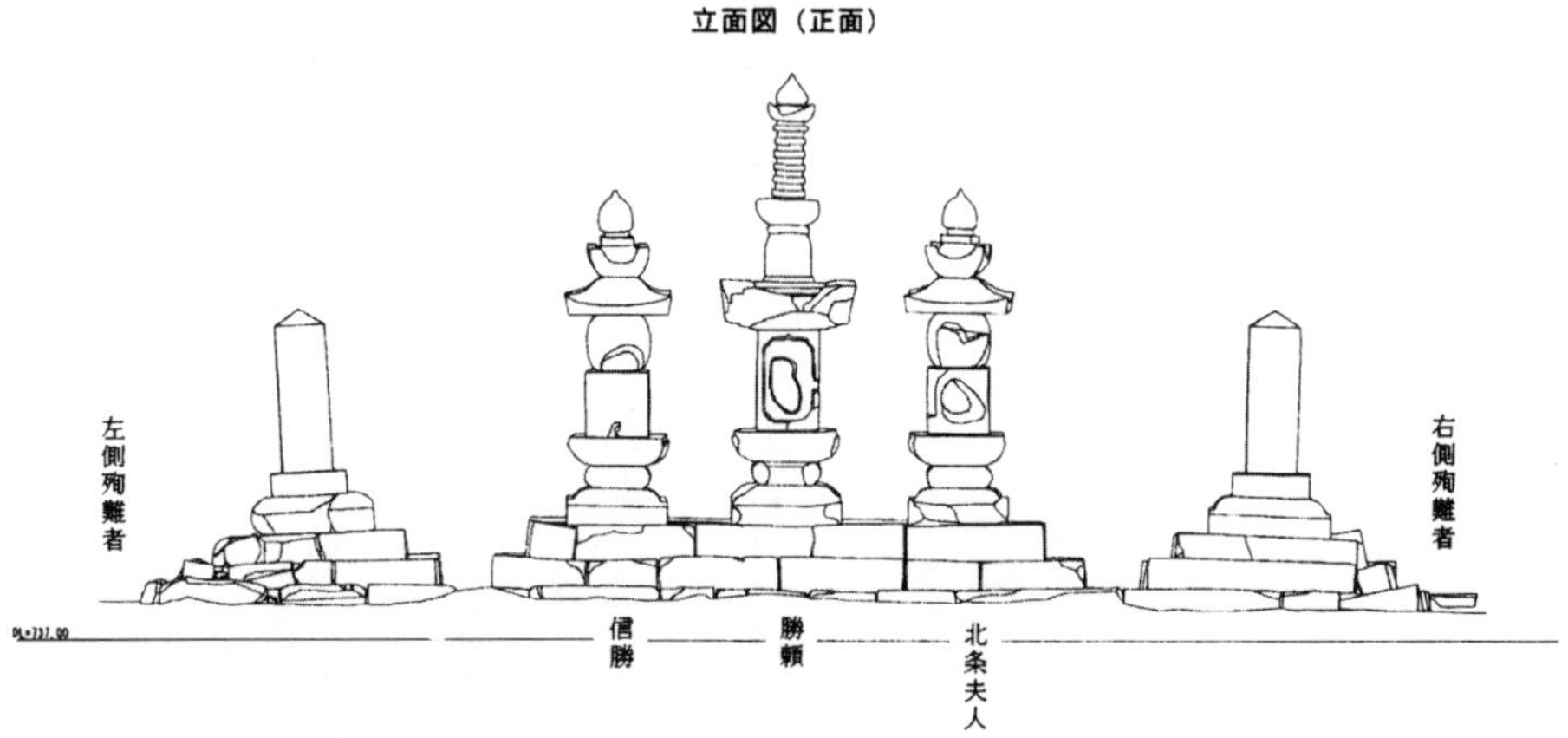

図5　武田勝頼二百遠忌塔（甲府市二〇一〇）

図6　恵林寺武田晴信百回忌塔（松原 2017）

今後、大名家墓所への新たな視点として、供養儀礼の実態の把握も必要ではなかろうか。その一例として今回取り上げた「思徳之碑」や礫石経や埋納の経碑などの存在は看過できないことを示した。

これらの課題は今後の研究の大きな視点となろう。

（山川公見子）

【参考文献】
鈴鹿市教育委員会　一九八三『鈴鹿市史』第二巻。
若林　喜三郎　一九八七「『旧伊勢神戸藩主本多家史料』の概要―その緒言と序章―」（『大手前女子大学論集』二一）。
笠井助治　一九六九・七〇『近世藩校に於ける学統学派の研究』上・下　吉川弘文館。
若林　喜三郎一九八二「本多領神戸藩の成立とその歴史的背景」（『大手前女子大学論集』一六）。
藤井直正　一九八八「付編 本多家の遺蠋」（大手前女子大学史学研究所『旧伊勢神戸藩主本多家史料』1）。
甲府市教育委員会　二〇一〇『山梨県指定史跡武田勝頼の墓―経石出土に伴う総合調査報告書』
松原典明　二〇一七「近世大名墓から読み解く祖先祭祀」（原田正俊編『宗教と儀礼の東アジア』勉誠出版）。

挿図出典
図1の思徳之碑写真は石造文化財調査研究所藤井直正先生寄贈資料。
図5は、甲府市教育委員会二〇一〇より転載。
図6は、松原典明二〇一七より転載。
その他の図は、全て実査により作製。

第六部

V　舟運で運ばれた大名墓の資材
―荒川高尾河岸と牧野家の事例―

はじめに

近年、大名墓の研究が盛んである。とくに考古学的な調査の進展により大名墓の墓域の規格、上部構造や下部構造に関する新たな知見が次々と明らかにされてきた。[1] 大名墓の多くは大型で、外構の設えとともに絢爛たるものがあり、時の権力者としての象徴にとどまらず、地域に脈々と受け継がれる生きた歴史遺産としての価値は大きい。

こうした大名墓の実態が明らかにされ、その重要性が見直される中で、大名墓そのものの造営を具体的に物語る在地史料については、これまであまり注目されてこなかったように思われる。「造営」といってもそこには様々なカテゴリーや段階があり一律ではないが、一つには大名墓の資材がどこから、どのように運ばれたのかという問題があろう。

埼玉県北本市高尾の田島和生家には、この大名墓の資材の運搬に関わる近世文書が所蔵されている。田島家は武蔵国を背骨のように流れる荒川の高尾河岸において明治期まで船問屋を営んでおり、所蔵する「田島家文書」中には、丹後国田邊藩の当主、牧野氏の墓塔資材を江戸から勝願寺（現鴻巣市）の墓所まで運送した史料五点が含まれている。[2]

ここでは荒川の主要な河岸場であった高尾河岸と舟問屋の田島家、田邊藩主牧野家の概要に触れたのち、五点の田島家文書を紹介しながら、舟運史料をもとに大名墓造営の一断面を追ってみたい。

一　高尾河岸と舟問屋田島家

戦国期までの荒川は現在の熊谷市の北側から行田市を回り、大宮台地の東側を流れていた。ところが、天正一八年（一五九〇）に徳川家康が関東に入部し、街道や河川の整備が急速に進められていく中、寛永六年（一六二九）には関東郡代伊奈忠治により荒川の瀬替えが行われ、荒川は大宮台地西縁の和田吉野川から入間川筋へと流れ、江戸と結ばれたのである。瀬替えの目的は中山道の防備・治水・舟運の整備であったという。

瀬替えにより水量の増えた荒川は江戸と直接船で往来ができるようになり、一七世紀後半以降、中・下流では年貢米・物資の輸送のため、急速に河岸が取り立てられていったのである。

延宝六年（一六七八）、幕府の川船奉行は関東の諸河川、池沼で船業を営む川船から年貢、役銀を徴収する「極印改」を実施したが、その中で荒川も対象とされており、すでに荒川の舟運が存在したことがうかがえる。

また、元禄三年（一六九〇）に幕府が城米・年貢回送のために運賃を公示した河岸場のうち、荒川では八代（現熊谷市か）・五反田（現鴻巣市）、

高尾（現北本市）・戸羽谷（鳥羽井、現川島町）の四か所が幕府城米輸送の河岸場として指定されていた（図1）。これには、

一、高尾川岸　川道三拾三里程　運賃三分一厘内四厘増

とあり、高尾河岸が江戸より三三里、運賃は三・一%、つまり米百石に対して三石一斗が御定賃銭として取り決められていた。荒川では近世を通じて二三河岸が置かれ（図2）、明治一六（一八八三）年においても同数を認めるが、高尾河岸は比較的早い段階から幕府公認の河岸として開設されていたことが知られる。(3)

『新編武蔵風土記稿』によれば、高尾河岸には「船問屋三軒あり」と記され、明治九年（一八七六）の『武蔵国郡村誌』では、荷船四〇石積四艘・二〇石船一艘・渡船二艘があったという。一八世紀の高尾河岸の関連史料には、舟問屋として「八右衛門」「彌五兵衛」「新助」等の名がみえるが、一九世紀の幕末から明治にかけては「此右衛門」の名が多く登場する。この此右衛門こそは高尾河岸の大手の舟問屋であり、現在の田島家にあたる。同家には舟運史料のほか、帆柱、錨、「御用」「官許」と記された旗が残されており、屋敷構えとともに往時の面影をよく伝えている。

図1　絵図に描かれた高尾河岸
（「元禄九年絵図」北本市教育委員会蔵）

図2　高尾河岸の位置

なお、舟運が栄えていた頃の河岸場周辺には旅館・小料理屋・醤油屋・雑貨屋・籠屋・棒屋・紺屋・肥料屋・銭湯等が営まれ、各種の職人が集住していたという。

その景観は村落にあって町場の様相を呈し、河岸周辺では「しようがなかったら高尾へ行け」といわれていたという。困ったときに高尾に行けば、塩でも何でも必要なものが手に入ったという意味である。(4)

二　勝願寺の牧野家墓所

（一）牧野家と勝願寺

これまでみてきた高尾河岸は荒川左岸に広がる大宮台地北部に位置している。近世期には石戸領二一か村が広がり、家康譜代の武将、牧野氏の知行地であった。

天正一八年（一五九〇）、牧野康成は、家康の入国とともに武蔵国足立郡石戸領五千石を与えられる。家督を継いだ三男の信成は、慶長四年（一五九九）に一万一千石に加増されて大名に列し、石戸藩が成立する。その後、正保元年（一六四四）には、下総国関宿藩に入封され関宿城主となるが、直後の正保四年に当主を退くと、石戸領五千石が「隠栖料」として賄われたのである。信成の跡を継いだ親成はしだいに加増され、寛文八年（一六六〇）には丹後国に転封、田邊藩三万五千石の藩主となる。

親成以降、牧野家の嫡流は封を重ねて田邊藩の歴代藩主となるが、一方で「隠栖料」とされた石戸領五千石は、親成が父信成の跡式を三人の弟に配分したという。その内訳は八太夫尹成が二千石、太郎左衛門永成と兵部成房（直成）が千五百ずつで、以後、この三人の子孫が石戸領を幕末ま

表1　鴻巣市勝願寺牧野家墓地歴代当主墓

番号	世代	諱	知行地	塔形	戒名	没年（年号）	（西暦）
〈本家〉							
1	初代	康成	石戸領	層塔	見樹院　善誉宗徹大禅定門	慶長 15	1610
2	二代	信成	石戸藩・関宿藩	層塔	知見院　性誉哲心大禅定門	慶安 3	1650
3	三代	親成	関宿藩・田辺藩	層塔	良園院　方誉善朗哲三大禅定門	延宝 5	1677
4	四代	富成	田辺藩	層塔	覚樹院　心誉清涼芳山大禅定門	元禄 6	1693
5	五代	英成	田辺藩	層塔	徳樹院　一誉暁覚宗山大禅定門	寛保元	1741
6	六代	明成	田辺藩	層塔	浄照院　光誉廓然達道大居士	寛延 3	1750
7	七代	惟成	田辺藩	層塔	嶺松院　信誉操貞忠山大居士	天明 3	1783
8	八代	宣成	田辺藩	層塔	松樹院　仙誉貞幹宗如忠翁大居士	文化 8	1811
9	九代	以成	田辺藩	層塔	崇樹院　徳誉興英端雄仁山大居士	天保 4	1833
10	十代	節成	田辺藩	層塔	寛樹院　顕誉泰道源真清山大居士	文久元	1861
11	十二代	弼成	―	角柱形	禎祥院　寛誉寿徳興仁迪斎大居士	大正 13	1926
〈分家 1〉							
12	初代	照房（尹成）	石戸領	宝篋印塔	照見院　曜誉土参居士	貞享元	1684
13	二代	遺成（貴成）	石戸領	宝篋印塔	高樹院　現誉瑞応無参居士	文久 3	1738
14	三代	春成（為成）	石戸領	宝篋印塔	高俊院　謄誉顕盛雲心居士	宝暦 6	1756
15	四代	美成	石戸領	宝篋印塔	□□□　道誉如神顕寿居士	文化 9	1812
16	五代	議成	石戸領	宝篋印塔	□□□　順誉至道孝戒居士	文化 6	1806
17	六代	賛成	石戸領	宝篋印塔	寛徳院　仁誉心和順道居士	天保 6	1835
〈分家 2〉							
18	初代	貞成	石戸領	宝篋印塔	環都院　泰岳安棲居士	元禄 11	1698
19	二代	成房	石戸領	宝篋印塔	経邦院　縁誉心空道夢居士	享保 20	1735
20	三代	至成	石戸領	宝篋印塔	仰恩院　信誉持法受楽居士	宝暦 9	1759
〈分家 3〉							
21	初代	成房（直成）	石戸領	宝篋印塔	自照院　光輪徹空居士	元禄 14	1701
22	二代	成純	石戸領	宝篋印塔	知雲院　高誉徳勇哲居士	享保 17	1732
23	三代	成久	石戸領	宝篋印塔	源洞院　俊誉徹仙居士	寛政元	1789
24	四代	成允	石戸領	宝篋印塔	道樹院　見誉徹照居士	天明 7	1787

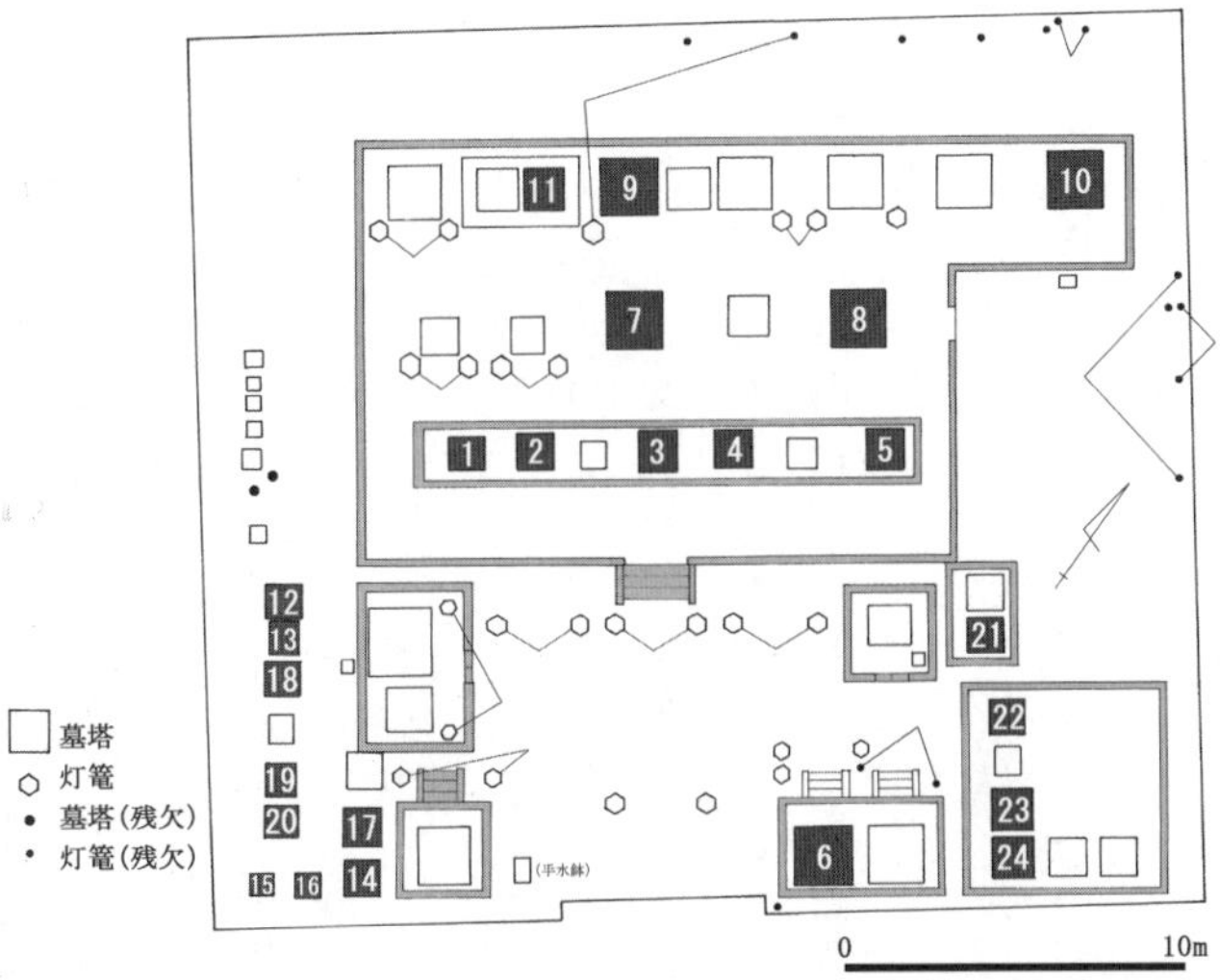

図4　牧野家墓所歴代当主墓配置図

図3　牧野家墓所

で支配するのである。

なお、二代信成は慶安三年（一六五〇）に死没すると、石戸領の北部に隣接する鴻巣宿の勝願寺に葬られる。初代の康成以降、田邊藩の歴代藩主及び石戸領の歴代領主は、ともにこの勝願寺を菩提寺とし、牧野家の墓所が造営されていく。

勝願寺は浄土宗の三祖、良忠の開山と伝え、関東十八壇林の一つに数えられる名刹である。牧野氏がこの勝願寺を菩提寺とした経緯については、同寺の「由緒書」では家康の命によるものとしている。勝願寺の位置する中山道の鴻巣宿には鴻巣御殿が置かれ、牧野氏の石戸領には御茶屋が置かれるなど家康との縁が深い。もとより武蔵国北部の要衝の地であり、牧野家にとっても始祖である康成以来の故地として重要視されたのであろう。

（二）牧野家墓所と歴代墓塔

牧野家の墓所については鴻巣市史編さん事業において詳細な調査が行われ、その成果は『鴻巣の石造物（鴻巣・笠原地区）』として結実している。[5] 墓所は勝願寺山門に向かって境内の右手に位置しており、面積は塀に囲まれた七〇〇㎡余である。宝永五年（一七〇八）の境内絵図でも現在の位置に描かれており、その位置は変わっていない（図3）。また、同年の別の境内絵図では三棟が連なる霊屋が描かれている。[6] 齟齬の理由は明らかでないが、墓所の造営初期には霊屋の中に墓塔が立つ景観であった可能性があろう。

図5　境内図の牧野家墓所（宝永5年、勝願寺所蔵）

なお、墓所の正面奥には基壇状に高まり、初代の康成に始まり、田邊藩の一族墓が三列にわたって配置され、墓所手前の左右には石戸領主の一族墓がやや不規則に配置する（表1・図4）。墓塔は五五基が確認され、初代康成、二代信成及び田邊藩の歴代当主は三層の層塔が多く、藩主の室及び石戸領の領主は宝篋印塔を墓塔としている。墓塔の石材は伊豆の安山岩であるとみられるが、初代の康成塔は淡黄褐色の砂岩が用いられており、水谷類氏は銚子石の可能性を指摘する。[7] この康成塔は没後の十三回忌に造立されたもので、紀年銘は慶長一五年（一六一〇）と近世極初期の事例となる。江戸において伊豆安山岩製の石塔類が出現するのは、江戸築城でもたらされた伊豆石が解放される元和五年（一六一九）以降であり、それ以前には砂岩製石塔が一時的に造立されるが、[8] この康成塔も同様の事例として捉えられよう。

なお、次章で紹介する史料に関わる墓塔は、九代目（田邊藩七代当主）の以成《もちしげ》及び一〇代目（同八代当主）の節成《ときしげ》の二基で、前者は図4の9、後者は同図10に位置している。

三　舟運で運ばれた「牧様塔」

（一）讃岐守節成塔の資材と運搬

①資材の運搬と経過

それでは牧野家の墓塔造立に関わる田島家文書のうち、讃岐守節成塔に関わる史料三点を紹介したい。【史料一】（田島家№二〇四）は牧野家の家臣、野村左一郎が高尾河岸の舟問屋此右衛門へ宛てた依頼状で、【史料二】（田島家№二〇五）はこれに対する此右衛門の返信、【史料三】（田島家№二〇三）は江戸より菩提寺の勝願寺まで荷物を運送した覚帳である。

第六部

【史料一】（田島家文書№二〇四）

〈包紙　表〉

武州　　　牧野讃岐守内
高尾河岸　　　野村左一郎
舟問屋
此右衛門殿

〈包紙　裏〉

〆　九月二日認

一　筆致啓上候　秋冷之節
御座候処弥御安全被成御凌珍重
奉為候　然は大旦那病気之処
養生不相叶死去被致候ニ付
勝願寺江葬送り相成申候間諸
道具積送り申候ニ付来ル七日頃
船積之積り御座候間当地江
着船ニ相成候様御頼申候　右之段
態々以飛脚得御意候　以上
九月二日　野村左一郎
舟問屋
此右衛門様

【史料二】（田島家文書№二〇五）

御請書之事
此度御用御荷物被仰付候所
私上乗致し　来ル七日迄ニ
御屋敷様迄着船致し
積入方仕候　仍而御請書
差上申候　以上
武州足立郡
高尾河岸
問屋　此右衛門
牧野讃岐守様御内
野村左一郎様

【凡例】
1　史料一・二は橋本裕子、史料三～五は和田旬世が読み下し、筆者が確認、補正した。
2　解読できない文字は□、または□で囲った。また、文字数が不明な文字は［　］と表記した。

図6　史料一（田島家№ 204）

【史料一】は年号のない史料であるが、「大旦那病気之処養生不相叶死去被致候」とあり、日付、他の史料との関わりから八代藩主の讃岐守節成の逝去に比定され、文久元年（一八六一）で疑いない。節成の逝去は八月二九日のことである。その四日後にあたる九月二日、家臣の野村左一郎は此右衛門に宛、節成を勝願寺へ葬り送る間に諸道具を積み送るため、九月七日頃までに屋敷へ着船するよう飛脚をもって依頼している。野村佐一郎の名は弘化二年（一八四五）の「田辺分限帳」にみえ、これには「作事奉行　一〇人扶持」とある。

野村氏の依頼に対し、此右衛門は【史料二】のとおり、「私上乗致し」と自らが船を操って七日までに牧野家屋敷に着船する旨を約している。それにしても、節成の死去した八月二九日の四日後、九月二日には飛脚をひた走らせて此右衛門宛の依頼状を出し、此右衛門は【史料三】のとおり、七日には屋敷にて着船している。いかに葬儀の段取りが手早く進められたか理解できるであろう。

なお、牧野家の江戸上屋敷は江戸橋向（現中央区）、下屋敷は本所猿江（現江東区）である。着船した屋敷がどちらであるか不明である。一般に物資の集積は下屋敷で行われることが多いが、やはり【史料三】では船荷の石材を築地（現中央区）の尾張屋（石屋）から舟積したとすれば、至近に位置する江戸橋向の上屋敷であった可能性が想定される。

【史料三】は表紙に「牧野讃岐守様荷物」「文久元年／酉ノ九月吉日」とあり、江戸屋敷から高尾河岸を経由し、さらに勝願寺まで運んだ積み荷の詳細が記されている。これによれば、七日に着船した後は、翌八日に荷を積み込んで九日に出帆。江戸から約四五km北方の高尾河岸には、三日を経た一二日の八つ時（午後二時頃）に到着している。

九月一三日に検品した積み荷は大きく二つに分けられ、一つは築地の石屋、尾張屋市兵衛より積み込んだ石材類、今一つは牧野家屋敷から積み入れた棺・位牌の材等を始めとする葬儀の諸道具及び墓所造営に関わる資材等である。これらを一覧で示すと表2のようになる。

高尾河岸に到着した荷物は、九月一四日に人足により、一六日には荷車で陸送され、その約三か月後、再び一二月四日は人足により、翌五日から七日までは荷車によって二度目の陸送が行われている。再送の際の荷物には「とろう柱」、つまり灯篭のほか玄蕃石・柱石等が多く、墓塔と埋葬施設の造営を終えた後の外構資材が中心となっている。またこの間、九月二二日には勝願寺からの返り荷を江戸屋敷へ運送している。内訳は長持・合羽籠・長柄傘・醤油等の二七品である。

以上の運送料のうち、第一回目（九月）の江戸から高尾河岸までの舟賃は金六両、高尾から勝願寺までの運賃は金四両二分のほか、雨天による人足増しにより金一両二分が加算され、合計一四両が支払われている。また、勝願寺から江戸屋敷への返り荷は、金二両一朱である。さらに二回目（一二月）の運賃は合わせて金八両が支払われており、一連の運送によって舟問屋此右衛門が得た賃料は、合計で金二四両一朱であったことがわかる。

②資材と墓所の造営

次に勝願寺に搬入された資材の内訳について検討してみたい。石屋の尾張屋から運送した石材は、「青四尺石」の二四本が最も多く、「青石小物石八本」と続く。青石ではこの他に「青大二尺」「青板　四枚」とある。単位が「本」とあるものは延板状の切石、「青板」は板状の平たい切石が想定される。なお、関東における青石としては緑泥片岩が知られているが、凝灰岩や安山岩にも青石と呼ばれるものがある。史料中の青石は東京都足立区の國土安穏寺の調査事例[9]に照らせば伊豆産の青緑色凝灰岩の可能性もあるが、本例が藩主格の墓であることを念頭におけば、当時、「多賀青石」等の名で流通した伊豆安山岩の堅石の可能性が高いであろう[10]。

「がんぎ石　十五本」とあるのは雁木石のことで、石の階段や墓石の基壇等に用いられる角柱状の石材が想定される。また、「三尺玄ば」は一般に玄蕃石を意味し、外構に用いられる板状の敷石や主体部の蓋石に用いられる長方形の板石が比定される。

「こも包　三本」も菰に包まれた石材と考えられる。傷がつかないように特に注意が払われた様子がうかがえ、⑥に記された「文ぢ石三本」に対応するものであろう。おそらく「文ぢ」は文字を意味し、銘文等が刻まれた層塔の初層・二層・三層の軸部であると判断できる。同じ帖の前行に「家根　壱組」とあるのは、三層構造の屋根一組ということになる。

一方、牧野屋敷からの積荷では前述した棺や位牌の材のほか、「御椁」「御石棺」「長持　壱棹」「瀝青　五箇」「筵二百枚」「松炭三拾一俵」「石灰弐拾俵」等が目を引く。これらは、墓の下部施設に用いられる資材と判断される。このうち、文字の判読に難はあるが、「御石棺」は棺が石製であることを示唆する。この時期の棺は木棺が主体であるが、史料に従えば石製ということになろう。ちなみに「御椁」は槨と同義であり、棺の外郭を覆う木製の槨が想定できる。おそらく、さらにその外郭には石室が組まれ、棺を中心に木槨と石槨が囲う構造であった可能性が高い。

このことと関連して、松炭三一俵と石灰二〇俵が持ち込まれていることも注意される。これまでの発掘の成果によれば、石灰は棺の置かれる底面

表2　牧野讃岐守様荷物

築地石屋　尾張屋市兵衛より		
1	がんぎ石	5本
2	青大二尺	8本
3	三尺玄ば	4枚
4	青板	4枚
5	こも包	13本
6	青四尺石	24本
7	青石小物石	8本
8	箱	2つ
9	尺づえ	1品
牧野家屋敷より		
10	御椁	1
11	御石棺	1
12	御牌宗材木類	1
13	長持	1棹
14	瀝青	5箇
15	小道具	3箱
16	筵	2百数
17	もっこ	2荷
18	松炭	31俵
19	石灰	20俵
20	渋紙包	2つ
21	をもと	2鉢
22	樹木	3本
23	六尺棒	2本
上記に含まれるもの		
24	松や根（松脂）	5箇

【史料三】（田島家文書№二〇三）

〈表紙〉

文久元年九月吉日
牧野讃岐守様荷物
酉ノ　九月吉日

〈裏表紙〉

高尾川岸
問屋此右衛門
鴻巣宿
勝願寺様揚ケ

覚
九月十三日
一五本　がんギ石
一八本　青大弐尺
一拾四枚　三尺玄ば
一四枚　青板
一三本　こも包
一がんギ石
一弐拾四本　青四尺石
一八本　同石小物石
一弐つ　箱
一壱品　尺づへ
〆惣数六拾九品
築地
尾張屋市兵衛殿出
一御椁
一御石棺
一御牌宗材木類
一長持　壱棹
一瀝青　五箇」
②
一小道具　三箱
一莚　弐百数
一もつこ　弐荷
一松炭　三拾壱俵
一石灰　弐拾俵
一渋紙包　弐
一をもと　弐鉢
一樹木　三本
一六尺棒　弐本
〆
此分御屋敷様ゟ積入相成
申候
江戸八日積、九日出帆、十二日
八つ時川岸着船」
③
九月十四日
一石灰　八俵　彦太郎
弐百文
一炭　六俵　清助
一炭　弐俵
弐百文
一炭　八俵　小文二
弐百文
一六尺棒　二本　八五郎
一莚　十　但五十枚
炭　壱俵
弐百五十文
一莚　十　但五十枚　和吉
一炭　壱俵
弐百十三文
一炭　二俵　兼吉
一灰　六俵
弐百文
一莚　十　但し五十枚　要吉
弐百文」
④
九月十四日
一切石　弐本　吉五郎
一箱　壱つ
弐百六十四文
一炭　八俵　半兵衛
一上木小　壱つ
弐百三十五文
一もつこう　弐つ　丑方
一松やね　四箇
一炭　三俵
一箱　弐つ
七百三十二文
一玄羽　二本　金兵衛
一炭　壱俵
一上木バち　壱つ
弐百四十文
一玄羽　二本　啓二郎
一□□包　弐つ
一かんば　三つ
弐百四十八文
一上木ハち　壱つ　菊二郎
一炭　壱俵
一玄羽　二本
弐百三十文
⑤
一切石　二本　留五郎
弐百五十文
一莚側　五十枚　次郎吉
一炭　壱俵
弐百二十四文
一大弐尺　二本　小文二
一炭　壱俵
三百七十弐文
一大弐尺　二本　彦太郎
一炭　弐俵
四百文
一大弐尺　二本　清助
三百五十文
一長石　二本　次郎吉
三百四十八文
一玄羽　二本　啓二郎
三百四十八文」
⑥
九月十四日
一玄羽　二本　金兵衛
弐百文
一同
一家根　壱組　菊二郎
弐百五十文
一同
一文ぢ石　三本　丑方
一松や根　壱箇
七百三十□文
一同
一小物石　八つ　八五郎
三百文
一同
一玄羽　二本　要吉
弐百文
一同
一玄羽　弐本　和吉
弐百文
一同
一長石　二本　留五郎
三百四十八文
同
一青石　四枚　兼吉
弐百四十八文」
⑦
一同
一大二尺　二本　吉五郎
三百五十文
一同
一長石　二本　半兵衛
三百五十文
一同
一長石　二本　小文二
三百五十文
一同
一長石　二本　兼吉
三百五十文
一同
一長石　四本　丑方
一鍋　壱箇
一上木　壱本
七百三十弐文
外百文
一同
一長石　二本　彦太郎
三百五十文
一同
一長石　二本　要吉
三百五十文」
⑧
九月十四日
一長石　二本　次郎吉
三百五十文
かん　壱組　栄作
壱貫五百文
長持　壱棹（ママ）　栄作
四百文　長兵衛
上木　壱本　長兵衛
弐百文　清八
〆拾三貫百二十八文」
⑨
九月十六日
一五印　五本分　車積入分
一百文　油代
一四百文　車羽代
一弐貫文　四人手間
三箇分
一壱貫八百文　弐人手間
一六百五十二文　酒手代
一五百文　栄作
一弐百文　長兵衛
一八百文　セハ人　八五郎
太郎八
一弐百文　縄代
〆六貫六百五十二文
二口〆拾九貫七百八十
此金弐両三分弐朱
八百八文
掛り　払
舟賃取高内払也」
⑩
九月十八日
一金六両　江戸高尾迄
船賃
五分増し共
一同
一金四両弐分　高尾ゟ
勝願寺迄
持込賃
五分増し
外ニ
一同
一金壱両弐分　雨天ニ付
人足増し
御掛り野村左一郎様ゟ
〆金拾弐両也　受取

⑪
九月廿二日
　勝願寺持出し荷物
　返り荷物覚
同
一長持　壱棹
一合羽籠　四荷
一寺掛　弐荷
一沓籠　壱荷
一莚包　四箇
一小箱　三箱
一長柄傘　弐本
一荷桐油　壱□
一醤油大小　八樽
〆壱貫六百弐十四文
　持出しか□
舟賃取高内払也
金壱両壱分弐朱
金弐分三朱取運賃
五分増し分
〆金弐両一朱受取
十月四日」

⑫
酉十二月四日
同　十二□渡ス
一とろう柱　壱本
弐百三十二文　半兵衛
同
一同　壱本
弐百三十二文　啓二郎
同
一イニ　二本桁
弐百文　幸吉
同
一石等弐俵
弐百文　菊二郎
同
一イニ　弐本
弐百五十文　くま五郎
同五日
一七つ
弐百文　要吉
同
一柱石　二本
一玄羽　壱枚
一しくい　壱
弐百文　小文二
一柱石　二本
一玄羽　壱枚　半兵衛
弐百文
一柱石　二本
玄羽　壱枚
弐百文　兼吉
一玄羽　三枚
弐百文　松五郎」
同⑬五日
一柱石　二本
一玄羽　壱枚
弐百文　紋太郎
同
一玄羽　三枚
弐百文　幸吉
同
一玄羽　拾弐枚
六百文　丑方
同
一玄羽　三枚
弐百文　啓二郎
同
一玄羽　三枚
弐百文　金兵衛
同
一玄羽　三枚
弐百文　万七
同
一玄羽　三枚
弐百文　彦太郎
同
一柱石　二本
一玄羽　壱枚
弐百文　菊二郎
同
一柱石　二本
一玄羽　壱枚
弐百文　八五郎」
⑭
一玄羽　二本
一小物　壱つ
弐百文　要吉
一柱石　二本
一小物　壱つ
弐百文　彦太郎
一柱石　二本
一小物　壱つ
弐百文　金兵衛
一柱石　二本
一小物　壱つ
弐百文　啓二郎
一柱石　二本
一小物　壱つ
弐百文　八五郎
一柱石　二本
一小物　壱つ
弐百文　松五郎
同
一台石　二玉
弐百五十
五十　紋太郎」
同⑮
一柱石　二本
一小物　壱つ
弐百文　半兵衛
一柱石　二本
弐百文　小文二
一柱石　二本
弐百文　兼吉
一長石　壱本
弐百五十弐文　幸吉
一長石　四本大
八百文　丑方
○〆三十壱駄
七貫四百六十六文」
⑯
十二月五日ゟ七日迄
一拾弐車　引入賃
弐拾三貫七百四文
外ニ八百文　太郎八
八五郎
又六百文　重之助
○　宗兵衛
○〆金四両三分弐朱
三百九十四文

石や市兵衛殿ゟ
金八両受取
運賃也
持込共ニ」

と木槨との間を漆喰で充填されるのに用いられ、松炭は木槨と石槨との間に漆喰とともに充填される事例が多く、これらと同様に利用されたものと理解できる。

また、棺の養生に関しては木棺の外面に松脂を厚く塗布する事例が多く、木棺・木槨（木枠）のつなぎ目にはチャン（瀝青）・油・砥粉を混ぜたもので目張りすることが指摘されている。まさに史料中の「松や根」（計五個）は松脂を指し、「瀝青（チャン）」は目張りの素材であろう。

なお、葬儀に際して、あるいは墓所の設えに用いたものとして「をもと　弐鉢」と「樹木　三本」も興味深い。「をもと」は万年青のことであろう。万年青を葬送に利用する事例は寡聞にして知らないが、卑近な例であるが、万年青の花言葉は「葬儀」であるという。また、樹木三本については墓所の周辺に植樹されたものであろう。樹種については不明であるが、一般には常緑樹が多く、樒であった可能性がうかがえる。

（二）豊前守以成塔の資材

次に紹介するのは田島家文書の【史料四】（田島家No.二〇一）と【史料五】（田島家No.二〇二）である。【史料四】は万延元年（一八六〇）一一月の「牧野豊前守様荷物覚帳」で、【史料三】の前半部分と同様、①江戸屋敷から高尾河岸までの積荷、②高尾から勝願寺までの積荷、③勝願寺から江戸屋敷までの返し荷、の詳細が列記される。また、【史料五】は万延二年一月「牧野豊前守様御石塔」は【史料三】の後半部分と同じく、約二か月後に墓所外構の資材を運んだ覚えであろう。ちなみに、本史料の裏表紙には「牧様塔」と記される。

両史料は【史料三】とほぼ同様の内容のため、ここではそれぞれのトピックを触れるにとどめたい。以成の層塔は三層の層塔である。この下部構造の資材としては「箱組切板　四枚」「板　壱束」「松板　四束」、帖②の「御かん　壱組」「同　ふた」のほか、やはり「松や根　五箱（箇）」が注目される。また、⑦の中には「ちゃん鍋包　壱」とあり、瀝青の容器であったと思われる。おそらく【史料三】の帖⑦にみえる「鍋　壱箇」も瀝青の容器を指しているであろう。また、①の「石文字印」は墓誌銘を刻んだ「誌石」の可能性がある。

なお、江戸から高尾河岸までの運賃は「金四両」、高尾河岸から勝願寺までの運賃は「金三両」、勝願寺から江戸屋敷までの運賃は「金一両一分弐朱」で、合わせて金八両一分弐朱となる。【史料三】の讃岐守の事例では一六両一朱であるから、運賃が約二分の一ということになる。しかしながら、【史料5】の翌年一月に行われた二回目の運送では、江戸屋敷から勝願寺までの荷物の運賃は金七両余りであり、讃岐守の事例の金八両とほぼ同額なのである。その理由は豊前守の一回目の積荷が少ないことを端的に示しているが、このことについて少し考えてみたい。

実は七代藩主、豊前守以成は天保四年（一八三三）八月二四日に江戸猿江の下屋敷で死去する（享年四六歳）。したがって、【史料四・五】にみる豊前守の墓塔資材の運送は、死去から二八年を経ていることになり、以成の墓塔は死後かなり時間を隔て造立された可能性がうかがえよう。しかしながら、天保一二年（一八四一）～天保一三年に成立した『鴻巣勝願寺御寶塔圖誌』によれば、以成の墓塔が描かれているため、墓塔そのもの

【史料四】（田島家文書№二〇一）

〈表紙〉

万延元　申年
牧野豊前守様荷物覚帳
甲　十一月吉日

〈裏表紙〉

高尾川岸
問屋此右衛門
し立置

①
申十一月十三日積入分
同十九日着舟
同や□ん
一松や根　三箱
一石　小　壱つ　丑弐疋
一箱切組板　四枚　乙二郎
一石　大　壱本
(合)〆壱貫文
同
一加平　壱セ
一道具箱　壱つ　馬伝二郎
一ぜん箱　壱つ
一人壱人送り込
(合)四百十六文
同
一石文字印
壱本　馬次郎吉
一同げんば　壱枚
一板　壱束
一こも等う　弐つ
(合)四百十六文
同
一松板　弐束　六枚入
一柱丸太　四束　勘助
(合)四百十六文
(合)外二百文
」
②
同
一松や根　弐箇　万吉
〆(合)四百十六文
同
一御かん　壱組　六人持
一同　ふた　弐人
内五人分
(合)壱貫五百文
〆
廿日
石
一大四尺　壱本　一車
一三印　壱本
一大四尺　壱本　同
一三印　壱本
一大四尺　壱本　同
一三印　壱本
一三印　弐本　同
〆四車
一人足七人分
四貫弐百文　尤夜分迄引入
一八百廿四文　酒肴代
一五百文　「一とん
一四百文　車代
一百文　あふら
一弐百文　虎吉江
一百七十弐文　竹縄
〆弐朱分三百文　車力之者
(合)〆弐朱分「　捨物有之貫返し「　」　一百文」
③
十一月廿日
一玄羽　弐数　次郎吉
(合)弐百十六文
一同　弐数　吉五郎
(合)弐百十六文
一小物　四数　菊次郎
(合)弐百十六文
一同　(合)四数　払　金兵衛
小物弐つ
(合)弐百十六文
一　四数　伝次郎
小物弐つ
(合)弐百十六文　牛方

一玄羽　四数　右　源吉
一青　(合)弐数　七百四十八文　同人
一玄羽　弐数
外ニ膳箱　壱つ　(合)弐百十六文　末吉
一箱　弐つ
一板　三束
一三寸棒　三束　(合)弐百十六文　栄作
」

④
一玄羽　壱数
一青　(合)壱数　弐百十六文　留五郎
一青小　(合)弐数　三百十六文　綱五郎
一同小　(合)壱数　百五十六文　半兵衛
一青小　(合)壱本　百五十六文　七五郎
一同同　(合)弐本　三百十六文　平吉
一同　弐本　払
中一
小一　(合)弐百八十四文　啓次郎
一大四尺　(合)壱本　三百十六文　払　吉五郎
一同　壱本　(合)三百十六文　金兵衛
一同　壱本　(合)三百十六文　菊次郎
一同　壱本　(合)三百十六文　払　伝次郎
一同　壱本　(合)三百十六文　啓次郎
一同　壱本　(合)三百十六文　留五郎
」

⑤
一大四尺　(合)壱本　三百十六文　伝二郎
一大四尺　(合)壱本　三百十六文　払　菊次郎
一同　壱本　(合)三百十六文　金兵衛
一同　壱本　(合)三百十六文　吉五郎
一同　壱本　(合)三百十六文　綱五郎
廿一日
一大石　(合)壱本　三百十六文　万吉
一同　壱本　(合)三百十六文　要吉
惣〆金三両分　四十八文
外ニ車力頭　八五郎殿江
金弐朱　御礼
又〆金三両二朱分　四十八文
勝願寺様持[の]入用
」

⑥
上例
一金四両　江戸ゟ川岸迄　右荷物運賃
一同
一金三両　川岸ゟ勝願寺　持込賃
御勝手御勘定掛り
此人勝願寺江参り
野村佐市郎様
宮沢作左衛衛《ママ》門様
申十一月廿四日　勝願寺
御奥方様　納
」

⑦
覚
一箱入　三つ
一ちやん鍋包　壱
一薬箱　壱
一樽味増（ママ）　弐
一黒桐油　拾一
一笠　十七
一合羽かご　四
一長柄傘　壱本
一箱提打（灯カ）　三つ
一渋紙包　弐つ
一長持　桐油一　壱棹
一紙包棒　壱
一棒　六尺　弐本
」

⑧
〆凡四駄半位
積返し荷物
此掛り　塩見庄右衛門様
十一月廿六日引取
金壱両壱分弐朱
勝願寺ノ持出し掛り
江戸御屋敷迄
十二月十六日運賃受取
申候
」

【史料五】（田島家文書№二〇二）

〈表紙〉

万延二酉年 牧野豊前守様御石塔 二月八日着船

〈次頁〉

牧様塔

①
二月八日ゟ着分
一元羽　四枚　弐百弐十四文　啓次郎
一同　四枚　弐百二十四文　菊二郎
一同　四枚　弐百二十四文　末松
一同　四枚　弐百二十四文　勘助
一同　四枚　弐百二十四文　万七
一同　四枚　弐百二十四文　金兵衛
一同　四枚　弐百二十四文　栄作
一同　九品　五百文　丑方　三駄分
同九日
一角　二本　百五十六文　半兵衛
一弐つ　百五十六文　勘助

②
一弐つ　百五十六文　金兵衛
一弐玉　小文二
百五十六文　十二つ
大
一長角　十二本　百五十六文　栄作
一弐つ　百五十六文　留五郎
一元羽　四枚　弐百二十四文　今兵衛
一同　三枚　半切壱つ　弐百二十四文　半兵衛
一とふろふ　三つ　弐百文　勘助
一角　弐本　[しんへ]弐つ　弐百文　小文二郎　十二つ
一角　弐本　百五十六文　幸吉
一角　弐本　百五十六文　栄作
一角　弐本　石　三十壱つ小　百八十文　平吉
一角　弐本　とふろふ　壱つ　弐百文　菊二郎
」

③
同九日
一角　弐本　百五十六文　次郎吉
一大切物　四玉　凡三半　五百五十　丑方
一とふろふかさ　弐玉
一角大長　壱本
一かさしん　壱本　五百五十　丑方
〆三拾壱駄

第六部

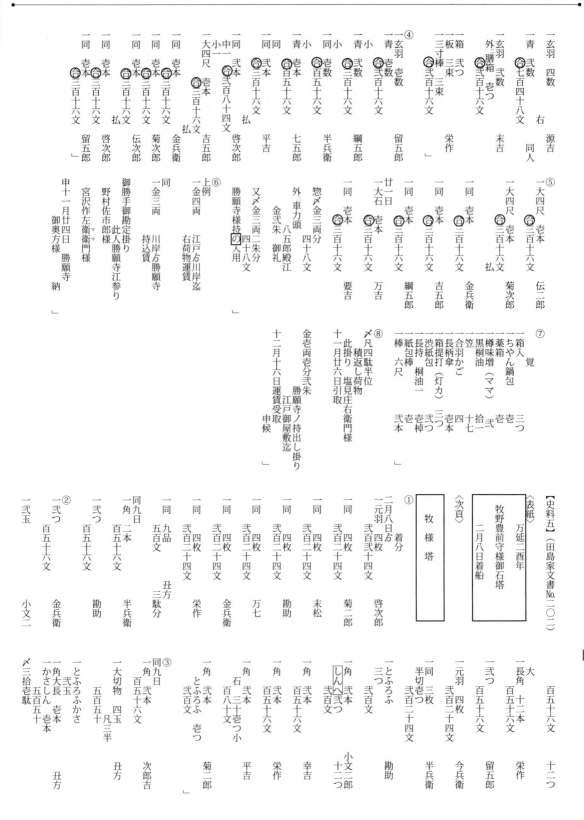

五貫八百三十六文
十日十二　二日引入
一九車分
　壱人前三百五十文つゝ
　代九貫百文
　壱貫弐百文　車代
　二百文　油平
　六百文　手縄代
　八百文　八五郎殿へ
　　　　　セ八人
〆拾壱貫九百文

④
〆此金弐両弐分三朱也
　附込掛り
上例　金七両弐分弐朱百
此壱例　石や市兵衛殿
金六両弐分　受合二両□

は死後、ほどなくして造立されているのである。(11)

このため、万延元、二年の以成の墓塔資材は、以成の改装に関わるものであった可能性が想定できよう。改めて資材を見ると「御かん（棺）」「ふた」「箱切組板」等のほか、「松や根」や「ちゃん」を含むことから遺体を棺とともに改葬したことはほぼ疑いない。ただし、松炭や石灰が含まれていないことから、墓塔と下部の石槨や木槨、漆喰槨等はすでに造作されており、棺の改葬を行ったうえで、墓前の灯籠等を含めた外構の整備が行われたと想定することができる。

なお、以成の改葬がどのような事情であったかは不明であるが、この時期、施主である節成は長らく病床にあったと考えられる。いよいよ自らの死期を悟るにあたり、逸早く先代の改葬と墓所の設えを完成させたことが想定されるであろう。

四　牧野家墓所の以成塔と節成塔

次に、実際に造立された豊前守以成の墓塔と讃岐守節成の墓塔を概観したい。図4に示したように、牧野家墓所における田邊藩主を始めとする歴代墓は正面奥の基壇上に三列で配置されている。このうち、以成墓は後方三列目のほぼ中央に、節成墓は同列の右端に位置する。ここでは史料と前後するが、以成墓、節成墓の造立順で紹介する。

（一）豊前守以成の墓塔（図7・8）

以成塔は三重の層塔で、基礎、各軸、各屋根、露盤、伏鉢、受花で構成される。九輪以上を失っているが、遺存状態は良好で、残存高は三六八㎝である。二段の基台に乗っており、一段目は延石を組み、幅一六二・五㎝、高さ二八・五㎝の規模である。二段目も同様に延石を組み、幅一二九・五㎝、高さ二三・〇㎝の規模で、正面に蓮弁表現の線香立を造り出す。基礎は一石で幅九四・三㎝、高さ三五・四㎝、奥行九三・五㎝の規模で、正面の左右に格狭間を設け、それぞれ三茎の蓮華文を表現する。

各軸と屋根は別石である。初層の軸部は幅六九・五㎝、高さ六八・七㎝、奥行六九・五㎝と正六面体で、正面に「徳誉興英端雄仁山大居士」と戒名を刻み、他の三面には三六行にわたり長文が刻まれる。また、二層目の軸部には院号「崇樹院殿」と家紋の「丸に三つ柏」が、三層目にはキリーク（С類）が刻まれる。屋根はいずれも四隅の軒先が緩やかに反り上がり、軒下は垂木と隅木を表現する。また、露盤、伏鉢、受花は一石で、受花にはハート形のモチーフを逆位に陰刻する。

第六部

図８　以成塔

図７　以成塔（左）・節成塔（右）実測図

【以成塔銘文】

〔三層〕】キリーク
〔二層〕崇樹院殿
〔初層〕
（正）徳誉興英端雄仁山大居士
（左面）
故古田邊城主豊前守源公墓碑銘
田邊城主致仕豊前守源公以今茲天保
癸巳八月念四日逝於本荘猿江別邸矣
今侯既克襄事又状其行實専使嘱坦以
碑文坦昔嘗庚侍講固不可辞也案状
公諱以成姓源原姓紀族牧野氏稱豊前
守牧野氏之先於　我幕朝為著姓
公八世祖曰讃岐守諱康成従
神祖大君有戦功奕葉相承暨後滋隆
考佐渡守諱宣成　妣酒井氏故姫路少
将諱忠恭之女享和三年　公齢十有六
以其二月始執謁　今大君月臘叙爵
（背面）
従五位下至文化紀元甲子八月襲封主
田辺城文政紀元元戊寅四月二十日
大猷大君廟忌奉　旨赴日光山　代拝

公性善病嗣子不育回養介弟田宮君之
子為嗣即　今侯也至乙酉十一月以病
致仕移居於猿江　公為人真率和易恒
以書畫諷詠為娯其於勢利栄達一切人
所躭恋而沈酣者意盖淡如也其未致仕
也善継　先考之志興黌写聘文儒又能
督武修嚴海防其志亦不独在雅逸而已
□初娶掘田氏不諧後娶内藤氏戸田氏
並先逝兄弟三人姉妹九人有存歿男女
（右面）
子各五人唯季子存其餘皆殤　公雖旺
弱恒無大患至今年八月頓罹劇症不起
溘然捐館嗚呼傷哉自其生於天明八年
戊申六月十四日以届於此盖四十有六
年噫齢亦已青矣臣僚護送　霊柩葬於
武蔵足立郡鴻巣駅勝願蘭若先隴之次
銘曰
奔競終年百歳一霆優遊度日半生修齢
早脱簪簪淡養生藻續風月形觧神寧
耽得孰矢仰問蒼穹
天保四年龍集癸巳秋九月下澣
江都佐藤担撰　臣西村長熙謹書

（二）讃岐守節成の墓塔（図7・9）

節成塔は三重の層塔で、基礎、各軸、各屋根で構成される。現況は相輪以上を失っており、地震等の影響で各部にずれが生じている。残存高は三四一cmである。二段の基台に乗っており、一段目は延石を組み、幅一六二・〇cm、高さ二七・八cmの規模である。二段目も同様に延石を組み、幅一二八・五cm、高さ二二・四cmの規模で、正面に蓮弁表現の線香立を造り出す。基礎は一石で幅九四・一cm、高さ三四・七cm、奥行九四・二cmの規模で、正面の左右に格狭間を設け、それぞれ三茎の蓮華を表現する。

各軸と屋根は別石である。初層の軸部は幅七〇・〇cm、高さ七〇・五cmと正六面体で、正面に「顕誉泰道源真清山大居士」と戒名を刻み、他の三面には三二行にわたり長文が刻まれる。また、二層目の軸部には院号「寛樹院殿」と家紋の「丸に三つ柏」が、三層目にはキリーク（c類）が刻まれる。屋根はいずれも四隅の軒先が緩やかに反り上がり、軒下は垂木と隅木を表現する。以成塔とは規格がほぼ同じである。

図9　節成塔

【節成塔銘文】

（三層）キリーク
（二層）寛樹院殿
（初層）
（正）顕誉泰道源真清山大居士
（左面）
文久紀元歳在辛酉八月二十九日
我　清山太公以疾捐館舎於猿江
別邸寿五十有二越九月二十日奉
霊車葬於武蔵鴻巣駅勝願寺之原
今公既命充之以掩幽之文又便書
其履歴之梗概掲之墓上謹按　故
田邊城主清山源公諱節成原姓紀
族牧野氏幼称欽次郎祖佐渡守諱
宣成父如水君諱允成文化七年庚
午三月二十七日生於田邊城文政
七年八月年十有五為伯父豊前守
（背面）
諱以成所養明年八月以世子始謁
於　文恭大君十一月襲封旋叙従
五位下十一年以加衛戍大坂城天
保三年再以加衛戍大阪城十一年
三月為典謁十四年四月　慎徳大
君有事於　日光廟以　公充巡火
使嘉永五年五月以疾辞典謁次月
遂遂致仕老於猿江別邸　公性精敏
達練　朝章及退閑則唯典侍臣蒔
花釣魚優遊自娯十年間如一日夫
人青山氏故篠山城主諱忠裕女先
（右面）
逝子男二人長誠成即　今公也季
夭女二適巖邑城主松平乗高篠山
世子青山忠敏側室子男三皆夭女
三一適立花種恭一夭一未字
公前後更称者三始叙爵称内匠頭
後称山城守称河内守晩號清山釈
追號日寛樹院殿顕誉泰道源真清
山大居士
文久紀元辛酉九月
臣岸充之謹述
臣西村長熙謹書

おわりに

これまで高尾河岸の舟問屋であった田島家の史料を紹介しながら、運送された牧野家墓の資材と実際に造立された墓塔について確認してきた。

史料にみえる資材は、田邊藩七代藩主以成及び八代節成の葬儀及び墓所造営・改葬のためのもので、それらは江戸で調達され、舟運によって菩提寺である勝願寺へと運送されている。勝願寺は五街道の一つである中山道の鴻巣宿に位置するが、資材は陸路ではなく、河川を主体に運送されたという点にまず注目したい。

舟運によって運搬された場合においても、河岸場から菩提寺までは陸送となる。江戸から高尾河岸までは直線距離にして約四五km、そして高尾河岸から勝願寺までは約三・五kmの距離であるが、節成の事例では舟賃は金六両、陸運の運賃は金四両二分であった。したがって、河川は陸路の約一二倍でありながら、運賃は一・三倍に過ぎず、いかに舟運が効率的であったかを物語る。その際、運送にあたっては大名家の家臣が、直接舟問屋へ依頼し、舟問屋は舟運だけではなく陸運のための人足・牛方・車等の手配を取り仕切っていたのである。

また、牧野家墓所についてはこれまで発掘調査は行われておらず、地下構造の詳細は不明であるが、資材をみる限り、松炭・石灰・松脂・瀝青・石材類の記述から、棺を中心に石灰槨・木槨・木炭槨・石槨が周囲を囲う構造で、棺、木槨は松脂やチャンにより養生されていたことがわかる。こうした状況は多くの大名墓の下部構造と共通しており、牧野氏の造墓においても松原典明氏が指摘する朱熹の『家礼』の葬法(12)に基づいていていることが理解できるのである。

なお、小稿の作成にあたり田島和生・藤田三氏・和田旬世氏・橋本裕子氏・高橋俊男氏・三宅宗議氏・松原典明氏・三好義三氏よりご教示、ご協力を得たことを記し謝意を表する。

（磯野治司）

註

(1) 坂詰秀一・松原典明編　二〇一四『近世大名墓の世界　季刊考古学別冊20』雄山閣。

(2) 史料は田島家文書のNo.二〇一～二〇五で、牧野氏の墓塔資材に関わる舟運史料の存在は、所有者の田島和生氏よりご教示いただいた。

(3) 北本市史編さん室　一九八七『北本市史第一巻　通史編Ⅰ』北本市教育委員会　平成六年・荒川調査班「荒川と交通」『荒川人文Ⅰ　荒川総合調査報告書2』埼玉県。

(4) 北本市史編さん室　一九八九『北本市史第六巻　民俗編』北本市教育委員会。

(5) 鴻巣市史編さん調査会　二〇〇三『鴻巣の石造物（鴻巣・笠原地区）』鴻巣。

(6) 高橋俊男氏の資料提供により実見した。

(7) 水谷　類　二〇〇八『廟墓ラントウと現世浄土の思想』雄山閣。

(8) 磯野治司　二〇〇六「武蔵国における近世墓標の出現と系譜」『考古学論究』第一八号〈坂詰秀一先生傘寿記念号〉立正大学考古学会。

(9) 坂詰秀一編　二〇〇八『天下長久山國土安穏寺　貞龍院殿妙経日敬大姉墓所の調査』國土安穏寺。

(10) 金子浩之　二〇一四「近世大名墓の制作－徳川将軍家墓標と伊豆石丁場を中心に－」『近世大名墓の世界　季刊考古学別冊20』雄山閣。

(11) 高橋俊男氏の史料提供により実見した。

(12) 松原典明　二〇一二『近世大名葬制の考古学的研究』雄山閣。

Ⅵ　大洲加藤家の墓所と思想―近世大名墓の保全と活用を考える―

はじめに

近年、各地の近世大名家墓所は、都道府県教育委員会が中心となり積極的に指定される方向にある。これは文化庁が昭和五八年に「中世城館遺跡・近世大名家墓所等保存検討委員会」を設置し、指定方針を明確にしたことに基づいており、ようやく近世大名家墓所に考古学的な視点が向けられるようになった。

しかし、その研究方法は、未だ墓所の上部構造の編年的研究に終始している感がある。歴代藩主の墓が没年で変化することは当たりまえである。

これからの大名墓研究は、藩主は「政務の長」であり、「家」の家長でもあるという属性から、近世武家社会の構造における藩主の墓の意味づけや解明が重要になろう。

そのためには墓所そのもの研究は勿論の事、墓域以外に、墓所を取り囲むの環境や立地など外部との関連や、被葬者に関わる問題である家督相続や、婚姻という「家」どうしの結束、あるいは藩内部における被葬者の位置づけなど重層的な視点からの解明が望ましい。

その結果、墓所は、地域に関連付けた文化的、歴史的な景観における意味づけが可能となり、地域の文化遺産として活用できるのではなかろうか。

「保全と活用」の実務についてては直接触れないが、大名家墓所をどのように歴史的な遺産として位置付けられるのか、あるいは文化的景観の一要素とし得るのかという点に視点を置き、概念的な位置づけや、その際の問題点や課題について概観してみたいと思う。

一　近世大名墓の歴史的な価値

これまで、大名の政務あるいは居住地としての近世城郭は、一〇万石以上の大大名の城が主体的に指定されてきた。

しかし、ここで扱う近世大名墓の価値は、石高の大小だけではないと考えている。したがって全国三〇〇諸藩と言われている各家の墓所様式に広く目を配りたい。各藩主の多くは領国と江戸、高野山それぞれに供養塔を造立したり歴代の墓所を築いた。一方、藩主の思い入れで様々な場所に墓所が築かれその様相は多様性に富み、近世大名家墓所の魅力の一つとなっている。

近世大名の墓所数は藩数の何倍にもなり膨大な史料が内包されていることになる。このような豊富な史料群を日本の近世遺産として捉えられることで永く伝えられる可能性も広がると言えよう。

そのためには、大名墓を改めて地域を表象するエスニシティー要素（文化的景観）の一つとして認識し、希少性などあらゆることを含め発信し重要性の啓発が広くなされる必要がある。

その前提には所有者や管理者の理解と自覚が必要となり、その上で相互理解のもと活用されることが望ましいのである。活用が継続できない場合は、大げさに言えば近世大名家墓所はもちろん近世大名の存在さえ歴史の「記憶」としても継承されないことになる。そこで、近世大名家墓所を継承するためにはどのように捉えればよいのかを考えてみたい。

二　近世大名墓の文化的景観としての位置づけ

"文化的景観"とは、もともと地理学（Carl O.Sauer）の「景観」概念で「自然の卓越した地域と、文化の力によって手が加えられた地域あるいは影響される地域」として捉えられており、その概念の中で「文学、詩文、絵画、写真、宗教儀礼、伝統工芸など一見して明白ではない無形の価値と文化的表現をも含むもの」と位置づけられた上で、「それぞれは調査研究を通じ評価され、関連する証拠を通じて記述されうる」と景観カテゴリーとして示されている（『World Heritage Papers 二六』）。

そこで「近世大名墓」を文化的景観の一要素としてどのように捉えればよいのかを考えてみた。

近世大名墓は、基本的に藩主家の個人的な「墓」である。墓の造営は次世代の役目であり家督相続と一体である。つまり藩主を継ぐ行為と墓所造営が一体である。生前、寿墓を自ら造ったりあるいは遺言をしたとしても自ら「葬送」はできないので相続をしたものがこれを葬る。つまり藩主の「死」と「墓」は家督相続と直結し政治的成因が非常に大きい。家督相続は先代の正統性を受け継ぐことであるが、「葬礼」という儀礼で交代が内外に顕現される。そして歴代藩主は各自が先代の儀礼に倣い、繰り返す。その結果が、共通様式の一族の墓所として具現されているのである。墓所こそが歴代交代の儀礼実践の場である。したがって各大名家は墓所を儀礼の場として重視し、自己認識のために独自の墓碑様式を造りだし受け継がれてきた解される。墓所空間は、まさに歴代の交代と存続が示された「歴史的景観の場」と言い換えられよう。

儀礼における「葬送」は、歴史的景観が成立するために最も重要である。その内実は、藩主は風水に基づき墓所の位置を生前に選地し、遺骸埋葬においては地の神に告げた上で墓を造営することになる。

近世武家における墓所造営の詳細について幕末の事例はよく目にするが、藤堂家三代藩主高久（元禄一六年〈一七〇三〉没）の葬礼を記した「高久公易簀録草稿」（森井薫ほか一九八七）は、儒葬という独自の葬礼であるが一八世紀前半の事例であり興味深い。

さらに儀礼式では幕府との関係から中陰仏事が菩提寺で執行される。この菩提寺もまた墓所造営と一体となる近世大名墓有縁の構成要素と捉えなければならない。

一方、一八世紀後半における各地の大名家は、藩祖あるいは中興の祖とされる歴代を「人神」として祀り挙げ、神社を建立する。このような「人神」を祀る神社も祖先祭祀、藩の政治的な紐帯に関わる点から文化的景観の構成要素となる。

三　江戸と国元の大名家墓所の現状から見えてくるもの

先に触れたように都市に遺る近世大名家墓所は、近年、土地の有効利用の観点から大幅に変更されているケースが多い。個人が江戸時代の威風をそのまま受け継いできたので広大な面積を占めている場合、これを維持管理するのは年間の管理費だけでも莫大な経費が掛かることから現実的問題として維持が危ぶまれつつある。

近年は多くの大名家で個人祭祀レベルによる改葬が進み合祀される場合も多く、港区の例では、教育委員会立会いの下、改葬の記録保存が行われ辛うじて大名墓が存在した痕跡が担保保全されている現状である。これも現在の法の下では致し方がない。むしろ現状は、所有者の理解の下記憶保存が辛うじて可能になっているということである。これも現況における最大の可能な保全の一方法ということになる。

四　江戸の大名家墓所の保全と活用

次に挙げる例は、都市において関係機関の指導を受けながら独自で保全と活用を実践した寺の実例である。

池上本門寺内にある塔頭永寿院では紀州徳川家初代頼宣の娘(家康の孫)で鳥取池田藩初代光仲の正室の芳心院墓所を管理している。芳心院三〇〇回忌に際し墓所の修復を実施し、墓域内の実生の樹木の除去、石垣の修復、主体部の改葬などを行い、構築当初の墓所復元に取り組んだ（坂詰秀一二〇〇九）。

個人の墓の修復であったためか、事業について現在でもあまり評価されていないが、近世大名家所縁の墓を文化財として永く未来に遺すための個人のできる限りの方法を実践したことの意味は非常に大きく注目する必要があろう。一つでも多くの歴史遺産を未来に伝えるための努力は、それぞれの立場でどのようにできるのか、個々に考える必要も出てきているのかもしれない。

そして、この個人の修復事業で重要なことは、修復後、永寿院では寺のイベントや、近隣の小学校の歴史を学ぶ野外教育の場として墓域を開放しており、住職自ら墓としての聖域を説き、文化財としての価値やそれを永く保存することの重要性を子供たちに伝えている。

文化財として修復を経たことで大名家墓所は、安全にかつ啓発的に有効に活用されているので、近隣の人々には寺、大名の墓、文化財が一体のものであるという理解が広まっている。このような活動が広く理解されることを望む。

五　国元の近世大名家墓所の保全と活用

一方、国元の歴代藩主墓の現状はどうかと言えば、幸いにも都市化の波にのまれず遺存している墓所も多い。周囲の自然環境と一体化し現状では鬱蒼とした雑木林や草木に覆われ放置状態の墓所も少なくない。しかしこれが幸いにも造営当初の姿を保っている場合が多いことに注視したい。先に触れたように江戸における大名家墓所は社会状況（経済的、少子化問題も含む）と密接な関係にありその維持はきわめて難しい。継承不可能を前提に考えると、個々のケースに基づいた保全と活用の視点が注がれるべき転換期にもあるのではなかろうか。そのためにも各地に遺存する大名家墓所の悉皆的調査を実施し地域を表象するエスニシティ―な文化財としての活用が積極的に行われれば保全も可能となろう。地域のエスニシティ―は観光立国を推進している国の指針にも関連させることも可能である。国元から文化財活用によって活性化の波を興したいものである。

ここでは、最近調査で訪れた伊予大洲藩加藤家の国元の墓所を例として今後の文化的景観の一要素としての大名家墓所の保全と活用について考えてみたいと思う。

藩主の婚姻関係や文芸圏から墓所を読み解くと墓所全体の景観、環境の意味が理解でき、藩主ネットワークが墓所全体の景観をつくり出していることを理解できる。

六　伊予大洲加藤家の墓所造営とその意味

加藤家藩祖光泰は朝鮮半島出兵で没しており茶毘に付している。遺骨は、日本に持ち帰られ初代貞泰が領地である甲斐善光寺に埋葬されるが、その後、後継の貞泰が元和三年（一六一七）米子から大洲に転封となり、米子で菩提を祀った曹渓院を大洲に移し、光泰の墓を改葬し再び大洲の地に祀ったとされている。

現在の曹渓院は経年で伽藍鉢なども変わり、貞泰が最初に祀った場所は不明であるが、その後、光泰を祀る廟が創建され、この中に石製の祠と元禄九年（一六九八）銘の神道碑が祀られている。

碑の銘を確認すると「一百余年」という文言が見えることから、初代光泰百回忌に合わせて新造されたものと考えられる。

また石製祠は、文化一一年（一八一四）九月一五日、大洲一〇代藩主加藤泰済が、藩祖光泰の神霊を八幡宮社内へ勧請し、神として祀ったものである。光泰の社号は、三祖社（ミリノヤノヤシロ）、神号を顕国玉神（ウツシクニタマノカミ）と称した。また、光泰を神に祀る際には、加藤家は藤原鎌足の末裔としての由緒づけのために、春日社を併せて祀り直したとされ、藩内には触書によって参詣を促したとされる（白石　二〇〇八）。

このように藩祖を一族の神として祀る事業は、幕末に近い時期に各藩において盛んに行われ、神社を祀ったり、あるいは遠祖をの墓を探すような事業さえ行われている。特に著名な例では、西遷御家人である毛利家や島津家は、本貫地である鎌倉において遠祖の墓所藩を挙げて捜索し、鎌倉幕府の比定地に墓所を新たに祀る事業を行った。毛利家は大江姓の末流として、藩主が参勤交代の折には必ず兵庫県打出宮川右岸翠ヶ丘台地上に位置する阿保親皇墓所（宮内庁陵墓）に参詣をした。陵墓内には長州藩毛利候寄進の灯籠があるという。

かかる幕末の潮流が、大洲においても一〇代泰済によって加藤家菩提寺である曹渓院に顕国玉神が祀られたったのである。

ここで注意したいのは、元禄九年の碑（図1－2）についてである。現状の碑の形態は、亀腹状の基台の上に元禄九年（一六九六）銘の砂岩製の碑がのり、花崗岩製の笠石が上に載のるタイプである。藩祖光泰の没年が文禄二年（一五九三）であることから銘文中にあるように「百余年」で元禄九年（一六九六）に、百回忌として烈祖を祀り無窮を願うために造立されたものと思われる。碑身と基台の素材が違う点は、当該期にしばしば見受けられる亀趺碑の状況と同じ意味であろう。加工の点から砂岩製の碑が用いられたものと思われる。

元禄九年の碑を造立できた藩主は、碑の年代から二代藩主泰興の二男で世嗣・泰義に代わり三代を継いだ泰恒である。

なお、三代泰恒が顕彰を行う環境として、系図を確認してみる。世嗣泰義の正室が太田資宗の娘である。太田資宗は、寛永一八年に奉行として『寛永諸家系図伝』の編纂奉行として林羅山に命じるなどしている。また、娘を岡山藩家老家の池田長久へ嫁に出すなど、思想的な傾倒として儒教的影響が濃い家柄である。

また、後に触れるが二代泰興が光泰の菩提を弔うために寛文九年盤珪永琢を招請して開基した寺である大洲如法寺は、やがて加藤家の菩提寺として機能したが、二代泰興および、三代泰恒の墓所様式は、墓碑に五輪塔を用い、墓碑前に神道碑として亀趺を据えた様式である。

このような様式は、増位山随願寺に造られた姫路藩主榊原忠次（寛文五年－一六六五没）の墓所の様式に共通している。榊原忠次墓所は忠次遺命により造られており亀趺碑の撰文はは林鵞峰によって行われている。榊原

第六部

1　大洲 10 代藩主・加藤泰済勧請祠
（文化 11 年（1814）9 月 15 日）

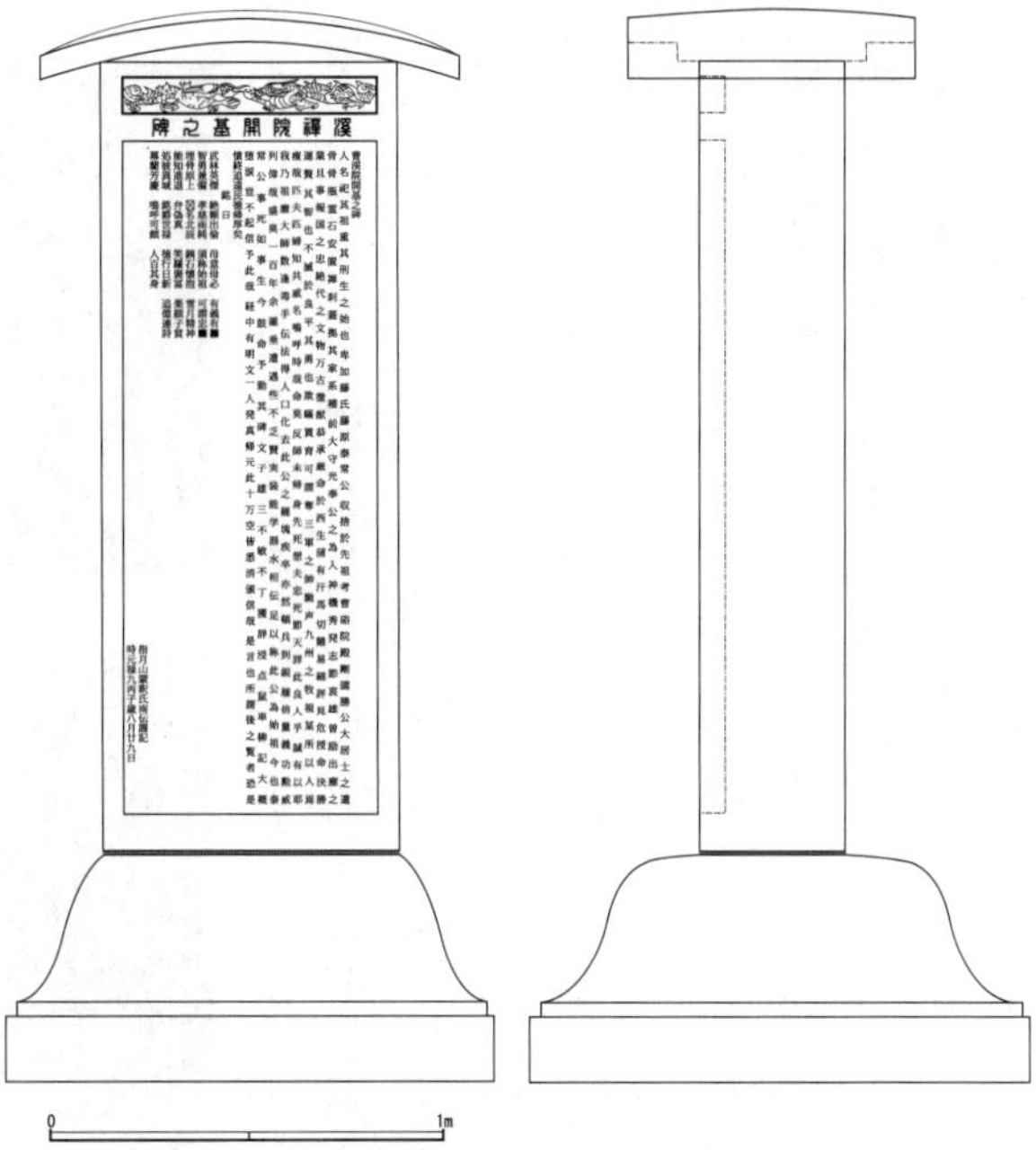

2 光泰顕彰碑（元禄 9-1696 造立）

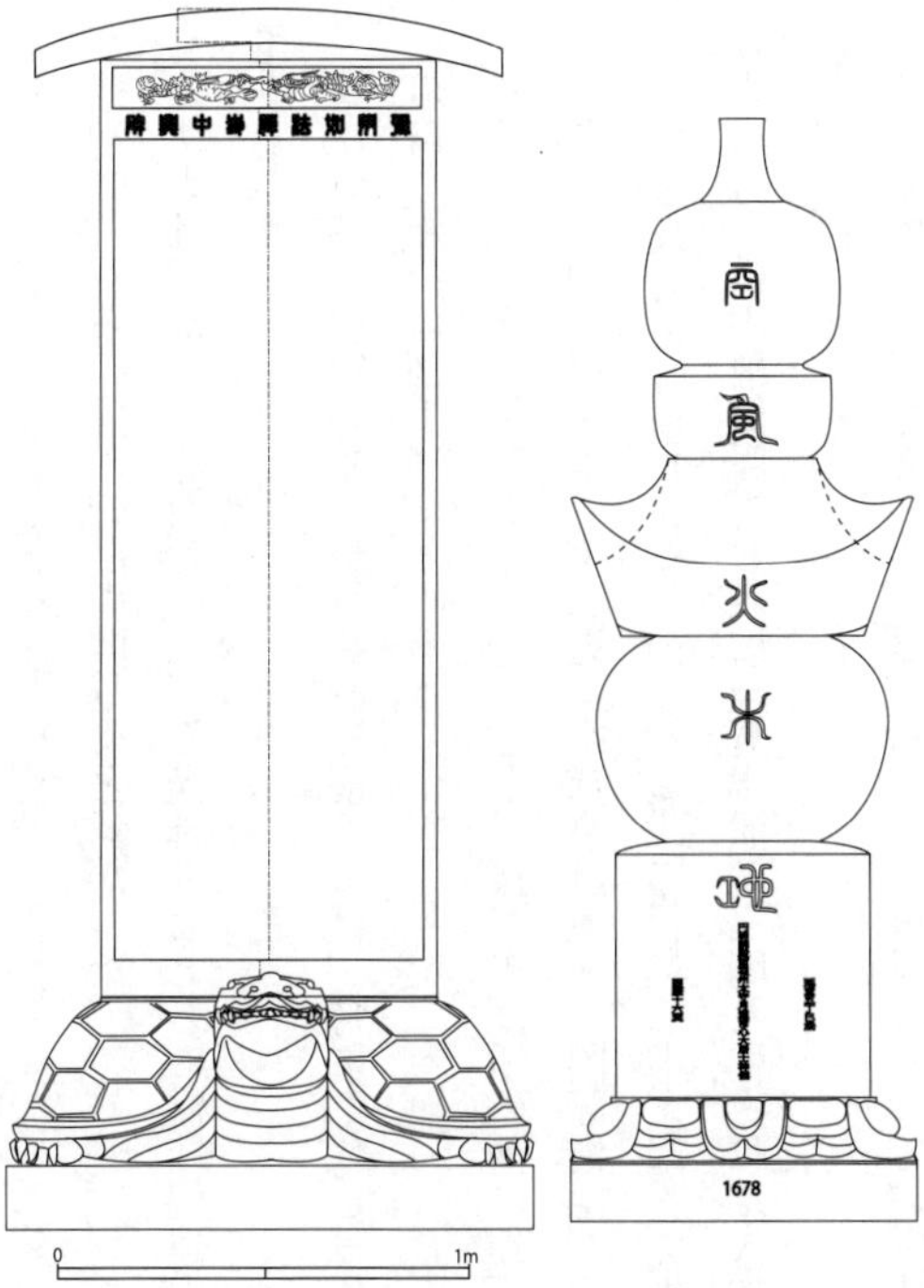

3　二代　泰興（延宝 5-1678 没）

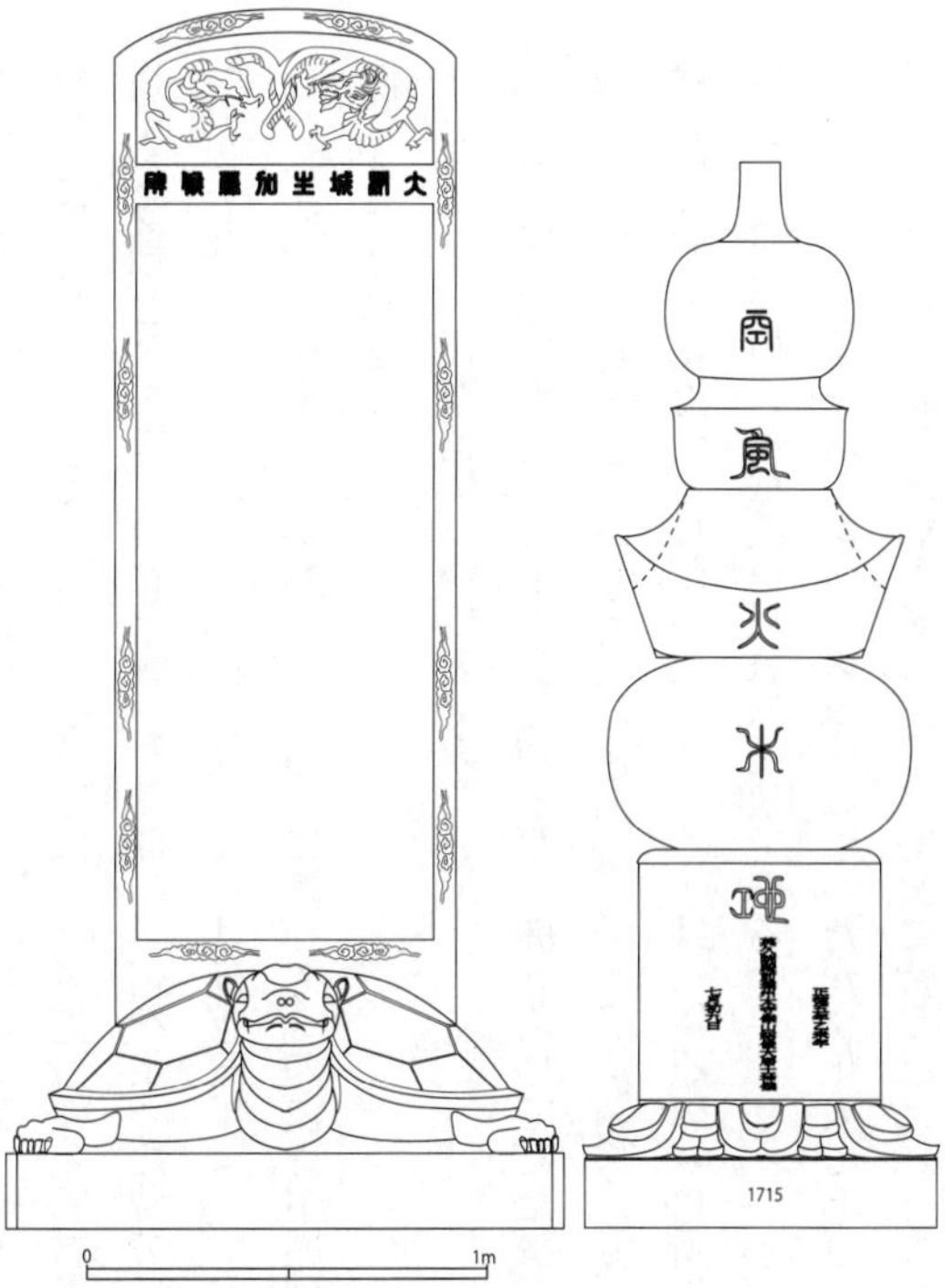

4　三代　泰恒（正徳 5-1715 没）

図 1　大洲藩加藤家祖先祭祀碑と 2・3 代墓碑と神道碑

図2　増井山随願寺榊原忠次（上）・政邦墓所（下）

家墓所においては、歴代がこの様式の墓所を築いている。加藤家と榊原家は、林家のサロンである国史館を通じて儒教的な通俗的道徳を大いに学び、林家との親交が厚かった。また、加藤泰恒は狩野常信に師事しており、これも林家を通して国史館での交流が根幹にあるもと思われる。このような様々な文芸を通して構築された文芸圏が墓所様式の共通性の誘因となると捉えている。

これまで見てきたように伊予の大洲加藤家は、大洲藩初代加藤貞泰は、大坂の陣後の元和三年（一六一七）伊予大洲六万石へ転封となり、その後歴代が明治まで大洲藩主として守り続けた。

初代藩主貞泰は、江戸で没し埋葬されており、大洲では寛文九年（一六六九）二代藩主泰興の招請により盤珪永琢が開山として如法寺が創建される。この寺が国元における加藤家の菩提寺となった。盤珪と加藤家の縁は、藩祖光泰没後、初代貞泰が美濃黒野藩主となった頃であり、明暦三年（一六五七）、盤珪が三十六歳の時、大洲に返照庵を建立し招いたことが最初でこれらの縁が如法寺開基へと繋がった。

如法寺は、網干の龍門寺・江戸の光林寺とともに盤珪創建の三大寺として知られた。

如法寺の加藤家の墓所造営を読み解くには、特に二代と三代の墓所様式に着目したい（図1）。

まず二代泰興（延宝五年〈一六七七〉没）の墓所の前に建てられた亀趺碑である。碑の撰文は、宇三近（宇都宮遯庵・岩国藩儒臣）である。宇三近は松永尺五に師事し、儒学程朱学派に属し、木下順庵（金沢藩儒臣）・安東省菴（柳川藩儒臣）と共に尺五学派の三庵と称された人物である（伊藤善隆二〇一四）。

碑文に依れば、寛文一二年夏、六月二三日、妙心寺で開堂式（大本山住持職になるという重要な演法の儀式）を行い妙心寺第二一八世として紫衣を賜っており、その冬一二月に宇三近によって先君の「忠君孝親」などを讃えた文章とともに、これを導いた盤珪の業績を讃えた碑であると読める（小西一九八九）。しかし、二代泰興の没年は延宝五年（一六七七）であることから、三代泰恒が泰興の墓所造営に際して「如法寺中興碑」も併せて造らせたと解せる。

そこで、三代泰恒についてみてみたい。

泰恒は、脇坂家初代安治・安元親子が大洲を治めていた縁で、脇坂安政の娘（左牟）を嫁しているおり、この縁は、安元の親交のあった林羅山、榊原忠次との交流へと繋がった。このことは、榊原忠次墓所における亀趺碑と五輪塔を用いる様式を見れば明快である。

また、三代泰恒は、幕府の役職はなかったが文化人であり、狩野常信に師事をしたり、詩では前大納言志水谷実業に習うなどして天皇家、将軍家との交流もあったとされる。また泰恒の継室は大老酒井忠清の娘・奈阿姫

（福留 二〇〇九）であることも儒教的な思惟形成の背景には注視して置く必要があろうと思われる。

さらに、文芸的なネットワークという視点から四代泰統の婚姻関係に着目しておくと、岡藩中川久通の娘を娶っている。そして久通の正室は岡山藩池田光政の娘であることも儒教的な思惟形成にの背景としては重要な誘因と思われる。

七　文芸圏の形成と文化的景観

この様なネットワークを築いた二代、三代及び四代の思惟が、如法寺墓所に認められ、これが礎となって歴代に受け継がれ、一〇代藩主加藤泰済の藩祖顕彰など特徴的な大きな事業に繋がり明治期に至った。

以上如法寺の加藤家墓所造営の背景を中心に概観したように、二代泰興に始まる近世の祖先祭祀、顕彰に対する思惟は、禅宗の僧侶である盤珪を通じて醸成され、これらの思惟を共有する親交が、「イエ」を結ぶ婚姻関係を形成し、さらに「イエ」と「イエ」の結束を創りだしていたと解することができる。これらの痕跡、経過は、如法寺における加藤家墓所造営に如実に反映されており、このような加藤家における思惟が表現された空間である墓所は、如法寺の仏殿を含めた一山として文化的景観と認識できるのである。墓所を取り囲む文化的景観は、大洲盆地の立地と環境の優位性から、肱川を挟んだ対岸の臥龍院、その西に位置する大洲城（二〇〇四年天守復元）も含めた広範囲に展開することも大洲藩の豊かさを示す重要な要素である。

大洲市では、昭和五五年以来、全国に先駆けていち早く、文化的景観を重視し、観光の拠点として活用する取り組みを続けてきたが、如法寺の墓所はというと、残念ながら未整備である。今後は、墓所に関する古写真などと、歴代の墓所に遺る多くの献灯籠の部材を丁寧に復元整備することで、仏殿（国重文）と共に歴史的景観として見ごたえあるものとなるであろう。

このような現状は大洲市ばかりではなく各地の大名家墓所における活用における課題ともいえる。課題ではあるが、整備後の多方面に与える効果は大きいものと思われる。国元の近世大名家墓所は、今後の積極的な活用が大きなテーマである。

墓は大名、庶民にかかわらず思想、宗教、生活に関わる情報が詰まっている。坂詰秀一博士は以前、「近世大名家墓所はタイムカプセル」と称した。まさにその通りである。これまでの考古学的な視点では、地上にある墓碑の形だけに注意が払われ、歴代の墓が変化することだけ着目してきた。考古学的な基礎資料としては重要であるが、今後は型式学という方法論だけに留まらず、遺された他の情報を読み解かなければ近世武家社会の構造解明のための資料にはなり得ない。

これまで見てきたように、都心、あるいは国元の大名家墓所は現在の社会状況を鑑みれば改葬されるのは致し方ないのであるが、出来得る限り、遺骸がどのように埋葬されたか、寺との関係や婚姻関係などが把握された上で考古学的な改葬記録が保存されていくことが都市の大名家墓所の保全という観点からだけではなく、日本の近世社会構造解明のための史料化に繋がるという認識の立つ必要がある。

繰り返しになるが、今後、永く未来に伝えられるかどうかは、現行法の下では、所有者個人と管理する寺の最大限の努力と理解に委ねられざるを得ない状況にあることを危機的な認識としなければならない。

個人の祭祀、財産というデリケートな部分ではあるが近世の我国の歴史であり、自治体の歴史の根幹であると位置づけられる「歴史としての共有財」という認識の高まりと理解の広まりによって、起こり得る改葬において何らかの手当ができるような進展が得られることを望みたい。

以上のように都心における大名墓の保全と活用はきわめて難しい状況にあることからすると、今後の近世大名墓の保全は、国元の墓所をどのように活用し保全するかに掛かっているのかもしれない。

おわりに

国元から発信できる近世大名家墓所活用の可能性として、近世大名家墓所は、個人の墓、祭祀の場であるため、所有者、管理者など利害関係者との対話とコンセンサスを得なければならないし、このほか様々な解消しなければならない前提があるが、墓所整備の事業化は、地域活性化の大きな起爆剤になり得る。墓所を取り巻く自然と文化、有形・無形遺産、文化の多様性など、先に見た大洲盆地を中心にした冨士山の地形的特徴を含めた自然の多様性などの景観整備は、地域における個々の自己認識を呼び起こしてくれるのではなかろうか。

景観保全の認識を市民間で共有できれば管理計画の策定や、ボランティアの活用、コミュニティーの協力などが得られ、文化的景観の継続的な維持が可能となろう。文化的景観の維持管理の持続こそが地域の力であり、地域の社会向上に寄与するものと認識できれば、墓所を含み地域一帯は文化的景観として公共財となり得て、地域の経済的な計画や有効需要を想定した活性化の図面も描けるのではなかろうか。

現在、地方では文化財単独で永く守ることは大変難しい状況にあるので。今後、文化財は文化的景観という概念のもと、有効に活用しされることで保全が可能になるものと思う。保全と活用は同時かあるいは活用によって理解と認識が生まれ、広い啓発につながるのであるが、地域が活性することと以外に文化財の保全は持続され得ないことは現状であることも認識しておかなければならないのではなかろうか。

近世大名家墓所の文化的景観復元を核にしたコミュニケーションを生み出すことは、多方面異業種との連携が可能になり地域のリノベーションへとつながるのであろう。

以上のような視点から、今だからこそ、文化財の「保全と活用」は地方活性の有効手段として位置づけられよう。

参考文献

文化庁文化財部監修　二〇一五『月刊文化財』六二六号「大名家墓所が語る近世社会」

森井　薫・天田禮子　一九八七「高久公易簀録草稿」（『伊賀郷土史研究』一〇）

坂詰秀一編　二〇〇九『不變山永寿院芳心院殿妙英日春大姉墓所の調査』

伊予史談会　二〇〇三『北藤録』（伊予史談会双書第六集）

福留真紀　二〇〇九『名門譜代大名・酒井忠挙の奮闘』（角川学芸出版）

伊藤善隆　二〇一四「近世前期漢学者筆跡資料五点 - 羅山・活所・三竹・遯庵・若水 - 」（『湘北紀要』第三五号 湖北短期大学）

小西定行　一九八九「加藤光泰霊廟並びに大洲藩主加藤家墓所」（『大洲市文化財調書集』大洲市教育委員会）

白石尚寛　二〇〇八「文化・文政期における大洲藩祖社と廟所の形成について」（『伊予史談会』三五〇号）

第六部

本書の構成

本書は、平成二六年から三年間にわたり、公益財団法人髙梨学術基金の特定研究助成（「近世大名葬制の基礎的研究」）を得た成果の一部である。この助成において、石造文化財調査研究所の各地の研究員が共同研究者として参画し、各地域の大名墓あるいはそれに関連する墓所などについてそれぞれが考察を行った。

第一部「Ⅰ　大名葬制研究の視座と目論見」では、特定研究助成「近世大名葬制の基礎的研究」を受けるに際して目論んだ研究全体における視座を示し、根幹となる研究方法の概略を示した。

「Ⅱ　近世大名葬制解明への視角－考古学的調査の視点から－」では、本研究が特に考古学的な調査に基づいた視角を中心に据える中で、大名葬制解明のために必要な視点を披歴した。葬制を導き出すための視角として「遺骸処理」に着目した。遺骸への意識、遺骸をどのように扱ったかなどに着目し、近世武家社会における葬制の様相と変容を確認した。そして、葬制の画一化の根幹に『家礼』受容があることに触れ、それを探る視点を示した。

第二部「本・分家創出と墓所形成」では、第一部で示した視点と目論見に立脚し、各地の大名における葬制を確認した。各家は、元和偃武以後、幕府から領地を安堵されるが、相続との関係から分家を創出する場合も多く、相続と墓所形成あるいは、分家による新たな家の創出から生ずる墓所の形成に視点を当て、具体的な各家の墓所形成とその背後にある相続、「家」の存続をどのようにして行ったのかなどについて触れた。相続と墓所形成では、祖先祭祀との関わりにおける「正統」の存続に固執した相続の実態と墓所造営を確認した。毛利、島津、中川家、永井家を中心に墓所形成とその実態を明らかにした。

「Ⅰ　九州近世大名鍋島家の本・分家墓所造営」は、新稿で、鍋島家とその本・分家と婚姻により新たな血族となった神代家を取り上げた。

「Ⅱ　近世大名墓から読み解く祖先祭祀」は、勉誠出版のアジア遊学シリーズ二〇六・原田正俊編『宗教と儀礼の東アジア－交錯する儒教・仏教・道教－』二〇一七年の中で示した「近世大名墓から読み解く祖先祭祀」である。毛利・宮之城島津・中川家における祖先祭祀の実能を明らかにした。

「Ⅲ　近世大名家墓所からみたアイデンティティーの形成－大江姓永井家墓所形成を例として－」は、『日本考古学』第四一号（二〇一六）に発表した内容に加筆、訂正を一部加えた。大江姓永井家の本・文家の墓所調査を実施し内実を示した。永井家の本家の本末とそれにかかわる分家の存続の実態とその背景を明らかにし、分家創出に関わる「牙歯之塔」の造立と、アイデンティティーの醸成と祖先祭祀の実態を示した。

第三部「近世大名墓と思惟形成」では九州、四国地域における大名とその家臣による墓所形成から確認できた思惟、思想を中心に示した。

「Ⅰ　土佐南学の墳墓様式から神道墓所様式の成立について」は、近世大名墓研究会の第八回大会四国の発表レジュメをもとにまとめた『製造文化財』８号（二〇一六・雄山閣）「土佐南学の墳墓様式から神道墓所様式の成立についての予察」に加筆、訂正したものである。儒者である小倉三省と、野中兼山とその一族の墓所に着目するとともに親交のあった山崎闇斎からの儒教的な思惟「垂加神道」が墓所様式に与えた影響について触れ、やがて神道による墓所様式が成立していく実態を示した。

「Ⅱ　日出藩主木下家墓所造営とその背景 - 特に神道との関わりを読み解く - 」は、『石造文化財』9号（二〇一七・雄山閣）に掲載した論考を再録した。木下長嘯子と血縁関係にある木下延俊とその孫である俊長の思惟は、儒教的な思想が中心にあり藩政においてもその思惟が実践された。そして三代俊長は遺言により横津神社に祀られた。特に俊長とその墓所に視点を当てた。

「Ⅲ　東海の近世大名墓」では、井伊家と井伊谷・近藤家の信仰とそのかたちに着目した。この論考は、第七回大名墓研究会掛川大会（二〇一六）の発表レジュメに加筆、訂正の上、掲載した。

旗本格である井伊谷近藤家における墓所造営は、三代貞用の黄檗宗への帰依が背景にあり、後の井伊家の江戸における墓所に見られる黄檗宗への帰依との共通性が墓碑形式から窺えることを示し、黄檗宗の宗教的なインパクトの一端を示した。第四部に関係する論考である。

第四部「宗教インパクト」では、第三部 - Ⅲで示した近藤家、井伊家における黄檗宗への帰依には、渡来僧としての黄檗僧の徳とそれに接した大名らの思惟を読み解くことが非常に重要であることを示した。そこで第四部「Ⅰ　黄檗宗寿蔵と墓碑の基礎的研究」と題して日本に東渡した「黄檗派」と歴代東渡僧らの墓所と葬制を明らかにした。黄檗僧の葬制の時代的な変遷と墓碑形式の提示によって新たに帰依をした大名らの足跡にも一部触れ、課題として提示した。また、近世社会初期における仏教、中でも臨済禅あるいは曹洞禅と黄檗宗との関係にも若干触れ、復興を目指す禅宗と黄檗派とのかかわりにも幾分か触れた新稿である。

第五部「近世大名墓とその周辺」は、「Ⅰ　岡山藩家老六家の墓所とその思想」では、一七世紀中葉、特に寛文期において池田光政に仕え池田姓を与えられた六家の池田家が家老家として本家を支えた。光政の思惟は強烈で、徹底した仏教排除が和意谷における池田家歴代の墓所造営に家訓できる。そして家老家においても儒教的な墓所造営が実践された。新稿である。

「Ⅱ　近世大名の葬制と墓誌 - 府内寺院と墓誌の調査 - 」は、『石造文化財』7号に掲載した論考である。参勤交代によって江戸と国元を往復した大名家は、江戸においても祖先祭祀を実践するため菩提寺を求めた。ここで示した蜂須賀家は、江戸中期以降、江戸の菩提寺とした下谷の広徳寺へ藩主及び有縁の子女の埋葬を行った。しかし、大正一二年の震災により都下への墓所改葬・移転が余儀なくされ、改葬に伴って発見された墓誌は、近世武家社会における葬制の一端を物語っていた。これらの墓誌調査により蜂須賀家と他の大名家との婚姻関係を再確認し、相続と藩の存続関係を改めて検討する中で、儒者の重要な役割も指摘できた。

「Ⅲ　品川東海禅寺所在石櫃とその被葬者「岡山夫人」」は、府内における墓誌調査で新たに発見した資料であり、被葬者に視点を置き考察を加えた論考である。初出は『品川歴史館紀要』第三〇号（二〇一五）である。この論考では、東海禅寺に遺されていた石櫃の調査と共に被葬者に言及した。石櫃に遺された「岡山夫人」銘から大名大奥「老女」と断定し、その系譜は中世に遡る三刀屋家の末裔の人物であったことを指摘した。近世初期の特定階層にある女性の葬制の一端を示す資料としての重要性を示した。

「Ⅳ　木内石亭の交流と墓碑」の初出は、『石造文化財』6号（二〇一五）である。木内石亭と親交のあった大名、あるいは文人にふれ、彼の墓碑造立の背景に神道の影響を読み説いた。

「Ⅴ　徳川将軍家の宝塔造立事情再検討 - 崇源院宝塔を事例として - 」は、二〇一四年に山梨県恵林寺で発見された崇源院（お江）の宝篋印塔基礎が発端となりまとめた論考である。この論考をまとめる以前、群馬県にある厩橋藩酒井家墓所（前橋市龍海院）の調査を実施し、その中で酒井家二代藩主忠世と三代忠行の墓碑が八角の宝塔型式を用いており、この型式が、増上寺に遺る崇源院の宝塔型式にきわめて類似していたことに着目し、その造立背景を考え、そのシステムを明らかにした。

「Ⅵ　近世大名墓にみる東アジア葬制・習俗の影響」の初出は、恩師である坂詰秀一博士の喜寿のお祝いの論考『考古学の諸相』Ⅲ（二〇一三）である。第四部「宗教インパクト」と密接に関わる内容であるために再録した。近世初期における武家葬制の背景をどのように捉えるかによるが、一八世紀以降火葬が減り、多くの大名・公家・天皇の葬法が土葬へ変化した背景に儒教の需要があることを示し、中国からの受容以外に可能性を示す材料として韓国習俗である「胎室」の受容・影響を墓内に確認される二口の骨蔵器の意味から言及した。

第六部「近世大名世墓の諸問題」では、各地の石造文化財調査研究所の研究員がそれぞれの視点で近世武家社会における大名家墓所及び葬制にかかわる諸問題についてまとめた。

豊田徹士による「Ⅰ　岡藩の儒教式墓の一覧と儒教受容の変遷」は、九州大分の大名岡藩中川家における思惟に視点をあて、墓所造営から特に三代久清、八代久貞の思惟の実践に視点を当てた。そして、両藩主とその有縁の人々の墓所の実態を分析したうえで、儒教的な葬制と祖先祭祀の儀礼の実践を明らかにした。文献との対比による実証的研究である。

吉田博嗣の「Ⅱ　廣瀬家史料に見る葬送儀礼について - 淡窓・旭荘を中心に - 」では、私塾・咸宜園の塾主である廣瀬淡窓・旭荘の儒教的な思惟や教育者としての実践的な姿勢を通し、彼らの「死」に対する思惟を読み解くとともに、咸宜園に遺る『凶禮記』あるいは自叙伝である『懐旧楼筆記』などから、淡窓の喪祭に対する思惟を読み解いた。また淡窓の葬送、墓所造営に関わった塾生らの実践から「死」への対峙を読み解いた興味深い論考である。

「Ⅲ　岡山藩における墓誌について」は岡山県地方史研究会会員で、学校教員を退職された後に現在、岡山大学大学院へ社会人入学された北脇義友先生による論考である。先生のこれまでの業績は多く、池田家の儒教受容を見据えて、民衆への影響、家臣の儒教実践について墓碑の統計的処理や自らの資料取集によって明らかにされた実証的な研究である。近年『石造文化財』7～9号へ連載いただいた論考では、岡山藩における儒教受容や家臣の受容の実態を資料調査と文献調査を駆使して明らかにされている。本論では、特に藩主と有縁の人々の葬送における墓誌の様式や内容について文献調査の結果とともに示めされている。池田家における葬制における墓誌埋納の実態を示す論考として重要である。

「Ⅳ　大名と礫石経についての覚え書き - 伊勢神戸藩の思徳之碑と礫石経について - 」では、埋経研究の視点から大名社会における経典埋納の実態について山川公見子がまとめた。神戸藩本多家再興と本家膳所藩本多家の存続問題は、相続関係に如実に示されている。互いに養子縁組を繰り返す中で、「家」の存続を「一字一石の礫石経埋納の積善」に託し、祖先祭祀として神戸藩二代忠永の徳を讃えるとともに、二代の「歯」を神戸藩観音寺に埋納し、忠魂の碑を「思徳碑」として文化一四年（一八一七）に建立した。このような事例から、大名家における祖先祭祀と一帯となった碑の造立に「埋経」の積善が用いられている点に着眼した。庶民信仰における礫石経典埋納はこれまで明らかにされてきたが、将軍家墓所をはじめ他の大名家墓所においても「経碑」が確認できる点を指摘しており、礫石経典埋納理解への新たな視点といえる。

「V　舟運で運ばれた大名墓の資材」で磯野治司は、北本市に保管されている舟問屋田島家の文書を解析し、田邉藩牧野家七代、八代の墓所造営に関わる資材が船運によって国元に運ばれている実態を示した。合わせて墓所に造営された墓碑調査を実施しその関係性を明示した。発掘調査以外による手法によって大名家墓所を読み解くための視点が示された論考として今後研究方向性を提示した論考としても重要といえる。

第六部「近世大名墓の諸問題」の最後に「大洲加藤家の墓所と思想―近世大名墓の保全と活用を考える―」は、坂詰秀一博士が編集された特集現代の考古学と埋蔵文化財（『月刊考古学ジャーナル』№六九〇）に掲載した文章を改変し、大洲市の加藤家墓所において調査を行った図と写真を加え示した。各地に所在する近世大名墓は、個人の所有物であり、祭祀、財産などと非常に関係性が強い遺構・遺跡であるため、その保存は、個々の管理に委ねられている場合が多い。しかし、今回示した各地の事例を見ても明らかな通り、近世史を読み解くための重要な史料であるという認識から、今後これらの史料が大いに保全され、周知、活用されるべきではないかと考えている。そのための各墓所の歴史的史料としての位置づけのための試論である。

以上、第一部から六部に亘り、日々、石造文化財調査研究所でテーマとしてきた大名家葬制の研究方法や視点について、議論し、意見交換をする中で、本書では改めて各々の目論見を考古学的な資料あるいは文献資料を駆使し、現時点で顕現できた視点を論考として披歴した。

近世大名の葬制研究は、墓だけで答えは得られず、「イエ」と「ヒト」の基礎的研究を踏まえた上で明らかにできるものと考えている。今回の各自がテーマとした論考は、葬制全体の解明までにはいたらないが、各論の視点をモデルケース的論考と捉えていただき、全国各地で新たな視点から近世大名家葬制に関する研究が進展することを望みたい。また強調しておきたいことは葬制解明の前提としては「ヒト」の思惟を抜きには捉えられないのではなかろうか、ということである。考古学的な「モノ」の研究の前提として「思惟」が反映されて「モノ」が存在することを改めて確認しておきたい。

末筆になりましたが、各地で調査を実施するに当たり、多くの方々のご協力とご高配を賜りました。ここに記して感謝の意をお示しいたします。

なお、敬称を略させていただきましたことと、順不同で記しますことお許しいただきたいと思います。

恵日山高傳寺、正覚山宗眼寺、小城真照寺、瑞竜山大興寺、梅岳山福厳寺、黄檗山萬福寺、萬福寺塔頭萬松院、東山建仁寺、建仁寺塔頭両足院、麻耶山仏日寺、葉室山浄住寺、法雲山妙願寺、天恩山五百羅漢寺、万寿山福聖寺、聖寿山崇福寺、東明山興福寺、大洲市教育委員会、土佐山内記念財団、不変山永寿院、泉涌寺心照殿、龍渓山永井寺、分紫山福済寺、瑞雲山大龍寺、円満山廣徳寺、大雄山海禅寺、牛頭山弘福寺、萬松山東海寺、乾徳山恵林寺、大珠山龍海院、増位山隋願寺、帰命山蓮花寺、妙高山東江寺、初山宝林寺、具足山本像寺、津山市郷土博物館、林原美術館、光写真印刷株式会社、日出町教育委員会、竹田市教育委員会、安里進、吾妻重二、有川孝之、石田肇、石渡吉彦、伊藤東文、植田慶嗣、浦井正明、江上正道、大三輪達也、高閑者廣憲、岡本桂典、小川一義、尾暮まゆみ、尾崎正善、小野正文、越智淳平、片岡剛、亀尾八洲雄、金子浩之、北大興、城戸誠、木下崇俊、小島徹、小林昭彦、小林真奈美、小林深志、小松譲、佐伯治、榊原弘樹、狭川真一、眞田博之、篠原啓方、島智道、下高大輔、渋谷忠章、白石尚寛、高野弘之、竹中ひろみ、竹中毅、龍岡信道、高橋修、高橋研一、田名真之、田中浩樹、田中智誠、田中裕介、田谷昌弘、千々和到、鳥羽正剛、豊田寛三、仁王浩司、西海真紀、西谷功、槌田祐技、中井均、中井将胤、中島知旭、中野光将、野村俊之、橋本龍、原田正俊、古川周賢、藤井大祐、堀研心、松井一明、松尾法道、美濃口雅朗、三好義三、森清範、森清顕、森嵩正、薬師寺崇、吉田尚英、李芝賢、和田崇志、

サマリーの英文作成は小林真奈美にお願いした。

なお、本書の編集には、光写真印刷株式会社の菊澤稔氏、出版にあたりましては、雄山閣出版・桑門智亜紀氏に、長期にわたり有益なアドバイスを頂きましたことを記して謝意を表します。

本研究は、平成二六年度~同二八年度の公益財団法人高梨学術奨励基金（高梨仁三郎理事長）の特定研究助成成果であり、また、刊行は、同財団の平成二九年度刊行助成を受けたことを明記し、関係各位のご教導とご厚意に感謝の意を表します。

二〇一八年二月立春

研究代表　松原典明

A fundamental study of early modern funeral system of Daimyo.

MATSUBARA Noriaki

It wasn't often till now told about the Daimyo's funeral system in the early modern period in the archaeology studies.

It was understood that dead person would be buried by a funeral way by the Buddhism. It was because we had unconscious empirical recognition that “death” means Buddhism, as shown in the word “Funeral Buddhism”.

But it have become clear by the research excavation result at graves of Daimyo that the great portion of the funeral way was burial with the body. For the reason and thought I showed my theory that Daimyos, imperial family and court noble were very interested in the foreign culture, adopt Confucianism which became state religion of China positively, and practiced as the popular morality on a daily basis.

I tried here to bring out what is the thought and the consideration of Daimyo in the early modern period by deciphering the crypt erecting, the form of the grave and the burial method.

The Chinese culture which Daimyo in the early modern period prefered had a great effect not only on the literature but also on the belief and thought in Japan.

Due to the expansion of Confucian thought each Daimyos began to regard ritual as important. They used positively the Chinese style at the crypt erecting like “Kamehufi”.

Obaku Zen sect which is a sect of Rinzai expanded in the whole country from Nagasaki as a Buddhist. During about only 100 years Obaku Zen Sect temple created about 800. This was an great influence for Japanese Buddhism that man began to be regarded Zen as important again. Daimyos in the early modern period supported these reconstruction. It was to catch the daimyo who supported Obaku Zen Sect again once more and indicated a something of Japanese Buddhist rehabilitation.

執筆者一覧（掲載順）

◆豊田徹士（とよた てつし）

1974年生まれ
立正大学文学部史学科卒
豊後大野市教育委員会
仏教考古学、中近世史
論文　「岡藩における「儒葬墓」」『石造文化財』6（石造文化財調査研究所　2014・5）
「岡藩に見られる石割、石割場跡について」『石造文化財』7（石造文化財調査研究所　2015・5）
「御岳神社神主「加藤筑後守長古」墓を中心に見た近世神主家の墓塔変遷」（『石造文化財』8石造文化財調査研究所　2016・5）
「大分県竹田市荻町にある「新兵衛塚」に見られる先祖祭祀の一例」（『石造文化財』9　石造文化財調査研究所　2017・5）

◆吉田博嗣（よしだ ひろし）

1967年生まれ
立正大学大学院文学研究科（史学専攻）修士課程修了
咸宜園教育研究センター主幹（総括）
共著　日本教育史・教育遺産史　2017・5
『図説咸宜園－近世最大の私塾－』（日田市教育委員会　2017・2）
論文　「日田御役所の郡代・代官の墓所について」『石造文化財』9（石造文化財調査研究所　2017・5）
「廣瀬淡窓墓の石材に関する一考察」『石造文化財』7（石造文化財調査研究所　2015・5）

◆北脇義友（きたわき よしとも）

1957年生まれ
岡山大学経済学部卒
岡山市立小学校教諭を経て現在岡山大学大学院社会文化科学研究科在学
近世史
単著　『岡山の石橋』（2007年、日本文教出版）
論文　「岡山藩における御用石工とその周辺の石工」（『岡山県立記録資料館紀要』（7）2012）

◆山川公見子（やまかわ くみこ）

1965年生まれ
立正大学大学院文学研究科（史学専攻）博士課程退学
石造文化財調査研究所
埋納経 、経塚研究
共著　「経塚と如法経の関係」（安藤孝一編『経塚考古学論攷』岩田書院　2011）
論文　「経塚造営の作法とその用具～埋経作法の行儀書に見られる用具～」（『考古学論究』6　1999）
「女性と埋経」（『考古学の諸相』Ⅱ　2006）
「神社と関する埋経遺跡について」（『芙蓉峰の考古学』2010　六一書房）

◆磯野治司（いその はるじ）

1962年生まれ
立正大学文学部史学科卒
北本市教育委員会教育部副部長兼文化財保護課長
中世考古学、縄文時代の植物利用
共著 「武士名を刻む板碑」『武蔵武士の諸相』勉誠出版 平成29年
「13世紀前半 武蔵型板碑の型式編年」『板碑の考古学』高志書院 平成28年
論文 「古墳の石棺材を転用した板碑」『考古学ジャーナル』No.602 ニューサイエンス社 平成22年
「板碑と中世墓の相関」『埼玉の考古学Ⅱ』埼玉考古学会 平成18年

◆白石祐司（しらいし ゆうじ）

1980年生まれ
立正大学大学院文学研究科（史学専攻）修士課程修了
東京都品川区立品川歴史館（学芸員）を経て現在岡山県新見市総務部企画政策課
近世考古学
共著 「近世大名墓所地名表・主要文献目録」『近世大名墓所要覧（考古調査ハンドブック4）』平成22年
論文 「備中・備後産出の結晶質石灰岩「こごめ石」について」『石造文化財』7 平成27年

◆増井有真（ますい あるま）

1979年生まれ
立正大学大学院文学研究科（史学専攻）修士課程修了
国分寺市教育委員会教育部ふるさと文化財課史跡係主任
古代、近世石造物
論文 「近世江戸における庭瀬藩戸川家の供養塔造立背景」『石造文化財』第3号 2011
「近世墓標銘中の月日記載と人の死季」『石造文化財』第5号 2012
「武蔵国分寺跡出土の「厩」墨書土器」『考古学の諸相 Ⅲ』坂詰秀一先生喜寿記念論文集 2013
「東山道武蔵路と武蔵国分寺」『考古学の諸相 Ⅳ』坂詰秀一先生傘寿記念論文集 2016

【編著者】 松原典明（まつばら のりあき）
1960年生まれ
立正大学大学院文学研究科（史学専攻）博士課程退学
石造文化財調査研究所　代表
近世宗教考古学、墓制史
単著　『近世宗教考古学の研究』（2009　雄山閣）
『近世大名葬制の考古学的研究』（2012　雄山閣）
共編著 『近世大名墓の世界』（2013　雄山閣）
論文　「近世武家社会における葬制について－藤堂高久の葬送と喪禮」
（『日本仏教綜合研究』10号 2011）
「近世大名家墓所からみたアイデンティティーの形成
－大江姓永井家墓所形成を例として 」（『日本考古学 』41　2016）
「近世大名墓から読み解く祖先祭祀」（『宗教と儀礼の東アジア：
交錯する儒教・仏教・道教』アジア遊学 (206) 2017）

公益財団法人 高梨学術奨励基金 特定研究助成成果報告書
Fundamental studies of early modern daimyo burial system

近《きん》世《せい》大《だい》名《みょう》葬《そう》制《せい》の基《き》礎《そ》的《てき》研究《けんきゅう》

平成30年2月26日印刷
平成30年3月10日発行
編　集　松原典明
発　行　**石造文化財調査研究所**
住　所　〒158-0093　東京都世田谷区上野毛1-38-24-503
電　話　090-8588-2629
Email　sekizoubunka@gmail.com

発売所　**株式会社　雄山閣**
住　所　〒102-0071　東京都千代田区富士見2-6-9
電　話　03-3262-3231（代表）
印　刷　光写真印刷株式会社

ISBN978-4-639-02565-8　C3021

付　録

近世大名家墓所地名表

松原　典明 編

凡例

1．初代とは、各藩の藩主となった家の初めの人物を意味している。●代は古代や中世などから続く歴代や藩全体の歴代藩主を意味しているわけではなく、先の初代から連続する歴代を意味している。例えば、ある藩では廃藩までに８人の藩主が代わり、それを３つの家（Ａ家が３人、続いてＢ家が４人、Ｃ家が１人）で構成されていた場合、Ａ家初～３代、Ｂ家初～４代、Ｃ家初代と表記する。
2．藩主姓が連続して表記するときは、同姓でも異なる系譜を辿る場合や城番制など系譜が連続しない場合である。
3．墓所が不明の場合は無記名とした。
4．文献の番号は次掲の「近世大名墓所主要文献目録」の番号と一致する。また藩主以外の関係者（室など）が調査対象の場合は（番号）で表記した。
5．本地名表は、白石祐司 2010「資料　近世大名家墓所地名表」（坂詰秀一編『考古調査ハンドブック４　近世大名墓所要覧』{ニューサイエンス社}）を改訂補足し、白石祐司・増井有真が成表した。

国名（県名）	藩	藩主姓	初代名	各家の初代藩主就任年月日	●代	文献
蝦夷国（北海道）	松前	松前	慶広	天正10（1541）年	初・2・4～9・11・12代	1
					3・10・13代	

国名（県名）	藩	藩主姓	初代名	各家の初代藩主就任年月日	●代	文献
陸奥国（青森）（秋田）（岩手）（宮城）（福島）	弘前	津軽	為信	永禄10（1567）年3月10日	初・7代	2・3
					2・3・5・6・8～11代	3・48
					4代	3
					12代	
	黒石	津軽	親足	文化6（1809）年4月5日	初～3代	
					4代	
	八戸	南部	直房	寛文4（1664）年	初・3・7代	4・47
					2・4～6代	47
	遠野	南部	直義	寛永4（1627）年3月	初～14代	5・31
	盛岡	南部	信直	天正10（1582）年1月	初・3～5・7～9・11・12・14代	6
					2・6・10・13・15代	
					16・17代	
	仙台	伊達	政宗	天正12（1584）年10月	初代	7
					2・3・9・11代	7
					4～8・10・12・14代	
					15代	
	一関	伊達	宗勝	万治3（1660）年8月25日	初代	
		田村	建顕	延宝9（1681）年3月16日	初・3～5・7・8代	
					2・6代	
					9代	
					10代	
	中村	相馬	義胤	天正6（1578）年1月	初～5・7・9～12代	
					6・8代	
					13・14代	
	三春	加藤	秋利	寛永4（1627）年2月10日	初代	
		松下	長綱	寛永5（1628）1月22日	初代	
		秋田	俊季	正保2（1645）年8月8日	初～7代・9～11代	8
					8代	8
	窪田	土方	雄重	元和8（1622）年	初～3代	
	守山	松平	頼貞	元禄13（1700）年9月25日	初～5・7代	
					6代	
	平	鳥居	忠政	慶長7（1602）年6月14日	初代	
		内藤	政長	元和8（1622）年9月28日	初・5代	
					2～4代	
		井上	正経	延享4（1747）年3月19日	初代	
		安藤	信成	宝暦6（1756）年5月21日	初代	
					2～6代	
					7代	
	湯長谷	内藤	政亮	寛文10（1670）年12月	初代	
		遠山	政徳	元禄7（1694）年1月	初代	
		内藤	政貞	元禄16（1703）年7月	初・11代	
					2～10代	
	泉	内藤	政晴	寛永11（1634）年10月28日	初～3代	
		板倉	重同	元禄15（1702）年7月4日	初・2代	
		本多	忠如	延享3（1746）年9月25日	初代	
					2～6代	
					7代	
	白河	丹羽	長重	寛永4（1627）年2月10日	初・2代	
		榊原（松平）	忠次	寛永14（1637）年7月4日	初代	
		本多	忠義	慶安2（1649）年6月9日	初・2代	
		松平（奥平）	忠弘	天和元（1681）年7月27日	初代	
		松平（結城）	直矩	元禄5（1692）年7月27日	初～3代	9・25
		松平（久松）	忠如	寛保元（1741）年11月1日	初～4代	
		阿部	正権	文政6（1823）年3月24日	初～8代	

墓所（住所）	宗派	備考
大洞山法憧寺（北海道松前町松城）	曹洞宗	10 代良広・13 代徳広は吉祥寺に改葬。
諏訪山吉祥寺（東京都文京区駒込）	曹洞宗	

墓所（住所）	宗派	備考
大平山長勝寺（青森県弘前市西茂森）	曹洞宗	2～6 代・8～12 代の墓所もある。7 代は一輪山報恩寺（青森県弘前市、天台宗）にも墓所。
東叡山津梁院（東京都台東区上野）	天台宗	東叡山寛永寺の塔頭。3・5・6 代・8～12 代は報恩寺にも墓所。
高照神社（青森県弘前市高岡）		報恩寺にも墓所。
谷中霊園（東京都台東区谷中）		
東叡山津梁院（東京都台東区上野）	天台宗	
谷中霊園（東京都台東区谷中）		
月渓山南宗寺（青森県八戸市長者）	臨済宗妙心寺派	
勝林山金地院（東京都港区芝公園）	臨済宗南禅寺派	
福聚山大慈寺（岩手県遠野市松崎町）	曹洞宗	遠野市大工町に移転。
大光山聖寿寺（岩手県盛岡市北山）	臨済宗妙心寺派	当初は青森県三戸郡三戸町に位置。
大寶山東禅寺（岩手県盛岡市北山）	臨済宗妙心寺派	
護国寺（東京都文京区大塚）	真言宗豊山派	
瑞鳳殿（宮城県仙台市青葉区霊屋下）		
正宗山瑞鳳寺（宮城県仙台市青葉区霊屋下）	臨済宗妙心寺派	
両足山大年寺（宮城県仙台市太白区茂ケ崎）	黄檗宗	13 代慶邦は明治 23 年に同寺に改葬。
護国寺（東京都文京区大塚）	真言宗豊山派	
五台山吸江寺（高知県高知市吸江）	臨済宗妙心寺派	
佛日山東禅寺（東京都港区高輪）	臨済宗妙心寺派	
大慈山祥雲寺（岩手県一関市台町）	臨済宗妙心寺派	
両足山大年寺（宮城県仙台市太白区茂ケ崎）	黄檗宗	
青山共同墓地（東京都港区青山）		
小高山同慶寺（福島県相馬市原町区上太田前田）	曹洞宗	
大聖寺（福島県双葉郡浪江町）	真言宗室生寺派	
正覚山宝泉寺（東京都中野区上高田）	曹洞宗	
顕法寺（福島県二本松市竹田）	浄土真宗本願寺派	
天翁山州伝寺（福島県田村郡三春町）	曹洞宗	
安日山高乾院（福島県田村郡三春町）	臨済宗	
秋田山龍穏院（福島県田村郡三春町）	曹洞宗	
青松寺（大阪府貝塚市森）		廃寺。
瑞竜山　水戸徳川家墓所（茨城県常陸太田市瑞竜町）		初代頼貞は、額田藩の２代。
遍照山法伝寺（東京都文京区小石川）	浄土宗	
長源寺（山形県山形市七日町）	曹洞宗	
善昌寺（福島県いわき市）		光明寺（神奈川県鎌倉市材木座）に改葬。
天照山光明寺（神奈川県鎌倉市材木座）	浄土宗	
湯嶋山浄心寺（東京都文京区向丘）	浄土宗	
定恵院（東京都品川区北品川）	臨済宗大徳寺派	万松山東海寺の塔頭。
村高山長福寺（東京都千代田区麹町）	浄土真宗	現在の寺号は栖岸院（浄土宗）。5 代信正は良善寺に改葬。
川嶋山良善寺（福島県いわき市平）	浄土宗	
天照山光明寺（神奈川県鎌倉市材木座）	浄土宗	内藤から遠山に改姓。
天照山光明寺（神奈川県鎌倉市材木座）	浄土宗	
白鳥山龍勝寺（福島県いわき市）	臨済宗妙心寺派	
天照山光明寺（神奈川県鎌倉市材木座）	浄土宗	
光台院（東京都港区高輪）	浄土宗	
延命山長圓寺（愛知県西尾市貝吹町入）	曹洞宗	
天沢山麟祥院（東京都文京区湯島）	臨済宗妙心寺派	
牛頭山弘福寺（東京都墨田区向島）	黄檗宗	
泉住院（福島県いわき市泉）		
光明寺（福島県白河市）		巨邦山大隣寺（福島県二本松市）にも墓所。
増位山随願寺（兵庫県姫路市白国）	天台宗	
海瀧山王龍寺（奈良県奈良市二名）	黄檗宗	
高野山中性院（兵庫県伊都郡高野町）	真言宗	高野山金剛峯寺の塔頭。
孝顕寺（福島県白河市本町北裏）	曹洞宗	円明寺（白河市）にも墓所。寺は兵庫県姫路市に移転。
道本山霊巌寺（東京都江東区白河）	浄土宗	
西福寺（東京都台東区蔵前）	浄土宗	昭和２年（1927）、多摩霊園に改葬。

国名（県名）	藩	藩主姓	初代名	各家の初代藩主就任年月日	●代	文献
陸奥国（青森）（秋田）（岩手）（宮城）（福島）	棚倉	立花	宗茂	慶長8（1603）年10月25日	初代	
		丹羽	長重	元和8（1622）年1月11日	初代	
		内藤	信照	寛永4（1627）年	初・2代	
					3代	
		太田	資晴	宝永2（1705）年4月22日	初代	
		松平（越智）	武元	享保13（1728）年9月22日	初代	
		小笠原	長恭	延享3（1746）年9月25日	初～4代	
		井上	正甫	文化14（1817）年9月14日	初代・2代	
		松平（松井）	康爵	天保7（1836）年3月12日	初～3代	
		阿部	正静	慶応2（1866）年6月25日	初・2代	
	下村	田沼	意明	天明7（1787）年10月	初・5代	
					2～4代	
	桑折	松平（奥平）	忠尚	元禄13（1700）年1月11日	初～3代	
	下手渡	立花	種善	文化3（1806）年6月5日	初・2代	
	福島	本多	忠国	延宝7（1679）年6月26日	初代	
		堀田	正仲	貞享3（1686）年月7月13日	初代	
					2代	
		板倉	重寛	元禄15（1702）年12月21日	初～12代	
	二本松	丹羽	光重	寛永20（1643）年8月2日	初・3～9代	
					2代	
					10・11代	
	会津	上杉	景勝	慶長3（1598）年1月10日	初代	
		蒲生	秀行	慶長6（1601）年8月	初代	
					2代	
		加藤	嘉明	寛永4（1627）年	初代	
		保科	正之	寛永20（1643）年7月4日	初代	10
					2代	10
		松平（保科）	正容	天和元（1681）年2月19日	初代	10
		松平	容貞	享保16（1731）年10月23日	初～6代	10

国名（県名）	藩	藩主姓	初代名	各家の初代藩主就任年月日	●代	文献
出羽国（秋田）（山形）	秋田	佐竹	義宣	慶長7（1602）年7月27日	初～11代	
					12代	
	秋田新田	佐竹	義長	元禄14（1701）年2月11日	初～9代	
	亀田	岩城	吉隆	元禄6（1693）年	初代	
					2・5・6・8・9代	
					3・4・7・10・11代	
	本荘	六郷	政乗	元和9（1623）年10月	初・9・11代	
					2～8・10代	
	新庄	戸沢	政盛	元和8（1622）年10月19日	初・4・5・10代	20
					2代	
					3・6～9・11代	11
	庄内	酒井	忠勝	元和8（1622）年9月25日	初～5・7～12代	
					6代	
	松山	酒井	忠恒	正保4（1647）年12月11日	初・3～7代	27
					2代	
					8代	
	天童	織田	信美	天保元（1830）年	初～4代	
	山形	最上	義光	天正3（1575）年	初・2代	
					3代	
		鳥居	忠政	元和8（1622）年9月	初代	
					2代	
		保科	正之	寛永13（1636）年7月21日	初代	
		松平（結城）	直基	正保元（1644）年3月8日	初代	
		松平（奥平）	忠弘	慶安元（1648）年6月14日	初代	
		奥平	昌能	寛文8（1668）年8月3日	初・2代	
		堀田	正仲	貞享2（1685）年6月22日	初代	
		松平（結城）	直矩	貞享3（1686）年7月13日	初代	
		松平（奥平）	忠弘	元禄5（1692）年8月16日	2代	
		堀田	正虎	元禄13（1700）年1月11日	初～3代	

墓所（住所）	宗派	備考
円満山広徳寺（東京都練馬区桜台）	臨済宗大徳寺派	
光明寺（福島県白河市）	曹洞宗	巨邦山大隣寺（福島県二本松市）にも墓所。
常照山光徳寺（新潟県村上市羽黒口）	浄土宗	初代信照・2代信良は無量院（廃寺）に改葬。当初は、福島県東白川郡棚倉町に位置。
薬王山無量院（東京都文京区小石川）	浄土宗	廃寺。
経王山妙法華寺（静岡県三島市玉沢）	日蓮宗	
関妙山善性寺（東京都荒川区東日暮里）	日蓮宗	
天澤山龍光寺（東京都文京区本駒込）	臨済宗東福寺派	
湯嶋山浄心寺（東京都文京区向丘）	浄土宗	
光明山天徳寺（東京都港区虎ノ門）	浄土宗	
西福寺（東京都台東区蔵前）	浄土宗	
萬年山勝林寺（東京都文京区駒込）	臨済宗妙心寺派	
西大寺（静岡県牧之原市）	真言宗	
牛頭山弘福寺（東京都墨田区向島）	黄檗宗	
円満山広徳寺（東京都練馬区桜台）	臨済宗大徳寺派	
書写山圓教寺（兵庫県姫路市書写）	天台宗	
藤沢山清浄光寺（神奈川県藤沢市西冨）	時宗	光明寺（鎌倉市）に改葬。
神田山日輪寺（東京都台東区浅草）	時宗	
延命山長圓寺（愛知県西尾市貝吹町入）	曹洞宗	
巨峰山大鄰寺（福島県二本松市成田町）	曹洞宗	
万松山泉岳寺（東京都港区高輪）	曹洞宗	
東京都青山墓地		
八海山法音寺（山形県米沢市御廟）	真言宗豊山派	
弘真院（福島県会津若松市門田町）	真言宗豊山派	光明寺（鎌倉市）に改葬。
盛道山高巌寺（福島県会津若松市中央）	浄土宗	
大谷祖廟（京都府京都市東山区大谷）	浄土真宗	
土津神社（福島県耶麻郡猪苗代町見祢山）		
院内廟所（福島県会津若松市東山町）		
院内廟所（福島県会津若松市東山町）		松平正容は保科正之の6男。
院内廟所（福島県会津若松市東山町）		初代容貞は松平（保科）正容の8男。
墓所（住所）	宗派	備考
万国山天徳寺（秋田県秋田市泉）	曹洞宗	
妙亀山総泉寺（東京都板橋区小豆沢）	曹洞宗	当初、浅草橋場に位置。
妙亀山総泉寺（東京都板橋区小豆沢）	曹洞宗	当初、浅草橋場に位置。
万国山天徳寺（秋田県秋田市泉）	曹洞宗	
妙亀山総泉寺（東京都板橋区小豆沢）	曹洞宗	
禅勝山龍門寺（秋田県由利本荘市岩城町）	曹洞宗	
龍洞山永泉寺（秋田県由利本荘市給人町）	曹洞宗	
泰平山満隆寺（東京都台東区西浅草）	曹洞宗	
医王山常林寺（東京都港区三田）	真言宗	初代政盛・4代正勝・5代正諶・10代正令は瑞雲院にも墓所。
香雲山桂獄寺（山形県新庄市十日町）	臨済宗妙心寺派	
瑞雲院（山形県新庄市十日町）	曹洞宗	
青龍山大督寺（山形県鶴岡市家中新町）	浄土宗	
清光寺（東京都港区芝公園）	浄土宗	
樹王山光照寺（東京都新宿区袋町）	浄土宗	
心光寺（山形県酒田市北町）	浄土宗	初・3代の廟所も位置。
護国山天王寺（東京都台東区谷中）	天台宗	東叡山寛永寺の塔頭。
金峰山高林寺（東京都文京区向丘）	曹洞宗	
天瀧山光禅寺（山形県山形市鉄砲町）	曹洞宗	
泰平山萬隆寺（東京都台東区西浅草）	曹洞宗	初・3代の廟所も位置。
長源寺（山形県山形市七日町）	曹洞宗	
諏訪山吉祥寺（東京都文京区駒込）	曹洞宗	
土津神社（福島県耶麻郡猪苗代町見祢山）		
書写山圓教寺（兵庫県姫路市書写）	天台宗	大竜山最乗寺（神奈川県南足柄市大雄町）にも墓所。
高野山中性院（兵庫県伊都郡高野町）	真言宗	高野山金剛峯寺の塔頭。
清光院（東京都品川区南品川）	臨済宗大徳寺派	万松山東海寺の塔頭。
藤沢山清浄光寺（神奈川県藤沢市西冨）	時宗	
孝顕寺（福島県白河市本町北裏）	曹洞宗	円明寺（白河市）にも墓所。寺は兵庫県姫路市に移転。
楞伽山天眼寺（東京都台東区谷中）	臨済宗妙心寺派	2代忠雅前に松平（奥平）忠弘が再任。
神田山日輪寺（東京都台東区西浅草）	時宗	

国名（県名）	藩	藩主姓	初代名	各家の初代藩主就任年月日	●代	文献
出羽国（秋田）（山形）	山形	松平（大給）	乗佑	延享 3（1746）年 1 月 23 日	初代	
		秋元	凉朝	明和 4（1767）年閏 9 月 15 日	初～ 3 代	
					4 代	
		水野	忠精	弘化 2（1845）年 11 月 30 日	初～ 3 代	
	上山	松平（能見）	重忠	元和 8（1622）年 10 月 19 日	初代	
					2 代	
		蒲生	忠知	寛永 3（1626）年 11 月	初代	
		土岐	頼行	寛永 5（1628）年 3 月 28 日	初・2 代	
		金森	頼時	元禄 5（1692）年 7 月 28 日	初代	
		松平（藤井）	信通	元禄 10（1697）年 9 月 15 日	初～ 7 代	
					8 ～ 10 代	
	高畠	織田	信浮	明和 4（1767）年 8 月 21 日	初・2 代	
	米沢	上杉	景勝	慶長 6（1601）年 8 月 16 日	初～ 11 代	12・(29)
					12・13 代	
	米沢新田	上杉	勝周	享保 4（1719）年 2 月 25 日	初代	
					2 ～ 5 代	

国名（県名）	藩	藩主姓	初代名	各家の初代藩主就任年月日	●代	文献
常陸国（茨城）	松岡	戸沢	政盛	慶長 7（1602）年 9 月 30 日	初代	
		中山	信政	正保 3（1646）年	初・3 代	
					2・4 ～ 9 代	
	水戸	徳川	頼房	慶長 14（1609）年 12 月 22 日	初～ 11 代	13
	額田	松平	頼元	寛文元（1661）年 9 月 26 日	初～ 2 代	
	宍戸	秋田	実季	慶長 7（1602）年	初代	
					2 代	
		松平	頼雄	天和 2（1682）年 2 月 10 日	初～ 9 代	
	府中	皆川	広照	元和 9（1623）年	初代～ 3 代	
		松平	頼隆	元禄 13（1700）年 9 月 25 日	初～ 10 代	
	笠間	松平（松井）	康重	慶長 6（1601）年 2 月 1 日	初代	
		小笠原	吉次	慶長 13（1608）年 9 月	初代	
		松平（戸田）	康長	慶長 17（1612）年 7 月	初代	
		永井	直勝	元和 3（1617）年 10 月 13 日	初代	
		浅野	長重	元和 8（1622）年	初代	
					2 代	
		井上	正利	正保 2（1645）年 6 月 27 日	初・2 代	
		松平（本庄）	宗資	元禄 5（1692）年 11 月 13 日	初代	
					2 代	
		井上	正岑	元禄 15（1702）年 9 月 28 日	初～ 3 代	
					2 代	
		牧野	貞通	延享 4（1747）年 3 月 19	初～ 9 代	
	下館	水谷	勝俊	慶長 3（1598）年 6 月 20 日	初代	
					2 代	
		松平	頼重	寛永 16（1639）年 7 月 13 日	初代	
		増山	正弥	寛文 3（1663）年 7 月 11 日	初代	
		井上	正岑	元禄 15（1702）年 9 月 1 日	初代	
		黒田	直邦	元禄 16（1703）年 1 月 9 日	初代	
		石川	総茂	享保 17（1732）年 3 月 1 日	初代～ 8 代	
					9 代	
	下妻	徳川	頼房	慶長 11（1606）年	初代	
		松平（結城）	忠昌	元和元（1615）年	初代	
		松平（久松）	定綱	元和 2（1616）年	初代	
		井上	正長	正徳 2（1712）年 12 月 25 日	初～ 14 代	
	土浦	松平（藤井）	信一	慶長 6（1601）年	初・2 代	
		西尾	忠永	元和 4（1618）年 8 月	初代	
					2 代	

墓所（住所）	宗派	備考
光明山天徳寺（東京都港区虎ノ門）	浄土宗	
東叡山護国院（東京都台東区上野）	天台宗	東叡山寛永寺の塔頭。
秋元山光厳寺（群馬県前橋市総社町）	天台宗	
玄立山妙高寺（東京都世田谷区北烏山）	日蓮宗	
無量山傳通院寿経寺（東京都文京区小石川）	浄土宗	
月照山大林寺（鳥取県松山市味酒町）	浄土宗	興聖寺（高知県松山市末広町）に改葬。
春雨庵（東京都品川区北品川）	臨済宗大徳寺派	万松山東海寺の塔頭。
金龍院（京都府京都市北区紫野大徳寺町）	臨済宗大徳寺派	龍寶山大徳寺の塔頭。現在の龍源院。
清凉山松光寺（東京都港区高輪）	浄土宗	
湯出山浄光寺（山形県上山市）	浄土宗	
金峰山高林寺（東京都文京区向丘）	曹洞宗	
上杉家廟所（山形県米沢市御廟）	真言宗豊山派	八海山法音寺（菩提寺）。
大雄山興禅寺（東京都港区白金）	臨済宗妙心寺派	
春日山林泉寺（山形県米沢市林泉寺町）	曹洞宗	
大雄山興禅寺（東京都港区白金）	臨済宗妙心寺派	
墓所（住所）	宗派	備考
瑞雲院（山形県新庄市十日町太田）	曹洞宗	虎嶽山常林寺（東京都港区三田）にも墓所。
大悲山桂岸寺（茨城県水戸市松本町）	真言宗豊山派	旧寺院名は香華院、保和院。
常寂山智観寺（埼玉県飯能市中山）	真言宗豊山派	
瑞竜山　水戸徳川家墓所（茨城県常陸太田市瑞竜町）		
瑞竜山　水戸徳川家墓所（茨城県常陸太田市瑞竜町）		２代頼貞は、陸奥国守山藩初代藩主。
永松寺（三重県伊勢市朝熊町）	臨済宗南禅寺派	
高乾院（福島県田村郡三春町）	臨済宗	
瑞竜山　水戸徳川家墓所（茨城県常陸太田市瑞竜町）		
慈眼山金剛寺（栃木県栃木県皆川城内町）	曹洞宗	
瑞竜山　水戸徳川家墓所（茨城県常陸太田市瑞竜町）		
紫雲山金戒光明寺（京都府京都市左京区黒谷町）	浄土宗	心蓮寺跡（大阪府岸和田市南町）にも墓所。
光照山宗忠寺（神奈川県横浜市都筑区池辺町）	浄土宗	
戸田家廟園（長野県松本市県）		前山寺（曹洞宗）が管理。明治３年廃寺。
龍溪山永井寺（茨城県古河市西町）	曹洞宗	
天目山伝正寺（茨城県桜川市真壁町）	曹洞宗	台雲山花岳寺（兵庫県赤穂市加里屋）にも墓所。
台雲山花岳寺（兵庫県赤穂市加里屋）	曹洞宗	
湯嶹山浄心寺（東京都文京区向丘）	浄土宗	
照光山安養寺（東京都台東区浅草）	浄土宗	
普賢山法受寺（東京都足立区東伊興）	浄土宗	
湯嶹山浄心寺（東京都文京区向丘）	浄土宗	
雑司ヶ谷墓地（東京都豊島区南池袋）	日蓮宗	
東光山要津寺（東京都墨田区千歳）	臨済宗妙心寺派	
般若山定林寺（茨城県筑西市岡芹）	真言宗	
玉叟山定林寺（岡山県高梁市和田町）	曹洞宗	
仏生山法然寺（香川県高松市仏生山町）	浄土宗	
東叡山勧善院（東京都台東区上野）	天台宗	東叡山寛永寺の塔頭。
湯嶹山浄心寺（東京都文京区向丘）	浄土宗	
武陽山能仁寺（埼玉県飯能市飯能）	曹洞宗	多峰主山（埼玉県飯能市）にも墓所。
教風山大久寺（東京都北区田端）	法華宗陣門流	
施無畏山観音寺（茨城県下館市中館）	天台宗	
瑞竜山　水戸徳川家墓所（茨城県常陸太田市瑞竜町）		
吉祥山永平寺（福井県吉田郡永平寺町）	曹洞宗	
東海山照源寺（三重県桑名市東方）	浄土宗	旧寺名は崇源寺。
湯嶹山浄心寺（東京都文京区向丘）	浄土宗	
高野山浄真院（和歌山県伊都郡高野町）	真言宗	高野山金剛峯寺の塔頭。
神龍寺（茨城県土浦市）	曹洞宗	遍光寺（神奈川県横須賀市）に改葬し、龍眠寺（静岡県掛川市西大淵）に移る。龍眠寺は当時横須賀。
龍渕山妙厳寺（埼玉県上尾市原市）	曹洞宗	家譜では、遍光寺（神奈川県横須賀市）に埋葬し、龍眠寺（静岡県掛川市西大淵）に改葬する。龍眠寺は当時横須賀。

国名（県名）	藩	藩主姓	初代名	各家の初代藩主就任年月日	●代	文献
常陸国（茨城）	土浦	朽木	稙綱	慶安2（1649）年2月19日	初・2代	
		土屋	数直	寛文9（1669）年6月25日	初・代代	
		松平（大河内）	長重	天和2（1682）年2月19日	初代	
		土屋	政直	貞享4（1687）年10月21日	初～10代	
	谷田部	細川	興元	慶長15（1610）年	初～8代	
					9代	
	麻生	新庄	直頼	慶長9（1604）年	初～3・5・7～15代	
					4・6代	
	牛久	山口	重政	慶長6（1601）年6月18日	初～12代	

国名（県名）	藩	藩主姓	初代名	各家の初代藩主就任年月日	●代	文献
下野国（栃木）（群馬）	黒羽	大関	資増	慶長5年（1600）年5月	初～16代	
	大田原	大田原	晴清	慶長7年（1602）年12月25日	初～3・7・13・１4代	
					4～6・8～12代	
	喜連川	喜連川	頼氏	慶長7年（1602）年	初代～10代	
		喜連川（足利）	縄氏	文久2（1862）年6月28日	初代	
		足利	聡氏	明治2（1869）年5月5日	初代	
	烏山	成田	氏長	天正18（1591）年	初代	
					2・3代	
		松下	重綱	元和9（1623）年3月15日	初代	
		堀	親良	寛永4（1627）年3月16日	初・2代	
		板倉	重矩	寛文12（1672）年閏6月3日	初・2代	
		那須	資弥	延宝9（1681）年2月25日	初・2代	
		永井	直敬	貞享4（1687）年10月21日	初代	
		稲垣	重富	元禄15（1702）年9月28日	初・2代	
		大久保	常春	享保10（1725）年10月18日	初～8代	
	宇都宮	奥平	家昌	慶長6年（1601）年12月28日	初・2代	
		本多	正純	元和5（1619）年10月	初代	
		奥平	忠昌	元和8（1622）年8月1日	初代	
					2代	
		松平（奥平）	忠弘	寛文8（1668）年8月3日	初代	
		本多	忠平	天和元（1681）年7月27日	初代	
		奥平	昌章	貞享2（1685）年6月22日	初・2代	
		阿部	正邦	元禄10（1697）年2月11日	初代	
		戸田	忠真	宝永7（1710）年閏8月15日	初～3代	
		松平（深溝）	忠祇	寛延2（1749）年7月23日	初・2代	
		戸田	忠寛	安永3（1774）年6月8日	初～7代	
	鹿沼	朽木	稙綱	正保4（1647）年12月14日	初代	
		内田	正信	慶安2（1649）年	初代	14
					2～4代	
	茂木	細川	興元	慶長15（1610）年7月27日	初代	
					2代	
	上田	西郷	寿員	元禄5（1692）年2月7日	初代	
	壬生	日根野	吉明	慶長7年（1602）年	初代	
		阿部	忠秋	寛永12（1635）年6月20日	初代	
		三浦	正次	寛永16（1639）年1月14日	初～3代	
		松平	輝貞	元禄5（1692）年2月23日	初代	
		加藤	明英	元禄8（1695）年5月15日	初・2代	
		鳥居	忠英	正徳2（1712）年2月26日	初代	
					2・3・6代	
					4代	
					5代	
	吹上	有馬	氏郁	天保13（1842）年4月17日	初代	
	皆川	皆川	広照	天正18（1590）年	初代	
		松平（能見）	重則	寛永17（1640）年	初～3代	
		米倉	昌尹	元禄12（1699）年1月11日	初代	
					2・4代	
					3代	

墓所（住所）	宗派	備考
万松山泉岳寺（東京都港区高輪）	曹洞宗	
大雄山海禅寺（東京都台東区松が谷）	臨済宗妙心寺派	法泉寺（茨城県土浦市）に改葬。
金鳳山平林寺（埼玉県新座市野火止）	臨済宗妙心寺派	
大雄山海禅寺（東京都台東区松が谷）	臨済宗妙心寺派	政直は土屋数直の長男。法泉寺（茨城県土浦市）に改葬。
塩田山能持院（栃木県芳賀郡茂木町塩田）	曹洞宗	
円満山広徳寺（東京都練馬区桜台）	臨済宗大徳寺派	
諏訪山吉祥寺（東京都文京区本駒込）	曹洞宗	当時、寺は神田に位置。
大意山海了寺（茨城県行方市麻生町）	曹洞宗	
日東山曹渓寺（東京都港区南麻布）	臨済宗妙心寺派	

墓所（住所）	宗派	備考
黒羽山大雄寺（栃木県大田原市黒羽田町）	曹洞宗	
大田山光真寺（栃木県小田原市）	曹洞宗	
万松山泉岳寺（東京都港区高輪）	曹洞宗	
龍光院（栃木県さくら市喜連川）	臨済宗円覚寺派	現在の寺院名は慈雲山龍光寺。
龍光院（栃木県さくら市喜連川）	臨済宗円覚寺派	現在の寺院名は慈雲山龍光寺。
台徳山正覚寺（東京都台東区入谷）	曹洞宗	
太平山龍淵寺（埼玉県熊谷市）	曹洞宗	
天翁山州伝寺（福島県田村郡三春町	曹洞宗	
妙高山東江寺（東京都渋谷区広尾）	臨済宗大徳寺派	
延命山長圓寺（愛知県西尾市貝吹町）	曹洞宗	
養寿院（東京都台東区上野桜木）	天台宗	東叡山寛永寺の塔頭。
龍寶山功運寺（東京都中野区上高田）	曹洞宗	
大陽山天増寺（群馬県伊勢崎市昭和）	曹洞宗	
竹園山最勝寺（東京都世田谷区太子堂）	天台宗	寺院名は最勝寺。
神護山興禅寺（栃木県宇都宮市今泉）	臨済宗妙心寺派	
大儀山正平寺（秋田県横手市田中町）	曹洞宗	
神護山興禅寺（栃木県宇都宮市今泉）	臨済宗妙心寺派	忠昌は家昌の長男で、先の２代と同じ。
万松山東海寺（東京都品川区北品川）	臨済宗大徳寺派	
高野山中性院（和歌山県伊都郡高野町）	真言宗	高野山金剛峯寺の塔頭。
海瀧山王龍寺（奈良県奈良市二名町）	黄檗宗	
清光院（東京都品川区北品川）	臨済宗大徳寺派	万松山東海寺の塔頭。
西福寺（東京都台東区蔵前）	浄土宗	谷中霊園に改葬。
松源寺（東京都新宿区神楽坂）	臨済宗妙心寺派	英巌寺（栃木県宇都宮市）へ改葬、現在廃寺、史跡公園となる。
瑞雲山本光寺（愛知県額田郡幸田町）	曹洞宗	
英巌寺（栃木県宇都宮市）		
万松山泉岳寺（東京都港区高輪）	曹洞宗	
東叡山現龍院（東京都台東区上野）	天台宗	東叡山寛永寺の塔頭。日光山輪王寺釋迦堂に分骨塔。
珠島山龍宝寺（東京都台東区蔵前）	浄土宗	
塩田山能持院（栃木県芳賀郡茂木町塩田）	曹洞宗	
円満山広徳寺（東京都練馬区桜台）	臨済宗大徳寺派	常陸谷田部藩の細川家第９代藩主。
長栄山本門寺（東京都大田区池上）	日蓮宗	上田寺（栃木県下都賀郡壬生町上田）にも墓所。
同慈寺（大分県大分市荷揚町）	浄土宗	現、浄安寺。
西福寺（東京都台東区蔵前）	浄土宗	
田島山誓願寺（東京都府中市紅葉丘）	浄土宗系単立	文禄元年（1592）に神田白銀町に創建、神田須田町への移転（慶長元年）、明暦の大火により浅草へ移転。関東大震災以後、現在地。
明王院（東京都台東区谷中）	天台宗	東叡山寛永寺の塔頭。平林寺（埼玉県新座市）に改葬。
大谷墓地（京都府京都市東山区大谷）	浄土真宗	
長源寺（山形県山形市七日町）	曹洞宗	
見海山江岸寺（東京都文京区本駒込）	曹洞宗	
諏訪山吉祥寺（東京都文京区本駒込）	曹洞宗	
寶樹山栗東寺（大阪府大阪市北区与力町）	曹洞宗	
瑞泉山祥雲寺（東京都渋谷区広尾）	臨済宗大徳寺派	当初の寺院名は興雲寺、赤坂溜池や麻布三河台を経て現位置に。
慈眼山金剛寺（栃木県栃木市皆川城内町）	曹洞宗	後、廃藩。
常栄山心法寺（東京都千代田区麹町）	浄土宗	後、廃藩。
大育山蔵林寺（神奈川県秦野市堀山下）	曹洞宗	
長谷寺（東京都渋谷区）		
鳳林寺（大阪府大阪市天王寺区六万体町）	曹洞宗	

国名（県名）	藩	藩主姓	初代名	各家の初代藩主就任年月日	●代	文献
下野国（栃木）（群馬）	佐野	佐野	信吉	永禄9（1566）年	初代	
		堀田	正高	貞享元（1684）年10月10日	初代	
		堀田	正敦	文政9（1826）年10月10日	初代	
					2・3代	
	足利	戸田	忠利	宝永2（1705）年1月7日	初～6代	
					7・8代	
	沼田	真田	信之	天正18（1590）年8月25日	長野　→初代か？	
					2代	
					3代	
					4代	
					5代	
		本多	正永	元禄16（1703）年1月11日	初代	
					2代	
					3代	
		黒田	直邦	享保17（1732）年3月1日	初・2代	
		土岐	頼稔	寛保2（1742）年8月28日	初～12代	
	前橋	酒井	重忠	慶長6（1601）年3月3日	初～8代	
		松平（越前）	朝矩	寛延2（1749）年1月15日	初代	
		松平（越前）	直克	文久3（1863）年12月6日	初・2代	

国名（県名）	藩	藩主姓	初代名	各家の初代藩主就任年月日	●代	文献
上野国（群馬）	館林	榊原	康政	慶長5（1600）年	初・2代	15
		榊原（松平）	忠次	元和元（1615）年12月	初代	
		松平（大給）	乗寿	正保元（1644）年2月28日	初代	
					2代	
		徳川	綱吉	寛文元（1661）年閏8月9日	初代	
					2代	
		松平（越智）	清武	宝永4（1707）年1月11日	初・2代	
		太田	資晴	享保13（1728）年9月22日	初・2代	
		松平（越智）	武元	延享3（1746）年9月25日	初～3代	
		井上	正春	天保7（1836）年3月12日	初代	
		秋元	志朝	弘化2（1845）年11月30日	初・2代	
	伊勢崎	稲垣	長茂	慶長6（1601）年	初・2代	
		酒井	忠世		初代	
		酒井	忠能	寛永14（1637）年1月4日	初代	
		酒井	忠寛		初・6代	
					2～・5・7・8代	
	高崎	井伊	直政	慶長3（1598）年8月15日	初代	46
		酒井	家次	慶長9（1604）年12月	初代	
		戸田	康長	元和2（1616）年12月	初代	
		松平（藤井）	信吉	元和3（1617）年7月20日	初・2代	
		安藤	重信	元和5（1619）年10月	初・2代	
					3代	
		松平（大河内）	輝貞	元禄8（1695）年8月12日	初代	
		間部	詮房	宝永7（1710）年5月23日	初代	
		松平（大河内）	輝貞	享保2（1717）年2月11日	初代	
					2～10代	
	安中	井伊	直勝	元和元（1615）年2月	初・2代	
		水野	元綱	正保2（1645）年6月28日	初～2代	
		堀田	正俊	寛文7（1667）年6月8日	初代	
		板倉	重形	天和元（1681）年5月21日	初・2代	
		内藤	政森	元禄15（1702）年7月4日	初～3代	
		板倉	勝清	寛延2（1749）年2月6日	初～6代	
	吉井	菅沼	定利	天正18（1590）年8月15日	初代	
		菅沼（松平）	忠政	慶長7（1602）年	初代	
		堀田	正休	元和2（1616）年3月29日	初代	
		松平（鷹司）	信清	宝永6（1709）年4月6日	初～8代	
					9代	
		吉井	信謹	慶応元（1865）年3月26日	初代	
	七日市	前田	利孝	元和2（1616）年12月26日	初・4・6～9・11・12代	
					2・3・5・10代	

墓所（住所）	宗派	備考
妙亀山総泉寺（東京都板橋区小豆沢）	曹洞宗	後、廃藩。
瑞泉山香林院（東京都渋谷区広尾）	臨済宗大徳寺派	後、廃藩。瑞泉山祥雲寺（東京都渋谷区広尾）の塔頭。
瑞泉山香林院（東京都渋谷区広尾）	臨済宗大徳寺派	
松源寺（東京都新宿区神楽坂）	臨済宗妙心寺派	
大鋒寺（長野県長野市松代町柴）	曹洞宗	真田山長国寺（長野県長野市松代田町）に霊屋。
天桂寺（群馬県沼田市材木町）	曹洞宗	
諏訪山吉祥寺（東京都文京区本駒込）	曹洞宗	
真田山長国寺（長野県長野市松代田町）	曹洞宗	
晩鐘寺（栃木県宇都宮市）		迦葉山弥勒寺（群馬県沼田市）にも墓所（伝）。
廟所（東京都新宿区市ヶ谷）		
熊谷山蓮生寺（静岡県藤枝市本町）	浄土真宗大谷派	
武陽山能仁寺（埼玉県飯能市飯能）	曹洞宗	
春雨寺（東京都品川区北品川）	臨済宗大徳寺派	当時は春雨庵。松山東海寺の塔頭。
龍海院（群馬県前橋市紅雲町）	曹洞宗	
喜多院（埼玉県川越市小仙波町）	天台宗	以後、川越藩へ。
護国山天王寺（東京都台東区谷中）	天台宗	東叡山寛永寺の塔頭。

墓所（住所）	宗派	備考
終南山善導寺（群馬県館林市楠町）	浄土宗	
増位山随願寺（兵庫県姫路市白国町）	天台宗	
終南山善導寺（群馬県館林市楠町）	浄土宗	
光明山天徳寺（東京都港区虎ノ門）	浄土宗	
東叡山寛永寺（東京都台東区上野桜木）	天台宗	初代綱吉は 5 代将軍徳川綱吉。
三縁山増上寺（東京都港区芝公園）	浄土宗	
関妙山善性寺（東京都荒川区東日暮里）	日蓮宗	
経王山妙法華寺（静岡県三島市玉沢）	日蓮宗	
関妙山善性寺（東京都荒川区東日暮里）	日蓮宗	
湯嶹浄心寺（東京都文京区向丘）	浄土宗	
秋元山光巌寺（群馬県前橋市総社町総社）	天台宗	両者とも神葬。
大陽山天増寺（群馬県伊勢崎市昭和町）	曹洞宗	
龍海院（群馬県前橋市紅雲町）	曹洞宗	
崇福寺（東京都葛飾区高砂）	曹洞宗	
龍海院（群馬県前橋市紅雲町）	曹洞宗	
崇福寺（東京都葛飾区高砂）	曹洞宗	
祥寿山清凉寺（滋賀県彦根市古沢町）	曹洞宗	
青龍山大督寺（山形県鶴岡市家中新町）	浄土宗	当時、高田に位置。
丹波塚（長野県松本市埋橋）		前山寺（曹洞宗）が管理。明治 3 年廃寺。
高野山浄心院（和歌山県伊都郡高野町）	真言宗	高野山金剛峯寺の塔頭。
村高山長福寺（東京都千代田区麹町）	浄土真宗	現在の寺号は栖岸院（浄土宗）。
定恵院（東京都品川区北品川）	臨済宗大徳寺派	万松山東海寺の塔頭。
明王院（東京都台東区上野）	真言宗	金鳳山平林寺（埼玉県新座市野火止、臨済宗妙心寺派）に改葬。
快楽山浄念寺（新潟県村上市寺町）	浄土宗	
明王院（東京都台東区上野）		上記の輝貞と同一。
金鳳山平林寺（埼玉県新座市野火止）	臨済宗妙心寺派	
可睡斎（静岡県袋井市久能）	曹洞宗	
護本山天龍寺（東京都新宿区新宿）	曹洞宗	
圓覚院（東京都台東区上野桜木）	天台宗	法江山金蔵寺（東京都台東区寿、天台宗）、安城山甚大寺（千葉県佐倉市新町、天台宗）に改葬。
萬燈山長円寺（愛知県西尾市貝吹町）	曹洞宗	
光台院（東京都港区高輪）	真言宗	
萬燈山長円寺（愛知県西尾市貝吹町）	天台宗	
玄太寺（群馬県多野郡吉井町）	曹洞宗	
光国寺（岐阜県岐阜市加納西広江町）	臨済宗妙心寺派	
法江山金蔵寺（東京都台東区寿）	天台宗	
自証院（東京都新宿区市ヶ谷）	天台宗	当初は日蓮宗。
円融寺（東京都新宿区市ヶ谷）	天台宗	
諏訪山吉祥寺（東京都文京区本駒込）	曹洞宗	当初は神田に位置。
祝融山長学寺（群馬県富岡市高尾）	曹洞宗	

国名（県名）	藩	藩主姓	初代名	各家の初代藩主就任年月日	●代	文献
上野国（群馬）	小幡	奥平	信昌	慶長 6（1601）年 3 月	初代	
		水野	忠清	慶長 7（1602）年	初代	
		永井	直勝	元和 2（1616）年	初代	
		織田	信良	元和 3（1617）年	初代～ 11 代	
		松平（奥平）	忠恒	明和 4（1767）年閏 9 月 28 日	初～ 4 代	
国名（県名）	藩	藩主姓	初代名	各家の初代藩主就任年月日	●代	文献
下総国（茨城）（千葉）（埼玉）（東京）	結城	結城（松平）	秀康	天正 18（1590）年	初代	
		水野	勝長	元禄 13（1700）年 10 月 27 日	初～ 9 代・11 代	16
					10 代	
	古河	小笠原	秀政	天正 18（1590）年 9 月 10 日	初代	
		松平（戸田）	康長	慶長 7（1602）年	初代	
		小笠原	信之	慶長 17（1612）年 6 月	初代	
					2 代	
		奥平	忠昌	元和 5（1619）年 10 月 20 日	初代	
		永井	重信	元和 8（1622）年 12 月 7 日	初代	
					2 代	
		土井	利勝	寛永 10（1633）年 4 月 7 日	初代	
					2・3・5 代	
					4 代	
		堀田	正俊	天和元（1681）年 2 月 25 日	初代	
					2 代	
		松平（藤井）	信之	貞享 2（1685）年 6 月 22 日	初代	
					2 代	
		松平（大河内）	信輝	元禄 7（1694）年 1 月 7 日	初・2 代	
		本多	忠良	正徳 2（1712）年 7 月 12 日	初代	
					2 代	
		松平（松井）	康福	宝暦 9（1759）年 1 月 15 日	初代	
		土井	利里	宝暦 12（1762）年 9 月三十日	初～ 7 代	
	関宿	松平（久松）	康元	天正 18（1590）年	初代	
					2 代	
		松平（能見）	重勝	元和 3（1617）年 12 月	初代	
		小笠原	政信	元和 5（1619）年 10 月 20 日	初代	
					2 代	
		北条	氏重	寛永 17（1640）年 9 月 28 日	初代	
		牧野	信成	正保元（1644）年 3 月 18 日	初代	
		板倉	重宗	明暦 2（1656）年 8 月 15 日	初～ 3 代	
		久世	広之	寛文 9（1669）年 6 月 25 日	初・2 代	
		牧野	成貞	天和 3（1683）年 9 月 2 日	初・2 代	
		久世	重之	宝永 2（1705）年 10 月 31 日	初～ 6 代	
					7・8 代	
	小見川	松平（深溝）	家忠	文禄 3（1594）年	初・2 代	
		土井	利勝	慶長 7（1602）年 12 月 28 日	初代	
		安藤	重信	慶長 17（1612）年	初代	
		内田	正親	享保 9（1724）年 10 月 29 日	初～ 10 代	
	多古	保科	正光	天正 18（1590）年 8 月 1 日	初代	
		土方	雄久	慶長 13（1608）年	初代	
					2 代	
		松平（久松）	勝以	正徳 3（1713）年 8 月 32 日	初～ 5・7 代	
					6・8 代	
	高岡	井上	政重	寛永 17（1640）年 6 月 13 日	初～ 10 代	
					11 代	
	佐倉	武田	信吉	文禄元（1592）年 3 月	初代	

墓所（住所）	宗派	備考
増瑞寺（愛知県新庄市富永）	臨済宗妙心寺派	後、盛徳寺に改める。
無量山伝通院（東京都文京区小石川）	浄土宗	
龍渓山永井寺（茨城県古河市西町）	曹洞宗	
崇福寺（群馬県甘楽郡甘楽町小幡）	臨済宗妙心寺派	
牛頭山弘福寺（東京都墨田区向島）	黄檗宗	
墓所（住所）	宗派	備考
森厳山運正寺（福井県福井市足羽）	浄土宗	孝顕寺（福井県福井市足羽、曹洞宗）からの改葬。
医王山常林寺（東京都港区三田）	真言宗	
天女山孝顕寺（茨城県結城市立町）	曹洞宗	
龍雲山広沢寺（長野県松本市山辺）	曹洞宗	
戸田家廟園（長野県松本市県）		
畳秀山開善寺（埼玉県本庄市中央町）	臨済宗妙心寺派	
安国山総寧寺（千葉県市川市国府台）	曹洞宗	
万松山清光院（東京都品川区北品川）	臨済宗大徳寺派	万松山東海寺の塔頭。
龍溪山永井寺（茨城県古河市西町）	曹洞宗	
仏徳山興聖寺（京都府宇治市宇治山田）	曹洞宗	
三縁山増上寺（東京都港区芝公園）	浄土宗	利勝山正定寺（茨城県古河市大手町、浄土宗）に改葬。
田島山誓願寺（東京都府中市紅葉丘）	浄土宗系単立	文禄元年（1592）に神田白銀町に創建、神田須田町への移転（慶長元年）、明暦の大火により浅草へ移転。関東大震災以後、現在地。利勝山正定寺（茨城県古河市大手町、浄土宗）に改葬。
長燿山感応寺（東京都台東区谷中）	日蓮宗	護国山天王寺（東京都台東区谷中、天台宗）に寺院名を変更。
圓覚院（東京都台東区上野桜木）	天台宗	法江山金蔵寺（東京都台東区寿、天台宗）、安城山甚大寺（千葉県佐倉市新町、天台宗）に改葬。
藤沢山清浄光寺（神奈川県藤沢市西冨）	時宗	
墓所（神戸市垂水区霞ヶ丘）		
清凉山松光寺（東京都港区高輪）	浄土宗	
金鳳山平林寺（埼玉県新座市野火止）	臨済宗妙心寺派	
田島山誓願寺（東京都府中市紅葉丘）	浄土宗系単立	文禄元年（1592）に神田白銀町に創建、神田須田町への移転（慶長元年）、明暦の大火により浅草へ移転。関東大震災以後、現在地。多磨墓地に改葬。
光明山天徳寺（東京都港区虎ノ門）	浄土宗	
田島山誓願寺（東京都府中市紅葉丘）	浄土宗系単立	文禄元年（1592）に神田白銀町に創建、神田須田町への移転（慶長元年）、明暦の大火により浅草へ移転。関東大震災以後、現在地。利勝山正定寺（茨城県古河市大手町、浄土宗）に改葬。
観照山宗英寺（千葉県野田市関宿台町）	曹洞宗	
萬祥山大松寺（東京都北区西が丘）	曹洞宗	
無量山西福寺（静岡県静岡市葵区大鋸町）	浄土宗	
安国山総寧寺（千葉県市川市国府台）	曹洞宗	
畳秀山開善寺（福井県勝山市沢町）	臨済宗妙心寺派	大雄山海禅寺（東京都台東区松が谷、臨済宗妙心寺派）にも墓所。
上嶽勝願寺（静岡県袋井市国本）	曹洞宗	
天照山勝願寺（埼玉県鴻巣市本町）	浄土宗	
延命山長圓寺（愛知県西尾市貝吹町入）	曹洞宗	
徳栄山本妙寺（東京都豊島区巣鴨）	法華宗陣門流	
東光山要津寺（東京都墨田区千歳）	臨済宗妙心寺派	
徳栄山本妙寺（東京都豊島区巣鴨）	法華宗陣門流	
谷中霊園（東京都台東区谷中）		
瑞雲山本光寺（愛知県額田郡幸田町深溝）	曹洞宗	
三縁山増上寺（東京都港区芝公園）	浄土宗	
村高山長福寺（東京都千代田区麹町）	浄土真宗	現在の寺号は栖岸院（浄土宗）。
金剛山竜宝寺（東京都台東区蔵前）	天台宗	
大宝山建福寺（長野県伊那市高遠町）	臨済宗妙心寺派	
功運院（京都府京都市北区等持院北町）	臨済宗天竜寺派	
青松寺（大阪府貝塚市森）	真言宗御室派	廃寺。
龍淵山白泉寺（東京都豊島区巣鴨）	曹洞宗	当初は遠州田中、その後浅草に移転。明治維新後、現位置に。
正峰山妙興寺（千葉県香取郡多古南中）	日蓮宗	
湯嶹山浄心寺（東京都文京区向丘）	浄土宗	
染井霊園（東京都豊島区駒込）		
草地山常福寺（茨城県那珂市瓜連）	浄土宗	

国名（県名）	藩	藩主姓	初代名	各家の初代藩主就任年月日	●代	文献
下総国（茨城）（千葉）（埼玉）（東京）	佐倉	松平	忠輝	慶長 7（1602）年 12 月	初代	
		小笠原	吉次	慶長 12（1607）年閏 4 月	初代	
		土井	利勝	慶長 15（1610）年	初代	
		石川	忠総	寛永 10（1633）年 6 月 7 日	初代	
		松平（形原）	重勝	寛永 12（1635）年 2 月 29 日	初・2 代	
		堀田	正盛	寛永 19（1642）年 7 月 16 日	初代	14
					2 代	
		松平（大給）	乗久	寛文元（1661）年閏 8 月 3 日	初代	
		大久保	忠朝	延宝 6（1678）年 1 月 23 日	初代	
		戸田	忠昌	貞享 3（1686）年 1 月 21 日	初代	
		稲葉	正往	元禄 14（1701）年 6 月 14 日	初・2 代	
		松平（大給）	乗邑	宝永 4（1707）年 8 月 21 日	初・2 代	
		堀田	正亮	延享 3（1746）年 1 月 23 日	初～ 4 代	
					5・6 代	
	生実	酒井	重澄	元和 9（1623）年	初代	
		森川	重俊	寛永 4（1627）年 2 月	初～ 12 代	
	一宮	加納	久儔	文政 9（1826）年 3 月 12 日	初～ 4 代	

国名（県名）	藩	藩主姓	初代名	各家の初代藩主就任年月日	●代	文献
上総国（千葉）	大多喜	本多	忠勝	天正 18（1590）年 8 月	初代	
					2 代	
					3 代	
		阿部	正次	元和 3（1617）年 9 月	初代	
		青山	忠俊	元和 9（1623）年 10 月 19 日	初代	
		阿部	正能	寛永 15（1638）年 4 月 22 日	初代	
					2 代	
		稲垣	重富	寛文 11（1671）年 12 月 19 日	初代	
		松平（大河内）	正久	元禄 16（1703）年 2 月 10 日	初～ 9 代	
	五井	有馬	氏恕	天明元（1781）年 11 月 28 日	初～ 5 代	
	鶴牧	水野	忠韶	文政 10（1827）年 5 月 19 日	初代	
					2・3 代	
	貝淵・請西	林	忠旭	嘉永 3（1850）年 12 月 23 日	初～ 3 代	
	久留里	大須賀（松平）	忠政	天正 18（1590）年	初代	
		土屋	忠直	慶長 7（1602）年 7 月	初・2 代	
					3 代	
		黒田	直純	安永 5（1776）年 2 月 16 日	初～ 8 代	
					9 代	
	飯野	保科	正貞	慶安元（1648）年 6 月 26 日	初・3 ～ 9 代	
					2 代	
					10 代	
	佐貫	内藤	家長	天正 18（1590）年 8 月	初代	
					2 代	
		松平（桜井）	忠重	元和 8（1622）年 10 月	初代	
		松平（能見）	勝隆	寛永 16（1639）年 1 月 28 日	初代	
					2 代	
		阿部	正鎮	宝永 7（1710）年 5 月 23 日	初～ 6 代	
					7 代	

国名（県名）	藩	藩主姓	初代名	各家の初代藩主就任年月日	●代	文献
安房国（千葉）	東条	西郷	正員	元和 6（1620）年	初～ 3 代	
	勝山	内藤	清政	元和 8（1622）年	初代	
					2 代	
		酒井	忠国	寛文 8（1668）年 6 月 13 日	初～ 8 代	
					9 代	
	北条	屋代	忠正	寛永 15（1638）年 2 月 8 日	初～ 3 代	
		水野	忠定	享保 10（1725）年 10 月 18 日	初～ 3 代	
	館山	里見	義康	慶長 5（1600）年	初代	
					2 代	
		稲葉	正明	天明元（1781）年 9 月 18 日	初～ 3 代	
					4・5 代	

墓所（住所）	宗派	備考
迎冬山貞松院（長野県諏訪市諏訪）	浄土宗	
光照山宗忠寺（神奈川県横浜市都筑区池辺町）	浄土宗	
三縁山増上寺（東京都港区芝公園）	浄土宗	
光了山本禅寺（京都府京都市上京区寺町通広小路）	法華宗陣門派	大久寺（東京都北区田端）にも墓所。
宝林山光忠寺（京都府亀岡市古世町）	浄土宗	当初は佐倉に位置。
東叡山現龍院（東京都台東区上野公園）	天台宗	東叡山寛永寺の塔頭。日光山輪王寺釋迦堂に分骨塔。
黄龍山慈光寺（徳島県徳島市福島）	臨済宗妙心寺派	法江山金蔵寺（東京都台東区寿、天台宗）にも墓所。
光明山天徳寺（東京都港区虎ノ門）	浄土宗	
竹園山教学院（東京都世田谷区太子堂）	天台宗	
蒼龍山松源寺（東京都中野区上高田）	臨済宗妙心寺派	当初は、神楽坂に位置。2代は英巌寺（栃木県宇都宮市）にも墓所。
白華山養源寺（東京都文京区千駄木）	臨済宗妙心寺派	
光明山天徳寺（東京都港区虎ノ門）	浄土宗	
神田山日輪寺（東京都台東区浅草）	時宗	
安城山甚大寺（千葉県佐倉市新町）	天台宗	
龍淵寺（広島県福山市西町）	臨済宗妙心寺派	
森川山重俊院（千葉県千葉市中央区生実町）	曹洞宗	
妙典山戒行寺（東京都新宿区須賀町）	日蓮宗	
墓所（住所）	宗派	備考
袖野山浄土寺（三重県桑名市清水町）	浄土宗	
坂松山一心寺（大阪府大阪市天王寺区逢坂）	浄土宗	
書写山圓教寺（兵庫県姫路市書写）	天台宗	
仏眼山浄国寺（埼玉県さいたま市岩槻区加倉）	浄土宗	
天応院（神奈川県相模原市下溝）	曹洞宗	後、廃藩。
東光山西福寺（東京都台東区蔵前）	浄土宗	
薬王山東光院（東京都台東区西浅草）	天台宗	
大陽山天増寺（群馬県伊勢崎市昭和）	曹洞宗	
金鳳山平林寺（埼玉県新座市野火止）	臨済宗妙心寺派	3代正温は金池山蓮光寺（東京都文京区向丘）にもある。
瑞泉山祥雲寺（東京都渋谷区広尾）	臨済宗大徳寺派	当初の寺院名は興雲寺、赤坂溜池や麻布三河台を経て現位置に。
大梁院		
萬年山青松寺（東京都港区愛宕）	曹洞宗	
景江山撰要寺（静岡県掛川市横須賀山崎）	浄土宗	
円覚寺（千葉県君津市久留里）	曹洞宗	
大雄山海禅寺（東京都台東区松が谷）	臨済宗妙心寺派	後、廃藩。
武陽山能仁寺（埼玉県飯能市飯能）	曹洞宗	
久留里山真勝寺（千葉県君津市久留里）	曹洞宗	2代利直の墓所もあり。
泉谷山大円寺（東京都杉並区和泉）	曹洞宗	
福聚山浄信寺（千葉県富津市青木）	浄土宗	
青山共同墓地（東京都港区南青山）		
泉涌山大練寺（滋賀県大津市三井寺町）	曹洞宗	善昌寺に改葬。
善昌寺（福島県いわき市）		光明寺（神奈川県鎌倉市材木座）に改葬。
道本山霊巌寺（東京都江東区白河）	浄土宗	後、廃藩。
三寶山勝隆寺（千葉県富津市花ケ谷）	浄土宗	
大窪山墓地（福島県会津若松市花見ヶ丘）		後、廃藩。
薬王山東光院（東京都台東区西浅草）	天台宗	
三寶山勝隆寺（千葉県富津市花ケ谷）	浄土宗	
墓所（住所）	宗派	備考
長栄山本門寺（東京都大田区池上）	日蓮宗	
東光山西福寺（東京都台東区蔵前）	浄土宗	
霞関山太宗寺（東京都新宿区新宿）	浄土宗	
萬年山青松寺（東京都港区愛宕）	曹洞宗	
多磨霊園（東京都府中市多磨町）		
諏訪山吉祥寺（東京都文京区本駒込）	曹洞宗	
無量山伝通院（東京都文京区小石川）	浄土宗	
慈恩院（千葉県館山市上真倉）	曹洞宗	
萬祥山大岳院（鳥取県倉吉市東町）	曹洞宗	後、廃藩。
麟祥院（京都府京都市右京区花園）	臨済宗妙心寺派	正法山妙心寺の塔頭。

国名（県名）	藩	藩主姓	初代名	各家の初代藩主就任年月日	●代	文献
武蔵国（埼玉）（東京）（神奈川）	岡部	安部	信盛	慶安2（1649）年10月11日	初～12代	
					13代	
	忍	松平（東条）	忠吉	天正18（1590）年	初代	
		松平（大河内）	信綱	寛永10（1633）年5月5日	初代	
		阿部	忠秋	寛永16（1639）年1月5日	初～9代	
		松平（奥平）	忠堯	文政6（1823）年3月24日	初・3・4代	
					2・5代	
	久喜	米津	政武	貞享元（1684）年	初・3・5代	
					2・4代	
	岩槻	高力	清長	天正18（1590）年8月9日	初代	
					2・3代	
		青山	忠俊	元和6（1620）年10月20日	初代	
		阿部	正次	元和9（1623）年	初・3代	
					2代	14
					4代	
					5代	
		板倉	重種	延宝9（1681）年2月25日	初代	
		戸田	忠昌	天和2（1682）年2月15日	初代	
		松平（藤井）	長重	貞享3（1686）年1月21日	初代	
		小笠原	勝隆	元禄10（1697）年4月19日	初・2代	
		永井	直敬	正徳元（1711）年2月11日	初～3代	
		大岡	忠光	宝暦6（1756）年5月21日	初代	
					2～8代	
	川越	酒井	重忠	天正18（1590）年	初代	
		酒井	忠利	慶長14（1609）年	初代	
					2代	
		堀田	正盛	寛永12（1635）年3月1日	初代	
		松平（大河内）	信綱	寛永16（1639）年1月5日	初～3代	
		柳沢	吉保	元禄7（1694）年1月7日	初代	
		秋元	喬知	宝永元（1704）年12月25日	初～3代	
					4代	
		松平（越前）	朝矩	明和4（1767）年閏9月15日	初～4・6代	
					5代	
					7代	
		松平（松井）	康直	慶応2（1866）年10月27日	初代	
国名（県名）	藩	藩主姓	初代名	各家の初代藩主就任年月日	●代	文献
江戸（東京）	江戸	徳川	家康	慶長8（1603）年2月12日	初・3代	
					2・4・・6・7・9・12・14代	21
					5・8・10・11・13代	21
					15代	
国名（県名）	藩	藩主姓	初代名	各家の初代藩主就任年月日	●代	文献
相模国（神奈川）	小田原	大久保	忠世	天正18（1590）年8月	初代	
					2代	
		阿部	正次	元和5（1619）年閏12月	初代	
		稲葉	正勝	寛永9（1632）年	初・3代	
					2代	
		大久保	忠朝	貞享3（1686）年	初～10代	
国名（県名）	藩	藩主姓	初代名	各家の初代藩主就任年月日	●代	文献
越後国（新潟）	村上	村上	頼勝	慶長3（1598）年5月	初代	
					2代	
		堀	直定	元和4（1618）年4月	初・2代	
		本多	忠義	正保元（1644）年3月8日	初代	
		松平（結城）	直矩	慶安2（1649）年6月9日	初代	
		榊原	政倫	寛文7（1667）年6月19日	初・2代	
					2代	
		本多	忠孝	宝永元（1704）年5月28日	初・2代	

墓所（住所）	宗派	備考
源勝院（埼玉県深谷市岡部）	曹洞宗	
瑞泉山祥雲寺景徳院（東京都渋谷区広尾）	臨済宗大徳寺派	5 代信賢の墓所もある。
三縁山増上寺（東京都港区芝公園）	浄土宗	
金鳳山平林寺（埼玉県新座市野火止）	臨済宗妙心寺派	
西福寺（東京都台東区蔵前）	浄土宗	
海東山天祥寺（埼玉県行田市埼玉）	臨済宗妙心寺派	
楞伽山天眼寺（東京都台東区谷中）	臨済宗妙心寺派	
当智山本誓寺（東京都江東区清澄）	浄土宗	
円通山米津寺（東京都東久留米市幸町）	臨済宗妙心寺派	
快楽山浄安寺（埼玉県岩槻市本町）	浄土宗	
太平山芳林寺（埼玉県さいたま市岩槻区本町）	曹洞宗	
天応院（神奈川県相模原市下溝）	曹洞宗	
仏眼山浄国寺（埼玉県さいたま市岩槻区加倉）	浄土宗	
東叡山現龍院（東京都台東区上野公園）	天台宗	東叡山寛永寺の塔頭。日光山輪王寺釋迦堂に分骨塔。
薬王山東光院（東京都台東区西浅草）	天台宗	
東光山西福寺（東京都台東区蔵前）	浄土宗	
萬燈山長円寺（愛知県西尾市貝吹町）	曹洞宗	
蒼龍山松源寺（東京都新宿区神楽坂）	臨済宗妙心寺派	
紫雲山金戒光明寺（京都府京都市左京区黒谷町）	浄土宗	
天澤山龍光寺（東京都文京区本駒込）	臨済宗東福寺派	
龍寶山功運寺（東京都中野区上高田）	曹洞宗	
玉峰山龍門寺（埼玉県岩槻市日の出町）	曹洞宗	
湖雲寺（東京都港区六本木）	曹洞宗	
龍海院（群馬県前橋市紅雲町）	曹洞宗	
法林山源昌寺（滋賀県守山市浮気町）	曹洞宗	元禄 4(1691) 年、埼玉県川越市から現位置に。
建康山空印寺（福井県小浜市男山）	曹洞宗	当初の寺号は泰雲寺。
東叡山現龍院（東京都台東区上野公園）	天台宗	東叡山寛永寺の塔頭。
金鳳山平林寺（埼玉県新座市野火止）	臨済宗妙心寺派	
乾徳山恵林寺 (山梨県甲州市塩山小屋敷)	臨済宗妙心寺派	当初の竜華山永慶寺（甲府岩窪）に墓所。
秋元山光巌寺（群馬県前橋市総社町）	天台宗	4 代の墓所もある。
東叡山護国院（東京都台東区上野）	天台宗	東叡山寛永寺の塔頭。
喜多院（埼玉県川越市小仙波町）	天台宗	
谷中霊園（東京都台東区谷中）		
護国山天王寺（東京都台東区谷中）	天台宗	東叡山寛永寺の塔頭。
光明山天徳寺（東京都港区虎ノ門）	浄土宗	
墓所（住所）	宗派	備考
日光東照宮（輪王寺）		
三縁山増上寺（東京都港区芝公園）	浄土宗	
東叡山寛永寺（東京都台東区上野桜木）	天台宗	
谷中霊園（東京都台東区谷中）		
墓所（住所）	宗派	備考
宝聚山大久寺（神奈川県小田原市城山）	日蓮宗	
光了山本禅寺（京都府京都市上京区寺町通広小路）	法華宗陣門派	大久寺（神奈川県小田原市城山）にもある。
仏眼山浄国寺（埼玉県さいたま市岩槻区加倉）	浄土宗	
白華山養源寺（東京都文京区千駄木）	臨済宗妙心寺派	
長興山紹太寺（神奈川県小田原市入生田）	黄檗宗	
教学院（東京都世田谷区太子堂）	天台宗	寺院名は最勝寺。
墓所（住所）	宗派	備考
耕雲寺（新潟県村上市門前）	曹洞宗	
法昌寺（兵庫県篠山市黒岡）	曹洞宗	
凌雲院（東京都台東区上野）	天台宗	東叡山寛永寺の塔頭。
海瀧山王龍寺（奈良県奈良市二名）	黄檗宗	
孝顕寺（福島県白河市本町北裏）	曹洞宗	現白河藩大名家墓（福島県白河市円明寺）。寺は兵庫県姫路市に移転。
道本山霊厳寺（東京都江東区白河）	浄土宗	
増位山随願寺（兵庫県姫路市白国町）	天台宗	
田島山誓願寺（東京都府中市紅葉丘）	浄土宗系単立	文禄元年（1592）に神田白銀町に創建、神田須田町への移転（慶長元年）、明暦の大火により浅草へ移転。関東大震災以後、現在地。

国名（県名）	藩	藩主姓	初代名	各家の初代藩主就任年月日	●代	文献
越後国（新潟）	村上	松平（大河内）	輝貞	宝永7（1710）年5月23日	初代	
		間部	詮房	享保2（1717）年2月11日	初代	
					2代	
		内藤	弌信	享保5（1720）年9月12日	初～8代	
					9代	
	黒川	松平（柳沢）	経隆	享保9（1724）年閏4月28日	初代	
		柳沢	里済	享保10（1725）年10月22日	初～7代	
	三日市	松平（柳沢）	時睦	享保9（1724）年閏4月28日	初・2代	
		柳沢	信著	宝暦10（1760）年7月29日	初～6代	
	新発田	溝口	秀勝	慶長3（1598）年4月2日	初代	
					2～12代	
	沢海	溝口	善勝	慶長15（1610）年9月28日	初～3代	34
					4代	
	村松	堀	直時	寛永16（1639）年10月22日	初代	
					2・3・5・6・8・11代	
					4・7・10・12代	
					9代	
	与板	牧野	康成	寛永11（1634）年5月21日	初～3代	
		井伊	直矩	宝永2（1705）年12月3日	初・2・4・6～9代	
					3・5代	
					10代	
	長岡	牧野	忠成	元和4（1618）年	初代	
					2代	
					3代	
					4～11代	22
					12・13代	
	椎谷	堀	直之	元和2（1616）年7月	初～16代	
	高田	堀	秀治	慶長5（1600）年	初代	
					2代	
		松平	忠輝	慶長19（1614）年	初代	
		酒井	家次	元和2（1616）年10月15日	初・2代	
		松平（越前）	忠昌	元和4（1618）年4月18日	初代	
		松平（越前）	光長	寛永元（1624）年	初代	
		稲葉	正通	貞享2（1685）年12月11日	初代	
		戸田	忠真	元禄14（1701）年6月14日	初代	
		松平（久松）	長重	宝永7（1710）年閏8月15日	初・5代	
					2代	
					3・4代	
		榊原	政永	寛保元（1741）年11月1日	初代	
					2～6代	
	糸魚川	有馬	清純	元禄4（1691）年12月28日	初代	
		本多	助芳	元禄12（1699）年6月13日	初代	
		松平（越前）	直之	享保2（1717）年2月16日	初～5代	
					1・4・5・6・8代	

国名（県名）	藩	藩主姓	初代名	各家の初代藩主就任年月日	●代	文献
越中国（富山）	富山	前田	利次	寛永16（1639）年6月20日	初～12代	
					13代	

国名（県名）	藩	藩主姓	初代名	各家の初代藩主就任年月日	●代	文献
加賀国（富山）（石川）	加賀	前田	利家	天正11（1583）年4月28日	初～14代	38～40
	大聖寺	前田	利治	寛永16（1639）年6月20日	初～13代	
					14代	

国名（県名）	藩	藩主姓	初代名	各家の初代藩主就任年月日	●代	文献
越前国（福井）（岐阜）	勝山	松平（越前）	直基	寛永元（1624）年6月8日	初代	
		松平（越前）	直良	寛永12（1635）年	初代	
		小笠原	貞信	元禄4（1691）年7月26日	初・3・4・6・7・8代	
					2・5代	

墓所（住所）	宗派	備考
明王院（東京都台東区谷中）	天台宗	東叡山寛永寺の塔頭。平林寺（埼玉県新座市）に改葬。
快楽山浄念寺（新潟県村上市寺町）	浄土宗	
光照山九品寺（東京都台東区花川戸）	浄土宗	多磨霊園内の九品寺境外墓地に改葬。
常照山光徳寺（新潟県村上市羽黒口）	浄土宗	当初は、福島県東白川郡棚倉町に位置。
東北寺（東京都渋谷区広尾）	臨済宗妙心寺派	
正覚山月桂寺（東京都新宿区市ヶ谷河田町）	臨済宗円覚寺派	
正覚山月桂寺（東京都新宿区市ヶ谷河田町）	臨済宗円覚寺派	里済は上記の経隆の養子。
正覚山月桂寺（東京都新宿区市ヶ谷河田町）	臨済宗円覚寺派	
正覚山月桂寺（東京都新宿区市ヶ谷河田町）	臨済宗円覚寺派	信著は上記の時睦の長男。
浄見寺（新潟県新発田市諏訪町）	曹洞宗	寶光寺（新潟県新発田市）に改称。
諏訪山吉祥寺（東京都文京区本駒込）	曹洞宗	宝光寺にも墓所。
萬年山青松寺（東京都港区愛宕）	曹洞宗	2・3代は大栄寺（新潟県新潟市沢海、曹洞宗）にも墓所。
水口山蓮華寺（滋賀県甲賀郡水口町）	真言宗高田派	
称光山華徳院（東京都杉並区松ノ木）	天台宗	長泉寺に改葬。
凌雲院（東京都台東区上野）	天台宗	東叡山寛永寺の塔頭。長泉寺に改葬。
英林寺（新潟県五泉市村松甲）	曹洞宗	10代直休の墓所移転のため、発掘され、副葬品を村松郷土資料館に一部展示。
直央神社（新潟県五泉市）		
泰安寺（長野県小諸市）		明治初年に廃寺。
牛頭山弘福寺（東京都墨田区向島）	黄檗宗	
妙峯山徳雲寺（東京都文京区小日向）	臨済宗円覚寺派	
大谿山豪徳寺（東京都世田谷区豪徳寺町）	臨済宗妙心寺派	
普済寺（新潟県長岡市栖吉町）	曹洞宗	
周光寺（東京都港区内）		済海寺（東京都港区三田）、悠久山蒼柴神社（長岡市御山）に改葬。
長栄山本門寺（東京都大田区池上）	日蓮宗	
周光山済海寺（東京都港区三田）	浄土宗	悠久山蒼柴神社（長岡市御山）に改葬。
光輝山栄凉寺（新潟県長岡市東神田町）	浄土宗	
白華山養源寺（東京都文京区千駄木）	臨済宗妙心寺派	
春日山林泉寺（新潟県上越市中門前）	曹洞宗	
淵室山長源寺（福島県いわき市平）	曹洞宗	
迎冬山貞松院（長野県諏訪市諏訪）	浄土宗	
青龍山大督寺（山形県鶴岡市家中新町）	浄土宗	当時、高田に位置。
吉祥山永平寺（福井県吉田郡永平寺町）	曹洞宗	
光明山天徳寺（東京都港区虎ノ門）	臨済宗大徳寺派	永林寺（新潟県魚沼市根小屋）。後、幕府領。
白華山養源寺（東京都文京区千駄木）	臨済宗妙心寺派	
松源寺（東京都新宿区神楽坂）	臨済宗妙心寺派	英厳寺（栃木県宇都宮市）へ改葬、現在廃寺、史跡公園となる。
道本山霊巌寺（東京都江東区白河）	浄土宗	
東海山照源寺（三重県桑名市東方）	浄土宗	旧寺名は崇源寺。
道本山霊巌寺（東京都江東区白河）	浄土宗	
日曜山高岳寺（福井県坂井郡丸岡町）	天台宗	
長慶山教善寺（東京都港区六本木）	浄土宗	
光明山天徳寺（東京都港区虎ノ門）	浄土宗	
多磨霊園（東京都府中市多磨町）		
墓所（住所）	宗派	備考
長岡御廟（富山県富山市長岡）	曹洞宗	極楽山光厳寺（富山県富山市五番町）末寺の真国寺が管理を任された。
神齢山護国寺（東京都文京区大塚）	真言宗豊山派	
墓所（住所）	宗派	備考
野田山墓地（石川県金沢市野田町）		
金龍山実相院（石川県加賀市大聖寺下屋敷）	曹洞宗	
雑司ケ谷霊園（東京都豊島区南池袋）		
墓所（住所）	宗派	備考
法輪山泰宗寺（東京都台東区下谷）	曹洞宗	大竜山最乗寺（神奈川県南足柄市大雄町、曹洞宗）にも墓所。
聖衆来迎山禅林寺（京都府京都市左京区永観堂町）	浄土宗	
畳秀山開善寺（埼玉県勝山市）	臨済宗妙心寺派	大雄山海禅寺（東京都台東区松が谷、臨済宗妙心寺派）にも墓所あり。
畳秀山開善寺（埼玉県勝山市）	臨済宗妙心寺派	

国名（県名）	藩	藩主姓	初代名	各家の初代藩主就任年月日	●代	文献
越前国（福井）（岐阜）	大野	松平（越前）	直政	寛永元（1624）年6月8日	初代	
					2代	
					3代	
					4代	
		土井	利房	天和2（1682）年3月16日	初～8代	
	丸岡	本多	成重	寛永元（1624）年5月18日	初～3代	35
					4代	
		有馬	清純	元禄8（1695）年5月1日	初・3・7代	36
					8代	
	鯖江	間部	詮言	享保5（1720）年9月12日	初～4・7～9代	
					5・6代	
	福井	結城（松平）	秀康	慶長5（1600）年11月	初代	
		松平（越前）	忠直	慶長12（1607）年閏4月27日	初代	
					2代	
					3代	
					4・6代	
					5代	
					7～9・11～14代	
					10・16代	
	鞠山	酒井	忠稠	天和2（1682）年9月28日	初～6代	
					7・8代	

国名（県名）	藩	藩主姓	初代名	各家の初代藩主就任年月日	●代	文献
若狭国（福井）	小浜	京極	高次	慶長5（1600）年9月	初代	
					2代	
		酒井	忠勝	寛永11（1634）年閏7月6日	初～14代	
	高浜	溝口	秀勝	天正9（1581）年	初代	
		堀尾	吉晴	天正11（1583）年	初代	
		山内	一豊	天正13（1585）年	初代	
		浅野	長正	天正15（1587）年	初代	
		木下	利房	文禄2（1593）年11月20日	初代	

国名（県名）	藩	藩主姓	初代名	各家の初代藩主就任年月日	●代	文献
甲斐国（山梨）	谷村	鳥居	成次	慶長6（1601）年	初・2代	
		秋元	泰朝	寛永10（1633）年2月3日	初～3代	
	甲府	浅野	長正	文禄2（1593）年11月20日	初・2代	
		徳川	義直	慶長8（1603）年1月28日	初代	
		徳川	忠長	元和2（1616）年9月15日	初代	
		徳川	綱重	寛文元（1661）年閏8月9日	初・2代	
		柳沢	吉保	宝永元（1704）年12月21日	初代	
					2代	

国名（県名）	藩	藩主姓	初代名	各家の初代藩主就任年月日	●代	文献
信濃国（長野）	長沼	佐久間	勝之	元和元（1615）年	初代	
					2・3代	
					4代	
	飯山	皆川	広照	慶長8（1603）年2月6日	初代	
		堀	直寄	慶長15（1610）年2月3日	初代	
		佐久間	安政	元和2（1616）年10月	初代	
					2代	
					3代	
		松平（櫻井）	忠倶	寛永16（1639）年3月3日	初代	
					2代	
		永井	直敬	宝永3（1706）年1月28日	初代	
		青山	幸侶	正徳元（1711）年2月11日	初代	
		本多	安明	享保2（1717）年2月11日	初・3～7代	
					2・8・9代	
	須坂	堀	直重	元和元（1615）年	初代	
					2・5・6・8・12代	
					3代	
					4・10代	
					7・9・13代	
					11・14代	

墓所（住所）	宗派	備考
月照山大林寺（鳥取県松山市味酒町）	浄土宗	
法輪山泰宗寺（東京都台東区下谷）	曹洞宗	大竜山最乗寺（神奈川県南足柄市大雄町、曹洞宗）にも墓所。
聖衆来迎山禅林寺（京都府京都市左京区永観堂町）	浄土宗	
長寿院（兵庫県明石市人丸町）	浄土宗西山派	
光明山善導寺（福井県大野市錦町）	浄土宗	誓願寺（東京都府中市紅葉丘）・多摩墓地（東京都）にも墓所。
宝照山本光院（福井県坂井市丸岡町）	浄土宗	
薬王山無量院（東京都文京区小石川）	浄土宗	
日曜山高岳寺（福井県坂井郡丸岡町）	天台宗	一部、東叡山本覚院（東京都台東区上野桜木，天台宗）にも墓所。
谷中霊園（東京都台東区谷中）		
光照山九品寺（東京都台東区花川戸）	浄土宗	多磨霊園内の九品寺境外墓地に改葬。
亨浄山万慶寺（福井県鯖江市深江町）	曹洞宗	
森厳山運正寺（福井県福井市足羽）	浄土宗	孝顕寺（福井県福井市足羽、曹洞宗）からの改葬。
見仏寺浄土寺（大分県大分市王子西町）	浄土宗	
吉祥山永平寺（福井県吉田郡永平寺町）	曹洞宗	
万松山大安禅寺（福井県福井市田ノ谷）	臨済宗大徳寺派	海晏寺にも墓所。
高照山瑞源寺（福井県福井市足羽）	臨済宗妙心寺派	海晏寺にも墓所。
道本山霊巌寺（東京都江東区白河）	浄土宗	
森厳山運正寺（福井県福井市足羽）	浄土宗	海晏寺にも墓所。
補陀落山海晏寺（東京都品川区南品川）	曹洞宗	
萬年山青松寺（東京都港区愛宕）	曹洞宗	
慈雲山瑞輪寺（東京都台東区谷中）	日蓮宗	
墓所（住所）	宗派	備考
建康山空印寺（福井県小浜市男山）	曹洞宗	当初の寺号は泰雲寺。
霊通山清瀧寺徳源院（滋賀県米原市清滝）	天台宗	
建康山空印寺（福井県小浜市男山）	曹洞宗	当初の寺号は泰雲寺。
廣澤山寶光寺（新潟県新発田市諏訪町）	曹洞宗	当初の寺号は浄見寺。
睡虎山巌倉寺（島根県安来市広瀬町）	真言宗	
日輪山真如寺（高知県高知市天神町）	曹洞宗	
高野山悉地院（和歌山県伊都郡高野町）	真言宗	高野山金剛峯寺の塔頭。
鷲峰山高台寺（京都府京都市東山区高台寺）	臨済宗建仁寺派	
墓所（住所）	宗派	備考
諏訪山吉祥寺（東京都文京区本駒込）	曹洞宗	
秋元山光巌寺（群馬県前橋市総社町）	天台宗	
高野山悉地院（和歌山県伊都郡高野町）	真言宗	高野山金剛峯寺の塔頭。
応夢山定光寺（愛知県瀬戸市定光寺町）	臨済宗建長寺派	第 1 次城番時代。
願行山大信寺（群馬県高崎市通町）	浄土宗	第 2 次城番時代。
三縁山増上寺（東京都港区芝公園）	浄土宗	第 3 次城番時代。
乾徳山恵林寺（山梨県甲州市塩山小屋敷）	臨済宗妙心寺派	当初の竜華山永慶寺（甲府岩窪）に墓所。
正覚山月桂寺（東京都新宿区市ヶ谷河田町）	臨済宗円覚寺派	
墓所（住所）	宗派	備考
医王山顕光院（静岡県静岡市葵区研屋町）	曹洞宗	
医王山広岳院（東京都港区高輪）	曹洞宗	
永松山龍泉寺（福島県二本松市二伊滝）	曹洞宗	
慈眼山金剛寺（栃木県栃木県皆川城内町）	曹洞宗	
凌雲院（東京都台東区上野）	天台宗	東叡山寛永寺の塔頭。
医王山広岳院（東京都港区高輪）	曹洞宗	
万松山泉岳寺（東京都港区高輪）	曹洞宗	
道本山霊巌寺（東京都江東区白河）	浄土宗	
深正院（兵庫県尼崎市大物）	浄土宗	
龍寶山功運寺（東京都中野区上高田）	曹洞宗	
長青山梅窓院（東京都港区青山）	浄土宗	
長慶山教善寺（東京都港区六本木）	浄土宗	
松寿山忠恩寺（長野県飯山市飯山）	浄土宗	
新福寺（千葉県佐原市片野）	臨済宗妙心寺派	
湯嶹山浄心寺（東京都文京区向丘）	浄土宗	
寿泉院（長野県須坂市上町）	曹洞宗	
臥龍山興国寺（長野県須坂市小山）	曹洞宗	
霊凰山種徳寺（東京都港区赤坂）	臨済宗系単立	
谷中霊園（東京都台東区谷中）		

国名（県名）	藩	藩主姓	初代名	各家の初代藩主就任年月日	●代	文献
信濃国（長野）	松代	森	忠政	慶長5（1600）年2月	初代	
		松平	忠輝	慶長8（1603）年2月18日	初代	
		松平（越前）	忠昌	元和2（1616）年7月15日	初代	
		酒井	忠勝	元和4（1618）年4月	初代	
		真田	信之	元和8（1622）年9月25日	初・2・4～9代	37
					3・10代	
	上田	真田	信之	元和2（1616）年	初代	
		仙石	忠政	元和8（1622）年9月	初代	
					2代	
					3代	
		松平（藤井）	忠周	宝永3（1706）年1月28日	初代	
					2～6代	
					7代	
	小諸	仙石	秀久	天正18（1590）年5月2日	初代	
					2代	
		松平（久松）	憲良	寛永元（1624）年9月	初代	
		青山	宗俊	慶安元（1648）年閏1月19日	初代	
		酒井	忠能	寛文2（1662）年6月4日	初代	
		西尾	忠成	延宝7（1679）年9月6日	初代	
		石川（松平）	乗政	天和2（1682）年3月22日	初・2代	
		牧野	康重	元禄15（1702）年11月11日	初・3～9代	
					2代	
					10代	
	岩村田	内藤	正友	元禄16（1703）年8月14日	初～4・6・7代	
					5代	
	松本	石川	数正	天正18（1590）年7月13日	初代	
					2代	
		小笠原	忠真	慶長18（1613）年10月19日	初代	
					2代	
		松平（戸田）	康直	元和3（1617）年3月7日	初代	
					2代	
		松平（越前）	直政	寛永10（1633）年4月22日	初代	
		堀田	正盛	寛永15（1638）年3月8日	初代	
		水野	忠清	寛永19（1642）年7月28日	初代	
					2・4～6代	
					3代	
		松平（戸田）	光慈	享保11（1726）年3月14日	初～5代	
					6・7代	
					8・9代	
	諏訪（高島）	日根野	高吉	天正18（1590）年7月	初代	
					2代	
		諏訪	頼水	慶長6（1601）年	初代	
					2～7代	
	高遠	保科	正光	慶長5（1600）年	初代	
					2代	
		鳥居	忠春	寛永13（1636）年7月21日	初代	
					2代	
		内藤	清枚	元禄4（1691）年2月9日	初～8代	
	飯田	小笠原	秀政	慶長6（1601）年	初代	
		脇坂	安元	元和3（1617）年6月	初・2代	
		堀	直政	寛文12（1672）年閏6月1日	初～5・7・8・10・12代	
					6・9・11代	

国名（県名）	藩	藩主姓	初代名	各家の初代藩主就任年月日	●代	文献
飛騨国（岐阜）	高山	金森	長近	慶長5（1600）年	初・2・6代	
					3代	
					4・5代	

国名（県名）	藩	藩主姓	初代名	各家の初代藩主就任年月日	●代	文献
美濃国（岐阜）	苗木	遠山	友政	慶長5（1600）年	初～11代	
	岩村	松平（大給）	家乗	慶長6（1601）年1月	初代	
					2代	

墓所（住所）	宗派	備考
龍寶山大徳寺（京都府京都市北区紫野）	臨済宗大徳寺派	
貞松院（長野県諏訪市諏訪）	浄土宗	
吉祥山永平寺（福井県吉田郡永平寺町）	曹洞宗	
大督寺（山形県鶴岡市家中新町）	浄土宗	
真田山長国寺（長野県長野市松代田町）	曹洞宗	
盛徳寺（東京都港区赤坂）	曹洞宗	寺院は神奈川県伊勢原市に移転。
真田山長国寺（長野県長野市松代田町）	曹洞宗	
佛日山東禅寺 (東京都港区高輪)	臨済宗妙心寺派	
松翁山芳泉寺（長野県上田市常磐城）	浄土宗	
大乗寺（東京都文京区白山）	日蓮宗	
紫雲山金戒光明寺（京都府京都市左京区黒谷町）	浄土宗	
光明山天徳寺（東京都港区虎ノ門）	浄土宗	
谷中霊園（東京都台東区谷中）		
松翁山芳泉寺（長野県上田市常磐城）	浄土宗	
佛日山東禅寺 (東京都港区高輪)	臨済宗妙心寺派	
宗心寺（長野県小諸市荒町）	曹洞宗	
芳春院（京都府京都市北区紫野）	臨済宗大徳寺派	龍寶山大徳寺の塔頭。
海島山崇福寺（東京都葛飾区高砂）	曹洞宗	
遍光寺		龍眠寺（静岡県掛川市西大渕、曹洞宗）に改葬。
東叡山春性院（東京都台東区上野）	天台宗	東叡山寛永寺の塔頭。
幡随院（東京都台東区東浅草）	浄土宗	現在は東京都小金井市に移転。
泰安寺（長野県小諸市）		廃寺。
天王寺墓地（東京台東区上野）		
薬王山無量院（東京都文京区小石川）	浄土宗	
一行山西念寺（長野県佐久市岩村田）	浄土宗	
正行寺（長野県松本市大手）	浄土真宗本願寺派	
善教寺（大分県佐伯市城下東町）	浄土真宗大谷派	
龍雲山広沢寺（長野県松本市山辺）	曹洞宗	
広寿山福聚寺（福岡県北九州市小倉北区）	黄檗宗	
丹波塚（長野県松本市埋橋）		
人麿山月照寺（兵庫県明石市人丸町）	曹洞宗	
歓喜山月照寺（島根県松江市外中原町）	浄土宗	
東叡山現龍院（東京都台東区上野公園）	天台宗	東叡山寛永寺の塔頭。
当智山本誓寺（東京都江東区清澄）	浄土宗	無量山伝通院（東京都文京区小石川、浄土宗）にも墓所。
無量山伝通院（東京都文京区小石川）	浄土宗	
女取羽山玄向寺（長野県松本市大村）	浄土宗	
智勝院（岐阜県本巣市郡府）	曹洞宗	
埋橋の墓所（長野県松本市）		智勝院（岐阜県本巣市郡府）にも墓所。
染井霊園（東京都豊島区駒込）		
白華山慈雲寺（長野県諏訪郡下諏訪町）	臨済宗大徳寺派	
浄安寺（大分県大分市荷揚町）	浄土宗	
小林山頼岳寺（長野県茅野市ちの上原）	曹洞宗	
臨江山温泉寺（長野県諏訪市湯の脇）	臨済宗	
光明山天徳寺（東京都港区虎ノ門）	浄土宗	
土津神社（福島県猪苗代町見祢山）		
峰山寺（長野県伊那市高遠町東高遠）	曹洞宗	
見海山江岸寺（東京都文京区本駒込）	曹洞宗	
霞関山太宗寺（東京都新宿区新宿）	浄土宗	
龍雲山広沢寺（長野県松本市山辺）	曹洞宗	
正法山妙心寺（京都府京都市右京区花園）	臨済宗妙心寺派	
妙高山東江寺（東京都渋谷区広尾）	臨済宗大徳寺派	
神護山長久寺（長野県飯田市諏訪町）	臨済宗妙心寺派	

墓所（住所）	宗派	備考
金龍院（京都府京都市北区紫野）	臨済宗大徳寺派	龍寶山大徳寺の塔頭。
高隆山素玄寺（岐阜県高山市天性寺町）	曹洞宗	
大隆寺（岐阜県高山市初田町）	曹洞宗	金龍院（京都府京都市北区紫野、臨済宗大徳寺派）に改葬。

墓所（住所）	宗派	備考
雲林寺（岐阜県中津川市苗木）	臨済宗大徳寺派	廃寺。12 代は神葬。
久翁山龍厳寺（岐阜県恵那市岩村町）		移転。現在は乗政寺山藩主墓地。
終南山善導寺（群馬県館林市楠町）	浄土宗	

国名（県名）	藩	藩主姓	初代名	各家の初代藩主就任年月日	●代	文献
美濃国（岐阜）	岩村	丹羽	氏信	寛永 15（1638）年 4 月 27 日	初～4 代	
					5 代	
		松平	乗紀	元禄 15（1702）年 9 月 7 日	初～6 代	
					7 代	
	郡上（八幡）	遠藤	慶隆	慶長 5（1600）年	初～4 代	
					5 代	
		井上	正任	元禄 5（1692）年 11 月 12 日	初・2 代	
		金森	頼旹	元禄 10（1697）年 6 月 11 日	初代	
					2 代	
		青山	幸道	安永 4（1775）年	初～7 代	
	高富	本庄	友政	宝永 6（1709）年 8 月	初代	
					2～10 代	
	加納	奥平	信昌	慶長 6（1601）年 3 月	初代	
					2・3 代	
		大久保	忠職	寛永 9（1632）年 1 月 11 日	初代	
		松平（戸田）	光重	寛永 16（1639）年 3 月 3 日	初～3 代	
		安藤	信友	正徳元（1711）年 2 月 15 日	初代	
					2 代	
					3 代	
		永井	直陳	宝暦 6（1756）年 5 月 21 日	初～4 代	
					5・6 代	
	大垣	石川	康通	慶長 6（1601）年 2 月	初・2 代	
					3 代	
		松平（久松）	忠良	元和 2（1616）年 9 月 28 日	初代	
					2 代	
		岡部	長盛	寛永元（1624）年 12 月 20 日	初代	
					2 代	
		松平（久松）	定綱	寛永 10（1633）年 3 月 23 日	初代	
		戸田	氏鉄	寛永 12（1635）年 7 月 28 日	初～8・10・1 代	
					9 代	
	今尾	市橋	長勝	慶長 5（1600）年	初代	
		竹腰	正信	元和元（1615）年	初～3・7～9 代	(32)
					4・6 代	
					5 代	
					10 代	
	高須	徳永	寿昌	慶長 5（1600）年	初・2 代	
		小笠原	貞信	寛永 17（1640）年 9 月 28 日	初代	
		松平	義行	元禄 13（1700）年 3 月 25 日	初・2・4・6・7～10・12 代	
					3 代	
					11 代	
					5・13・14 代	

国名（県名）	藩	藩主姓	初代名	各家の初代藩主就任年月日	●代	文献
駿河国（静岡）	沼津	大久保	慶隆	慶長 6（1601）年 2 月	初代	
		水野	忠成	安永 6（1777）年 11 月 6 日	初～8 代	
	小島	松平（滝脇）	信孝	元禄 2（1689）年 5 月	初～3～11 代	
					4 代	
	駿府（府中）	内藤	信成	慶長 6（1601）年 2 月	初代	
		徳川	頼宜	慶長 14（1609）年 12 月 12 日	初代	
		徳川	忠長	寛永 2（1625）年 1 月 11 日	初代	
		徳川	家達	慶応 4（1868）年 5 月 24 日	初代	
	田中	酒井	忠利	慶長 6（1601）年 3 月 3 日	初代	
		松平（櫻井）	忠重	寛永 10（1633）年 8 月 9 日	初代	
		水野	忠善	寛永 12（1635）年 8 月 4 日	初代	
		松平（藤井）	忠晴	寛永 19（1642）年 9 月 12 日	初代	
		北条	氏重	正保元（1644）年 3 月 18 日	初代	
		西尾	忠昭	慶安 2（1649）年 3 月 18 日	初代	
					2 代	
		酒井	忠能	延宝 7（1679）年 9 月 6 日	初代	
		土屋	政直	天和 2（1682）年 2 月 12 日	初代	
		太田	資直	貞享元（1684）年 7 月 19 日	初代	
					2 代	

墓所（住所）	宗派	備考
妙仙寺（兵庫県加東市山国）	曹洞宗	
江月山海雲寺（東京都杉並区東田町）	曹洞宗	慶長 16 年八丁堀に創建、寛永 12 年浅草八軒寺町（寿町）へ移転、明治 43 年現位置に。
東叡山春性院（東京都台東区上野）	天台宗	東叡山寛永寺の塔頭。
上野墓地（東京都台東区上野）		
戸谷山乗性寺（岐阜県郡上市美並町白山）	浄土真宗大谷派	
長敬寺（東京都台東区西浅草）	浄土真宗大谷派	
湯嶹山浄心寺（東京都文京区向丘）	浄土宗	
金龍院（京都府京都市北区紫野）	臨済宗大徳寺派	龍寶山大徳寺の塔頭。
龍宝山大徳寺（京都府京都市北区紫野大徳寺町）	臨済宗大徳寺派	
長青山梅窓院（東京都港区青山）	浄土宗	
帰命山養玉院（東京都品川区西大井）	天台宗	
照光山安養寺（東京都台東区浅草）	浄土主	
香林山盛徳寺（岐阜県岐阜市加納奥平町）	臨済宗妙心寺派	
大応山光国寺（岐阜県岐阜市加納西広江町）	臨済宗妙心寺派	
光了山本禅寺（京都府京都市上京区寺町通広小路）	法華宗陣門派	
智勝院（岐阜県本巣市郡府）	曹洞宗	
村高山長福寺（東京都千代田区麹町）	浄土真宗	現在の寺号は栖岸院（浄土宗）。
川嶋山良善寺（福島県いわき市平）	浄土宗	
定恵院（東京都品川区北品川）	臨済宗大徳寺派	万松山東海寺の塔頭。
龍寶山功運寺（東京都中野区上高田）	曹洞宗	
菩提山本行寺（東京都台東区元浅草）	浄土真宗高田派	
教風山大久寺（東京都北区田端）	法華宗陣門派	
萬祥山大松寺（東京都北区西が丘）	曹洞宗	
宗心寺（長野県小諸市荒町）	曹洞宗	
萬松山瑞巌寺（岐阜県揖斐郡揖斐川町瑞岩寺）	臨済宗妙心寺派	
天瑞山泉光寺（大阪府岸和田市門前町）	臨済宗妙心寺派	
東海山照源寺（三重県桑名市東方）	浄土宗	旧寺名は崇源寺。
旭光山円通寺（岐阜県大垣市西外側町）	浄土宗	
金池山蓮光寺（東京都文京区向丘）	浄土宗	
慈雲山瑞輪寺（東京都台東区谷中）	日蓮宗	
宝亀山相応寺（愛知県名古屋市千種区城山町）	浄土宗鎮西派	
光明山天徳寺（東京都港区虎ノ門）	浄土宗	
経常山正武寺（岐阜県関市志津野）	曹洞宗	
円泰寺（岐阜県関市本郷町）	臨済宗妙心寺派	
広徳寺（岐阜県海津市海津町）	臨済宗妙心寺派	
大雄山海禅寺（東京都台東区松が谷）	臨済宗妙心寺派	
臥龍山行基寺（岐阜県海津市）	浄土宗	
徳興山建中寺（名古屋市東区筒井）	浄土宗	
谷中霊園（東京都台東区谷中）		

墓所（住所）	宗派	備考
妙伝寺（静岡県沼津市東間門）	法華宗本門流	
無量山伝通院（東京都文京区小石川）	浄土宗	
紫雲山英信寺（東京都台東区下谷）	浄土宗	
龍津寺（静岡県清水市小島町）	臨済宗妙心寺派	
常照山光徳寺（新潟県村上市羽黒口）	浄土宗	当初は、福島県東白川郡棚倉町に位置。
慶徳山長保寺（和歌山県海草郡下津町）	天台宗	
願行山大信寺（群馬県高崎市通町）	浄土宗	
東叡山寛永寺（東京都台東区上野桜木）	天台宗	
繁林山源昌寺（静岡県藤枝市大手）	曹洞宗	
道本山霊巌寺（東京都江東区白河）	浄土宗	
万松寺（茨城県結城市山川）		現在、廃寺。
紫雲山金戒光明寺（京都府京都市左京区黒谷町）	浄土宗	
上嶽寺（静岡県袋井市国本）	曹洞宗	
龍渕山妙厳寺（埼玉県上尾市原市）	曹洞宗	
平等山龍眠寺（静岡県掛川市西大渕）	曹洞宗	
海島山崇福寺（東京都葛飾区高砂）	曹洞宗	
大雄山海禅寺（東京都台東区松が谷）	臨済宗妙心寺派	
円妙山大慶寺（静岡県藤枝市藤枝）	日蓮宗	
経王山妙法華寺（静岡県三島市玉沢）	日蓮宗	

国名（県名）	藩	藩主姓	初代名	各家の初代藩主就任年月日	●代	文献
駿河国（静岡）	田中	内藤	式信	宝永2（1705）年4月22日	初代	
		土岐	頼殷	正徳2（1712）年5月15日	初代	
					2代	
		本多	正矩	享保15（1730）年7月28日	初・7代	
					2代	
					3～6代	
国名（県名）	藩	藩主姓	初代名	各家の初代藩主就任年月日	●代	文献
遠江国（静岡）	相良	本多	忠晴	宝永7（1710）年閏8月	初代	
					2代	
					3代	
		板倉	勝清	延享3（1746）年9月25日	初代	
		本多	忠央	寛延2（1749）年2月6日	初代	
		青山	幸道	宝暦8（1758）年11月19日	初～4代	
	掛川	松平（久松）	忠利	慶長6（1601）年2月	初代	
					2代	
		安藤	直次	元和3（1617）年	初代	
		松平（久松）	定綱	元和5（1619）年	初代	
		朝倉	宣正	寛永2（1625）年9月	初代	
		青山	幸成	寛永10（1633）年2月3日	初代	
		松平（櫻井）	忠昭	寛永12（1635）年8月	初・2代	
		本多	忠義	寛永16（1639）年3月3日	初代	
		松平（藤井）	政直	正保元（1644）年3月18日	初代	
		北条	氏重	慶安元年閏1月21日	初代	
		井伊	直好	万治2（1659）年1月28日	初代	
					2・3代	
					4代	
		松平（櫻井）	忠喬	宝永3（1706）年1月28日	初代	
		小笠原	長煕	正徳元（1711）年2月11日	初・3代	
					2代	
		太田	資俊	延享3（1746）年9月25日	初～7代	
					8代	
	久野	松下	之綱	天正18（1590）年	初代	
					2代	
		北条	氏重	元和5（1619）年	初代	
	掛塚	加々爪	直澄	寛永18（1641）年	初・2代	
	浜松	松平（櫻井）	忠頼	慶長6（1601）年2月	初代	
		水野	重仲	慶長14（1609）年12月22日	初代	
		高力	忠房	元和5（1619）年9月	初代	
		松平（大給）	幸成	寛永15（1638）年4月25日	初代	
		太田	資宗	正保元（1644）年2月28日	初・2代	
		青山	宗俊	延宝6（1678）年8月18日	初・2代	
					3代	
		松平（本庄）	資俊	元禄15（1702）年9月12日	初・2代	
		松平（大河内）	信祝	享保14（）年2月15日	初・2代	
		松平（本庄）	資訓	寛延2（1749）年10月12日	初・2代	
		井上	正経	宝暦8（1758）年12月27日	初・3代	
		水野	忠邦	文化14（1817）年9月14日	初・2代	
		井上	正経	弘化2（1845）年11月三十日	初代	
					2代	
	横須賀	大須賀（松平）	忠政	慶長6（1601）年2月	初代	
					2代	
		松平（能見）	長煕	元和5（1619）年10月	初代	
					2代	
		井上	正就	元和8（1622）年	初代	
					2代	
		本多	利長	正保2（1645）年6月27日	初代	
		西尾	忠尚	元和2（1616）年	初～6代	
					7代	

墓所（住所）	宗派	備考
薬王山無量院（東京都文京区小石川）	浄土宗	
大雄山増圓寺（静岡県藤枝市田中）		
春雨寺（東京都品川区北品川）	臨済宗大徳寺派	万松山東海寺（東京都品川区北品川）の塔頭。
平等山龍眠寺（静岡県掛川市西大渕、曹洞宗）	浄土真宗大谷派	
熊谷山蓮生寺（静岡県藤枝市本町）	浄土真宗大谷派	
徳本寺（東京都台東区西浅草）	浄土真宗東本願寺派	
墓所（住所）	宗派	備考
宝泉寺（静岡県牧之原市波津）		現在、小堤山公園内。
牛頭山弘福寺（東京都墨田区向島）	黄檗宗	
天沢山麟祥院（東京都文京区湯島）	臨済宗妙心寺派	
萬燈山長円寺（愛知県西尾市貝吹町）	曹洞宗	
瑞石山永源寺（滋賀県東近江市永源寺高野町）	臨済宗永源寺派	
萬年山勝林寺（東京都文京区駒込）	臨済宗妙心寺派	
東海山崇源寺（三重県桑名市東方）	浄土宗	寺院名を照源寺と改称。
祝谷山常信寺（愛媛県松山市祝谷東町）	天台宗	
桑子山妙源寺（愛知県岡崎市大和町）	浄土宗	
東海山照源寺（三重県桑名市東方）	浄土宗	
三縁山増上寺（東京都港区芝公園）	浄土宗	
道本山霊巌寺（東京都江東区白河）	浄土宗	
海瀧山王龍寺（奈良県奈良市二名）	黄檗宗	
紫雲山金戒光明寺（京都府京都市左京区黒谷町）	浄土宗	
上嶽寺（静岡県袋井市国本）	曹洞宗	
萬松山可睡斉（静岡県袋井市久能）	曹洞宗	
牛頭山弘福寺（東京都墨田区向島）	黄檗宗	
深正院（兵庫県尼崎市大物）	浄土宗	
天澤山龍光寺（東京都文京区本駒込）	臨済宗東福寺派	
大龍山臨済寺（静岡県静岡市葵区大岩町）	臨済宗妙心寺派	
経王山妙法華寺（静岡県三島市玉沢）	日蓮宗	
長久山本行寺（東京都荒川区西日暮里）	日蓮宗	
天翁山州伝寺（福島県田村郡三春町新町）	曹洞宗	
上嶽寺（静岡県袋井市国本）	曹洞宗	
高済寺（埼玉県東松山市高坂）	曹洞宗	
田島山誓願寺（東京都府中市紅葉丘）	浄土宗系単立	文禄元年（1592）に神田白銀町に創建、神田須田町への移転（慶長元年）、明暦の大火により浅草へ移転。関東大震災以後、現在地。
全正寺（和歌山県和歌山市直川）	曹洞宗	
永正寺（京都府向日市物集女町北ノ口）	曹洞宗	
終南山善導寺（群馬県館林市楠町）	浄土宗	
経王山妙法華寺（静岡県三島市玉沢）	日蓮宗	
芳春院（京都府京都市北区紫野大徳寺町）	臨済宗大徳寺派	龍寶山大徳寺の塔頭。
玄性院（東京都品川区北品川）	臨済宗大徳寺派	万松山東海寺の塔頭。
照光山安養寺（東京都台東区浅草）	浄土宗	
金鳳山平林寺（埼玉県新座市野火止）	臨済宗妙心寺派	
照光山安養寺（東京都台東区浅草）	浄土宗	
湯嶹山浄心寺（東京都文京区向丘）	浄土宗	
万松寺（茨城県結城市山川）		現在、廃寺。
湯嶹山浄心寺（東京都文京区向丘）	浄土宗	
染井霊園（東京都豊島区駒込）		
景江山撰要寺（静岡県掛川市山崎）	浄土宗	
増位山随願寺（兵庫県姫路市白国町）	天台宗	
無量山西福寺（静岡県静岡市葵区大鋸町）	浄土宗	
無量山伝通院（東京都文京区小石川）	浄土宗	
寂静山本源寺（静岡県掛川市西大渕）	日蓮宗	
湯嶹山浄心寺（東京都文京区向丘）	浄土宗	
長慶山教善寺（東京都港区六本木）	浄土宗	
平等山竜眠寺（静岡県掛川市西大渕）	曹洞宗	
円福山妙厳寺（埼玉県上尾市原市）	曹洞宗	

国名（県名）	藩	藩主姓	初代名	各家の初代藩主就任年月日	●代	文献
三河国（愛知）	吉田	松平（竹谷）	家清	慶長 6（1601）年 2 月	初代	
					2 代	
		松平（深溝）	忠利	慶長 17（1612）年 11 月 12 日	初・2 代	
		水野（沼津）	忠清	寛永 9（1632）年 8 月 11 日	初代	
		水野（山形）	忠善	寛永 19（1642）年	初代	
		小笠原	忠知	正保 2（1645）年 7 月 14 日	初～ 3 代	
					4 代	
		久世	重之	元禄 10（1697）年 6 月 10 日	初代	
		牧野	成春	宝永 2（1705）年 10 月	初・2 代	
		松平（大河内）	信復	正徳 2（1712）年 7 月 12 日	初代	
		松平（本庄）	資訓	享保 14（1729）年 2 月 15 日	初代	
		松平（大河内）	信復	寛延 2（1749）年 10 月 15 日	初～ 6 代	
					7 代	
	田原	戸田	尊次	慶長 6（1601）年 3 月	初・2 代	
					3 代	
		三宅	康勝	寛文 4（1664）年 5 月 9 日	初～ 12 代	
	伊保	丹羽	氏次	慶長 5（1600）年 10 月 18 日	初・2 代	
		本多	忠晴	天和元（1681）年 9 月 15 日	初代	
	挙母	三宅	康貞	慶長 9（1604）年 11 月	初・2 代	
		三宅	康盛	寛永 13（1636）年 5 月 16 日	初・2 代	
		本多	忠利	天和元（1681）年 9 月 15 日	初～ 3 代	
		内藤	政苗	寛延 2（1749）年 2 月 6 日	初～ 6 代	
					7 代	
	大給	松平（大給）	乗次	貞享元（1684）年	初～ 3 代	
	奥殿	松平（大給）	乗真	正徳元（1711）年 4 月 28 日	初～ 4・6・7 代	
					5 代	
					8 代	
	西大平	大岡	忠相	寛延元（1748）年閏 10 月 1 日	初～ 7 代	
	刈谷	水野	勝成	慶長 5（1600）年 7 月 25 日	初代	
					2 代	
		松平（深溝）	忠房	寛永 9（1632）年 8 月 11 日	初代	
		松平（久松）	定政	慶安 2（1649）年 2 月 28 日	初代	
		稲垣	重綱	慶安 4（1651）年 9 月 19 日	初～ 3 代	
		阿部	正春	元禄 15（1702）年 9 月 7 日	初・2 代	
		本多	忠良	宝永 7（1710）年 5 月 23 日	初代	
		三浦	明敬	正徳 2（1712）年 7 月 12 日	初～ 3 代	
		土井	利信	延享 4（1747）年 2 月 11 日	初・3・5・8・9 代	
					2・6 代	
					4・7 代	
	西尾	本多	康俊	慶長 6（1601）年 2 月	初代	
		松平（大給）	成重	元和 3（1617）年 10 月 5 日	初代	
		本多	俊次	元和 7（1621）年 7 月	初代	
		太田	資宗	寛永 15（1638）年 4 月 24 日	初代	
		井伊	直好	正保 2（1645）年 6 月 23 日	初代	
		増山	正利	万治 2（1659）年 2 月 3 日	初・2 代	
		土井	利長	寛文 3（1663）年 7 月 11 日	初・3・4 代	
					2 代	
		三浦	義理	延享 4（1747）年 2 月 11 日	初～ 4 代	

墓所（住所）	宗派	備考
全栄寺（愛知県蒲郡市蒲郡町）	曹洞宗	寺院名を龍台山天桂院に改称。
瑞雲山本光寺（愛知県額田郡幸田町）	曹洞宗	
無量山真珠院（東京都文京区小石川）	浄土宗	
万松寺（茨城県結城市山川）		現在、廃寺。
大龍山臨済寺（静岡県静岡市葵区大岩町）	臨済宗妙心寺派	
天澤山龍光寺（東京都文京区本駒込）	臨済宗東福寺派	
徳栄山本妙寺（東京都豊島区巣鴨）	法華宗陣門流	
東光山要津寺（東京都墨田区千歳）	臨済宗妙心寺派	
金鳳山平林寺（埼玉県新座市野火止）	臨済宗妙心寺派	
安養寺（東京都台東区浅草）	浄土宗	
金鳳山平林寺（埼玉県新座市野火止）	臨済宗妙心寺派	
清凉山松光寺（東京都港区高輪）	浄土宗	
雲龍山長興寺（愛知県渥美郡田原町大久保）	曹洞宗	
松源寺（東京都新宿区神楽坂）	臨済宗妙心寺派	
梅坪山霊巌寺（愛知県田原市田原町）	浄土宗	
妙仙寺（兵庫県加東市山国）	曹洞宗	
宝泉寺（静岡県牧之原市波津）		現在、小堤山公園内。
梅坪山霊巌寺（愛知県田原市田原町）	浄土宗	以後、領地替え。
梅坪山霊巌寺（愛知県田原市田原町）	浄土宗	康盛が藩主になる前に、留守役の増田・毛馬が治める。
瑞石山永源寺（滋賀県東近江市永源寺高野町）	臨済宗永源寺派	
光台院（東京都港区高輪）	浄土宗	
霞渓山洞泉寺（愛知県豊田市小坂町）	浄土宗	
奥殿藩藩主廟所（愛知県岡崎市奥殿町）		3 代は、奥殿藩初代。
平河山浄土寺（東京都港区赤坂）	浄土宗	奥殿藩藩主廟所にも墓所。
林宮寺（愛知県岡崎市奥殿町雑谷下）		現在、廃寺。奥殿藩藩主廟所にも墓所。
瑞泉山香林院（東京都渋谷区広尾）	臨済宗大徳寺派	瑞泉山祥雲寺（東京都渋谷区広尾）の塔頭。
窓月山浄見寺（神奈川県茅ヶ崎市堤）	浄土宗	
南陽山賢忠寺（広島県福山市寺町）	曹洞宗	
無量山伝通院（東京都文京区小石川）	浄土宗	
瑞雲山本光寺（愛知県額田郡幸田町）	曹洞宗	
祝谷山常信寺（愛媛県松山市祝谷東町）	天台宗	
盛高山保善寺（東京都中野区上高田）	曹洞宗	3 代は、大陽山天増寺（群馬県伊勢崎市昭和、曹洞宗）にも墓所。
薬王山東光院（東京都台東区西浅草）	天台宗	
田島山誓願寺（東京都府中市紅葉丘）	浄土宗系単立	文禄元年（1592）に神田白銀町に創建、神田須田町への移転（慶長元年）、明暦の大火により浅草へ移転。関東大震災以後、現在地。
田島山誓願寺（東京都府中市紅葉丘）	浄土宗系単立	文禄元年（1592）に神田白銀町に創建、神田須田町への移転（慶長元年）、明暦の大火により浅草へ移転。関東大震災以後、現在地。
田島山誓願寺（東京都府中市紅葉丘）	浄土宗系単立	文禄元年（1592）に神田白銀町に創建、神田須田町への移転（慶長元年）、明暦の大火により浅草へ移転。関東大震災以後、現在地。
仏陀山天真寺（東京都港区南麻布）	臨済宗大徳寺派	
具足山十念寺（愛知県刈谷市広小路）	浄土宗	
梅香山緑心寺（滋賀県大津市丸の内町）	単立	当時は、浄土宗。
法禅寺（東京都江東区深川）	浄土宗	現在の神田寺（千代田区外神田）。無量山伝通院（東京都文京区小石川、浄土宗）に改葬。
梅香山緑心寺（滋賀県大津市丸の内町）	単立	当時は、浄土宗。
経王山妙法華寺（静岡県三島市玉沢）	日蓮宗	
可睡斎（静岡県袋井市久能）	曹洞宗	
東叡山勧善院（東京都台東区上野）	天台宗	東叡山寛永寺の塔頭。
田島山誓願寺（東京都府中市紅葉丘）	浄土宗系単立	文禄元年（1592）に神田白銀町に創建、神田須田町への移転（慶長元年）、明暦の大火により浅草へ移転。関東大震災以後、現在地。
仏陀山天真寺（東京都港区南麻布）	臨済宗大徳寺派	
田島山誓願寺（東京都府中市紅葉丘）	浄土宗系単立	文禄元年（1592）に神田白銀町に創建、神田須田町への移転（慶長元年）、明暦の大火により浅草へ移転。関東大震災以後、現在地。

国名（県名）	藩	藩主姓	初代名	各家の初代藩主就任年月日	●代	文献
三河国（愛知）	西尾	松平（大給）	乗佑	明和元（1764）年6月21日	初〜3代	
					4代	
					5代	
	岡崎	本多	康重	慶長6（1601）年2月	初〜3代	
					4代	
		水野	忠善	正保2（1645）年7月14日	初〜7代	
		松平	康福	宝暦12（1762）年9月30日	初代	
		本多	忠粛	明和6（1769）年11月18日	1〜3・5代	
					4代	
					6代	

国名（県名）	藩	藩主姓	初代名	各家の初代藩主就任年月日	●代	文献
尾張国（愛知）	犬山	平岩	親吉	慶長12（1607）年	初代	
		成瀬	正成	元和3（1617）年	初〜9代	
	尾張（名古屋）	徳川	義直	慶長12（1607）年閏4月26日	初代	
					2〜13代	(32)・41
					14・16・17代	
					15代	

国名（県名）	藩	藩主姓	初代名	各家の初代藩主就任年月日	●代	文献
伊勢国（三重）	長島	菅沼	定仍	慶長6（1601）年	初・2代	
		松平（久松）	康尚	慶安2（1649）年2月28日	初・2代	
		増山	正弥	元禄15（1702）年9月1日	1〜6代	
					7代	
					8代	
	桑名	本多	忠勝	慶長6（1601）年1月1日	初代	
					2代	
		松平（久松）	定勝	元和3（1617）年7月14日	初代	
					2代	
					3代	
					4代	
		松平（奥平）	正利	宝永7（1710）年閏8月15日	初〜6代	
					7代	
		松平（久松）	定永	文政6（1823）年3月24日	初・3代	
					2代	
					4・5代	
	八田（東阿倉川）	加納	久通	享保11（1726）年1月11日	初〜5代	
	菰野	土方	雄氏	慶長5（1600）年11月	初代	
					2・4・13代	
					3・5〜7・9〜11代	
					6代	
					12代	
	西条	有馬	氏倫	享保11（1726）年1月11日	初〜3・5代	
	神戸	一柳	直盛	慶長6（1601）年	初代	
		石川	総長	慶安4（1651）年4月4日	初〜3代	
		本多	忠統	享保17（1732）年4月11日	初〜7代	
	亀山	関	一政	慶長5（1600）年	初代	
		松平（奥平）	俊次	慶長15（1610）年7月27日	初代	
		三宅	康信	元和5（1619）年9月29日	初・2代	
		本多	俊次	寛永13（1636）年6月23日	初代	
		石川	俊次	慶安4（1651）年4月4日	初代	
		板倉	重常	寛文9（1669）年2月25日	初〜3代	
		松平（大給）	乗佑	宝永7（1710）年1月26日	初代	
		板倉	重治	享保2（1717）年11月1日	初・2代	
		石川	総慶	延享元（1744）年3月1日	初〜11代	
	津	富田	知信	文禄4（1595）年7月15日	初代	
					2代	

墓所（住所）	宗派	備考
光明山天徳寺（東京都港区虎ノ門）	浄土宗	2 代は、多磨霊園（東京都府中市多磨町）に改葬。
久昌山盛厳寺（愛知県西尾市馬場町）	曹洞宗	
光明山天徳寺（東京都港区虎ノ門）	浄土宗	
景江山撰要寺（静岡県掛川市山崎）	浄土宗	
長慶山教善寺（東京都港区六本木）	浄土宗	
万松寺（茨城県結城市山川新宿）		現在、廃寺。。
光明山天徳寺（東京都港区虎ノ門）	浄土宗	
田島山誓願寺（東京都府中市紅葉丘）	浄土宗系単立	文禄元年（1592）に神田白銀町に創建、神田須田町への移転（慶長元年）、明暦の大火により浅草へ移転。関東大震災以後、現在地。
谷中霊園（東京都台東区谷中）		
墓所（住所）	宗派	備考
平田院（愛知県名古屋市東区代官町）	浄土宗	
東海山白林寺（愛知県名古屋市中区栄）	臨済宗妙心寺派	
応夢山定光寺（愛知県瀬戸市定光寺町）	臨済宗建長寺派	
徳興山建中寺（愛知県名古屋市東区筒井町）	浄土宗	
西光庵（東京都新宿東大久保）	浄土宗	
谷中霊園（東京都台東区谷中）		
墓所（住所）	宗派	備考
幸雲山宗堅寺（京都府亀岡市西竪町）	曹洞宗	後、幕府領。
妙峰山徳雲寺（東京都文京区小日向）	臨済宗円覚寺派	
東叡山勧善院（東京都台東区上野）	天台宗	東叡山寛永寺の塔頭。
花林院（愛知県桑名市長島町長島中町）	曹洞宗	
本松山蓮華寺（東京都文京区白山）	日蓮宗	
袖野山浄土寺（三重県桑名市清水町）	浄土宗	
書写山圓教寺（兵庫県姫路市書写）	天台宗	
祝谷山常信寺（愛媛県松山市祝谷東町）	天台宗	
東海山照源寺（三重県桑名市東方）	浄土宗	旧寺名は崇源寺。
光徳山円妙寺（三重県桑名市東方）	日蓮宗	
道本山霊厳寺（東京都江東区白河）	浄土宗	
楞伽山天眼寺（東京都台東区谷中）	臨済宗妙心寺派	
海東山天祥寺（埼玉県行田市埼玉）	臨済宗妙心寺派	
道本山霊巌寺（東京都江東区白河）	浄土宗	
東海山照源寺（三重県桑名市東方）	浄土宗	
染井墓地（東京都豊島区駒込）		
谷中霊園（東京都台東区谷中）		
功運院（京都府京都市北区等持院北町）	臨済宗天龍寺派	
真如山見性寺（三重県菰野町大字菰野）	臨済宗妙心寺派	
天沢山麟祥院（東京都文京区湯島）	臨済宗妙心寺派	
萬年山青松寺（東京都港区愛宕）	曹洞宗	
谷中霊園（東京都台東区谷中）		
瑞泉山祥雲寺（東京都渋谷区広尾）	臨済宗大徳寺派	当初の寺院名は興雲寺、赤坂溜池や麻布三河台を経て現位置。
多宝山常福寺（愛媛県西条市福武甲）	臨済宗東福寺派	
教風山大久寺（東京都北区田端）	法華宗陣門流	
道本山霊巌寺（東京都江東区白河）	浄土宗	
高野山中性院（和歌山県伊都郡高野町）	真言宗	高野山金剛峯寺の塔頭。
梅坪山霊巌寺（愛知県田原市田原町）	浄土宗	
梅香山緑心寺（滋賀県大津市丸の内町）	単立	当時は、浄土宗。
光了山本禅寺（京都府京都市上京区寺町通広小路）	法華宗陣門派	
萬燈山長円寺（愛知県西尾市貝吹町）	曹洞宗	
光明山天徳寺（東京都港区虎ノ門）	浄土宗	
萬燈山長円寺（愛知県西尾市貝吹町）	曹洞宗	
教風山大久寺（東京都北区田端）	法華宗陣門流	
瑞龍山瑞雲庵（京都市左京区南禅寺福地町）	臨済宗南禅寺	瑞龍山南禅寺の塔頭。

国名（県名）	藩	藩主姓	初代名	各家の初代藩主就任年月日	●代	文献
伊勢国（三重）	津	藤堂	高虎	慶長13（1608）年8月25日	初・2・8・10代	
					3代	
					4～7・9代	
					11・12代	
	久居	藤堂	高通	寛文9（1669）年9月29日	初・4～9・11・13・15代	
					2・10代	
					12代	
					14代	
					16代	

国名（県名）	藩	藩主姓	初代名	各家の初代藩主就任年月日	●代	文献
志摩国（三重）	鳥羽	久鬼	嘉隆	文禄元（1592）年	初・2代	
		内藤	忠重	寛永10（1633）年3月18日	初代	
					2代	
					3代	
		土井	利益	天和元（1681）年2月25日	初代	
		松平（大給）	乗邑	元禄4（1691）年2月9日	初代	
		板倉	重治	宝永7（1710）年1月26日	初・3代	
		松平（戸田）	光慈	享保2（1717）年11月1日	初代	
		稲垣	昭賢	享保10（1725）年10月18日	初～5代	
					6～8代	

国名（県名）	藩	藩主姓	初代名	各家の初代藩主就任年月日	●代	文献
近江国（滋賀）	小室	一柳	直盛	慶長9（1604）年	初代	
					2～6代	
	宮川	堀田	直盛	元禄11（1698）年3月7日	初～5代	
					6～9代	
	彦根	井伊	直政	慶長5（1600）年	初・4・6・9・10・12・14・15代	46
					2代	
					3・7・11・13・16・17代	
					5・8代	
	山上	安藤	重信	慶長9（1604）年	初・2代	
					3代	
		稲垣	重定	元禄11（1698）年3月7日	初～6代	
					7代	
					8・9代	
	仁正寺	市橋	長政	元和6（1620）年	初・2・5・7・9・10代	
					3・6・8代	
					4代	
	水口	加藤	明友	天和2（1682）年6月19日	初・2代	
		鳥居	忠英	元禄8（1695）年	初代	
		加藤	嘉矩	正徳2（1712）年	初～9代	
	三上	遠藤	胤親	元禄11（1698）年3月7日	初代	
					2～6代	
	膳所	戸田	一西	慶長6（1601）年	初代	
					2代	
		本多	康俊	元和3（1617）年7月	初・2代	43
		菅沼	定芳	元和7（1621）年	初代	
		石川	忠総	寛永11（1634）年閏7月6日	初・2代	
		本多	俊次	慶安4（1651）年4月4日	初・2・4・5・7・8代	
					3代	
					6・9～12代	
					13代	
	大溝	分部	光信	元和5（1619）年8月27日	初代	
					2～6・10～12代	
					7・9代	
	堅田	堀田	正高	元禄11（1698）年3月7日	初・2・4・6代	
					3代	
					5代	

墓所（住所）	宗派	備考
東叡山寒松院（東京都台東区上野公園）	天台宗	
平野山常住寺（三重県上野市長田）	天台宗	
寒松院（三重県津市寿町）	天台宗	
染井霊園（東京都豊島区駒込）		
寒松院（三重県津市寿町）	天台宗	
富元山真光寺（東京都文京区本郷）	天台宗	瑞泉院（東京都文京区本郷）に墓所ともされる。
東叡山寒松院（東京都台東区上野公園）	天台宗	東叡山寛永寺の塔頭。
富元山瑞泉院（東京都文京区本郷）	天台宗	
染井霊園（東京都豊島区駒込）		
墓所（住所）	宗派	備考
玉龍山常安寺（三重県鳥羽市鳥羽）	曹洞宗	2代守隆は清涼山心月院（兵庫県三田市、曹洞宗）に改葬。
無量院（東京都千代田区神田）	浄土宗	
春曜山西念寺（三重県鳥羽市鳥羽）	浄土宗	
青龍寺（東京都港区芝）	真言宗	
田島山誓願寺（東京都府中市紅葉丘）	浄土宗系単立	文禄元年（1592）に神田白銀町に創建、神田須田町への移転（慶長元年）、明暦の大火により浅草へ移転。関東大震災以後、現在地。利勝山正定寺（茨城県古河市大手町、浄土宗）に改葬。
光明山天徳寺（東京都港区虎ノ門）	浄土宗	
萬燈山長円寺（愛知県西尾市貝吹町）	曹洞宗	
智勝院（岐阜県本巣市郡府）	曹洞宗	
大陽山天増寺（群馬県伊勢崎市昭和）	曹洞宗	
玉龍山常安寺（三重県鳥羽市鳥羽）	曹洞宗	
墓所（住所）	宗派	備考
孤篷庵（京都府京都市北区紫野）	臨済宗大徳寺派	龍寶山大徳寺の塔頭。
円満山広徳寺（東京都練馬区桜台）	臨済宗大徳寺派	
法江山金蔵寺（東京都台東区寿）	天台宗	
祥寿山清涼寺（滋賀県彦根市古沢町）	曹洞宗	
万松山龍潭寺（静岡県浜松市北区）	臨済宗妙心寺派	
大谿山豪徳寺（東京都世田谷区豪徳寺町）	臨済宗妙心寺派	
瑞石山永源寺（滋賀県東近江市永源寺高野町）	臨済宗永源寺派	
村高山長福寺（東京都千代田区麹町）	浄土真宗	現在の寺号は栖岸院（浄土宗）。
常恵院（東京都品川区北品川）	臨済宗大徳寺派	万松山東海寺の塔頭。
大陽山天増寺（群馬県伊勢崎市昭和）	曹洞宗	
盛高山保善寺（東京都中野区上高田）	曹洞宗	
諏訪山吉祥寺（東京都文京区本駒込）	曹洞宗	
瑞応山南泉寺（東京都荒川区西日暮里）	臨済宗妙心寺派	
祥雲山清源寺（滋賀県滋賀県蒲生郡日野町）	臨済宗永源寺派	
大寶山東禅寺（岩手県盛岡市北山）	臨済宗妙心寺派	
大谷墓地（京都府京都市東山区五条橋東）	浄土真宗	
長源寺（山形県山形市七日町）	曹洞宗	
大谷墓地（京都府京都市東山区五条橋東）	浄土真宗	
東叡山勧善院（東京都台東区上野公園）	天台宗	東叡山寛永寺の塔頭。
長敬寺（東京都台東区西浅草）	浄土真宗大谷派	
梅香山縁心寺（滋賀県大津市丸の内町）	単立	当時は、浄土宗。
旭光山円通寺（岐阜県大垣市西外側町）	浄土宗	
梅香山縁心寺（滋賀県大津市丸の内町）	単立	当時は、浄土宗。
宗堅寺（京都府亀岡市西竪町）	曹洞宗	
光了山本禅寺（京都府京都市上京区寺町通広小路）	法華宗陣門派	
梅香山縁心寺（滋賀県大津市丸の内町）	単立	当時は、浄土宗。
華頂山知恩院（京都府京都市東山区林下町）	浄土宗	
道本山霊巌寺（東京都江東区白河）	浄土宗	
染井霊園（東京都豊島区駒込）		
大慈院（京都府京都市北区紫野大徳寺町）	臨済宗大徳寺派	龍寶山大徳寺の塔頭。
円光禅寺（滋賀県高島市大溝）	臨済宗東福寺派	3代嘉高の墓所は松渓院（東京都港区赤坂）にもある。
松渓院（東京都港区赤坂）	単立	8代光實は円光禅寺にも墓所ある。種徳寺（東京都港区赤坂）の塔頭。
瑞泉山香林院（東京都渋谷区広尾）	臨済宗大徳寺派	瑞泉山祥雲寺（東京都渋谷区広尾）の塔頭。
太平山祥瑞寺（滋賀県大津市本堅田）	臨済宗大徳寺派	

国名（県名）	藩	藩主姓	初代名	各家の初代藩主就任年月日	●代	文献
山城国（京都）	淀	松平（久松）	定綱	元和9（1623）年閏8月20日	初・2代	
		永井	尚政	寛永10（1633）年	初代	
					2代	
		石川	憲之	寛文9（1669）年2月25日	初・2代	
					3代	
		松平（戸田）	光凞	宝永8（1711）年2月15日	初・3代　→2代は？	
		松平（大給）	乗邑	享保2（1717）年11月1日	初代	
		稲葉	正知	享保14（1729）年7月16日	初・8代	
					2・4～7・9・11代	
					3代	
					10代	
					12代	

国名（県名）	藩	藩主姓	初代名	各家の初代藩主就任年月日	●代	文献
大和国（奈良）	柳生	柳生	宗矩	寛永13（1636）年8月14日	初・3～13代	
					2代	
	松山	福島	孝治	慶長5（1600）年	初代	
		織田	信雄	元和元（1615）年7月23日	初代	
					2～4代	
	郡山	水野	勝成	元和元（1615）年7月21日	初代	
		松平（奥平）	忠明	元和5（1619）年10月	初代	
		本多	政勝	寛永16（1639）年4月18日	初代	
					2代	
					3代	
		松平（藤井）	信之	延宝7（1679）年6月26日	初代	
		本多	忠平	貞享2（1685）年9月15日	初代	
					2代	
					3代	
					4・5代	
		柳沢	信鴻	享保9（1724）年3月11日	初～4代	
					5代	
	小泉	片桐	貞隆	慶長6（1601）年1月28日	初代	
					2～4・8～11代	
					5代	
					6・7代	
	柳本	織田	尚長	元和元（1615）年8月12日	初代	
					2～4・6・8・9・13代	
					5・10代	
					7・11代	
					12代	
	芝村（戒重）	織田	長政	元和元（1615）年8月12日	初～4・9代	
					5～8・11代	
					10代	(19)
	新庄	桑山	一晴	慶長5（1600）年	初代	
					2代	
					3・4代	
		永井	直圓	延宝8（1680）年8月7日	初・3・5～8代	
					2・4代	
	高取	本多	俊政	慶長5（1600）年	初・2代	
		植村	家政	寛永17（1640）年10月19日	初～3・8～10・12代	
					4～7・11・13・14代	

国名（県名）	藩	藩主姓	初代名	各家の初代藩主就任年月日	●代	文献
摂津国（大阪）（兵庫）	高槻	内藤	信正	元和元（1615）年閏6月18日	初代	
		土岐	定義	元和3（1617）年	初代	
		松平（形原）	家信	元和5（1619）年9月	初代	
		岡部	宣勝	寛永13（1636）年6月23日	初代	
		松平（形原）	康信	寛永17（1640）年9月28日	初代	
		永井	直清	慶安2（1649）年7月4日	初・3・5・7・8・11・12代	
					2・4・6・9・10・13代	

墓所（住所）	宗派	備考
東海山照源寺（三重県桑名市東方）	浄土宗	
仏徳山興聖寺（京都府宇治市宇治山田）	曹洞宗	
龍寶山功運寺（東京都中野区上高田）	曹洞宗	
光了山本禅寺（京都府京都市上京区寺町通広小路）	法華宗陣門派	
教風山大久寺（神奈川県小田原市城山）	法華宗陣門流	
智勝院（岐阜県本巣市郡府）	曹洞宗	
光明山天徳寺（東京都港区虎ノ門）	浄土宗	
白華山養源寺（東京都文京区千駄木）	臨済宗妙心寺派	
天沢山麟祥院（東京都文京区湯島）	臨済宗妙心寺派	
牛頭山弘福寺（東京都墨田区向島）	黄檗宗	
青山共同墓地（東京都港区南青山）		

墓所（住所）	宗派	備考
円満山広徳寺（東京都練馬区桜台）	臨済宗大徳寺派	
法興山中宮寺（奈良県生駒郡斑鳩町法隆寺北）	聖徳宗	
正法寺（三重県度会郡度会町注連）	曹洞宗	
摠見院（京都府京都市北区紫野大徳寺町）	臨済宗大徳寺派	室生寺や徳源寺にも墓所ある。龍寶山大徳寺の塔頭。
長泉山徳源寺（奈良県宇陀市大宇陀区）	臨済宗大徳寺派	
賢忠寺（広島県福山市寺町・若松町）	曹洞宗	
高野山中性院（和歌山県伊都郡高野町）	真言宗	高野山金剛峯寺の塔頭。
瑞龍山良玄寺（奈良県大和郡山市茶町）	臨済宗妙心寺派	
浄真寺（奈良県大和郡山市）		
墓所（神戸市垂水区霞ヶ丘）		
海瀧山王龍寺（奈良県奈良市二名）	黄檗宗	
発志院（奈良県大和郡山市）	浄土真宗	
身延山久遠寺（山梨県南巨摩郡身延町）	日蓮宗	
天沢山麟祥院（東京都文京区湯島）	臨済宗妙心寺派	
正覚山月桂寺（東京都新宿区市ヶ谷河田町）	臨済宗円覚寺派	
龍華山永慶寺（奈良県大和郡山市永慶寺町）	黄檗宗	
萬年山青松寺（東京都港区愛宕）	曹洞宗	
高林院（京都府京都市北区紫野大徳寺町）	臨済宗大徳寺派	龍寶山大徳寺の塔頭の芳春院内にある。寺院名を高林庵から改称。
玄性院（東京都品川区北品川）	臨済宗大徳寺派	万松山東海寺の塔頭。
万松山東海寺（東京都品川区北品川）	臨済宗大徳寺派	
佛日山東禅寺（東京都港区高輪）	臨済宗妙心寺派	
瑞泉山祥雲寺（東京都渋谷区広尾）	臨済宗大徳寺派	当初の寺院名は興雲寺、赤坂溜池や麻布三河台を経て現位置。
仏陀山天真寺（東京都港区南麻布）	臨済宗大徳寺派	
専行院（奈良県天理市柳本町）	浄土宗	
三輪山慶田寺（奈良県桜井市芝）	曹洞宗	
万松山泉岳寺（東京都港区高輪）	曹洞宗	
大光山重秀寺（東京都港区白金）	臨済宗妙心寺派	
龍源院（京都府京都市北区紫野大徳寺町）	臨済宗大徳寺派	龍寶山大徳寺の塔頭。
瑞泉山祥雲寺（東京都渋谷区広尾）	臨済宗大徳寺派	当初の寺院名は興雲寺、赤坂溜池や麻布三河台を経て現位置。
仏陀山天真寺（東京都港区南麻布）	臨済宗大徳寺派	
龍寶山功運寺（東京都中野区上高田）	曹洞宗	
円通山興聖寺（京都府京都市上京区上天神町）	臨済宗興聖寺派	
帰命山如来寺（東京都品川区西大井）	天台宗	当初は東京都港区芝に位置。
真各山宗泉寺（奈良県高市郡高取町上子島）	天台宗	

墓所（住所）	宗派	備考
黄牛山霊松寺（大阪府高槻市天神町）	曹洞宗	
宝林山光忠寺（京都府亀岡市古世町）	浄土宗	
天瑞山泉光寺（大阪府岸和田市門前町）	臨済宗妙心寺派	
宝林山光忠寺（京都府亀岡市古世町）	浄土宗	
悲田院（京都市東山区泉涌寺山内町）	真言宗泉涌寺派	泉涌寺の塔頭。
清光院（東京都品川区北品川）	臨済宗大徳寺派	万松山東海寺の塔頭。

国名（県名）	藩	藩主姓	初代名	各家の初代藩主就任年月日	●代	文献
摂津国（大阪）（兵庫）	麻田	青木	一重	元和元（1615）年	初～4代	
					5～13代	
					14代	
	尼崎	建部	政長	元和元（1615）年7月21日	初代	
		戸田	氏鉄	元和3（1617）年7月25日	初代	
		青山	幸成	寛永12（1635）年7月28日	初代	
					2・3代	
					4代	
		松平（桜井）	忠喬	宝永8（1711）年2月11日	初・7代	
					2～6代	
	三田	九鬼	良隆	寛永10（1633）年以前	初～5・8～14代	
					6・7代	

国名（県名）	藩	藩主姓	初代名	各家の初代藩主就任年月日	●代	文献
河内国（大阪）	丹南	高木	正次	元和9（1623）年	初・11代	
					2代	
					3代	
					4～10・12代	
					13代	
	狭山	北条	氏盛	慶長5（1600）年	初～9・10・12代	
					11代	

国名（県名）	藩	藩主姓	初代名	各家の初代藩主就任年月日	●代	文献
和泉国（大阪）	伯太	渡辺	基綱	享保12（1727）年4月18日	初～9代	
	岸和田	小出	秀政	天正13（1585）年7月	初代	
					2代	
					3代	
		松平（松井）	康重	元和5（1619）年8月23日	初・2代	
		岡部	宣勝	寛永17（1640）年9月11日	初～4・7・10・11代	
					5代	
					6・8・9代	
					12代	
					13代	

国名（県名）	藩	藩主姓	初代名	各家の初代藩主就任年月日	●代	文献
紀伊国（和歌山）	和歌山	桑山	重晴	天正13（1585）年	初・2代	
		浅野	幸長	慶長5（1600）年	初代	
					2代	
		徳川	頼宣	元和5（1619）年7月19日	初～4・6～12・14代	18・20・49
					5代	18
					13代	18
	新宮	浅野	忠吉	慶長5（1600）年	初代	
		水野	重央	元和5（1619）年7月19日	初代	16
					2・3・6・8代	
					4・5・7・10代	
					9代	
	田辺	浅野	近誓	慶長5（1600）年	初代	
		安藤	直次	元和5（1619）年7月	初代	
					2～15代	
					16代	

国名（県名）	藩	藩主姓	初代名	各家の初代藩主就任年月日	●代	文献
丹波国（京都）（大阪）（兵庫）	山家	谷	衛友	天正10（1582）年	初・5～7代	
					2～4・8～13代	
	綾部	九鬼	隆季	寛永10（1633）年3月5日	初代	
					2・6～8代	
					3～5・9代	
					10代	
	福知山	有馬	豊氏	慶長5（1600）年12月13日	初代	
		岡部	長盛	元和7（1621）年8月	初代	
		稲葉	紀通	寛永元（1624）年9月	初代	
		松平（深溝）	忠房	慶安2（1649）年2月28日	初代	

墓所（住所）	宗派	備考
摩耶山仏日寺（大阪府池田市畑）	黄檗宗	初代一重は祥雲寺（東京都港区麻布）、4 代重成は瑞聖寺にも墓所がある。
紫雲山瑞聖寺（東京都港区白金台）	黄檗宗	
芳春院（京都府京都市北区紫野）	臨済宗大徳寺派	龍寶山大徳寺の塔頭。
旭光山円通寺（岐阜県大垣市西外側町）	浄土宗	
三縁山増上寺（東京都港区芝公園）	浄土宗	
大悲山安養寺（兵庫県神戸市中央区楠町）	浄土宗	
長青山梅窓院（東京都港区青山）	浄土宗	
深正院（兵庫県尼崎市大物）	浄土宗	
清涼山心月院（兵庫県三田市西山）	曹洞宗	
法輪山泰宗寺（東京都台東区下谷）	曹洞宗	
墓所（住所）	宗派	備考
来迎寺（大阪府松原市丹南）	融通念仏宗	初代正次は妙源寺や叡福寺にも墓所がある。
桑子山妙源寺（愛知県岡崎市大和町）	浄土宗	2 代正盛は叡福寺にも墓所がある。
紫雲山金戒光明寺（京都府京都市左京区黒谷町）	浄土宗	
磯長山叡福寺（大阪府南河内郡太子町）	真言宗	栖岸院（東京都杉並区永福、浄土宗）にも墓所がある。
村高山長福寺（東京都千代田区麹町）	浄土真宗	寺号を栖岸院に改める。
瑞泉山祥雲寺（東京都渋谷区広尾）	臨済宗大徳寺派	当初の寺院名は興雲寺、赤坂溜池や麻布三河台を経て現位置。
大寶山法雲禅寺（大阪府堺市美原区今井）	黄檗宗	
墓所（住所）	宗派	備考
南溟寺（大阪府泉大津市神明町）	浄土真宗大谷派	
大光山本圀寺（京都府京都市山科区御陵大岩）	日蓮宗	
庫蔵院（和歌山県伊都郡高野町）	真言宗	高野山金剛峯寺の塔頭。
円満山広徳寺（東京都練馬区桜台）	臨済宗大徳寺派	
紫雲山金戒光明寺（京都府京都市左京区黒谷町）	浄土宗	
天瑞山泉光寺（大阪府岸和田市門前町）	臨済宗妙心寺派	
十輪寺（大阪府岸和田市宮本町）	臨済宗妙心寺派	
蔭凉山済松寺（東京都新宿区榎町）	臨済宗妙心寺派	
海福寺（千葉県野田市山崎）	曹洞宗	
青山共同墓地（東京都港区南青山）		
墓所（住所）	宗派	備考
清泉院（京都府京都市北区紫野大徳寺町）	臨済宗大徳寺派	龍寶山大徳寺の塔頭。
高野山悉地院（和歌山県伊都郡高野町）	真言宗	高野山金剛峯寺の塔頭。
鳳来山国泰寺（広島県広島市西区己斐上）	曹洞宗	
慶徳山長保寺（和歌山県海南市下津町）	天台宗	
東叡山寛永寺（東京都台東区上野桜木）	天台宗	5 代は 8 代将軍徳川吉宗。
三縁山増上寺（東京都港区芝公園）	浄土宗	12 代は 14 代将軍徳川家茂。
妙頂寺（広島県広島市中区十日市町）	日蓮宗	
全正寺（和歌山県和歌山市直川）	曹洞宗	水野家墓所（和歌山県新宮市）にも墓所。
高松寺（神奈川県鎌倉市）		
妙典山戒行寺（東京都新宿区須賀町）	日蓮宗	
橋本山（和歌山県新宮市）		
鳳来山国泰寺（広島県広島市西区己斐上）	曹洞宗	
崇賢寺（和歌山県和歌山市北新金屋）	浄土真宗高田派	妙源寺にも墓所。
桑子山妙源寺（愛知県岡崎市大和町）	浄土宗	
谷中霊園（東京都台東区谷中）		多摩霊園にも墓所。
墓所（住所）	宗派	備考
万松山泉岳寺（東京都港区高輪）	曹洞宗	
塩谷山覚王寺（京都府綾部市旭町寺）	臨済宗妙心寺派	
玉龍山常安寺（三重県鳥羽市鳥羽）	曹洞宗	当初の寺名は大福寺。
瑞應山隆興寺（京都府綾部市神宮寺町上藤山）	臨済宗妙心寺派	
心月院（東京都杉並区梅里）	曹洞宗	
江南山梅林寺（福岡県久留米市）	臨済宗妙心寺派	
萬松山瑞巌寺（岐阜県揖斐郡揖斐川町瑞岩寺）	臨済宗妙心寺派	
雑華院（京都府京都市右京区花園妙心寺町）	臨済宗妙心寺派	正法山妙心寺の塔頭。
瑞雲山本光寺（愛知県額田郡幸田町）	曹洞宗	

国名（県名）	藩	藩主姓	初代名	各家の初代藩主就任年月日	●代	文献
丹波国（京都）（大阪）（兵庫）	福知山	朽木	稙昌	寛文9（1669）年6月8日	初・3・5・6・8～11代	
					2代	
					4代	
					7・8・13代	
					12代	
	亀山	前田	玄以	文禄4（1595）年	初代	
					2代	
		岡部	長盛	慶長14（1609）年8月4日	初代	
		松平（大給）	成重	元和7（1621）年	初代	
					2代	
		菅沼	忠房	寛永11（1634）年閏7月6日	初・2代	
		松平（藤井）	忠晴	慶安元（1648）年閏1月19日	初～3代	
		久世	重之	貞享3（1686）年1月26日	初代	
		井上	正岑	元禄10（1697）年6月10日	初代	
		青山	忠重	元禄15（1702）年9月7日	初～3代	
		松平（形原）	信岑	寛延元（1748）年8月3日	初～8代	
	園部	小出	吉親	元和5（1619）年	初～9代	
					10代	
	篠山	松平（松井）	康重	慶長14（1609）年9月	初代	
		松平（藤井）	信吉	元和5（1619）年10月	初・2代	
		松平（形原）	康信	慶安2（1649）年7月4日	初～5代	
		青山	忠朝	寛延元（1748）年8月3日	初～6代	
	柏原	織田	信包	慶長3（1598）年6月	初代	
					2・3代	
					4～13代	

国名（県名）	藩	藩主姓	初代名	各家の初代藩主就任年月日	●代	文献
丹後国（京都）	田辺	京極	高三	元和8（1622）年	初・2代	
					3代	
		牧野	親茂	寛文8（1668）年5月23日	初・2・4～8代	
					3代	
					9代	
					10代	
	宮津	京極	高知	慶長5（1600）年	初代	
					2代	
					3代	
		永井	尚征	寛文9（1669）年2月25日	初・2代	
		阿部	正邦	天和元（1681）年2月25日	初代	
		奥平	昌成	元禄10（1697）年2月11日	初代	
		青山	幸秀	享保2（1717）年2月11日	初・2代	
		松平（本庄）	資昌	宝暦8（1758）年12月27日	初～4代	
					5代	
					6・7代	
	峰山	京極	高通	元和8（1622）年	初・2・4代	
					3・5代	
					6～12代	

国名（県名）	藩	藩主姓	初代名	各家の初代藩主就任年月日	●代	文献
但馬国（兵庫）	豊岡	杉原	長房	慶長2（1597）年	初～3代	
		京極	高盛	寛文8（1668）年5月21日	初・3・5～8代	
					2・4代	
					9代	
	出石	小出	吉政	文禄4（1595）年8月3日	初代	
					2～4代	
					5代	
					6代	
					7・8代	
		松平（藤井）	忠周	元禄10（1697）年2月11日	初代	
		仙石	政明	宝永3（1706）年1月28日	初・2・6～8代	
					3・5代	
					4代	

墓所（住所）	宗派	備考
万松山泉岳寺（東京都港区高輪）	曹洞宗	
瑞松山霊光寺（東京都墨田区吾妻橋）	浄土宗	
慈眼山光林寺（東京都港区南麻布）	臨済宗妙心寺派	
円覚寺（京都府福知山市土師）	曹洞宗	
青山共同墓地（東京都港区南青山）		
正法山妙心寺（京都府京都市右京区花園妙心寺町）	臨済宗妙心寺派	
萬松山瑞巌寺（岐阜県揖斐郡揖斐川町瑞岩寺）	臨済宗妙心寺派	
法禅寺（東京都江東区深川）	浄土宗	現在の神田寺（千代田区外神田）。無量山伝通院（東京都文京区小石川、浄土宗）に改葬。
同慈寺（大分県大分市荷揚町）	浄土宗	現、浄安寺。
宗堅寺（京都府亀岡市西竪町）	曹洞宗	
紫雲山金戒光明寺（京都府京都市左京区黒谷町）	浄土宗	
本妙寺（東京都中野区弥生町）	法華宗	
湯嶹山浄心寺（東京都文京区向丘）	浄土宗	雑司ヶ谷墓地に改葬。
玄性院（東京都品川区北品川）	臨済宗大徳寺派	万松山東海寺の塔頭。
宝林山光忠寺（京都府亀岡市古世町）	浄土宗	
小出氏廟所（京都府南丹市園部町城南町大領）	臨済宗大徳寺派	円満山広徳寺（東京都練馬区桜台、臨済宗大徳寺派）にも墓所。
長安院（京都府京都市左京区黒谷町）	浄土宗	
本空山称念寺（京都府京都市上京区寺之内）	浄土宗	
宝林山光忠寺（京都府亀岡市古世町）	浄土宗	
幡龍庵（兵庫県篠山市岡屋）		
西源院（京都府京都市右京区龍安寺）	臨済宗妙心寺派	大雲山龍安寺の塔頭。
龍徳山松泉寺（東京都渋谷区恵比寿南）	臨済宗妙心寺派	
織田廟所（兵庫県丹波市柏原町）		

墓所（住所）	宗派	備考
海厳山見樹寺（京都府舞鶴市西）	浄土宗	
桂芳山瑞泰寺（東京都文京区向丘）	浄土宗	
松岡山勝願寺（埼玉県鴻巣市登戸）	浄土宗	
大龍山東山寺（京都府舞鶴市倉谷）	臨済宗妙心寺派	
海厳山見樹寺（京都府舞鶴市西）	浄土宗	
本行寺（京都府舞鶴市引土新）	法華宗真門流	大徳寺塔頭芳春院（京都市北区）にも墓所。
天授庵（京都市左京区南禅寺福地町）	臨済宗南禅寺	瑞龍山南禅寺の塔頭。
広福寺墓地（岩手県盛岡市愛宕町）		
龍寶山功運寺（東京都中野区上高田）	曹洞宗	
東光山西福寺（東京都台東区蔵前）	浄土宗	谷中霊園（東京都台東区谷中）に改葬。
清光院（東京都品川区北品川）	臨済宗大徳寺派	万松山東海寺の塔頭。
長青山梅窓院（東京都港区青山）	浄土宗	
安養寺（東京都台東区浅草）	浄土宗	宝徳山大頂寺（京都府宮津市金屋谷、浄土宗）にも墓所。
	浄土宗	
宝徳山大頂寺（京都府宮津市金屋谷）	浄土宗	
玉葉山光明寺（京都府京丹後市峰山町）	真言宗	現在の安泰山常立寺（浄土宗）。
道本山霊厳寺（東京都江東区白河）	浄土宗	
安泰山常立寺（京都府京丹後市峰山町吉原）		

墓所（住所）	宗派	備考
郭然山林泉寺（東京都港区三田）	浄土宗	
桂芳山瑞泰寺（東京都文京区向丘）	浄土宗	
牛頭山弘福寺（東京都墨田区向島）	黄檗宗	
護国山天王寺（東京都台東区谷中）	天台宗	
庫蔵院（和歌山県伊都郡高野町）	真言宗	高野山金剛峯寺の塔頭。
円満山広徳寺（東京都練馬区桜台）	臨済宗大徳寺派	
圓覚山宗鏡寺（兵庫県豊岡市出石町東條）	臨済宗大徳寺派	
仏陀山天真寺（東京都港区南麻布）	臨済宗大徳寺派	
金洞山随應寺（東京都港区三田）	浄土宗	
紫雲山金戒光明寺（京都府京都市左京区黒谷町）	浄土宗	万松山東海寺の塔頭。
大乗寺（東京都文京区白山）	日蓮宗	
圓覚山宗鏡寺（兵庫県豊岡市出石町東條）	臨済宗大徳寺派	
一乗山経王寺（兵庫県豊岡市出石町下谷）	日蓮宗	

国名（県名）	藩	藩主姓	初代名	各家の初代藩主就任年月日	●代	文献
播磨国（兵庫）	三草	丹羽	薫氏	寛保2（1742）年12月21日	初代	
					2代	
					3～6代	
	明石	小笠原	忠真	元和3（1617）年7月28日	初代	
		松平（戸田）	康直	寛永10（1633）年	初代	
					2代	
		大久保	忠職	寛永16（1639）年	初代	
		松平（藤井）	忠国	慶安2（1649）年7月4日	初代	
					2代	
		本多	政利	延宝7（1679）年6月26日	初代	
		松平（越前）	直明	天和2（1682）年3月16日	初・2・4・6～8代	
					3・5代	
					9・10代	
	小野	一柳	直家	寛永13（1636）年6月1日	初～8代	
					9・10代	
					11代	
	姫路	池田	輝政	慶長5（1600）年	初・2代	
					3代	
		本多	忠政	元和3（1617）年7月14日	初・2代	
		松平（奥平）	忠明	寛永16（1639）年3月3日	初代	
					2代	
		松平（結城）	直基	慶安元（1648）年	初代	
					2代	
		榊原	忠次	慶安2（1649）年6月9日	初代	
					2代	
		松平（結城）	直矩	寛文7（1667）年6月19日	初代	
		本多	忠政	天和2（1682）年2月12日	初・2代	
		榊原	政邦	宝永元（1704）年5月28日	初代	
					2代	
					3代	
		松平（結城）	明矩	寛保元（1741）年11月1日	初代	
		酒井	忠恭	寛延2（1749）年1月15日	初～7代	50
					8・9代	
					10代	
	安志	小笠原	長興	享保元（1716）年10月12日	初・3・4・6・7代	
					2・5代	
	山崎	池田	輝澄	元和元（1615）年6月28日	初代	
		松平（松井）	康映	寛永17（1640）年9月11日	初代	
		池田	恒元	慶安2（1649）年	初・2代	
					3代	
		本多	忠英	延宝7（1679）年6月26日	初代	
					2代	
					3～9代	
	林田	建部	政長	元和3（1617）年9月11日	初・3～10代	
					2代	
	龍野	本多	政朝	元和3（1617）年9月18日	初代	
		小笠原	長次	寛永3（1626）年9月16日	初代	
		岡部	宣勝	寛永10（1633）年3月19日	初代	
		京極	高和	寛永14（1637）年12月22日	初代	
		脇坂	安政	寛文12（1672）年5月14日	初・2・10代	(24)
					3～9代	(24)
	三日月（乃井野）	森	長俊	元禄10（1697）年10月19日	初～4・6～8代	
					5代	
					9代	
	赤穂	池田	政朝	慶長20（1615）年6月28日	初・2代	
		浅野	長直	正保2（1645）年6月22日	初～3代	
		永井	直敬	元禄15（1702）年9月1日	初代	

墓所（住所）	宗派	備考
江月山海雲寺（東京都杉並区成田東）	曹洞宗	
妙仙寺（兵庫県加東市山国）	曹洞宗	
補陀山長谷寺（東京都港区西麻布）	曹洞宗	
広寿山福聚寺（福岡県北九州市小倉北区）	黄檗宗	
人麿山月照寺（兵庫県明石市人丸町）	曹洞宗	
智勝院（岐阜県本巣市郡府）	曹洞宗	
智光山立行寺（東京都港区白金）	法華宗陣門流	
本空山称念寺（京都府京都市上京区寺之内）	浄土宗	
万昌院（茨城県古河市坂間）		
吉永山源空寺（愛知県岡崎市東能見町）	浄土宗	
長寿院（兵庫県明石市人丸町）	浄土宗西山派	
幡随院（東京都台東区東浅草）	浄土宗	現在は東京都小金井市に移転。
青山共同墓地（東京都港区南青山）		
瑞泉山祥雲寺（東京都渋谷区広尾）	臨済宗大徳寺派	当初の寺院名は興雲寺、赤坂溜池や麻布三河台を経て現位置。
光明寺（兵庫県小野市神明町）	臨済宗妙心寺派	
染井霊園（東京都豊島区駒込）		
正法山護国院（京都府京都市右京区花園）	臨済宗妙心寺派	正法山妙心寺の塔頭。和意谷敦土山池田墓所に改葬。
和意谷敦土山池田墓所（岡山県備前市吉永町）		
書写山圓教寺（兵庫県姫路市書写）	天台宗	
高野山中性院（和歌山県伊都郡高野町）	真言宗	高野山金剛峯寺の塔頭。
楞伽山天眼寺（東京都台東区谷中）	臨済宗妙心寺派	
大竜山最乗寺（神奈川県南足柄市大雄町）	曹洞宗	
孝顕寺（福島県白河市本町北裏）	曹洞宗	寺は兵庫県姫路市に移転。
増位山随願寺（兵庫県姫路市白国町）	天台宗	
書写山圓教寺（兵庫県姫路市書写）	天台宗	
孝顕寺（福島県白河市本町北裏）	曹洞宗	寺は兵庫県姫路市に移転。
書写山圓教寺（兵庫県姫路市書写）	天台宗	
増位山随願寺（兵庫県姫路市白国町）	天台宗	
書写山圓教寺（兵庫県姫路市書写）	天台宗	
春日山林泉寺（新潟県上越市中門前）	曹洞宗	
孝顕寺（福島県白河市本町北裏）	曹洞宗	寺は兵庫県姫路市に移転。
龍海院（群馬県前橋市紅雲町）	曹洞宗	
染井霊園（東京都豊島区駒込）		9代忠惇は崇福寺（東京都葛飾区高砂、曹洞宗）にも墓所がある。
谷中霊園（東京都台東区谷中）		
円満山広徳寺（東京都練馬区桜台）	臨済宗大徳寺派	
法性寺（兵庫県姫路市安富町安志）	臨済宗大徳寺派	
一関山徹心寺（兵庫県神崎郡神崎町福本）	法華宗陣門流	
長安院（島根県浜田市蛭子町）	浄土宗	紫雲山金戒光明寺（京都府京都市左京区黒谷町、浄土宗）に改葬。
和意谷敦土山池田墓所（岡山県備前市吉永町）		
佛日山東禅寺（東京都港区高輪）	臨済宗妙心寺派	
赤城山灯明寺（東京都台東区北上野）	天台宗	
青龍山大雲寺（兵庫県宍粟市山崎町上寺）	浄土宗	
龍徳山雲光院（東京都東京都江東区三好）	浄土宗	
芳春院（京都府京都市北区紫野）	臨済宗大徳寺派	龍寶山大徳寺の塔頭。
高野山東南院（和歌山県伊都郡高野町）	真言宗	高野山金剛峯寺の塔頭。
書写山圓教寺（兵庫県姫路市書写）	天台宗	
天仲寺（福岡県築上郡吉富町）	臨済宗大徳寺派	
天瑞山泉光寺（大阪府岸和田市門前町）	臨済宗妙心寺派	
霊通山清滝寺（滋賀県坂田郡山東清滝）	天台宗	
隣花院（京都府京都市右京区花園）	臨済宗妙心寺派	正法山妙心寺の塔頭。
三青山青原寺（東京都港区青山）	曹洞宗	
長崇山本行寺（東京都大田区池上）	日蓮宗	
済露山高蔵寺（兵庫県佐用郡佐用町下本郷）	真言宗御室派	
竹中山常勝院（兵庫県佐用郡佐用町東大畑）	真言宗御室派	
國富山少林寺（岡山県岡山市中区国富）	臨済宗妙心寺派	
万松山泉岳寺（東京都港区高輪）	曹洞宗	
龍寶山功運寺（東京都中野区上高田）	曹洞宗	

国名（県名）	藩	藩主姓	初代名	各家の初代藩主就任年月日	●代	文献
播磨国（兵庫）	赤穂	森	長直	宝永 3（1706）年 1 月 28 日	初・2・4 代	
					3・5～11 代	
					12・13 代	
国名（県名）	藩	藩主姓	初代名	各家の初代藩主就任年月日	●代	文献
因幡・伯耆国（鳥取）	鳥取	池田（羽柴）	長吉	慶長 5（1600）年 11 月	初代	
		池田	長幸	慶長 19（1614）年	初代	
					2 代	
		池田（松平）	光仲	寛永 9（1632）年 6 月 18 日	初～ 11 代	(33)・51
					12 代	
	鹿奴	池田（松平）	仲澄	貞享 2（1685）年 7 月 27 日	初～ 9 代	
					10 代	
	若桜	山崎	家盛	慶長 5（1600）年	初・2 代	
		池田（松平）	清定	元禄 13（1700）年 5 月 25 日	初・2・5・7～10 代	
					3・4・6 代	
	鹿野	亀井	玆矩	天正 9（1581）年	初代	
					2 代	
		池田（松平）	輝澄	寛永 17（1640）年	初代	
国名（県名）	藩	藩主姓	初代名	各家の初代藩主就任年月日	●代	文献
出雲国（島根）	松江	堀尾	忠氏	慶長 5（1600）年	初代	
					2 代	
		京極	忠高	寛永 11（1634）年閏 7 月 6 日	初代	
		松平（越前）	直政	寛永 15（1638）年 2 月 11 日	初～ 4 代	52
					5 ～ 9 代	
		松平	定安	嘉永 6（1853）年 9 月 5 日	初代	
	母里	松平	隆政	寛文 6（1666）年 4 月 29 日	初～ 10 代	
	広瀬	松平	近栄	寛文 6（1666）年 4 月 29 日	初代	
					2 ～ 8 代	
					9 代	
					10 代	
国名（県名）	藩	藩主姓	初代名	各家の初代藩主就任年月日	●代	文献
石見国（島根）	浜田	古田	継潤	元和 5（1619）年 2 月 13 日	初代	
					2 代	
		松平（松井）	康映	慶安 2（1649）年 8 月 12 日	初・2 代	
					3・5 代	
					4 代	
		本多	忠敞	宝暦 9（1759）年 1 月 15 日	初・3 代	
					2 代	
		松平（松井）	康福	明和 6（1769）年 11 月 18 日	初～ 4 代	
		松平（越智）	斉厚	天保 7（1836）年 3 月 12 日	初・3・4 代	
					2 代	
	津和野	坂崎	直盛	慶長 5（1600）年 10 月 15 日	初代	
		亀井	政矩	元和 3（1617）年 7 月 20 日	初代	
					3 ～ 7 代	53
					8 ～ 11 代	
					12 代	
国名（県名）	藩	藩主姓	初代名	各家の初代藩主就任年月日	●代	文献
美作国（岡山）	津山	森	忠政	慶長 8（1603）年 2 月 6 日	初代	
					2 代	
					3 代	
					4 代	
		松平（越前）	宣富	元禄 11（1698）年 1 月 14 日	初・7 代	
					2 ～ 6 代	
					8 代	
					9 代	

墓所（住所）	宗派	備考
台雲山花岳寺（兵庫県赤穂市加里屋）	曹洞宗	
金龍山瑠璃光寺（東京都港区東麻布）	曹洞宗	
青山共同墓地（東京都港区南青山）		台雲山花岳寺に改葬。

墓所（住所）	宗派	備考
佛日山東禅寺（東京都港区高輪）	臨済宗妙心寺派	
威徳寺（岡山見高梁市上谷町）	曹洞宗	
和意谷敦土山池田墓所（岡山県備前市吉永町）		
鳥取藩主池田家墓所（鳥取県鳥取市国府町奥谷）		
青山共同墓地（東京都港区南青山）		
鳥取藩主池田家墓所（鳥取県鳥取市国府町奥谷）		
乾向山大雲院（鳥取県鳥取市立川町）	天台宗	
瑞光院（京都府京都市北区紫野大徳寺町）	臨済宗大徳寺派	龍寶山大徳寺の塔頭。
牛頭山弘福寺（東京都墨田区向島）	黄檗宗	
鳥取藩主池田家墓所（鳥取県鳥取市国府町奥谷）		
少林山譲伝寺（鳥取県鳥取市鹿野町）	曹洞宗	
鷲峰山高台寺（京都府京都市東山区高台寺）	臨済宗建仁寺派	
一関山徹心寺（兵庫県神崎郡神河町福本）	法華宗	

墓所（住所）	宗派	備考
忠光寺（島根県安来市広瀬町富田）	浄土宗	廃寺。春光院（京都府京都市右京区花園、臨済宗妙心寺派）にも墓所。
白華山養源寺（東京都文京区千駄木）	臨済宗妙心寺派	円成寺（島根県松江市栄町、臨済宗妙心寺派）にも墓所。
霊通山清滝寺（滋賀県坂田郡山東清滝）	天台宗	
歓喜山月照寺（島根県松江市外中原町）	浄土宗	
光明山天徳寺（東京都港区虎ノ門）	浄土宗	歓喜山月照寺（島根県松江市外中原町、浄土宗）にも墓所。
仏陀山天真寺（東京都港区南麻布）	臨済宗大徳寺派	歓喜山月照寺（島根県松江市外中原町、浄土宗）にも墓所。
光明山天徳寺（東京都港区虎ノ門）	浄土宗	
霊泉院（東京都渋谷区広尾）	臨済宗大徳寺派	瑞泉山祥雲寺（東京都渋谷区広尾）の塔頭。
光明山天徳寺（東京都港区虎ノ門）	浄土宗	
雲龍山城安寺（島根県安来市広瀬町富田）	臨済宗南禅寺派	

墓所（住所）	宗派	備考
大雄山海禅寺（東京都台東区松が谷）	臨済宗妙心寺派	
万松山泉岳寺（東京都港区高輪）	曹洞宗	
紫雲山金戒光明寺（京都府京都市左京区黒谷町）	浄土宗	
光明山天徳寺（東京都港区虎ノ門）	浄土宗	3代康員は緇川山光西寺（埼玉県川越市小仙波町、浄土真宗本願寺派）に改葬。
長安院（京都府京都市左京区黒谷町）	浄土宗	
田島山誓願寺（東京都府中市紅葉丘）	浄土宗系単立	文禄元年（1592）に神田白銀町に創建、神田須田町への移転（慶長元年）、明暦の大火により浅草へ移転。関東大震災以後、現在地。
高野山（和歌山県伊都郡高野町）	真言宗	
光明山天徳寺（東京都港区虎ノ門）	浄土宗	初代康福は上記松平の5代。2代康定・3代康任・4代康爵は光西寺に改葬。
関妙山善性寺（東京都荒川区東日暮里）	日蓮宗	
法輪山妙智寺（島根県浜田市殿町）	日蓮宗	
覚皇山永明寺（島根県鹿足郡津和野町覚皇山）	曹洞宗	湯島妻恋坂（東京都台東区浅草）にも墓所。
鷲峰山高台寺（京都府京都市東山区高台寺）	臨済宗建仁寺派	
覚皇山永明寺（島根県鹿足郡津和野町覚皇山）	曹洞宗	
萬年山青松寺（東京都港区愛宕）	曹洞宗	
牛頭山弘福寺（東京都墨田区向島）	黄檗宗	

墓所（住所）	宗派	備考
三玄院（京都府京都市北区紫野大徳寺町）	臨済宗大徳寺派	龍寶山大徳寺の塔頭。本源寺（岡山県津山市）・広徳寺（東京都港区）にも墓所。
金龍山瑠璃光寺（東京都港区東麻布）	曹洞宗	
東叡山寛永寺（東京都台東区上野）	天台宗	
瑞泉山祥雲寺（東京都渋谷区広尾）	臨済宗大徳寺派	当初の寺院名は興雲寺、赤坂溜池や麻布三河台を経て現位置。
天崇山泰安寺（岡山県津山市西寺町）	浄土宗	森時代の寺院名は涅槃寺。
光明山天徳寺（東京都港区虎ノ門）	浄土宗	
谷中霊園（東京都台東区谷中）		
愛山松平家墓所（岡山県津山市小田中）		

国名（県名）	藩	藩主姓	初代名	各家の初代藩主就任年月日	●代	文献
美作国（岡山）	勝山	三浦	明次	明和元（1764）年6月21日	初～4・8代	
					5～7・9・10代	

国名（県名）	藩	藩主姓	初代名	各家の初代藩主就任年月日	●代	文献
備前国（岡山）（兵庫）（香川）	岡山	小早川	秀明	慶長5（1600）年10月	初代	
		池田	忠継	慶長8（1603）年2月6日	初・2代	54
					3・10・11代	54
					4～9・12代	54

国名（県名）	藩	藩主姓	初代名	各家の初代藩主就任年月日	●代	文献
備中国（岡山）	庭瀬	戸川	逵安	慶長5（1600）年	初代	33
					2代	
					3代	
					4代	
		久世	重之	天和3（1683）年8月21日	初代	
		松平（藤井）	信通	元禄6（1693）年11月25日	初代	
		板倉	重高	元禄12（1699）年2月4日	初～11代	
	足守	木下	家定	慶長6（1601）年	初代	
					2代	
		浅野	長晟	慶長15（1610）年	初代	
		木下	利房	元和元（1615）年7月	初～5代	
					6・7・9・10代	
					8・11代	
	岡田	伊東	長實	元和元（1615）年	初～7・10代	
					8代	
					9代	
	岡山新田（生坂）	池田	輝録	寛文12（1672）年6月11日	初～7代	
					9代	
	岡山新田（鴨方）	池田	政言	寛文12（1672）年6月11日	初・3代	
					2・4・7代	
					5・6・8・10代	
					9代	
	新見	関	長治	元禄10（1697）年	初・4代	
					2・3・5～9代	
	松山	池田	長幸	元和3（1617）年	初・2代	
		水谷	勝隆	寛文19（1679）年	初・3代	
					2代	
		安藤	重博	元禄8（1695）年5月1日	初代	
					2代	
		石川	総慶	正徳元（1711）年2月15日	初代	
		板倉	勝澄	延享元（1744）年3月1日	初～6代	
					7・8代	
	成羽	山崎	家治	元和3（1617）年7月	初代	
		水谷	勝隆	寛永16（1639）年6月5日	初代	
		山崎	治正	明治元（1868）年6月20日	初～3代	

国名（県名）	藩	藩主姓	初代名	各家の初代藩主就任年月日	●代	文献
備後国（広島）	福山	水野	勝成	元和5（1619）年8月4日	初・3・4代	55
					2代	
					5代	
		松平（奥平）	忠雅	元禄13（1700）年1月11日	初代	
		阿部	正邦	宝永7（1710）年閏8月15日	初～8・10代	
					9代	

国名（県名）	藩	藩主姓	初代名	各家の初代藩主就任年月日	●代	文献
安芸国（広島）	広島	福島	正則	慶長5（1600）年10月15日	初代	
		浅野	長晟	元和5（1619）年7月18日	初・2・5～8・10～12代	
					3・4・9代	

国名（県名）	藩	藩主姓	初代名	各家の初代藩主就任年月日	●代	文献
周防国（山口）	岩国	吉川	広家	慶長5（1600）年11月2日	初～5・7～13代	
					6代	

墓所（住所）	宗派	備考
田島山誓願寺（東京都府中市紅葉丘）	浄土宗系単立	文禄元年（1592）に神田白銀町に創建、神田須田町への移転（慶長元年）、明暦の大火により浅草へ移転。関東大震災以後、現在地。
安養寺（岡山県真庭郡勝山町勝山）	浄土宗	9 代弘次・10 代顕次は神葬

墓所（住所）	宗派	備考
黄門山瑞雲寺（岡山県岡山市番町）	日蓮宗	
龍峯山清泰院（岡山県岡山市南区浦安本町）	禅宗系単立	
和意谷敦土山池田墓所（岡山県備前市吉永町）		
護国山曹源寺（岡山県岡山市中区円山）	臨済宗妙心寺派	

墓所（住所）	宗派	備考
長栄山本門寺（東京都大田区池上）	日蓮宗	のちに不変山永寿院（東京都大田区池上）へ墓所移転。
不変院（岡山県岡山市北区庭瀬）	日蓮宗	
啓運山盛隆寺（岡山県岡山市南区庭瀬）	日蓮宗	
麻布山大乗寺（東京都港区三田）	日蓮宗	天保 5 年から参等山永隆寺に代わる。
徳栄山本妙寺（東京都豊島区巣鴨）	法華宗陣門流	
清涼山松光寺（東京都港区高輪）	浄土宗	
萬燈山長円寺（愛知県西尾市貝吹町）	曹洞宗	
東山建仁寺（京都府京都市東山区小松町）	臨済宗建仁寺派	
鷲峰山高台寺（京都府京都市東山区高台寺）	臨済宗建仁寺派	
鳳来山国泰寺（広島県広島市西区己斐上）	曹洞宗	
円徳院（京都府京都市東山区高台寺）	臨済宗建仁寺派	鷲峰山高台寺の塔頭。
万松山泉岳寺（東京都港区高輪）	曹洞宗	
大光寺（岡山県岡山市北区足守）	臨済宗建仁寺派	
金峰山高林寺（東京都文京区向丘）	曹洞宗	
源福寺（岡山県倉敷市真備町川辺）	曹洞宗	
佛日山東禅寺 (東京都港区高輪)	臨済宗妙心寺派	
佛日山東禅寺 (東京都港区高輪)	臨済宗妙心寺派	
萬歳山国清寺（岡山県岡山市中区小橋町）	臨済宗妙心寺派	
護国山曹源寺（岡山県岡山市中区円山）	臨済宗妙心寺派	
西来寺（岡山県新見市新見）	曹洞宗	
紫雲山瑞聖寺（東京都港区白金台）	黄檗宗	
笠岡山威徳寺（岡山見高梁市上谷町）	曹洞宗	
玉叟山定林寺（岡山県高梁市和田町）	曹洞宗	
万松山泉岳寺（東京都港区高輪）	曹洞宗	
定恵院（東京都品川区北品川）	臨済宗大徳寺派	万松山東海寺の塔頭。
村高山長福寺（東京都千代田区麹町）	浄土真宗	現在の寺号は栖岸院（浄土宗）。
教風山大久寺（東京都北区田端）	法華宗陣門流	
萬燈山長円寺（愛知県西尾市貝吹町）	曹洞宗	
諏訪山吉祥寺（東京都文京区本駒込）	曹洞宗	
瑞光院（京都府京都市北区紫野大徳寺町）	臨済宗大徳寺派	龍寶山大徳寺の塔頭。
玉叟山定林寺（岡山県高梁市和田町）	曹洞宗	
桂厳寺（岡山県高梁市成羽町下原）	曹洞宗	

墓所（住所）	宗派	備考
南陽山賢忠寺（広島県福山市寺町・若松町）	曹洞宗	
長久山妙政寺（広島県福山市北吉津町）	日蓮宗	
医王山常林寺（東京都港区三田）	真言宗	
楞伽山天眼寺（東京都台東区谷中）	臨済宗妙心寺派	
西福寺（東京都台東区蔵前）	浄土宗	谷中霊園（東京都台東区谷中）に改葬。
小坂山神社（広島県福山市北本庄町小坂山）		

墓所（住所）	宗派	備考
海福院（京都府京都市右京区花園）	臨済宗妙心寺派	正法山妙心寺の塔頭。
鳳来山国泰寺（広島県広島市西区己斐上）	曹洞宗	
英心山日通寺（広島県広島市東区牛田新町）	法華宗	

墓所（住所）	宗派	備考
盤目山洞泉寺（山口県岩国市横山）	曹洞宗	
実相院（山口県岩国市横山）	浄土宗	

国名（県名）	藩	藩主姓	初代名	各家の初代藩主就任年月日	●代	文献
周防国（山口）	徳山	毛利	就隆	慶安3（1650）年9月28日	初・5・7・8代	
					2～4・6代	
					9代	
国名（県名）	藩	藩主姓	初代名	各家の初代藩主就任年月日	●代	文献
長門国（山口）	長州（萩）	毛利	秀就	慶長5（1600）年10月10日	初・2・4・6・8・10・12代	
					3・5・7・9・11代	56
					13・14代	
	長府	毛利	秀元	慶長5（1600）年11月2日	初・2・5・7・9～12代	
					3・6・13代	
					4代	
					8代	
					14代	
	清末	毛利	元知	承応2（1653）年10月12日	初・5・6代	
					2代	
					3・7代	
					4・8代	
国名（県名）	藩	藩主姓	初代名	各家の初代藩主就任年月日	●代	文献
阿波国（徳島）	徳島	蜂須賀	至鎮	慶長5（1600）年11月19日	初～11代	57
					12～14代	57
国名（県名）	藩	藩主姓	初代名	各家の初代藩主就任年月日	●代	文献
讃岐国（香川）	高松	松平	頼重	寛永19（1642）年2月28日	初・3～8・11代	58
					2・9代	58
					10代	
	丸亀	山崎	家治	寛永18（1641）年	初・2代	
					3代	
		京極	高和	万治元（1658）年2月26日	初～5代	45
					6代	
					7代	
	多度津	京極	高通	元禄7（1694）年6月18日	初・3・4・6代	
					2・5代	
国名（県名）	藩	藩主姓	初代名	各家の初代藩主就任年月日	●代	文献
伊予国（愛媛）	今治	藤堂	高虎	慶長5（1600）年11月18日	初代	(59)
					2代	(59)
		松平（久松）	定行	寛永12（1635）年7月28日	初・3・4代	(59)
					2・5～10代	(59)
	西条	一柳	直盛	寛永13（1636）年6月1日	初代	
					2代	
					3代	
		松平	頼純	寛文10（1670）年2月18日	初・3・4代	
					2・5代	
					6～10代	
	小松	一柳	直頼	寛永13（1636）年11月24日	初・2・7～9代	
					3～6代	
	松山	加藤	嘉明	慶長8（1603）年	初代	
		蒲生	忠知	寛永4（1627）年2月	初代	
		松平（久松）	定行	寛永12（1635）年7月28日	初代	
					2～6代	
		松平	定功	宝暦13（1763）年5月16日	初～8代	
	大洲	脇坂	安治	慶長14（1609）年	初代	
					2代	
		加藤	貞泰	元和3（1617）年8月6日	初・6・8・9代	
					2～5・7・12代	
					10代	
					11・13代	
	新谷	加藤	直泰	元和9（1623）年7月13日	初・6代	
					2・8・9代	
					3～5代	
					7代	
	宇和島	藤堂	高虎	文禄4（1595）年7月22日	初代	

墓所（住所）	宗派	備考
般若山大成寺（山口県徳山市舞車）	臨済宗	
萬年山青松寺（東京都港区愛宕）	曹洞宗	
紫雲山瑞聖寺（東京都港区白金台）	黄檗宗	
墓所（住所）	宗派	備考
大照院（山口県萩市椿）	臨済宗南禅寺派	
護国山東光寺（山口県萩市椿東）	黄檗宗	
保寧山瑠璃光寺（山口県山口市香山町）	曹洞宗	萩藩主毛利家墓所（香山墓所）。
万松山泉岳寺（東京都港区高輪）	曹洞宗	
法輪山覚苑寺（山口県下関市長府安養寺）	黄檗宗	
紫雲山瑞聖寺（東京都港区白金台）	黄檗宗	
護国山東光寺（山口県萩市椿東）	黄檗宗	
金山功山寺（山口県下関市長府川端）	曹洞宗	
万松山泉岳寺（東京都港区高輪）	曹洞宗	
法輪山覚苑寺（山口県下関市長府安養寺）	黄檗宗	
海福山高林寺（山口県下関市清末）	曹洞宗	
紫雲山瑞聖寺（東京都港区白金台）	黄檗宗	
墓所（住所）	宗派	備考
大雄山興源寺（徳島県徳島市下助任町）	臨済宗妙心寺派	
万年山（徳島県徳島市）		
墓所（住所）	宗派	備考
仏生山法然寺（香川県高松市仏生山）	浄土宗	11 代頼聰は谷中霊園（東京都台東区谷中）にも墓所。
日内山霊芝寺（香川県さぬき市造田乙井）	律宗	
無量山伝通院（東京都文京区小石川）	浄土宗	
瑞光院（京都府京都市北区紫野大徳寺町）	臨済宗大徳寺派	龍寶山大徳寺の塔頭。
高野山竜泉院和歌山県伊都郡高野町）	真言宗	高野山金剛峯寺の塔頭。
霊通山清滝寺（滋賀県坂田郡山東清滝）	天台宗	
泰雲山玄要寺（香川県丸亀市南条町）	臨済宗妙心寺派	神式。
慈眼山光林寺（東京都港区南麻布）	臨済宗妙心寺派	
慈眼山光林寺（東京都港区南麻布）	臨済宗妙心寺派	
泰雲山玄要寺（香川県丸亀市南条町）	臨済宗妙心寺派	
墓所（住所）	宗派	備考
東叡山寛永寺（東京都台東区上野）	天台宗	
徳蓮院（三重県名張市平尾）	曹洞宗	
国分山墓地（愛媛県今治市古国分）	真言宗豊山派	
道本山霊巌寺（東京都江東区白河）	浄土宗	
大仙寺（大阪府大阪市中央区谷町）	臨済宗妙心寺派	
勝林山金地院（東京都港区芝公園）	臨済宗南禅寺派	
高厳寺（石川県金沢市三溝町）	臨済宗妙心寺派	
身延山久遠寺（山梨県南巨摩郡身延町）	日蓮宗	
慶徳山長保寺（和歌山県海草郡下津町）	天台宗	
長栄山本門寺（東京都大田区池上）	日蓮宗	
円覚山仏心寺（愛媛県西条市小松町新屋敷）	臨済宗妙心寺派	
寿昌寺（東京都品川区東五反田）	単立	
麻布山善福寺（東京都港区元麻布）	浄土真宗本願寺派	
大林寺（愛媛県松山市味酒町）	浄土宗	当初の寺院名は見樹院。
祝谷山常信寺（愛媛県松山市祝谷東町）	天台宗	
周光山済海寺（東京都港区三田）	浄土宗	
周光山済海寺（東京都港区三田）	浄土宗	
正法山妙心寺（京都府京都市右京区花園）	臨済宗妙心寺派	
隣花院（京都府京都市右京区花園）	臨済宗妙心寺派	臨済宗妙心寺の塔頭。
大雄山海禅寺（東京都台東区松が谷）	臨済宗妙心寺派	
富士山如法寺（愛媛県大洲市）	臨済宗妙心寺派	
竜護山（愛媛県大洲市西山根）		大雄山海禅寺にも墓所。
龍護山曹渓院（愛媛県大洲市西山根）	曹洞宗	
普妙山法眼寺（愛媛県大洲市新谷乙）	日蓮宗	
大雄山海禅寺（東京都台東区松が谷）	臨済宗妙心寺派	
大恩寺（愛媛県大洲市新谷甲）	臨済宗妙心寺派	
楓山（愛媛県大洲市新谷）		
東叡山寒松院（東京都台東区上野）	天台宗	東叡山寛永寺の塔頭。

国名（県名）	藩	藩主姓	初代名	各家の初代藩主就任年月日	●代	文献
伊予国（愛媛）	宇和島	富田	信高	慶長 13（1608）年 9 月 15 日	初代	
		伊達	秀宗	慶長 19（1614）年 12 月 28 日	初～4・6・8 代	
					5・7・9 代	
	吉田	伊達	宗純	明暦 3（1657）年 7 月 21 日	初・4・6・7 代	
					2・3・5・8・9 代	
国名（県名）	藩	藩主姓	初代名	各家の初代藩主就任年月日	●代	文献
土佐国（高知）	土佐（高知）	山内	一豊	慶長 5（1600）年 11 月	初～16 代	60
国名（県名）	藩	藩主姓	初代名	各家の初代藩主就任年月日	●代	文献
筑前国（福岡）	福岡	黒田	長政	慶長 5（1600）年 10 月	初・4・6・7・9 代	61
					2・3・8 代	
					5・10 代	
					11・12 代	
	東蓮寺（直方）	黒田（東蓮寺）	隆政	元和 9（1623）年 10 月	初・2 代	62
					3 代	62
		黒田（直方）	長清	元禄元（1688）年	初代	62
	秋月	黒田	長興	元和 9（1623）年 10 月	初～3・5・7・11 代	
					4・・6・8～10 代	
					12 代	
国名（県名）	藩	藩主姓	初代名	各家の初代藩主就任年月日	●代	文献
筑後国（福岡）	久留米	有馬	豊氏	元和 9（1620）年 12 月 8 日	初・2・7・10 代	63
					3～6・8・9・11 代	
	柳川	立花	宗茂	天正 15（1587）年 6 月 5 日	初代	
		田中	吉政	慶長 5（1600）年	初代	
					2 代	
		立花	定茂	元和 6（1620）年 11 月 27 日	初・5・8・9 代	
					2 代	
					3・4 代	
					6・7・10～12 代	
	三池	立花	種次	元和 7（1621）年 1 月 10 日	初代	
					2・3 代	
					4～7 代	
					8 代	
国名（県名）	藩	藩主姓	初代名	各家の初代藩主就任年月日	●代	文献
肥前国（佐賀）（長崎）	唐津	寺沢	広高	文禄 2（1593）年	初代	
					2 代	
		大久保	忠職	慶安 2（1649）年 7 月 4 日	初代	
					2 代	
		松平（大給）	乗久	延宝 6（1678）年 1 月 23 日	初・3 代	
					2 代	
		土井	利益	元禄 4（1691）年 2 月 9 日	初・2 代	
					3 代	
					4 代	
		水野	忠任	宝暦 12（1762）年 9 月 30 日	初～4 代	
		小笠原	長昌	文化 14（1817）年 9 月 14 日	初・3 代	
					2 代	
					4 代	
					5 代	
	佐賀	鍋島	勝茂	慶長 12（1607）年	初～9 代	
					10 代	28
					11 代	
	蓮池	鍋島	直澄	寛永 16（1639）年 9 月	初～8 代	
					9 代	
	小城	鍋島	元茂	元和 3（1617）年 3 月	初・2・4・5・7・8・10・11 代	(28)
					3・6・9 代	(28)

墓所（住所）	宗派	備考
禅長寺（福島県いわき市小名浜林城）	臨済宗妙心寺派	
竜華山等覚寺（愛媛県宇和島市野川）		
金剛山大隆寺（愛媛県宇和島市）)	臨済宗妙心寺派	
大乗寺（愛媛県宇和島市吉田町立間）	臨済宗妙心寺派	
佛日山東禅寺（東京都港区高輪）	臨済宗妙心寺派	
墓所（住所）	宗派	備考
日輪山真如寺（高知県高知市天神町）	曹洞宗	
墓所（住所）	宗派	備考
横岳山崇福寺（福岡市博多区千代）	臨済宗大徳寺派	
南岳山東長寺（福岡県福岡市博多区御供所）	真言宗	
仏陀山天真寺（東京都港区南麻布）	臨済宗大徳寺派	
青山共同墓地（東京都港区南青山）		
瑞泉山祥雲寺（東京都渋谷区広尾）	臨済宗大徳寺派	当初の寺院名は興雲寺、赤坂溜池や麻布三河台を経て現位置に。雲心寺（福岡県直方市、臨済宗大徳寺派）にも墓所。
横岳山崇福寺（福岡市博多区千代）	臨済宗大徳寺派	
仏陀山天真寺（東京都港区南麻布）	臨済宗大徳寺派	先の雲心寺に4代前室・後室の墓所あり。
瑞泉山祥雲寺（東京都渋谷区広尾）	臨済宗大徳寺派	当初の寺院名は興雲寺、赤坂溜池や麻布三河台を経て現位置に。
興雲山古心寺（福岡県朝倉市秋月）	臨済宗大徳寺派	
龍寶山大徳寺（京都府京都市北区紫野大徳寺町）	臨済宗大徳寺派	
墓所（住所）	宗派	備考
江南山梅林寺（福岡県久留米市京町）	臨済宗妙心寺派	
瑞泉山祥雲寺（東京都渋谷区広尾）	臨済宗大徳寺派	当初の寺院名は興雲寺、赤坂溜池や麻布三河台を経て現位置に。
円満山広徳寺（東京都練馬区桜台）	臨済宗大徳寺派	
西翁院（京都府京都市左京区黒谷町）	浄土宗	紫雲山金戒光明寺塔頭の塔頭。
諏訪山吉祥寺（東京都文京区本駒込）	曹洞宗	
円満山広徳寺（東京都練馬区桜台）	臨済宗大徳寺派	
妙峰山徳雲寺（東京都文京区小日向）	臨済宗円覚寺派	
雪峯山霊明寺（福岡県みやま市山川町九折）	黄檗宗	現在、廃寺。寺院跡に墓所が残る。
梅岳山福厳寺（福岡県柳川市奥州町）	黄檗宗	
金剛山紹運寺（福岡県大牟田市今山）	曹洞宗	
法輪寺（福岡県大牟田市今山）	黄檗宗	
円満山広徳寺（東京都練馬区桜台）	臨済宗大徳寺派	
立山塋（東京都港区青山）		
墓所（住所）	宗派	備考
鏡神社境内（佐賀県唐津市鏡）		
瑞鳳山近松寺（佐賀県唐津市西寺町）	臨済宗南禅寺派	
智光山立行寺（東京都港区白金）	法華宗陣門流	
教学院（東京都世田谷区太子堂）	天台宗	寺院名は最勝寺。
光明山天徳寺（東京都港区虎ノ門）	浄土宗	
田島山誓願寺（東京都府中市紅葉丘）	浄土宗系単立	文禄元年（1592）に神田白銀町に創建、神田須田町への移転（慶長元年）、明暦の大火により浅草へ移転。関東大震災以後、現在地。
正覚山来迎寺（佐賀県唐津市西十人町）	浄土宗	
利勝山正定寺（茨城県古河市大手町）	浄土宗	
萬松寺（茨城県結城市山川）		廃寺。「水野家累代の墓」が残る。
天沢山龍光寺（東京都文京区本駒込）	臨済宗東福寺派	
瑞鳳山近松寺（佐賀県唐津市西寺町）	臨済宗南禅寺派	
護国山天王寺（東京都台東区谷中）	天台宗	東叡山寛永寺の塔頭。後、幸龍寺（東京都世田谷区北烏山、日蓮宗）から改葬。
恵日山高伝寺（佐賀県佐賀市本庄町本庄）	曹洞宗	
興国山賢崇寺（東京都港区元麻布）	曹洞宗	
青山共同墓地（東京都港区南青山）		
正覚山宗眼寺（佐賀県佐賀市蓮池町）	曹洞宗	
青山共同墓地（東京都港区南青山）		
祥光山星厳寺（佐賀県小城市小城町）	黄檗宗	初代元茂・5代直英は賢崇寺（東京都港区元麻布）に埋葬。
金栗山玉毫寺（佐賀県小城市三日月町織島）	黄檗宗	

国名（県名）	藩	藩主姓	初代名	各家の初代藩主就任年月日	●代	文献
肥前国（佐賀）（長崎）	鹿島	鍋島	直朝	寛永 19（1642）年	初・3～11 代	
					2 代	
	平戸	松浦	鎮信	天正 15（1587）年 6 月 28 日	初・2 代	
					3 代	
					4・9 代	
					5～8・11 代	
					10 代	
					12 代	
	平戸新田（平戸館山）	松浦	昌	元禄 2（1689）年 7 月 3 日	初～7 代	
					8・9 代	
	大村	大村	喜前	天正 15（1587）年 6 月	初・2・6・7・9～11 代	64
					3～5・8 代	
					12 代	
	島原（日野江）	有馬	晴信	天正 15（1587）年	初代	
					2 代	
		松倉	重政	元和 2（1616）年	初・5 代	
		高力	忠房	寛永 15（1638）年 4 月 12 日	初代	
					2 代	
		松平（深溝）	忠房	寛文 9（1669）年 6 月 8 日	初～5 代	
		戸田	忠盈	寛延 2（1749）年 7 月 23 日	初・2 代	
		松平（深溝）	忠恕	安永 3（）年 6 月 8 日	初～8 代	
	福江	五島	純玄	天正 14（1586）年 10 月	初～3・7～9・11 代	
					4～6・10・12 代	
国名（県名）	藩	藩主姓	初代名	各家の初代藩主就任年月日	●代	文献
対馬国（長崎）	府中	宗	義智	天正 16（1588）年 12 月	初～14 代	65
					15 代	
国名（県名）	藩	藩主姓	初代名	各家の初代藩主就任年月日	●代	文献
肥後国（熊本）	熊本	加藤	清正	天正 16（1588）年閏 5 月	初代	
					2 代	
		細川	定行	寛永 9（1632）年 10 月 4 日	初～3・7 代	(29)・(66)
					4～6・9・10 代	
					8 代	
					11 代	
	宇土	細川	行孝	正保 3（1646）年 7 月 29 日	初・2・5・6・9～11 代	
					3・4・7・8 代	
	人吉	相良	長毎	天正 13（1585）年 2 月 14 日	初・2・4・6～16 代	
					3 代	
					5 代	
国名（県名）	藩	藩主姓	初代名	各家の初代藩主就任年月日	●代	文献
豊前国（福岡）（大分）	小倉	細川	忠利	慶長 7（1602）年 11 月	初代	
					2 代	
		小笠原	忠真	寛永 9（1632）年 10 月 11 日	初・6・7 代	
					2～5・8 代	
	千束（小倉新田）	小笠原	真方	寛文 11（1671）年 9 月 23 日	初～3 代	
					4～6・8 代	
					7 代	
					9 代	
	中津	黒田	孝高	天正 15（1587）年 7 月 3 日	初・2 代	
		細川	忠興	慶長 5（1600）年 11 月 2 日	初代	
		小笠原	長次	寛永 9（1632）年 10 月 11 日	初・4 代	
					2・5 代	
					3 代	
		奥平	昌成	享保 2（1717）年 2 月 11 日	1～6・8・9 代	
					7 代	
国名（県名）	藩	藩主姓	初代名	各家の初代藩主就任年月日	●代	文献
豊後国（大分）	杵築	細川	忠興	慶長 5（1600）年	初代	
					2 代	

墓所（住所）	宗派	備考
円福山普明寺（佐賀県鹿島市古枝）	黄檗宗	
医王山広岳院（東京都港区高輪）	曹洞宗	
高野山最教寺（長崎県平戸市岩の上町）	真言宗智山派	
興国山正宗寺 (長崎県平戸市鏡川町)	臨済宗大徳寺派	
天祥寺（東京都墨田区吾妻橋）	臨済宗妙心寺派	
俊林山雄香寺（長崎県平戸市大久保町）	臨済宗妙心寺派	
普門寺（長崎県平戸市木ケ津町）	臨済宗妙心寺派	旧寺院名は龍瑞寺。
法輪山泰宗寺（東京都豊島区駒込）	曹洞宗	
慈眼山光林寺（東京都港区南麻布）	臨済宗妙心寺派	
萬歳山本経寺（長崎県大村市古町）	日蓮宗	
長祐山承教寺（東京都港区高輪）	日蓮宗	
青山共同墓地（東京都港区南青山）		
白道寺（宮崎県延岡市）	浄土宗	現在、寺院は福井県。
勝林山金地院（東京都港区芝公園）	臨済宗南禅寺派	
永正寺（長崎県島原市西岡）		
瑞雲山本光寺（愛知県額田郡幸田町）	曹洞宗	
英巌寺（栃木県宇都宮市）		
瑞雲山本光寺（愛知県額田郡幸田町）	曹洞宗	
広巌山大円寺（長崎県五島市）	曹洞宗	
諏訪山吉祥寺（東京都文京区本駒込）	曹洞宗	
墓所（住所）	宗派	備考
万松院（長崎県対馬市厳原町）	天台宗	
帰命山養玉院（東京都品川区西大井）	天台宗	
墓所（住所）	宗派	備考
発星山本妙寺（熊本県熊本市花園）	日蓮宗六条門流	
金照山本住寺（山形県鶴岡市三光町）	日蓮宗	
護国山妙解寺（熊本県熊本市横手）	臨済宗	
妙解院（東京都品川区北品川）	臨済宗大徳寺派	万松山東海寺の塔頭。廃寺。
竜田山泰勝寺（熊本県熊本市黒髪）	臨済宗	
泰雲寺（熊本県宇土市）		
万松山東海寺（東京都品川区北品川）	臨済宗大徳寺派	
伝法山願成寺（熊本県人吉市願成寺町）	真言宗大覚寺派	
道本山霊巌寺（東京都江東区白河）	浄土宗	
大安寺（東京都港区西麻布）	曹洞宗	
墓所（住所）	宗派	備考
竜田山泰勝寺（熊本県熊本市黒髪）	臨済宗	廃寺。
護国山妙解寺（熊本県熊本市横手）	臨済宗	廃寺。
広寿山福聚寺（福岡県北九州市小倉北区）	黄檗宗	
大雄山海禅寺（東京都台東区松が谷）	臨済宗妙心寺派	
開善寺（福岡県北九州市小倉南区湯川）	臨済宗妙心寺派	
大雄山海禅寺（東京都台東区松が谷）	臨済宗妙心寺派	
広寿山福聚寺（福岡県北九州市小倉北区）	黄檗宗	
横岳山崇福寺（福岡市博多区千代）	臨済宗大徳寺派	
竜田山泰勝寺（熊本県熊本市黒髪）	臨済宗	
天仲寺（福岡県築上郡吉富町）	臨済宗大徳寺派	
円満山広徳寺（東京都練馬区桜台）	臨済宗大徳寺派	
清光院（東京都品川区北品川）	臨済宗大徳寺派	万松山東海寺の塔頭。
金剛山自性寺（大分県中津市新魚町）	臨済宗妙心寺派	
墓所（住所）	宗派	備考
竜田山泰勝寺（熊本県熊本市黒髪）	臨済宗	高桐院（京都府京都市北区紫野大徳寺町、臨済宗大徳寺派）にも墓所がある。
護国山妙解寺（熊本県熊本市横手）	臨済宗	万松山東海寺（東京都品川区北品川、臨済宗大徳寺派）にも墓所がある。

国名（県名）	藩	藩主姓	初代名	各家の初代藩主就任年月日	●代	文献
豊後国（大分）	杵築	小笠原	忠知	寛永 9（1632）年 10 月 11 日	初代	
		松平（能見）	英親	正保 2（1645）年 7 月 14 日	初・3・5 代	
					2 代	
					4・8・9 代	
					6・7 代	
					10 代	
	日出	木下	延俊	慶長 6（1601）年	初・4・5・7・9・10・12 ～ 15 代	
					2・3・6・8・11 代	
					16 代	
	府内	竹中	重利	慶長 6（1601）年	初代	
					2 代	
		日根野	吉明	寛永 11（1634）年 7 月 29 日	初代	
		松平（大給）	近形	万治元（1658）年 2 月 27 日	初・2・9 代	
					3 ～ 8・10 代	
	森	久留島	長親	慶長 6（1601）年 2 月	初～ 3・5 ～ 11 代	
					4 代	
					12 代	
	臼杵	稲葉	貞通	慶長 5（1600）年 11 月 1 日	初代	
					2・5・12・13 代	
					3・4・6 ～ 11・14 代	
					15 代	
	佐伯	毛利	高政	慶長 6（1601）年 4 月	初・4・7 代	
					2・3・5・6・8 ～ 12 代	
	岡	中川	秀成	文禄 3（1594）年 2 月 13 日	初～ 6・9・11 代	67
					7・10 代	
					8 代	
					12・13 代	
国名（県名）	藩	藩主姓	初代名	各家の初代藩主就任年月日	●代	文献
日向国（宮崎）	延岡	高橋	元種	天正 15（1587）年 10 月	初代	
		有馬	直純	慶長 19（1614）年 7 月	初代	
					2・3 代	
		三浦	明敬	元禄 5（1692）年 2 月 23 日	初代	
		牧野	成央	正徳 2（1712）年 7 月 12 日	初・2 代	
		内藤	政樹	延享 4（1747）年 3 月 19 日	初～ 3・5・6 代	
					4 代	
					7 代	
					8 代	
	高鍋	秋月	種長	天正 15（1587）年	初代	
					2・5 代	
					3 代	
					4 代	
					6 ～ 9 代	
					10 代	
	佐土原	島津	豊久	天正 15（1587）年 6 月 5 日	初代	
					2 代	
					3 ～ 6・9・11 代	
					7・8 代	
					10・12 代	
	飫肥	伊東	祐兵	天正 16（1588）年 8 月 5 日	初・5・7・12 代	
					2 ～ 4・6・8 ～ 11・13・14 代	
国名（県名）	藩	藩主姓	初代名	各家の初代藩主就任年月日	●代	文献
薩摩・大隅国（鹿児島）	鹿児島	島津	家久	慶長 7（1602）年 4 月 11 日	初～ 11 代	68
					12 代	
国名（県名）	藩	藩主姓	初代名	各家の初代藩主就任年月日	●代	文献
琉球国（沖縄）	琉球	尚	寧	天正 17（1589）年	初代	
					2 ～ 13 代	

墓所（住所）	宗派	備考
萬年山臨済寺（愛知県豊橋市東田町坂上）	臨済宗東福寺派	
聖沢院（京都府京都市右京区花園）	臨済宗妙心寺派	正法山妙心寺の塔頭。
紫雲山英信寺（東京都台東区下谷）	浄土宗	
大雄山海禅寺（東京都台東区松が谷）	臨済宗妙心寺派	
養徳寺（大分県杵築市南杵築）	臨済宗妙心寺派	
谷中霊園（東京都台東区谷中）		
万松山泉岳寺（東京都港区高輪）	曹洞宗	
康徳山松屋寺（大分県速見郡日出町）	曹洞宗	
青山共同墓地（東京都港区南青山）		
同慈寺（大分県大分市荷揚町浄安寺）		
総社山円寿寺（大分県大分市上野丘西）	天台宗	
浄安寺（大分県大分市荷揚町）	浄土宗	
無量山伝通院（東京都文京区小石川）	浄土宗	
安楽寺（大分県玖珠郡玖珠町）	曹洞宗	
紫雲山瑞聖寺（東京都港区白金台）	黄檗宗	
智勝院（京都府京都市右京区花園）	臨済宗妙心寺派	正法山妙心寺の塔頭。
月桂寺（大分県臼杵市大字臼杵）	臨済宗妙心寺派	
佛日山東禅寺（東京都港区高輪）	臨済宗妙心寺派	
佛日山東禅寺（東京都港区高輪）	臨済宗妙心寺派	
龍鼎山養賢寺（大分県佐伯市城下東町）	臨済宗妙心寺派	
碧雲寺（大分県竹田市城北町）	臨済宗妙心寺派	
萬年山青松寺（東京都港区愛宕）	曹洞宗	
小富士山（大分県豊後大野市緒方町）		

墓所（住所）	宗派	備考
常隆寺（福島県東白川郡棚倉）	曹洞宗	
白道寺（宮崎県延岡市）	浄土宗	
高岳寺（宮崎県延岡市）		
田島山誓願寺（東京都府中市紅葉丘）	浄土宗系単立	文禄元年（1592）に神田白銀町に創建、神田須田町への移転（慶長元年）、明暦の大火により浅草へ移転。関東大震災以後、現在地。
東光山要津寺（東京都墨田区千歳）	臨済宗妙心寺派	
天照山光明寺（神奈川県鎌倉市材木座）	浄土宗	
三福寺（宮崎県延岡市北町）	浄土宗	
青山共同墓地（東京都港区南青山）		
萬歳山台雲寺（宮崎県延岡市北小路）	曹洞宗	
諏訪山吉祥寺（東京都文京区本駒込）	曹洞宗	
広徳寺（東京都台東区東浅草）	浄土宗	
竜雲寺（宮崎県児湯郡高鍋）		
大竜寺（宮崎県児湯郡高鍋町）		現在、廃寺。
慈眼山光林寺（東京都港区南麻布）	臨済宗妙心寺派	
崇厳寺（東京都）		
天昌寺（宮崎県宮崎市佐土原町）	曹洞宗	現在、廃寺。
龍池山大雲院（京都市東山区祇園町南側）	浄土宗単立	
幡随院（東京都台東区東浅草）	浄土宗	現在は東京都小金井市に移転。
自得寺（宮崎県宮崎郡佐土原町）		現在、廃寺。
高月院（宮崎県宮崎郡佐土原町上田島）	浄土宗	
報恩寺（宮崎県日南市楠原）	臨済宗妙心寺派	
佛日山東禅寺（東京都港区高輪）	臨済宗妙心寺派	13代祐相・14代祐帰は神葬。

墓所（住所）	宗派	備考
玉竜山福昌寺（鹿児島県鹿児島市池之上町）	曹洞宗	現在、廃寺。
常安の峯墓地（鹿児島県鹿児島市上竜尾町）		

墓所（住所）	宗派	備考
浦添ようどれ（沖縄県浦添市浦添城内）		別名、極楽陵。
玉陵（沖縄県那覇市）		

近世大名墓所関係文献目録（抄）

松原　典明 編

凡例

1. 番号は「近世大名墓所一覧」の「文献」の番号と一致している。
2. 藩主家に（ ）で記載されている家は藩主以外の家を表してる。例外として、徳川家御三卿はそのまま表記している。
3. 本文献目録は、白石祐司 2010「資料 近世大名家墓所地名表」（坂詰秀一編『考古調査ハンドブック 4 近世大名墓所要覧』{ニューサイエンス社}）を改訂補足し、白石祐司・増井有真が成文した。

番号	国名・藩名・藩主家	書名	調査地点
1	蝦夷国・松前藩・松前家	京田良志「松前家墓所の成立と越前石：越前石文化の北」『松前藩と松前　松前町史研究紀要』2 号　1973	北海道
		小林孝二・遠藤明久「松前家藩公墓所石造屋形について」『学術講演梗概集計画系』56 号　1981	
		松前町教育委員会編『史跡福山城；史跡松前藩主松前家墓所』	
		松前町教育委員会編『史跡松前藩主松前家墓所保存修理工事報告書』1990	
		松前町教育委員会編『松城遺跡－史跡松前藩主松前家墓所の現状変更にかかる発掘調査報告書－』1991	
2	陸奥国・弘前藩・津軽家	関根達人「近世大名墓における本葬と分霊：弘前藩主津軽家墓所を中心に」『歴史』99 号　2002	青森
3	陸奥国・津軽藩・津軽家	陸奥史談会編『陸奥史談 - 報恩寺特大号 -』第 23 輯　1954	青森
4	陸奥国・八戸藩・南部家	藤田 俊雄「八戸藩南部家墓所について（一）」『弘前大学國史研究』88 号　1990	青森
		藤田 俊雄「八戸藩南部家墓所について（二）」『弘前大学國史研究』89 号　1990	
5	陸奥国・遠野藩・南部家	遠野市民センター編「遠野市南部家墓所改葬調査概報」『遠野市文化財報告書』第 14 集 遠野市教育委員会　1978	岩手
6	陸奥国・盛岡藩・南部家	盛岡市教育委員会編『聖寿禅寺 - 南部重直墓所 - 発掘調査報告書』盛岡市教育委員会　1998	岩手
7	陸奥国・仙台藩・伊達家	伊東信雄編『瑞鳳殿伊達政宗の墓とその遺品』瑞鳳殿再建期成会 1979	宮城
		伊東信雄編『感仙殿伊達忠宗・善応殿伊達綱宗の墓とその遺品』財団法人瑞鳳殿　1985	
		瑞鳳殿漆塗建築物の劣化要因調査委員会編『伊達政宗霊屋再建瑞鳳殿の漆彩色塗装劣化要因に伴う調査研究結果総合報告書：仙台市指定史跡経ヶ峰伊達家墓所』1994	
		伊達泰宗『経ヶ峯伊達家墓所とその歴史』1997	
		伊達泰宗「伊達綱村以降歴代藩主の墓」『伊達泰山文庫』1-1　1998	
		伊達泰宗「経ケ峯伊達家墓所とその歴史」『伊達泰山文庫』1-3　1998	
		伊達泰宗「瑞鳳殿遺跡発掘調査概報 伊達政宗の遺骨と副葬品」『伊達泰山文庫』1-6　1998	
		伊達 宗弘『登米伊達家歴代館主の墓所について』宮城県図書館　2001	
		今野 春樹『伊達家 初代政宗 二代忠宗 三代綱宗墓所 - 大名の墓所 -』北隆館　2013	
8	陸奥国・三春藩・秋田家	平田禎文「近世大名墓にみる家と個」『福島考古』51 号　福島県考古学会　2010	福島
9	陸奥国・白河藩・松平家	根本信孝「松平直矩墳墓」『白河市史 』第 4 巻 2001	福島
		根本信孝「松平基知墳墓」『白河市史』第 4 巻 2001	
		白河市教育委員会『白河市埋蔵文化財調査報告書』第 63 集　白河市教育委員会　2012	

番号	国名・藩名・藩主家	書名	調査地点
10	陸奥国・会津藩・松平家	会津若松市教育委員会文化課編「史跡 会津藩主松平家墓所保存・管理・活用基本計画」『会津若松市文化財調査報告書』第86号　2003	福島
		会津若松市教育委員会文化課編「史跡 会津藩主松平家墓所1」『会津若松市文化財調査報告書』第92号　2004	
		会津若松市教育委員会文化課編「史跡 会津藩主松平家墓所2」『会津若松市文化財調査報告書』第102号　2005	
		近藤真佐夫「院内御廟：藩主の死去から墓所造営」『会津若松市史研究』第8号　会津若松市　2006	
		近藤真佐夫「会津藩主　松平家墓所　平成19年度会津史談会総会　記念講演」『会津史談』第82号　2008	
		猪苗代町教育委員会編「史跡会津藩主松平家墓所」『猪苗代町文化財調査報告書』第41集　猪苗代町教育委員会　2009	
		猪苗代町教育委員会生涯学習課図書歴史情報館係　文化財保存計画協会編『史跡会津藩主松平家墓所保存整備事業報告書』猪苗代町教育委員会　2017.3	
11	出羽国・新庄藩・戸沢家	新庄市編『史跡新庄藩主戸沢家墓所保存修理工事報告書』　2004	山形
12	出羽国・米沢藩・上杉家	米沢市教育委員会編『史跡米沢藩主上杉家墓所保存管理計画策定報告書』1992	山形
		米沢市教育委員会編「上杉家墓所の確認調査」『米沢市埋蔵文化財調査報告書』第47集　1995	
		上杉敏子『史跡米沢藩主上杉家墓所保存修理工事報告書』上巻　2004	
		文化財建造物保存技術協会編『史跡米沢藩主上杉家墓所保存修理工事報告書』下巻　2008	
13	常陸国・水戸藩・徳川家	森田弘道『常陸太田の史跡と伝説』筑波書林　1987	茨城
		茨城地方史研究会編「瑞竜山水戸徳川家歴代藩主の墓所」『茨城の史跡は語る』茨城新聞社　1989	
		常陸太田市教育委員会編「水戸徳川家墓所」『常陸太田市内遺跡調査報告書』 2007	
		茨城県常陸太田市教育委員会 編『史跡水戸徳川家墓所保存管理計画書』茨城県常陸太田市教育委員会　2010.3	
		徳川ミュージアム編「 国指定史跡水戸徳川家墓所保存整備事業：一般整備事業：事業報告書 . 1 (平成 22-23 年度)」『国指定史跡水戸徳川家墓所保存整備事業報告書』徳川ミュージアム　2013.3	
		徳川ミュージアム『国指定史跡水戸徳川家墓所保存整備事業報告書 . 2 (平成 23-28 年度) 』徳川ミュージアム　2017.3	
		徳川ミュージアム『国指定史跡水戸徳川家墓所保存整備事業報告書 . 2 (平成 23-28 年度) 事業編』徳川ミュージアム　2017.3	
		徳川ミュージアム『国指定史跡水戸徳川家墓所保存整備事業報告書 . 2 (平成 23-28 年度) 資料編』徳川ミュージアム　2017.3	
14	下総国・佐倉藩・堀田家	大川清編『日光山輪王寺釋迦堂境内 家光公殉死者墓調査報告書』日光輪王寺 1999	栃木
	武蔵・岩槻藩・阿部家		
	下野国・鹿沼藩・内田家		
	旗本・（三枝家）		
	旗本・（奥山家）		
15	上野国・館林藩・榊原家	館林市教育委員会編『群馬県指定史跡 榊原康政の墓調査報告書』 1992	群馬
16	下総国・結城藩・水野家	山本秋広「結城水野家と新宮水野家の墓所」『紀山文集』第14巻 1970	千葉
	紀伊国・新宮藩・水野家		和歌山
17	旗本・（内藤家）	埼玉県久喜市教育委員会編「久喜市指定文化財「旗本内藤家歴代の墓所(宝篋印塔ほか) 」・「善宗寺嘉永三年銘宝篋印塔及び宝塔記碑」調査報告書」『久喜市文化財調査報告書』第1集　2012.3	埼玉
18	徳川御三卿　田安家	玉林晴朗「江戸時代墳墓の地下構造研究（一）」『掃苔』第11巻第7号　1942	東京
		玉林晴朗「江戸時代墳墓の地下構造研究（二）」『掃苔』第11巻第8号　1942	
19	大和国・芝村（戒重）・織田家	牧野實參「子織田長繁家墓地整理記」『掃苔』第6号4号 1937	東京

番号	国名・藩名・藩主家	書名	調査地点
20	出羽国・新庄藩・戸沢家	河越逸行「改葬された羽州新荘城主戸沢正令候」『掘り出された江戸時代』丸善　1965	東京
	紀伊国・和歌山藩・徳川家	河越逸行「仙寿院・紀州徳川関係の墓所改葬」『掘り出された江戸時代』丸善　1965	
21	江戸幕府・徳川将軍家	鈴木尚ほか編『増上寺 徳川将軍家墓とその遺品・遺体』東京大学出版会 1967	東京
		今野春樹「最近の発掘から 開いた大奥の「タイムカプセル」-- 東京都寛永寺谷中徳川家近世墓所」『季刊考古学』105 号　2008	
		坂詰秀一監修 ; 今野春樹著『徳川家の墓制 : 将軍家・御三家・御三卿の墓所構造』北隆館　2013.10	
		寛永寺谷中徳川家近世墓所調査団 編『東叡山寛永寺徳川将軍家御裏方霊廟』吉川弘文館　2012.3	
22	越後国・長岡藩・牧野家	港区済海寺遺跡調査団編『港区三田済海寺長岡藩主牧野家墓所発掘調査概報』東京都港区教育委員会　1983	東京
		東京都港区教育委員会編『港区三田済海寺長岡藩主牧野家墓所発掘調査報告書』 1986	
23	高家・（畠山家）	港区立港郷土資料館編『港郷土資料館館報 -5- 昭和 61 年度版』　1986	東京
24	旗本・（三井家）	東京都港区教育委員会編『港区文化財調査集録』第 1 集　1992	東京
	播磨国・龍野藩・（藩士）		
25	陸奥国・白河藩・松平家	栩木真「河越逸行氏寄贈資料」『新宿区立新宿歴史博物館 研究紀要』第 2 号 新宿区立新宿歴史博物館 1994	東京
26	徳川御三卿・清水家	国立西洋美術館・国立西洋美術館埋蔵文化財発掘調査委員会編『上野忍ケ岡遺跡国立西洋美術館地点 -21 世紀ギャラリー（仮）新築工事に伴う事前発掘調査』 1996	東京
		今野春樹「近世大名墓の構造について -- 国立西洋美術館出土清水家墓所を中心に --」『史苑』57 巻 2 号　1997	
		坂詰秀一監修 ; 今野春樹著『徳川家の墓制 : 将軍家・御三家・御三卿の墓所構造』北隆館　2013.10	
27	出羽国・松山藩・黒田家	北見恭一・湯浅隆「牛込光照寺の出羽国松山藩酒井家墓地」『新宿区立新宿歴史博物館研究紀要』第 3 号 1996	東京
28	肥前国・佐賀藩・鍋島家	高山優・牟田行秀「鍋島家旧麻布墓所の改葬に伴う立会調査」『港区文化財調査集録』第 5 集　東京都港区教育委員会　2000	東京
	肥前国・小城藩・鍋島家		
29	出羽国・米沢藩・上杉家	坂詰秀一編『池上本門寺 近世大名家墓所の調査』日蓮宗大本山 池上本門寺 2002	東京
	肥後国・熊本藩・細川家		
	肥後国・熊本新田藩・細川家		
30	奥絵師・（狩野家）	坂詰秀一編『池上本門寺 奥絵師狩野家墓所の調査』日蓮宗大本山 池上本門寺 2004	東京
31	陸奥国・遠野藩・南部家	藤田俊雄・関根達人「東京都港区金地院遠野南部家 28 代義顔墓所改葬報告」『岩手考古学』第 19 号 2007	東京
32	尾張国・名古屋藩・（竹腰家）	坂詰秀一編『井戸屋 日比谷所縁 貞龍院殿妙經日敬墓所の調査』天下長久山 國土安穏寺 2008	東京
32	近江国・彦根藩・井伊家	世田谷区教育委員会事務局生涯学習・地域・学校連携課文化財係『国指定史跡彦根藩主井伊家墓所 : 豪徳寺井伊家墓所』2008	東京
		世田谷区教育委員会事務局生涯学習・地域・学校連携課文化財係編『国指定史跡彦根藩主井伊家墓所豪徳寺井伊家墓所調査報告書　保存・整備編』世田谷区教育委員会　2012.3	
		世田谷区教育委員会事務局生涯学習・地域・学校連携課文化財係編『国指定史跡彦根藩主井伊家墓所豪徳寺井伊家墓所調査報告書　指定編』世田谷区教育委員会　2012.3	
33	因幡国・鳥取藩・池田家	坂詰秀一編『不変山永寿院 芳心院殿妙英日春大姉墓所の調査』不変山永寿院 2009	東京
	因幡国・鳥取東館藩・池田家		
	備中国・庭瀬藩・戸川家		
	備中国・庭瀬藩（撫川）・戸川家		
34	越後国・沢海藩・溝口家	横越町編『横越町史』資料編 横越町 2000	新潟

番号	国名・藩名・藩主家	書名	調査地点
35	越前国・丸岡藩・本多家	丸岡町総務課編「本多家歴代墓所」『広報まるおか』第463号　2001	福井
36	越前国・丸岡藩・有馬家	丸岡町総務課編「有馬家歴代墓所の高岳寺」『広報まるおか』第433号　1999 丸岡町総務課編「有馬家歴代墓所」『広報まるおか』第464号　2001	福井
37	信濃国・松代藩・真田家	長野市教育委員会編「史跡松代藩主真田家墓所：宗教法人長国寺庫裏建設に係る現状変更に伴う発掘調査報告書」『長野市の埋蔵文化財』第59集　1993 信州伝統的建造物保存技術研究会編『史跡松代藩主真田家墓所整備基本計画書』長國寺　2005 文化財保存計画協会 編『史跡松代藩主真田家墓所保存整備事業報告書』文化財保存計画協会　2012.3	長野
38	加賀国・金沢藩・前田家	高岡市教育委員会編『前田墓所遺跡調査概報1　下関雨水幹線建設に伴う昭和63年度の調査』高岡市教育委員会 1989 高岡市教育委員会編『前田墓所遺跡調査概報2 下関第2雨水幹線建設に伴う平成元年度の調査』高岡市教育委員会 1990 高岡市教育委員会編『高岡市前田利長墓所調査報告』高岡市教育委員会 2008 高岡市教育委員会文化財課 編『国指定史跡加賀藩主前田家墓所（前田利長墓所）保存管理計画書』高岡市教育委員会文化財課　2011.3	富山
39	加賀国・金沢藩・前田家	金沢市立玉川図書館編『野田山前田家墓地展』1998 金沢市埋蔵文化財センター編「野田山墓地」『金沢市文化財紀要』200 金沢市埋蔵文化財センター 2003 金沢市埋蔵文化財センター編「野田山・加賀藩主前田家墓所調査報告書」『金沢市文化財紀要』250 金沢市埋蔵文化財センター 2008 金沢市埋蔵文化財センター編「国指定史跡加賀藩主前田家墓所保存管理計画書」『 金沢市文化財紀要』260　金沢市埋蔵文化財センター 2010.3	石川
40	加賀国・金沢藩・前田家	金沢市・高岡市教育委員会編『百万石の大名墓所：加賀藩主前田家墓所フォーラム』2008	富山 石川
41	尾張国・名古屋藩・徳川家	名古屋市見晴台考古資料館編「尾張藩御廟所遺跡発掘調査概要報告書」名古屋市教育委員会 1984 名古屋市教育委員会編「尾張藩御廟所遺跡（第2次）」『埋蔵文化財調査報告書』43 名古屋市教育委員会 2002 木村有作「尾張徳川家墓所の地下構造」『考古学に学ぶ』2　2003	名古屋
42	伊賀国・上野藩・藤堂家	上野市教育委員会編「西蓮寺墓所発掘調査報告」『上野市文化財調査報告』40 上野市教育委員会 1993	三重
43	近江国・膳所藩・本多家	藤井直正「大名家墓所の一例：近江膳所藩主本多家の墓所」『大手前大学論集』21号　1987	滋賀
44	近江国・小室藩・（羽柴家）	滋賀県長浜市教育委員会編『伝羽柴秀勝墓学術調査報告書』滋賀県長浜市教育委員会 2004	滋賀
45	讃岐国・丸亀藩・京極家	環境空間設計編『史跡清滝寺京極家墓所土塀修理工事報告書』2007	滋賀
46	近江国・彦根藩・井伊家	彦根市教育委員会文化財部文化財課編国指定史跡清凉寺「彦根藩主井伊家墓所」調査報告書『彦根市文化財調査報告書』第1集　2009	滋賀
47	陸奥国・八戸藩・南部家	藤田 俊雄「高野山の南部家墓所について」『はちのへ市史研究』第6号　2008	和歌山
48	陸奥国・弘前藩・津軽家	中川成夫〔ほか〕編著『旧弘前藩主津軽家墓所石塔修復調査報告：和歌山県高野山遍照尊院』遍照尊院　1988	和歌山
49	紀伊国・和歌山藩・徳川家	史跡・和歌山藩主徳川家墓所保存管理策定委員会編『史跡・和歌山藩主徳川家墓所保存管理計画書』1997	和歌山
50	播磨国・姫路藩・酒井家	龍海院酒井家墓地保存整備委員会著・編『龍海院酒井家墓地保存整備報告書』1993	兵庫
51	因幡国・鳥取藩・池田家	史跡鳥取藩主池田家墓所保存会編『史跡　鳥取藩主池田家墓所』1983 安藤文雄「池田家墓地」『鳥取文芸』第17号　1995 史跡鳥取藩主池田家墓所保存会編『史跡　鳥取藩主池田家墓所』2003	鳥取

番号	国名・藩名・藩主家	書名	調査地点
51	因幡国・鳥取藩・池田家	鳥取藩主池田家墓所保存会編『国史跡鳥取藩主池田家墓所保存整備計画』2004	鳥取
		史跡鳥取藩主池田家墓所保存会編『史跡　鳥取藩主池田家墓所』2006	
		鳥取環境大学浅川研究室編『国史跡「鳥取藩主池田家墓所」の整備に関する実践的研究』2006	
		史跡鳥取藩主池田家墓所保存会編『史跡鳥取藩主池田家墓所』2008	
52	出雲国・松江藩・松平家	松江市教育委員会編「松江藩主松平家墓所（月照寺）廟門　松江市外中原町」『島根県近世社寺建築緊急調査報告書』1980	島根
		城西ふるさとづくり推進委員会編「藩主の墓所　月照寺」『ふるさと城西』1994	
		松江市教育委員会編『史跡松江藩主松平家墓所保存管理計画書』2000	
53	石見国・津和野藩・亀井家	津和野町教育委員会編「津和野藩主亀井家墓所」『津和野町埋蔵文化財報告書』第15集　津和野町教育委員会　2011.3	島根
54	備前国・岡山藩・池田家	鎌木義昌ほか『池田忠雄墓所調査報告書』岡山市教育委員会 1964	岡山
		岡山市遺跡調査団編『池田忠継廟地下遺構発掘調査概要』1978	
		吉田鹿夫『備前池田藩主関係資料－第１．２．期、備前池田藩歴代藩主の群像、曹源寺、和意谷、清泰院、池田家墓所資料－』2001	
55	備後国・福山藩・水野家	村上正名「賢忠寺水野家墓所移転調査報告」『福山文化財報告』1975	広島
56	長門国・萩藩・毛利家	萩の歴史を知る会編『毛利家菩提寺　大照院東光寺墓所一覧』1970	山口
57	阿波国・徳島藩・蜂須賀家	山本武男編『蜂須賀家墓誌』徳島市立図書館　1957	徳島
		山川浩実『慈光寺 蜂須賀家・藩士墓出土遺品の研究』1975	
		文化おこし渭北委員会編『興源寺　蜂須賀家墓所』文化おこし渭北地区委員会　1991	
		徳島市教育委員会編『史跡徳島藩主蜂須賀家墓所保存整備計画書』徳島市教育委員会 2005	
58	讃岐国・高松藩・松平家	藤井直正「大名家墓所の一例 (2): 讃岐高松藩主松平家墓所」『大手前女子大学論集』28号　1994	香川
		香川県立ミュージアム 編『高松藩主松平家墓所調査報告書』香川県立ミュージアム　2015.3	
59	伊予国・今治藩・（服部家）	今治藩筆頭家老服部家墓所を守る会編『服部家を偲ぶ：今治藩筆頭家老服部家墓所修復』1997	愛媛
60	土佐国・高知藩・山内家	土佐山内家宝物資料館編『土佐藩主山内家墓所』2006	高知
		土佐山内家宝物資料館 編『土佐藩主山内家墓所調査報告書』土佐山内家宝物資料館　2012.3	
		高知県編『土佐藩主山内家墓所調査報告書』高知県文化生活部文化推進課　2015.3	
61	筑前国・福岡藩・黒田家	奥村武「黒田綱政のミイラ」『大塚薬報』Ｎｏ.218　1969	福岡
		三木隆行「福岡藩主黒田家墓所」『県史だより』第90号　福岡県地域史研究所　1997	
62	筑前国・東蓮寺・直方藩・黒田家	直方市教育委員会編「雲心寺墓地・随専寺墓地遺跡」『直方市文化財調査報告書』第27集　2003	福岡
63	筑後国・久留米・有馬家	久留米市市民文化部文化財保護課編「久留米藩主有馬家墓所.1」『久留米市文化財調査報告書』第358集　2015.3	福岡
64	肥前国・大村藩・大村家	大村市教育委員会編『国指定史跡 大村藩主大村家墓所保存管理計画書』2007	長崎
65	対馬国・府中藩・宗家	文化財建造物保存技術協会編『史跡対馬藩主宗家墓所万松院山門保存修理工事報告書』1994	長崎
66	肥後国・熊本藩・（細川家）	熊本市教育委員会編『智照院細川家墓所：花岡山・万田山遺跡第１次調査区発掘調査報告書』2008	熊本
67	豊後国・岡藩・中川家	竹田市教育委員会編『岡藩主おたまや公園－国指定史跡中川家墓所－』1997	大分
68	薩摩・大隈国・鹿児島藩・島津家	島津久敬『吉貴公墓所発掘』1970	鹿児島

その他の図書・論文

書名
作間久吉『香山墓所の記』1927
福島民報社編『道ばたの文化財』1978
福島民報社編『道ばたの文化財』続　1979
木村礎 [ほか] 編『藩史大事典』第 1 ～ 8 巻　雄山閣　1988 ～ 90
平成元年特別展『「弔ひ」～甦える武家の葬送』港区立郷土資料館　1990
荒川英『墓所拝見－江戸期の将軍・大名家－』㈱講談社出版サービスセンター　1992
河原芳嗣『探訪・江戸大名旗本の墓』1993
河原 芳嗣『図説徳川将軍家・大名の墓』アグネ技術センター　2003
河原芳嗣『図説徳川将軍家・大名の墓 : 江戸の残照をたずねて』増補版　2003
池上本門寺近世墓所調査団編「最近の発掘から 近世大名家墓所の調査 -- 東京都池上本門寺」『季刊考古学』83 号　2003
古泉弘「近世墓研究の課題と展望」『墓と埋葬と江戸時代』2004
谷川章雄「江戸の墓の埋葬施設と副葬品」『墓と埋葬と江戸時代』2004
竹内誠・深井雅海編『日本近世人名辞典』吉川弘文館　2005
加藤 貞仁『とうほく藩主の墓標』無明舎出版　2006
秋元茂陽『徳川将軍家墓碑総覧』パレード・星雲社　2008
松原典明『近世宗教考古学の研究』雄山閣　2009
白石 太一郎著「近世の大名家墓所と古墳」『考古学からみた倭国』2009
「近世大名墓所の調査 I 」『考古学ジャーナル』589 号　ニュー・サイエンス社　2009
「近世大名墓所の調査 II 」『考古学ジャーナル』595 号　ニュー・サイエンス社　2010
大名墓研究会編『第 1 回　大名墓研究会』2010

付録内
藩名索引

索引内のページはすべて付○です。

【あ】

【い】

【う】

【え】

【お】

【か】

【き】

【く】

【こ】